經學研究叢書·臺灣高等經學研討論集叢刊

第二屆國際《尚書》學學術研討會論文集

林慶彰
錢宗武　主編

蔣秋華　編輯

林序

　　二〇一〇年六月十六～十八日揚州大學舉辦「首屆國際《尚書》學學術研討會」，參加者百餘人，內容涉及政治、學術思想、史學、文學，可說是多元化研究。錢宗武先生受到鼓舞，不但成立了「國際《尚書》學學會」，且約定每二年舉辦一次《尚書》學會議。接著第二次會議於二〇一二年四月二十一至二十四日，在湖南省長沙市的金楓大酒店舉行。到會的學者將近兩百人，發表論文五十餘篇。這些論文可分為：（1）會議致詞，收致辭六篇；（2）《尚書》學史研究，收論文五篇；（3）《尚書》辨偽學研究，收論文二篇；（4）《尚書》學專人專書研究，收論文六篇；（5）《尚書》教化研究，收論文四篇；（6）《尚書》語言研究，收論文六篇；（7）《尚書》語體、篇章研究，收論文三篇；（8）《尚書》與上古文化研究，收論文五篇；（9）《尚書》與政治學研究，收論文三篇；（10）域外《尚書》學研究；收論文四篇。統計十個領域，各個領域所收的論文也相當平均。各個領域中，有不少論文開發了新的論題，充實了會議的內容。

　　錢宗武先生有良好的家庭背景，他的岳父周秉鈞教授，是人人皆知的《尚書》學專家，他留下不少的《尚書》學遺著，其中最有名的著作即是《尚書易解》。錢先生從年輕時即耳濡目染，奠定了經學研究的基礎，也因如此，時人皆願意閱讀其研究成果。他的努力，結交了海內外研究經學的專家，數年前至本所開會，為他的勤奮佩服，要求本所同事贈書給他。因為我送很多書，數量達百餘本，特地編了《林慶彰先生贈書目錄》。他開始與我們談合作，首先成立「國際《尚書》學學會」，決定二〇一〇年六月十六日至十八日，召開首屆《尚書》學會議。這次的會議論文集，也由萬卷樓圖書

公司出版。相信大家讀了論文集之後,便可體悟到,這是一本貨真價實的著作。

　　本論文能順利出版,蔣秋華先生居功甚偉。秋華從統一體例到校稿,全程負責,最為辛苦。萬卷樓圖書公司又出版這部論文集,文化使命,令人敬佩。又,此次大會,我原本提交〈屈翼鵬先生的《尚書》研究〉一文,因來不及改寫,所以用〈重新認識《尚書》的學術價值〉代替,謹此說明。

二〇一四年四月五日林慶彰誌於

中央研究院中國文哲研究所五〇一研究室

目次

應當重視《尚書》研究

主席先生、各位先生、各位女士：

記得兩年前到揚州開《尚書》會的時候，因為太累，所以那天到了就睡覺了。沒想到第二天起來，才知道「黃袍加身」，已經當了名譽會長，我實在是愧不敢當。既然錢教授那麼好意，要我做點事情，那我就不希望尸位素餐，所以我就第一個要求來出《尚書》會議的論文集。論文集在蔣秋華先生的努力下完成。我們昨天七個人，總共帶了八十本論文集過來，所有的行李都沒有裝其他的東西，都裝了《尚書》論文集。論文集有六七百頁，行李很重，這是名譽會長執行的第一件事情。

《尚書》是有三千年歷史的文獻，歷來情況非常複雜。今文《尚書》、古文《尚書》、偽古文《尚書》等等，情況非常複雜，辨偽的歷史延綿了幾百年，到現在還未能完全弄清楚。最近幾年，想為《尚書》翻案的學者不少「蠢蠢欲動」。因為出土文獻發現以後，我想《尚書》研究又增加了很多新的材料，所以《尚書》的研究應該是不會像當前這麼寂寞了。所謂寂寞，在臺灣應該算是經學的王國，但是研究《尚書》的人不會超過六、七位，這次統統都來了。

我想《尚書》可研究的方面很多，像出土文獻與《尚書》的關係，李學勤教授在這方面用功甚深，是權威的學者，還有廖名春教授也是。另外，偽古文《尚書》一直被認為是假造，所以不去研究，不然的話就把它區隔開來。其實偽古文《尚書》從魏、晉時代一直到唐代流傳相當廣，大家都根據偽古文《尚書》的文章來討論，來模仿。所以像日本平岡武夫，還有清水茂等學者，他們所做的研究也開了風氣之先。我去年指導一個碩士生，寫南北朝時代散文引用古文《尚書》，有了新的發現。

　　另外，對於當代的《尚書》學者的研究也很不夠。我們做民國以來的經學研究，把民國以來的《尚書》學家、《周易》學家、《左傳》學家等等，統統都把他們的著作和研究目錄編成一本大書，現在馬上要出第一冊，大概有五、六百頁，裏面都是經學家的研究資料，這對我們的經學研究是大有幫助的。像王安石著作的研究，以前在大陸很難看到程元敏先生的輯佚著作。最近幾年，程先生的書流傳到大陸，掀起了研究王安石的熱潮，很多學者對《尚書新義》、《周禮新義》補充不少。

　　我們常常認為偽古文《尚書》是偽造的，所以不太去研究它。其實我個人認為，魏、晉時代之所以出現偽古文《尚書》，是很值得去研究的。我們都知道，大家都說晉朝是經學的玄學化，這是受研究思想史的人影響所得到的不正確的結論。魏、晉經學應該屬古學最發達的時代。當時古學的典籍很少，像《周禮》、《左傳》等，為了加強古學的氣勢，所以就造一本古文《尚書》，偽造的動機雖然並不好，但是他提倡古學的心意，我們應該有所了解。這些都可以繼續做研究。

　　再看史料的整理，比如說民國以來的《尚書》學著作，分散在全世界各地。像楊筠如先生《尚書覈詁》這一類成果很少。像曹元弼所做經學的研究，尤其是有關鄭玄的古文《尚書》的研究，成果有幾十冊之多，都沒有人去注意它。這方面應該先把書影印出來，才能作研究。我們執行「民國以來經學研究」的計畫，編了一套《民國時期經學叢書》，現在已經要出第五、六輯，全部出完大概有十輯六百冊之多。這套書對於包括《尚書》在內的經學研究資料的整理，應該是大有幫助的。

　　我本人並未專攻《尚書》學，中研院文哲所《尚書》學的推動，都是蔣秋華先生在做。錢宗武教授在大陸推動《尚書》研究不遺餘力，大家都非常感謝。

　　我就講到這裏。

　　祝大會圓滿成功，祝各位萬事如意，身體健康！

中央研究院研究員　林慶彰

二〇一二年四月二十一日

推動《尚書》研究有非常重要的意義

尊敬的主席先生、尊敬的各位老師：

　　今天我有機會應邀到長沙來參加這次「國際《尚書》學會首屆年會暨國際《尚書》學第二屆學術研討會」，感到非常榮幸和興奮。請允許我在這裏向大會籌辦者、組織者和支持者表示衷心的感謝！對大會表示熱烈的祝賀！

　　《尚書》是中國傳統文化的中心經典之一。各位先生可能瞭解我這些年來一直到處說的一句話：「中國傳統文化的主流是儒學，而儒學的核心是經學。」而且我一定要加一個說明：這是一個事實判斷，而不是價值判斷。至於說大家對儒學、經學怎麼評價，那是另外一個問題。歷史事實告訴我們是這樣的。因此不深入研究經學以及作為經學中心的一些經典，就不可能瞭解、闡揚中國傳統文化，這會影響和妨礙我們當前的文化事業。可惜的是，作為最重要的經典之一的《尚書》之學，從來被人視為畏途。剛才林慶彰先生講得很好。我最近讀了一本書，這本書是中國社會科學院組織的。總的題目是中國哲學社會科學年度報告，是帶有彙編總結性質的一本書。其中有一本《當代中國哲學研究（1949-2009）》，包括經學（當然經學放在哲學中是否合適無法討論，而事實上他們是這麼做的。），其中一部分就叫做經與經學研究。談到《尚書》時，專門提到「《書》之語言，佶屈聱牙，難以卒讀，素稱難治。而與其它諸經相比，《書》在流傳過程中出現的版本問題至為複雜」。後面內容非常短。幾十年來除了版本（「版本」一詞用在此處似不盡妥貼）以外，對於《尚書》本身真正的學術研究，儘管有些非常值得尊敬的專家學者做出了重要成果，可是總的說來，相對於其他經典，實在是比較薄弱。許多重大問題沒有涉及，沒有得到深入研究。我覺得這種現象，正如好多先生呼籲的，突出地表明我們今天在此舉行《尚書》學大會來

推動《尚書》研究的進展實在是非常必要，有非常重要的意義，一定會對許多相關學科有影響。我這次參加會議，一進會場見到各位先生，我就感覺到我有一個很重大的責任，這個責任是什麼？我一到會場，先生們跟我提的頭一件事就是清華簡。清華簡現在已經成了我的代號了，到什麼地方都讓講清華簡。關於清華簡中有關《尚書》部分的內容應該專門向大家報告。趁此機會，我代表整理、保護清華簡的清華大學出土文獻保護與研究中心，感謝大家對我們工作的關心支持，希望大家對於我們的工作給予指導和幫助，大家對我們的工作如果有什麼批評指教，我們都會非常感謝。

最後預祝大會圓滿成功！

清華大學教授　李學勤

二〇一二年四月二十一日

《尚書》研究具有豐贍內涵和時代價值

尊敬的李學勤先生、林慶彰先生，尊敬的會長、主持人，各位專家學者，各位同仁：

正值「暮春三月，江南草長，雜樹生花，群鶯亂飛」的美好時節，「國際《尚書》研究會首屆年會暨國際《尚書》學第二屆學術研討會」在古城長沙召開，海內外近百名知名學者欣然聚首。這是一次文化盛會，也是一次友情盛會。在此，我謹代表這次研討會的主辦方，對國際《尚書》研討會的隆重召開表示熱烈祝賀！對遠道而來的學界朋友表示由衷的歡迎和誠摯的問候！

奉為五經之首的《尚書》，是中華文化的元典，是人類文明的瑰寶。它作為上古的「政事之紀」，真實記錄和反映了「上斷於堯，下訖于秦」的德化聖功、歷史變遷、文化層累和社會發展，是一座極其豐富、至尊至要的思想寶庫和文化寶庫，是我們中華民族的驕傲和對人類文明進步的巨大貢獻，是開採不完的精神富礦。在我們強調文化建設的今天，通過國際《尚書》學會聯繫和組織海內外專家深入研討《尚書》的豐贍內涵和時代價值，紹隆德業，具有特別重要的功用和意義。我們認為，文化的建設和創意固然重要，文化的傳承光大同樣重要。在當前某些方面、某些領域存在精神懈怠、道德缺失、文化式微的景況下，做好優秀文化遺產的發掘、總結和傳承工作尤為緊迫。如果我們置老祖宗幾千年創造積聚起來的寶貴經驗和財富於不顧，數典忘宗，箕裘盡喪，我們就成了罪孽深重的不肖子孫。歷史割裂，根基不存，遑談文化自信！只有珍重歷史，對優秀的文化傳統保持清醒的敬畏和反思，傳承薪火，開拓創新，我們才能永遠傲立於世界民族之林。

湖南自古就有研究《尚書》的傳統，明、清以還治《書》者尤夥。王夫

之、皮錫瑞、王先謙、王闓運、曾運乾、魏源等一大批碩學通儒窮搜遠紹，剖肌析理，勝義繽紛，創獲甚豐，產生了極為深遠的影響。王夫之的《尚書稗疏》、《尚書引義》，皮錫瑞的《今文尚書考證》、《五經通論》，魏源的《書古微》，曾運乾的《尚書正讀》，王先謙的《尚書孔傳參正》，王闓運的《尚書箋》、《尚書大傳補注》等都為時所重，廣為流布。特別是王夫之的《尚書引義》「推聞其說，多取後世之事，糾以經義」。他一改前哲名儒專務詞句詮釋的作風，維世憂時，表微闡幽，「其卓識定力，具見於斯」，具有鮮明的政論色彩。業師周秉鈞先生對前人著述悉心爬梳，「核之以詁訓，衡之以語法，求之以史實，味之以文情」，綜義成說，化艱澀為平易，使「先儒所稱詰詘聱牙號為不易讀者」，變得「庶幾乎人人可讀矣」。所著《尚書易解》，雖於上世紀三十年代就已完稿，後反復涵詠琢磨，延至改革開放之後出版發行，適得其時。該書於平實簡易之中傳播要義，紹隆前緒，功莫大焉。湖南士子對《尚書》的熱衷研讀，上古文化精神的薰陶浸潤，形成了湖湘文化關注時世、崇尚仁德、勇膺大任、堅韌剛健的精神特質，培育了一代又一代經世濟時、敢作敢為的才俊豪傑。這次國際《尚書》研討會在湖南召開，無疑會對湘學隆興、《尚書》研討深化產生巨大的推動和促進作用。

我們湖南廣播電視大學是一所運用現代資訊技術和媒體技術實施遠端開放教育的新型高等學校，擁有二十一所分校，一二〇多個縣級教學站，辦學網路遍佈全省城鄉。建校三十二年來已為社會培養和輸送了近六十萬本、專科畢業生，非學歷教育培訓四百多萬人次。目前有在籍學生十五萬多人，是一所名副其實的巨型大學。近年來我們又在推進和服務全民終身學習方面做了大量卓有成效的工作，廣泛開展了社區教育、幹部線上培訓、中心小學教師繼續教育、老年遠端教育，成為湖南遠端教育和學習型社會建設的生力軍。數十年來，我們秉承「文化立校」的辦學理念，致力於利用遠端開放的教育形式和手段，宣揚我們的民族精神和文化創造，弘揚優秀文化傳統，以增強文化自信，養成文化自覺。這次我們與南京大學、臺灣中央研究院共同承辦國際《尚書》研討會的會務，是我們應盡的義務和極難得的學習交流機會。昨天下午，李學勤先生、錢宗武先生一行親臨我校視察指導，更是對我

們的極大鼓舞和鞭策。我們全省電大系統十五萬師生員工感到莫大榮幸。在此我熱切期盼海內外專家學者給力廣播電視大學的建設與發展，讓廣大民眾都能享受高水準的教育培訓；熱切企盼更多的名家走上「湖湘學習廣場」傳道授業，助推我省學習型社會建設和終身教育事業。這次我們將按照國際《尚書》學會的安排與要求，以對文化的敬畏和學者的實誠盡心盡力做好會議服務工作，讓大家高興而來，滿意而歸。今日結緣，永世不棄。

最後，祝國際《尚書》研討會圓滿成功！

祝全體專家學者身體健康，生活愉快，諸事順愜，饒有收穫！

湖南廣播電視大學校長、教授　杜純梓

二〇一二年四月二十一日

《尚書》永遠是經學的研究話題

尊敬的林慶彰先生、尊敬的李學勤先生、尊敬的蔣秋華先生、尊敬的杜純梓校長、尊敬的錢宗武會長、尊敬的各位老師、尊敬的各位嘉賓：

「國際《尚書》學會首屆年會暨國際《尚書》學第二屆學術研討會」給了我們南京大學文學院一個協助舉辦這次盛會的機會，讓我們能夠效微薄之力。非常榮幸。我和我的同事、同學們能夠躬逢此次盛會，見到各位先生，也得到了一次很難得的學習交流機會。需要補充的是，我們南京大學文學院很少、幾乎沒有在異地辦會的經歷。剛才杜校長講到湖南在中國是一個《尚書》學研究的重要基地，特別是周秉鈞先生在《尚書》學方面的貢獻重大。我們可以說是到一個淵源很深厚的地方拜謁，所以覺得非常高興和榮幸。

我個人感到，多年來中國兩岸經學在林慶彰先生等學術前輩的積極推動下，經學的交流日益活躍。我覺得目前研究已經突破了單一經學文獻研究，如以《詩經》、《易》學研究為熱門的格局。最近有《禮》學的經學會，今天有《尚書》研討會。剛才林先生、李先生都講到《尚書》學在當今學術格局中不太符合其研究狀況。我個人覺得，按照漢武帝的定義，漢武帝最早給《尚書》的定義是樸學。在他看來《尚書》在當時不像《公羊》學那樣積極地創發時代意義，率先創發天人大義，但是從學術史的角度來看，樸學的定義意味著《尚書》永遠是經學當中的研究話題。事實上從漢代到現代《尚書》的學問一直是這個領域的焦點。不僅有古文《尚書》、偽古文《尚書》，包括後來的敦煌寫本、日本抄本，當下清華簡的出現，都在推動《尚書》文獻系列的研究。我倒是覺得《尚書》文獻學研究從另外一個角度來看，它一直在做這種最艱難的文獻學研究，涉及到各個時期所謂版本諸問題。這種研究使《尚書》不斷為先秦古書研究提供學術範式作出了很多貢

獻。剛才林先生講到東晉為什麼會出現偽古文《尚書》，為什麼我們一直在《尚書》文獻上不斷考辨，這也是發展從孔子以來的「述而不作」傳統，通過不斷的闡發文獻來傳承中國文化的一種學術傳統。我覺得這是《尚書》學理規範，能夠經受考驗，也可能我們還將沿著這個路線前進。

最後，我再次代表南京大學文學院感謝國際《尚書》學會，祝大會圓滿成功！祝各位先生嘉賓身體健康，萬事如意！謝謝！

南京大學文學院院長、教授　徐興無

二〇一二年四月二十一日

祝願《書》學發展　士人皆通《書經》

尊敬的女士們、先生們：

我很高興跟各位代表一起參加本屆《尚書》學研討會。我向以錢宗武會長為代表的各位領導、老師們、先生們、學生們，熱心的款待，周密的安排，表示由衷的謝意。

我是第一次來長沙的，來過長沙的朋友說：湖南菜都是很辣，日本人受不了。我害怕了，不過，昨天的晚餐，都很好，沒問題。我確信在這幾天過得愉快。

顧炎武在《日知錄》中說：「若今人問答之間，稱其人所習為貴經，自稱為敝經，尤可笑也。」大概明末清初的士人，在初次交談之時，不是說「您貴姓？」而是說：「您貴經？」如果現在我向各位代表詢問：「您貴經？」不少代表回答說：「《尚書》。」還有代表回答說：「我是五經無雙的。」我個人是連「敝經」都沒有的。懇請各位經學的權威、專家，不吝賜教。

就我個人來說，出生於日本最北邊的北海道，兩三年前，搬家到最南邊的沖繩縣，緯度跟長沙差不多。如果這次能夠將關於琉球的《尚書》學作報告的話，那很理想。不過，管見所及，琉球王國時代的漢學主要是《四書》學，攻研《尚書》的士人應該是極為有限的。琉球模仿科舉制度錄用人才，他們只有一種《四書》義考試，沒有《五經》義考試。到現在為止，還沒發現有關琉球《尚書》學的資料，所以，今天下午將關於日本中世時代經學宗家即清原家的《尚書》學作報告一下。

聽說，本屆會議的舉辦，主要出於錢宗武教授一門的特別盛意，在此表示滿腔的謝意。

最後，我希望這三天，多有交流，多有成果，從而推動《尚書》學的發

展和進步，祝願本屆會議取得圓滿成功，還願各位代表，身體健康，萬事如意！

除了我以外，臺上的學者都是真正的「代表」，真正的「領導」，我便代表「被」領導的學人致辭如此。

謝謝大家！

日本琉球大學教授　水上雅晴

二〇一二年四月二十一日

詮釋《書經》的時代價值
弘揚悠久的民族文化

各位尊貴的先進，各位尊敬的同道，各位記者朋友：

上午好！

在這春服既成，舞雩之樂的暮春時節，國際《尚書》學界相聚秀麗的南嶽群山之麓，隆重舉行國際《尚書》學會首屆學術年會暨第二屆國際《尚書》學學術研討會。這是《尚書》經傳研究從復興走向深入發展的重要標誌，也是《尚書》制度化、規模化專經研究的歷史座標點。我深深地敬重各位，由於你們對典籍和歷史的敬畏和忠誠，由於你們的堅持、努力和不懈的追求，你們已經在創造不朽的歷史。

《尚書》作為中國乃至全世界最早的「政史之典」，記載了遠古虞、夏、商、周的真實歷史，保留了智慧的祖先生生不息的歷史記憶，書寫了中華民族悠久而古老的燦爛文明。其博大的內容涵覆傳統文化的各個領域。《尚書》中聖君賢相的嘉言善謨，天命歸德的歷史意識，以德範位的德政訴求，誠義敬孝的倫理命題，修齊治平的致治路徑，指引著個體成聖成賢的發展方向，規範了華夏民族的精神自塑，蘊藏著人類的普世價值，曾經深刻地影響中國的政治實踐和歷史走向。《尚書》「野無遺賢，萬邦咸寧」的大同聖治思想，是形成強大的民族凝聚力和向心力的思想源泉，也是中華文明數千年綿延不絕的重要精神紐帶。

「國際《尚書》學會」成立伊始，就緊緊圍繞《尚書》的專經研究為核心任務，以「集結隊伍，復興經學，接續文脈，重建學統」為明確宗旨，積極努力為《尚書》研究的同道和同好搭建學術交流的寬廣平臺，共襄弘揚傳統文化的壯美盛舉。兩年前的端午，在如詩如畫的瘦西湖畔，在乾嘉經學的

重鎮揚州，我們成功地舉行了第一屆國際《尚書》學學術研討會；我們創辦了網絡版「國際《尚書》學會會刊」，發佈《尚書》研究動態和學術資訊；我們出版了《第一屆國際《尚書》學研討會學術論文集》；我們建立了「國際《尚書》學會 揚州大學 林慶彰先生經學閱覽室」；我們開始啟動「兩漢以來各個歷史時期《尚書》學研究資料的輯佚和《《尚書》學研究資料集成》的編輯計畫」；有效地實施了「《尚書》學斷代史的研究計畫」，擬用五年時間全部完成《尚書》學斷代史研究；我們正在籌備創辦「國際《尚書》學會」網站；計劃彙聚專家整理歷代《尚書》要籍，逐漸建成第一個「《尚書》學」資料庫。同時，我們還積極推動與相關學術團體的聯繫和互動，學會與南京大學宏德文化出版基金會建立了正常學術聯繫，不久將簽署兩個學術團體的戰略合作協議，共同推進清代「段王之學」的研究，共同籌備段玉裁二八○周年紀念大會。這一切有力地推進了《尚書》學研究，有效地拓展了國際《尚書》學會的學術空間。兩三年時間，《尚書》學研究和國際《尚書》學會已經從寂無聲息，到風生水起，蔚為氣候。

各位先進，各位同道，一個尊重古老典籍的民族必然是一個尊重歷史的民族，一個敬畏歷史的古老民族必然是一個強大而不可戰勝的民族。我們肩負歷史的重任：正確的詮釋典籍，大力傳播典籍的真諦，重建當代社會的核心價值觀。今天，我們重逢屈原、賈誼的故里，相聚於湖湘文化的故鄉，我們的目光穿越悠遠的時空，我們已看到行吟於汨水之畔的高陽苗裔，我們已聽到三閭大夫不倦的呼喚：「路漫漫其修遠兮，吾將上下而求索。」

我們正在路上，我們正在前行！

最後，祝願國際《尚書》學會首屆學術年會暨第二屆國際《尚書》學學術研討會圓滿成功！

祝願各位尊貴的先進，各位同道，各位記者朋友家庭幸福，身體健康！

謝謝大家！

國際《尚書》學會會長、教授　錢宗武

二○一二年四月二十一日

由清華簡《繫年》論〈文侯之命〉

李學勤*

　　〈文侯之命〉在漢初伏生所傳《尚書》二十八篇之中，其撰作時代從來有兩說，一說始於《書序》云「（周）平王錫晉文侯秬鬯圭瓚，作〈文侯之命〉」；另一說本自《史記‧晉世家》，將該篇置於晉文公時。歷代學者各持一說，有不少爭論。現代注釋《尚書》的著作，通行的如楊筠如《尚書覈詁》[1]、屈萬里《尚書集釋》[2]，以及近期問世的顧頡剛、劉起釪《尚書校釋譯論》[3]，就這個問題都有較詳細的討論，一致認為應從《書序》之說。定〈文侯之命〉在晉文侯時，可以視為學術界的共識。

　　在《尚書》的〈周書〉各篇之間，〈文侯之命〉內容單純，也較為簡短。其所以與那些典重的篇章一起被選入《尚書》，應該是由於篇文記述了平王東遷，和《春秋》托始於魯隱公時一樣，標識了王朝衰微、諸侯力政局勢的肇端[4]。因此我們研究〈文侯之命〉，不能只限於認定其係平王、文侯時書，還有必要進一步推求其確切年代，才能深入了解其歷史背景和本身意義。

　　對於〈文侯之命〉年代做出具體判斷的現代學者，有上面已經提到的屈萬里先生。他曾有〈尚書文侯之命著成的時代〉一文，收入其《書傭論學集》。文章的要點見於《尚書集釋》，他說：

---

* 清華大學

[1]　楊筠如：《尚書覈詁》（西安市：陝西人民出版社，2005 年），頁 467。

[2]　屈萬里：《尚書集釋》（臺北市：聯經出版事業公司，1983 年），頁 262-263。

[3]　顧頡剛‧劉起釪：《尚書校釋譯論》（北京市：中華書局，2005 年），頁 2128-2136。

[4]　顧頡剛‧劉起釪：《尚書校釋譯論》，頁 2134-2136。

齊召南《尚書注疏考證》謂本篇作於平王元年。今按,昭公二十六年
《左傳》「攜王奸命,諸侯替之而建王嗣」句下,《正義》引汲冢書
《紀年》云:「平王奔西申,而立伯盤以為大子,與幽王俱死于戲。先
是,申侯、魯侯及許文公立平王於申,以本大子,故稱天王。幽王既
死,而虢公翰又立王子余臣於攜,周二王並立。二十一年,攜王為晉
文公所殺:以非本適,故稱攜王。」伯盤即伯服,《日知錄》卷二有
說。「晉文公」之「公」當作「侯」。二十一年為晉文侯二十一年,
即周平王十一年。然則本篇蓋作於攜王被殺,平王既定於東都之時,
其時當為平王十一年也。[5]

其所說周平王十一年,為西元前七六〇年。

把《紀年》所言「二十一年」當作晉文侯二十一年的說法,估計是來自
王國維的《古本竹書紀年輯校》,也是《紀年》研究者很普遍的意見,然而
在清華簡《繫年》發現以後,卻被證明是不對的。

現已收於《清華大學藏戰國竹簡》第二輯的《繫年》[6],是戰國中期楚人
著作的一部史書,內容包括自周初到戰國早年的事蹟。其第二章云(儘量用
通行字體):

> 周幽王取妻于西申,生平王。王或取褒人之女,是褒姒,生伯盤。褒
> 姒嬖于王,王與伯盤逐平王,平王走西申。幽王起師,圍平王于西
> 申,申人弗畀,繒人乃降西戎,以攻幽王,幽王及伯盤乃滅,周乃
> 亡。邦君諸正乃立幽王之弟余臣于虢,是(攜)惠王,立廿又一年,
> 晉文侯仇乃殺惠王于虢。

《繫年》這段關於兩周之際歷史的記述十分重要,許多地方可以與前面提到
的古本《紀年》合觀,補充和訂正一些問題的看法。

---

[5] 屈萬里:《尚書集釋》(標點略予調整),頁263。
[6] 清華大學出土文獻研究與保護中心:《清華大學藏戰國竹簡》(貳)(上海市:中西書局,2011年)。

首先是明確了幽王之后、平王之母來自西申，不是在今河南南陽的申國。南陽的申封於宣王時，其公室可能與西申有一定關係，為與西申區別，其青銅器銘文有時自稱為南申[7]。西申在今陝西北部，位於防禦西戎的前沿，繒人也應該是受王朝的派遣，在這一帶設防的。

平王即當時本為太子的宜臼，遭到迫害被廢以後，便逃往母家西申。幽王出兵，圍攻西申，申人抵抗，不肯交出宜臼，於是與之聯合的繒人為西戎打開大門，導致王朝的覆亡。

《紀年》說幽王、伯盤「俱死于戲。先是，申侯、魯侯及許文公立平王于申」，這裏「先是」一詞特別需要注意。看來在幽王仍在的時候，申侯已經聯絡魯侯（據《史記》年表應為魯孝公）和許文公，把逃來的宜臼推立為王了，這或許正是幽王、伯盤出兵伐申的原因。這次宜臼之立並未得到各方面的承認，以致楚人所撰《繫年》不言此事。

《紀年》講虢公翰立王子余臣於攜，《繫年》則說「邦君諸正立余臣于虢」，措辭不同，指的應係一事。幽王時執政大臣是虢石父，《呂氏春秋·當染》稱他做「虢公鼓」，虢公翰當為其下一代的虢君，仍為朝臣的領袖。由此不難推想，擁立余臣的是原來幽王朝中的一班人。攜這個地名難於考定，清雷學淇《竹書紀年義證》引《新唐書》《大衍曆議》說「豐、岐、驪、攜皆鶉首之分、雍州之地」，也不能進一步查考。從《繫年》稱立於虢看，攜當係虢國境內的邑名。

在此還要指出，當時的虢肯定已經不是在今陝西寶雞的西虢，而是遷到了今河南三門峽（舊陝縣），否則晉文侯就不可能到虢國把余臣殺掉了。

讀《繫年》簡文，於立攜王後說：「立廿又一年，晉文侯仇乃殺惠王于虢。」這個二十一年無疑是攜王的二十一年，相當晉文侯三十一年，西元前七五〇年。

晉文侯並不在申侯等推戴宜臼的諸侯之中，他擁立平王的過程，《繫年》

7　李學勤：〈論仲 父簋與申國〉，《中原文物》，1984年第4期。又：〈膳夫山鼎與厲王在位年數〉，《中華文史論叢》，2011年第4期。

的記載是這樣的：

> 周亡王九年，邦君諸侯焉始不朝于周。晉文侯乃逆平王于少鄂，立之
> 于京師。三年，乃東徙，止于成周。

所謂「周亡王九年」，當然不能由攜王被殺算起，因為那樣就超過了晉文侯在位的下限。「九年」是從幽王之死計算，相當晉文侯十九年，西元前七六二年。文侯逆平王於少鄂，少鄂不知所在，或疑即晉地鄂，在今山西鄉寧，地近黃河，是有可能的。平王自西北方來，路途必多險阻，我很懷疑《史記‧秦本紀》所說秦「襄公以兵送周平王，平王封襄公為諸侯，賜之岐以西之地」，就發生在此時。

平王在晉文侯支持下立於京師，京師是指宗周，但是宗周近戎，同時經過戎人洗劫又已廢壞，平王不得不向東遷徙到成周，這是為晉文侯二十二年，西元前七五九年。再過九年，文侯殺了攜王，平王的王位終於得到了鞏固。這就是《國語‧鄭語》所云晉文侯定天子。

晉文侯這一事蹟，也見於宋代著錄的晉姜鼎（《殷周金文集成》2826）。晉姜鼎是文侯夫人晉姜在文侯去世後所作，銘文說到文侯「虔不墜，覃京師，（乂）我萬民」，于省吾先生解釋說：「即魯，通旅，謂休美也。《爾雅》：『覃，延也。』言休美及于京師。」[8] 這裏「京師」一詞暗指周王，休美及於京師，使萬民得以乂安，說的正是定天子之事。

這樣，我們便可以回到〈文侯之命〉的年代問題上來。

篇文說：「嗚呼，閔予小子嗣，造天丕愆，殄資澤于下民，侵戎我國家純。」又云「曰惟祖惟父，其伊恤朕躬。嗚呼，有績，予一人永綏在位」，是王位已定的口氣，足知其時必在攜王已死，二王並立的局面結束以後，平王才有可能重賜晉文侯，命他歸還晉國。換句話說，這一定晚於文侯三十一年。那時文侯已到晚年，他卒於其三十五年即西元前七四六年。也許正是由於年歲的緣故，平王遣送他出朝返國。

8　于省吾：《雙劍誃吉金文選》（北京市：中華書局，2009年），頁149-150。

　　還要提到，與晉文侯一起迎立平王的，還有鄭武公。《毛詩正義》引鄭玄《詩譜》的〈王城譜〉云：「晉文侯、鄭武公迎宜咎于申而立之，是為平王。以亂故，徙居東都上（王字之誤）城。」也就是《左傳》隱公六年周桓公對平王之孫桓王所講：「我周之東遷，晉、鄭焉依。」《繫年》雖然沒有詳說這一點，然而述及事件的結果是「晉人焉始啟于京師，鄭武公亦政（通正，訓為長）東方之諸侯」，這便把當時的大勢講明白了。

　　附記：《繫年》簡發表後，已有不少學者就其第二章所見「廿又一年」進行了深入討論，提出了種種見解，非常值得感謝。我以為該處簡文云：「……邦君諸正乃立幽王之弟余臣于虢，是攜惠王，立廿又一年，晉文侯仇乃殺惠王于虢。」以全篇紀年文例比勘，「立廿又一年」只能是攜王的二十一年。如第六章云：「（晉）惠公既入，乃倍秦公弗予。立六年，秦公率師與惠公戰于韓。」「立六年」也只能是晉惠公的六年。

　　至於簡文於攜王死後另說「周亡王九年，邦君諸侯焉始不朝于周」，或提出在「亡」字下斷讀，這恐難成立，因為上面於幽王、伯盤死後已說了「周乃亡」，與此處呼應，不會再講「周亡」了。「周亡王九年」還應是「周無王九年」，這是由於宜臼在申，余臣在虢，都不在王都，也都未能得到普遍承認。周之無王，還是只可由幽王之滅算起。

　　本文係教育部哲學社會科學研究重大攻關項目「出土簡帛與古史再建」（09JZD0042）、國家社科基金重大項目「清華簡《繫年》與古史新探」（10&ZD091）以及清華大學自主科研項目「清華簡的文獻學、古文字學研究」的階段性成果。

〈堯典〉：先秦史傳的成立

韓高年*

　　「史傳」生成的條件有兩個，一是必須要有以史為鑒的現實需要；二是必須有史官制度的保證。這兩個條件在商、周時代就已經具備了，但只可惜當時的史傳多為口頭傳播，其文本主要依賴於祭祖儀式而存在。隨著禮儀的消亡，文本也大多湮沒無聞了。除了剩下些名目之外，有的口傳文本轉化為書面形式的「譜」、「系」、「世」，或者是僅述其大要梗概的「史詩」。史傳文體的生成，還要等到政治理性與神權思想分庭抗禮的春秋時代的到來。這時，因為歷史的興亡使人們逐漸認識到，神權並非決定人間政治的決定性因素，所以為政者大多傾向於從歷史興亡故事中尋求有補於現實的施政良策，史官文化全面代替巫官文化成為時代文化的主流，為備諮詢，史官和有識者整理前代的歷史、傳說，成為可能。

　　〈堯典〉為春秋時史傳文，由孔子改編三代遺文傳說而成篇，實具有「傳記」、「史傳」之雛形。《史記・太史公自序》、《孔子集語・六藝下》皆載孔子曾說：「我欲載之空言，不如見之行事之深切著明也。」此太史公述孔子作《春秋》之意，亦可發明其編〈堯典〉之意，亦即《春秋繁露・俞聖》所云：「起賢才以待後聖。故引史記，理往事，正是非也。」

一　〈堯典〉的敘事性質

　　〈堯典〉本為記事之文，但過去學者們囿於《尚書》記言的成說，亦

＊ 西北師範大學文學院

視之為記言之文。《漢書‧藝文志》曰「左史記言，右史記事，事為《春秋》，言為《尚書》」，《尚書》專主記言之說遂成定論，實則此說不可信據。劉知幾《史通‧六家》已云：「蓋《書》之所主，本於號令，所以宣王道之正義，發話言於臣下，故其所載，皆典、謨、訓、誥、誓、命之文。至如〈堯〉、〈舜〉二典直序人事……茲亦為例不純者也。」已指出《尚書》並非單為記言之文，亦有記事寫人之篇。章學誠《文史通義‧書教上》則言：「以《尚書》分屬記言，《春秋》分屬記事，則失之甚也。夫《春秋》不能舍傳而空存其事目，則左氏之記言，不啻千萬矣；《尚書》典謨之篇，記事而言具焉；訓誥之篇，記言而事亦見焉。古人事見於言，言以為事，未嘗分事言為二物也。」這是非常有創見的論斷，惜未引起學者的注意。

誠然，《尚書》中的確也有大量記言為主的部分，如〈商書〉是殷王朝史官所記的誓、命、訓、誥，體現了殷代的神權政治觀念和迷信思想。其中〈湯誓〉按時代說應為最早的作品，但其語言流暢，可能經過後人的潤色。〈盤庚〉三篇古奧難讀，較接近原貌。〈周書〉包括周初到春秋前期的文獻。顯示周初統治者的尊天、敬德、重農、保民的思想。其中〈牧誓〉是武王伐紂的誓師之詞。〈多士〉是周公以王命訓告殷遺民之詞。〈無逸〉是周公告誡成王不要貪圖享受之詞。作於春秋前期的〈秦誓〉則是秦穆公伐晉失敗後悔過自責之詞。然而這些篇章也有記事的成份，不是完全的記言。可見記言和記事並非完全衝突，言事相兼，二者不可離析，只是以那個方面為主導罷了。

《尚書》的是夏、商、周時期原始的歷史文獻的彙編，作為政治歷史文獻，集中彙集了上古時代的統治意識和施政經驗。包括虞、夏、商、周書，其編輯流傳過程比較複雜。《周易》說：「河出《圖》，洛出《書》，聖人則之。」《墨子》一書多次徵引〈夏書〉。《尚書‧多士》云：「殷先人有典有冊。」可知在殷商時期已經輯成了《尚書》的初本。起初其中各部分可能是以口頭形式單獨流傳的，後來才逐漸被史官整理寫定。今傳本《尚書》的結集經歷了較長的時期，其書雛形可能編於西周後期。《左傳》、《國語》所記春秋時期人物屢屢稱引《尚書》以為說理之據，已經目之為經典。春秋末年

又經修訂，增入了〈文侯之命〉、〈秦誓〉等春秋時代之篇章。據說孔子曾重新整理編訂過《尚書》，作為教育弟子的教材。〈堯典〉一篇，即是孔子所編併入之《尚書》的。

〈虞書〉、〈夏書〉並非出自夏代史官，而是在春秋之世由儒家的孔子根據古代傳聞編寫而成的。其史料也有一定的事源，文字或非其時，但事或有據。其中的〈堯典〉和〈皋陶謨〉，反映了傳說中的堯、舜、皋陶等著名政治家孜孜不倦、憂勞治國的奮勉精神，包括禪讓、巡視天下、選賢授能及治水等事蹟。雖其目的為彰明明君聖賢之事蹟，但客觀上屬於史傳之文的撰作，因此可以稱之為堯與舜的傳記。

關於〈堯典〉的作時，陳夢家先生說：「《孟子・萬章篇上》引〈堯典〉及《左傳》文公十八年魯季文子使大夫克對魯公引〈虞書〉，其文皆在漢本〈堯典〉內，則紀元前四世紀時已有〈堯典〉，齊、魯學者多稱引之。漢本與先秦《孟子》當時之本又有不同。」[1]

二 〈堯典〉編者為孔子

《尚書》文體多樣，包括典、謨、誓、命、訓、誥、歌等，「典」之外，大多為記言體散文，文字艱深，古奧樸素。前文引述劉知幾說，以為〈堯典〉「直敘人事」，與其他篇殊為不同。實則此篇為春秋時孔子所編而附入《尚書》之篇章，其編輯的目的是為突出堯、舜的德行功績，樹立明君聖賢的典範。然而其文以人物為中心，鉤稽春秋時代流傳的堯、舜有關史料與傳說，卻客觀上成為為堯、舜立傳之舉。換句話說，孔子所編之〈堯典〉，實為堯、舜之傳記，〈堯典〉實為今存最早之「史傳」。

今文《尚書・堯典》，古文《尚書》有〈舜典〉，實為分今文一篇為兩篇，析出「慎徽五典」之後部分為〈舜典〉。當以今文本為是。孔安國〈尚書序〉述此篇撰作云：「昔在帝堯，聰明文思，光宅天下。將遜于位，讓于

---

[1] 陳夢家：《尚書通論》（石家莊：河北教育出版社，2000年），頁153。

虞舜，作〈堯典〉。」意謂〈堯典〉為堯作，實不可信。之後關於〈堯典〉著作年代，計有西周說、春秋說、戰國說、秦漢說之不同，以上諸說其實均有合理成份。考先秦典籍多經由口頭流傳至寫定成篇之過程，而其寫定後又多經歷代編者所潤色加工，〈堯典〉所載材料在春秋以前即已流傳，到春秋時代由孔子收集整合而形諸文字，成篇後編入《尚書》，而隨著《尚書》的流傳，又經戰國儒者及秦代學者的潤色，在個別地方遂帶上了戰國、秦代的痕跡。

說〈堯典〉為孔子所編撰，可從漢代以來學者及今之研究者的考證，其觀點與〈堯典〉內部所提示的資訊的高度吻合，予以闡明。歸納起來，古來學者及今人研究〈堯典〉所提供的線索，主要有以下幾點：

第一，漢代學者多以為孔子編撰〈堯典〉。司馬遷《史記·孔子世家》說：「孔子之時，周室微而禮樂廢，《詩》、《書》缺。追跡三代之禮，序《書傳》，上紀唐、虞之際，下至秦繆，編次其事。曰：『夏禮吾能言之，杞不足徵也。殷禮吾能言之，宋不足徵也。足，則吾能徵之矣。』觀殷、夏所損益，曰：『後雖百世可知也，以一文一質。周監二代，郁郁乎文哉。吾從周。』故《書傳》、《禮記》自孔氏。」孔子所補之「書傳」，蓋即〈堯典〉之類。之後號稱博學的漢代大儒王充在其《論衡·須頌》中明確說：「古之帝王建鴻德者，須鴻筆之臣褒頌紀載。鴻德乃彰，萬世乃聞。問說《書》者『欽明文思』以下，誰所言也？曰：『篇家也。』篇家誰也？『孔子也。』然則孔子鴻筆之人也。」明言孔子編撰〈堯典〉。班固《漢書·藝文志》亦曰：「《書》之所起遠矣！至孔子纂焉。上斷於堯，下訖于秦，凡百篇而為之序，言其作意。」漢代學者所見材料遠超過今人，加之離先秦時代不遠，師說未泯，其說或可信據。康有為《孔子改制考》云《尚書》中〈商書〉、〈周書〉均無頌堯、舜之處，只有〈虞書〉稱頌堯、舜。所以「若〈虞書·堯典〉之盛，為孔子手作」。郭沫若《中國古代社會研究》說：「〈帝典〉、〈皋陶謨〉、〈禹貢〉三篇是後世儒家偽的，論理該是孔丘。」以上學者們的說法，不無道理。

第二，〈堯典〉大意亦見於《論語》所載孔子言論。《論語·泰伯》：

「子曰：『大哉，堯之為君也！巍巍乎！唯天為大，唯堯則之。蕩蕩乎！民無能名焉。巍巍乎！其有成功也；煥乎，其有文章！』」此處稱頌堯，主要說他發明曆法（「唯天為大，唯堯則之。」），這與〈堯典〉頌堯分命「羲和」四子「欽若昊天，曆象日月星辰，敬授人時」之意同。《論語·堯曰》載：「堯曰：『咨！爾舜！天之歷數在爾躬。允執其中。四海困窮，天祿永終。』舜亦以命禹。」也是突出堯對「天之歷數」的發明之功。因為在此之前，「天」概念即是神，而堯能夠觀察日月星辰發明曆法，並遵循自然規律指導人們的生產與生活。堯的偉大恰在於此[2]。孔子不輕易褒揚人，惟獨對堯是個例外。《論語》為門弟子所記夫子講學之時所發表之名言嘉句，雖非全貌，然當是以《尚書·堯典》為教時之語錄。

第三，孔子以堯、舜為明君典範，原因有兩個，一是堯以德治天下，協和萬邦，行禪讓之制；二是堯能舉賢任官。《論語·為政》載：「子曰：『為政以德，譬如北辰，居其所而眾星共之。』」此強調為政以德，以北辰為比，語氣與取喻與〈堯典〉何其相似！又〈泰伯〉載：「……舜有臣五人而天下治。武王曰：『予有亂臣十人。』孔子曰：『才難，不其然乎？唐、虞之際，于斯為盛。有婦人焉，九人而已。三分天下有其二，以服事殷。周之德，其可謂至德也矣？』」言堯、舜、文王、武王之功皆在能舉賢授能、任官而治天下。此亦與〈堯典〉後半舜之舉賢任官同一思路。

第四，戰國時代文獻已經多次徵引〈堯典〉，說明春秋時代〈堯典〉已經寫定。尤其是儒家學者引述〈堯典〉，也說明此篇與孔子關係密切。最為典型的是《孟子》，其〈萬章上〉孟子之言曰：「舜相堯，二十有八載，非人之所能為也，天也。堯崩，三年之喪畢，舜避堯之子于南河之南。天下諸侯朝覲者不之堯之子而之舜，訟獄者不之堯之子而之舜，謳歌者不謳歌於堯之子而謳歌舜，故曰天也。夫然後之中國踐天子位焉。」此言禪讓。又〈滕文公上〉載孟子對陳相曰：「當堯之時，天下猶未平，洪水橫流，氾濫於天

2　此意前人多有不明，惟金景芳先生得其正解。說見其〈堯典新解〉，收入《尚書》（瀋陽市：遼寧古籍出版社，1996年），〈虞夏書新解〉，頁5-9。

下，草木暢茂，禽獸繁殖，五穀不登，禽獸偪人，獸蹄鳥跡之道交於中國。堯獨憂之，舉舜而敷治焉。舜使益掌火，益烈山澤而焚之，禽獸逃匿。禹疏九河，瀹濟、漯而注諸海，決汝、漢，排淮、泗而注之江，然後中國可得而食也。……后稷教民稼穡，樹藝五穀；五穀熟而民人育。……使契為司徒，教以人倫，父子有親，君臣有義，夫婦有別，長幼有序，朋友有信。」此言治水及舉賢任官等事，與〈堯典〉後半部分同。既然《孟子》兩次徵引〈堯典〉，並以此為據，闡發孔門儒說，說明〈堯典〉不僅在孟子之前即已有之，而且與孔子關係密切。

第五，〈堯典〉中雖然也存在著秦統一後的一些觀念和制度的痕跡[3]，但其中反映普遍念的一些重要的辭彙大多與春秋時代文獻相符合。我們如果仔細比較〈堯典〉與《春秋》、《左傳》、《論語》、《國語》等典籍的語彙，可以看出，〈堯典〉中之「蠻夷猾夏」等語係春秋時代之成語。這也表明〈堯典〉為春秋時代所編成。

第六，從〈堯典〉中的主要材料來看，堯命羲和之四子曆象日月星辰以製曆，來源於上古時期有關羲和的神話傳說與甲骨文中的「四方風」的神話傳說；而舜繼位後命鯀、禹父子治水的情節，則來源於上古時期的治水神話；放逐「四凶」的情節，也來源於上古部族戰爭神話。這些都可以從《山海經》、《楚辭》、《莊子》等書中所載的神話文本中找到其藍本。關於這個問題，劉起釪先生的在〈春秋時承周公遺教的孔子儒學〉[4]一文及新近出版的《尚書校釋譯論》一書中，對此有非常詳細和精審的分析。據研究中國神話的學者們的共識，中國上古神話的被改造，或者說神話的歷史化，恰在春

3　顧頡剛《中國上古史研究講義》說：「在《孟子》書中曾提及〈堯典〉這部書。但現存的〈堯典〉似乎充滿著秦、漢統一區宇的氣味。究竟現在的〈堯典〉是《孟子》所見的原本呢？還是把孟子所見的改作的呢？還是漢人另外作成的呢？這個問題我們一時不能解答。」陳夢家《尚書通論》則認為今本〈堯典〉經秦史官改造，混入了秦代制度，如十二州、均齊度量衡等內容。

4　劉起釪：《古史續辯》（北京市：中國社會科學出版社，1996年）；顧頡剛、劉起釪：《尚書校釋譯論》（北京市：中華書局，2005年）。

秋時期理性精神萌發的時期。原來孔子改造這些神話傳說與史實編撰成〈堯典〉，也是順應了春秋時期的大潮流的。

綜上所述，〈堯典〉為孔子所編撰，當無問題。《尚書》研究專家劉起釪說：「本人前在〈春秋時承周公遺教的孔子儒學〉（載《古史續辨》）文中，說到孔子與〈堯典〉，『就搜集一些散見的古代資料，用以作為記堯、舜、禹聖道的文獻，充實入《尚書》的篇章中，這主要就是後來由他的七十子後學大約在戰國之世編成完整的〈堯典〉、〈皋陶謨〉、〈禹貢〉諸篇的資料，在孔子的時候，還只是由於他的好古敏以求之的精神搜集到這些資料，作為古代歷史來印證和宣揚自己承自周公的德教學說。』把〈堯典〉的編定歸之七十子後學，這是受徐旭生先生肯定和稱讚顧先生定此三篇成於春秋戰國之說影響。現在經過研究，認為孔子搜集這些資料後，即已編定成篇，以之教授門徒，七十子後學只是承其教而已。在流傳中可能發生些歧異，但〈堯典〉原篇之編成定稿當出孔子手。觀《孟子》已引〈堯典〉，《荀子・成相》敘堯、舜、禹及諸臣事蹟，實全用〈堯典〉之說，都可說明〈堯典〉必早已編成於儒家祖師孔子之手，早於孟、荀的《國語》、《左傳》皆引〈堯典〉之文，更足為證。」[5] 劉先生經過先後數十年的研究，最終一改前說，認為〈堯典〉為孔子所編定，體現了其嚴謹的治學態度和求真的精神。其說可為定論。

三 〈堯典〉的史傳特徵

前文已經言及，史傳是以敷衍、鋪陳、轉述史事、傳說的方式解說歷史人物和重大歷史事件。史傳的文體特徵，就其主題和內容來說，主要是以講述歷史人物的事蹟為主，就其語言形式來說是鋪陳、敘事為主（「辭多則史」），容有誇飾、虛構，而就其表現方式而言，則是採取口頭的講說，因此史傳又與「說」、「誦」、「語」等言說方式相關聯。以此標準，考之〈堯

5　顧頡剛、劉起釪：《尚書校釋譯論》，第1冊，頁382。

典〉之文，其史傳文的特徵至為顯明。

第一，〈堯典〉是以歷史上的堯、舜為中心，通過一系列的情節設置，塑造其明君聖賢的形象的，具有人物「傳記」的特性。顧頡剛評價這篇文章說：「這篇文字，寫古代的一班名人聚在虞廷上蹌蹌濟濟，相揖相讓的樣子，真足以表現一個很燦爛的黃金時代。堯、舜時的政治所以給後來人認為理想中的最高標準者，就因為有了這篇大文章，可是篇首明言『曰若稽古』，足見它並沒有冒稱堯、舜時的記載。……這原是說故事的恆例。」[6] 這個評價表明〈堯典〉編者的初衷，是要利用當時能聽到見到的古史傳說來構建一個堯、舜時代的社會政治狀況，並且要樹立一個明君聖王的典型。

當然，要樹立堯、舜的形象，必須要以其平治天下的事蹟為依據才行，所以〈堯典〉編者還不能僅限於轉述傳說，還須加以刻意的經營。以堯制定曆法的一節來說，即顯其經營撰作的痕跡。劉起釪指出此段文字「根據下列七種不同來源不同時代的古代神話和傳說等紛歧材料組織在一起的。七種不同的材料是：（1）遠古關於太陽女神的神話和它經過轉化後的傳說；（2）遠古關於太陽出入和居住地的神話和它轉化為地名後的傳說；（3）古代對太陽的宗教祭祀有關材料；（4）古代對四方方位神和四方風神的宗教祭祀有關材料；（5）古代對星辰的宗教祭祀及有關觀象授時時代的材料；（6）往古不同時代的曆法材料（如純陽曆時期與陰陽曆合用時期的不同，稘字和年字歲字時期的不同等等）；（7）往古不同時代的地名材料及它蒙受時代影響而變遷的材料。本篇作者把這些材料，其中主要先把各種神話和宗教活動的各不同原始資料，生吞活剝地淨化為歷史資料，按四方和四季整齊地配置起來，經營成一組體制粲然大備的記載古代敬天理民的最早由觀象授時、指導農作以至製訂曆法的形式嚴整的文獻。」[7] 不僅這件大功德頗見經營，整篇〈堯典〉都是如此。

第二，〈堯典〉體現了孔子對堯、舜德行功業的認識，這種認識是通過

6　顧頡剛：《中國上古史研究講義》（北京市：中華書局，1988 年），頁 12。

7　顧頡剛、劉起釪：《尚書校釋譯論》，第 1 冊，頁 63-64。

對春秋時代流傳的堯、舜傳說的再解釋中得出來的。史傳中的敘事者的身份不是「目擊者」，也不是「親歷者」，而是「研究者」，他必須立足當下，向聽者解說歷史。《韓非子·顯學》指出：「孔子、墨子俱道堯、舜，而取捨不同。皆自謂真堯、舜，堯、舜不復生，將誰使定儒、墨之誠乎？」《竹書紀年》載：「舜囚堯於平陽，取之帝位。」又言：「復偃塞丹朱使不與父相見。」這些記載顯示舜並非通過禪讓得天下，他也不是忠厚有德的賢者，而簡直是一個囚堯奪位的忤逆之人。這與〈堯典〉中的堯、舜恰好相反。這表明〈堯典〉編者孔子並非簡單地「轉述」歷史傳說，而是對其進行了整理、歸類、研究，然後立足於現實社會的施政需要以及儒家政治倫理的準則，對其進行了重新詮解和敷衍。這就使〈堯典〉的敘事有別於一般意義上的記錄歷史或復述歷史，從而帶上了很強烈的主觀性。

　　事實上，在孔子的時代，做為「研究者」解說歷史故事，已經成為一種大勢所趨。葛兆光先生指出：「當時人對於秩序的理性依據及價值本原的追問，常常追溯到歷史，這使人們形成了一種回首歷史，向傳統尋求意義的習慣。先王之道和前朝之事是確認意義的一種標幟和依據，例如大史克對魯文公敍述高陽氏、高辛氏、堯、舜以來除凶立德的歷史，魏絳向晉侯講述后羿、寒浞棄賢用佞的故事並且引用大史辛甲的〈虞人之箴〉，士弱向晉侯解釋宋國的火災之因追溯到陶唐氏、商朝的舊制，都說明當時的思想者相信，是非善惡自古以來就涇渭分明，道德的價值、意義與實用的價值、意義並行不悖地從古代傳至當代，所以說『賦事行刑，必問於遺訓，而咨於故實』（《國語·周語》），歷史是一種可資借鑒的東西，而且是一種完美的正確的象徵，歷史的借鑒常常可以糾正當下的錯誤，而古代的完美常常是當代不完美的一面鏡子。」[8]孔子也像大史克、魏絳、士弱等春秋時代的有識之士一樣，不僅是歷史的轉述者，而且是歷史的「研究者」；所不同者，孔子研究歷史，其轉述的物件是「弟子三千」，而大史克等人則面對的是急需從史傳講述中得到解決現實難題的國君。

8　葛兆光：《中國思想史》第一卷（上海市：復旦大學出版社，2001年），頁86-87。

第三，〈堯典〉是在春秋時代「講史」的風氣下產生的，其言說方式體現了春秋時期史官和卿大夫講史的基本模式。

在取鑒意識的作用下，春秋時代講史活動非常盛行，從講史活動的主體、受眾及講史的內容來看，春秋時代的講史大致可分為述祖性講史、政治性講史、民間通俗性講史、傳授性講史[9]。述祖性講史最早可以追溯到傳說時代，其言說形式主要以口述祖先譜系及功業為主，《詩經》中的周民族史詩是上古述祖性講史的產物；到春秋時代，隨著家族意識彰明，為「紀其先烈，貽厥後來」（《史通》），以追溯家族發展歷史的講史活動越來越普遍。

政治性講史是指出於解決現實政治問題的需要而進行的講史活動，其目的是通過講史找到解決現實問題的智慧和方法。因為史官明於治亂，因此為國君或高級官員講史的常常是史官。春秋時代最為典型的政治性講史如《國語・鄭語》所載周朝的太史史伯向鄭桓公講述虞幕、夏禹、商契、周棄、祝融、昆吾等的歷史傳說，啟發、幫助鄭桓公解決如何在西周末年姬姓之國或亡或衰的大背景下自保的現實問題，可以說鄭國的東遷，就是這次講史活動直接促成的。還有《國語・晉語》載晉國史官史蘇向里革講述夏桀、商紂、周幽因迷戀女色而亡國的歷史，為的是勸諫晉獻公勿因寵愛驪姬而輕言廢立，但這次政治性講史最終失敗。再如《左傳》文公十八年所載魯國太史克向魯宣公講述堯、舜舉賢任官、放逐凶頑的歷史，目的是阻止魯宣公接納叛君逃亡的莒國太子僕。此類講史的特點是臨事而講，且多是根據需要斷章取義，類似於賦詩言志。顧頡剛從史學角度評價此類講史「信實的程度，和《三國演義》差不多，事件是真的，對於這件事情的描寫很多是假的」[10]。

民間通俗性講史是指在上古社會裏由鄉里老者或長者在日常生活中針對普通民眾的講史活動，這類講史活動帶有很強的娛樂性，其內容多是圍繞歷史人物的軼聞趣事，虛構的成份較多。即所謂稗官野史、街談巷議之類。

傳授性講史是指在學校中為教育學生而進行的講史活動，在夏、商、

---

9 李小樹：〈先秦兩漢講史活動初探〉，《貴州社會科學》，1998年第2期。
10 顧頡剛：《中國上古史研究講義》，第1冊，頁16。

周有官學講史，到春秋時隨著私學興起，私家講史較為普遍。孔子以《春秋》、《尚書》為教材所進行的講史即屬於此類。這類講史的特點是講述者須對史事傳說事先進行整理、分類和研究，按照一定的目的進行歷史講述。傳授性講述不是臨時的，目的是讓接受者熟悉歷史興亡更替，積累歷史知識，增加見識，因而具有明確的目標和系統性。〈堯典〉即是傳授性講史的產物，在言說方式上，顯然吸收了述祖性講史的「以人為綱」、政治性講史的「斷章取義」和民間通俗性講史的「注重細節、突出趣味」等特點。基於此，可以說孔子是在全面吸收了春秋時代講史活動的言說方式的基礎上，創造了一種全新的講史方式──史傳。

東漢時期《尚書》的學習與傳授

井之口哲也*

一　前言

本文針對東漢時期《尚書》的學習與傳授進行考察。這個時期的學習方法為「誦」，傳授方法為「口授」。本文的目的在於通過《尚書》弄清口頭傳授學術的結構和問題。

二　東漢時期的《古文尚書》

本節考察諸生跟隨老師學習各經書的語句（及章句）的方法與過程。日本學者東晉次針對「誦」進行過考察[1]。筆者將在東晉次看法的基礎之上，進行闡述。

東晉次指出「諸生們首先被要求諷誦經典。『誦』才是漢代學習的基礎」（東晉次著書164頁）。簡而言之，所謂「誦」就是東晉次所說的「背誦」（東晉次著書164頁、166頁）。用筆者的話說，是指「真正地出聲誦讀，將內容記住轉化為自己的知識」。以下事例表明在東漢時期學習者通過出聲誦讀進行學習。

---

* 日本東京學藝大學教育學部

[1] 東晉次：《後漢時代の政治と社會》（名古屋市：名古屋大學出版社，1995年），第3章〈儒學の普及と知識階層の形成〉。

郡中爭勵志節，習經者以千數，道路但聞誦聲。（《後漢書‧張霸傳》）

時濟北戴宏父為縣丞，宏年十六，從在丞舍。祐每行園，常聞諷誦之音，奇而厚之，亦與為友。卒成儒宗，知名東夏，官至酒泉太守。（《後漢書‧吳祐傳》）

除此之外，雖未見提及「誦」的「聲」、「音」的文字，但有如

鄉里徐子盛者，以《春秋經》授諸生數百人。宮過息廬下，樂其業。因就聽經，遂請留門下，為諸生拾薪。（《後漢書‧承宮傳》）

所示的「聽經」的事例。東晉次曾指出：「誦的具體讀放上，恐怕也因老師不同，在抑揚頓挫等其他注意點上，會有所不同。」（東晉次著書175頁）在此基礎上，筆者認為老師傳授經學時有著「誦」的「抑揚頓挫等其他注意點」，承宮所「聽」的「經」也屬此範疇。

調查范曄《後漢書》中通過「誦」這種學習方法進行學習的文本，發現了如「誦經典」（〈和熹鄧皇后紀〉）、「諷誦經籍」（〈張霸傳附張楷傳〉）、「習誦經傳」（〈王允傳〉）、「誦經」（〈袁安傳〉、〈包咸傳〉、〈公沙穆傳〉、〈高鳳傳〉）等這些經與傳，具體被記作「誦《易》」（〈明德馬皇后紀〉）、「誦《論語》」（〈順烈梁皇后紀〉）、「誦《詩》」（〈鄧禹傳〉、〈馮衍傳〉、〈周磐傳〉、〈劉陶傳〉）、「誦《詩》、《書》」（〈馬援傳〉）、「誦《左氏傳》及五經本文」（〈賈逵傳〉）、「誦《詩》三百」、「誦虞、夏之《書》」（以上二例出自〈班彪傳附班固傳〉）、「誦《孝經》」（〈荀淑傳附荀爽傳〉）、「誦羲、文之《易》、虞、夏之《書》」（〈延篤傳〉）等。但也有「誦詩賦」（〈班彪傳附班固傳〉）、「誦黃、老之微言」（〈楚英王傳〉）這樣的例子，說明通過「誦」這個方法學習的似乎不僅僅是經學文本。

從上述例子可以看出，通過「誦」學習的文本中，《詩》最引人注目。東晉次指出作為經書的背誦順序，「五經中《詩》被選為第一部」，並指出這「或許是因為《詩》最適於諷誦」（東晉次著書164頁）。事實上，關於

《詩》，在東漢時期的第一手資料中有

> 耽道好古，敦《書》詠《詩》，綜緯河雒，底究群典。(〈唐扶頌〉，
> 光和六年〔183〕)

的描述。在范曄《後漢書》中，有

> 今論者但知誦虞、夏之《書》，詠殷、周之《詩》，講義、文之
> 《易》，論孔氏之《春秋》，罕能精古今之清濁，究漢德之所由。(〈班
> 彪傳附班固傳〉)
> 朝則誦義、文之《易》、虞、夏之《書》，歷公旦之典禮，覽仲尼之
> 《春秋》。夕則逍遙內階，詠《詩》南軒。(〈延篤傳〉)
> 乃共入霸陵山中，以耕織為業，詠《詩》、《書》，彈琴以自娛。(〈梁
> 鴻傳〉)

等描述。這些都說明《詩》被「詠」[2]。可以說《詩》「適于諷誦」[3]。但從這些引文也可以看出不僅《詩》，《書》也被「誦」被「詠」。從

> 常牧豕於長垣澤中，行吟經書。(《後漢書・吳祐傳》)

中看出，不僅《詩》，經書亦被「吟」[4]。論述「詠」、「吟」時，借用東晉次所說的「誦的具體讀法上，恐怕也因老師不同，在抑揚頓挫等其他注意點上，會有所不同」，似乎亦無不可。

綜上，經書通過「誦」的方式學習。那麼，為什麼學習的方法，不是手持文本進行閱讀，而是「誦」呢？ 包括筆者在內，這是已經徹底適應紙張、文字等文化的現代人才會有的疑問。即這種疑問是以「文本的語句不是

---

[2] 此外，從「詠〈雅〉、〈頌〉之徽音」(《後漢書・張衡列傳》)、「《詩》詠詢于芻蕘」(《後漢書・盧植傳》)中也看出《詩》被「詠」。

[3] 從先秦到西漢的文獻，以及《墨子・公孟篇》、《論語・子路篇》、《禮記・禮器篇》中有「誦《詩》三百」，也可看出《詩》富於韻律於「誦」。

[4] 也有「吟典籍」(《後漢書・申屠蟠傳》)的例子。

通過聽覺，而是應當首先通過視覺來把握」這種意識為前提而產生的疑問。
在認同這種觀點的基礎上，筆者想就古人為何通過「誦」來掌握知識這一問
題進行思考。

首先來看看皮錫瑞的說明[5]。

> 所以如此盛者，漢人無無師之學，訓詁句讀皆由口授。非若後世之
> 書，音訓備具，可視簡而誦也。書皆竹簡，得之甚難，若不從師，無
> 從寫錄。非若後世之書，購買極易，可兼兩而戴也。負笈雲集，職此
> 之由。

根據皮錫瑞的上述說明，在東漢時期很難獲得竹簡的書籍，所以學生把老師
「口授」的內容記錄下來。

關於這種知識的傳遞，清水茂指出雖然「把某種知識傳給下一代，並
非只能通過語言」，但是「為了（把知識）作為一個固定的東西傳下去，需
要把它轉化為語言（聲音、文字）。如果不轉化為文字，（知識）很容易失
傳」[6]。范曄《後漢書》中有一個事例說明「如果不轉化為文字，（知識）很容
易失傳」。

> 林前於西州得漆書《古文尚書》一卷，常寶愛之，雖遭難困，握持
> 不離身。出以示宏等曰：「林流離兵亂，常恐斯經將絕。何意東海衛
> 子、濟南徐生復能傳之，是道竟不墜於地也。古文雖不合時務，然願
> 諸生無悔所學。」宏、巡益重之，於是古文遂行。（〈杜林傳〉）

這是對於古文派反映了杜林時還未取得勢力這一狀況的記述。此後，杜林得
以將視若珍寶，遭遇困頓之際亦隨身攜帶的古文《尚書》傳授給衛宏和徐巡
的事例則作為「古文遂行」的契機受到關注。如果古文《尚書》的繼承完

5　皮錫瑞著、周予同注釋：《經學歷史》（北京市：中華書局，1959 年），〈經學極盛時
　　代〉。
6　清水茂：《中國目錄學》（東京都：筑摩書房，1991 年），〈紙的發明與東漢的學風〉。

全依靠聲音，就不會特意把轉化為文字的古文《尚書》的存亡當作一個問題吧。換言之，這個事例說明並非聲音，而是轉化為文字的古文《尚書》的實物對知識傳達起了很重要的作用。另外，因古文《尚書》作為一時間在學界銷聲匿跡的經書，相對缺乏正統性，如果不把它轉化為文字，「可能很容易失傳」。

在東漢時期有一部分經書被作為書寫材料記錄下來傳承給下一代。那麼，為什麼諸生的學習方法為「誦」，老師的傳授方法為「口授」呢？ 因為採用「口授」進行傳授，老師的停頓、字句的抑揚及解釋的方法等，不同與固定不變的經文字句，特別是停頓和抑揚是無法用文字表達的，與一成不變的固定的經書的語句不同，只能通過耳朵聽，通過身體來記憶。只有通過不斷重複「誦」才能掌握這些知識。此外，如下所述，儒家依舊十分重視「家學」——特定的經書在一個家族中代代相傳，這恐怕也是自古以來的「誦」、「口授」在當時仍被不斷踐行的原因之一。

三 東漢時期的《歐陽尚書》

本節將考察老師的傳授（教育）。皮錫瑞舉「家學」作為東漢時期經學的傳授方法。

> 前漢重師法，後漢重家法。先有師法，而後能成一家之言。師法者，溯其源。家法者，衍其流也。（《經學歷史》136頁）

而徐防的上疏中則記述了「家法」受到輕視的例子。

> 伏見太學試博士弟子，皆以意說，不修家法，私相容隱，開生姦路。……。今不依章句，妄生穿鑿，以遵師為非義，意說為得理，輕

　　侮道術，浸以成俗，誠非詔書實選本意。(《後漢書・徐防傳》)

事實上，東漢時期「不守章句」者頗多[7]。對「師法」、「家法」進行過論述的
皮錫瑞指出：「然師法別出家法，而家法又各分顓家。如榦既分枝，枝又分
枝，枝葉繁滋，浸失其本。」(《經學歷史》137頁) 狩野直樹亦指出：「所謂
師法、家法，不過是比較而言。在經學領域，很難明確地說到某人為止的學
說為師法，從某人的學說開始為家法。」[8] 從徐防的上疏及「不守章句」者的
出現，也使得筆者不得不抱有這樣的疑問：東漢時期，「家法」在多大程度
上有效地起著作用？　此外，既然很難與「師法」區別，那麼也很難充分挖
出「家法」的特徵[9]。

　　范曄《後漢書》中記載了特定的經書在一個家族中代代相傳的行為。筆
者認為，能夠使人窺見東漢時期的經書傳授的特徵，比起拘泥於「師法」還
是「家法」來說更有意義。接下來，讓我們一起來看看特定的經書在一個家
族中代代相傳的行為，是一種擁有何種結構與傾向的知識傳承活動。

　　首先來看看《公羊嚴氏春秋》中的例子。

　　甄宇，字長文，北海安丘人也。……。習《嚴氏春秋》，教授常數百
　　人。……傳業子普，普傳子承。承尤篤學，未嘗視家事，講授常數百
　　人。諸儒以承三世傳業，莫不歸服之。……子孫傳學不絕。(《後漢

---

[7] 關於章句，請參閱呂思勉：《章句論》(上海市：商務印書館，1926年)。野村茂夫：
　〈前漢「章句の學」試探〉，《愛知教育大學研究報告 (人文、社會科學)》，第27輯
　(1978年)。林慶彰：〈兩漢章句之學重探〉，國立政治大學中文系所主編：《漢代文學
　與思想學術研討會論文集》(臺北市：文史哲出版社，1991年)。東漢時期的知識分子
　論及章句的有王充《論衡・正說篇》中的「文字有意以立句，句有數以連章，章有體
　以成篇，篇則章句之大者也」。

[8] 狩野直樹：《兩漢學術考》(筑摩書房，1964年，原為1925年度、1926年度在京都大
　學時的講義)。

[9] 關於師法與家法，請參閱黃開國：〈漢代經學的師法與家法〉，收入林慶彰主編：《經
　學研究論叢》，第2輯 (新北市：聖環圖書有限公司，1994年)。葉國良：〈師法家法
　與守學改學——漢代經學史的一個側面考察〉，收入姜廣輝主編：《經學今詮四編：中
　國哲學》，第25輯 (瀋陽：遼寧教育出版社，2004年)。

書・儒林列傳・甄宇傳》）

這個例子顯示了《公羊嚴氏春秋》的傳承譜係──甄宇→甄普→甄承→⋯⋯。值得注意的是，當時的儒家學者「歸服」於（鑽研）傳承了三代的甄家學問（的第三代繼承人甄承）。這個例子很好地說明了當時的儒家學者是如何重視「家學」傳統乃至血統。

其次是桓榮為中心的「《（歐陽）尚書》」[10]的傳承譜系。據范曄《後漢書》，丁鴻從桓榮處「受《歐陽尚書》」（〈丁鴻傳〉），〈儒林列傳・歐陽歙傳〉中記錄了陳弇從丁鴻習《歐陽尚書》之事，〈儒林列傳〉中與《尚書》相關記述部分的末尾記載了桓榮精通《歐陽尚書》。在此可以描繪出桓榮→丁鴻→陳弇的傳承譜系。此外，桓榮之子桓郁「傳父業，以《尚書》教授」（〈桓榮傳附桓郁傳〉），桓郁之子桓焉「能世傳其家學」（〈桓榮傳附桓焉傳〉），桓焉之孫桓典「復傳其家業」，「教授《尚書》」（〈桓榮傳附桓焉傳〉），由此可以確認以《（歐陽）尚書》為家業的桓家的譜系。事實上，桓家的桓榮、桓郁、桓焉三代都在宮中「授」[11]經書。且楊震從桓郁「受」《歐陽尚書》，其父楊寶精通《歐陽尚書》（以上〈楊震傳〉），楊震之子楊秉「傳父業」（〈楊震傳附楊秉傳〉），楊秉之子楊賜乃「（桓焉）弟子傳業者數百人」中「最為顯貴」（〈桓榮傳附桓焉傳〉），並「少傳家學」（〈楊震傳附楊賜傳〉），楊賜之子楊彪亦「少傳家學」（〈楊震傳附楊彪傳〉）。由此可以

---

[10] 「歐陽」一詞之所以帶「（ ）」，是因為范曄《後漢書》中桓郁、桓典「教授」的是《尚書》，並沒有冠上「歐陽」一詞。將其視為《歐陽尚書》或許沒有問題，此處為了慎重起見，通過「（ ）」表示其可能性。

[11] 向諸生傳授經書，通常稱為「教授」。但向皇帝、皇太子傳授經書，據范曄《後漢書》稱為「授」，如「授朕《尚書》」（〈顯宗孝明皇帝紀〉）、「授經禁中」（〈竇融傳〉、〈桓榮傳附桓焉傳〉）、「以《詩》授成帝」（〈伏湛傳〉）、「授皇太子《韓詩》」（〈郅惲傳〉）、「以《尚書》授太子」（〈桓榮傳〉）、「授皇太子」（〈張酺傳〉、〈鍾興傳〉）、「授皇太子《論語》」、「以《論語》授和帝」（以上二例出自〈包咸傳〉）、「授顯宗」（〈譙玄傳〉）等。不用「教授」而用「授」的理由，是對中華世界最崇高地位的皇帝及其繼承人，省略或不使用「教」字，因為「教」字包含著站在更高的地位進行教化、教導的含義。

窺見桓郁→楊震→楊秉→楊賜→楊彪及桓焉→楊賜的傳承譜系。桓家在桓榮之孫桓焉時，楊家在楊震之孫楊賜時，被冠以「家學」[12]。在第二代的桓郁和楊秉被稱為「父業」，或許是因為人們認為他們不過是繼承了父親的學問。不僅桓家，對吸收、傳承了桓家學問的楊家而言，《（歐陽）尚書》亦是「家學」[13]。

四　結語

綜上所述，本文以《古文尚書》與《歐陽尚書》為例，考察了東漢時期《尚書》的學習與傳授。由此弄清了以下兩個問題——（1）在口頭傳承學術的行為中也需要文本這樣的實物，（2）特定的學問在一個家族中傳承三代即成為「家學」。

口頭傳承學術伴隨著因傳錯、聽錯而產生的誤解。為此，在東漢時期進行了以舉行白虎觀會議及建立熹平石經為代表的經義、經文的調整[14]。即便如此，在那以後口頭傳承學術的行為仍得以延續。為何儘管伴隨著錯誤、誤解，學術不是通過書寫材料繼承，仍是通過口頭傳承呢？筆者將在今後的研究中探討這個問題。

---

[12] 此外，范曄《後漢書》中與「家學」有關的還有下述事例：（1）伏理、伏湛、伏無忌三代——伏家的《詩》學事例（〈伏湛傳〉），（2）袁安祖父袁良、袁安、袁安之子袁京、袁京之子袁彭、袁彭之弟袁湯、袁安之子袁敞——袁家的《易》學事例（〈袁安傳〉），（3）年輕時通曉「家學」（《尚書》）的孔昱的事例（〈黨錮列傳〉）。

[13] 關於桓家的學問的研究，有張猛：〈東漢「桓氏學」對訓詁學之作用〉，收入陳平原、王守常、汪暉主編：《學人》，第1輯（南京市：江蘇文藝出版社，1991年）。在東晉次所著書的187－188頁也提及了桓家和楊家。

[14] 請參閱井之口哲也：〈試論白虎觀會議的意義〉，收入蔡方鹿主編：《經學與中國哲學》（上海市：華東師範大學出版社，2009年）

「遷書載堯典禹貢洪範微子金縢諸篇多古文說」考

馬楠*

《漢書·儒林傳》稱：

> 孔氏有古文《尚書》，孔安國以今文字讀之，因以起其家逸《書》，得十餘篇，蓋《尚書》茲多於是矣。遭巫蠱，未立於學官。安國為諫大夫，授都尉朝，而司馬遷亦從安國問故。遷書載〈堯典〉、〈禹貢〉、〈洪範〉、〈微子〉、〈金縢〉諸篇，多古文說。

今人多承孫星衍《尚書今古文注疏》之誤，以為《史記》用古文《尚書》。其實班書云「多古文說」，謂《史記》載《尚書》本伏生以來今文說，自不待言；因孔安國起其家逸《書》，史遷從而問故，於是〈堯典〉以下五篇兼採古文說。採摭數條即可稱「多古文說」，而篇次大義、文句釋義同伏生說則不言而喻，班書舉其難明，省其易曉。今舉五篇「古文說」並論證如下：

一 〈堯典〉

《史記》述〈堯典〉之古文說，最顯豁者為南嶽衡山說。《爾雅·釋山》說五嶽云「江南，衡」，又云「霍山為南嶽」，郭注：「漢武帝以衡山遼曠，因讖緯皆以霍山為南嶽，故移其神於此。」舊說皆云南嶽衡山為古文說，南

---

* 清華大學出土文獻研究與保護中心

嶽霍山為今文說[1]。

　　案江南衡山在《漢志》長沙國湘南；江北霍山在廬江灊縣，即天柱山。皮錫瑞說，衡、霍兩山皆有二名，古多謂霍為衡，後多謂衡為霍。武帝前之《大傳》、《爾雅》所謂「霍山」實為江南之衡，《楚辭・天問》「吳獲迄古，南嶽是止」，南嶽亦當為楚地之衡。武帝移嶽神於江北天柱，《史記》所謂「衡山」實為江北之霍。〈黥布列傳〉「九江、廬江、衡山、豫章郡皆屬布」，〈淮南衡山列傳〉「徙為衡山王，王江北」。〈始皇本紀〉「乃西南渡淮水，之衡山、南郡，浮江，至湘山祠」。則馬遷所謂「衡山」非謂江南衡山，乃江北天柱。〈封禪書〉之「衡山」亦是霍山，非別用古文說。皮說甚是。

　　南嶽「衡山」既為江北之霍，非古文說，則《史記》載〈堯典〉古文說可考者僅有一處。

　　〈堯典〉「詩言志，歌永言。聲依永，律和聲」，〈五帝本紀〉「詩言意，歌長言。聲依永，律和聲」。上「永」字訓長，下「永」如字。馬融（〈五帝本紀〉《集解》引）「歌所以長言詩之意也」，鄭注（〈詩譜序〉孔疏引）「永，長也，歌又所以長言詩之意」，同馬。馬、鄭、王皆訓永為長。

　　今文《尚書》說則《禮記・樂記》「詩，言其志也。歌，詠其聲也」，《漢書・禮樂志》「和親之說難形，則發之於詩歌詠言、鐘石筦弦」，又云「詩言志，歌咏言，聲依咏，律和聲」[2]，〈藝文志〉「《書》曰『詩言志，哥詠言』，故哀樂之心感而哥詠之聲發。誦其言謂之詩，詠其聲謂之哥」。《論衡・謝短》云「《尚書》曰『詩言志，歌詠言』」。字作「哥」[3]、「咏」、

---

[1] 《尚書大傳》 五嶽謂「岱山、霍山、華山、恆山、嵩山也」，又云「中祀大交霍山」，鄭注謂五月南巡守所祭。《說苑・辨物》、《論衡・書虛》、《說文》、《廣雅・釋山》、《水經・禹貢山水澤地所在》並同。見於金石者有〈校官碑〉「君秉資南霍之神」。《白虎通・巡狩》：「南方為霍山何？霍之為言護也，言太陽用事護養萬物也。」《三禮義宗》說同。

[2] 顏注：「在心為志，發言為詩。咏，永也，永，長也。歌所以長言之。」據〈藝文志〉，班氏以咏為歌詠之詠，不作永長解。顏注誤。

[3] 伯3315作「哥」同，云「哥，古歌字」。案《說文》「哥，聲也……古文以為謌字」，

「詠」。案《說文》「詠，歌也」，「咏，詠或从口」，「歌，詠也。……古文以為謌字」。《釋名・釋樂器》云：「人聲曰歌，歌，柯也。所歌之言是其質也，以聲吟詠有上下，如草木之有柯葉也，故兗、冀言歌聲如柯也。」班、王、劉皆以為歌以詠言，與《史記》及馬、鄭、王釋長言不同。又〈詩大序〉：「詩者，志之所之也，在心為志，發言為詩。情動於中而形於言，言之不足，故嗟歎之，嗟歎之不足，故永歌之，永歌之不足，不知手之舞之、足之蹈之也。」〈詩大序〉似亦以「永歌」為歌詠。《釋文》「永，徐音詠」，徐僊民蓋從班固說，讀永為歌詠之詠。

二 〈禹貢〉

《史記・夏本紀》、《漢書・地理志》皆載〈禹貢〉全文，《漢書》多古字古文，《史記》載〈禹貢〉文更近漢人本。例如：

〈禹貢〉梁州「岷嶓既藝」，《漢志》作「岷嶓既藝」，揚雄〈益州箴〉「禹導江沱，岷嶓啟乾」，班、揚字同古文《尚書》作「岷」。〈夏本紀〉則作「汶嶓既藝」，字作「汶」，為今文《尚書》。段玉裁說，〈夏本紀〉又曰「汶山之陽」、「汶山道江」，〈封禪書〉秦并天下，所奉名山大川，自華以西有瀆山，曰「瀆山，蜀之汶山也」，以漢之汶山釋秦之瀆山。〈貨殖傳〉「吾聞汶山之下，沃野」，〈西南夷傳〉「以冉駹為汶山郡」，皆作「汶」。惟〈河渠書〉「蜀之岷山」作「岷」，疑為改竄。《漢書・武帝紀》元鼎六年定西南夷，以為武都、牂牁、越巂、沈黎、文山郡；《漢志》蜀郡有汶江道；〈西南夷傳〉亦曰「以冉駹置文山郡」。《楚辭・悲回風》「隱岐山岋以清江」，王注：「《尚書》曰『 山導江』，『岐』一作『嵚』，一作『汶』。」《三國志・秦宓傳》亦作「汶」。皮錫瑞說〈樊毅修華嶽碑〉「決江開汶」，字正作「汶」。

謌為《說文》歌字或體，是許所見古文以「哥」表「謌」、「歌」字，故梅賾《尚書》同之。

〈禹貢〉之「古文」說，可考者為《漢志》所引「古文以為」十一條，錢大昕說此十一條與《水經·禹貢山水澤地所在》一一吻合，《新唐書》云《水經》桑欽所作，不為無據[4]。分別為：

(1) 汧山。《漢志》右扶風汧縣：「吳山在西，古文以為汧山，雍州山。」

(2) 終南。《漢志》右扶風武功：「太壹山，古文以為終南。」今文說以太一、終南為二山[5]。

(3) 惇物。《漢志》右扶風武功：「(垂)[岳]山[6]，古文以為敦物，皆在縣東。」[7]今文義〈禹貢〉雍州「終南惇物」謂終南饒物產，不以惇物為山名[8]。

(4) 外方。《漢志》潁川郡崈高：「武帝置以奉大室山，是為中岳，有太室少室山廟，古文以崈高為外方山也。」

(5) 內方。《漢志》江夏郡竟陵：「章山[9]在東北，古文以為內方山。」

(6) 陪尾。《漢志》江夏郡安陸：「橫尾山在東北，古文以為倍尾山。」

---

4 見錢大昕《三史拾遺》卷三：「案〈志〉稱古文者十一：汧山、終南、惇物在扶風，外方在潁川，內方、倍尾在江夏，嶧陽在東海，震澤在會稽，傅淺原在豫章，豬澤在武威，流沙在張掖，皆古文《尚書》家說，與《水經》所載〈禹貢山澤所在〉無不脗合。相傳《水經》出於桑欽，欽即傳古文《尚書》者，則《水經》為欽所作信矣。」

5 成蓉鏡《禹貢班義述》說：張衡〈西京賦〉、潘岳〈西征賦〉以太一、終南為二。蓋今文義如此。

6 《漢書補注》引錢坫說，垂當為岳，形近而誤。〈封禪書〉、〈郊祀志〉，徐廣注皆云岳山。成蓉鏡說小司馬所見《漢志》已誤作「垂山」。

7 《漢書補注》據《水經·禹貢》云終南、惇物在武功縣西南，云「縣東」誤。王說是。

8 皮錫瑞說，〈無極山碑〉「有終南之惇物，岱宗之松，楊越之梧□條蕩」，洪适以「惇物」為終南所產，與松篠同科，程大昌本之，謂終南產物殷阜，故稱惇物，非別有一山。

9 段玉裁說，班志「章山」之上當有「立」字，《史記集解》引鄭注：「〈地理志〉內方在竟陵，名立章山。」〈郡國志〉曰：「江夏郡竟陵，立章山，本內方。」又《水經注》：「〈禹貢〉注立章山也。」蓋俗本《漢書》因章頭似立而脫之。楊守敬說《水經·沔水》作「章山」，《晉志》、《括地志》同。今從楊說。

今文《尚書》以泗水陪尾釋之[10]。

（7）嶧陽。《漢志》東海郡下邳：「葛嶧山在西，古文以為嶧陽。」今文說似以魯國鄒縣鄒嶧山當之[11]。

（8）震澤。《漢志》會稽郡吳縣：「具區澤在西[12]，揚州藪，古文以為震澤。」

（9）敷淺原。《漢志》豫章郡歷陵：「傅易山、傅易川在南，古文以為傅淺原。」[13]

（10）豬野。《漢志》武威郡武威：「休屠澤在東北，古文以為豬澤。」[14]

（11）流沙。《漢志》張掖郡居延：「居延澤在東北[15]，古文以為流沙。」

此外，〈漢志〉引桑欽說亦當為古文說，凡六例：

（1）《漢志》上黨郡屯留：「桑欽言絳水出西南，東入（海）〔漳〕。」[16] 信都國信都「〈禹貢〉絳水亦入海」。桑欽以為絳水入漳，班固以為入海為異。

---

[10]《博物志》「泗出陪尾」，《春秋緯·文燿鉤》（《周禮·保章氏》賈《疏》引）「外方熊耳，以至泗水陪尾，屬搖星」，皆今文說。今文說在山東泗水，古文說在湖北安陸，安陸說似長。

[11] 今文說似以嶧山即〈魯頌·閟宮〉「保有鳧繹」，文十三年《左傳》「邾文公卜遷于繹」之「繹」，見《漢志》魯國鄒縣，〈郡國志〉劉注引《鄒山記》、《爾雅》郭注、《水經·泗水》注引京相璠、《括地志》、《通典》、《封氏見聞記》同。

[12]《周禮·職方氏》鄭注、《水經·禹貢》皆云在吳縣南。

[13]《水經·禹貢》云在歷陵縣西，與〈志〉「在南」小異，《水經·禹貢》是。

[14]《水經·禹貢》注「〈地理志〉曰：『谷水出姑臧南山，北至武威入海。』居此水流兩分，一水北入休屠澤，俗謂之為西海；一水又東逕一百五十里入豬野，世謂之東海，通謂之都野矣。」酈注以為析言之，休屠澤與豬野澤為二，通稱則並為豬野。未審酈義是否為今文說。

[15]〈夏本紀〉《集解》引鄭玄：「〈地理志〉流沙在居延西北，名居延澤。」作「西北」者，蓋裴氏誤引。

[16] 王念孫說「海」當作「漳」，後人據信都國信都「〈禹貢〉絳水亦入海」，改此「漳」為「海」。彼「入海」為班意，此「入漳」系班引桑欽，不可強同。《水經·漳水》注云絳水東逕屯留入漳，又云「〈地理志〉云絳水發源屯留，下亂漳津」，則此當作「東入漳」無疑。陳喬樅同，謂桑欽古文《尚書》說以絳水入漳，今文說絳水入海，是。

（2）《漢志》平原郡高唐：「桑欽言漯水所出。」東郡東武陽：「禹治漯
　　水東北至千乘入海，過郡三[17]，行千二十里。」班固以為漯水（字當
　　作濕、溼）[18]出東武陽，與桑欽言出高唐為異[19]。

（3）《漢志》泰山郡萊蕪：「〈禹貢〉汶水出，西南入泲，汶水，桑欽
　　所言。」琅邪郡朱虛：「東泰山，汶水所出，東至安丘入濰，有三
　　山、五帝祠。」則兩汶水《漢志》以萊蕪汶水當〈禹貢〉汶水，說
　　同桑欽古文。

（4）《漢志》丹揚郡陵陽：「桑欽言淮水出東南，北入大江。」〈禹貢〉
　　淮水出南陽郡平氏東南之桐柏山，《漢志》、《水經·淮水》皆同，
　　丹陽郡淩陽所出亦名淮水，所謂小淮河、東溪水。

（5）《漢志》張掖郡刪丹：「桑欽以為道弱水自此，西至酒泉合黎。」[20]
　　《淮南子·墬形》說弱水出窮石（祁連山）[21]，二義不相牴牾。

（6）《漢志》中山國北新成：「桑欽言易水出西北，東入滱。」

---

[17] 《漢書補注》云過東郡、平原、濟南、千乘四郡，「三」當作「四」。

[18] 段玉裁說，顧藹吉《隸辨》謂〈熊君碑〉「顯」作「顯」形，與「濕」之為「漯」正
同，《漢書·功臣表》有濕陰侯，《左傳》杜注、〈郡國志〉作「濕陰」，《漢志》平原
郡、〈霍去病傳〉、〈王莽傳〉作「漯陰」。又《漢志》千乘郡溼沃，濕水所經，〈郡國
志〉同。《水經·河水》注作「漯陰」、「漯沃」。

[19] 《說文》「濕」下並存班固、桑欽說。蔣廷錫《尚書地理今釋》云：「蓋漯水本出高
唐，至千乘入海，自禹導河至大伾始分河之一支，東北流，首經東武陽，至高唐合
漯水，自合漯水，則高唐以南、[東]武陽以北之河皆被以漯名矣。」蔣說蓋是，見氏
著：《尚書地理今釋》（《叢書集成初編》影《借月山房彙鈔》本），頁38。

[20] 今《水經》無〈弱水〉篇，〈夏本紀〉《索隱》引《水經》「弱水出張掖刪丹縣西北，
至酒泉會水縣入合黎山腹」說同，是小司馬猶及見之。《說文》：「溺水，自張掖刪丹
西至酒泉，合黎餘波入于流沙。」〈郡國志〉：「張掖郡刪丹，弱水出。」皆本《漢志》
所引桑欽說。陳喬樅說，桑欽說以為導弱水自刪丹，今文《尚書》則說弱水出刪丹。
陳說或是。然〈夏本紀〉《索隱》引《水經》亦云出刪丹，未審《漢志》引桑欽、《索
隱》引《水經》孰是。又《漢志》金城臨羌「有弱水、昆侖山祠」，似與此弱水無涉。

[21] 〈墬形〉「弱水出自窮石」，高注：「窮石，山名，在張掖北。」《括地志》：「蘭門山，
一名窮石，在刪丹縣西南七十里。」《隋志》刪丹縣有祁山、弱水，《說文》：「屼，山
也。或曰弱水之所出。」祁山疑即屼山之譌，屼山蓋即窮石之別名。

《史記・夏本紀》載〈禹貢〉全文，未詳其言山水所在，就《史記》全書上下可考者言之，與上述十七條古文說並無相合之證，且與今所見劉歆、鄭玄、《水經・禹貢》說多有不合。例如：

(1)〈封禪書〉：「自華以西，名山七，名川四。曰華山。薄山：薄山者，衰山也。岳山。岐山。吳岳。鴻冢。瀆山：瀆山，蜀之汶山。四大冢鴻、岐、吳、岳，皆有嘗禾。」《史記》稱「吳山」為「吳岳」，與《周禮・職方氏》雍州「山鎮曰岳山」鄭注以吳山為雍州鎮山相合。〈封禪書〉又云「汧、渭之間」、「汧、洛之屬」，似不以吳山為〈禹貢〉「導汧及岐」之汧山。

(2)〈禹貢〉「九江孔殷」。九江，劉歆、鄭注以為豫章九水入彭蠡[22]，即鄱水、餘水、修水、豫章水、盱水、蜀水、南水、彭水合湖漢水為九，俱入江，故曰九江[23]。《水經・禹貢》云九江地在長沙下雋西北，胡渭申之，謂湘、資、沅、澧等九水入洞庭而入江[24]。

〈夏本紀〉作「九江甚中」，〈河渠書〉太史公曰「余南登廬山，觀禹疏九江」。〈淮南王傳〉「擊廬江，有尋陽之船，結九江之浦，絕豫章之口」，〈龜筴傳〉「廬江郡常歲時生龜，長尺二寸者二十枚，輸太卜官」，與〈禹貢〉「九江納錫大龜」正合。《史記》以「九江」約在尋陽一帶，廬江、豫

---

[22]《釋文》引《太康地記》曰：「九江，劉歆以為湖漢九水入彭蠡澤也。」鄭注：「〈地理志〉九江在潯陽南，皆東合為大江。」

[23]《漢志》豫章郡鄱陽云「鄱水西入湖漢」；餘汗云「餘水在北，至鄱陽入湖漢」；艾縣云「修水東北至彭澤入湖漢，行六百六十里」；贛縣云「豫章水出西南，北入大江」；南城云「盱水西北至南昌入湖漢」；建成云「蜀水東至南昌入湖漢」；宜春云「南水東至新淦入湖漢」；雩都云「湖漢水東至彭澤入江，行九百八十里」；南壄云「彭水東入湖漢」。

[24]案〈禹貢〉「導水」章云江水「又東至于澧，過九江，至于東陵」，則湖南湘、資、沅、澧水入洞庭，繼而入江，與「東至于澧」句重沓。又胡氏以巴陵（岳陽）當東陵，與四水入江處相近，又嫌重複。《錐指》說非是。

章二郡之間[25]。其說近之，而與劉歆、《水經·禹貢》說不同[26]。

可指為古文說者或有兩處：

（1）〈禹貢〉：「東過洛汭，至于大伾。北過降水，至于大陸，又北播為九河，同為逆河，入于海。」

〈河渠書〉太史公曰：「東闚洛（字當作「雒」）汭、大邳、迎河。」今文《尚書》「逆」字多作「迎」，「迎河」即〈禹貢〉「逆河」[27]，此《漢志》勃海郡「莽曰迎河」，南皮「莽曰迎河亭」可證。「迎河」、「逆河」之義，鄭、王、孔以為九河[28]會同為一，一河逆受九河而入海。據〈河渠書〉，似馬遷亦以為實有地曰「迎河」，或係古文說。班義則當同〈溝洫志〉大司空掾

---

[25] 〈夏本紀〉《索隱》：「按《尋陽記》九江者，烏江、蚌江、烏白江、嘉靡江、沙江、畎江、廩江、隄江、箘江。又張滇《九江圖》所載有三里、五畎、烏土、白蚌，九江之名不同。」陸氏《釋文》：「九江，《潯陽地記》：『一曰烏白江，二曰蚌江，三曰烏江，四曰嘉靡江，五曰畎江，六曰源江，七曰累江，八曰提江，九曰箘江。』張須元《緣江圖》云：『一曰三里江，二曰五州江，三曰嘉靡江，四曰烏土江，五曰白蚌江，六曰白烏江，七曰箘江，八曰沙提江，九曰廩江。』參差隨水長短，或百里，或五十里。始於鄂陵，終於江口，會于桑落洲。」

[26] 《漢志》廬江郡尋陽「〈禹貢〉九江在南，皆東合 大江」，又云「豫章郡，莽曰九江」，「柴桑，莽曰九江亭」。似同《史記》說。

[27] 皮錫瑞據〈河渠書〉此文，謂〈夏本紀〉「北播 九河，同為逆河，入于海」，〈河渠書〉：「於是禹以河所從來者高，水湍悍，難以行平地，數為敗，乃廝二渠以引其河，北載之高地，過降水，至于大陸，播為九河，同為逆河，入于勃海。」兩處「逆河」當作「迎河」，〈夏本紀〉「入于海」當作「入于勃海」。又《漢書·地理志》述〈禹貢〉作「逆河」，而勃海郡云「莽曰迎河」，南皮云「莽曰迎河亭」，〈溝洫志〉曰「播為九河，同為迎河，入于勃海」，則〈地理志〉亦當作「迎河」、「入于勃海」。謹案，皮說《史記》當作「迎河」殆是，《漢書》多同古文，未必作「迎河」。〈溝洫志〉自本〈河渠書〉作「入于勃海」，〈夏本紀〉、〈地理志〉未必同。

[28] 九河說詳〈禹貢〉，九河詳上兗州「九河既道」。今人多以為黃河進入華北平原，水勢散漫，分多股入海。其地則〈釋水〉九河「徒駭、大史、馬頰、覆釜、胡蘇、簡、絜、鉤盤、鬲津」所在。〈溝洫志〉河隄都尉許商謂「古說九河之名有徒駭、胡蘇、鬲津，見在成平、東光、鬲界中，自鬲以北至徒駭間相去二百餘里，今河雖數移徙，不離此域。」〈漢志〉勃海郡成平「虖沱河，民曰（王念孫說「或曰」之誤）徒駭河」；東光「有胡蘇亭」，平原郡鬲縣「平當以 鬲津」，同許商。

王橫說「往者天嘗連雨，東北風，海水溢，西南出，浸數百里，九河之地已為海所漸矣」，以為逆河即海水西浸倒灌，若迎河入海。

（2）〈禹貢〉：「五百里甸服：百里賦納總，二百里納 ，三百里納秸服，四百里粟，五百里米。」

案甸、侯、綏、要、荒面各五百里，凡五千里，即〈皋陶謨〉所謂「弼成五服，至于五千」。《五經異義》云「今《尚書》歐陽、夏侯說中國方五千里」之義如此。歐陽、夏侯義甸服即王畿千里，侯、綏、要、荒各五百里，方五千里。而〈夏本紀〉載〈禹貢〉云「令天子之國以外五百里甸服」，以甸服又在王畿之外，又〈五帝本紀〉云「方五千里，至于荒服」，陳喬樅調和《史記》前後，謂馬遷義王畿千里，千里之外甸、侯、綏、要、荒各五百里，荒服五百里不在中國，中國仍為方五千里。陳說是。而以王畿之外別有五百里甸服，與馬融以甸服之外別有納總、銍、秸服、粟、米之五百里為異曲同工，或班固所謂「古文說」之一[29]。

三 〈洪範〉

今文《尚書》例稱〈洪範〉為〈商書〉，《大傳》、《爾雅》、《漢書》、《說文》皆同[30]；古文《尚書》則以〈洪範〉為〈周書〉。

---

[29] 案《國語‧周語上》：「夫先王之制：邦內甸服，邦外侯服，侯衛賓服，蠻夷要服，戎狄荒服。」〈周語中〉亦云「規方千里以為甸服」。又〈王制〉云「天子之田（甸）方千里」，又云「千里之內曰甸」、「千里之外曰采」。當從歐陽、夏侯說，以王畿即甸服，數侯、綏、要、荒為方五千里。

[30] 《爾雅‧釋天》「商曰祀，周曰年」，《尚書》兩云「祀」，一為〈多方〉「今爾奔走臣我監五祀」，舊注皆云告殷民，故稱「祀」，示不改其舊。一為〈洪範〉篇首云「惟十有三祀」，是《爾雅》亦以〈洪範〉為〈商書〉。《漢書‧儒林傳》：「遷書載〈堯典〉、〈禹貢〉、〈洪範〉、〈微子〉、〈金滕〉諸篇多古文說。」列〈洪範〉於〈微子〉前，亦以為〈商書〉。《說文》引〈洪範〉凡五，分別為：「𠤎，《易卦》之上體也。〈商書〉：『曰貞曰𠤎。』」「斁，敗也。……〈商書〉曰：『彝倫攸斁。』」「𡴴，豐也。……〈商書〉曰：『庶草繁𡴴。』」「圛，回行也。……《尚書》曰：『圛圛升雲，半有半無。』讀若驛。」「政，人姓也。……〈商書〉曰：『無有作政。』」

《史記‧周本紀》：「武王已克殷後二年，問箕子殷所以亡，箕子不忍言殷惡，以存亡國宜告。武王亦醜，故問以天道。」事在〈金縢〉之前。而〈宋世家〉稱殷之三仁，先載〈微子〉、後陳〈洪範〉，與《漢書》先〈洪範〉、後〈微子〉次第相異。但《史記》載〈洪範〉於〈宋世家〉，亦當以〈洪範〉為〈商書〉，與三家《詩》以〈商頌〉為正考父所作同義[31]。

〈宋世家〉載〈洪範〉與今文《尚書》相異者有三，或係古文說：

（1）〈宋世家〉：「武王封紂子武庚祿父，以續殷祀，使管叔、蔡叔傅相之，武王既克殷，訪問箕子。」「於是武王乃封箕子於朝鮮而不臣也。」《尚書大傳》：「武王勝殷，繼公子祿父，釋箕子囚，箕子不忍周之釋，走之朝鮮。武王聞之，因以朝鮮封之，箕子既受周之封，不得無臣禮，故於十三祀來朝。」《史記》問〈洪範〉乃封朝鮮，《大傳》封朝鮮來朝乃問〈洪範〉。

（2）〈洪範〉：「無黨無偏，王道平平。」

〈宋世家〉作「王道平平」同。案〈張釋之馮唐傳贊〉引此經作：「王道便便。」〈堯典〉「平章」，〈五帝本紀〉作「便章」；〈堯典〉「平秩」，〈五帝本紀〉作「便程」；《毛詩‧采菽》「平平左右」，《釋文》引《韓詩》作「便便」。惟〈宋世家〉作「平平」，與《史記》前後諸例不合，或係用古文。

（3）〈洪範〉：「惟辟作福，惟辟作威，惟辟玉食，臣無有作福、作威、玉食；臣之有作福、作威、玉食，其害于而家、凶于而國。人用側頗僻，民用僭忒。」

案漢人引此經，皆「作威」在上，「作福」在下。如《漢書‧王嘉傳》

以〈洪範〉為〈商書〉，戰國時舊說如此，《左傳》三引〈洪範〉，文五年衛甯嬴引「沈漸剛克，高明柔克」，成六年或謂樂武子「三人占，從二人」，襄三年引「無偏無黨，王道蕩蕩」，皆云〈商書〉。

[31] 案《毛傳》、鄭《箋》以為〈商頌〉為正考父得於周太師，〈魯頌〉為奚斯建廟、史克作頌。三家《詩》說以為〈商頌〉正考父所作，〈魯頌〉奚斯所作。〈宋世家〉：「太史公曰：……襄公之時，修行仁義，欲為盟主。其大夫正考父美之，故追道契、湯、高宗，殷所以興，作〈商頌〉。」又〈曹全碑〉云「嘉慕奚斯、考甫之美」，〈張遷碑〉「奚斯贊魯，考父頌殷」。

「臣聞箕子戒武王曰：『臣亡有作威、作福，亡有玉食。臣之有作威、作福、玉食，害于而家，凶于而國。人用側頗辟，民用僭慝。』」[32]

「作福」在上、「作威」在下者僅〈宋世家〉與〈三王世家〉、《漢書・武五子傳》載武帝〈封廣陵王策〉「臣不作福，不作威」兩處[33]。或為〈洪範〉古文說。

四 〈微子〉

〈微子〉篇今古文關鍵區別在於解釋大師少師、父師少師有異。今文《尚書》作「大師」、「少師」，以為樂官，說本《論語》：「大師摯適齊，亞飯干適楚，三飯繚適蔡，四飯缺適秦。鼓方叔入於河，播鼗武入於漢，少師陽、擊磬襄入於海。」古文《尚書》作「父師」、「少師」。鄭玄以來說為箕子、比干，其說亦本《論語》：「微子去之，箕子為之奴，比干諫而死。孔子曰：殷有三仁焉。」

---

32 又如〈楚元王傳〉劉向曰：「《書》曰：『臣之有作威、作福，害于而家，凶于而國。』」（害上無其字，同〈王嘉傳〉）〈王商傳〉張匡對曰：「竊見丞相商作威作福。」《後漢書・荀爽傳》「『惟辟作威，惟辟作福，惟辟玉食。』此三者君所獨行，而臣不得同也。今臣僭君服，下食上珍，所謂害于而家，凶于而國者也。」〈第五倫傳〉：「《書》曰：『臣無有作威作福，其害于而家，凶于而國。』」（「害」上有「其」字，與孔《傳》本同。）〈楊震傳〉：「《書》曰：『臣無有作威作福玉食』。」〈蔡邕傳〉答詔問災異：「《書》曰：『惟辟作威，惟辟作福。』臣或為之，謂之凶害。」〈李固傳〉馬融奏：「作威作福，莫固之甚。」又〈襄楷傳〉「臣作威作福」。〈張衡傳〉衡上疏：「威不可分，德不可共。〈洪範〉曰：『臣有作威作福玉食，害于而家，凶于而國。』」（害上無其字，同《漢書・王嘉傳》、〈楚元王傳〉）。《戰國策》高注引《書》曰「无有作威、作福」。《三國志・蔣濟傳》：「夫作威作福，《書》之所誡。」隋梁毗論楊素封事曰：「臣聞臣無有作威福，臣之作威福，其害于而家，凶于而國。」是隋人所據之本猶有先威後福者。

33 案《史記・三王世家》廣陵王策引《書》作「臣不作威，不作福」，褚先生釋曰：「故誡之曰『臣不作福』者，勿使行財幣，厚賞賜，以立聲譽，為四方所歸也。又曰『臣不作威』者，勿使因輕以倍義也。」褚先生所見《太史公書》亦以「作福」在「作威」前，《漢書・武五子傳》同之。今本誤倒。

《史記‧殷本紀》：「微子數諫不聽，乃與大師少師謀，遂去。」〈宋世家〉：「微子度紂終不可諫，欲死之及去，未能自決，乃問於大師少師。」字作「大師、少師」，不以為比干、箕子，用今文說無疑。

惟〈殷本紀〉稱微子數諫不聽，乃與大師、少師謀，遂去。下文乃言比干諫死，箕子為奴，大師、少師奔周。〈宋世家〉則稱箕子狂、比干死，於是大師、少師乃勸微子去，遂行。兩處小有異，皮錫瑞疑一為今文說，一為古文說，或是。

五 〈金縢〉

〈魯世家〉載周公事本末（傳本〈金縢〉部分用＿＿標出）云：

（1）武王有疾，周公為禱祀。明日，武王有瘳。武王卒，周公攝政，管蔡流言。

（2）伯禽就魯，周公誡伯禽。

（3）誅管、蔡，封康叔、微子，平淮夷。

（4）唐叔得禾，成王命唐叔以餽周公於東土，作〈餽禾〉。周公作〈嘉禾〉。東土以集，周公為〈鴟鴞〉貽王。

（5）作雒，召公相宅，周公告卜。（〈召誥〉、〈雒誥〉）

（6）歸政成王。（初，成王有疾病，周公為禱。及成王用事，人或譖周公，周公奔楚。成王發府，見周公禱書，乃泣，反周公。）

（7）周公歸，作〈多士〉，作〈毋逸〉。

（8）作〈周官〉，作〈立政〉。

（9）周公在豐將沒，欲葬成周。周公薨，成王葬之于畢。（〈亳姑〉）[34]

---

[34] 案《書序》云：「周公在豐，將沒，欲葬成周。公薨，成王葬于畢。告周公，作〈亳姑〉。」〈魯世家〉（9）與之正合，《尚書大傳》「乃不葬於成周而葬之於畢，示天下不敢臣」，亦似就此而發。《史記》又以〈金縢〉「秋大熟」數句次於〈亳姑〉序下（10），故孫星衍、皮錫瑞皆以〈金縢〉「秋大熟」不知何歲之秋，據《史記》前後次第，「秋大熟」以下當為〈亳姑〉逸文。說詳拙作〈〈金縢〉篇末析疑〉。

（10）周公卒後，<u>秋未穫，天變示警，成王啟金縢書</u>。

（11）<u>王出郊親迎</u>，天止異象，成王命魯得郊祭。

案〈金縢〉「秋大熟」未言何歲之秋，今古文異說正出於「秋大熟」之後。明標今古文異說者，如《論衡・類感》：「〈金縢〉曰：『秋大熟，未穫。天大雷電以風，禾盡偃，大木斯拔，邦人大恐。』當此之時，周公死，<u>儒者說之</u>，以為成王狐疑於 [葬] 周公：欲以天子禮葬公，公，人臣也；欲以人臣禮葬公，公有王功。狐疑於葬周公之間，天大雷雨，動怒示變，以彰聖功。<u>古文家以武王崩，周公居攝</u>，管、蔡流言，王意狐疑周公，周公奔楚，故天雷雨以悟成王。」

是伏生以來，歐陽、大小夏侯家說，以為「秋大熟」在周公卒後，成王欲葬之成周，天變示警，成王悟而以天子禮葬周公於畢；葬不以諸侯禮而以天子禮、不葬于成周而葬於畢，以此釋〈金縢〉「禮亦宜之」[35]。古文家說，

---

[35] 又見《漢書・梅福傳》：「昔成王以諸侯禮葬周公，而皇天動威，雷風著災。」顏注引《尚書大傳》：「周公疾，曰：吾死必葬於成周，示天下臣於成王也。周公死，天乃雷雨以風，禾盡偃，大木斯拔。國恐，王與大夫開金縢之書，執書以泣曰：周公勤勞王家，予幼人弗及知。乃不葬於成周而葬之於畢，示天〔下〕不敢臣。」《漢書・儒林傳》谷永上疏：「昔周公薨，成王葬以變禮，而當天心。」顏注：「周公死，成王欲葬之於成周，天乃雷雨以風，禾盡偃，大木斯拔。國大恐。王乃葬周公於畢，示不敢臣也。事見《尚書大傳》，而與古文《尚書》不同。」《白虎通・封公侯》：「周公身薨，天為之變，成王以天子禮葬之，命魯郊。」《白虎通・喪服》：「周公以王禮葬何？……故以王禮葬，使得郊祭。《尚書》曰：『今天動威，以彰周公之德。』下言：『禮亦宜之。』」《論衡・感類》：「天彰周公之功，令成王以天子禮葬。」「周公不以天子禮葬，天為雷雨以責成王。」《後漢書・張奐傳》：「周公葬不如禮，天乃動威。」章懷注引《尚書大傳》：「周公薨，成王欲葬之於成周，天乃雷雨以風，禾即盡偃，大木斯拔，國人大恐。王葬周公畢，示不敢臣也。」《後漢書・周舉傳》永和元年詔問：「昔周公攝天子事，及薨，成王欲以公禮葬之，天為動變。及更葬以天子之禮，即有反風之應。」章懷注引《尚書洪範五行傳》曰：「周公死，成王不圖大禮，故天大雷雨，禾偃，大木拔。及成王寤金縢之策，改周公之葬，尊以王禮，申命魯郊，而天立復風雨，禾稼盡起。」僖三十一年《公羊傳》：「魯郊，非禮也。」何注：「昔武王既沒，成王幼少，周公居攝，行天子事，制禮作樂，致太平，有王功。周公薨，成王以王禮葬之，命魯使郊，以彰周公之德。」

以為「秋大熟」在周公居東（一說東征討逆，一說避罪出奔），罪人斯得之後，天變示警，是以成王悟而釋疑，親迎周公。〈魯世家〉（10）載秋大熟未獲，天變示警在周公卒後，則為今文《尚書》說無疑。

〈魯世家〉載〈金縢〉首尾，中又有「初，成王少時，病，周公乃自揃其蚤沈之河，以祝於神曰：王少未有識，奸神命者乃旦也。亦藏其策於府。成王病有瘳。及成王用事，人或譖周公，周公奔楚。成王發府，見周公禱書，乃泣，反周公」一事，見前述〈魯世家〉（6）[36]。當係《史記》本今文說，載周公卒後，成王因天變葬周公于畢；又旁涉古文家說，載周公出奔，成王見禱書而反周公。所謂〈金縢〉之「古文說」不過如是。

又及，〈魯世家〉（11）「王出郊」下，稱：「於是成王乃命魯得郊祭文王。魯有天子禮樂者，以襃周公之德也。」是謂「王出郊」為郊祭，因郊祭止天變，遂賜魯郊。《洪範五行傳》、《白虎通》、《公羊解詁》並同[37]。亦為今文說無疑。

---

[36] 又〈蒙恬傳〉載恬云：「昔周成王初立，未離襁褓，周公旦負王以朝，卒定天下。及成王有病甚殆，公旦自揃其爪以沈於河，曰：『王未有識，是旦執事。有罪殃，旦受其不祥。』乃書而藏之記府，可謂信矣。及王能治國，有賊臣言：『周公旦欲為亂久矣，王若不備，必有大事。』王乃大怒，周公旦走而奔於楚。成王觀於記府，得周公旦沈書，乃流涕曰：『孰謂周公旦欲為亂乎！』殺言之者而反周公旦。」與〈魯世家〉（6）正同。

[37] 見《後漢書‧周舉傳》章懷太子注引《洪範五行傳》、《白虎通‧封公侯》、僖三十一年《公羊傳》何注。案魯得行郊天之祭，又牽扯《春秋》數條「卜郊」經文。僖三十一年《春秋》：「夏，四月，四卜郊，不從，乃免牲，三望。」《公羊傳》「魯郊，非禮也」，《公羊》學者皆云成王賜魯使郊為變禮，非禮之正。今案，魯郊之說蓋興於戰國秦漢之際，其說係誤解《禮記‧明堂位》。〈明堂位〉美大魯侯郊祭輿服，所謂「是以魯君孟春乘大路，載弧韣，旂十有二旒，日月之章，祀帝于郊，配以后稷，天子之禮也。」但「郊祭」有二，一則〈郊特牲〉天子郊天之祭，時在冬至，故不卜日；一則襄七年《左傳》孟獻子所謂「啟蟄而郊，郊而後耕」的祈農之祭。〈明堂位〉明說「孟春」，後者無疑。是〈明堂位〉說魯得以天子車服行祈農之郊祭，非謂魯得行天子郊天之禮，鄭玄《駁五經異義》說之甚明。故僖三十一年《穀梁傳》發首即云：「郊，春事也。四卜，非禮也。」最得《春秋》經義。

《孟子》引《書》
與歷代《尚書》傳本的關係

——兼論孟子所引〈堯典〉、〈湯誓〉的學術史意義

唐福玖*

現存最早的《尚書》傳本源於漢代，包括今文《尚書》和古文《尚書》兩大系統[1]。按照劉起釪先生《尚書學史》的考證，漢代的《尚書》傳本主要包括伏生本、孔子家傳本、中秘本、河間獻王本、張霸偽「百兩篇」本、孔壁本[2]，此外還有一個鄭玄注「百篇《書序》」[3]。又按劉起釪先生的觀點，這五個本子可靠的就只有三個，即伏生本今文《尚書》、孔壁古文《尚書》、百篇《書序》（鄭玄注）。所以漢代流傳的《尚書》主要有今文《尚書》、鄭玄

---

* 重慶師範大學文學院

[1] 最近，清華大學陸續整理出了一批戰國竹簡，其中涉及到《書》的就有〈尹至〉、〈尹誥〉、〈說命〉、〈金縢〉諸篇，篇目記錄的時間跨度從成湯到周公。從這個時間跨度來看，如果這批竹簡能夠保全的話，應該是個完整的先秦《尚書》抄本。因此，戰國流傳著不同的《尚書》本子確信無疑。

[2] 劉起釪、陳夢家等學者都認為孔壁本就是孔安國家傳本被劉向父子加以宣揚後得來的。但從最早見於記載的荀悅《前漢紀·成帝紀》「得古文《尚書》，多十六篇」來看，劉歆〈移太常博士〉所說的「逸」除指「《禮》有三十九」外，還指「《書》十六篇」。因此，孔壁古文《尚書》應該是確有其事，只是說法越往後被添加了其他成份，而且這一壁中本很有可能就是孔安國家傳本，只是是從同一本出來的不同抄本而已。

[3] 張霸百兩篇雖被證實是偽造，但其載「百篇《書序》」卻廣為流傳，馬融、鄭玄之徒認為是真，於是給「百篇《書序》」做註，其中包括今文二十九篇和逸十六篇。

注百篇《書序》、孔壁古文《尚書》、鄭注古文《尚書》（襲孔壁本）。以下筆者將通過對孟子引用《尚書》文本的篇名的考證來試圖還原其所傳承版本的原貌，並且從篇目的角度探討幾大《尚書》傳本與孟子所傳本的關係[4]，及從孟子所傳版本看偽古文《尚書》的真偽。同時，在《孟子》中首次出現的〈堯典〉、〈湯誓〉兩篇對考察各種《尚書》傳本篇目的分合及編排秩序和先秦《尚書》命名的特點同樣具有重要的意義。

一　孟子引《書》與歷代《尚書》傳本的關係

（一）標明篇名諸篇與幾大版本關係

在孟子的引《書》方式中有一類明確標有篇名。這種情況共有九次，其中〈太甲〉兩次、〈泰誓〉兩次，九次實際共引用了七篇，即〈湯誓〉、〈太甲〉、〈泰誓〉、〈堯典〉、〈伊訓〉、〈康誥〉、〈武成〉。這七篇見於今文二十八篇的有〈湯誓〉、〈堯典〉、〈康誥〉三篇，而這七篇孔壁古文本、百篇《書序》都收錄，它們在七篇中占的比例是「三比七比七」。由此可見，孟子所傳本與孔壁本古文《尚書》在篇目上具有極大的關係。另外，孟子所引〈太甲〉「天作孽，猶可違；自作孽，不可活」句在《禮記·緇衣》中同樣出現[5]。又《禮記·表記》有「子曰……〈太甲〉曰：『民非后，無能胥以寧，后非民，無以辟四方』」句[6]，而偽古文〈太甲中〉有「民非后，罔克胥匡以生；后非民，罔以辟四方」句[7]。通過對比可知，「無能」與「罔克」相

---

[4] 本文所要使用的各大傳本的篇目數及篇名，以劉起釪《尚書學史》考證為參考對象。劉起釪：《尚書學史》（北京市：中華書局，1989 年），頁149-154。

[5] 《禮記·緇衣》：「〈太甲〉曰：『天作孽，可違也，自作孽，不可逭。』」王文錦：《禮記譯解》（北京市：中華書局，2003 年），頁832。此句也見於偽古文〈太甲中〉中。

[6] 王文錦：《禮記譯解》，頁804。

[7] 周秉鈞：《尚書》（長沙市：嶽麓書社，2004 年），頁70。

通，「以寧」與「以生」相通，偽古文〈太甲中〉文句、語序和語義與《禮記》兩篇和孟子所引大致相同。孟子所引與《禮記·緇衣》和《禮記·表記》兩篇所引〈太甲〉都是出自儒家之學的著作中，由此可見孟子所引〈太甲〉篇是儒家所傳本中重要的一篇。又這三句引文都出現在偽古文〈太甲中〉中，如果偽古文〈太甲〉是襲用了這三句，怎麼會在〈太甲中〉出現得如此集中且語義連貫？而且《禮記·表記》中否定詞「無」在偽古文中都用表示同樣意義的「罔」。不僅此處，偽古文在其他很多篇也基本上都用「罔」表示否定，如〈湯誓〉中的「罔有攸赦」、〈盤庚上〉的「越其罔有黍稷」、〈康誥〉中的「汝亦罔不克敬典」，這些都見於今文《尚書》。這些現象唯一的解釋就是偽古文所載〈太甲〉很有可能就是一篇真〈太甲〉，是屬於另一個抄本。因此，關於偽古文二十五篇全都是造假的說法需要重新審視。

（二）稱引「《書》曰」中可以考定出篇名諸篇與幾大版本關係

在《孟子》一書中，「統稱《書》曰」這種引《書》方式共出現了十一次，其中可以考定出篇名的有五篇。

（1）〈梁惠王下〉「《書》曰：『湯一征，自葛始。』天下信之，東面而征西夷怨，南面而征北夷怨，曰：『奚為後我？』民望之，若大旱之望雲霓也。歸市者不止，耕者不變，誅其君而弔其民，若時雨降，民大悅。《書》曰：『徯我后，后來其蘇。』」[8] 又〈滕文公下〉說：「湯始征，自葛載，十一征而無敵於天下。東面而征，西夷怨；南面而征，北狄怨。曰：『奚為後我？』民之望之，若大旱之望雨也。歸市者弗止，芸者不變，誅其君，弔其民，如時雨降。民大悅。《書》曰：『徯我后，后來其無罰！』」[9] 按《史記·殷本紀》說：「湯征諸侯，葛伯不祀，湯始伐之。……湯曰：『汝不能敬命，予大罰

---

8 〔清〕焦循：《孟子正義》，收入《新編諸子集成》第一輯（北京市：中華書局，1998年），卷5，頁152。

9 〔清〕焦循：《孟子正義》，卷12，頁434。

殛之，無有攸赦。』作〈湯征〉。」[10]又焦循《孟子正義》引王鳴盛《尚書後案》云：「《書序》云：『湯征諸侯，葛伯不祀，湯始征之，作〈湯征〉。』則『葛伯仇餉』及『湯一征，自葛始』云云，正〈湯征〉中語。」[11]從《史記》和《尚書後案》這兩則敘述可以看出，《孟子・梁惠王下》和〈滕文公下〉這兩處相同的引用皆來自〈湯征〉中，〈湯征〉篇是孟子所傳本的一篇。

（2）〈滕文公上〉：「今滕絕長補短，將五十里也，猶可以為善國。《書》曰：『若藥不瞑眩，厥疾不瘳。』」[12]按《國語・楚語》云：「武丁於是作書曰：『以余正四方，恐余德之不類，茲故不言。』如是而又使以象夢求四方之賢，得傅說以來，升以為公，而使朝夕規諫，曰：『若金，用汝作礪；若津，用汝作舟；若天旱，用汝作霖雨。啟乃心，沃朕心。若藥不瞑眩，厥疾不瘳。』」[13]按「若金，用汝作礪」以後的話乃是武丁命傅說之辭，而《孟子》引此句卻標明「《書》曰」，可見此句命說之辭係〈說命〉，因為《史記・殷本紀》載：「武丁夜夢得聖人，名曰說。以夢所見視群臣百吏，皆非也。於是乃使百工營求之野，得說于傅險中。見于武丁，武丁曰是也。得而與之語，果聖人，舉以為相，殷大治。」[14]司馬遷的記載與《國語・楚語》的記載大致相同，參之孟子所標「《書》曰」，大致可證司馬遷所載武丁與傅說之事出自〈說命〉，因為武丁「得而與之語，舉以為相」，並且要傅說「朝夕規諫」，按照「君舉必書」的史官制度，那麼傅說的這些治國之辭和「規諫」之辭被史官記錄下來就是肯定的，並且按照後世歸納出來的典、謨、訓、命等《尚書》篇名的命名習慣，如記錄成湯的誓辭就是〈湯誓〉，記錄成湯告誡諸侯之辭就是〈湯誥〉，記錄伊尹教導太甲的訓辭就是〈伊訓〉，因此按照這種慣例，記錄武丁命令傅說向自己陳述的「規諫之辭」的就應該被稱

---

[10]〔漢〕司馬遷：《史記》（北京市：中華書局，2007年），卷3，頁12。

[11]〔清〕焦循：《孟子正義》，卷5，頁152。

[12]〔清〕焦循：《孟子正義》，卷10，頁321。

[13]〔春秋〕左丘明、〔三國〕韋昭注、吳紹烈等點校：《國語》（上海市：上海古籍出版社，1982年），頁554。

[14]〔漢〕司馬遷：《史記》，卷3，頁14。

為〈說命〉了，因此孟子這裏的「《書》曰」就是〈說命〉。同時，清華大學最近整理出了一批戰國竹簡，其中可以確定的就有〈說命〉三篇，廖名春先生研究認為：「從所掌握的情況來看，其內容與《國語·楚語上》所記載的傅說事蹟相近。」[15] 從廖名春先生的觀點來看，清華簡〈說命〉與《國語·楚語》的這段引文相近，這也印證了《國語·楚語》的引文來自〈說命〉的真實性。那麼已經明確稱引《書》曰的孟子的那句引用就是引自〈說命〉篇。按今文《尚書》、孔壁古文《尚書》、鄭注古文《尚書》都沒有〈說命〉篇，而《書序》百篇有〈說命〉，在〈盤庚〉之後。從對孟子引〈說命〉和清華簡來看，張霸雖偽造了百兩篇，但歷來關於「百篇《書序》」所載的篇目偽造的說法應該重新審視，也許這百篇《書序》在戰國時就已經形成，遭秦火後大部分亡失，後被人根據部分材料從新復原，其中記載的篇名應該是可靠的，因為古代《書》篇很多，不同的學派根據自己學派的需要選取其中一些篇目編輯成選本為自己所用，百篇《書序》本也許就是在這種背景下形成的。

又偽古文《尚書》也有〈說命〉篇，普遍認為其並非孔安國所傳的古文《尚書》本，而是一部偽造之《書》版本。他們的依據就是多出的二十五篇並非全來自「逸十六篇」，認為多出的〈仲虺之誥〉、〈太甲〉、〈說命〉、〈微子之命〉、〈周官〉、〈君陳〉、〈畢命〉、〈君牙〉八題十二篇「只是從《書序》百篇裏選題時與之偶合」[16]。然孟子引用時並沒有標明篇名，而且《國語·楚語》甚至連引自《尚書》或《書》某篇的提示都沒有，孔壁本和鄭注本也沒有〈說命〉一篇，那麼作偽〈說命〉者為什麼不用權威版本的《書》篇卻要加入〈說命〉一篇？並且單單就要把《國語·楚語》中那段話的後半部分（而不是整個那句話）作為作偽的材料呢？這唯一的解釋就是梅賾所獻本確實有〈說命〉一篇，因為《禮記·緇衣》兩引〈說命〉，而兩條皆見於偽古文〈說命中〉中，這就說明偽古文本和〈緇衣〉所引本關係密切。另

---

15 廖名春：〈清華簡與尚書研究〉，《文史哲》，2010 年第 6 期，頁 125。
16 觀點見劉起釪：《尚書學史》，頁 186。

外，最近的《清華大學藏戰國竹簡》也有〈說命〉三篇，這又說明戰國時期確實有〈說命〉存在。因此關於偽古文《尚書》作偽的說法應該重新審視，也許獻偽古文《尚書》的人為了使自己所獻之《書》被朝廷採用，確實編造了所謂的〈書大序〉，裏面的某些篇確實因永嘉之亂而殘缺，因此作偽者不得不從一些記載《書》文句的材料中找出來補全，但其中某一些篇，甚至大多數篇和整個這個版本的《尚書》是否全是作偽卻值得商榷。

（3）〈萬章上〉：「《書》曰：『祗載見瞽瞍，夔夔齊栗，瞽瞍亦允若。』是為父不得而子也。」[17]「瞽瞍」乃是舜父親的名字，見「瞽瞍」的人是舜。按《史記‧五帝本紀》說：「舜之踐帝位，載天子旗，往朝父瞽瞍，夔夔唯謹，如子道。」[18]兩相對比，文句基本相同，可見司馬遷此句所用材料乃《書》之句。又按焦循《孟子正義》引毛奇齡《舜典補亡》說：「漢司馬談作〈本紀〉時，采其文，依次抄入〈紀〉中，相傳亡〈舜典〉一篇，不知何時而亡……而其在古文則實亡〈舜典〉前截，未嘗全亡。」[19]其大意就是古文〈舜典〉一篇確實存在，司馬談寫〈本紀〉時引用過其材料。其說是可信的，因為司馬遷雖然多習今文《尚書》，寫〈本紀〉也大部分全採用，但其〈儒林傳〉卻說：「孔氏有古文《尚書》，而安國以今文讀之，因以起其家，逸《書》得十餘篇，蓋《尚書》滋多於是矣。」[20]從司馬遷在〈儒林傳〉中敘述來看，當時有古文《尚書》這一個版本，他雖傳習今文，但他寫《史記》「網羅天下舊聞」，因此有這樣一個《尚書》傳本也一定會引起他的重視的，而且一定親眼見過，其中就有古文〈舜典〉一篇，他寫〈舜紀〉也就會採用的，因為〈舜紀〉中的大部分記載如果見於伏生所傳的今文〈堯典〉中的話，司馬遷也一定會錄用的，但實際情況卻相反，這唯一的解釋就是〈舜紀〉中材料是來源於古文〈舜典〉中的，後文討論〈堯典〉時將詳細論述。綜合以上的分析可以看出，〈舜典〉一篇確實存在，見於「逸十餘篇」中，

17〔清〕焦循：《孟子正義》，卷18，頁641。

18〔漢〕司馬遷：《史記》，卷1，頁5。

19〔清〕焦循：《孟子正義》，卷18，頁612。

20〔漢〕司馬遷：《史記》，卷121，頁703。

只不過後來孔壁本的發現，兩相印證完全符合，於是「逸十餘篇」的篇名才得以確定，因此孟子引用《書》此句就是來源於〈舜典〉中。按伏生本無〈舜典〉，《書序》百篇、孔壁本載此篇，而孟子所傳本也有此篇，由此可見孟子所傳本與孔壁本有極深的淵源。

（4）〈告子下〉：「《書》曰：『享多儀，儀不及物曰不享，惟不役志於享。』為其不成享也。」[21]按孟子此句見於今文《尚書‧洛誥》篇，文句完全相同，可見〈洛誥〉篇也見於孟子傳習的版本中。

孟子十一次稱引「《書》曰」，有五次可以考定出具體的篇名，它們是〈湯征〉（兩次）、〈說命〉、〈舜典〉、〈洛誥〉四篇。這四篇中，見於今文的只有〈洛誥〉篇，見於孔壁本的有〈舜典〉、〈洛誥〉，而四篇皆見於《書序》百篇，它們的比例是「一比二比四」。其中值得注意的是〈舜典〉一篇的出現，伏生本合〈舜典〉於〈堯典〉中，孔壁本、鄭玄注《書序》都有明確有〈舜典〉一篇，這就說明孟子所傳本與孔壁本有極大的關係。

（三）孟子敘述中可以考定引自《書》文諸篇與幾大版本的關係[22]

孟子有一類特別的引《書》方式就是無提示引《書》，其中可以分為遵循原文、直接引用和取其大意、概括引用兩種情況。在孟子所有的這類敘述中可以確定某些文句係引自《尚書》的情況共有十二條，並且能夠確定出具體的篇名共七篇。

（1）〈梁惠王下〉：「（孟子）曰：『賊仁者謂之賊，賊義者謂之殘。殘賊之人，謂之一夫。聞誅一夫紂矣，未聞弒君也。』」[23]這是孟子對所謂的「湯放桀」、「武王伐紂」進行定性，為了宣揚自己的仁義觀，把其定性為「一夫」，那麼孟子關於「一夫」的概念是來自哪裏呢？當然是「聞」了，「聞」

---

[21]〔清〕焦循：《孟子正義》，卷24，頁827。

[22] 這裏所說的「孟子敘述」除孟子本人的敘述外，還包括孟子弟子敘述而孟子本人作闡釋的情況，因為既然孟子會做闡釋，這就說明孟子弟子所說孟子本人也知道。

[23]〔清〕焦循：《孟子正義》，卷5，頁147。

後面的「一夫紂」就是孟子「一夫」概念的來源。按《荀子・議兵》篇云：「誅桀、紂若誅獨夫，故〈太誓〉云『獨夫紂』，此之謂也。」[24]荀子明確表明「獨夫紂」是來源於〈太誓〉，由此可見孟子「聞」的「一夫紂」也是引自〈太誓〉篇。又孟子有兩次引用就明確標明了〈泰誓〉，這又從側面印證了孟子的「一夫紂」是來自〈泰誓〉篇。

（２）〈滕文公上〉：「當堯之時，天下猶未平。洪水橫流，氾濫於中國。」[25]按〈堯典〉曰：「帝曰：咨，四岳，湯湯洪水方割，蕩蕩懷山襄陵，浩浩滔天。」[26]對比可以看出，孟子的敘述大致符合〈堯典〉所載，只是轉引而已，因此此係引自〈堯典〉無疑。又緊接著〈滕文公上〉此句後，孟子又說：「堯獨憂之，舉舜而敷治焉。舜使益掌火，益烈山澤爾焚之，禽獸逃匿。」劉起釪先生在《尚書學史》中說：「《孟子・滕文公上》敘堯舉舜，舜使益烈山澤，稷封藝五穀，契為司徒諸事，即引〈堯典〉使益為虞藝百穀、契作司徒諸事。」[27]同時，從〈堯典〉裏分出的實屬於〈堯典〉內容的今本〈舜典〉曰：「帝曰：『疇若予上下草木、鳥獸？』僉曰：『益哉！』帝曰：『俞。咨，益，汝作朕虞。』」[28]通過對比可知，孟子的敘述係引自於〈堯典〉之文。又〈滕文公上〉此句後面孟子又說：「使契為司徒，教以人倫：父子有親，君臣有義，夫婦有別，長幼有序，朋友有信。放勳曰：『勞之來之，匡之直之，輔之翼之，使自得之，又從振德之。』」[29]從前後文的語境來看，孟子引用放勳的話就是佐證前面的話。又從〈堯典〉分出的今本〈舜

---

[24]〔清〕王先謙：《荀子集解》，收入《新編諸子集成》（北京市：中華書局，2010年），卷10，頁275。

[25]〔清〕焦循：《孟子正義》，卷11，頁374。

[26]周秉鈞：《尚書》，頁4。

[27]劉起釪先生：《尚書學史》，頁15。

[28]周秉鈞：《尚書》，頁11。

[29]按焦循撰《孟子正義》以「放勳曰」為「放勳日」，認為「日」乃誤字，然陳戍國標點《四書集注》此句，及朱熹的解釋和《尚書正義》引用此句都認為是「放勳曰」，筆者也以為是「放勳曰」。

典〉曰：「帝曰：『契，百姓不親，五品不遜，汝作司徒，敬敷五教。』」[30]「敬敷五教」即孟子所說的「教以人倫」，兩相對比，孟子「使契為司徒，教以人倫」這句話也是引自〈堯典〉無疑了。而孟子又善於在引用中割裂引用原文，因此孟子所引「使契為司徒，教以人倫」與「放勳曰『勞之來之，匡之直之，輔之翼之，使自得之，又從振德之』」，很有可能就是一句連貫的話了，即堯命契該如何「敬敷五教」。由此可知，孟子引堯此句話出自〈堯典〉無疑。然伏生本〈堯典〉分出的今本〈舜典〉卻只有孟子所說的「使契為司徒，教以人倫」句而無具體如何「敬敷五教」句，這說明孟子所傳本〈堯典〉與伏生本今文〈堯典〉有差別，蓋係另一個版本的〈堯典〉，這又證明瞭孟子所傳本與伏生本今文《尚書》是有差異的，因而劉起釪先生《尚書學史》認為此句係〈堯典〉逸文的說法也值得商榷[31]。

（3）〈滕文公上〉：「禹疏九河，瀹濟、漯，而注諸海；決汝、漢，排淮、泗，而注諸江。」[32]按《尚書・禹貢》篇有「浮于濟、漯，達于河」、「浮於淮、泗，達于河」、「沿于江、海，達于淮、泗」幾句[33]。通過對比可知，孟子敘述禹治水，凡濟、漯、汝、漢、淮、泗皆同〈禹貢〉篇，可見〈禹貢〉也在孟子所傳本中。

（4）〈滕文公上〉：「夷子曰：『儒者之道，古之人『若保赤子』，此言何謂也？』」[34]按「若保赤子」出自〈康誥〉篇，〈大學〉、《荀子》等書都曾引用，可見此話流傳之廣。此雖夷子所引，但孟子卻解釋了這句話，這說明孟子知道這句話出自〈康誥〉篇，因為孟子明確引用過〈康誥〉篇。

（5）〈滕文公下〉：「有攸不惟臣，東征，綏厥士女。匪厥玄黃，紹我周

---

[30] 周秉鈞：《尚書》，頁11。

[31] 劉起釪先生《尚書學史》說：「又引『放勳曰勞之來之』五句，則當〈堯典〉逸文。」劉起釪：《尚書學史》，頁15。

[32] 〔清〕焦循：《孟子正義》，卷11，頁377。

[33] 周秉鈞：《尚書》，頁36-38。

[34] 〔清〕焦循：《孟子正義》，卷11，頁403。

王見休，惟臣附于大邑周。」[35]劉起釪先生《尚書學史》說：「〈滕文公下〉：
《書》曰：……『有攸不惟臣，東征綏厥士女。匪厥玄黃，紹我周王見休。』
偽古文〈武成〉襲用。而據〈堯典〉《正義》引鄭玄注，此為〈胤征〉逸
句。」[36]按《尚書正義》說：「鄭玄亦不見之……又注〈禹貢〉引〈胤征〉云：
『厥篚玄黃，昭我周王。』」[37]由此可見孟子此句係引自〈胤征〉。

（6）〈萬章上〉：「帝使其子九男二女，百官牛羊倉廩備，以事舜於畎畝
之中。」[38]按《史記‧五帝本紀》：「於是堯乃以二女妻舜以觀其內，使九男與
處以觀其外……堯乃賜舜絺衣，與琴，為築倉廩，予牛羊。」[39]兩相對比，大
致相同，前面已經說過司馬遷作〈舜紀〉多沿用古文〈舜典〉，因此孟子此
句話係古文〈舜典〉無疑。又萬章曰：「象曰：『謨蓋都君咸我績。牛羊，
父母。倉廩，父母。干戈，朕。琴，朕。弤，朕。二嫂，使治朕棲。』……
舜曰：『惟茲臣庶，汝其於予治。』」[40]按《史記‧五帝本紀》說：「象與其父
母分，於是曰：『舜妻堯二女，與琴，象取之。牛羊倉廩予父母。』象乃止
舜官居，鼓其琴。舜往見之。象鄂不懌，曰：『我思舜正郁陶！』舜曰：
『然，爾其庶矣！』」[41]司馬遷此段關於舜和象的對話與萬章引用的舜和象的
原話大致相同，可見具有相同的來源即〈舜典〉，因此焦循《孟子正義》引
惠棟《古文尚書考》云：「《孟子》趙岐注云云，則可證其未嘗見古文〈舜
典〉矣。……又『父母使舜完廩』一段，文辭古崛，不類《孟子》本文，
《史記‧舜本紀》亦載其事，其為〈舜典〉無疑。」[42]惠棟的觀點是正確的，
後文探討〈堯典〉的意義時將詳細論述。

---

[35] 〔清〕焦循：《孟子正義》，卷12，頁434。

[36] 劉起釪：《尚書學史》，頁41。

[37] 〔漢〕孔安國傳、〔唐〕孔穎達正義、黃懷信整理：《尚書正義》（上海市：上海古籍出
版社，2007年），頁30。

[38] 〔清〕焦循：《孟子正義》，卷18，頁611。

[39] 〔漢〕司馬遷：《史記》，卷1，頁4。

[40] 〔清〕焦循：《孟子正義》，卷18，頁620-624。

[41] 〔漢〕司馬遷：《史記》，卷1，頁4。

[42] 〔清〕焦循：《孟子正義》，卷18，頁613。。

（7）〈萬章上〉：「萬章曰：舜流共工於幽州，放驩兜於崇山，竄三苗於三危，殛鯀於羽山，四罪而天下咸服，誅不仁也。」按此見於〈舜典〉中，但實則〈堯典〉部分的內容，萬章此處所引乃是〈堯典〉。

（8）〈萬章上〉（孟子曰）：「伊尹相湯以王於天下，湯崩，太丁未立，外丙二年，仲壬四年，太甲顛覆湯之典刑，伊尹放之於桐三年。太甲悔過，自怨自艾，於桐處仁遷義三年以聽伊尹之訓己也，復歸於亳。」[43]按《史記·殷本紀》說：「帝太甲元年，伊尹作〈伊訓〉，作〈肆命〉，作〈徂后〉。」[44]司馬遷認為〈伊訓〉作於太甲元年。司馬遷又說：「帝太甲居桐宮三年，悔過自責，反善，於是伊尹乃迎帝太甲而授之政。帝太甲修德，諸侯咸歸殷，百姓以寧。伊尹佳嘉之，乃作〈太甲〉三篇，襃帝太甲，稱太宗。」[45]司馬遷認為〈太甲〉作於太甲歸政之後，並且是伊尹襃獎、嘉許之辭。從孟子此段話可以看出，孟子認為太甲「以聽伊尹之訓己」是在「於桐處仁遷義三年」這段時間，那麼太甲「以聽伊尹之訓」就極有可能是太甲剛處於桐宮那一年。又焦循《孟子正義》引王鳴盛《尚書後案》說：「真〈伊訓〉所云太甲元年，乃仲壬崩之明年。」[46]「仲壬崩之明年」就是孟子所說的「仲壬四年」後的一年，仲壬四年崩，太甲繼位，於是顛覆湯之典刑，在仲壬之明年繼位後就被伊尹放於桐宮，於是就有了「以聽伊尹之訓己」之事。史官記錄了伊尹之訓辭，那麼按照《尚書》篇名的命名習慣，「伊尹之訓」當然就是〈伊訓〉了，因此王鳴盛的說法是對的，孟子所說的「以聽伊尹之訓」就是〈伊訓〉篇。然而今傳〈太甲·序〉又說：「太甲既立，不明，伊尹放諸桐。三年，復歸於亳，思庸。伊尹作〈太甲〉三篇。」一般研究《書序》的人都會認為〈太甲·序〉源於孟子此句，然而他們卻不知孟子此句實乃〈伊訓〉之事，極有可能是〈伊訓〉之序。但是〈太甲·序〉的敘述也是對的，因為〈太甲·序〉認為〈太甲〉三篇是太甲歸於亳之後「思庸」而作，並非「放

---

[43]〔清〕焦循：《孟子正義》，卷19，頁650。

[44]〔漢〕司馬遷：《史記》，卷3，頁13。

[45]〔漢〕司馬遷：《史記》，卷3，頁13。

[46]〔清〕焦循：《孟子正義》，卷19，頁650。

諸桐」時作，這正與司馬遷所說的「於是伊尹乃迎帝太甲而授之政。帝太甲修德，諸侯咸歸殷，百姓以寧。伊尹佳嘉之，乃作〈太甲〉三篇，褒帝太甲」相契合，而孟子的敘述也正止於「復歸於亳」，沒有說歸亳之後的事。通過這些分析可以看出那些把〈太甲·序〉的源頭定於孟子此處是不恰當的，但〈太甲·序〉本身的敘述也沒有錯。

　　《孟子》概括引述《尚書》十二條，可以確定出篇數的共七篇，即〈太誓〉、〈堯典〉、〈禹貢〉、〈康誥〉、〈胤征〉、〈舜典〉、〈伊訓〉。這七篇中，見於伏生本今文的有〈堯典〉、〈禹貢〉、〈康誥〉，七篇皆見於孔壁本和《書序》百篇，它們在這幾篇中所占的比例是「三比七比七」，其中〈堯典〉篇與伏生本今文〈堯典〉有差別，由此可見孟子所傳本與孔壁本有極深的淵源。

　　綜上所述，我們可以對孟子所傳《尚書》版本做一個概貌性的還原了。從《書》篇的時間先後來看，孟子共引用了〈堯典〉、〈舜典〉、〈禹貢〉、〈胤征〉、〈湯征〉、〈湯誓〉、〈伊訓〉、〈太甲〉、〈說命〉、〈泰誓〉、〈武成〉、〈康誥〉、〈洛誥〉等十三篇。通過與伏生本、孔壁本、偽古文本中的篇目比較可知，它們在《孟子》所引十三篇中占的比例分別是「五比十比十二」[47]。從這個比例可以看出，孟子所傳本與伏生本今文關係較小（而且就連〈堯典〉也有差異），而與孔壁古文本有極大的關係，孔壁古文本應是戰國流傳的多個《尚書》傳本中的一個被儒家學派（主要是思孟學派）傳習的選本，因為堯、舜、禹、湯、伊尹、武王、周公是儒家學派宣揚和稱道的聖人，而這十三篇中有十篇都與這些聖人有關，孔壁古文本又正好包括這十篇。因此，漢代見於記載的和流傳在孔子壁中發現孔壁本就應該確有其事，確實是先秦多個《尚書》選本中的一個本子。同時，從這個比例又可以看出，十三篇篇目中的十二篇都見於偽古文本中，因此梅賾所獻古文《尚書》

---

[47] 按伏生所撰《尚書大傳》有〈泰誓〉篇，但《左傳》、《國語》、《孟子》、《荀子》、《禮記》等書所引〈泰誓〉與《尚書大傳》所載〈泰誓〉篇都不同，這說明伏生本〈泰誓〉並非先秦原〈泰誓〉篇，詳細論述見劉起釪：《尚書學史》，頁72。

極有可能保存了與壁中本合流後的漢代孔傳本古文《尚書》的概貌，即偽古文《尚書》除與伏生本相同外的二十五篇是否都是偽造的說法應該被重新審視。

二 〈堯典〉、〈湯誓〉的特殊意義

伏生本〈堯典〉和〈湯誓〉的篇名首見於孟子的稱引中。通過與先秦其他引《書》狀況的對比可以看出，在先秦中唯一一次被孟子所稱引的〈堯典〉，對考察先秦《尚書》的編訂和篇目命名情況具有重要價值，對探討伏生本、孔壁本、偽古文本的篇目分合的源流也有重要作用。同時，通過與《墨子》和《國語》所引〈湯誓〉及清華簡〈尹至〉篇的對比可以看出，先秦時《尚書》材料編訂與命名都呈現出複雜性、多樣性的特點，這很有可能也是造成梅賾本古文《尚書》被稱為偽《書》的原因之一。

（一）從孟子引〈堯典〉看《尚書》篇目的編訂狀況和分合

在已知的所有《尚書》傳本中，〈堯典〉均被放在《尚書》的第一篇[48]。在先秦所有可靠的文籍中，〈堯典〉的文本內容被引用達十四次之多，但是只有孟子是唯一一次明確標出篇名的。從孟子的這次稱引中，我們首先可以看出至少在孟子稍早的時代，〈堯典〉就已經寫成並且有了明確的篇名，但是《左傳》僖公二十七年和《左傳》文公十八年的記載卻又透露出另外一些重要的資訊。首先是《左傳·僖公二十七年》載趙衰曰：「臣亟聞其言矣，說《禮》、《樂》而敦《詩》、《書》。《詩》、《書》，義之府也；《禮》、《樂》，德之則也；德、義，利之本也。〈夏書〉曰：『賦納以言，明試以

---

[48] 關於〈堯典〉的成書時代和作者問題，雖經過歷代大師的辛勤考定，但是從古至今都還沒有定論，主流觀點多傾向於春秋戰國這個時間段，其詳細情況見劉起釪先生：《尚書校釋譯論》（北京市：中華書局，2005 年），頁 357-363。

功，車服以庸。』」[49]這則材料所引〈夏書〉的內容見於屬於〈堯典〉部分的今本〈舜典〉中[50]，而且材料在稱《書》和解釋《書》的意義時，又稱〈夏書〉，這就說明在趙衰那個時代〈夏書〉是《書》的一部分，《書》已經形成並開始按夏、商、周的時間段進行分類編排了。其次《左傳·文公十八年》說：「是以堯崩而天下如一，同心待舜，以為天子，以其舉十六相，去四凶也。故〈虞書〉數舜之功，曰『慎徽五典，五典克從』，無違教也。曰『納於百揆，百揆時序』，無廢事也。曰『賓於四門，四門穆穆』，無凶人也。」[51]材料中的「慎徽五典，五典克從」、「納於百揆，百揆時序」、「賓於四門，四門穆穆」幾句見於今本〈堯典〉，《左傳》卻稱其為〈虞書〉[52]。又在《左傳》所有四十七次引《書》中[53]，確切引篇名的情況只有十一次，而以〈夏書〉、〈商書〉、〈周書〉方式稱引的卻達二十七次之多。

　　以上的這些資訊說明早在僖公和文公時代〈堯典〉的材料已經成型，但〈堯典〉及其他篇的內容還只是以「史料」的方式存在，編訂者只是按材料所載的時間把《尚書》大致分為〈夏書〉、〈商書〉、〈周書〉幾個部分，有些時間偏後並且單獨記述某個事件的一些篇有了具體的名稱，如〈盤庚〉、〈泰誓〉、〈康誥〉。但是像〈堯典〉這樣乃後代追述前聖事蹟的篇章，在僖公和文公時代是以「史料」的形式被官方記載和保存下來的，正像《史記》記載〈五帝本紀〉一樣，並不需要對其進行具體命名，這就符合史書編訂的原則了。因此早期的〈堯典〉是以〈夏書〉的名稱被世人所知的，而與〈堯典〉形成時間相近的〈舜典〉、〈皋陶謨〉等篇也是以〈夏書〉的名稱被引用的。其次，從僖公和文公生活的西元前六三〇年至六〇九年這個時間段到

---

[49] 楊伯峻：《春秋左傳注》（北京市：中華書局，2009 年），頁 447。

[50] 原文是「敷奏以言，明試以功，車服以庸」。周秉鈞：《尚書》，頁 8。「賦」與「敷」音近，可能是在傳抄過程中出現的。這段文字又見於〈皋陶謨〉中。

[51] 楊伯峻：《春秋左傳注》，頁 642。

[52] 按〈虞書〉乃誤稱，實為〈夏書〉，顧炎武《日知錄》已有詳細論述。

[53] 《左傳》四十七次引《書》，次數見陳夢家：《尚書通論》（北京市：中華書局，2005年），頁 7-11。

孟子生活的西元前三〇〇年，我們可以看出，〈堯典〉經歷了一個由〈虞書〉（實際是〈夏書〉）到有具體篇名的過程，這個過程恰好就是官學向私學轉變的過程，也就是《莊子‧天下》篇所說的「其在於《詩》、《書》、《禮》、《樂》者，鄒魯之士、搢紳先生多能明之；其數度散於天下而設於中國者，百家之學時或稱而道之」的時代[54]。從這個過程我們可以看出，保存在官方的《尚書》流落到「鄒魯之士、搢紳先生」的手中後，經歷了一個重新選擇和編訂的過程，於是《尚書》開始就有了不同的版本，各家各學根據自己學派的需要，選擇《尚書》的某些篇來編訂自己學派的選本，《尚書》中大部分材料也有確定的篇名了，這種狀況從《孟子》、《墨子》及最近整理出的清華簡收錄的〈金縢〉、〈尹至〉、〈尹誥〉、〈祭公之命〉等篇就可以看出。

　　另一方面，通過《孟子》兩次所引用的〈堯典〉文本內容在伏生和偽古文本的位置來看，萬章引用的「流共工於幽州」四句在偽古文〈舜典〉中，但是位於此四句後面的「二十有八載，放勳乃殂落，百姓如喪考妣」句，孟子卻明確稱是〈堯典〉的內容，可見「流共工於幽州」四句確實在〈堯典〉無疑。又司馬遷寫〈堯紀〉以「堯辟位凡二十八而崩。百姓悲哀，如喪父母。三年，四方莫舉樂，以思堯」作結[55]，按司馬遷習今文《尚書》，其寫〈堯紀〉也全錄〈堯典〉，這與孟子所引符合，但被公認的本是實屬〈堯典〉內容的「二十又八載」後面的所有內容，卻被司馬遷放到了〈舜紀〉中，而且還被放入〈舜紀〉的中後位置，這又說明了什麼呢？唯一的解釋就是這部分內容被命名為〈舜典〉了。首先，西漢《尚書》除立於學官的伏生本外，還出現過幾批「逸《書》」，《史記》所涉獵的這批「逸《書》」就達三十九篇之多[56]，而且從〈儒林傳〉的記載來看，當時就出了一部孔安國家傳本古文《尚書》，多今文十多篇，其中就包括被命名為〈舜典〉的一篇，其內容就包括「二十有八載」後的整個部分，因為其名〈舜典〉，所以司馬遷便將其

[54] 陳鼓應：《莊子今注今譯》（北京市：中華書局，2009年），頁855。

[55]〔漢〕司馬遷：《史記》，卷1，頁3。

[56] 詳見劉起釪先生：《尚書學史》，頁88-93。

寫入〈舜紀〉中。其次,〈舜紀〉中的「昔高陽氏有才子八人」和「昔帝鴻氏有不才子」的記載見於《左傳》文公十八年中,《左傳》卻統統將其歸入〈虞書〉中,由此可見《左傳》時代〈堯典〉、〈舜典〉還沒有分合,統統以「史料」的形式保存在〈虞書〉(實為〈夏書〉)中。綜合這兩點來看,那麼「二十有八載」後面的內容既可以和前面的內容一起被命名為〈堯典〉,也有可能因其記載舜之事而從〈虞書〉中分出來命名為〈舜典〉,如像〈萬章上〉大量關於舜的事情不見於〈堯典〉中,卻見於〈舜紀〉中的解釋就合理了,因為〈萬章上〉孟子與萬章討論的關於舜和象、家人的事及「二十有八載」後面的內容,被以〈舜典〉的名義分出了。

綜合以上的分析可以看出幾點重要的資訊,一是伏生本是先秦的一個《尚書》系統,這個系統的《尚書》尚處於《尚書》內容及篇目分合的早期,將〈虞書〉中的關於堯和舜的內容統統以〈堯典〉的名字命名,但〈堯典〉的內容正如司馬遷〈堯紀〉中所載,止於「二十有八年」部分,而且這個系統的《尚書》很有可能也是官方的一個版本。二是壁中本乃是先秦另一個《尚書》系統,這個系統的《尚書》是一個較成熟的系統,是〈虞書〉經歷第二次分化的表現,此時已經把〈虞書〉中關於舜的記載分出來命名為〈舜典〉,其中就有包括〈舜紀〉中記載舜與瞽叟、象等家庭成員發生的事件,這就能夠解釋〈舜紀〉中這些材料的來源了,因為司馬遷從「逸《書》」中看到了這些材料記載在被以〈舜典〉命名的一篇中,而〈堯典〉無,所以他抄伏生本〈堯典〉於〈堯紀〉中就止於「二十有八載」這段,把其後的內容則歸於〈舜紀〉中。三是關於偽古文《尚書》分〈堯典〉「慎五典徽」後為〈舜典〉的問題,按陸德明《經典釋文・敘錄》和〈舜典〉《釋文》的說法,東晉梅賾獻古文《尚書》時沒得〈舜典〉一篇,於是從〈堯典〉「慎徽五典」以下分出為〈舜典〉。從前面的討論可知,獻偽古文本者將從「慎徽五典」到「二十有八載」部分的內容歸為〈舜典〉是錯誤的,但其大致還是正確的,這正如陳夢家在《尚書通論》中說:「『亡〈舜典〉』一篇者,並非亡其經文,是亡〈舜典〉的孔《傳》,因孔〈序〉說伏生合〈堯典〉、〈舜

典〉，是孔傳本的〈舜典〉是從〈堯典〉分出。」[57]陳夢家的結論是正確的，因為伏生本和孔壁本是屬於兩個不同的系統，但伏生本的〈堯典〉包含孔壁本的〈舜典〉，而梅賾所獻又是屬於孔傳本系統的《尚書》，因此為了補齊，於是從伏生本〈堯典〉中又分出屬於〈舜典〉的那一部分，其實正如陳夢家所說「非亡其經文，是亡〈舜典〉的孔《傳》」。四是從〈堯典〉的形成軌跡及先秦其他引《書》情況，我們可以大致看出《尚書》定本及其篇名和漢代各種《尚書》傳本形成的過程如下表：

階段	特點	篇名情況
第一階段 （西周末—春秋中期前）	《書》處於官方「史料」階段；開始按年代和朝代處理、編排《書》材料。	記載盤庚遷殷，武王伐紂和周公告誡康叔等重要事件的材料已經開始以〈盤庚〉、〈泰誓〉、〈康誥〉名稱出現。〈洪範〉內容歸為〈商書〉部分，從《左傳》、《史記》看〈秦誓〉還沒有出現。
第二階段 （春秋中期—戰國前期）	《書》開始由官方的「史料」階段向私學（教科書、學術研究）階段轉化；《書》開始有定本和不同的選本。	①以《國語》和《墨子》為代表，篇名開始大量出現，屬於〈夏書〉中夏啟伐有扈氏於甘的材料開始以〈甘誓〉名稱出現，《書》篇命名時間推進到了夏代前期。②以〈湯誓〉為代表，開始出現「同名不同篇」的現象，說明《書》開始出現不同版本。

---

[57] 陳夢家：《尚書通論》，頁65。

| 第三階段（戰國中期—戰國末） | 《書》完成了向私學的轉化，出現了多種版本；孟子完成了對儒家所傳本的修訂工作，開始深入研究《書》並用來建構自己的學說，進行學術活動。 | ①〈堯典〉、〈湯誓〉、〈太甲〉、〈伊訓〉、〈武成〉諸篇出現標誌漢代多種《尚書》傳本在此期間開始形成。②《禮記·大學》篇引〈堯典〉「克明俊德」卻標明〈帝典〉，不僅說明先秦《尚書》確實存在多個版本，而且說明此時《尚書》命名具有多樣性和複雜性。③《禮記·大學》引用了〈秦誓〉篇，標誌〈秦誓〉出現，再加上〈堯典〉篇，《禮記·大學》勾勒出了《尚書》篇目的完整範圍，而伏生本也止於〈秦誓〉，這說明在戰國中後期《尚書》的最終定本已經形成。 |

（二）從〈湯誓〉看先秦《尚書》命名的複雜性和清華簡材料編訂問題

〈湯誓〉首見於《孟子》的稱引中，《史記》也全篇載錄，但其所說的〈湯誓〉卻是記載成湯伐桀的誓詞。然而，在《國語》和《墨子》中所提到的同樣以〈湯誓〉命名的兩篇，在內容上與孟子所說〈湯誓〉卻大相徑庭。如《國語·周語上》說：「在〈湯誓〉曰：『余一人有罪，無以萬夫；萬夫有罪，在余一人。』」[58]但《墨子·兼愛下》卻說：「雖〈湯說〉即亦猶是也。湯曰：『惟予小子履，敢用玄牡，告於上天后曰：今天大旱……萬方有罪，即當朕身；朕身有罪，無及萬方。』」[59]又《墨子·尚賢中》說：「〈湯誓〉曰：『聿求元聖，與之戮力同心，以治天下。』」[60]《國語·周語上》和《墨子·兼愛下》稱引的內容都相同，都是成湯因旱求雨的誓辭，但《國語》說者見到的版本稱其為〈湯誓〉，而《墨子》見到的版本卻稱其為〈湯說〉；

---

[58] 〔春秋〕左丘明、〔三國〕韋昭注、吳紹烈等點校：《國語》，頁35。

[59] 吳毓江撰、孫啟治點校：《墨子校注》（北京市：中華書局，2006年），頁175。

[60] 吳毓江撰、孫啟治點校：《墨子校注》，頁76。

《國語‧周語上》和《墨子‧尚賢中》都用〈湯誓〉篇名，但《墨子‧尚賢中》卻是一篇記載湯求賢治天下的誓辭；《孟子》、《國語‧周語上》、《墨子‧尚賢中》都同樣取名〈湯誓〉，但《孟子》版〈湯誓〉卻是成湯伐桀的誓詞，相同的〈湯誓〉名稱卻呈現出了三個內容相異的版本。

　　從以上呈現的狀況可以看出，先秦《尚書》篇目存在同篇不同名和同名不同篇等現象，這反映出先秦《尚書》版本、篇目和命名的多樣性和複雜性。從時間上看，孟子和墨子所處的年代相去不遠，但孟子版本的《尚書》和墨子版本的《尚書》卻呈現出同名不同篇的現象，而《史記》在收錄時也只收錄了孟子版〈湯誓〉，這就說明以墨子為代表的墨家學派使用的乃是與儒家不同的另一個《尚書》版本。

　　又在最近清華大學整理出的一批戰國竹簡中有一篇一五四字的記錄伊尹和成湯對話的簡文。首先，傳統的看法認為《尚書》篇名有典、謨、訓、誥等「十體」，但這篇及其後的一篇都沒有篇名，取名〈尹至〉和〈咸有一德〉都是根據篇首句，如果以內容名篇，〈尹至〉又可以稱為〈尹獻〉或〈伊尹謀夏〉[61]，這說明先秦時《尚書》篇章命名具有多樣性，甚至很多篇直到戰國某個時間段都還只有內容而無篇名，這又從側面印證上面討論的為什麼會出現三篇同名的〈湯誓〉卻不同篇，兩篇內容一樣的卻一名〈湯誓〉，一名〈湯說〉。其次，從內容上看〈尹至〉篇講了三件事情，從「惟尹自夏徂亳」到「湯曰格汝其有吉志」[62]，大致就是《史記‧殷本紀》「伊尹去湯適夏。既醜有夏，復歸於亳。入自北門，遇女鳩、女房，作〈女鳩〉、〈女房〉」這段敘述[63]；從「尹曰」到「茲乃柔大縈」[64]寫伊尹向湯陳述自己在夏看到的夏桀暴政和夏民的一些話及湯與伊尹盟誓伐夏，其中「（夏）民沇曰余及汝皆亡」[65]被成湯用在了伐桀的〈湯誓〉中，改說成「有眾率怠弗協，曰『時日

<hr />

61　廖名春：〈清華簡與『尚書』研究〉，頁123。
62　李學勤：《清華大學藏戰國竹簡》（壹）（上海市：中西書局，2010年），頁128。
63　〔漢〕司馬遷：《史記》，卷3，頁12。
64　李學勤：《清華大學藏戰國竹簡》（壹），頁128。
65　李學勤：《清華大學藏戰國竹簡》（壹），頁128。

曷喪，予及汝偕亡』」句，而「今其如台」也被成湯用在了伐桀的〈湯誓〉中，改說成「今汝其曰夏罪其如台」句；從「湯往征弗服」到「帝曰一勿遺」[66]寫成湯滅夏的過程，其中「湯往征弗服，摯度」就是《史記・殷本紀》「湯乃興師率諸侯，伊尹從湯，湯自把鉞以伐昆吾，遂伐桀」這句記載[67]，而〈湯誓〉就作於這個時間段，成湯誓詞的內容多是轉引伊尹關於陳述夏桀暴政及人民抱怨的話，而「夏播民入于水曰戰」就是《史記・殷本紀》所說的「桀敗於娀之虛，桀奔於鳴條」這個過程[68]。通過《史記・殷本紀》和〈湯誓〉可以看出，清華簡〈尹至〉篇其實就是記錄商代開國歷史，簡略地記述了成湯滅夏的前後過程及開創商王朝的過程這段歷史。另外，從〈尹至〉篇我們還可以看出兩點重要的資訊，一是從〈尹至〉可以看出《書序》百篇在商初幾篇《尚書》篇章的時間排列中，把〈夏社〉排在〈湯誓〉和〈寶典〉的前面是錯誤的，通過〈尹至〉篇可以看出，〈夏社〉應該排在〈寶典〉的後面，〈殷本紀〉關於三者的時間排列順序是正確的；二是從〈尹至〉的內容構成我們可以看出，〈尹至〉篇並不是一篇連貫性的篇章，很像是一篇史料的匯集，從中可以看出材料匯集和二次的痕跡，這對於考察戰國時期「書於竹簡」的《尚書》的編訂狀況具有重要的參考價值，而這樣編訂的動因很有可能就是孟子所說的「吾于〈武成〉取二三策而已」，這使得先秦《尚書》的篇目和篇名都呈現出多樣性和複雜性等特點。

通過對幾大版本在《孟子》所引篇數中所占比例的分析可以看出，在漢代見於記載的幾大版本中，孟子所傳本與孔傳本和孔壁本的關係最大，這兩個相似的版本不僅真實存在，很有可能就是孟子「退而與萬章之徒序《詩》、《書》」的學術活動中，整理並編訂的屬於儒家系統的本子。其次，通過比較可以看出偽古文《尚書》與孟子所傳本具有關聯性，特別是被列為偽造的二十五篇中一些篇章，這說明梅賾所獻古文《尚書》很有可能並非全

---

[66] 李學勤：《清華大學藏戰國竹簡》（壹），頁128。

[67] 〔漢〕司馬遷：《史記》，卷3，頁12。

[68] 〔漢〕司馬遷：《史記》，卷3，頁13。《呂氏春秋・慎大篇》、《帝王世紀》對於成湯敗桀的過程都有詳細描述。

都屬於偽造，學界關於偽古文本造假的說法需要重新評估。再次，通過〈堯典〉、〈湯誓〉及清華簡可以看出在戰國時期存在著多個《尚書》版本，伏生本很有可能是一個官方的本子，與儒家所傳本具有相似的系統來源，而墨子所傳本是與儒家所傳本很不相同的另一個《尚書》系統的選本，這就使得先秦《尚書》呈現出同名不同篇和同篇不同名的特點，使得先秦《尚書》篇名和篇目都表現出複雜性和多樣性，這也很有可能是造成偽古文《尚書》被認為是偽造的原因之一。

《碧琳琅叢書》本
《金氏尚書注》十二卷偽作補考

蔡根祥*

一 前言

　　《尚書》一經，文句艱澀，唐代韓愈（768-824）有所謂「周誥殷盤，詰屈聱牙」之喻，早有深刻體認。兩千多年以來，《尚書》歷盡諸多劫難，尤為他經所不及。清代段玉裁（1735-1815）曾謂：「經惟《尚書》最尊，《尚書》之離厄最甚。秦之火，一也；漢博士之抑古文，二也；馬、鄭不注古文逸篇，三也；魏、晉之有偽孔古文，四也；唐《正義》不用馬、鄭用偽孔，五也；天寶之改字，六也；宋開寶之改《釋文》，七也。」[1]在此七劫之中，以偽孔本出現並定於一尊，影響最為深遠，因之產生連串《尚書》真偽問題。自宋代朱熹（1130-1200）、吳棫（約1100-1154）、王柏（1197-1274）、金履祥（1232-1303）以下、元之吳澄（1249-1333）、趙孟頫（1254-1322），明之梅鷟（約1483-1553）、郝敬（1558-1639），相繼提出真假問題之辯證；迄清代閻若璩（1636-1704）費三十年之力，列舉一百二十八條證據論說，指實孔傳本《尚書》古文部分乃偽作[2]，更重以惠棟（1697-1758）所著《古文尚書考》為輔證，遂使《尚書》偽古文公案拍板定讞。

---

* 臺灣高雄師範大學經學研究所

[1] 〔清〕段玉裁：《古文尚書撰異》（臺北市：漢京文化事業有限公司，《皇清經解》本，第5冊），〈序〉，總頁3085。

[2] 〔清〕閻若璩：《尚書古文疏證》（臺北市：漢京文化事業有限公司，《皇清經解續編》本）一書，列舉一百二十八條論證；現在所見只有九十九條，而其中與辨《尚書》偽篇有關的，實際有八十六條。

　　筆者研究《尚書》有年，碩士論文及博士論文均以《尚書》為論題。碩士論文《後漢書引尚書考辨》主要論證偽孔本出現時間，乃在南朝宋元嘉年間[3]。博士論文《宋代《尚書》學案》，研究處理宋代近五十家於《尚書》學研究有成者，將彼等《尚書》學術關係條貫分脈，以彰顯其學說特色。其中當以金履祥為宋代《尚書》學之殿軍。研考過程期間，曾將金氏有關《尚書》著作全部披閱，並作異同對比等研究，對於號為金氏所作《尚書注》十二卷，總覺突兀異常；蓋因是書應為金氏年十九時所著之少作，而其中學說卻與其晚年所著《尚書表注》論述太過相似，此實不合情理之至。於是深入研探，終於得知並證實所謂金氏《尚書注》十二卷一書[4]，其實乃後人抽繹金履祥所著《資治通鑑前編》中，有關《尚書》學之論述，集輯拼湊，按《尚書》篇章順序前後連綴而成，並非柳貫（1270-1342）文中所稱之「少作」，為後人偽作無疑。此論早先於博士論文中有所陳述；為謹慎起見，持續探討鑽研十餘年，以為無可懷疑，可確為定讞，遂撰為專文〈金履祥《尚書注》十二卷考異〉，發表於二○○九年廈門所舉辦第三屆中國經學國際學術研討會，會中由臺灣中央研究院文哲所林慶彰先生為筆者論文作特約討論，亦以為此研究所得，確實無疑。是篇刊登於同年《中國經學》第五輯[5]。

　　有臺灣大學中文研究所博士生許育龍君，根據本人研究之啟發，進而得悉所謂金履祥《尚書注》十二卷者，除《十萬卷樓叢書》本外，尚有方功惠（1829-1897）《碧琳琅館叢書》本之《尚書金氏注》十二卷，此本實為本人當初研究所遺漏不及者。許君以《碧琳琅館叢書》本與《十萬卷樓叢書》本兩相比較，發現二者內容差異極大。進而考得《碧琳琅館叢書》本之《尚書金氏注》十二卷乃據元朝陳師凱（1321前後）《書蔡傳旁通》一書為底本，外加與金氏相關文獻材料，前後拼湊為序跋，企圖魚目混珠，以售其欺。

---

[3]　參閱蔡根祥：《後漢書引尚書考辨》（臺北市：臺灣師範大學國文研究所碩士論文，1984年），其中第一章〈導言〉第三節，頁6-16。

[4]　此書乃指陸心源《十萬卷樓叢書》所刊刻之金履祥《尚書注》十二卷本。

[5]　是篇刊登於《中國經學》，第5輯（桂林市：廣西師範大學出版社，2009年），頁83-108。

許君以研究所得，撰為〈《碧琳琅館叢書》本《金氏尚書注》著者考疑〉一文，刊登於二〇一一年六月之《臺大中文學報》中矣[6]。其結論謂此書當是清代中葉之後人所偽作。

許君所考論，洵信而有徵矣，然其中尚有多項關鍵材料，未能仔細釐清，瑜璞之中，尚有未雕之瑕。諸如偽作者可能為誰？許文中並無陳論。筆者於《尚書》考偽之鑽研，多歷年所，竊以為如能更深進鉤剔耙梳，當使欺蒙隱賾之技無所遁逃，昭然暴於眾目之前。茲進為之補考，並試圖推論偽作嫌疑者之可能。

二 金履祥及其《尚書》著作概述

金履祥，字吉甫，號桐陽叔子，又號次農，因築室於仁山之下，學者稱之為仁山先生。

金氏為婺之蘭溪人。幼而敏睿，過目成誦；稍成長，更自策勵。年十六，補郡博士弟子員，堂試之時，每每名列前茅；後又試得待補太學生，有能文之譽。其後自悔所為之非，更折節讀書，屏置舉子業。與王元章友善，深相器重推許。十九歲之年，知心向濂、洛理學，聞北山何文定公基（1188-1269）得紫陽朱子學說宗傳，欲求入其門而從學焉，然礙於無人推介，未能登文定宮牆。年二十三，藉王元章為書推介，得拜謁魯齋王文憲公柏，遂從而受業；後因魯齋師門關係，得進於何北山之門，益得濂、洛、紫陽為學之旨。

其時宋朝朝綱日形衰敝，金履祥遂絕意仕進，然以身負經濟才略，懷抱關世之心，會襄、樊戰事日急，宋朝王師不敢營救，履祥因進牽制擣虛之策，然終未為朝廷所用。後受嚴州郡守聘為釣臺書院主教，遂欣然就道。德祐二年，元軍攻陷臨安，兵荒馬亂，金氏遂攜家眷避居金華山中，淡泊世故；平居獨處，終日儼然，不稍懈怠；訓迪後學，諄切無倦；偶有餘暇，不

---

[6] 許君之文，刊登於《臺大中文學報》第34期（2011年6月），頁229-262。

廢纂述。元成宗大德七年（1303）三月卒，壽七十二。元順帝至正間，特諡「文安」。元統二年，吳師道（1283-1344）請以仁山配祀州學，次於何基、王柏之後。

金履祥自少即有經世濟民大志，而肆力於經典義理，博學泛覽，舉凡天文、地理、禮樂、刑法、田乘、兵謀、陰陽、律歷，無不研探。所上救襄、樊之策，言及海道州郡，巨洋別島，歷歷可據而行。金氏嘗謂司馬光（1019-1086）既作《資治通鑑》，劉恕（1032-1078）為《通鑑外紀》以記《通鑑》以前史事，然所據不以經典為準，多取信用百家之說，與史事聖言常相非謬，未足傳信；於是用邵雍（1011-1077）《皇極經世曆》、胡宏（1105-1161）《皇王大紀》之例，加以損益折衷，一以《尚書》為主，上起自唐堯，下接續於《通鑑》之前，撰書名曰《通鑑前編》，凡二十卷。其他著述有：《大學章句義疏》二卷，《論語、孟子集註考證》十七卷，《尚書表註》四卷。又有《仁山新稿》、《仁山亂稿》、《仁山噫稿》。現今有《仁山文集》五卷傳世[7]。

關於金履祥《尚書》之專門著述，據其入門高弟柳貫所述金氏〈行狀〉中，有關《尚書》著述之記載，其文如下：

> 年十六，從學城闉，補郡博士弟子員。堂試屢占前列。二年，試中，待補太學生，有能文聲。而先生反自悔其所為之非，且悼其所志之未定，益折節讀書，屏舉子業不事。**取《尚書》熟習而詳解之；然解至後卷，即覺前義之淺。**……**先生早歲所注《尚書》，章釋句解，既成書矣**，一日超然自怡，擺脫眾說，獨抱遺經，復讀玩味，則其節目明整，脈絡貫通，中間枝葉與夫訛謬，一一易見。**因推本父師之意，正句畫段，提其章指與其義理之微，事為之概，考證字文之誤，表諸四闌之外，曰《尚書表註》**，而自序其述作之意。……乃用邵氏《皇極經世曆》、胡氏《皇王大紀》之例，損益折衷，一以《尚書》為

---

7 參見《元史》本傳；《仁山文集》後附柳貫撰〈仁山行狀〉；程元敏：〈宋元之際的學者──金履祥和他的遺著〉，《宋史研究集》，第4輯，總頁72。

主，下及《詩》、《禮》、《春秋》，旁采舊史、諸子，表年繫事，復加訓釋，斷自唐堯以下，接於《資治通鑑》，勒為一書，名曰《通鑑前編》，凡十有八卷，《舉要》二卷。既成，以授門人許謙。……先生卒後三年，……所著書有《尚書表註》、《大學疏義》、《指義》、《論孟集註》、《攷證》、《通鑑前編》，合若干卷傳學者。[8]

據此可知金氏少時曾為《尚書》作註解，然自知學力不逮，說義淺陋，雖既成書，而遂廢棄。其後至卒，於《尚書》著述成書者，唯有《尚書表注》而已。《元史》無〈藝文志〉，而於金履祥傳所載，《尚書》著述亦止有《尚書表注》爾。

然據朱彝尊（1629-1709）撰《經義考》卷八十四所錄，金氏有《尚書注》十二卷、《尚書表注》二卷，兩本著作均曰「存」。金履祥於《尚書表注》自有序，此書實為金氏所著，確無可疑。至於《尚書注》一書，考之明代諸多藏書家書目，均未之見錄[9]。朱彝尊於《尚書注》十二卷下，錄有張雲章（1648-1726）[10]序言說：

　　《尚書表注》四卷，見於仁山先生本傳，而無所謂《書注》十二卷

8　〔元〕柳貫：〈故宋迪功郎史館編校仁山先生金公行狀〉，《待制集》（《文淵閣四庫全書》本），卷20。亦見《仁山文集》（《金華叢書》本），卷5，頁24-28。

9　〔明〕楊士奇（1365-1444）《文淵閣書目》（臺北市：臺灣商務印書館，1986年，影印《文淵閣四庫全書》本，第675冊），卷1，頁16，總頁123著錄有「《尚書履祥表注》一部二冊」。朱睦㮮（1518-1587）《萬卷堂書目》（清光緒至民國間《觀古堂書目叢刊》本），卷1，頁2著錄有金履祥「《尚書表註》一卷」。祁承㸁（1565-1628）《澹生堂藏書目》（上海市：上海古籍出版社，1995年，《續修四庫全書》本，第919冊），卷1，頁562著錄有「履祥《尚書襍論》一卷一冊」。焦竑（1540-1620）《國史經籍志》（明・徐象橒萬曆三十年刻本），卷2，經類，頁12著錄金履祥《書表注》一卷。晁瑮（？-1560）《寶文堂書目》、徐𤊹《徐氏家藏書目》、高儒《百川書志》、陳第（1541-1617）《世善堂藏書目》、范欽（1505-1585）《天一閣藏書目》等各家書目著錄，均未記載金氏有《尚書注》之作。

10　張雲章，字漢瞻，號樸村，嘉定人。監生。康熙初，舉孝廉方正，議敘知縣。有《樸村詩集》。

者。按柳文肅貫撰〈行狀〉云：「先生早歲所注《尚書》，章釋句
解。」蓋指《書注》十二卷而言，此書為先生早年所成，晚復擬其要
而為《表注》也。[11]

張雲章亦以為據元代相關文獻記載，本無所謂《尚書注》十二卷，然最終反
據柳貫所作金仁山〈行狀〉，推論此書即仁山早歲所作《尚書注》。後人多
據其說，以為此《尚書注》十二卷為金履祥之少作。

此本號稱金履祥所著《尚書注》十二卷，其出世流傳，頗為突兀。根據
清張金吾（1787-1829）《愛日精廬藏書志》卷二所載說：

> 《尚書金氏注》殘本六卷（抄本，從子謙姪藏舊抄本傳錄）。原書十二
> 卷，今存七至末六卷。……原本卷末有「嘉靖戊午仲冬錄完」八字。[12]

嘉靖戊午即是嘉靖三十七年（1558），此乃《尚書注》最早之記錄。而考察
明代諸家圖書著錄，未之見載，已如前述。

逮至清朝，清初錢謙益（1582-1664）《絳雲樓書目》[13]、錢曾（1629-
1701）《述古堂書目》[14]中，仍止有《尚書表注》，未見十二卷《尚書注》
本。黃虞稷（1629-1691）《千頃堂書目》記「元金履祥《尚書表注》十二卷」，
無《尚書注》[15]。季振宜（1630-1674？）《季滄葦藏書目》止載錄「《尚書表

---

[11] 〔清〕朱彝尊：《經義考》（臺北市：臺灣商務印書館，影印《文淵閣四庫全書》本），
卷84，書十三，《尚書注》十二卷，頁151下引用。

[12] 〔清〕張金吾：《愛日精廬藏書志》（上海市：上海古籍出版社，1995年，《續修四庫全
書》本，第920冊），卷1，經部，頁325。

[13] 〔清〕錢謙益：《絳雲樓書目》（上海市：上海古籍出版社，1995年，《續修四庫全書》
本，第920冊），卷1，頁325。

[14] 〔清〕錢曾：《述古堂書目》（上海市：上海商務印書館，1935年，《叢書集成初編》
本），卷1，頁3著錄。

[15] 〔清〕黃虞稷：《千頃堂書目》（《文淵閣四庫全書》本），卷1，頁24。此條「履祥
《尚書表注》十二卷，又《尚書雜論》一卷」，或者以為書雖仍用《尚書表注》之名，
然於卷數則差異極大，蓋《尚書表注》多作二卷，有作四卷者，而此著錄作十二卷，
因疑此錄有誤。許師錟輝認為《千頃堂書目》所載，當為《尚書注》十二卷之訛。此

註》二卷，金履祥」，尚無《尚書注》一書之記載[16]。

及朱彝尊撰《經義考》，於卷八十四中，即錄有《尚書注》十二卷、《尚書表注》二卷兩書[17]。崑山徐乾學（1631-1694）《傳是樓書目》，其中記載「《尚書金氏注》，十二卷。六本，抄本」[18]。錢大昕（1728-1804）《元史藝文志》則載錄：「金履祥《尚書表注》四卷（或作十二卷，一作一卷），《尚書注》十二卷，《尚書雜論》一卷。」[19]其後張金吾《愛日精廬藏書志》[20]、瞿鏞（1794-1846）《鐵琴銅劍樓藏書目》[21]，皆有《尚書注》與《尚書表注》兩書之著錄。陸心源（1834-1894）《皕宋樓藏書志》則記載說：

> 《尚書金氏注》殘本六卷，舊鈔本，張月霄舊藏。……《尚書注》

說參見許師錟輝：《尚書著述考（一）》（臺北市：國立編譯館，2003年），頁377。然詳考之，《尚書》孔傳本古即為十三卷，除去〈大序〉，即為十二卷；《尚書表注》乃據經文旁表之四闌之外，若以原書卷數而言，可作十二卷也。又考清朝王士禎所撰《池北偶談》卷四，有〈訪遺書〉條，記載謂：「又奉旨：關係經史方許採進。時禮侍徐乾學疏進宋朱震《漢上易傳並圖說》十五卷、宋張浚《紫巖易傳》九卷、《讀易雜說》一卷、魏了翁《大易集義》六十四卷、曾穜《大易粹言》十卷、呂祖謙《東萊書說》十卷、元金履祥《尚書表注》十二卷、宋李樗、黃櫄《毛詩集解》三十六卷、趙鵬飛《春秋經筌》十六卷、王與之《周禮訂義》八十卷、蔡節《論語集說》十卷、李燾《續資治通鑑長編》一百六十八卷、《唐開元禮》一百五十卷，共十二部。」又錢大昕編《元史藝文志》，經部《書》著錄有「履祥《尚書表注》四卷，或作十二卷，一作一卷；《尚書注》十二卷；《尚書雜論》一卷」，參見《嘉定錢大昕全集》（南京市：江蘇古籍出版社，1997年），第5冊，《元史藝文志》，頁7。《尚書表注》亦或作十二卷。可見《尚書表注》有十二卷之本無疑也。

16 〔清〕季振宜：《季滄葦藏書目》（清嘉慶十年黃氏士禮居刻本），頁36。

17 〔清〕朱彝尊：《經義考》，卷84，頁151。

18 〔清〕徐乾學：《傳是樓書目》（上海市：上海古籍出版社，1995年，《續修四庫全書》本，第920冊），卷1，頁644。

19 〔清〕錢大昕：《元史藝文志》（清《潛研堂全書》本），卷1，頁5。

20 〔清〕張金吾：《愛日精廬藏書志》（清光緒十三年吳縣靈芬閣集字版校印本），卷2，經部，頁18，載錄曰：「《尚書金氏注》殘本六卷（抄本，從子謙姪藏舊抄本傳錄）。……《尚書表注》（宋刊本，顧伊人藏書）不分卷。」

21 〔清〕瞿鏞：《鐵琴銅劍樓藏書目》（上海市：上海古籍出版社，1995年，《續修四庫全書》本，第926冊），卷2，經部二，頁13，總頁75。

> 十二卷，舊鈔本，秦文恭舊藏。宋金履祥撰。是書已刊入《十萬卷樓叢書》。[22]

是陸氏所藏《尚書金氏注》有兩本，一為六卷殘本，一為十二卷全本。陸心源於《十萬卷樓叢書》中刊印《尚書注》十二卷，其前寫有序文曰：

> 仁山先生著述，見于柳待制所撰行狀者，《尚書表注》、《大學疏義》、《論語集註考證》、《孟子集證》、《通鑑前編》、《通鑑前編舉要》、《昨非存稿》、《仁山新稿》、《仁山亂稿》、《仁山噫稿》等書，《尚書註》十二卷則無明文，惟云「先生早歲所註《尚書》，章釋句解，已成書矣」云云，當即是書；蓋先生少作也。元、明以來，流傳甚罕。《四庫書目》及《挈經室外集》皆未著錄。常熟張氏金吾《藏書志》祇載殘本六卷。聞無錫秦文恭家有全書，余求之數年而未見。同治十年，被命赴閩，公餘之暇，與祥符周季貺太守蒐訪遺書，乃從福州陳氏得之。卷中有秦蕙田印，知即秦氏舊藏也。抄帙流傳譌奪甚夥，爰為校正，付之梓人。[23]

可知陸心源所得即為秦蕙田（1702-1764）家藏《尚書注》全本，中有秦蕙田鈐印。而陸氏亦謂「是書即《表註》之權輿」，與張金吾等見解一致。

由以上《尚書注》相關著錄流傳詳加考察，可知此書於明朝，雖或已然出現，然並未流傳於儒士之間，是故藏書之家皆未之見錄。迄清朝朱彝尊、秦蕙田、錢大昕等始廣為人知，傳抄於藏書之家，而終由陸心源《十萬卷樓叢書》刊刻出版。

蓋自元朝以下，金履祥《尚書注》一書都未被載錄，而忽於清朝毫無先兆下出世，既有殘本，更有十二卷全本，如此離奇曲折，實難令人不啟疑竇。

---

[22]〔清〕陸心源：《皕宋樓藏書志》（清光緒十萬卷樓藏本），卷4，經部，頁37。

[23]〔清〕陸心源：〈重刊金仁山先生尚書注序〉。見清光緒陸心源校刊《十萬卷樓叢書》本《尚書注》十二卷（臺北市：臺灣商務印書館，《百部叢書集成》本），書前序言。

　　又今日北京中國國家圖書館藏有清瞿氏恬裕齋本《周書金氏注》三冊六卷。恬裕齋為瞿鏞之父瞿紹基（1772-1836）藏書之所。考之《十萬卷樓叢書》本《尚書注》，其自七至十二卷，即為《尚書・周書》全部；中國國家圖書館所藏《周書金氏注》六卷，與《鐵琴銅劍樓藏書目錄》所記藏殘本卷數相符合，然則此《周書金氏注》六卷，或即是前述六卷殘本，惟更其名稱歟！

　　筆者既考得《十萬卷樓叢書》本《尚書注》十二卷為偽作矣，又據許育龍君研究所得，得悉號稱金履祥《尚書注》十二卷者，除《十萬卷樓叢書》本《尚書注》十二卷外，尚有清末廣東地區方功惠所刊刻《碧琳琅館叢書》本之《尚書金氏注》十二卷[24]。而方功惠之書，後來多為黃詠雩（1902-1975）字肇沂所收，輯入《芋園叢書》中，於民國二十四年版行，《金氏尚書注》十二卷亦在焉。此本今收入《叢書集成三編》中。

　　今以《廣州大典》本所印行《碧琳琅館叢書》本《尚書金氏注》，與《芋園叢書》本《尚書金氏注》作對比，二者大致相同，蓋因黃氏所刊印者乃據方氏原書版，故而版面、行數、字數皆無甚差異。二者小異有如下數端：

　第一、《芋園》本以原《碧琳琅》本之後跋附錄置於書本文之前。

　第二、《廣州大典》本《碧琳琅》本卷一缺第二頁，而《芋園》本則有之。

　第三、《芋園》本削去《碧琳琅》本原書頁中隔「碧琳琅館叢書」字樣，
　　　　而於卷一第一行書名之下，補刻「芋園叢書」字樣。

　第四、《芋園叢書》本缺去《碧琳琅》本印有〈金氏尚書註跋〉一文之全
　　　　頁面，故而連帶「至元庚辰秋，齊芳書院刊」亦皆失去無蹤。

　　雖然如此，但據《碧琳琅館叢書》本以論，除第二項可以《芋園》本補足《碧琳琅》本缺頁外，其餘均以《碧琳琅》本為無缺失而較完整。

---

24 許育龍謂所據版本為《廣州大典》（廣州市：廣州出版社，2008年），第8輯。筆者亦
　　據此本以為論述之資，下文所陳論，皆據此而為之，版權資料不再贅述。

三 《碧琳琅館叢書》本《金氏尚書注》偽作現形述略

筆者當初研探金履祥《尚書》學之時，一以《十萬卷樓叢書》本之《尚書注》十二卷為準，未能注意《碧琳琅館叢書》本與之差異甚大，雖考證結論無誤，而實亦是本人研究所遺漏疏失之處。許育龍君以《碧琳琅館叢書》本與《十萬卷樓叢書》本兩相比較，發現二者內容差異極大。進而考得《碧琳琅館叢書》本之《尚書金氏注》十二卷亦為偽書，是足以補筆者研究之不逮。茲就許君所得，陳述其概，然後補充考訂之。

《碧琳琅館叢書》本《金氏尚書注》（以下簡稱為「《碧琳琅》本」），與《十萬卷樓》本同分作十二卷，其結構大可分為三部分，條列如下：

（一）書本文前

1. 書卷前首列〈金氏尚書注序〉，落款為「淳祐四年，歲次甲辰四月六日，金華王柏魯齋序」。
2. 次列〈金氏尚書注自序〉，落款為「寶祐乙卯重陽日，蘭谿吉父金仁山書」。
3. 次列〈金氏尚書注引用書目〉，其中所列書目計三十八種[25]。
4. 次列〈金仁山先生事略〉，其中包含金履祥生平相關文獻九段，有：《姓譜》、柳道傳〈仁山先生行狀〉、柳貫曰一段、章贊〈仁山先生傳

---

[25] 書中所引三十八種書分別為：《皇極經世書》、郭忠恕《佩觿》、衛宏〈古文奇字序〉、《爾雅》、《爾雅疏》、《博雅》、《楚辭註》、劉向《說苑》、蔡氏《律呂本原》、蔡氏《洪範內篇》、東坡《地理指掌圖》、李善《文選註》、《文苑英華》、《文鑑》、《曾南豐文集》、衛宏《漢官舊儀》、李垕《續補漢官儀》、《三輔黃圖》、周子《易通》、《管子》、《列子》、《莊子》、《荀卿子》、揚子《法言》、《韻會舉要》、《玉篇》、《唐韻》、樂史《寰宇記》、《輿地志》、《輿地要覽》、崔豹《古今注》、程氏〈敘論〉、薛氏《古文》、西山《讀書記》、《洪範五行傳》、《周書‧王會篇》、《諡法解》、《本草》。

略〉、張雲章曰一段、徐袍〈仁山先生年譜序〉、徐袍〈宋徵士仁山先生言行錄序〉、趙崇善曰一段、仁山先生〈思舊操〉。

5. 再次列《元史‧儒學傳》之金履祥傳。

（二）《尚書注》本文

全書分十二卷，無標示〈虞書〉、〈夏書〉、〈商書〉、〈周書〉，而以篇分卷，分卷如下：

卷一：〈序〉、〈堯典〉。

卷二：〈舜典〉。

卷三：〈大禹謨〉、〈皋陶謨〉、〈益稷〉。

卷四：〈禹貢〉、〈甘誓〉、〈五子之歌〉、〈胤征〉。

卷五：〈湯誓〉、〈仲虺之誥〉、〈湯誥〉、〈伊訓〉、〈太甲上〉、〈太甲中〉、〈太甲下〉、〈咸有一德〉、〈盤庚上〉、〈盤庚中〉、〈盤庚下〉、〈說命上〉、〈說命中〉、〈說命下〉、〈高宗肜日〉、〈西伯戡黎〉、〈微子〉。

卷六：〈泰誓上〉、〈泰誓中〉、〈泰誓下〉、〈牧誓〉、〈武成〉。

卷七：〈洪範〉。

卷八：〈旅獒〉、〈金縢〉、〈大誥〉、〈微子之命〉、〈康誥〉、〈酒誥〉、〈梓材〉。

卷九：〈召誥〉、〈洛誥〉、〈多士〉、〈無逸〉、〈君奭〉、〈蔡仲之命〉、〈多方〉、〈立政〉。

卷十：〈周官〉、〈君陳〉、〈顧命〉。

卷十一：〈康王之誥〉、〈畢命〉、〈君牙〉、〈冏命〉、〈呂刑〉、〈文侯之命〉、〈費誓〉、〈秦誓〉。

卷十二：〈小序〉。

每卷卷首均有「宋後學蘭谿仁山金履祥撰」、「元門人東陽許謙校正」字樣，卷一至卷七末尚有「巴蜀方功惠校刊」標記。第十二卷之末有「終」字。

（三）書文本之後

1. 書末首列〈金氏尚書註跋〉，署款為「歲在丁巳仲春望日，桐陽叔子金履祥書於桐山書軒」。

2. 同頁後有「至元庚辰秋齊芳書院刊」牌記，字體大於平常。

3. 次列「朱竹垞《經義攷》曰」一段。

4. 次列〈跋金氏尚書注〉一文，並無署款，據文前謂「滄葦見此書」，應為清初季振宜所著。

5. 最後列〈舊跋附錄〉三則：含張金吾《愛日精廬藏書志・跋》文、無名氏〈跋〉及〈顧氏手跋〉，顧氏即顧湄字伊人也。

根據以上材料，對比《十萬卷樓叢書》本《尚書注》，《十萬卷樓》本除書前有陸心源序外，書前後並無其他序跋。而分卷則為：卷一至卷二為〈虞書〉，卷三至卷四為〈夏書〉，卷五至卷六為〈商書〉，卷七至卷十二為〈周書〉；而內容、說解形式亦皆大相逕庭；由此可見，《十萬卷樓》本與《碧琳琅》本，並非同書，可無疑矣。

許君考較《碧琳琅館叢書》本《金氏尚書注》，亦可從前述三項內容，分別說陳：

對於書內文本而論，許君考見全書體例，乃針對蔡沈《書集傳》解義文字而發，名之曰「尚書注」，已然名不符實；於是循委而溯源，赫然發現書中文本內容，與元儒陳師凱所著《書蔡傳旁通》完全一致。此實不合情理之至，可以確定《碧琳琅》本《金氏尚書註》實乃後人取陳師凱《書蔡傳旁通》文本，冒名頂替，偷天換日之偽作。此發現已可證成偽作之說矣。許君所疏忽者，唯《尚書注》末止於「宗廟彝尊也」一條，而陳氏《書蔡傳旁通》於「宗廟彝尊也」之後，尚有「《史記》作薄姑」、「肅慎」、「榮伯」、「畢」、「曲阜」、「崤」數條文義解釋，而《尚書注》刪去，或欲以此避人直接校對，窺見其偽也歟。

對於書前〈序〉、書目等之考辨，許君已考得《金氏尚書注》前王柏

〈序〉文，其實乃據陳師凱《書蔡傳旁通・自序》改易數字而成[26]。蓋作偽者既以《旁通》為文本，則就近而取材；是以既得根柢，順藤摸瓜，應手而得矣。

　　對於〈金氏尚書注自序〉末記載「寶祐乙卯重陽日蘭谿吉父金仁山書」，寶祐乙卯即宋理宗寶祐三年（1255），是年金履祥不過年二十四，而〈自序〉中謂：「至王長嘯夫子與其弟令君同登何北山門，學者謂之婺州兩滕。和叔漸涵於二父之淵源，披剝於百家之林藪。蓋自予受業門下，別三十有五年矣。一日訪予崖底，予出所著書曰《尚書注》，分十二卷者，十二萬言，⋯⋯」「長嘯」乃王柏早年自號，金履祥年方二十四，何能能拜入王氏門下三十五年之久？此不合理也。

　　對於〈金氏尚書注引用書目〉，經對比乃截錄自陳師凱《旁通》書前〈蔡傳旁通引用書目〉，自《皇極經世書》以下，完全一致。

　　對於〈金仁山先生事略〉九段文字，皆有出處為據，然其中章贄〈仁山先生傳略〉，述及金氏著作，謂除《通鑑前編》外，「他如《大學章句疏義》一卷、《論孟集注考證》十七卷、《尚書注》十二卷、《尚書表注》四卷，門人許謙益之校定，傳於學者」。而考之《金華叢書》本《仁山集》，附有章贄〈仁山金文安公傳略〉，其中並無「《尚書注》十二卷」[27]，可見乃《碧琳琅》本偽作者據〈傳略〉竄改妄加者也。

---

[26] 陳師凱〈自序〉，陳師凱：《書蔡傳旁通》（臺北市：漢京文化事業有限公司，1980年，《通志堂經解》本），頁8535。兩者文字差異如下：《旁通》「此《旁通》之所以贄出也」，《碧琳琅》本作「此《書注》之所以贄出也」；《旁通》「是以《旁通》之筆，不厭瑣碎」，《碧琳琅》本作「是以仁山之筆，不厭瑣碎」；《旁通》「對本傳於前，置《旁通》於側」，《碧琳琅》本作「對本傳置金氏注釋於側」；《旁通》「文理已明者，因畧為衍說」，《碧琳琅》本作「文理已明，畧為衍說」；《旁通》「愚之所以云云而不避晉越者」，《碧琳琅》本作「愚之所以云云而不避僭越者」；《旁通》「時至治元年歲次辛酉四月日，後學東匯澤陳師凱序」，《碧琳琅》本作「時淳祐四年歲次甲辰四月日，金華王柏魯齋序」。

[27] 《仁山集》（臺北市：藝文印書館，1968年，同治間刊退補齋《金華叢書》本），卷5，頁12，章贄：〈仁山金文安公傳〉。

　　至於書後跋文以及附錄部分，許君以為〈金氏尚書注跋〉一文，時間署定為「歲在丁巳仲春望日桐陽叔子金履祥書於桐山書軒」，此「丁巳」年應為宋理宗寶祐五年（1257），是年金履祥年二十六。

　　對於牌記「至元庚辰秋齊芳書院刻」，許君以為「至元庚辰」當為元世祖至元十七年（1280），金履祥時年四十九，而此年即是《通鑑前編》成書之年。而「齊芳書院」之名，乃出於《四庫總目·總集類存目》「濂洛風雅」條下云：「是編乃至元丙申，履祥館於韓良瑞家齊芳書舍所刻。」[28]

　　對於〈跋金氏尚書注〉一文，因並無署款，許氏據文前謂「滄葦見此書」一句，應為清初季振宜所著。

　　至於書末之〈舊跋附錄〉三則，張金吾《愛日精廬藏書志·跋》，其實即《愛日精廬藏書志》有關「《尚書金氏注》殘本六卷」一條之記載。無名氏〈跋〉與《經義考》「許謙《讀書叢說》」一條下所引俞實〈序〉相同。顧湄手〈跋〉出於張金吾《愛日精廬藏書志》「《尚書表注》」一條下所引「顧氏手跋」。三者皆非「跋」，乃藏書志爾。

　　許君於論文終作結曰：

> 《碧琳琅》本《金氏尚書注》是一本以元代陳師凱《書蔡傳旁通》為
> 主，又將一些與金履祥相關的文章，或改易文字，以為序文、行狀；
> 或張冠李戴，以為跋文、附錄來拼湊而成的一部書籍。此書的偽作時
> 期應當在清中葉後，原先目的或許是想製作一孤本以自重。

其結論大致不差，而仍須更深探賾，方盡顯其偽跡。詳見後文論述。

---

28 許文以為《總目提要》「韓良瑞」當為「唐良瑞」，其說是也。考《浙江通志》卷28，
　　頁581〈學校·金華府〉下云：「齊芳書院，在住竿山之陽。《續文獻通考》元唐良驥
　　延金仁山講學於此。」《金華叢書》本《仁山文集》卷五附錄，頁22有「講道齊芳」
　　條曰：「齊芳書院在柱竿山之陽，金仁山先生常講道於此；為唐良驥德之建以延先生
　　者。其弟良知、良史、良瑞皆學於是。而良瑞號石泉，尤知名，嘗取仁山所編《濂洛
　　風雅》，分類例板行於世，良瑞為序其首。」

四 《碧琳琅館》本《尚書金氏注》僞作資料補充考辨

以上許君所能考辨者，類皆信而有徵，誠難能可貴，真後生可畏也。然彼於書中若干項關鍵性資料，尚有未能仔細釐清者。至於僞作者可能為誰？許文中無有陳論。筆者於《尚書》研究，多歷年所，而考僞之功，亦有經驗。竊以為如能更深進鉤剔耙梳，當能使僞作之欺蒙伎倆無所遁形，昭然眾目之前。茲列述如次：

（一）關於〈金氏尚書注自序〉

茲先列〈金氏尚書注自序〉原文如下：

> 吾郡以經名家者多矣，《書》為最；以《書》名家者加多矣，滕為最。《書》自呂祖謙、范處義先生皆有所論著天下，所謂程泰之《禹貢圖志》、王晦叔《尚書小傳》者也。至王長嘯夫子與其弟令君同登何北山門，學者謂之婺州兩滕。和叔漸涵於二父之淵源，披剝於百家之林藪，蓋自予受業門下，別三十有五年矣。一日訪予崖底，予出所著書曰《尚書注》，分十二卷者，十二萬言。和叔教予曰：子亦知夫，凡《書》之有大注乎，猶之木焉，本而非節目也；猶之水焉，原而非派別也。若《書》之大意，則一中而已。「允執厥中」，《書》所以始；「咸中有慶」，《書》所以終。以此一字，讀此一書，迎刃解矣。予受而讀之既，請曰：以中為書之大注，吾未之前聞也，子於何有所聞？曰：予聞之先君子，先君子聞之紫陽，紫陽聞之濂、洛諸老，而予發其祕者也。寶祐乙卯重陽日，蘭谿吉父金仁山書。

此段文字中，許君所論「寶祐乙卯」即宋理宗寶祐三年（1255），是年金履祥年二十四，而〈自序〉中謂：「蓋自予受業門下，別三十有五年矣。」金履祥此時殆無拜入王氏門下三十五年之理。此外，序文亦有矛盾處：如王長

嘯柏家族，未聞有「弟令君」者。而序文曰：「至王長嘯夫子與其弟令君同登何北山門，學者謂之婺州兩滕。」按文理，王柏與其弟同登何基之門，應謂之「婺州兩王」為是，何以謂之「婺州兩滕」耶？諸如此類，皆不能順理成章。

今考之朱彝尊《經義考》中卷八十三，《書》十二之下，列有滕氏鉛《尚書大意》一書，其後引《姓譜》謂：「鉛字和叔，婺源人，合肥令琪之子，為安仁令。」後又列方岳〈序〉曰：

> 吾州以經名家者多矣，《書》為最；以《書》名家者加多矣，滕為最。《書》自程大昌、王大監皆有所論著天下，所謂程泰之《禹貢圖志》、王晦叔《尚書小傳》者也。至溪齋先生與其弟合肥令君同登晦翁之門，學者謂之新安兩滕。和叔漸涵於二父之淵源，披剝於百家之林藪，蓋自與予別三十有五年矣。一日訪予崖底，出其所著書曰《尚書大意》者十二萬言。教予曰：「子亦知夫，凡《書》之有大意乎！猶之木焉，本而非節目也；猶之水焉，原而非派別也。若《書》之大意，則一中而已。『允執厥中』，《書》所以始；『咸中有慶』，《書》所以終。以此一字，讀此一書，迎刃解矣。予受而讀之既，請曰：以中為《書》之大意，吾未之前聞也，子於何有所聞？曰：予聞之先君子，先君子聞之紫陽翁，紫陽翁聞之濂、洛諸老，而予發其祕者也。寶祐乙卯重陽日，友人方岳謹序。

此文亦見於宋朝方岳所撰《秋崖集》[29]卷三十六。兩相對較，實乃同篇；惟改「程大昌、王大監」作「呂祖謙、范處義先生」，易「溪齋先生」為「王長嘯夫子」，並刪「合肥」二字，「同登晦翁之門」改為「同登何北山門」，改「新安」為「婺州」，而增「受業門下」，變「出其所著書」為「予出所著書」，遂使主客易位。將「《尚書大意》」換作「《尚書注》，分十二卷」，

---

[29] 〔宋〕方岳：《秋崖集》（臺北市：臺灣商務印書館，影印《文淵閣四庫全書》本），卷36，頁588-589。

則書名蒙混矣。署名「友人方岳謹序」，改為「蘭谿吉父金仁山書」，則張冠李戴矣。而日期襲用，故有時間衝突也。

文中所指「二滕」，其「溪齋先生」名璘，其弟「合肥令君」名珙，而滕和叔名鉛。二滕曾從學於朱熹門下，後並配祀婺源朱塘晦菴亭祠堂[30]；故文中謂「同登晦翁之門」也。

（二）關於書後〈金氏尚書註跋〉

前文已陳述許君於〈金氏尚書注跋〉，考辨止於時間定為「歲在丁巳仲春望日」乃為宋理宗寶祐五年（1257），是時金履祥年二十六，此外未加研探。然筆者細讀其文，儻有疑焉者。今置全文於後而論之，文曰：

> 孔壁之書，載聖人之心法：「允執厥中」、「建其有極」，曰德，曰仁，曰敬，曰誠；先賢之《集傳》，發揮無餘蘊矣。此篇題以《索至》，舊出於賢關，纂集獨詳於諸家。如〈堯典〉之天文，〈禹貢〉之地制，〈洪範〉五行之次序，〈大誥〉諸篇之官名；凡儀章制度，服食器用，辨之必明，確乎其證也；語之必詳，炳乎其文也。復而熟之，義理渾然之中，條目燦然，誠有補於「疏通知遠」之學。余自歸隱，溫著書，惟此篇江廣罕得其傳。由是載加考訂。其貫穿六經，出入諸子；苞羅旁魄，未易悉通；薆滋魯豕，未易悉辨。當世有行秘書，觀其違闕，黨改而正諸，嘉惠後學，尤賢於著述也。歲在丁巳仲春望日，桐陽叔子金履祥書於桐山書軒。

是篇驟然觀之，無甚可疑；然其中曰「此篇題以《索至》」一句，實不可解。既曰「篇題」，則指其名稱也，「以《索至》」，則書名宜為「索至」也，而今書名不曰「索至」而謂之曰「尚書注」，與此跋文不符。

---

[30] 參見〔明〕程敏政：《新安文獻志》（臺北市：臺灣商務印書館，影印《文淵閣四庫全書》本），卷45〈碑〉，頁574-575，有許月卿所撰〈婺源朱塘晦菴亭祠堂碑〉。

　　筆者鑽研宋代《尚書》學多年，既知宋、元《尚書》諸多註解著作中，有名稱為「索至」者，遂考諸《經義考》，於卷八十四中，果有名為「索至」之《書》註，因閱其文，赫然得見狐尾，本尊現形。《經義考》卷八十四有亡名氏《尚書名數索至》條，其下列方時發〈序〉，文字與《碧琳琅》本〈金氏尚書註跋〉幾於全同。今出其文以比較之如下：

> 孔壁之書，載聖人之心法：「允執厥中」、「建其有極」，曰德，曰仁，曰敬，曰誠；先賢之《集傳》，發揮無餘蘊矣。此編題以《索至》，舊出於賢關，纂集獨詳於諸家。如〈堯典〉之天文，〈禹貢〉之地制，〈洪範〉五行之次序，〈大誥〉諸篇之官名；凡儀章制度，服食器用，辨之必明，確乎其證也；語之必詳，炳乎其文也。復而熟之，義理渾然之中，條目燦然，誠有補於「疏通知遠」之學。余自潮歸隱，溫舊書，惟此編江廣罕得其傳。由是載加考訂，付之剞劂。其貫穿六經，出入諸子；苞羅旁魄，未易悉通；茇滋魯豕，未易悉辨。當世有行秘書，睹其違闕，儻改而正諸，嘉惠後學，尤賢於著述也。[31]

文中除「此篇」作「此編」外，原文「余自潮歸隱」句刪去「潮」字。「付之剞劂」句不見，而「儻改而正諸」訛作「黨」，其餘全同。是此號稱〈金氏跋〉文，確然據此而改作者無疑也。此文曰「此編題以《索至》」，確乎名實相符矣。

　　朱彝尊《經義考》於《尚書名書索至》一書，注云「未見」，而又謂「是書《菉竹堂》、《萬卷堂》、《澹生堂》三家書目均有之」。朱睦㮮撰《授經圖義例》卷八亦載此書曰：「《尚書名數索至》十卷。方時發。」[32]《文淵閣書目》卷一記有《尚書方時發索至》一部一冊[33]。二者以為方時發即為此書作者。然黃虞稷《千頃堂書目》卷一云：「《尚書名數索至》十卷。不知何人

31〔清〕朱彝尊：《經義考》，卷8，頁153-154。

32〔明〕朱睦㮮：《授經圖義例》（臺北市：臺灣商務印書館，影印《文淵閣四庫全書》本），卷8，頁271。

33〔明〕楊士奇：《文淵閣書目》，卷1，頁123。

所編。有元方時發〈序〉。大約亦通考之類。索至者，取揚子雲《法言》語也。」[34]

考此《尚書名數索至》一書，除方時發〈序〉外，尚有宋朝華鎮之〈序〉，與方時發甚類似，皆謂出於「賢關」諸公[35]。是以《欽定四庫全書考證》為之考辨曰：

> 方時發〈尚書索至序〉　按：方時發《尚書名數索至·序》略曰：「此編舊出於賢關。」又曰：「江廣罕得其傳，由是載加考訂，付之剞劂。」鎮此序中亦云：「賢關諸公……，取書中應該名數者，夷考意指，名曰《索至》。」則是書非時發所著，特時發重訂而刻之耳。然鎮〈序〉中亦云：「謹鏤諸板，以遺同志。」或鎮與時發同任鐫刻之事，抑時發已刻於前，鎮復為重梓耶。是書著錄於《菉竹堂書目》，題曰「無名氏」；《經義考》云「未見」；蓋亦不傳矣。[36]

其考證有理可信。

---

[34]〔清〕黃虞稷：《千頃堂書目》，卷1，頁24。

[35] 華鎮序見〔宋〕華鎮：《雲溪居士集》（臺北市：臺灣商務印書館，影印《文淵閣四庫全書》本），卷29，頁604；其文曰：「五經皆聖人之言，獨《書》所載者帝王之事，渾渾而全，灝灝而明，靈靈而察。虞、夏、商、周，所以垂訓，幾無餘蘊。後世學者，持書以道事之說，遂謂書不過語，語不過事；烏知事本于道，道散于事，謂之事者，無非道也。嘗試稽五十八篇，若二〈典〉，若〈禹貢〉，若〈洪範〉，雖史筆紀出治之事，今求其極，是數篇蓋天地陰陽之妙，道德性命之賾，尤所難知；童心囷覺，白首紛如，類多有之。其餘謨訓誥命，言皆詣理，理皆寓數，苟非研精究微，斷以遠識，孰能即倫類而通其義乎。比閱賢關諸公，雞窗之下，取書中應該名數者，夷考意指，綴緝事證，目曰《索至》。余觀其析理摘要，辯疑釋惑，平日所以用心，固非淺學之比。況又採黃卷之至言，取儒之成說，旁搜遠紹，具載無遺，即此以求書之事，即事以求書之道，豈不猶操刀以經肯綮，大觚將見迎刃而解矣。謹鏤諸板，以遺同志，庶資討論之益云。」

[36]《欽定四庫全書考證》（臺北市：臺灣商務印書館，影印《文淵閣四庫全書》本），卷79，頁142。

（三）關於「朱竹垞《經義考》曰」一段之考辨

此段文字甚短，茲先列出如下：

> 金氏履祥《尚書注》十二卷，存。按此書錫山秦氏、崑山徐氏二家
> 書目均有之。徐乾學曰：「《尚書注》引據精確，可裨蔡《傳》。其作
> 《通鑑前編》，即自採用其說。」

考之《經義考》中，此段文字並非全為朱氏之言。「按此書錫山秦氏、崑山
徐氏二家書目均有之」一節，蓋出於〈後跋附錄〉中〈顧氏手跋〉之文。朱
氏之書，稱秦蕙田多曰「無錫秦氏」，未見稱「錫山秦氏」者[37]。而所引徐乾
學之言，雖見於《經義考》《尚書表注》條下，而原文本曰：

> 徐乾學曰：「**《表注》**引據精確，可裨蔡《傳》。其作《通鑑前編》，
> 即自採用其說。」[38]

可見偽作者刻意竄改，易《表注》為《尚書注》，以蒙混欺世。

（四）關於〈跋金氏尚書注〉之考辨

〈跋金氏尚書注〉一文，因前後均無署款，許君據文前謂「滄葦見此書」
一句，推定乃清初季振宜所撰作，其他部分皆無論析。若此跋文為真季氏所
撰寫，則此偽作之書當出於清朝初年以前，而非如許君所謂清中葉之後也。

更進而論之，此文中有「齊芳堂」一詞，與前面牌記「至元庚 秋齊芳

---

[37] 考之〔清〕朱彝尊撰《曝書亭集》（臺北市：臺灣商務印書館，《文淵閣四庫全書》
本），確實如此。如：《曝書亭集》卷35，頁55-56有〈曝書亭著錄序〉一文，曰：
「凡束修之入，悉以買書。及通籍，借抄于史館者有之，借抄于宛平孫氏、無錫秦
氏、崑山徐氏、晉江黃氏、錢唐龔氏者有之。」
[38] 〔清〕朱彝尊：《經義考》，卷84，頁153《尚書表注》二卷條下引文。

書院刻」有關連，故不可不考辨。此文曰：

> 滄葦見此書於毛氏子晉家，乃麻沙本也。後徧求之而未得，至此，見
> 友人劉和甫有此書，欲求得之。乃云：此書元鏤板於其家塾，因鬱攸
> 之變，不復存矣。慨嘆久之，校正其本。元鏤板於東陽倅廳之**齊芳**
> **堂**，以廣其傳。乙未望日記。

此跋文文從字順，似無破綻，實則矛盾甚夥。首節謂「滄葦見此書於毛氏子
晉家，乃麻沙本也。後徧求之而未得」一節，即有不合理處。

考毛子晉（1599-1659），明萬曆年間常熟人。生平喜藏書，當時諺語有
謂「三百六十行生意，不如鬻書於毛氏」，其收藏之聲遠播，可以想見。毛
晉藏書處號「汲古閣」，刻書名目繁多，所印刻書有「汲古閣」字樣。其藏
書之富，極東南一時之盛；現傳有《汲古閣珍藏秘本書目》一卷[39]。其後毛
家沒落，其後人以所藏書多鬻予季振宜。季振宜字詵兮，號滄葦，明末清初
泰興縣季家市（今靖江市季市鎮）人。為著名藏書家，兼長於版本學、校勘
學。其祖父輩書香門第，仕途平順，又經營鹽業，家資殷厚，故季家收藏書
畫甚富。季振宜多方蒐求，兼之收羅毛晉、錢曾二家所藏，藏書更豐。季氏
曾以所藏宋版書，編錄為《延令宋版書目》（又名《季滄葦書目》）[40]。據此，
若季氏曾見此書於毛子晉家，則此書其後當因毛氏後人鬻售藏書予季氏，而
為季滄葦所得，必不如此跋所言也。今考《汲古閣珍藏秘本書目》、《季滄
葦藏書目》之中，俱無《金氏尚書注》之記載，此亦不合理者也。

又此文末記年為「乙未」，考之季振宜生平年歲，自西元一六三〇年明
朝崇禎三年庚午，至西元一六七四年清朝康熙十三年甲寅間，「乙未」年為
順治十二年，西元一六五五年，其時季振宜才二十五歲，如此年輕，理應未
能從事關注藏書之事，如跋文所記者。

---

[39]〔清〕毛扆藏並撰《汲古閣珍藏秘本書目》一卷（《續修四庫全書》，史部第920冊，
1995年，影印國家圖書館藏清嘉慶五年黃氏士禮居刻本）。

[40]〔清〕季振宜藏《季滄葦藏書目》一卷（《續修四庫全書》史部第920冊，1995年，影
印國家圖書館藏清嘉慶十年黃氏士禮居刻本）。

　　筆者有幸，偶閱及《唐史論斷》一書，於書末見有郡丞黃準命工鋟板，刻印《唐史論斷》跋文[41]，與此文甚為類似，相較之下，果然。茲列文如下：

　　　　準嘗見此書於周南仲家，乃蜀本也。後徧求之而未得，至此，見友人劉和甫有此書，欲求得之。乃云：此書舊鋟板於其家塾，因鬱攸之變，不復存矣。慨嘆久之，校正其本，鋟板於東陽倅廳之雙檜堂，以廣其傳。端平乙未，郡丞黃準命工鋟板。

　　兩文章之差異如下：「準嘗」改為「滄葦」；「周南仲」易作「毛氏子晉」；「蜀本」換成「麻沙本」；「舊鋟板」變為「元鋟板」；「鋟板於東陽倅廳」前加一「元」字，以示朝代；「雙檜堂」易為「齊芳堂」；刪去「端平」年號及「郡丞黃準命工鋟板」數字，文末補上「望日記」三字。如此即可改成〈跋金氏尚書注〉矣。

　　考「端平乙未」乃南宋理宗端平二年乙未，西元一二三五年，周南仲與朱熹同時，時與晦翁往還，則時年相合。而跋文所言「友人劉和甫」，經考查乃知為湖北倉使劉籥字和甫，其時代處於南宋理宗、度宗間，時間亦相吻合[42]。

五　《碧琳琅館》本與《十萬卷樓》本《尚書注》偽作之比較

　　就筆者前作〈金履祥《尚書注》十二卷考異〉一文，已論證得知《十萬卷樓叢書》本之《尚書注》十二卷為偽書，而今據許育龍君之考證，復以筆

---

[41] 〔宋〕孫甫撰《唐史論斷》三卷（臺北市：臺灣商務印書館，影印《文淵閣四庫全書》本）附錄〈司馬溫公題跋〉後，即有此文，頁702。

[42] 關於「劉和甫」其人，北宋劉敞之弟名攽，亦字「和甫」，然時代不合。相關考證資料，參見〔宋〕李曾伯：《可齋雜槁》（臺北市：臺灣商務印書館，影印《文淵閣四庫全書》本），頁163，原序並尤焴序，此書之《四庫全書總目提要》對劉籥其人，亦有所論述。

者補充之考辨，《碧琳琅館叢書》本《金氏尚書注》十二卷，亦為偽作，今已全盤定案，水落石出，為不爭之事實矣。一本金氏少作煙消之書名，而有兩帙託名欺世之偽作，亦可謂罕見矣。同託一名，而內容迥異，彼此間結構之差異，價值之高下，當相較而顯之。茲分述如次：

（一）就偽作手法之比較

《十萬卷樓》本《尚書注》乃抄錄金氏《資治通鑑前編》一書中，《尚書》相關之論述說義，按《尚書》篇文順序，連綴湊合而成。就內容義理而言，學說皆出一人之口，讀者披閱，順理成章，無齟齬之疵，尟矛盾之敝。猶之至親滴血，融溶無礙。是以能蒙諸多學者之目，欺世數百年之久，始為人所發抶，偽作現形。而《碧琳琅》本《金氏尚書注》則不然，遠取元朝陳師凱之《書蔡傳旁通》之文，移接金氏之著。蓋金、陳二氏之學，雖同出一源，而分派甚疏。猶之異體移植，拒斥必甚。思想義理之衝突，比比皆是，明察者稍加注目，當能指瑕剔疑，明辨毫釐。此許君能洞見其偽，筆者可補考其欺，殆由是也。

職是之故，《十萬卷樓》本偽作者一空依傍，偽作書前無題序，後無附跋，欲加考辨，捨本文而無由。而本文內容乃金氏一己之說，若非偽作者於《尚書》本非專門，偶爾不察，徒留破綻，則欲考辨其偽跡也難矣。而《碧琳琅》本偽作則不然，書前有序、引用書目、生平事略等，書後有數跋、書評、舊跋附錄等，可謂畫蛇添足，狐生九尾；而欲蓋彌彰，適增馬跡，予人把柄。二者作偽之手法，其高下相去不啻天壤矣。

（二）就兩本偽書價值之比較

《十萬卷樓》本與《碧琳琅》本兩本《尚書注》既證實為偽書矣，然二者之間，其剩餘價值頗有差異。《十萬卷樓》本雖經考證，現出偽書原形，然其文本內容本即為金履祥《尚書》學之論說，易言之，是書乃古之人自

《通鑑前編》中輯集有關《尚書》論述學說，湊合而成。其內容豐厚，說義周詳，比金氏《尚書表注》之精鍊，足可相互補充；翻尋使用，頗覺方便。唯讀者必先知此乃金氏晚年之論，不可以為少年即有是說也。又書中文句，尚有錯亂漏失者，宜加核對，尚足助案頭查閱之用。且此《十萬卷樓》本《尚書注》所據之《通鑑前編》，版本甚佳，可資利用以作《通鑑前編》校勘材料。

至於《碧琳琅本》《尚書注》，乃據陳師凱《書蔡傳旁通》為之，內容本非關金氏《尚書》之學，張冠李戴，羊頭狗肉，徒增惑亂，導人於歧。如欲知金氏《尚書》之說，不如翻尋《十萬卷樓》本；如欲研究陳師凱《尚書》說，則有原書可披閱；寶珠既握，魚目可棄矣。其他序、跋文章，非唯偽作，亦多竄改，存之無用，蓋醬可也。

六　關於《碧琳琅》本《尚書注》十二卷偽作者之推測

前文已述及許君論文最終結論，以為「此書的偽作時期應當在清中葉後」，蓋彼以為書後〈舊跋附錄〉中，既引用顧湄及張金吾之文，因之可判斷偽作時間當在清代中葉之後。然彼未曾考辨稱名「滄葦」之跋文，則此偽作時間推定，本即有邏輯缺陷。且偽作者與刊刻出版者，未必同一人。書前之〈金仁山先生事略〉、《元史·儒學傳》，書後之〈舊跋附錄〉，或乃刊刻出版者所附加；以此而論，則許君所推定偽作時間，學術邏輯頗有不足。兼之所考材料不全，鑽探未徹，遑論能進而論偽作者為誰哉！

今《碧琳琅》本《尚書注》偽作相關資料，經全盤考辨，偽跡來源，皆歷歷可尋繹之；如是，則可循跡以探穴，羈子而索牝。蓋作偽者取材，必就其所稔知而為，依其可得掇而用。故粹偽作之共性，覷材料之流脈，譬猶仙人指路，沿委溯源，渠魁現形，為時不遠矣。

凡贗偽之作，必有所憑。寶珠耀眼，魚目無能；真身既在，贗品何生。譬若西漢張霸百兩之篇，以中書校之，即知非是。至於本尊已逸，存亡不明，則偽作乘機，蠹出惑世。此猶《尚書》傳流，先經秦火，失其泰半；天

祐斯文,孔壁出書;而漢博士抑之,朝廷不納;學者流傳,馬、鄭無注;迨
及永嘉,悉數銷亡;是以始有梅、姚之獻,偽古文《尚書》二十五篇,欺惑
千餘年。

以此,偽作《金氏尚書注》者,必先知金氏少作有註解《尚書》之事,
而其書不存,始有贗作之機。夫如是,則彼必熟知宋、元古籍者。

《金氏尚書注》書後,附錄藏書志資料甚多,如張雲章、無名氏、顧湄
三者舊跋是也。而於〈跋金氏尚書注〉一文,託名「滄葦」季振宜,而季氏
乃藏書名家,鑑別宋、元書版,馳名於當時;而跋文又謂「見此書於毛子晉
家」,毛氏汲古閣之藏書、刻書,當代無匹。偽作者託名此二人,則彼當亦
精於此道,嫻熟版本典藏者也。

《金氏尚書注》前序、後跋中,所引用材料,出於朱彝尊《經義考》者
甚夥,如:書後有「朱竹垞《經義考》曰」一則,而書前託名金履祥之〈金
氏尚書注自序〉,實出於方岳〈滕和叔《尚書大意》序〉,而《經義考》錄
有之。書前〈金仁山先生事略〉九則,其中《姓譜》、柳貫曰、張雲章曰、
趙崇善曰共四段,皆可由《經義考》中錄得。書後所謂《金氏尚書注·
跋》,實據方時發《尚書名數索至·序》改易而成,此序文亦可從《經義考》
中掇取。朱氏《經義考》一書,為經籍目錄之名著,凡藏書家所必備者也。
且文本作偽者與刊刻附錄者應為同一人。

書前金仁山先生事略中,引有柳道傳〈仁山先生行狀〉、章贄〈仁山先
生傳略〉、徐袍〈仁山先生年譜序〉、徐袍〈宋徵士仁山金先生言行錄序〉
四段文字,今《四庫》本《仁山集》並無附錄,而《金華叢書》本《仁山
集》則俱有之[43]。而書後「齊芳書院」牌記及季滄葦跋《金氏尚書注》中言
及「齊芳堂」,其源出於唐良瑞《濂洛風雅·序》;《濂洛風雅》一書,為金
履祥所編濂、洛諸儒詩集,刊刻於唐良瑞之齊芳書舍;此序亦收錄於《金
華叢書》本《仁山集》卷五〈附錄〉中。同時,附錄亦有「講道齊芳」一
篇,正稱曰「齊芳書院」。以此推知,作偽者必有此《金華叢書》本《仁山

43〔宋〕金履祥:《仁山集》,卷5附錄後。

集》。仁山先生為宋、元大儒，朱熹四傳，讀儒書者或多有《仁山文集》，
然未必有《金華叢書》本如此佳本。考《金華叢書》之編輯，乃胡鳳丹
（1828-1889）於同治七年（1868）到光緒三年（1877）間，歷經十載寒窗
編輯而成。又據其中《仁山集》胡鳳丹〈序〉謂：「同治十三年，歲次甲戌
（1874）春三月，永康胡鳳丹月樵甫敘。」可知此書刊刻於是年也[44]。然則，
偽作者當亦為一藏書者，藏書數量甚豐，而每多求得佳本者也。

　　此偽作書後有〈跋金氏尚書注〉一文，文中以「滄葦」陳言，當是託名
季振宜所為。然經筆者前文考辨，已知此實出於宋朝孫甫所撰《唐史論斷》
一書後附錄之文，乃南宋理宗端平二年乙未（1235）郡丞黃準命工鋟板時所
記跋尾。此書並非學文者常讀之書，若非專門於唐史者，尟所翻閱；而此文
置於書最末，雖專門讀者，亦難覽及，遑論他人。可見偽作者之用心設計，
且於唐代史料，實具深入專門之研究與瞭解，始克為之。

　　準以上分析所得，作偽者必為一藏書豐富，重視書籍版本，熟悉藏書志
目、著錄源流，且精於唐代史料文獻者。

　　此書刊入《碧琳琅館叢書》中，前此未見其流傳及他人相關著錄；而
《碧琳琅館叢書》刊刻者方功惠於此書從何而來，從未置一詞交代，陸心源
於《十萬卷樓》本《尚書注》前，則有序言說明書本流傳來歷，相較之下，
方氏默言，實不合理。

　　考之方功惠其人，字慶齡、別號柳橋。湖南巴陵（今岳陽縣）人。歷任
廣東鹽知事、代理番禺、南海、順德等縣知縣，後升任潮州知府。方功惠自
少愛書，兼之書香門弟，家資豐厚。藏書數十萬卷之多[45]。又熱衷刻書，遂有

---

[44]〔宋〕金履祥：《仁山集》前胡鳳丹〈序〉。

[45]〔清〕袁寶璜《寄蝸廬文集‧碧琳琅館藏書目跋》云：「《碧琳琅館藏書目》，巴陵方
柳橋觀察所藏者。觀察服官粵東，歷仕繁劇，先後垂二十年。廉俸所入，盡供插架之
藏。宋元精槧秘本，多至數十種，尚汲汲勤求，不以所得自足。噫，盛矣！近時藏書
家浙中有陸氏、丁氏，吳中有瞿氏，廣州有伍氏、孔氏，揭陽有丁氏。搜羅珍秘，皆
有可觀。方氏所藏書，足與諸家抗衡。」彼以方氏碧琳琅館與陸心源之皕宋樓、丁丙
（1832-1899）之八千卷樓、瞿鏞之鐵琴銅劍樓、伍崇曜（1810-1863）之粵雅堂、孔廣
陶三十有三萬卷樓、丁日昌之持靜齋等著名藏書樓相比，亦可見方功惠藏書豐富之一

《碧琳琅館叢書》之編刊。其藏書之富,兩廣無儔匹。

　　方功惠於唐代文獻,深有鑽研;曾為陳範川所編著《全唐文紀事》一書校繕,並使粵東省城西湖街富文齋承接刊印。方氏為之跋曰:

　　惠少時好收書,近者尤喜刻書。數十年來,所收藏者十餘萬卷。願見而不得者漸少,惟其書未刻,則不可得見耳。……若近人精博之書而未刻者,則有陳範川先生《唐文紀事》。……惠服官於粵,則先生歸道山久矣。惟與喆嗣子因大令同官,知《紀事》之書尚存,頃與賢孫諾誠艋尹,同局數載,得**盡讀其全帙**。因悉力校繕,促付梓人。……同治十二年八月,巴陵方功惠謹跋。[46]

是書又有陳澧〈序〉曰:

　　嘉慶中,詔輯《全唐文》。翰林院編修嘉興陳先生為總纂官,彙萃之餘,加以考證,錄於別紙。至《全唐文》告成,所錄者積一百二十二卷,自為一書,名曰《全唐文紀事》。……先生歿於今三十餘年,季子子因官於粵,篋中實藏此書,澧乃得敬觀焉。繕寫工整,牙籤錦帙,進呈之式也。**方柳橋太守出資寫刊**,仍以元本付子因藏之。其新刊本幾閱月而畢,子因屬澧為序。……因並記之。同治十二年八月,門人番禺陳澧謹序。[47]

以上一序一跋,可見方功惠於唐代文獻,閱讀之廣,咀嚼之深。而考之《全唐文紀事》一書,書前有〈全唐文紀事徵引書目〉,第八頁中正列「《唐史論斷》,宋・孫甫撰」一條。由是觀之,能取《唐史論斷》附錄中文字,冒名季滄葦〈跋金氏尚書注〉之文,捨方功惠,其誰克之?

　　又考〈跋金氏尚書注〉中,有云:「見此疏於毛子晉家。」而方功惠所

斑。跋文見〔清〕葉昌熾:《藏書紀事詩附補正》(上海市:上海古籍出版社,1999年),頁712-713。

[46]〔清〕陳鴻墀編纂:《全唐文紀事》(臺北市:世界書局,1960年),頁1492。

[47]〔清〕陳鴻墀編纂《全唐文紀事》,書前陳澧〈序〉。

藏書中，正有《汲古閣珍藏秘本書目》等三種，乃方功惠抄本[48]。

綜合以上所分析諸多線索，依邏輯之合理推斷，都與碧琳琅館主方功惠之背景、條件相合。然則《碧琳琅館叢書》本《金氏尚書注》一書之偽作者，方功惠本人嫌疑最大；退一步言之，至少方氏當為知內情者；若非如此，何能有如此巧合之理。此雖非「鐵證」，以理而論，應可成立。

七　結語

偽書之作，當有所為而然。或鬻售以牟利，或炫耀以沽名。贗品既成，惑亂學術，欺蒙眾目，誤導後人，其遺害也大矣深矣。必有明察者出，指其破綻，抉其偽罅，使魚目現形，真相大白，而猶有株守偽作，憖憖反噬者焉。若閻若璩之考辨偽古文，則既已定讞，尚有毛奇齡（1623-1716）、張岩之流，起而辯護，唆呴不休。信乎！辨偽之難也可知矣。

筆者既專門研究《尚書》，則不可不知偽古文《尚書》之考辨。辨之既久，則漸嫻於辨。求學上庠之時，已有辨《十萬卷樓叢書》本之金履祥《尚書注》十二卷乃偽作。執教黌宮，再辨《浮生六記》後二記──〈中山記歷〉、〈養生記逍〉──之為偽作，著為專書矣。深感古今偽贗，何其多也。所謂「予豈好辨哉？予不得已也」。

臺灣許育龍君既辨《碧琳琅館叢書》本《金氏尚書注》為偽書，實乃以元代陳師凱《書蔡傳旁通》為底本，前後附加所謂序、跋、藏書志資料、金氏生平事略等湊合而成，大旨確立無可疑矣，至於作偽相關材料之考辨，則未加精深；作偽者可能為誰，無可奉告。是以筆者不敢旁貸，詳加考辨，以補前考之失，進輔論說於善。

據筆者所考得，書前金氏〈尚書注自序〉一文，託名金履祥，實乃偽作者取《經義考》中方岳〈滕和叔《尚書大意》序〉，改易文字，冒名仁山所

---

[48] 參考黃琬琪：《方功惠及其碧琳琅館藏書研究》（臺北縣：國立臺北大學古典文獻學研究所碩士論文，2008年），頁63。

作者也。書後所謂〈金氏尚書注跋〉一文，則為偽作者採《經義考》中方時發《尚書名數索至·序》，稍加竄改以充數者也。至於書後託名季振宜所撰〈跋金氏尚書注〉一文，實出於宋朝孫甫撰《唐史論斷》書後附錄之黃準命工鋟板跋文。

　　偽作材料既全部考辨來歷，則據之推論作偽者為誰？作偽者當為一藏書豐富，注重版本，熟悉藏書典故，嫻習書籍流傳者，可以推斷當亦為藏書家。彼既能引用《唐史論斷》之跋文冒充《尚書注》跋，則彼必熟知唐史資料者。以上諸多條件分析，皆指向碧琳琅館主方功惠。而《金氏尚書注》一書，前不見任何他人著錄，忽出於方功惠之手，刻入《碧琳琅館叢書》，而方氏無一語交代，此可謂「此地無銀三百兩」，可疑之甚。總合而論，《碧琳琅館叢書》本《金氏尚書注》一書之偽作者，以方功惠之嫌疑最大。

皮錫瑞的《尚書》古文辨偽

吳仰湘*

　　皮錫瑞（1850-1908）早年從許、鄭之學入手治經，後來轉治今文《尚書》，中年沈潛鄭學，晚歲通貫群經，融采漢宋今古，成為一代經學大師。皮氏的《尚書》學成就歷來受到推崇，學界也屢有探討與闡揚[1]，但對他的《尚書》辨偽著述與思想，已有研究尚有欠缺，因此不揆樗昧，專作此文。

一　《尚書》古文辨偽著述的撰刊經過

　　皮錫瑞有關《尚書》古文辨偽的三種著作，均以札記形式著為專書：一是《尚書古文疏證辨正》一卷，共七十八條，近五萬字；二是《尚書古文考實》一卷，共三十五條，一萬餘字；三是《古文尚書冤詞平議》二卷，共五十七條，近五萬字。皮名振編《皮鹿門年譜》及《皮鹿門先生著述總目》載有三書撰擬與刊行的時間，但根據皮氏《師伏堂日記》，皮名振所說各有失誤。

　　關於《尚書古文疏證辨正》的撰述經過，《師伏堂日記》壬辰（1892）年中有較多記載，茲摘錄如下：

---

* 湖南大學嶽麓書院教授

[1] 比較重要的研究成果，有古國順：《清代尚書學》（臺北市：文史哲出版社，1981年）；劉起釪：《尚書學史》（北京市：中華書局，1989年）；田漢雲：《中國近代經學史》（西安市：三秦出版社，1996年）；夏鄉：《皮錫瑞《尚書》學述》（臺北市：臺灣師範大學國文研究所碩士學位論文，2003年）；何銘鴻：《皮錫瑞《尚書》學研究》（臺北市：臺北師範學院應用語言文學研究所碩士學位論文，2004年）；何銘鴻：〈《尚書古文考實》述要〉，《經學研究論叢》，第15輯（臺北市：臺灣學生書局，2008年）。

六月十七日：覽閱百詩《尚書古文疏證》，精者極精，謬者極謬。蓋百詩生於國初，漢學初興，宋學猶盛，狃於先入之說，每以宋儒之說駁斥孔《傳》，而並駁兩漢古義，不特無以服偽孔之心，且恐袒偽孔者得以藉口。西河作《冤詞》，未必不因此也。予謂先生能知孔《傳》之偽，不能信今文之真，故於《尚書》一經，猶未得其要領。其論《詩》主王魯齋說，尤謬。乃條辨其失，擬作《古文尚書疏證辨誤》一書。

十八日：辨《疏證》，得數條。

十九日：辨《疏證》，得數條。

二十日：辨《疏證》畢。

廿二日：觀《古文疏證》一書，其說地理亦有誤，蓋亦不信古義而信宋人之過。丁儉卿有《禹貢錐指正誤》，謂胡東樵不信古說。閻、胡同時相契，其說多同。擬即采丁說，以辨《疏證》。

廿七日：作〈古文疏證辨誤序〉一篇。

七月初五日：取《尚書古文疏證辨正》覆看，欲鈔錄一過。以天氣尚熱，復止，又增入數條。

初六日：覆看《古文尚書疏證》，增入兩條。

十一月廿九日：取《古文疏證條辨》再加校訂，擬付鈔胥。

三十日：覆校《疏證條辨》數則。

十二月十五日：《尚書古文疏證辨》錄出數十紙，校一過。

廿三日：校所鈔《大傳疏證》、《古文疏證辨》。

可見，從六月十七日擬作，二十日初畢，二十七日作序，續經增補，十一月再加校訂，全稿已成，至壬辰年底鈔錄成書。《皮鹿門年譜》於光緒十九年（1893）十二月下謂「作《古文尚書疏證辨正》若干卷成」，自是不確。

　　《尚書古文考實》（或作《古文尚書考實》）的始撰時間，今已無法確知。《師伏堂日記》壬辰年五月初八日說：「舟中取舊所撰《古文尚書辨證》、《尚書大傳箋》底稿視之，慨日月之遷流，恐修名之不立，擬至江右

講舍多暇，取此書撰成之，為身後醫瓻計。」此《古文尚書辨證》，不知是
否為《古文尚書考實》的初稿。可以推知的是，皮氏主講南昌經訓書院後，
相繼撰成《尚書古文疏證辨正》、《尚書大傳疏證》、《史記引尚書考》、《今
文尚書考證》等，一再涉及到《史記》、《漢書》、《後漢書》及《論衡》等
有關漢代古文《尚書》的記載，形成了一些自己的看法，最後撰出《尚書古
文考實》。《師伏堂日記》甲午年（1894）十一月初八日記載：「《古文尚書
考實》鈔畢一過。」又十一日記：「取〈說文敘〉補《考實》二條，皆於段
注有駁正之語。」皮氏所補兩條在今本《尚書古文考實》中居於最末，由此
可知《尚書古文考實》定稿於光緒二十年（1894）十一月。《皮鹿門年譜》
於光緒二十一年（1895）十二月下謂「撰《尚書古文考實》一卷」，有誤。

關於《古文尚書冤詞平議》的撰述，《師伏堂日記》有更多記載。最早
的記述在癸巳年（1893），茲錄其重要者如下：

> 五月廿一日：觀毛西河解經諸書，獨辟畦町，於漢、宋人說皆加攻
> 駁，佳者非顧、黃、閻、萬諸人所及，武斷處極武斷，其弊在過信
> 《左傳》，以為即夫子所作之《春秋》。過詆者為朱子，故朱子尊《儀
> 禮》，毛云三《禮》中《儀禮》最劣；朱子疑古文《尚書》，毛為古
> 文訴冤。而其說極暢，所謂「甲車四千乘，雖無道行之，可畏也」。
> 其《大禮議》及言宗法謂兄弟異昭穆，極精，予惜見之之晚。《古文
> 尚書冤詞》亦有確當處。蓋《尚書》惟今文最可信，攻古文者不知據
> 《大傳》、《史記》，徒引馬、鄭及宋儒肊說，宜不足以服偽孔之心。
> 予作《古文尚書疏證辨》，已詳言之。今得此書，擬更作《古文尚書
> 冤詞駁》。
>
> 廿二日：觀《西河集》，〈大學〉、〈孝經〉、〈明堂〉、〈郊社〉諸問，
> 多有心得。《尚書廣聽錄》皆攻蔡以申孔。其攻蔡甚是，申孔則離合
> 參半，蓋不知折衷於《大傳》、《史記》。前人說皆如是，非獨西河也。
>
> 六月初十日：觀毛西河《周禮問》，謂《周禮》是列國人作，非漢
> 儒偽作，甚當。然西河信偽古文〈周官〉，謂《周禮》是依傍〈周

官〉，不知偽〈周官〉正依傍《周禮》耳。古無六卿，止有三公九卿，今文家說皆然。六卿是周公所定制，許、鄭二公亦略言之，攻〈周官〉者固未能及此。西河信偽古文，不通曉今文，亦不知也。西河云：「善讀書者，必不執一以攻一，執所見以攻所未見。」此治經要訣。前人多執宋學攻漢學，近人又多執東漢古文攻西漢今文，皆狃於所見，昧於所不見也。

八月廿一日：觀毛西河《尚書冤詞》、《廣聽錄》，解〈多士〉、〈多方〉最確，在閻、江、王、陳諸人之上。諸人皆誤信鄭說，此獨扶孔《傳》。此孔《傳》是而鄭說非者。西河駁宋人說極是，其失在駁宋並駁漢，不守古義，故得失參半。

此後，皮氏經常翻閱毛奇齡的著述，並做出類似的評議，如乙未年（1895）六月的幾則日記：

初三日：發篋見《西河集》，西河負萬人稟，惜其時經學方萌芽，不知漢有今文，專信《左氏傳》、偽古文《尚書》，故所說不盡是。

初七日：閱西河《昏禮辨正》，改「主人揖婦」「主人」為「婿父」，大謬。「主人入脫婦纓」，亦婿父乎？昏禮重夫婦，非重子婦，其見殊傎。《廟制折衷》天子七廟，遵王駁鄭，非是。又別添一遷廟，私造典禮，與「舅姑及婦交拜」同誤。《大禮議》原本古《禮經》、三《傳》，以為世宗當考武宗，楊廷和、張璁二說皆非，其識解超出漢、宋諸儒之上。論廟制，諸侯以下，皆考訂精確，在國初當首屈一指矣。

初八日：西河論禮，多狃於俗見，故其說是非參半，其駁宋人說如《聖門釋非錄》之類，實有功於聖人，不必為鼠目寸光者道也。

皮氏對毛奇齡各種經學著述的評論，對《古文尚書冤詞》是非得失的品評，無疑是他撰作《古文尚書冤詞平議》的初緣與基調。上述日記中某些語句或觀點，後來就見於《古文尚書冤詞平議》的序言及正文中。

皮氏雖在一八九三年夏即有意作《古文尚書冤詞駁》，但一直未動手。

一八九五年秋，皮氏由贛返湘，舟中翻閱《古文尚書冤詞》，再次萌發撰書之心，九月十四日記寫道：「此書不為人所稱許，然其駁宋、元、明人之說極有是者。偽古文孔《傳》本在作偽當誅之列，而諸人並未搜得真贓實犯，曉曉辨論，多不中肯。明人又自作偽欺人，而反詆人作偽，宜乎授毛西河以反攻之柄。歸時當為之平。」但直到十一月間，皮氏才真正著手撰寫，其日記所載如下：

> 十一月十二日：擬作《古文尚書冤詞平》，檢閱一過。
>
> 十五日：作《古文尚書冤詞平》，得數條。
>
> 十六日：得《冤詞平》數條。
>
> 十九日：得《冤詞平》數條。
>
> 廿二日：得《冤詞平》數條。
>
> 廿三日：得《冤詞平》十條。
>
> 廿四日：得《冤詞平》十條，請石先生先行鈔出。
>
> 廿五日：得《冤詞平》數條。
>
> 廿六日：得《冤詞平》數條。
>
> 廿七日：得《冤詞平》數條。
>
> 廿八日：得《冤詞平》數條，並〈自序〉一篇，書成。
>
> 十二月初二日：假煥彬書，補正《冤詞平》二條。
>
> 初六日：校所鈔《冤詞平議》一卷。
>
> 十四日：下午校所錄《冤詞平議》。

皮氏因有長期準備，故動筆後，僅費半月之力即竟全功。《古文尚書冤詞平議》成稿後，獲得王先謙肯定，允為刊行，如皮氏丙申年（1896）正月初九日記：「祭酒覆書，詡為經學獨步，屬將《冤詞平議》覆校一過，允為發刊。」又十一日：「致信祭酒，以《平議》二卷付刊。」可見，《古文尚書冤詞平議》全稿於丙申年初已交思賢講舍發刻，而《皮鹿門年譜》卻於是年八月下謂「撰《古文尚書冤詞平議》二卷成，自序云云」，顯然有誤。

至於以上三書的刊行，《皮鹿門年譜》及《皮鹿門先生著述總目》均稱

是光緒二十二年丙申（1896）。今檢皮氏日記，可略知其原委，更可見《古文尚書冤詞平議》刊刻中的變故。茲摘日記中有關三書刊行的記載如下：

> 乙未年正月初七日：得逸梧先生信，……復書謝之，並以《尚書古文疏證辨正》送閱。
>
> 廿九日：晚間逸梧先生過談，云《今文尚書（考證）》已付鈔胥，《古文疏證辨正》亦鈔一過。
>
> 十月二十日：見逸梧先生，云已為刻《古文尚書考實》。
>
> 廿九日：校《考實》十餘頁。祭酒又送來《尚書古文疏證辨正》底本，云已刊六十頁，其餘屬校一過。
>
> 十二月初十日：祭酒送到所栞《尚書古文疏證辨正》七十六葉，校一過。
>
> 廿二日：祭酒送來《古文尚書考實》栞本，覆校一過。
>
> 丙申年正月十一日：致信祭酒，以《平議》二卷付栞，《今文尚書》請攜往江右，彼許諾。此書蓋不欲栞。《尚書考實》、《疏證辨正》二種屬向局中刷印數部。
>
> 十二月十一日：祭酒送來《古文尚書冤詞平議》寫本，覆校一過。

由以上可知，《尚書古文疏證辨正》、《尚書古文考實》是在乙未年交付思賢講舍，當年年底均已刻成，經過皮氏覆校，丙申年初即刷印行世。而《古文尚書冤詞平議》是在丙申年初才發刻，皮氏年底仍在覆校寫本，可見當時尚無刊本。皮氏在丁酉年日記未提及《古文尚書冤詞平議》，直到戊戌年日記中才有如下記載：

> 九月廿一日：《古文尚書冤詞平議》，祭酒曾以稿交書局，不聞刊出，恐失之矣，乃呼石先生重錄之。
>
> 廿三日：閱《冤詞平議》，補二條。現在惟此等書可作，不至驚俗吠聲。
>
> 廿九日：校《古文尚書冤詞平議》一卷。
>
> 十月初六日：石先生送所錄《平議》來，校數紙。
>
> 十一月三十日：閱《辛敬堂文稿》，錄二條入《冤詞平議》，今江西

紳士內無其人矣。

十二月初四日：覆校《古文尚書冤詞平議》一過，並增損其文數處。

可見，《古文尚書冤詞平議》並未在丙申年刊行，皮氏戊戌年請人重新鈔錄，並有所增補、改動。直到一八九九年，思賢書局才將《古文尚書冤詞平議》付刻，但因為戊戌政變以及皮氏陷身黨禍，《古文尚書冤詞平議》竟被迫刪改。皮氏己亥年（1899）日記有如下記載：

二月初六日：煥彬來，……謂予《古文尚書冤詞平議》已刻成，有引康說一條，必又為若輩口實矣。

廿三日：往王祭酒處，……以《六藝論疏證》、《魯禮禘祫義疏證》送閱，彼許送書局發刊。聞《古文冤詞平議》已刊，有第四頁引康說，屬改刻。

三月初一日：擬往祭酒處面商一切，祭酒云將來，不必往。午後始至，云……《魯禮禘祫義》已發鈔，俟鈔出送校；《古文冤詞平議》第三紙有引康說，恐致眾吠，屬更改刪一條。

十二日：艾作霖來，以《鄭志疏證》一卷付之，屬送《冤詞平議》四頁來改正。

十五日：祭酒送《冤詞平議》至，校一過，中有引《新學》兩處，皆改去。鄭君云在文網嫌引秘書，足見古大儒周身之防。今在文網，同於北海，又豈可引禁書手？

十七日：以《冤詞平議》交王家。

皮氏接受王先謙等人的勸告，將《古文尚書冤詞平議》中引用《新學偽經考》的兩處文字加以刪改。今該書上卷第三頁平議說：「近有專治今文、攻古文《尚書》之偽者，力辨孔壁古文、中秘古文之非，世多駭為創論，而龔定庵文集有〈說中古文〉一篇，言中秘書不可信十有二，……則已謂班固為劉歆所誤，為近人說所自出矣。」此所言「近人」，正是暗指康有為。其實，皮氏此處指出康說源於龔自珍，對康氏學說並無褒崇之心，倒似有點黜抑

之意，而肆意批駁康學的王、葉輩竟嫉之如讎，必欲皮氏改之而後安。皮氏庚子年（1900）二月初一日記：「到局買書，《六藝》、《魯禮》、《中候疏證》及《冤詞平議》已出書矣。」由此可知《古文尚書冤詞平議》印行的真正時間。

此外，《師伏堂日記》癸巳年四月十二日有皮氏考辨偽古文《尚書》一事，轉錄如下：

> 九江道策問古文《尚書》，意袒古文，以為未得贓證，中引張平子〈思玄賦〉平子自注引孔《傳》文。此條前人似未嘗疑。予嘗發篋取《文選》觀之，〈賦〉云「惟般逸之無斁兮」，注引孔安國《尚書傳》注曰：「斁，厭也。」李善於前舊注下曰：「未詳注者姓名。摯虞《流別》題云衡注。詳其義訓，甚多疏略，而注又稱愚以為疑，非衡明矣。但行來既久，故不去。」據此，則以注為平子自作，李書篋已疑之。摯仲治非經生，其言未必可據。仲治在子雍後，其時古文孔《傳》已出，故注者得引之。漢人豈有自作文而自注者，不當專執此疑似之文，以翻前人成案。

皮氏此說，後來又經整理，錄入《師伏堂筆記》卷二。

二 《尚書古文疏證辨正》對閻若璩的批評

對於閻若璩《尚書古文疏證》考定偽古文的貢獻，皮氏稱譽說：「國朝《尚書》之學，始於閻百詩徵君。自《疏證》書出，而古文孔《傳》之偽，如秦、越人洞見五臟癥結，使學者不為偽書所惑，厥功甚偉。」將清代《尚書》學的開創歸於閻氏，可見評價之高。既然如此，皮氏為何專門撰書批評閻氏？皮氏指出有兩個方面的原因：一方面，閻書有諸多闕失和嚴重錯誤，「徵君生當國初，其時漢學方萌芽，於古、今文家法未盡瞭然，亦間惑於先入之言，多引宋人臆說，詆斥古義，有偽孔本不誤而徵君以為誤者，非特無

以服偽孔之心，且恐左袒偽孔者將有以藉口」[2]，如毛奇齡等人紛紛起來替偽古文申冤或力作辯護，部分原因即在此；另一方面，閻氏被尊為漢學名家，其書已成典範，若不對其失誤加以辨正，容易誤導後學，「《疏證》一書，向有重名，治《尚書》者奉為圭臬，不為辨正，恐疑誤後學」[3]。正是出於這些考慮，皮氏將閻書逐條辨析，對其在訓詁、典制、史事、地理等考證中出現的若干具體錯誤以及前後歧互、持論遊移的缺陷予以指正，對其言而未盡、引而未周、考之未詳、辨之未明、疑不得解等種種缺憾作了糾補，並就如何考辨偽古文提供了新的意見。綜觀《尚書古文疏證辨正》，皮氏對閻氏的諸多批評，可以歸結為以下三個方面：

（一）不明今、古文家法

皮氏在〈自序〉中首謂閻氏「於古、今文家法未盡瞭然」，又在書中評析說：「徵君專據孔《疏》之說，以馬、鄭、王所注《尚書》皆為今文，惟偽孔增多者為古文。不知馬、鄭、王亦是古文，惟歐陽、夏侯三家是今文。故其書於分別今、古文處，多不了了也。」[4]因此，皮氏多次指陳閻氏不明兩漢《尚書》家法，甚至誤以今文作古文，或者誤指古文為今文。以下試舉數例。

例一，閻氏從晚出孔《書》舉出數例，與鄭注真古文及伏傳真今文比較，如「宅嵎夷」，鄭曰「宅嵎鐵」；「昧谷」，鄭曰「柳谷」；「心腹腎腸」，鄭曰「憂腎陽」；「劓、刵、劅、剠」，鄭曰「臏、宮、劓、割、頭庶剠」，得出孔《書》「不古不今，非伏非孔」的結論。皮氏指出，閻氏結論雖甚為精到，而所引鄭曰「宅嵎鐵」四條皆誤，因為《尚書》孔《疏》明言此四條出自夏侯等《書》，閻氏匆匆引用，誤會孔《疏》，結果「以今文夏侯等

---

[2] 〔清〕皮錫瑞：《尚書古文疏證辨正·自序》，頁1。

[3] 〔清〕皮錫瑞：《尚書古文疏證辨正·自序》，頁1。

[4] 〔清〕皮錫瑞：《尚書古文疏證辨正》，頁4。

《書》為鄭說，以孔《書》為合於今文，今、古文皆倒易」[5]。這是批評閻氏誤以今文三家說為鄭氏古文說。

例二，閻氏說：「箕子父師，即太師也。比干少師，乃孤卿之首。見今文《書》。」皮氏指出：「微子所問太師、少師，《史記》今文說以為太師疵、少師彊，並非箕子、比干。其作父師、少師，以為箕子、比干者，馬、鄭古文說也。此云見今文《書》，誤。蓋徵君以偽孔所增加之外皆為今文，不知今文說解多不與古文合，非可執馬、鄭古文說為今文說也。」[6]這是批評閻氏誤以馬、鄭古文說為西漢今文說。

例三，閻氏論《書序》：「伏生時，猶未得《小序》，〈盤庚〉三篇合為一，〈康王之誥〉合於〈顧命〉。孔安國始據以序古文《書》，兩漢諸儒並以為孔子作。故寧屈經以從《序》，而不顧其說之不可通。」認為《小序》之說難通，不可信據，所以對宋儒排擊《小序》大加稱讚。皮氏先強調《小序》可信，「兩漢諸儒自史公至馬、鄭，皆謂《書序》是孔子作」，接著指出《書序》亦有今、古文之分，辨析說：「伏生今文已有《序》，見於《史記》所載。今所傳《書序》出於馬、鄭，與《史記》不盡合，當為古文。《史記》所載《序》皆可信，馬、鄭《書序》則間有可疑。如〈君奭〉篇，《史記》以為在周公攝政時，次當在〈大誥〉、〈康誥〉間。馬、鄭列於〈無逸〉篇後，乃有召公疑周公貪位之說，蓋失其次。若〈盤庚〉三篇本是一篇，漢石經於篇後空一格，可見古經舊式。《史記》載〈顧命〉、〈康王之誥〉之〈序〉，已分二篇，故云伏生傳《書》二十九篇，何待孔安國分之？又何獨孔壁古文有《序》？皆考之未審。」[7]這是批評閻氏不知《書序》有今、古文之別，誤認為今文《尚書》無序，序皆出自孔壁，從而一概否定。

---

5 〔清〕皮錫瑞：《尚書古文疏證辨正》，頁15。又頁70皮錫瑞辨曰：「此引鄭注『宅嵎鐵』，『柳谷』，『憂腎腸』，『臏、宮、劓、割、頭庶剠』，皆誤據今文為鄭注。」

6 〔清〕皮錫瑞：《尚書古文疏證辨正》，頁33下。

7 〔清〕皮錫瑞：《尚書古文疏證辨正》，頁70。

（二）誤取東漢古文，不知今文之真

　　閻氏將偽託孔安國所傳古文與馬、鄭所傳古文分開，並且經常援引馬、鄭批駁偽孔，其識見確實高出前儒及時流。但皮氏認為，「《尚書》以今文為最古，古文說起於東漢，其前並無師承」[8]，東漢古文家為與今文立異而自創新解，「究其所為新說，不過多引《周禮》，如六宗、六卿、冕服十二章，以周制解唐、虞，既非確詁，他如〈高宗肜日〉之豐禰，〈微子〉之告箕子、比干，〈金縢〉之避居，亦皆不如舊說之安」[9]。因此，對於閻氏在辨偽古文時只知推重東漢古文，在今、古文問題上「抑揚太過」[10]，甚至引馬、鄭之說批評今文古義，皮氏深為不滿，屢加駁正。以下舉例說明。

　　例一，閻氏辨偽孔《傳》沿王肅之誤，說：「〈金縢〉『我之弗辟』，馬、鄭皆讀『辟』為『避』；『周公居東二年』，謂『避居東都』。至王肅，始錯解為『東征』。孔《傳》因之，則上文解『辟』為『法』，亦用王肅說可知。」他認為偽孔《傳》誤採王肅，指周公東征誅討群弟，是古今一大關鍵，「周公身誅管、蔡，於是唐太宗臨湖之變，推刃同氣而莫之恤，周公可以藉口矣」。皮氏辨析說：

> 《書序》、《逸周書·作雒解》、《尚書大傳》、《史記·周本紀》、〈魯世家〉、〈宋微子世家〉、〈管蔡世家〉，皆以「居東」即是「東征」，並無「避居東都」之說。毛公《詩傳》亦以「居東」即「東征」。《史記》雖讀「辟」為「避」，而云「我之所以弗避而攝行政者，恐天下畔周，無以告我太王、王季、文王」，則亦非謂避居。至東漢古文始有「避居東都」之說，馬、鄭皆用其說，與古不合，謬於事實。惟王肅解為「東征」，不錯。偽孔解「辟」為「法」，雖與《史記》不

---

8 〔清〕皮錫瑞：《尚書古文疏證辨正》，頁 17。

9 〔清〕皮錫瑞：《尚書古文疏證辨正》，頁 11-12。

10 〔清〕皮錫瑞：《尚書古文疏證辨正》，頁 44 下。

同，而周公大義滅親，亦不必謂無致辟之事。徵君謂王肅始錯解為「東征」，蓋習馬、鄭之說而不窮其源，不知古義本如是也。又以太宗藉口周公，謂周公不身誅管、蔡。然則舜、禹、湯、武亦有為人藉口者，亦將曰舜、禹無揖讓之事，湯、武無征誅之事乎？[11]

皮氏指出今、古文舊說均以「居東」即「東征」，王肅正取之為說，偽孔《傳》加以採用，合於古義，閻氏則誤信東漢古文異說，反而背離史實。

例二，閻氏論晚出《書》多所增竄，舉例說：〈堯典〉「帝曰：我其試哉」，馬、鄭、王三家本無「帝曰」二字，視為四岳之言，而晚出《書》增竄二字，「原偽作者心，必欲增以『帝曰』，不過以擇婿大事宜斷自宸衷，非外廷諸臣所可與」。閻氏依據孔《疏》所引三家本，分析作偽之跡，似乎有理有據。皮氏辨正說：

《史記》明有「堯曰」，是今文有「帝曰」二字。《正義》云：「馬、鄭、王本皆無『帝曰』，當時庸生之徒漏之。」然則庸生所傳古文《尚書》已有脫漏，不及今文《尚書》之完。偽孔本蓋依今文《尚書》，增入二字。王本不增而偽孔本增者，或王肅故留參差之跡以欺後人，或由後人增之，皆未可曉。以文義而論，必當有「帝曰」二字。禪讓大事，非徒擇婿。堯雖博稽眾議，猶應斷自宸衷。四岳人臣，何得不稟帝命，以帝二女試舜？徵君曲為解說，終覺不近事情。段玉裁說亦然。是皆袒護古文，信馬、鄭，不信《史記》之蔽也。[12]

皮氏根據《史記》，指出今文本有「帝曰」二字，可見作偽者雖是增竄，卻與今文家說相合，不能僅依馬、鄭古文加以批駁。

例三，閻氏提出：「今文明，則古文如指諸掌。其相關合，尤在〈金縢〉、〈蔡仲之命〉二篇。〈金縢〉為千載來儒者聚訟，今亦漸次渙釋，獨難處則『罪人斯得』一語。以為知流言出管、蔡，謂之罪人邪，何不立歸公？

---

[11]〔清〕皮錫瑞：《尚書古文疏證辨正》，頁26。
[12]〔清〕皮錫瑞：《尚書古文疏證辨正》，頁30-31。

且〈鴟鴞〉詩『既取我子』，分明管、蔡已陷於死，公痛其兄之詞如此，上文『辟將』又作刑，『居東』又作東征。」他抄錄郝敬〈金縢辨解〉，以為獨有宋儒得「居東」、「罪人」之真解，用以辨偽孔之非。皮氏評析說：

> 微君謂「今文明，則古文如指諸掌」，其說郅確。然則今文豈有古於《大傳》、《史記》者乎？《大傳》曰：「周公攝政，一年救亂，二年克殷，三年踐奄。」《史記・魯世家》曰：「管、蔡、武庚等果率淮夷而反。周公乃奉成王命，興師東伐，作〈大誥〉。遂誅管叔，殺武庚，放蔡叔，收殷餘民，以封康叔於衛，封微子於宋，以奉殷祀，寧淮夷、東土，二年而畢定。」是今文家說以「居東二年」即是東征，「罪人斯得」即管、蔡、武庚、奄君、淮夷之屬。自東漢古文說出，乃以「居東」為避居東都，「罪人斯得」為周公之屬黨。其說按之經文既不可通，準之事實又不相合。後之袒護古文者曲為之辨，終覺難通。[13]

皮氏列舉史實，對郝敬之說一一辨駁，然後指出：「蓋自馬、鄭古文說出，而〈金縢〉今文家說亂。偽孔《傳》則斟酌於古、今之間，自成一解。宋、明以後，人又各自為說。如郝氏解多沿馬、鄭之誤，又添出成王疑周公一層、成王殺管叔一層，愈變愈支，去古愈遠。」[14] 皮氏雖是明斥郝敬，實際也是批評閻氏折服於東漢古文異說，不知信守西漢今文古義。

（三）采信宋人臆說，詆斥古義

閻氏大量援引宋、明學者批駁孔《傳》的言論，作為考辨偽古文《尚書》的主要證據。但皮氏認為，孔《傳》雖然出自東晉偽託，卻有不少解說

13〔清〕皮錫瑞：《尚書古文疏證辨正》，頁62-66。
14〔清〕皮錫瑞：《尚書古文疏證辨正》，頁67下。

是沿襲先儒舊傳，合於古義，而「宋儒果於疑經，疏於考古」[15]，喜用義理懸斷三代史實，往往用一理字強解經義，結果失之附會、臆斷。因此，對於閻氏「過信宋學」[16]，皮氏很不認同，既責其「間惑於先入之言，多引宋人臆說，詆斥古義，有偽孔本不誤而徵君以為誤者」，又慮其佞宋太過，煽惑後學，「徵君漢學名家，恐學者誤聽其言，啟荒經蔑古、倡狂無忌之弊」[17]，不得不辨正其誤。以下舉例說明。

例一，閻氏認為，古書無文王受命改元、武王觀兵伐紂之事，晚出〈武成〉、〈泰誓〉有此說，可見其偽，而自漢、唐迄於宋初，歷來無人辨文王改元、武王觀兵之非，「歐陽永叔〈泰誓論〉出，而文王之冤始白」，「伊川程子出，則謂武王無觀兵，而武王之冤始白」，因此對宋儒辨偽之功大加稱譽。皮氏則指出，「宋儒好以義理懸斷千載以前之事實，凡自古相傳之事與其義理少有不合，即憑臆決以為無有。故其持論雖正，而證經稽古則失之」，因此詳列經史故實，對閻氏加以批評：

> 文王受命改元稱王說，見《公羊》。伏生《大傳》云「六年稱王」，《史記》云「詩人道西伯，蓋受命之年稱王」。武王觀兵，《大傳》、《史記》皆載其事。諸人去古未遠，必有依據，未可從宋儒臆說而廢漢儒明文也。……偽古文與偽《傳》出於魏、晉之間，書雖偽而近古，事實未經變亂，故孔《傳》視蔡《傳》為優。徵君當漢學初興、宋學猶盛之時，狃於先入之言，好援宋儒義理之說以駁孔《傳》，而並盡駁古義，非特無以服偽孔之心，且恐袒偽孔者將有所藉口矣。[18]

例二，閻氏為證宋儒解《尚書》遠勝偽孔《傳》及先儒，舉出二事：一是〈無逸〉篇「其在祖甲，不義惟王」，偽孔《傳》釋「祖甲」為湯孫太甲，蔡《傳》糾之，謂非太甲。閻氏還引邵雍《皇極經世書》所推歷代商王

---

15 〔清〕皮錫瑞：《尚書古文疏證辨正》，頁46上。
16 〔清〕皮錫瑞：《尚書古文疏證辨正》，頁49上。
17 〔清〕皮錫瑞：《尚書古文疏證辨正》，頁46上。
18 〔清〕皮錫瑞：《尚書古文疏證辨正》，頁21-22。

在位年數，力論此祖甲絕非太甲。二是〈高宗肜日〉，《書序》說是「高宗祭成湯」，蔡《傳》則謂其祭禰廟，金履祥《通鑑前編》更以為是祖庚繹於高宗之廟。閻氏因此責斥說：「凡晚出《書》之以錯解為實事，其誤如此。」皮氏指出，偽孔《傳》根據馬、鄭所傳誤本古文，使殷三宗次序先後紊亂，而解「祖甲」為太甲則是沿用舊說，至於〈高宗肜日〉，《書序》、《史記》及兩漢人所引皆謂是高宗祭成湯，由此批評閻氏：

> 〈高宗肜日〉篇偽孔《傳》並不誤，〈無逸〉次序雖倒易，而解「太甲」亦不誤。微君乃以不誤為誤，謂「作古文者生於蔡、金兩氏之前，錯解未正之日，誤以錯解為實事」。予則謂作偽《傳》者生於蔡、金兩氏之前，臆說未興之日，書雖偽而解不錯。微君執宋人無稽之說，盡棄兩漢古義。此等議論，實為全書大疵。作偽書者有知，且將笑人於地下矣。微君又引邵子《經世書》以證「或十年」等年數。案《史記‧殷本紀》多不載即位之年，共和以前不為年表，蓋其時已無可徵。邵子生於千載之後，專憑推算，臆造年數，豈可引為確據以證經義？微君書如此等處，皆恐疑誤後學，不得不為辨明。[19]

例三，金履祥《通鑑前編》提出周武王封康叔於殷東，閻氏信以為真，「蓋武王克商，留處三月而後反，封康叔，意此時與最合，則〈康誥〉、〈酒誥〉兩篇並作於在商日」。皮氏指出：「《史記‧管蔡世家》明云：『康叔封少，未得封。』其時故殷墟已封三監，更有何地以封康叔？春秋時甯武、祝鮀皆言封衛是成王、周公。以衛臣言衛事，豈猶有誤？至宋儒，忽謂武王封康叔，大可怪駭。」他進一步分析說，宋儒創出武王封康叔之說，是懲於王莽篡位，堅持周公不曾稱王，「以不信周公稱王之事，〈康誥〉篇首『王若曰』無以解之，謂是成王；成王又不能呼康叔為弟，不得不引出已死之武王，強坐以封康叔之事」。皮氏認為，根據〈康誥〉、〈大誥〉「王若曰」鄭注，周公攝政明明稱王，因此批評閻氏：

---

[19]〔清〕皮錫瑞：《尚書古文疏證辨正》，頁24-25。

〈康誥〉篇不用「攝王」之義,「王若曰」必不可通。徵君雖無辨周公
攝王之文,而信宋人武王封康叔,實因此致誤。不知蔡氏、金氏諸人
皆生於數千年以後,其所見必不能確於宵武、祝鮀,何得移竄經文,
變亂事實?[20]

例四,關於〈康誥〉的時代,《書序》等舊說屬之成王,蔡《傳》改屬
之武王,郝敬不以蔡《傳》為然,仍從舊說,閻氏竟對郝敬大為不滿:「蔡
氏從經文證辨,屬之武王,良是。郝氏必欲易之,得毋以由舊為翻新地耶?
余嘗愛黃楚望注經,於先儒舊說可從者拳拳尊信,不敢輕肆臆說,以相是
非。尹和靖云:『解經而欲新奇,何所不至?』朱子至讀之汗下。將合是二
說,為郝氏告焉。」指責郝敬不尊從先儒舊說而好作新奇之解。皮氏就此批
評說:

徵君引尹、黃二先生之言,乃解經要訣也。然漢人以《書序》為孔子
作,朱子謂是周、秦間人。序即非孔子作,亦七十子所傳也。若伏生
為《尚書》家初祖,太史公傳伏生今文,又從孔安國問古文。先儒
舊說,無舊於此者。乃徵君於《書序》、《大傳》、《史記》皆不信,
而獨信蔡《傳》。郝氏治經好新奇,而此以〈康誥〉為成王,不從蔡
《傳》,則未誤。徵君反以不從蔡為好新奇,是豈《書序》、《大傳》、
《史記》皆為新奇,獨蔡為先儒舊說乎?亦豈宋之蔡氏更先於孔子、
七十子、伏生、孔安國、太史公乎?顛倒之見,令人不解。[21]

三 《古文尚書冤詞平議》對毛奇齡的批評

對於毛奇齡的經學,皮錫瑞頗有好感,特別是認為在宋學籠罩時代,

---

20 〔清〕皮錫瑞:《尚書古文疏證辨正》,頁37-39。
21 〔清〕皮錫瑞:《尚書古文疏證辨正》,頁67-68。

「獨檢討大聲疾呼，可謂有廓清摧陷之功矣」[22]，因此推譽他為一代豪傑之士，又評定其書的最大價值「在不用宋儒新說」[23]，對他譏駁宋、明之說一再表示肯定。例如，他雖指責毛氏「務與朱子立異」，但對毛氏批評朱子妄疑《書小序》卻大加讚賞：「朱子疑《書大序》，是也，而並及《小序》，則未諦。檢討據《史記》引《書序》，謂先漢已有之，非後漢人所為，證據精確。」[24]當然，皮氏撰《古文尚書冤詞平議》，主要還是指斥毛氏的錯誤，綜觀全書，皮氏最重要的批評有三點：

（一）引據失當，翻案乏力

毛氏替偽古文鳴冤，強詞巧辯，鑿空立說，引據時見錯誤，甚或出現重大疏漏，皮氏在書中頗多指謫。例如，孔穎達在《尚書正義》的〈堯典〉篇目下，比較偽孔本與鄭注本《尚書》分篇，稱「三十三篇與鄭注同，二十五篇增多鄭注」，毛氏對此不以為然，認為：鄭玄「既注古文，則必不復分古、今，使各為界限」，提出鄭玄應注全本《尚書》，不會獨空半部，「延至唐初，當有墨守今文者又去其半，而穎達未之知也」。皮氏分析說：「沖遠作《正義》時，鄭注《尚書》猶在，得之目睹，豈有錯誤？馬、鄭雖傳古文，其所注仍止伏生二十九篇。漢儒不敢鑿空立說，故其餘古文皆不注，所謂『逸十六篇，絕無師說』者是也。」他指出唐初正因鄭注本缺半，才選用為五十八篇一一作注的偽孔本，由此批評毛氏：「檢討不信沖遠目睹之說，乃憑空臆斷，謂鄭注原自完備，至唐初『有墨守今文者又去其半，而穎達未之知』。豈知沖遠本隋之老儒，非唐初人，唐初亦無墨守今文者。鄭注如真完備，何以沖遠不知？似此無據妄言，安能為古人申枉？」[25]由此可見毛氏強詞巧辯、鑿空立說。又如，《尚書正義·堯典》以鄭注〈胤征〉云「胤

---

[22] 〔清〕皮錫瑞：《古文尚書冤詞平議》，卷上，頁2下。

[23] 〔清〕皮錫瑞：《古文尚書冤詞平議·自序》，頁1下。

[24] 〔清〕皮錫瑞：《古文尚書冤詞平議》，卷上，頁28下。

[25] 〔清〕皮錫瑞：《古文尚書冤詞平議》，卷上，頁21上。

征，臣名」等，以為鄭玄不曾見古文，毛氏加以援引，進而認為：「予謂不止不見古文，並不見《書序》。若見《書序》，則〈胤征序〉明云『羲和湎淫，胤往征之』，豈有解作臣名之理？意必漆書只有篇名而無《序》，其云注《書序》者，冒昧之語也。但〈胤征〉諸《序》，《史記》有之，豈鄭並不見《史記》耶？」皮氏批評說：「古文《書序》傳於馬、鄭，鄭豈有不見《序》之理？《史記·本紀》，鄭亦斷無不見。《集解》引鄭玄曰：『胤，臣名。』孔《疏》引之，誤衍『征』字。〈顧命〉『胤之舞衣』，鄭注亦以『胤』為臣名，不連『征』字為句，豈可據此為漆書有篇無《序》？」[26]毛氏依據誤本立論，於此可見一斑。

毛氏替偽古文辯護的核心觀點，是認為東晉梅賾所奏上者並非經文，而是孔《傳》，其依據主要是《隋志》。他在引述時，對某些文句參照己說添上注解，如「晉世秘府所存，有古文《尚書》經文（謂古文之經文內府尚存），今無有傳者（但無傳注之人）。……至東晉，豫章內史梅賾始得安國之《傳》，奏之（至是始上古文之傳，是梅賾所上者孔《傳》，非經文也）」，然後得出結論：「由是觀之，是古文經文秘府舊有，梅氏所上只是孔《傳》。故〈志〉歷敘之，以為古文傳注、師說興廢之由，原未嘗謂古文已亡，至東晉始上也。是以前敘所存，特曰古文《尚書》之經文；後敘所奏，則又特曰安國之《傳》。其故為明析，不使謬亂如此。」對此，四庫館臣已在毛書提要中責備「奇齡舍《史記》、《漢書》不據，而據唐人之誤說」，謂其證據乏力，皮氏承其意而詳加申論：

> 檢討大聲疾呼，為古文《尚書》鳴冤，其所據為確證者，《隋書·經籍志》也。然試問之曰：「《隋書》何時人作乎？」則必曰：「唐初時人作矣。」又試問之曰：「唐初時，古文《尚書》不已立學，而命儒臣作《正義》乎？」則必曰：「古文《尚書》已立學，命儒臣作《正義》矣。」夫以當時廷議立學官、作《正義》，史臣安能灼知其偽？即知其偽，安敢昌言直斥其非？《隋志》所云雖歷歷可徵，要皆傳偽

26〔清〕皮錫瑞：《古文尚書冤詞平議》，卷上，頁22下-頁23上。

古文者臆造不經之說也。其不得執單詞以斷斯獄，明矣。偽孔經、
傳，一手所作，偽則俱偽，閻百詩諸人已明辨之。檢討巧為飾辭，
謂東晉所上書非經是傳，以《隋志》為左驗。使斯言出《漢・藝文
志》，固可據信。若《後漢・儒林傳》，則已不可信矣。以范蔚宗作
書之時，偽書已出，不免為所惑也。況《隋志》修於唐初，在古文立
學之後哉！斷疑獄者必兩造具備，公聽並觀，確有證據，始可平反。
若即據此一家之言，證此一家之是，未有不偏聽致誤而顛倒是非者。
檢討據唐時崇信古文之書，以證東晉古文經傳之非偽，何不考時代先
後也？[27]

毛氏又根據兩《漢書》所載及《尚書正義》之〈堯典〉目下所引《晉書》有
關西漢至魏、晉期間古文《尚書》的傳授譜系，認為孔壁古經代代相傳，
未曾亡佚，所以梅賾奏上的只是孔《傳》。他爭辯說：「古文經文，歷有方
所。其在官書，則科斗原文見藏秘府；而在私學，則安國所寫隸本親授都尉
朝，以傳至桑欽，授受分明，並無斷絕。是以劉向取內府古文以校博士今文
之學，劉歆復取內府古文以校膠東所傳古文之學，彼此徵驗，名為『中外相
應』。間有張霸上偽書，思相繆亂，猶得援內府古文以斥其非。是何曾有無
何之文，可以公然相竄易者？越至東京，則孔僖為安國之孫，世世守之，而
丁鴻、楊倫且集弟子千人於大澤中肄習之。至魏、晉之間，則自王肅、皇甫
謐外，由鄭沖、蘇愉、梁柳、臧曹皆一一相嬗，以遞至梅賾，未嘗有頃刻之
間、毫釐之隙也。乃古文藏內府者，則永嘉亂後，其書並存，而特以無傳之
故，梅賾乃上孔氏《傳》，以補《尚書》諸傳之闕。是梅氏所上者，安國之
《傳》，非古文之經也。安國之《傳》東晉始行，古文之經非東晉始出也。故
唐宗《晉書》不載梅賾上書事，以為不關本經，不足輕重。而舊《晉史》及

---

[27] 〔清〕皮錫瑞：《古文尚書冤詞平議》，卷上，頁12-13。〈自序〉所說更簡潔：「檢討
欲為平反，意必據有鐵案，乃其所執為佐證者，惟《隋書・經籍志》。《隋志》唐初人
作，其時崇信偽孔，立學官，作《義贊》，史官所采，皆左袒偽學之徒。檢討乃據一
家之言，偏斷兩造之獄，豈能反南山不移之案，以鳴千載不白之冤乎！」

《隋‧經籍志》則各為載入，然猶恐誤認孔《傳》為古文，乃先曰『晉世秘府所存有古文經文』，然後曰『至東晉，豫章內史梅賾始得安國之《傳》，奏之』。此其明白為何如者！乃不學之徒妄云梅賾上古文，以致一訛再訛，頓成此千古不白之冤獄。」毛氏此論引據看似確鑿，內府本、民間本均似歷代相承，古文未亡之說似乎言之成理。皮氏一一考證，指出孔安國以下至梅賾的傳授譜系並不可靠，甚或出於附會依託，「安國以下世傳古文之說，未必然也。蓋孔壁真本獻藏中秘，安國家雖有副本，而無師說。漢博士皆以今文教授，不得不舍而從夏侯。所謂世傳古文，不過世守此孤本耳」，孔安國未曾作傳，楊倫師從丁鴻是習今文《歐陽尚書》，「鄭沖諸人傳經，並無其事」，「內府古文，東漢已不見稱於世。馬、鄭所傳，又非孔壁之舊」，孔氏所獻、可辨張霸作偽的內府古文，更無證據明其傳至東晉。皮氏因此批評說：

> 檢討皆未詳考其說，以為偽孔古文即漢中秘古文，梅氏所上是傳非經。專據舊《晉史》及《隋志》，欲白孔書不偽之冤獄，而取證於崇信偽書之唐人，於古未有明徵，何能翻此鐵案？[28]

毛氏採自兩漢史書的證據各有漏洞，所引《晉書》又是逸本，至於借重偽古文流行之後編修的《隋志》，翻案更是缺乏效力。

（二）采信偽書，妄議伏《傳》、《史記》

毛氏奮力替偽古文申冤，除故意立異於疑經辨偽的先儒與同輩，主要原因是他真誠相信東晉晚出《尚書》確是孔安國傳本。所以單單指責他崇信偽古文，並無多大意義，皮氏責斥他「專信偽孔，並伏《傳》、《史記》亦加訾議」，就深入一層，暴露出毛氏錯誤的真正所在。茲舉例如下。

例一，毛氏相信偽古文〈堯典〉、〈舜典〉分二篇，援引《史記‧五帝

28〔清〕皮錫瑞：《古文尚書冤詞平議》，卷上，頁3下、頁11、頁19上。

本紀》為證，稱〈堯紀〉即載〈堯典〉、〈舜紀〉即載〈舜典〉，「故伏生之合、孔書之失、蕭齊〈舜典〉之攙割，皆職是之故。《史記》具在，其為魚羊顯然耳」。毛氏此說援據《史記》，似可信據，但皮氏指出毛氏誤解《史記》：

> 《史記》不載〈堯典〉、〈舜典〉之〈序〉，不知其說如何。史公傳伏生今文二十九篇並無〈舜典〉，則未嘗分〈堯〉、〈舜〉二典為二矣。若〈五帝本紀〉既分〈堯〉、〈舜〉為二，故不得不以《尚書》所載堯、舜之事分屬二帝，豈可據《史記·本紀》以舜事列〈舜紀〉之中，遂謂史公已見〈舜典〉，而以〈舜典〉作〈舜紀〉乎？[29]

　　例二，毛氏主張伏生傳本《尚書》有〈泰誓〉，「伏書二十九篇，至武帝時，外間疑〈泰誓〉為偽，遂去此篇」，並指斥兩漢儒者「必欲曲護其去此〈泰誓〉之故」，憑空造出「〈泰誓〉後得」之說。因史載伏生以二十九篇教於齊、魯之間，而「伏書去〈泰誓〉，只二十八篇」，於是毛氏提出，應將孔本〈泰誓〉返回二十九篇中，另「〈大禹謨〉附〈皋陶〉篇內，則〈皋陶〉為二十九篇中所有之數」。皮氏指出，伏生《尚書》本來只有二十八篇，而《史記》、《漢書》均稱二十九篇，歷來有三種解釋：「或謂並數〈泰誓〉，或謂並數《書序》，或謂分〈顧命〉、〈康王之誥〉為二。」他認為第三說與《史記》相合，最為可信。而即使如第一說牽入〈泰誓〉，「古人雖有是說，然皆以為二十八篇，增〈泰誓〉為二十九，未嘗以為二十九篇，去〈泰誓〉為二十八也」，毛氏可謂巧於顛倒。皮氏為此徵引兩漢典籍如《論衡》等有關〈泰誓〉後得的記載，論證伏書本無〈泰誓〉，指出：「檢討既引《論衡》諸書，又不從其說而自為之說，不謂武帝時得之，反謂武帝時去之，則其說全無據，與漢人之說適相反矣。」皮氏又根據《史記·周本紀》所載《書序》分〈顧命〉、〈康王之誥〉為二，認為「二十九篇之數已定，

---

[29]〔清〕皮錫瑞：《古文尚書冤詞平議》，卷上，頁17上。

不必更攙入〈泰誓〉」[30]。他批評說：

> 檢討曲護古文〈泰誓〉，乃謂漢儒曲護今文〈泰誓〉，欲以此誣伏
> 生。不思伏生是孔安國之師，乃護孔而誣伏，是以夫子之道反害夫
> 子，豈不為庾公所竊笑哉![31]
> 檢討未考《史記》，不知伏書分〈顧命〉、〈康王之誥〉為二，故以為
> 二十九篇中當補〈泰誓〉，其說小誤。若〈大禹謨〉乃偽古文，伏書
> 無之，當云〈益稷〉附〈皋陶謨〉，而云「〈大禹謨〉附〈皋陶〉篇
> 內」，則大誤矣。[32]

例三，毛氏分析《左傳》、《國語》、《呂氏春秋》等先秦典籍所引〈夏
書〉中的單言隻語，以為均出自〈大禹謨〉，將〈大禹謨〉定作劃分虞、
夏之《書》的標界，認為〈堯典〉、〈舜典〉屬〈虞書〉，〈大禹謨〉、〈皋
陶謨〉、〈益稷〉屬〈夏書〉，就分篇問題指責說：「伏書不分〈堯〉、〈舜
典〉，〈皋陶謨〉、〈益稷〉，〈顧命〉、〈康王之誥〉，則於百篇之名皆屬謬
戾，伏書非是也。若孔《傳》所分，以〈大禹〉、〈皋〉、〈益〉三謨俱屬
〈虞書〉，而以〈禹貢〉為〈夏書〉之首，則亦非是。〈虞書〉當分在〈舜
典〉及〈汨作〉、〈九共〉、〈膏飫〉之後，而以〈大禹謨〉為〈夏書〉之
首。凡春秋、戰國間引《書》皆如此，孔《傳》不識耳。若東漢諸儒如馬
融、王肅、鄭玄輩，不見孔《傳》，誤以〈大禹〉、〈皋〉、〈益〉三謨分入
〈虞書〉，而考之群書引經，其於〈大禹〉、〈皋〉、〈益〉三篇所引稱〈夏書〉
者皆不相合，因不能分劃，妄稱為〈虞夏書〉。」可見將西漢今文本、東漢
古文本及東晉偽孔本一起推倒。皮氏評析說：

> 偽孔〈書大序〉云：「伏生又以〈舜典〉合於〈堯典〉，〈益稷〉合於
> 〈皋陶謨〉，〈盤庚〉三篇合為一，〈康王之誥〉合於〈顧命〉。」檢

---

30 以上引見〔清〕皮錫瑞：《古文尚書冤詞平議》，卷上，頁4-6。
31 〔清〕皮錫瑞：《古文尚書冤詞平議》，卷上，頁6。
32 〔清〕皮錫瑞：《古文尚書冤詞平議》，卷上，頁6-7。

討用其說，以詆伏書。案：《大學》引〈堯典〉為〈帝典〉，則二典本可不分。〈益稷〉據馬、鄭古文作〈棄稷〉，與〈皋陶謨〉文氣相承，原是一篇。偽孔改為〈益稷〉而強分之，甚謬。〈顧命〉、〈康王之誥〉，據〈周本紀〉明分為二，當是伏書之舊。偽孔〈大序〉不可信也。[33]

〈大禹謨〉是偽書，為虞為夏可不必辨。檢討非伏又非孔，則亦知孔《傳》之叵信矣。偽孔《傳》即王肅作，詳見《尚書餘論》。其小有異者，或故為此以掩其跡，非不見孔《傳》也。《尚書正義》卷二云：「伏生雖有一〈虞夏傳〉，以外亦有〈虞傳〉、〈夏傳〉。」《禮記‧王制》《正義》云：「伏生《書傳》有〈虞夏傳〉。」是〈虞夏書〉之名，伏生時即有之。檢討以為馬、鄭不能分劃，殊為失考。伏書止有〈皋謨〉一篇，並無〈大禹〉、〈益稷〉，何不能分劃之有？且馬、鄭亦未嘗見偽〈大禹謨〉，其所見古文名〈棄稷〉，不名〈益稷〉，豈因不見孔《傳》而分入〈虞書〉乎？《左傳》所引〈夏書〉除「敕納以言」三句外，皆不知何篇之文，偽孔挶入〈大禹謨〉篇，未可信據。檢討據偽書分兩界，失之。[34]

毛氏否定伏生等傳本分篇的依據，原來全在偽孔〈尚書大序〉。經皮氏寥寥數語平議，毛氏引據偽書以詆毀伏書的真面貌一展無遺。

（三）昧於家法，不別今文、古文

毛氏在替偽古文辯護時，往往將孔本《尚書》與伏本《尚書》對立，並且因為馬、鄭《尚書》與偽孔《尚書》頗多差異，而與西漢今文《尚書》偶爾相同，所以他將西漢伏生一派今文《尚書》與東漢馬、鄭一派古文《尚書》混為一談，乃至同指為今文。如皮氏曾就《尚書》文字的今古之分，指

---

[33]〔清〕皮錫瑞：《古文尚書冤詞平議》，卷上，頁8上。
[34]〔清〕皮錫瑞：《古文尚書冤詞平議》，卷上，頁6-7。

出毛氏之失：「《說文》雖稱《書》孔氏皆古文，間亦引用三家今文。馬、鄭《尚書》亦有同於今文者，特不得以其與偽孔本異，遂據為今文耳。」[35] 皮氏為此屢責毛氏不明兩漢《尚書》流別，「殊不知漢人家法，今、古文各有專門」[36]，以至真偽不分、今古無別。以下試舉數例。

例一，毛氏堅持伏本《尚書》有〈泰誓〉，但被漢儒刪去，所以既不相信西漢今文家「〈泰誓〉後得」之說，也懷疑東漢古文〈泰誓〉，以「馬融作《書序》，盛詆伏生〈泰誓〉為非是，而又以《春秋》、《國語》、《禮記》所引〈泰誓〉凡孔壁所有者俱未之見為恨，則漆書〈泰誓〉仍非孔壁所傳本」，質疑來自西州的漆書本來路不明，說：「書籍出沒，須有確據，且必合數書而並證之，始為可信。今云得之西州，此與偽〈泰誓〉之曰『後得』、曰『民間得』、曰『掘地所得』、曰『民有得〈泰誓〉者』、曰『河內女子發老屋得』，有何足據？蔡元定謂《自然圖》得之蜀山隱者，程頤謂〈未濟〉『三陽失位』得之成都箍桶匠，皆笑話也。嗟乎！《尚書》不幸，原有竊發，如伏壁〈泰誓〉、張霸百兩篇、漆書五十八篇之明明可疑，而有眼不識，認賊作子，反矯揉羅織，以冤誣此孔壁所出之聖經，亦獨何矣？」皮氏辨析說：

> 〈泰誓〉在漢時有今文、古文之分，如今文「流為烏」，古文「流為雕」，今文「師乃慆」，古文「師乃搯」之類是也。而其文實無大異，並未有疑其偽而去之者。其書非出孔壁，亦非伏生所藏，或云得之民間，或云出於河內。馬季長疑之，而仍注之。檢討考之不詳，故以為不可解。所云伏生〈泰誓〉、漆書〈泰誓〉，說皆非是。[37]

皮氏以〈泰誓〉有今、古文之分，指出毛氏致惑的根源，並反譏「檢討疑〈泰誓〉、百兩、漆書，獨不疑偽古文，所謂坐照千里而不見其睫者」。至於

---

35 〔清〕皮錫瑞：《古文尚書冤詞平議》，卷下，頁30上。

36 〔清〕皮錫瑞：《古文尚書冤詞平議》，卷上，頁19下。

37 〔清〕皮錫瑞：《古文尚書冤詞平議》，卷上，頁22。

西州一卷漆書與孔壁本是否有淵源關係，因史文殘缺，後人難明究竟，皮氏提出自己的一種新見：「予疑是孔壁真本，獻藏中秘，新莽、赤眉之亂，或散民間。西州地近長安，漆書一卷當即其中佚出而僅存者。」[38]皮氏堅持東漢古文淵源於孔壁，不同意毛氏所說「漆書〈泰誓〉仍非孔壁所傳本」。

　　例二，《漢書》載太史公從孔安國問故，「遷書載〈堯典〉、〈禹貢〉、〈洪範〉、〈微子〉、〈金縢〉多古文說」，毛氏就其中各篇加以分析，認為：《史記》「分〈堯典〉於〈堯紀〉，又分〈堯典〉之半於〈舜紀〉」，正是用孔說；對〈金縢〉的處理，則與伏生《大傳》、三家博士之說及東漢奏疏所引有異，「既知古文〈金縢〉與今文異，而不得其本，先於周公避居時，作一發策迎公之事，以從古文，又於周公葬後，別敘一發策賜郊祀之事，以不從今文」，更是「用孔說而不用伏說」。對《漢書》所謂「多古文說」，清儒持論不同，皮氏辨析說：

> 《漢志》云「遷書載〈堯典〉、〈禹貢〉、〈洪範〉、〈微子〉、〈金縢〉多古文說」，今不可考，似亦不可盡信，詳見所著《古文尚書考實》、《今文尚書考證》。……若〈金縢〉，以為周公葬後，正與伏生、三家及谷永、張奐說同。而其先別有周公出奔一事，與〈蒙恬傳〉文合，蓋即本〈蒙恬傳〉。其說不特與今文異，亦與馬、鄭、偽孔全不相符。《論衡》引古文說雖有周公奔楚之文，而《論衡》以為管、蔡流言，《史記》以為反政之後，亦未盡合。檢討漫不加考，遂謂其從古文、不從今文，用孔說、不用伏說，豈非厚誣古人？[39]

　　例三，毛氏主張《書小序》與偽孔本《尚書》同出孔壁，提出：「古文之真，即《書小序》是一顯證。何則？《書小序》採入《史記》，凡〈本紀〉、〈世家〉篇篇有之。此非東晉梅賾所得偽，並非西漢成帝朝張霸所得偽也。」他試圖以《書小序》之真，證明孔傳本非偽，以《史記·殷本紀》

---

[38]〔清〕皮錫瑞：《古文尚書冤詞平議》，卷上，頁22。

[39]〔清〕皮錫瑞：《古文尚書冤詞平議》，卷上，頁8。

載〈盤庚序〉為例,認為史公非不見《小序》,所引〈盤庚序〉必是古文,駁斥羅氏《尚書是正》「乃以《小序》強冠之今文之首」,並因此大放厥詞:「《尚書》初出,除今、古二《尚書》外,別無他說。小辛之民作〈盤庚〉,此必是今文之說。如伏生《大傳》以〈金縢〉為葬周公事,夏侯、歐陽多有此等。而近人無學,欲造偽今文,而不知今文之本說有如是也。若古文偽說,則漆書有之。鄭氏注古文,謂盤庚事陽甲時謀徙湯舊都,上篇陽甲時作,中、下二篇盤庚立後作。此皆邪說之畔經者。故太史公紀五帝,曰『其言不雅馴,大抵不離古文者近是』,專以古文《尚書》為可信。而王充《論衡》有云:『六典不傳,猶之古文《尚書》、《左氏春秋》之不興。』其重古文如此。」皮氏此前批評毛氏,已指明「《史記》所引《書序》,是據伏生今文。若以為即孔安國所傳,何以《史記》所載《序》文與孔《傳》次序、說義不盡合乎」[40],指正毛氏之誤。針對毛氏把馬、鄭一派真古文斥作「古文偽說」,反而將偽孔看作漢儒眼中的「古文」,皮氏再加批評說:

> 《史記》以〈盤庚〉三篇為作於小辛之時,檢討以為今文說,是也。……檢討以為非不見《小序》,《小序》即是古文,而《史記》言作〈盤庚〉之事何以與古文《書序》全異?則史公所據者必今文《序》,非古文《序》矣,豈得謂《小序》即古文,而以強冠今文為不通乎?史公所云「古文」,非必專指《尚書》一經。王仲任習《歐陽尚書》,非崇信古文者。檢討但見「古文」二字偶合,遽引為將伯之助,誤矣。[41]

皮氏指出《書序》有今、古文之分,史公所引決非馬、鄭所傳古文《書序》,而漢儒所稱「古文」,更與東晉晚出古文名同實異。真不知毛氏是巧於顛倒,還是故意混淆,皮氏接下來在討論〈顧命〉分篇問題時又批斥說:

> 據《史記》所引今文《序》,則伏生本分〈顧命〉、〈康王之誥〉為

---

[40]〔清〕皮錫瑞:《古文尚書冤詞平議》,卷下,頁24下-25上。

[41]〔清〕皮錫瑞:《古文尚書冤詞平議》,卷下,頁35。

二，乃足二十九篇之數。據《尚書》文義，當從馬、鄭分篇為是。近人皆以馬、鄭古文為真，孔氏古文為偽。檢討獨以馬、鄭為偽，孔氏為真，又以《史記》所引《書序》強歸之古文。不知《史記》所引次序、義說，與馬、鄭、偽孔均不盡合。「難將一人手，掩盡天下目」，請為檢討誦之。[42]

四　《尚書古文考實》對兩漢古文的考辨

　　《尚書古文考實》無序跋，皮氏在《師伏堂日記》中也未言及其撰作旨趣。該書共有三十五條札記，其中二十條札記中的考證、議論可見於《尚書古文疏證辨正》，尤其是第五、六、十、十三、十五、十九、二十、三十二等條，與《尚書古文疏證辨正》基本相同，第三、二十四、二十七條更是直接轉錄《尚書古文疏證辨正》的結論。後來成書的《古文尚書冤詞平議》，則多次引用《尚書古文考實》的說法，其中三次直接標明參見《尚書古文考實》。可見，《尚書古文考實》表面上是專論兩漢古文《尚書》問題，事實上與清代的偽古文《尚書》公案關係十分密切，書中也多次批評清代辨偽諸家在《尚書》古文問題上的缺失。因此，討論皮氏與《尚書》古文辨偽，不能遺漏《尚書古文考實》。

　　在《尚書古文考實》中，皮氏先引《史記》、《漢書》、《後漢書》有關古文《尚書》流傳的記載，又摘鄭玄《書贊》、衛宏〈古文官書序〉、王充《論衡》、許慎〈說文序〉涉及古文《尚書》的言論，然後一一加以考證、評析。綜合起來，皮氏主要論及三個問題：

（一）孔安國與兩漢今、古文《尚書》的關係

　　孔安國以今文校讀家藏古文《尚書》，被視為東漢馬、鄭古文學的源

---

[42]〔清〕皮錫瑞：《古文尚書冤詞平議》，卷下，頁42。

頭，東晉偽古文更直接假託孔安國。因此，無論是考辨東晉偽古文，還是討論漢代今、古文關係，都必須對孔安國的經學屬性及其古文經書面貌加以考辨。皮氏因此對孔氏古文作了重點探討，以下略作述介。

其一，《史記‧儒林列傳》：「孔氏有古文《尚書》，而安國以今文讀之，因以起其家，逸《書》得十餘篇。蓋《尚書》滋多於是矣。」皮氏分析說：

> 所謂以今文讀古文者，古文當時不通行，知之者尠，字句異同、多寡又與伏生壁藏者不盡合，故必以今文參校其義，如今之翻譯然，正其文字，釐其句讀，定其音義，別為定本，以藏之家。其書蓋有經文而無傳注，故兩漢諸儒無有引孔安國說者。史公與之同時，而不言其作傳。〈藝文志〉亦無是說，並不列其書名，乃其確證。[43]

皮氏對孔安國以今文讀古文進行解釋，認為他對家藏古本《尚書》只是正文字、審句讀、定音義，目的是考定文本，並未作傳注加以解說[44]。

其二，《漢書‧藝文志》載《尚書》古文經與三家今文經卷數不同，皮氏分析偽孔本與馬、鄭本篇數增減情況，然後說：

> 今所傳偽古文篇數與馬、鄭同，而篇名不同，人皆知其偽矣。即馬、鄭古文，亦有疑其偽者。其書既亡，未敢斷也。〈藝文志〉本於劉歆《七略》。劉歆崇尚古文《尚書》，而〈藝文志〉列有歐陽、夏侯《章句》、《說義》，於古文《尚書》但云《經》四十六卷，不聞有章句、說義，是安國所傳古文別無章句、說義之明徵也。[45]

---

43 〔清〕皮錫瑞：《尚書古文考實》，頁2下。

44 王國維在〈史記所謂古文說〉中提出：「蓋古文《尚書》初出，其本與伏生所傳頗有異同，而尚無章句、訓詁，安國以今文定其章句，通其假借，讀而傳之，是謂『以今文讀之』。」劉起釪認為王國維之說可以成立，「但實際主要在文字方面，像唐代把隸古定字體的《尚書》改寫成今字（楷書）《尚書》一樣」（《尚書學史》，頁106）。這些解釋與皮錫瑞的說法相近。

45 〔清〕皮錫瑞：《尚書古文考實》，頁3。

皮氏指出三點：一是晚出古文為偽，二是東漢古文可疑，三是從《漢志》列今文家章句、說義，不列古文家章句、說義，證明孔安國古文不成學。

其三，《漢書・儒林傳》：「孔氏有古文《尚書》，孔安國以今文字讀之，因以起其家，逸《書》得十餘篇。蓋《尚書》滋多於是矣。……司馬遷亦從安國問故。遷書載〈堯典〉、〈禹貢〉、〈洪範〉、〈微子〉、〈金縢〉諸篇，多古文說。」皮氏考辨說：

> 安國以今文讀古文，止是訂正經文，並無說義，其說義蓋同今文家說。兒寬受業安國，歐陽、夏侯三家皆出於寬，三家皆傳今文，是其明證。《史記》所載《尚書》事實、訓解，與馬、鄭古文說異，與伏生今文說同。史公時，《書》惟有歐陽，蓋習《歐陽尚書》。……班書言所述〈堯典〉諸篇多古文說，其可考者，惟〈魯世家〉云周公奔楚，與《論衡》引〈金縢〉古文家說似同，而《論衡》以為管、蔡流言，〈魯世家〉以為反政之後，亦不盡合。〈洪範〉，《史記》以為箕子陳〈範〉乃封朝鮮，與伏《傳》云箕子封朝鮮來朝乃陳〈洪範〉說異，或當為古文說。微子奔周，〈殷本紀〉與〈宋世家〉前後不符，或一為今文，一為古文，然寥寥孤證，未足為多。若〈微子〉之太師、少師，〈金縢〉發書在周公薨後，皆與馬、鄭大異，尤為《史記》不用古文之明證。如謂安國古文非馬、鄭之古文，則更足徵安國古文不異於今文，而馬、鄭之異於今文者，非安國之故矣。[46]

皮氏此處有三點值得注意：一是孔安國於古文《尚書》只有文本整理，未加解說，其說解同於今文；二是司馬遷傳習今文，《史記》中雖偶有古文說，但與馬、鄭古文說大異；三是以孔安國古文不異於西漢今文，以見立異於西漢今文的馬、鄭古文「非安國之故」。

其四，《漢書・儒林傳》詳列西漢古文《尚書》從孔安國經都尉朝直到桑欽的傳授系統，皮氏卻說：

46〔清〕皮錫瑞：《尚書古文考實》，頁4-5。

今惟桑欽《禹貢說》略見於《漢志》、《說文》，其他皆無可徵。蓋諸
儒不過以古本相傳，初無注解。漢初今文家有師說，古文家無師說，
非止《尚書》一經。〈劉歆傳〉云：「初，《左氏傳》多古字、古言，
學者傳訓故而已。及劉歆治《左氏》，引傳文以解經，轉相發明，由
是章句、義理備焉。」是《左氏春秋》歆以前未有章句也。〈儒林傳〉
曰：「費直治《易》，無章句，徒以〈彖〉、〈象〉、〈繫辭〉十篇、
〈文言〉解說上下經。」《後漢‧儒林傳》云：「《周官經》六篇，前
世傳其書，未有名家。」然則漢世古文皆無師說，明矣。且非獨古文
也，章句繁多始於西漢之末，西漢初即今文亦無多說義。孔安國習
《魯詩》，受業申公。申公獨以《詩經》為訓故以教，無傳，疑者則闕
弗傳。安國所受《魯詩》且然，何獨古文《尚書》有傳乎？[47]

皮氏指出，西漢只是今文家有說解，古文家並無師說，古文《尚書》家僅傳
文本，少有注解，推之古文諸經皆是如此，並由孔安國所習申公一派《魯
詩》無傳，推論孔安國於古文《尚書》不會作傳。

其五，《漢書‧孔光傳》：「忠生武及安國，武生延年，延年生霸，霸生
光焉。安國、延年皆以治《尚書》，為武帝博士。安國至臨淮太守。霸亦治
《尚書》，事太傅夏侯勝，昭帝末年為博士。」皮氏據此分析說：

此孔安國古文《尚書》但有經文而無師說之證也。漢人重家法。歐陽
生至歆八世，皆治《歐陽尚書》。霸乃安國從孫、延年之子，如安國
古文有師說，霸豈得舍而事夏侯？且漢博士皆以今文教授。安國、延
年為漢武博士，其教授必用今文，則孔氏雖以古文起其家，非別有
古文傳注也。〈儒林傳〉云：「歆數見丞相孔光，為言《左氏》以求
助，光卒不肯。」據歆移書博士，以古文《尚書》與《左氏春秋》並
舉。如古文《尚書》有孔安國師說，光何得不肯建立乎？[48]

---

[47]〔清〕皮錫瑞：《尚書古文考實》，頁5-6。

[48]〔清〕皮錫瑞：《尚書古文考實》，頁8下。

皮氏根據漢代重家法，推論孔安國古文必無一家說解，孔氏雖以古文起家，但只有經文，「非別有古文傳注」。

其六，《後漢書‧儒林傳》稱「自安國以下，世傳古文《尚書》」，皮氏分析說：

> 安國所據孔壁古文獻藏中秘，其家必有副本，故世傳之。然孔霸、孔光皆習《大夏侯尚書》。大夏侯有孔、許之學，似孔氏亦不皆傳古文。蓋古文無師說，雖傳古文，不能不兼習今文。孔氏與賈逵皆傳古文《尚書》，而用《大夏侯》教授。故夏侯家說間有與古文《尚書》相出入者，不如歐陽純用今文；其所傳之字亦間用古字，《漢書》多古字是其證。所謂「以古文起其家」者，不過守此孤本，傳為世學耳。[49]

皮氏認為孔氏世傳之古文《尚書》不過是副寫的經本，並無師說，所以孔氏子孫「雖傳古文，不能不兼習今文」。

由以上六條札記，可見皮氏經過對兩漢相關文獻的分析，認為孔安國本習今文，以今文校定家藏古文本，形成一個較好的《尚書》文本，但未作傳注，「其書蓋有經文而無傳注」，換言之，孔氏古文本與當時通行的伏生今文本相比，只是文字、句讀、音義等勝過今文本，而說解仍同於今文家。

孔氏古文既有勝過今文之處，何以不被立於學官？《漢書‧藝文志》說：「安國獻之，遭巫蠱事，未列於學官。」〈儒林傳〉說：「遭巫蠱，未立於學官。」〈劉歆傳〉說：「天漢之後，孔安國獻之，遭巫蠱倉猝之難，未及施行。」以遭遇巫蠱事件來解釋孔氏古文未立學，應是出自劉歆。皮氏認為劉歆之說全不可信，一方面指出「安國蚤卒，不得見巫蠱事」，獻書者亦非孔安國本人，「孔安國不得至天漢後，當從《漢紀》增一『家』字」，另一方面從孔氏古文不成學進行解釋：「古文無說義，本不可立學，非因巫蠱而

---

[49]〔清〕皮錫瑞：《尚書古文考實》，頁13上。

然也。」[50]在批評劉歆〈移太常博士〉時更詳加反駁:「謂遭巫蠱未施行,亦不然。天漢四年,又太始四年,征和二年,乃有巫蠱之難。此數年中無事,何不施行?巫蠱後至歆移書時,又將百年,何亦未聞立學?蓋安國古文本無訓解,逸十六篇絕無師說,不便學者誦習,不可以立學也。」[51]這樣,皮氏進一步論證了孔安國古文《尚書》「有經文而無傳注」。

《史記·儒林列傳》、《漢書·儒林傳》均記載從伏生經歐陽和伯到兒寬的傳授,兒寬又受業於孔安國,後來立於學官的歐陽、大小夏侯三家今文《尚書》均出於兒寬。皮氏因此立論說:

> 三家《尚書》皆出於寬。寬受業歐陽,又受業孔安國。此西漢今、古文《尚書》本同一家之明證也。漢博士皆傳今文,安國必以今文教授。然史公云兒寬「既通《尚書》,詣博士受業孔安國」,則似兒寬以所得於歐陽者為未足,聞安國有古文學,欲更受之。使寬專習今文,則安國之學亦與歐陽無異。寬既通《歐陽尚書》矣,又何必受業安國而帶經誦習如是之勤哉?安國以古文《尚書》起家,意必有校勘考定之詞,於今、古文異同多寡處或繫以說。此之謂古文說。其古文與今文同者,說解仍同今文,必不盡易今文之說,若馬、鄭之紛紛也。兒寬得之以授歐陽,而三家皆出於寬,則安國古文說已在三家《尚書》中。[52]

皮氏由師承關係,論證西漢今、古文《尚書》經由兒寬而合為一家,孔安國古文已融入三家之中,則孔氏古文與西漢今文不啻於同源共流,而東漢馬、鄭古文既然立異於三家今文,自然也異於孔氏古文,皮氏因此說「後之異於三家而託於安國者,可不攻自破矣」[53],由此斬斷東漢古文與孔氏古文的淵源關係。

---

50 〔清〕皮錫瑞:《尚書古文考實》,頁4上。
51 〔清〕皮錫瑞:《尚書古文考實》,頁7上。
52 〔清〕皮錫瑞:《尚書古文考實》,頁9-10。
53 〔清〕皮錫瑞:《尚書古文考實》,頁10上。

　　簡而言之，皮氏經過對孔安國古文《尚書》的考察，明確指出孔氏古文屬於西漢今文學體系，既肯定前人辨定東晉偽古文《尚書》的結論，又強調東漢馬、鄭古文《尚書》與孔氏古文不存在淵源關係，對清儒辨偽時強執馬、鄭古文歸於孔氏學脈的錯誤作了糾正：「近人知孔《傳》之偽，而又強執馬、鄭之《古文尚書注》為安國所傳，豈非知二五而不知十乎？」[54]皮氏有關孔安國與漢代今、古文《尚書》關係的意見，頗得後人認同[55]。

（二）劉歆與漢代古文經學

　　皮氏在論證漢代古文《尚書》並非始自孔安國後，提出劉歆才是漢代古文《尚書》學乃至整個古文經學的創始者。他在評析《漢書・藝文志》有關漢代今古文《尚書》經傳篇卷時，就提出：「劉歆崇尚古文《尚書》，而〈藝文志〉列有歐陽、夏侯《章句》、《說義》，於古文《尚書》但云《經》四十六卷，不聞有章句、說義，是安國所傳古文別無章句、說義之明徵也。古文《尚書》章句、說義，蓋創於劉歆。」[56]《漢書・儒林傳》記載平帝時遍立古文諸經，皮氏據此提出：「此皆劉歆所為也。歆於哀帝時移書博士，卒不得立，至是王莽信而立之。立學必有章句、義說。《左氏》章句創於歆，古文《尚書》章句亦創於歆可知，衛、賈、馬、鄭當有襲其說者。」[57]在反駁劉歆〈移太常博士〉時，皮氏更認為「劉歆建立古文諸經，為漢世經學一大變局」，自劉歆倡立古文諸經，「此風一動，衛、賈、馬、鄭從而煽之，

---

[54]〔清〕皮錫瑞：《尚書古文考實》，頁2下。

[55] 劉起釪在評析孔安國傳古文經的問題時指出：孔安國身為今文博士，「是傳授今文二十九篇，而不是傳授古文」，「孔氏家學並沒有傳古文而一直傳今文」，只是因為劉歆宣揚孔氏古文《尚書》，後人才開始誤認孔安國為古文家，其實，「劉歆只是重視幾部古文寫的經文資料而已，他推崇的只是古文經的經文價值，他並沒有宣揚過孔安國曾傳授古文之學。說孔安國傳古文《尚書》，是另外的古文經師影附而成，其事始見於《漢書》」（《尚書學史》，頁118）。這些說法顯然接受了皮錫瑞的意見。

[56]〔清〕皮錫瑞：《尚書古文考實》，頁3。

[57]〔清〕皮錫瑞：《尚書古文考實》，頁10。

於是《左傳》、《毛詩》、古文《尚書》皆行於時,而十四博士之傳永墜於地」[58]。關於劉歆如何創立古文經學,皮氏論述說:

> 歆云:「與其過而廢之也,寧過而立之。」古書不可聽其亡,置之學官,以備參稽,未為不可。然諸書自《毛詩》以外,皆無師說。歆自以意立說,於《周官》既創通大義,《左氏》之引傳解經者,亦始於歆,則古文《尚書》有說解,亦必自歆始。如以三公為太師、太傅、太保,以六宗為乾坤六子,以父師為箕子,以文王為受命九年而崩,歆說至今可考見者,皆不與今文《尚書》同,是其明證。[59]

劉歆引《左傳》以解《春秋》,史有明文,皮氏據此推論漢代古文《尚書》有說解也是創始於劉歆,論證稍顯乏力。他對劉歆之學采取不信任乃至否定的態度,實是過於受辨偽觀念的影響而出現偏激。皮氏還認為劉歆始作俑而啟發後人作偽:「厥後馬、鄭諸儒引《周禮》解古文《尚書》,引《左氏傳》解《毛詩》,以為徵驗不誣,正用歆說。而王肅偽造古文孔《傳》,又偽造《家語》、《孔叢》、《孝經》《論語》孔《注》,以相印證,亦豈非祖歆之智哉?」[60]將考察漢代古文《尚書》起源問題,再次引向考辨偽古文與貶抑東漢古文。

(三)杜林古文與東漢古文《尚書》的關係

東漢的古文家將孔安國推尊為古文《尚書》的祖師,皮氏則通過考辨,指出馬、鄭一派古文《尚書》學與孔氏古文關係不大,而是直接淵源於杜林古文。

《後漢書·杜林傳》稱杜林曾在西州得漆書古文《尚書》一卷,傳於衛

58〔清〕皮錫瑞:《尚書古文考實》,頁7下。

59〔清〕皮錫瑞:《尚書古文考實》,頁7-8。

60〔清〕皮錫瑞:《尚書古文考實》,頁8上。

宏等人，「於是古文遂行」。閻若璩等認為杜林古文出自孔壁，毛奇齡則疑漆書有偽，皮氏認為「伯山非作偽者，其說亦不難解」，對漆書的來源及杜林的校正作了新解：

> 孔壁古文藏中秘，外人苦不得見，新莽之亂，或散民間。此漆書一卷，疑即中秘古文散佚者。伯山得而寶愛之，如今嗜古之人得古篆籀數行，輒珍秘之以為至寶耳。漆書古文必是竹簡，而伯山握持不離身，則其云一卷者，實止一卷而非全文矣。書非全文而能傳全經者，〈傳〉云「林博洽多聞，時稱通儒」，則其於古文《尚書》必已誦習，後得漆書一卷，乃更訂正其文，以為定本。伯山精於小學，其訂正者必較他本古文《尚書》為善。衛、賈、馬、鄭所傳皆此本。後人以杜林古文即孔壁古文，殊非是，而以漆書為杜林偽造，亦未必然。[61]

皮氏以中秘古文因戰亂流散民間，證明漆書不是孔壁原物，也不是杜林偽造，同時認為杜林於古文《尚書》早有傳習，又精於小學，所以利用一卷漆書，彼此參校訂正，形成「較他本古文《尚書》為善」的定本，從此廣為流傳。東漢古文諸家紛紛取用杜林本，而西州漆書僅止一卷，前人苦不得解，皮氏此處所說，是就已有史料所能做出的最好解釋，因而自稱是一大創獲[62]。

　　《後漢書・儒林傳》說：「扶風杜林傳古文《尚書》，林同郡賈逵為之作訓，馬融作傳，鄭玄注解。由是古文《尚書》遂顯於世。」皮氏考辨說：

> 此馬、鄭古文《尚書》出於杜林之確證也。當時傳古文《尚書》者亦非一人。杜伯山獨得漆書，校正其文，其本最善。賈景伯傳其父古文《尚書》，乃必用伯山本為之作訓，蓋亦以其本為善耳。然伯山所得漆書止一卷，其所定本未必皆合於孔壁古文。蓋孔壁真本藏於中秘，其民間私授者不無以意增損，如〈堯典〉「帝曰我其試哉」脫「帝曰」，〈皋陶謨〉複出「夔曰」八字，〈盤庚〉「優賢揚」作「心腹

---

[61] 〔清〕皮錫瑞：《尚書古文考實》，頁10-11。
[62] 〔清〕皮錫瑞：《古文尚書冤詞平議》，卷上，頁22。

腎腸」，〈毋佚〉三宗去太宗而增祖甲，皆與今文不合。其說乖謬，必非孔壁古文之舊也。孔穎達以馬、鄭古文為張霸偽書，固非；閻、江、王、段以杜林古文為孔壁古文，亦豈其然乎？[63]

皮氏此處突出二點：其一，杜林參考漆書校正的古文本最善，所以衛、賈、馬、鄭均據以作傳注訓解，由此證明馬、鄭古文確是出於杜林，與張霸偽書沒有淵源關係；其二，漆書一卷為中秘古文之殘遺，所以杜林古文與孔壁古文不盡相合，由此指出清儒誤將杜林古文與孔壁古文混為一談。

對於杜林古文，皮氏還認為：「其書或有校正之文，亦無訓解，訓解出於衛、賈、馬、鄭也。」[64]強調杜林利用漆書只是訂正文字，未加訓解。《後漢書‧儒林傳》，載「賈逵為之作訓，馬融作傳，鄭玄注解」，又說衛宏從杜林「受古文《尚書》，為作《訓旨》」，皮氏據此提出：「是杜伯山僅傳古本，並無訓故，訓故始於衛、賈兩君。」[65]東漢古文《尚書》學發源於杜林古文，經衛、賈作訓故，加以解說，至馬、鄭而完全形成。這是皮氏勾勒出來的大體輪廓。

皮氏還在考論鄭玄《尚書》學時，進一步對東漢古文學的淵源作了辨析。鄭玄在《書贊》中說：「我先師棘下生子安國，亦好此學。自世祖興後漢，衛、賈、馬二三君子之業，則雅才好博，既宣之矣。」皮氏分析說：

> 此鄭君古文《尚書》本衛、賈、馬之明證也。鄭受古文《尚書》於張恭祖，乃不齒及，殊不可解。又稱安國為先師，鄭意蓋以杜林古文即安國古文矣。今考鄭注《尚書》，義多可疑，若所據本即安國原文，不應與伏生今文殊異如此之甚。然則近舍東郡而遠引臨淮，亦遙遙華冑耳。王子雍出，乃以其臆造之《傳》託之安國，蓋攻鄭而實師鄭也。[66]

---

63 〔清〕皮錫瑞：《尚書古文考實》，頁13-14。

64 〔清〕皮錫瑞：《尚書古文考實》，頁11上。

65 〔清〕皮錫瑞：《尚書古文考實》，頁14上。

66 〔清〕皮錫瑞：《尚書古文考實》，頁15下。

皮氏一方面指出鄭玄古文《尚書》本於衛、賈、馬之學，即源自杜林古文，另一方面又認為鄭玄推尊孔安國為先師並不合於史實，不僅因為杜林古文非即安國古文，而且因為《尚書》鄭注與西漢今文家說殊異過甚。可見，皮氏認為鄭玄稱孔安國為先師，不過是為張揚古文《尚書》學而曲意攀附，以致王肅偽作古文《尚書》而假託孔安國，與鄭玄如出一轍。《書贊》又稱「歐陽氏失其本義」，斥其蔽冒，皮氏分析說：

> 鄭注伏生《大傳》而詆斥歐陽，其意皆以衛、賈、馬古文說即安國之說，亦即伏生之說，而歐陽氏之異於衛、賈、馬者為失其本義也。鄭注《大傳》時，以古文說易《大傳》之文，蓋亦以《大傳》非伏生原文，為歐陽氏所亂也。然觀鄭注《大傳》多所發明，而以古文易傳文則其說殊謬，是歐陽氏未嘗失其本義，而衛、賈、馬、鄭之說非安國之故，亦非伏生之故矣。[67]

皮氏認為鄭玄誤以為歐陽氏違失伏生之學，是他錯把東漢古文與孔氏古文納入同一學脈之中。其實，鄭玄本意未必「以杜林古文即安國古文」，「以衛、賈、馬古文說即安國之說，亦即伏生之說」，皮氏以此心忖度古人，不過是想借此強調「衛、賈、馬、鄭之說非安國之故，亦非伏生之故」，將東漢古文《尚書》學的淵源限定在杜林古文。

總之，《尚書古文考實》是承續前人對東晉古文《尚書》的辨偽，進而考察東漢古文《尚書》的淵源，先斬斷孔安國古文與馬、鄭之學的淵源關係，然後指明杜林古文非盡孔壁之舊，最終考定馬、鄭之學源自杜林古文，從而大大縮短東漢古文經學的歷史。皮氏不僅對前人考辨偽孔古文《尚書》的結論提供了有力的聲援，也對清儒有關兩漢古文《尚書》的爭議作了積極的回應，還對乾嘉漢學大師崇尚東漢古文之學有所針砭。由此可以看出，在皮氏的《尚書》研究中，考辨偽古文與貶抑東漢古文、推崇西漢今文，幾乎是同途並進的。

---

[67]〔清〕皮錫瑞：《尚書古文考實》，頁16上。

五　從考辨真偽到分別今古

　　宋、元學者懷疑、考辨偽古文時，往往是從文本上區別今文、古文《尚書》，如《四庫提要》評吳澄《書纂言》時所說：「其考定今文、古文，自陳振孫《尚書說》始；其分編今文、古文，自趙孟頫《書今古文集注》始；其專釋今文，則自澄此書始。」[68]明代以後，此風更盛，如歸有光《尚書敘錄》取法吳澄，釐析今文，與古文區而別之；羅敦仁《尚書是正》專存今文，將偽古文一概刪除；郝敬《尚書辨解》「前八卷解今文二十八篇，後二卷辨正古文」[69]。至崇禎十六年，更有國子助教鄒鏞疏請區分今文、古文《尚書》，主張專以今文取士[70]。當然，這些人分別《尚書》今文與古文，本意在辨別《尚書》文本的真偽，進而排斥偽古文，正如《古文尚書冤詞》所記山市之客對朱子以來眾家的評說：「（朱子）授其意於門人蔡沈，使分別今、古文有無，注於各篇之下，而別存雜說，以著其偽。於是諸門弟子共祖述之，而元吳澄，明郝敬、歸有光輩，俱競起攻辨，迄無遺力。吳澄作《書纂言》，則但存今文二十八篇，直削去古文，以示毀黜偽書之意。」[71]毛奇齡也評析朱子不注古文而授意於蔡沈，「於從前不分今、古文者，今特為分之，且雜為之說，以著其偽」[72]。他又咒罵羅氏父子說：「至明崇禎末，有羅敦仁、喻義父子，偽造今文《尚書》古本，竊取《史記》異字，集作藍本，而雜摘他篇字以組入之，乃以大字寫今文，謂之《尚書》，以小字雙行寫古文，斥之不使為經。其意則猶之吳澄削古文故智，而奸狡過之。」[73]閻若璩在

---

68 〔清〕紀昀等：《四庫全書總目提要》，卷12，〈經部・書類〉二。
69 劉起釪：《尚書學史》，頁329-331。
70 〔清〕毛奇齡：《古文尚書冤詞》，卷1。
71 〔清〕毛奇齡：《古文尚書冤詞》，卷1。
72 〔清〕毛奇齡：《古文尚書冤詞》，卷3。
73 〔清〕毛奇齡：《古文尚書冤詞》，卷7。

考辨偽古文時提出「今文明，則古文如指諸掌」[74]，正好總結了前儒辨偽古文《尚書》的一大經驗。而前儒筆下的「古文」，實指晚出偽古文；所謂「今文」，或指東漢馬、鄭傳本，或指西漢伏生傳本，意指兩漢真《尚書》。因此，他們在《尚書》問題上的分今古，實際上是辨真偽。

自閻若璩《尚書古文疏證》行世後，《尚書》研究實循兩途而進：一是繼續辨偽，對閻說加以增益或修正，或對毛氏予以反駁；二是對偽篇之外的《尚書》作整理、研究，集中探討馬、鄭之學，兼及伏生、史公及三家博士之學。二者實際上相得益彰，對兩漢《尚書》經文、經注、經說的追溯與探究，尤其有益於辨明古文之偽。沈彤在給惠棟《古文尚書考》作序時說：「欲尊古經，必辨後出之偽，而欲辨後出者之偽，必據其前之真者而後可。」他由此認定惠氏此作得以「高出群言」，就在於「能據真古文以辨後出者之偽」。閻若璩曾嘆惜漢代真古文亡佚於西晉之亂，「故無以證晚出之偽」，所以他主要是「據宋儒之說以駁東晉古文」。閻氏的後繼者如惠棟、王鳴盛等則向前進了一步，「據東漢古文以駁東晉古文」[75]。不過，由於兩漢古文經本過早失傳，馬、鄭經說又殘缺不全，「據東漢古文以駁東晉古文」的效力未免大打折扣。如羅敦仁父子曾經企圖以興復今文《尚書》文本為手段，徹底倒毀偽古文，但不得其法，反而遭到毛奇齡的激烈攻擊，皮氏為此深有感觸地指出：「羅氏辨古文之偽，顧不知今文之真，乃穿鑿附會以求之，宜乎倒戈而授人以柄矣。」[76]因此，「從孔安國問故」、撰史引《書》「多古文說」的馬遷，和作為兩漢《尚書》初祖的伏生，自然成為清代學者研究的重要對象，正如皮氏癸巳年五月廿一日《師伏堂日記》所說：「蓋《尚書》惟今文最可信，攻古文者不知據《大傳》、《史記》，徒引馬、鄭及宋儒肛說，宜不足以服偽孔之心。」這種因辨偽而推動《尚書》研究「節節復古」的必然結

---

[74]〔清〕閻若璩：《尚書古文疏證》，卷7。

[75] 倫明總結清代《尚書》古文辨偽的路徑，稱「諸家攻古文者，大率據鄭破孔」，見〈續書樓讀書記〉，《燕京學報》，第3期，頁470。他為偽古文辯護，攻訐辨偽諸作，雖與皮錫瑞立場相反，但觀察所得全同。

[76]〔清〕皮錫瑞：《古文尚書冤詞平議》，卷下，頁28。

果，就是力明西漢真《尚書》，作為論定偽案的最佳依據。宋、元以來學者提出的以區分今古來考辨真偽的研究路徑，直到清代中後期才得以真正踐行並顯示效應。

　　然而，隨著偽古文案日趨定讞，「孔《傳》至今日，人知偽作而不足信」[77]，由辨偽帶動的《尚書》研究，考辨真偽的學術重要性逐漸減退，學界轉而越來越多地聚焦於兩漢《尚書》今、古文家法的判分與評斷。皮氏曾總結清代中葉以來各家《尚書》研究的得失，說：

> 江聲《尚書集注音疏》疏解全經，在國朝為最先，有篳路藍縷之功。
> 惟今文搜輯未全，立說亦有未定（如解「曰若稽古」兩歧，孫星衍已
> 辨之）。又承東吳惠氏之學，好以古字改經，頗信宋人所傳之古《尚
> 書》。此其未盡善者。王鳴盛《尚書後案》主鄭氏一家之學，是為專
> 門之書。專主鄭，故不甚采今文，且間駁伏生（如解司徒、司馬、
> 司空之類），亦未盡善。段玉裁《古文尚書撰異》於今、古文分別具
> 晰，惟多說文字，尟解經義，且意在袒古文，而不信伏生之今文（如
> 〈金縢〉詆今文說之類），亦未盡善。孫星衍《尚書今古文注疏》於
> 今、古說搜羅略備，分析亦明，但誤執《史記》皆古文，致今、古文
> 家法大亂（如《論衡》明引〈金縢〉古文說，孫以其與《史記》不
> 合，乃曰「王氏充以為古者，今文亦古說也」，豈非遁詞），亦有未
> 盡善者，然大致完善，優於江、王，故王懿榮請以立學。其後又有劉
> 逢祿《尚書今古文集解》、魏源《書古微》、陳喬樅《今文尚書經說
> 考》。三家之書，皆主今文，不取古文。蓋自常州學派以西漢今文為
> 宗主，《尚書》一經亦主今文。劉氏、魏氏不取馬、鄭，並不信馬、
> 鄭所傳逸十六篇，其識優於前人。惟既不取馬、鄭古文，則當專宗伏
> 生今文。而劉氏、魏氏一切武斷，改經增經（如魏氏改〈梓材〉為
> 〈魯誥〉，且臆增數篇，攙入《尚書》），從宋儒臆說而變亂事實，與
> 伏生之說大背（如劉氏駁周公稱王之類），魏氏尤多新解（如以管叔

---

[77]〔清〕皮錫瑞：《經學通論》（北京市：中華書局，1954年），〈書經〉，頁103。

為嗜酒亡國之類），皆不盡善。陳氏博采古說，有功今文。惟其書頗似長編，搜羅多而斷制少，又必引鄭君為將伯，誤執古說為今文，以致反疑伏生，違棄初祖（如文王受命、周公避居二事，皆誣伏生老耄，記憶不全），亦有未盡善者。[78]

皮氏這段評述雖不無主觀之見，但乾嘉以來《尚書》研究日益彰顯今、古之分的趨勢，卻是不容抹殺的事實。尤其是對馬、鄭《尚書》之學及劉歆古文經說的懷疑與攻擊，從莊述祖、劉逢祿首倡以來，經龔自珍、魏源推波助瀾，至康有為而登峰造極，乃至深陷門戶紛爭。考察宋、元、明清數百年間的《尚書》辨偽，對於觀察清代今文經學的興起以及瞭解晚清經學今、古文之爭，可謂大有裨益。

皮氏身處晚清，承此學術潮流，得以由考辨真偽走向分別今古。他說：「治《尚書》不先考今、古文分別，必至茫無頭緒，治絲而棼。故分別今、古文，為治《尚書》一大關鍵，非徒爭門戶也。」[79]今、古之分既然被他視作《尚書》研究的先務與關鍵，則辨偽古文自必退居其次。他曾借毛奇齡之語，批評歷代學人尤其清儒不明《尚書》今、古之分：

《尚書》有今、古文之分，人人知之，而至今未有一人能分別不誤者。兩漢立學皆用伏生今文，孔壁古文罕傳於世。至東漢，衛、賈、馬、鄭古文之學漸盛，其原出於杜林，蓋亦孔壁古文，而不無小異。至東晉偽古文出，唐初崇信立學。孔沖遠見其篇目與馬、鄭異，遂強謂馬、鄭為今文。近人知孔說之謬矣，而又惑於《漢志》所云遷書多古文說，乃以《史記》所載皆屬古文，而無以處馬、鄭與《史記》異者，又強謂馬、鄭為今文。陳樸園專治今文，而亦不分伏、鄭，雜糅今、古。夫《史記》用《歐陽尚書》，明屬今文，乃必以為古文，馬、鄭傳杜林《尚書》，明屬古文，乃必以為今文，則謂未有一人能

分別今、古文者，非過論也。[80]

言下之意，皮氏是以辨明《尚書》今、古文為己任，並且以此自負。事實上，皮氏關於漢代《尚書》分今、古的觀念，就是在考辨偽古文《尚書》的過程中日益清晰。例如，他在辨正閻氏時，指出：

> 古文、今文之別，是文字不同。伏生《書》初出屋壁，亦是古文，以其不便流傳，乃易今文。孔安國以今文讀古文，如今之翻譯本，其正文仍用古字，故謂之古文。古人之書，皆口授手鈔。今文傳習既多，不免訛俗。今所傳熹平石經及兩漢碑文，其字不盡合於六書，是其明證。東漢諸儒自杜林以至許、鄭，皆精小學，故皆輕視今文，謂之俗儒。然今文師承最古，其字雖俗，其說不誤，古文則本無說解。當時若以古文正今文俗字，說解仍用三家，兼取其長，斯為盡善。[81]

這是皮氏最早對漢代《尚書》以文字分今、古的論說。又如，明末羅敦仁父子作《尚書是正》，雜集《史記》等書中異字，造出所謂《尚書》今文，並提出「今文」二字為晁錯所得名，毛氏批駁說：「夫晁錯未曾寫《書》也。孔壁古文，安國以今文寫之，此明見《史記》、《漢書》，然仍稱古文何？則以後寫，非所據也。錯不曾寫《書》，即寫，亦安得稱今文？憑臆撰造，漫無義理，其陋已甚。」毛氏認為孔本可稱今文，而伏生一派不可稱今文，皮氏就此批評說：

> 晁大夫雖不曾寫《書》，檢討謂寫亦安得稱今文，於今、古文尚未了了。伏生藏書亦是古文，古文不通行，故以今文寫之。江艮庭《尚書集注音疏》書以篆文，孫淵如以為不便誦習。漢人授徒皆用今文，亦正類此。檢討謂安國所寫可稱今文，錯所寫不可稱今文，殊不可解。[82]

80〔清〕皮錫瑞：《古文尚書冤詞平議》，卷上，頁1。
81〔清〕皮錫瑞：《尚書古文疏證辨正》，頁11。
82〔清〕皮錫瑞：《古文尚書冤詞平議》，卷下，頁24下-頁25上。

皮氏提出，因古文不通行，不方便教授學徒，所以轉寫為今文，其實伏生藏書與孔壁藏書是一回事，未寫之前均是古文，轉寫之後均是今文。他晚年在《經學通論・書經》中，也從文字轉寫論漢代經學今、古文之分，說：

> 漢時所謂今文，今謂之隸書，世所傳熹平石經與孔廟等處漢碑是也。漢時所謂古文，今謂之古籀，世所傳鐘鼎、石鼓與《說文》所列古文是也。隸書漢時通行，故謂之今文，猶今人之於楷書，人人盡識者也。古籀漢時已不通行，故謂之古文，猶今人之視篆、隸，不能人人盡識者也。……孔子寫定六經，皆用古文，見許氏《說文・自敘》。伏生為秦博士，所藏壁中之書，必與孔壁同為古文，至漢發藏以教生徒，必易為通行之隸書，始便學者誦習。江聲《尚書集注音疏》始用篆文，書不通行，後卒改用今體楷書。觀今人不識篆文，不能通行，即知漢人不識古文，不能通行之故。此漢時立學所以皆今文，而古文不立學也。[83]

稍加對比，皮氏晚年之論，正是承用《尚書古文疏證辨正》、《古文尚書冤詞平議》中的說法，由此可見評議閻、毛古文《尚書》公案對他區分今、古文的影響。

更值得注意的是，在評判閻、毛古文《尚書》辨偽之爭時，皮氏還因偽古文與漢代古文的瓜葛，提出對馬、鄭一派古文《尚書》以及劉歆所創古文經學的懷疑。例如，偽孔安國〈大序〉說：「得壁中書，悉上送官，承詔為五十九篇作傳。於是遂研精覃思，博考采撷，以立訓傳。既畢，會國有巫蠱事，用不復以聞。」閻氏考辨指出：「是獻書者一時，作傳畢而欲獻者又一時也。作傳畢而欲獻，會國有巫蠱，則初獻書時未有巫蠱，何不即立於學官，而乃云以巫蠱遂不及施行邪？」皮氏認為閻氏尚未抓住要害，指出偽〈大序〉託詞於巫蠱事件，是襲用劉歆〈移太常博士〉之說，而漢代古文《尚書》不得立學是因為缺乏說解，與巫蠱事件無關。他辨析說：

---

[83]〔清〕皮錫瑞：《經學通論・書經》，頁48-49。

其託於巫蠱者，乃歆諱言其無說解，而自創為說解也。〈歆傳〉云：「欲建立《左氏春秋》及《毛詩》、逸《禮》、古文《尚書》，皆列於學。」考此諸經，惟《毛詩》有師說。若《左氏》，則〈歆傳〉明云：「初，《左氏傳》多古字古言，學者傳訓故而已。及歆治《左氏》，引傳文以解經，轉相發明，由是章句、義理備焉。」是《左氏》有章句，實創於歆。則古文《尚書》之有說解，亦當創始於歆。今其書雖不傳，然以諸書所引考之，如以六宗為乾坤六子，三公為太師、太傅、太保，父師為箕子，文王受命為九年，觀兵為十一年，克殷為十三年，皆與今文家說不同，是其明證。蓋歆之意，欲以一人之新說，盡廢十四博士之專門，與王安石作《三經新義》頒之學官正是一意。歆又云「皆有徵驗，外內相應」，歆意尤重在《左氏春秋》，特以孤經少與，恐人不聽，乃引古文《尚書》、逸《禮》、《毛詩》與相應和。又引在下之庸生諸人，以扶其說。歆為國師，王瓊、塗惲等皆顯貴，則傳古文者乃曲學阿世之士，豈真能扶微學者哉！[84]

皮氏在此考證劉歆創立古文經學，並與偽作孔《傳》的王肅聯繫起來：「王肅偽造古文孔《傳》，又偽造《家語》、《孔叢》、《論語》、《孝經》注，以相應證，正祖歆之故智。徵君能辨偽《序》之謬，未辨歆說之謬，且謂歆所建立甚正，蓋亦由為古文所壓而未及深考耳。」[85]他批評閻氏能辨孔氏古文之偽，未能再加深考而辨析劉歆之謬，由古文《尚書》辨偽，引向懷疑和否定古文經學。又如，毛氏提出「〈堯典〉、〈舜典〉原有二篇，孔氏《小序》已第其目，為百篇之一，而伏生誤合為一篇」，利用東漢古文《書序》批駁西漢今文傳本，皮氏分辨說：

〈堯典〉、〈舜典〉實是一篇，《大學》引〈帝典〉可證。古書皆不

84〔清〕皮錫瑞：《尚書古文疏證辨正》，頁8-9。
85〔清〕皮錫瑞：《尚書古文疏證辨正》，頁9。《尚書古文考實》完全承用此說，將劉歆創立古文學與王肅作偽聯在一起加以批評。

引〈舜典〉，惟馬、鄭所傳古文《書序》別有〈舜典〉，而其《序》曰「歷試諸艱」，則經所云「慎徽五典」以下也。鄭君注曰「入麓伐木」，則經所云「納於大麓」也。作偽者分「慎徽五典」以下為〈舜典〉，即本馬、鄭《書序》及鄭君注。然漢時今、古文皆無〈舜典〉篇目，亦無分「慎徽五典」以下為〈舜典〉者。是不特偽古文《書》不可信，即《書序》與鄭注皆可疑矣。宋儒辨《書序》之偽，近儒力爭以為不偽。予謂《史記》所載今文《書序》可信，馬、鄭所傳古文《書序》不可盡信。〈舜典〉之〈序〉，即不可盡信之一端。[86]

皮氏指出作偽者將〈堯典〉分作兩篇的根據全在馬、鄭所傳《書序》，由此產生「不特偽古文《書》不可信，即《書序》與鄭注皆可疑」的看法，同樣是由辨古文《尚書》之偽，引出《書序》有今、古文之分，並提出「今文《書序》可信，古文《書序》不可盡信」的意見。再如，閻氏根據古天子、諸侯五廟，辨定有「七世之廟」的〈太甲〉是偽作，毛氏則引劉歆、王肅主張天子七廟加以反駁，皮氏指出毛氏實沿劉歆、王肅之誤，再次將劉歆創始古文《尚書》與王肅偽作古文《尚書》串在一起，稱：「古文《尚書》創通於劉歆，偽撰於王肅，故檢討於二人有臭味之合。然考古義，如翼奉、貢禹、韋玄成、尹更始、《石渠論》、《白虎通》、《禮緯稽命徵》、《孝經鉤命決》、《春秋元命包》，皆不同劉、王說。」[87]這樣，他將否定偽古文《尚書》與貶抑古文經學捆綁起來。

　　總之，皮氏先後作《尚書古文疏證辨正》、《尚書古文考實》、《古文尚書冤詞平議》，均是以辨偽古文公案為話題，實際卻大談漢代《尚書》的家法源流，辨析兩漢今、古文的是非優劣。皮氏在對閻、毛兩家的評騭中，均視《尚書》今文說為最有效力的依據，將「西漢今文之學」或「漢初古義」懸為裁判的最高標準。在〈尚書古文疏證辨正自序〉中，他聲稱閻氏「能辨古文孔《傳》之偽，而未識今文《尚書》之真」，又在書中辯論「成王」是

86〔清〕皮錫瑞：《古文尚書冤詞平議》，卷上，頁14上。

87〔清〕皮錫瑞：《古文尚書冤詞平議》，卷下，頁1下。

生稱還是死諡時，評述說：

> 《尚書》以今文為最古，古文說起於東漢，其前並無師承。……大凡
> 書愈古，則愈難明。今文三家之學雖亡，伏生、史公之書見在，而國
> 朝通儒輩出，莫能得其要領。矧徵君生當國初，漢學始萌芽，考究止
> 於許、鄭，西漢今文皆未暇及。故以徵君之精博，能辨孔書之偽，而
> 不能信今文之真也。[88]

在〈古文尚書冤詞平議自序〉中，皮氏更加具體地寫道：

> 《尚書》一經，自東漢古文汩之於前，東晉古文假之於後，宋以來又
> 各創異說，迄今紛紛，莫衷一是，或據宋儒之說以駁東晉古文，或據
> 東晉古文以駁宋儒之說，或據東漢古文以駁東晉古文及宋儒說，未有
> 能守西漢今文之學以決是非、正得失者。矧在明末，經義湮晦，以閻
> 徵君之精核，攻古文猶用宋儒之說，其餘郝、梅諸君所批駁，多不得
> 要領。偽古文雖當罪，而罪之不得當，宜檢討為之負罪而稱冤也。檢
> 討是書，其佳處在不用宋儒新說，如武王封康叔、周公留後之類；其
> 弊則在專信偽孔，並伏《傳》、《史記》亦加訾議，與《疏證》互有
> 得失，其是非可對勘而明。予於《疏證》既為《辨正》，乃於是書更
> 作《平議》，冀以持兩家之平焉。

皮氏晚年又在〈書經通論〉中評述說：

> 閻、毛二家，互有得失。閻證古文之偽甚確，特當明末宋學方盛，未
> 免沾染其說。夫據古義以斥孔《傳》，可也；據宋人以斥孔《傳》，
> 則不可。……閻氏此等處，皆據宋人以駁古義，有偽孔本不誤而閻誤
> 者。蓋孔書雖偽，而去漢未遠，臆說未興。信宋人，不如信偽孔。毛
> 不信宋人，篤守孔書之義，以為《尚書》可焚，《尚書》之事實不可
> 焚；今溥天之下，老老大大皆有一武王戡黎、封康叔，周公留後治洛

88〔清〕皮錫瑞：《尚書古文疏證辨正》，頁17。

典故在其胸中，此千古大冤大枉事。是則毛是而閻非者，學者當分別觀之，勿專主一家之說。但以今文之說為斷，則兩家之得失明矣。[89]

皮氏還在《經學歷史》末章〈經學復盛時代〉論及閻、毛得失，可見他相當看重清初偽古文之爭對《尚書》學的影響。他在表面上是就偽古文之案，對閻、毛兩家的是非得失加以評判，改變前人對閻、毛之作褒貶崇抑的不當，可是他提出「但以今文之說為斷，則兩家之得失明」，真正的意圖是主張「守西漢今文之學，以決是非、正得失」，用西漢今文來批駁宋儒之說、東晉古文乃至東漢古文，凸顯伏生及三家今文《書》學的重要性，藉以昌明西漢今文經學。因此，他在晚年歡呼西漢今文經學復興時，更加明確地提出「《書》主伏《傳》、《史記》，輔以兩漢今文家說」[90]，並為編撰最好的《尚書》讀本提出最理想的方案：「先具列伏《傳》、《史記》之說，字字遵信，加以發明，不可誤據後起之詞，輕疑妄駁；次則取《白虎通》及兩《漢書》所引經說，加以漢碑所引之經，此皆當日通行之今文，足備考證；又次則取馬、鄭、偽孔，擇其善者，以今文為折衷，合於今文者錄之，不合於今文者去之，或於疏引而加駁正。至蔡《傳》與近儒所著，則於義疏擇取其長，兩說相同，則取先出（如取蔡不取江是）；不合於今文者，概置不取，以免轇轕；惟其說尤足惑人及人所誤信者，乃加辨駁，使勿迷眩。後人以此體例，勒成一書，斯為盡善。」[91]

結語

對閻、毛爭辨偽古文《尚書》的缺失，《四庫提要》及清儒已經屢有指陳。皮錫瑞專門著書評議閻、毛古文公案，對雙方均有褒貶，自稱要持二家

[89]〔清〕皮錫瑞：《經學通論・書經》，頁83-84。
[90]〔清〕皮錫瑞：《經學歷史・經學復盛時代》。
[91]〔清〕皮錫瑞：《經學通論・書經》，頁104。

之平，但有論者批評他「故作持平之論」，「意在調停，不是公論」[92]。皮氏所
糾閻、毛缺失並不詳盡，所以也有研究者遺憾他的疏略，「很多應該批評處
沒有說到」[93]。其實，皮氏在光緒年間加入偽古文公案的討論，本意不全在評
判閻、毛處理偽古文的是非得失，而另有深意存焉。他對閻氏奠定偽古文案
的肯定，對毛氏曲護偽古文的責斥，表明他對反偽古文和擁偽古文的雙方並
非不分軒輊。他指出閻、毛二家共同的失誤在於不知「今文之真」，但同時
指出，閻、毛生當漢學方萌芽之際，清學尚在漢、宋兼採階段，「考究止於
許、鄭，西漢今文皆未暇及」，對閻、毛抱持同情的理解，並未苛求前人，
不過是藉此提出「西漢今文之學」或「漢初古義」的重要，進而評定兩漢
今、古文經說的得失。由辨別真偽，走向分別今古，最終張揚今文經學，這
才是皮氏投身閻、毛古文《尚書》公案的真正旨趣。毛氏在詆斥羅敦仁宣揚
今文而自毀今文時，提出：「伏氏之學在晉永嘉後即已亡滅，而孔學後起，
歷千百年而倍顯。《毛詩》、《左氏》、孔《傳》皆立學最晚，而所傳彌永。」
皮氏對此極為不滿，反駁說：

> 古文立學最晚而大盛，由經學不明之故。近日今文之學漸明，漸覺
> 古文不可盡信，不特孔《傳》皆知出於王肅，是偽書，即《毛詩》、
> 《左傳》同出劉歆，亦疑其是偽作。劉申受、魏默深、龔定庵皆有論
> 辨，治今文者當更暢發其旨。惜檢討不見此等書。[94]

皮氏後來又將〈古文尚書冤詞平議自序〉加以發展，在《經學通論》中特立
一條「論《尚書》義凡三變，學者各有所據，皆不知專主伏生」，對兩漢至
清代《尚書》學的嬗變及其糾紛，作了一番簡要而自具機杼的總結：

> 經定自孔子，傳自漢初諸儒。使後世學者能恪遵最先之義，不惑於

---

[92] 劉起釪：《尚書學史》，頁364，頁409-410。

[93] 戴君仁：《閻毛古文尚書公案》（臺北市：國立編譯館中華叢書編審委員會，1979
年），頁112。

[94]〔清〕皮錫瑞：《古文尚書冤詞平議》，卷下，頁35。

後起之說，徑途歸一，門戶不分，不難使天下生徒皆通經術。況《尚書》一經，傳之者止伏生一老，非若《詩》有齊、魯、韓三家，《春秋》有公羊、穀梁、左氏，各有所受，本不止一師也。歐陽、大小夏侯既分專門，小有出入，亦未至截然不合，如今、古文家也。其後古文說出，初不知所自來。衛、賈、馬、鄭所說各異，既無師授，安可據依？後世震於劉歆古文之名，壓於鄭君盛名之下，循用注解，立於學官。古文說盛行，而今文衰歇，於是《尚書》之義一變。王肅學承賈、馬，亦遠本於歐陽，其學兼通古、今，又去漢代不遠，使其自為傳注，原可與鄭並行，乃必託名於孔安國，又偽造《尚書》古文經。後世見其經既增多，孔《傳》又古於鄭，廢鄭行孔，定於一尊。偽古文說盛行，而今文盡亡，於是《尚書》之義再變。宋儒不信古人，好矜創獲，獻疑孔《傳》，實為首庸。惟宋儒但知孔《傳》之可疑，而不知古義之可信，又專持一理字，臆斷唐、虞三代之事。凡古事與其理合者，即以為是；與其理不合者，即以為非。蔡沈、王柏、金履祥之說盛行，編書者至改古事以從之。《綱鑑輯略》一書改西伯戡黎為武王，微子奔周為武庚。以近儒臆斷之空言，改自古相傳之實事，於是《尚書》之義三變。經義既已屢變，學者各有所據，蔽所不見，遂至相攻。有據孔《傳》以攻蔡《傳》者，如毛奇齡《古文尚書冤詞》是也。有據蔡《傳》以攻孔《傳》者，如閻若璩《尚書古文疏證》是也。有據馬、鄭而攻孔《傳》與蔡《傳》者，如江聲《尚書集注音疏》、王鳴盛《尚書後案》是也。要皆不知導源而上，專主伏生，故不能宗初祖以折服末師，甚且信末師以反攻初祖。其說有得有失，半昧半明。[95]

可見，皮氏批評前人未能「恪遵最先之義」，反而「惑於後起之說」，以致《尚書》真偽糾纏不清，家法紛紜難辨。正是有鑑於此，他將區分今古文家法、評定今古文優劣統貫於《尚書》辨偽之中，不僅接受並強化閻、惠、丁

---

[95]〔清〕皮錫瑞：《經學通論・書經》，頁70-71。

等人對東晉以後晚出古文《尚書》偽作的判定，而且認同並發展龔、魏、康等人對東漢馬、鄭學說的不信任並加以攻擊，由此「導源而上，專主伏生」，認定漢儒今文經說的真確與優越，確立漢初今文《尚書》經本的唯一權威，最終完成《尚書》的經典回歸，尋覓孔子刪訂《尚書》的種種大義[96]。

---

[96] 與清代常州公羊學派研究《尚書》專究微言不同，皮錫瑞主張講求《尚書》大義，詳見《經學通論·書經》，頁75-76。

東漢弘農楊氏《尚書》學發微

傅永聚*

　　由於漢代尊經重儒，有漢一代出現了許多以經學起家的世家大族，他們往往累世傳經學，並以此累世榮登公卿之位。單就《尚書》一經而言，東漢桓氏、弘農楊氏等都是顯赫一時的《尚書》學世家。弘農楊氏在政治上曾一度佔據特出地位，趙翼曾將楊氏與當時的袁氏並稱，認為楊氏「自震至彪凡四世，皆為三公。……古來世族之盛，未有如二家（楊氏、袁氏）者」[1]。楊氏以《尚書》歐陽學名家，自楊震始，其子楊秉，秉子楊賜，賜子楊彪，皆以《尚書》歐陽學為業，形成了東漢歷史上歐陽《尚書》學最為重要的學派分支之一。

一　弘農楊氏《尚書》學淵源探微

　　東漢弘農楊氏《尚書》家學淵源較為複雜，與司馬遷之《尚書》學、西漢歐陽《尚書》學、東漢桓氏《尚書》學都有一定的淵源。此一特點充分體現了其家學兼收並蓄的特色，同時也為其學顯明一時奠定了基礎。弘農楊氏《尚書》歐陽學，自楊寶始，至其六世孫楊修被曹操所殺止，共傳六世。

　　弘農楊氏先祖並非以經學起家，楊氏八世祖楊喜在漢高祖時因有軍功封赤泉侯，〈兩漢時代的弘農楊氏〉[2]對此的梳理清楚詳備，不再贅述。漢昭

---

* 曲阜師範大學儒學研究中心

[1] 〔清〕趙翼：《廿二史劄記》（南京市：鳳凰出版社，2008年），卷5〈四世三公〉，頁67。

[2] 何德章‧馬力群：〈兩漢時代的弘農楊氏〉，《魏晉南北朝隋唐史資料》，2005年。

帝時，楊震高祖楊敞為丞相，封安平侯。但《漢書‧楊敞傳》並未載明其治學事蹟。楊敞二子楊忠、楊惲，「惲母，司馬遷女也。惲始讀外祖《太史公記》，頗為《春秋》。以材能稱。好交英俊諸儒，名顯朝廷」[3]。楊忠承襲楊敞的爵位，楊忠之子楊譚襲封安平侯，後因楊惲事免為庶人。楊譚之子楊寶「習歐陽《尚書》，哀、平之世，隱居教授。居攝二年，與兩龔、蔣詡俱徵，遂遁逃，不知所處。光武高其節。建武中，公車特徵，老病不到，卒於家」。[4]司馬遷兼通今古文《尚書》學，其外孫楊忠之孫楊譚習歐陽《尚書》，且於哀、平之世，隱居教授，其學未明說師事於何人，或與司馬遷之《尚書》學有一定的淵源關係。

楊寶傳歐陽《尚書》於楊震，乃成家學。楊寶習歐陽《尚書》，西漢哀帝、平帝時隱居教授，不應王莽之徵。光武帝高其節，公車特徵，不至卒。相傳他九歲時至華陰山北，見一黃雀被鴟梟擊傷，乃救之。後某夜有一黃衣童子以白環四枚相報，謂當使其子孫潔白，立登三公。後果應之。此事在統譜和正史中都有記載。楊寶之子楊震（？-124），字伯起，為二世，諸生。亦習歐陽《尚書》，明經博覽，當時人稱「關西夫子楊伯起」（關西，指函谷關以西）。年五十始舉為茂才，遷荊州刺史、東萊太守。故所舉荊州茂才王密為昌邑令，至夜懷金十斤送楊震，謂暮夜無知者。楊震以「無知？神知，我知，子知」作答而拒收。有人勸他置業產，楊震曰：「願使後世稱清白吏子孫，不亦可乎？」延光二年（123）拜太尉。

楊震生楊秉（92-165），楊秉，字叔節，為三世。楊秉博通《書》、《傳》，年四十餘，應司空辟。歷任豫、荊、徐、兗、四川刺史，以廉潔稱。嘗曰：「我有三不惑，酒、色、財也。」楊秉生楊賜（？-185），楊賜，字伯獻，為四世。少傳家學，所謂家學，當為《尚書》歐陽學無疑。楊賜篤志博聞，初隱居，不應徵辟。桓帝時，以司空高第官侍中。靈帝即位，侍講華光

---

[3] 〔漢〕班固：《漢書》（北京市：中華書局，1962年），卷66〈楊惲傳〉，頁2889。
[4] 〔南朝宋〕范曄：《後漢書》（北京市：中華書局，1965年），卷54〈楊震傳〉，頁1759。

殿,累遷司徒、司空、太尉,封臨晉侯。楊賜子楊彪(142-225),字文先,
為五世。楊彪生楊修(175-219),字德祖,為六世,好學,有俊才,漢末為
曹操主簿,後為曹操藉故殺之。楊彪少傳家學,以博習舊聞徵拜議郎,累遷
司徒。董卓死,拜太尉。其子楊修,為曹操所殺。曹操問之,楊彪答曰:
「猶懷老牛舐犢之愛。」自楊震至楊賜,三葉為宰相;自楊震至楊彪,四世
為太尉,故東京(漢時洛陽之稱。《帝王世紀》:「漢高帝都長安,光武帝都
洛陽,是以時人謂洛陽為東京,長安為西京。」)楊氏為漢名族。

　　弘農楊氏《尚書》學與司馬遷之《尚書》學有一定的淵源關係,只是據
史猜測,正史並未明載。欲探討弘農楊氏《尚書》學之來源,就必須先理
清正史所載兩漢《尚書》歐陽學德流傳脈絡,任何學術現象都不是無源之
水。西漢伏生傳《尚書》於歐陽生,歐陽生授倪寬,「寬授歐陽生子,世世
相傳,至曾孫高子陽,為博士」[5]。林尊事歐陽高,授平當,平當授朱普。歐
陽高所傳今文《尚書》被稱為歐陽《尚書》,《漢書》有明載。且〈藝文志〉
記為:歐陽《經》三十二卷,《歐陽章句》三十一卷。東漢桓榮事朱普,並
傳為家學,其子桓郁,桓郁子桓焉皆傳《尚書》。「榮受朱普學章句四十萬
言,浮辭繁長,多過其實。及榮入授顯宗,減為二十三萬言。郁復刪省定成
十二萬言。由是有《桓君大小太常章句》」[6]。

　　弘農楊氏《尚書》歐陽學亦來源於桓氏,主要為楊震受業於桓郁,楊賜
受業於桓焉。楊震少好學,受歐陽《尚書》於太常桓郁,明經博覽,無不
窮究,諸儒為之語曰:「關西孔子楊伯起。」楊震五十之前隱居不仕,教授
二十餘年。元初四年,徵入為太僕,遷太常。永年元年為司徒,延光二年為
太尉,三年飲鴆而卒,時年七十餘。順帝即位,以禮改葬於華陰潼亭。楊秉
為楊震第三子,少傳父業,兼明京氏《易》,博通《書》、《傳》,曾隱居教
授,四十餘乃出仕。桓帝即位,以明《尚書》徵入勸講,拜太中大夫、左中
郎將,遷侍中、尚書。延熹三年,免官歸田里,其冬復徵。延熹五年為太
尉,八年薨,時年七十四。

---

[5] 〔漢〕班固:《漢書》,卷88〈歐陽生傳〉,頁3630。

[6] 〔南朝宋〕范曄:《後漢書》,卷37〈桓郁傳〉,頁1256。

楊賜，字伯獻，少傳家業，篤志博聞，受業於桓焉（桓郁中子），退居隱約，教授門徒。建寧初，靈帝當受學，詔太傅、三公選通《尚書桓君章句》宿有重名者，三公推舉楊賜，乃侍講於華光殿中。熹平二年為司空，以災異免，復拜光祿大夫。「熹平四年，（蔡邕）乃與五官中郎將堂谿典、光祿大夫楊賜、諫議大夫馬日磾、議郎張馴、韓說、太史令單颺等，奏求正定六經文字。靈帝許之，邕乃自書丹於碑，使工鑴刻立於太學門外。」[7]即熹平石經。五年為司徒，後免，拜光祿大夫。光和元年為司徒，四年以病罷。中平二年九月為司空，其月薨。楊彪（142～225），字文先，少傳家學。熹平中，以博習舊聞，徵拜議郎，遷侍中，京兆尹。中平六年，代董卓為司空，其冬為司徒。七年，關東兵起，董卓欲遷都，百官無敢言者，唯其力爭。黃初六年卒於家，年八十四。

弘農楊氏所傳歐陽《尚書》，除從楊寶所承家學外，當為《桓君小太常章句》。楊震受業於桓郁，所學應為桓郁刪省定成的《桓君小太常章句》十二萬言，並傳為家學。楊賜受業於桓焉，且「通《尚書桓君章句》，宿有重名」[8]，所傳亦為《桓君小太常章句》。

弘農楊氏《尚書》家學在承傳過程中，體現了兼收並蓄和隱逸用世並重兩大特點。其學來自多源，不死守家法，而且不斷吸收別家之說。楊寶、楊震、楊秉、楊賜、楊彪等多是早年退居隱約，以教授門徒為務，中年或晚年又多應辟，官至三公者多人。另外，弘農楊氏家學到後期已有兼通他經的傾向。值得一提的是，楊賜曾參與正定五經，在漢代《尚書》文本整理方面當有所貢獻。

---

7 〔南朝宋〕范曄：《後漢書》，卷60〈蔡邕列傳〉，頁1990。
8 〔南朝宋〕范曄：《後漢書》，卷54〈楊賜傳〉，頁1776。

二 弘農楊氏《尚書》學特色探微

　　弘農楊氏《尚書》歐陽學資料多見於零散史籍中，為探尋楊氏《尚書》學的特色，有必要先對弘農楊氏《尚書》學文獻進行梳理。檢索結果如下：

　　楊震引《書》、用《書》共計三條：

　　第一條，永寧二年，內寵始橫。安帝乳母王聖，緣恩放恣；聖子女伯榮出入宮掖，傳通姦賂。楊震上疏：「臣聞政以得賢為本，理以去穢為務。是以唐、虞俊乂在官，四凶流放，天下咸服，以致雍熙。方今九德未事，嬖幸充庭。……《書》誡牝雞牡鳴，《詩》刺哲婦喪國。」[9]楊震所云「唐、虞俊乂在官，四凶流放，天下咸服」，與《尚書·舜典》「流共工於幽州，放驩兜於崇山，竄三苗於三危，殛鯀於羽山，四罪而天下咸服」[10]意同；「以致雍熙」與《尚書·堯典》「黎民於變時雍。……允釐百工，庶績咸熙」[11]意同；所云「九德」，與《尚書·皋陶謨》「亦行有九德……寬而栗，柔而立，愿而恭，亂而敬，擾而毅，直而溫，簡而廉，剛而塞，強而義。……翕受敷施，九德咸事，俊乂在官」[12]意同；所云「牝雞牡鳴」，與《尚書·牧誓》「古人有言曰『牝雞無辰。牝雞之晨，惟家之索』」[13]意同。

　　第二條，楊震因地震上疏：「《書》曰：『僭恆陽若，臣無作威作福玉食。』」[14]此處所引，與《尚書·洪範》「臣無有作福作威玉食。……曰僭，恆暘若」[15]意同，但語序有所不同。

　　第三條，河間趙騰上書，指陳得失。帝發怒，遂收考詔獄。結以罔上

---

[9] 〔南朝宋〕范曄：《後漢書傳》，卷54〈楊震傳〉，頁1761。

[10] 孔穎達：《尚書正義》，收入《十三經注疏》本（北京市：北京大學出版社，1999年），〈舜典〉，頁65。

[11] 孔穎達：《尚書正義》，〈堯典〉，頁27。

[12] 孔穎達：《尚書正義》，〈皋陶謨〉，頁104。

[13] 孔穎達：《尚書正義》，〈牧誓〉，頁285。

[14] 〔南朝宋〕范曄：《後漢書》，卷54〈楊震傳〉，頁1765。

[15] 孔穎達：《尚書正義》，〈洪範〉，頁312。

不道。楊震上疏救之:「臣聞堯、舜之世,諫鼓謗木,立之於朝;殷、周哲王,小人怨詈,則還自敬德。」[16]此處與《尚書・無逸》「自殷王中宗,及高宗,及祖甲,及我周文王,茲四人迪哲。厥或告之曰:『小人怨汝詈汝。』則皇自敬德」[17]意同。

楊秉引《書》、用《書》僅有一條:延熹七年,楊秉從桓帝南巡園陵,南陽太守張彪與帝微時有舊恩,以車駕當至,因傍發調,多以入私。左右並通姦利,詔書多所除拜。楊秉上疏諫:「臣聞先王建國,順天制官。太微積星,名為郎位,入奉宿衛,出牧百姓。皋陶誡虞,在於官人。」[18]楊秉所云「皋陶誡虞,在於官人」,見於《尚書・皋陶謨》:「皋陶曰:『都!在知人,在安民。』禹曰:『吁!咸若時,惟帝其難之。知人則哲,能官人。』」[19]

楊賜引《書》、用《書》共計五條:

第一條,熹平元年,青虹見御坐,帝問,楊賜上密疏:「臣聞和氣致祥,乖氣致災,休徵則五福應,咎徵則六極至。……《尚書》曰:『天齊乎人,假我一日。』是其明徵也。夫皇極不建,則有蛇龍之孽。」[20]此處所云「休徵則五福應,咎徵則六極至」,與《尚書・洪範》「次五曰『建用皇極』,……次九曰『向用五福,威用六極』」[21]意同。所引《書》曰,見於《尚書・呂刑》:「天齊於民,俾我一日,非終惟終在人。」[22]用字有細微差異。

第二條,熹平五年,朝廷授爵,多不以次,帝好微行,遊幸外苑。楊賜上疏曰:「是以唐、虞『兢兢業業』,周文『日昃不暇』,『明慎庶官』,『俊乂在職』,『三載考績』,以觀厥成。……又聞數微行出幸苑囿,觀鷹犬之執,極盤遊之荒,政事日墮,大化陵遲。」[23]此處所云,與《尚書・皋陶謨》

---

[16] 〔南朝宋〕范曄:《後漢書》,卷54〈楊震傳〉,頁1766。

[17] 李學勤:《尚書正義》,〈無逸〉,頁437。

[18] 〔南朝宋〕范曄:《後漢書》,卷54〈楊震傳〉,頁1773。

[19] 李學勤:《尚書正義》,〈皋陶謨〉,頁103。

[20] 〔南朝宋〕范曄:《後漢書》,卷54〈楊震傳〉,頁1776。

[21] 李學勤:《尚書正義》,〈洪範〉,頁299。

[22] 李學勤:《尚書正義》,〈呂刑〉,頁543。

[23] 〔南朝宋〕范曄:《後漢書》,卷54〈楊震傳〉,頁1778。

「無教逸欲有邦，兢兢業業，一日二日萬幾」[24]，《尚書‧無逸》「自朝至於日中昃，不遑暇食，用咸和萬民」[25]，《尚書‧舜典》「三載考績，三考，黜陟幽明，庶績咸熙」[26]意同。

第三條，光和元年，有虹蜺晝降於嘉德殿前，帝惡之，問祥異禍福。楊賜書對曰：「今妾媵嬖人閹尹之徒，共專國朝，欺罔日月，又鴻都門下，招會群小，造作賦說，以蟲篆小技見寵於時，如驩兜、共工更相薦說。……〈周書〉曰：『天子見怪則修德，諸侯見怪則修政，卿大夫見怪則修職，士庶人見怪則修身。』」[27]所云「驩兜、共工更相薦說」，見於《尚書‧堯典》「驩兜曰：『都！共工方鳩僝功。』」[28]所引〈周書〉「天子見怪則修德，諸侯見怪則修政，卿大夫見怪則修職，士庶人見怪則修身」，今傳《尚書》文本無。

第四條，靈帝欲造畢圭靈琨苑，楊賜上疏諫曰：「今猥規郊城之地，以為苑囿，壞沃衍，廢田園，驅居人，畜禽獸，殆非所謂『若保赤子』之義。」[29]此處所云「若保赤子」，見於《尚書‧康誥》：「若保赤子，惟民其康乂。」[30]

第五條，靈帝封賞楊賜，楊賜自以代非法家，推辭言曰：「三后成功，惟殷於民，皋陶不與焉，蓋吝之也。」[31]此處所云，與《尚書‧呂刑》：「三后成功，惟殷於民」[32]意同。

楊彪引《書》、用《書》僅得一條：中平七年，董卓欲遷都，與公卿議，百官無敢言者。楊彪力阻曰：「移都改制，天下大事，故盤庚五遷，

---

[24] 孔穎達：《尚書正義》，〈臯陶謨〉，頁107。

[25] 孔穎達：《尚書正義》，〈無逸〉，頁433。

[26] 孔穎達：《尚書正義》，〈舜典〉，頁82。

[27]〔南朝宋〕范曄：《後漢書》，卷54〈楊震傳〉，頁1780。

[28] 孔穎達：《尚書正義》，〈堯典〉，頁40。

[29]〔南朝宋〕范曄：《後漢書》，卷54〈楊震傳〉，頁1782。

[30] 孔穎達：《尚書正義》，〈康誥〉，頁364。

[31]〔南朝宋〕范曄：《後漢書》，卷54〈楊震傳〉，頁1784。

[32] 孔穎達：《尚書正義》，〈呂刑〉，頁540。

殷民胥怨。……今天下無虞，百姓樂安。」[33]此處所云，見《尚書・盤庚書序》：「盤庚五遷，將治亳殷，民咨胥怨，作〈盤庚〉三篇。」[34]

綜上所列，楊氏引《書》內容複雜，多為意引，即使直接引用，往往也與今傳文本有所差異，其中，引用〈周書〉內容不見於今傳五十八篇。具體來看，涉及如下篇目：〈堯典〉二次、〈舜典〉二次、〈皋陶謨〉三次、〈盤庚書序〉一次、〈牧誓〉一次、〈洪範〉二次、〈康誥〉一次、〈無逸〉二次、〈呂刑〉2次。除〈舜典〉外均包含在伏生所傳今文二十八篇之內。〈舜典〉原在〈堯典〉內，孔傳本將其從〈堯典〉分出。

弘農楊氏用《書》體現為資政、讖緯兩大特色。楊氏引《書》用以闡發政見，很好地發揮了《尚書》的教化作用，其資政內容包括諫上疏遠內寵、諫上廣開言路、諫上務勞民傷財修建園囿以及反對移都改制等。楊氏用《書》亦多講天象災異，將經學與讖緯摻雜在一起，雖然目的在於勸諫，但偏離了經說的學術正途，用《書》十條中，有三條為談災異。正如范文瀾所說：「西漢時今文家講災異，原來有點限制皇帝暴虐的意思，到東漢時，就變成有災異要策免三公了。」[35]楊氏在引《書》、用《書》外，還引用《易》、《詩》、《春秋》等，且楊秉兼明京氏《易》，這亦反映了東漢治經者重視博通，追求「三年而通一藝……三十而五經立」[36]。

綜上所述，弘農楊氏《尚書》學可稱得上是漢代《尚書》家學的典型，其本身的特色和它所反映出的經學的特點，使其具有重要的學術參考價值。其隱居教授之風對魏、晉多有影響。其因通經進入仕途，且多位至三公，四世兩為帝師，雖與與東漢統治者大力宣導經學、明經取仕有關，亦可從中看出《尚書》之學在東漢的盛況。其以《尚書》學資政和以讖緯說災異，亦充分體現了東漢《尚書》學的基本取向。

33〔南朝宋〕范曄：《後漢書》，卷54〈楊震傳〉，頁1786。

34 孔穎達：《尚書正義》，〈盤庚上〉，頁223。

35 范文瀾：《範文瀾集》（北京市：中國社會科學出版社，2001年），〈經學史講演錄〉，頁309。

36〔漢〕班固：《漢書》，卷30〈藝文志〉，頁1723。

袁燮《絜齋家塾書鈔》研究

陳良中*

　　袁燮（1141-1224），字和叔，鄞縣人，登進士第，歷官禮部侍郎、寶文閣直學士，追諡正獻，學者稱絜齋先生。袁燮之高大父左朝奉大夫知處州袁轂，博極群書，登嘉祐第，與蘇軾為同年生，袁氏世學源流於此。其父倉部袁灼登元祐第，以篤厚醇實稱於鄉，剛直不阿，嘗守婺，時蔡氏顓國，倉部以法誅其黨曹橫於一州者。燮五六歲讀書，數過輒成誦，少長讀東漢〈黨錮傳〉，以名節自期。乾道初入太學，陸九齡為學錄，親炙之。與同里賢俊沈煥、楊簡、舒璘聚於學，朝夕以道義相切磨。遇陸九淵於都城，一見即指本心，公神悟心服，遂師事焉。東萊呂成公接中原文獻之正傳，袁燮自謂「晚學屢升其堂」、「有懷誨言，敢不銘刻」[1]。又與永嘉陳傅良遊，由此器業日益充大。淳熙辛丑（1181）第進士，遲次累年，授生徒以供菽水。為江陰尉，葺亭教射，躬自按閱。寧宗嗣位，始以太學正召。延見生徒，商榷理道。偽學之禁興，正人無容足地，朱熹、趙汝愚等名儒巨臣相繼罷去，袁燮亦以論國罷。開禧邊事作，兩淮大震擾，公備言防禦大略。嘉定初元（1208），天子誅權臣韓侂冑，盡起當世鴻碩，召公為宗正簿、樞密院編修官權考功郎，遷丞奉常，提舉江西常平權隆興府事。明年春遷秘書少監兼司業，及秋進祭酒，冬除秘書監，仍兼祭酒。每延見諸生必迪以反躬切己之學，常病世之學者徒知襲先儒緒言，通遺經訓釋，而未能自得於心，不足以為學。九年春正月兼崇政殿說書，十一月權禮部侍郎，升同修國史實錄院修撰，進侍講，猶

---

* 重慶師範大學文學院

[1] 〔宋〕呂祖謙：《東萊集》（臺北市：臺灣商務印書館，1983年，影印《文淵閣四庫全書》，集部第89冊），卷2，〈附錄〉，頁464。

兼祭酒。明年除寶謨閣待制提舉鴻慶宮，起知溫州，辭。升直學士，皆奉祠如初。為人守正，不阿時好，平生之節不可屈。為官孜孜獻納，有言必盡。其志以扶持世道為己責，然自始學，於義利取捨之辨甚嚴。嘉定十七年（1224）八月癸巳薨於正寢，享年八十一。

袁燮少而嗜書，白首弗厭，凡聖賢大訓切於己者味之終身，講道於家，以諸經、《論》、《孟》大義警策學者，於《書》、《禮記》論說尤詳，博觀群籍，取其切用者會粹成編，有《先秦古書》若干卷、《兵略》若干卷、《皇朝要錄》若干卷，所著溫純條邑[2]。參修《高宗寶訓》、《孝宗寶訓》。諸子袁其集若干卷藏於家，馬端臨《文獻通考·經籍考》載有《絜齋集》二十六卷、《後集》十二卷，亡佚。四庫館臣從《永樂大典》輯出為二十四卷。又有《絜齋毛詩經筵講義》，四庫館臣輯為四卷。

袁燮於《尚書》一經用功頗勤，常於「平旦集諸生及諸子危坐說《書》，夜再講，率至二鼓，無倦容」。袁燮講授內容由長子袁喬所錄，子袁甫刻於紹定四年（1231）十月己未，其〈後序〉云：「是編也，伯兄手鈔，雖非全書，然發揮本心，大旨具在。伯兄名喬，天資純正，用志勤篤……惜未盡行所學耳。……刻是編，名曰《絜齋家塾書鈔》，而納諸象山書院，以與世世學者共之。」[3]是絜齋乃袁燮齋名，「絜」本自〈大學〉「君子有絜矩之道」，《禮記注疏》云：「絜，猶結也，挈也。矩，法也。君子有挈法之道，謂當執而行之，動作不失之倍。」[4]謂君子行為符合法度。袁燮當取此意為齋名。然是書書名歷代書目記載不一，陳振孫載為《潔齋家塾書鈔》十卷，云：「禮部侍郎鄞袁燮和叔潔齋先生其子喬崇謙錄其家庭所聞，至〈君奭〉而止。」[5]則此本未竟之書，且非手著，馬端臨《文獻通考》所載與陳振

---

2 〔宋〕真德秀：〈顯謨閣學士致仕贈龍圖閣學士開府袁公行狀〉，《西山先生真文公文集》（上海市：商務印書館，1919年，《四部叢刊初編》），卷47，頁15。

3 〔宋〕袁甫：〈絜齋家塾序〉，《蒙齋集》（影印《文淵閣四庫全書》，集部第114冊），卷11，頁470。

4 〔唐〕孔穎達：《禮記注疏》（北京市：中華書局，1980年），卷60，頁1674-1675。

5 〔宋〕陳振孫：《直齋書錄解題》（上海市：上海古籍出版社，1987年），卷2，頁33。

孫同。《宋史·藝文志》載為《書鈔》十卷。楊士奇《文淵閣書目》載為
《潔齋書鈔》，朱睦㮮《授經圖義例》載為《家塾書鈔》，朱彝尊作《經義
考》載為《潔齋家塾書鈔》。絜齋、潔齋之稱，宋世已經歧出，其子袁甫概
稱「絜齋」，真德秀撰〈行狀〉作「潔齋」，合以文獻，並以意度之，袁燮
之齋名當以「絜齋」為優。《潔齋家塾書鈔》久已亡佚，朱彝尊作《經義考》
注云「未見」、「是書葉文莊編《菉竹堂目》尚存」[6]，而諸家說《尚書》者罕
聞引證，其傳本稀少。今傳本乃四庫館臣從《永樂大典》採輯編次而成，止
於〈君奭〉，釐為十二卷，〈五子之歌〉、〈胤征〉、〈湯誓〉、〈仲虺之誥〉、
〈伊訓〉、〈梓材〉諸篇解全缺，其中有解諸篇亦間有缺佚。是書蔡根祥先生
《宋代尚書學研究》一書論及袁氏《尚書》學之淵源、治《尚書》之方法、
與楊簡《書》學之比較、《書》說新解影響及評價。今詳究是書，略示異
同，以就教於大方之家。

一 《絜齋家塾書鈔》體式及特點

袁燮《書鈔》成於家塾講義，故其書有獨特的言說方式。家塾講學主要
在於教化，可以自由言論，縱橫捭闔，不需像注疏體式那樣嚴謹。但家塾教
學必須肩負科舉的實用功能，所以橫肆之中又有規範。

（一）解《書序》蘊涵之尊經精神

袁燮《書鈔》解《書序》、《逸書序》，以《書序》為孔子作，基本上遵
循《尚書正義》的體式，這種處理方式是尊信古經的思想反映。如〈舜典
序〉解云：「孔子序《書》下一難字，見其眾人所謂難者皆做了，則其易者
可見。」[7]完全相信孔子序《書》之說，於疑《序》之論一無所取。又解「皋

---

[6] 〔清〕朱彝尊：《經義考》（北京市：中華書局，1998年），卷83，頁459。
[7] 〔宋〕袁燮：《絜齋家塾書鈔》，收入《叢書集成續編》經部第4冊（上海市：上海書店
1994年，影《四明叢書》約園刊本），卷1，頁705。

陶矢厥謨，禹成厥功，帝舜申之，作〈大禹〉、〈皋陶謨〉、〈益稷〉」云：「孔子序《書》，將此二句並敘三篇，到底方才見得，當子細看個申字。」[8]袁燮確認孔子序《書》，因此關注以「《春秋》筆法」解《序》，探究其微言大義。如解〈旅獒序〉「西旅獻獒，太保作〈旅獒〉」云：「《書》言『西旅底貢厥獒』，而孔子序《書》，筆之曰獻。蓋所謂貢者，如〈禹貢〉所言貢賦皆服食器用有用之物，獒豈用物乎？非用物而貢之，是遠夷以此媚中國也。故聖人易貢為獻，其意深矣。」[9]辨「貢」、「獻」之別，對獻納之物深所警惕，是以解《書》為誡世。又如〈泰誓序〉：「惟十有一年，武王伐殷。一月戊午，師渡孟津，作〈泰誓〉三篇。」袁燮解云：

> 《序》稱十一年，《書》稱十三年，前後之說者多矣。或以為兩處必有一誤，或以為觀兵於十一年。要之，觀兵者為是。……伐紂雖在十三年，然當其觀兵之時，伐商之心蓋始於此，所以孔子定為十一年，《春秋》之法也。一月戊午，此即十三年之一月，孔子書法甚嚴，觀書一月便可見，不曰正月而曰一月，正者，正也，是時無王不得為正，故不稱正而稱一，其嚴如此，則十有一年豈得不嚴乎？十一年者武王之十一年也。古者國君即位則稱元年，雖稟天子正朔，而其國自有元年矣。如《春秋》隱公自有隱公之元，桓公自有桓公之元，若使諸侯不得稱元年則《春秋》之作，孔子自當以周之正朔為本矣。……如注家之說以為周自虞、芮質厥成，諸侯並附，以為受命之年，至九年而文王卒，武王三年服畢，謂之十一年。此卻不然，紂在上，文王豈有自稱王之理，此特武王即位之十一年爾。如退以示弱之語亦不然，是以後世之心量度古聖人之心也。[10]

《書序》與經文紀年不相應，袁燮曲為解說云：「伐紂雖在十三年，然當其

---

8 〔宋〕袁燮：《絜齋家塾書鈔》，卷2，頁724。

9 〔宋〕袁燮：《絜齋家塾書鈔》，卷10，頁887。

10 〔宋〕袁燮：《絜齋家塾書鈔》，卷8，頁854。

觀兵之時，伐商之心蓋始於此，所以孔子定為十一年，《春秋》之法也。」
此鉤深索隱，務求經文微言大義。接著認為「一月戊午」即「十三年之一
月」，但與上文「十一年」不相應，古來無此敘事之法，此為臆斷。又云
「不曰正月而曰一月，正者，正也，是時無王不得為正，故不稱正而稱一」，
闡明民無二主之大一統義。又以為諸侯國自有紀年之法，反對武王退兵示弱
之說。此乃以孔子「《春秋》筆法」解《書》之典則。又解〈禹貢〉云：

> 孔子序《書》斷自唐、虞，則貢賦之法在唐、虞時亦必有之矣。然
> 獨至禹而以貢名篇者，其法至此始大備焉故也。《書》之所載大略如
> 此。蓋一件大事至此一代而大備，然後成書。正如堯時非無巡狩，而
> 見之於〈舜典〉者，亦以至舜而始大備也。方洪水未平，雖有貢賦而
> 法猶未備，洪水既治，咸則三壤，成賦中邦，貢法於是乎一定而不易
> 矣，此其所以名之曰〈禹貢〉。[11]

袁燮云：「獨至禹而以貢名篇者，其法至此始大備焉故也。」以為貢賦之法
至禹大備，不出於史實考索，而是義理追訴。進而云：「蓋一件大事至此一
代而大備，然後成書。正如堯時非無巡狩，而見之於〈舜典〉者，亦以至舜
而始大備也。」尋出《尚書》的普遍書寫原則，在解經中寄託著理想法則。
又〈禹貢〉導水一節云：「孔子敘《書》取其『隨山』二字，其意甚深，使
高山不定，不識天下之大勢，何以能治水，何以成萬世永賴之功？」[12]闡揚
「隨山」之義，深掘其義理。又解〈伊訓序〉「太甲既立不明，伊尹放諸桐」
云：「然桐宮在國都之外，臣子而擯君於遠，不可以為訓，故聖人筆之曰
『放』，所以著伊尹之過也。」[13]袁燮秉孔子序《書》之說而嚴辨君臣大義，經
解中含經世之法。

　　袁燮不疑《書序》，與此相應，他亦未附和諸家疑古改經之說，如解

11〔宋〕袁燮：《絜齋家塾書鈔》，卷4，頁772。
12〔宋〕袁燮：《絜齋家塾書鈔》，卷4，頁785。
13〔宋〕袁燮：《絜齋家塾書鈔》，卷5，頁797。

〈武成〉一仍《正義》篇序，又〈康誥〉「自三月哉生魄」至「乃洪大誥治」，袁燮云：「此一段說者多以為脫簡，其實不然。」[14]批駁蘇軾以為〈洛誥〉脫簡之說。謂〈多士序〉「成周既成，遷殷頑民」，是洛邑既成之後方遷殷民於此。而論〈召誥〉云「太保乃以庶殷攻位於洛汭，厥既命殷庶，庶殷丕作」，則是營洛之始庶殷已在洛。以為先遷洛民，洛邑始成，則與〈多士序〉文勢相悖，以為洛邑既成方遷商民，則又與〈召誥〉悖。因而有學者疑「〈多士〉之書當在〈洛誥〉之前，編帙淆亂」。袁氏則以為「讀《尚書》須當考究他節目次第分明」，「〈召誥〉所謂庶殷，蓋經始洛邑之時所調發從役者爾，是時未曾遷也。其實遷民之時，在洛邑一發既成之後。蓋周既得天下，則商人皆吾役也，國家有大興作則皆調發以從，《周禮》所謂凡起徒役是也。及都邑既成，然後盡遷其民，周公營洛之次第蓋如此」[15]。惜乎其後王柏不察此論，而竄亂兩篇文句，隨意改變篇序。

　　袁燮對《書序》的尊信，對「書法」的關注，不懷疑《尚書》古經，其解經思想與當時諸家疑經有間，這一點更多受到尊信古學的鄉賢呂祖謙思想的影響。

（二）據關鍵字詞推衍義理

　　袁燮解《書》頗重關鍵字詞之義理，往往一節以一字一詞為說。如解〈舜典〉「庶績咸熙」云：「熙之一字不可不詳玩，如熙字，此皆是唐、虞時節字。熙，光大也，廣不足以盡之。有能奮庸熙載，只下一熙字，以堯之事而猶更欲其熙焉。蓋不可如此便住了。若當時庶績有些少欠缺，有些少不到，非熙也。後世人主每慮夫吾用之不足也，財之不豐也，殊不知庶績咸熙則無一事之不備矣。此所以為唐、虞治道之極盛也。」[16]據「熙」一字推衍，

14〔宋〕袁燮：《絜齋家塾書鈔》，卷10，頁900。

15〔宋〕袁燮：《絜齋家塾書鈔》，卷12，頁932。

16〔宋〕袁燮：《絜齋家塾書鈔》，卷1，頁722。

強調無「些少欠缺」的修養工夫，大段鋪陳，少經解之簡嚴。又〈大禹謨〉「汝作士，明于五刑，以弼五教，期于予治，刑期于無刑」，袁氏據「期」字推衍義理云：

> 期于予治，刑期于無刑，此兩期字不可不詳玩，可以見得皋陶之心。期于予治，是期使天下至於大治也。刑期于無刑，是不特苟了職事，必欲至於無刑也。猶有刑焉，是天下猶有不善之人也，天下猶有不善，是明刑之責也。人莫不有所期，如射者期中於的，所期高者其至必高，所期遠者其至必遠，苟無所期則亦終於卑污蹇淺而已。觀期之一字，想見一夫不獲，皋陶必曰：「時予之辜。」惟其心足以風動天下。[17]

據「期」而推見皋陶之心，此為經學家解《書》之常。由聖賢之心推及眾人，謂「人莫不有所期」，旁枝逸出，雖解說寓教化，然頗涉支離。又如解〈大禹謨〉「民協于中，時乃功」云：

> 民協于中，能使天下皆為皇極之民，用刑之效顧如此其大歟？民受天地之中以生，人心皆有此中也，有事於此，少過焉皆知其為過，少不及焉皆知其為不及，必至於至中不偏，的當恰好，然後人心始無憾。不特賢者智者為然，愚鄙小人亦然，不特士大夫為然，工商走卒亦然，此可見人心皆有此中也。民協於中者，舉天下皆歸於中，皆為皇極之民也。夫皋陶以明刑為職耳，何以能使民協於中？此無他，只緣皋陶之刑既協於中，所以能使民協於中，彼其用刑之際，此心清明如明鑒，然斟酌審諦，輕者從輕，重者從重，毫釐之不差。夫如是，民安得不協於中。[18]

此一段據「中」字推衍，聯繫上文「刑期于無刑」，「民協于中」當指百姓

---

17 〔宋〕袁燮：《絜齋家塾書鈔》，卷2，頁733。
18 〔宋〕袁燮：《絜齋家塾書鈔》，卷2，頁733。

行為合符法度，袁燮據此一字而闡說其人性論，謂「民受天地之中以生，人心皆有此中」，顯然背離本義，但於此可見袁氏之思想，確有不可忽視的價值。又〈太甲上〉「先王昧爽丕顯」解云：

> 昧爽者，天將明而未明之時也。當昧爽之時，此心洞然大明，見得成湯之心夙夜清明如此，所謂平旦之氣，所謂存其夜氣。坐以待旦，欲出而治天下也。蓋念念天下，雖寢寐亦不忘也。伊尹言「昧爽」二字極有深意，若使沉湎於酒，親近女色，當昧爽之時方且昏蔽，何能丕顯。……這個大段有工夫。只觀不邇聲色，豈有一毫物欲得以昏蔽其心乎？這便是成湯朝夕工夫處。[19]

經義本謂成湯於天欲明未明之際思大明其德，是讚美其兢兢業業。袁燮由「昧爽」一詞而延及《孟子》「存夜氣」之說，推衍為聖人修養工夫，以為成湯無「一毫物欲得以昏蔽其心」。又解〈皋陶謨〉：「臣哉鄰哉，鄰哉臣哉！」發掘「鄰」字義理，云：

> 鄰之一字直是相親，有師友之義。古者五比為鄰，言鄰取其親也。君尊臣卑，固是定分，但才尊君卑臣便不得。叔孫通制漢禮采秦儀，尊君卑臣者存之，雖足以消一時拔劍擊柱之風，然君臣之間自此隔絕矣。故帝曰吾乃今知皇帝之貴，此一句雖是美也，亦可歎也。自後世尊君卑臣之說興，人主儼然南面以禍福刑威宰制天下，古人師友群臣之義變為以尊臨卑之事矣。鄰之一字不可不著精神看，此等字在後世皆無了。[20]

此一段袁燮據「鄰」字發掘君臣師友之義，批評後世「尊君卑臣」、人主以禍福刑威宰制天下，意含譏諷，議論風發。又解〈咸有一德〉「善無常主，協于克一」云：「這個一字是本根之一，識得本根之一，方才下得專一工

---

[19] 〔宋〕袁燮：《絜齋家塾書鈔》，卷5，頁798-799。
[20] 〔宋〕袁燮：《絜齋家塾書鈔》，卷3，頁757。

夫。未得我之本心，徒然有意為善，仡仡專一以守之，亦未必是也。人之本心有一而無二，又安得有三。」[21]專主「一」字推演義理，以一為人之本心，並以專一為把握本心之方法。此解無疑遠離經本義，然於心學家則為闡釋其學派思想之手段。

《書鈔》是典型的家塾講義，據袁甫〈後序〉，是書乃袁喬手抄，檢索其文，其家塾講章痕跡顯然，如解〈禹貢〉「豫州」一節云：

> 孔子序《書》將任土二字斷禹之制，蓋此二字惟禹足以當之。……厥篚織貝，亦何處無之，而所貢者獨揚之一州。大略每州所貢之物皆是處處有者，然只使一州貢之，而餘州皆不貢焉。蓋必是其土地之所產富盛不可勝用，然後使之貢焉。苟非其土地之所出，或雖其所出而得之也艱，便不使之貢，夫是之謂任土。豈有一毫強民之意哉！若如後世不論土地之宜與否，處處盡要許多物，是處要綿，是處要絹，是處要金，何嘗問此州有耶無耶？嗚呼！生於三代之前者何其幸，生於三代之後者何其不幸耶！[22]

此段推衍義理，寄予三代理想，然「生於三代之後者何其不幸耶」此種話則事涉譏評，只有家人可以相語。又云：「舜、禹、益之言皆只是反復講明君道，禹曰克艱，克艱君道也。舜曰惟帝時克，克盡君道也。益又曰為天下君，亦謂如此而後可以君天下也。夫天下戴之以為君，享崇高富貴之極，此豈易事，要須盡其道乃可。自三代以後人主鮮有知君道者，其間欲治之主亦不過知得三五分，若是真個知得，必是堯、舜、三代可也。讀書當識綱領，如讀此處，便當理會得如何是君道。」[23]蔡根祥先生否定袁甫之說，以為《絜齋家塾書鈔》「蓋袁喬整頓諸生所錄，又掇集袁燮經筵所講以補足之」，中有「極典雅若經筵講義、朝廷奏章者，有極俚俗若白話語錄者，亦可見是

[21] 〔宋〕袁燮：《絜齋家塾書鈔》，卷5，頁813。
[22] 〔宋〕袁燮：《絜齋家塾書鈔》，卷4，頁782。
[23] 〔宋〕袁燮：《絜齋家塾書鈔》，卷2，頁726-727。

書之非純然家塾書鈔者」[24]。蔡先生所言或許是事實，然而蔡先生用袁燮闡說
〈說命中〉「惟治亂在庶官，官不及私昵，惟其能。爵罔及惡德，惟其賢，惟
治亂在庶官」的材料證明自己觀點，云：

> 歷觀古今治亂之變莫不於此乎決焉。明皇開元之治幾於貞觀，其所用
> 者姚崇、宋璟也。及天寶之亂，至於播遷，其所用者則李林甫、楊國
> 忠也。故崔群以為人皆以天寶十四年安祿山反為亂之始，臣獨以為開
> 元二十四年罷張九齡相，專任李林甫，此理亂之所由分也。蓋不必天
> 下大亂方謂之亂，用非其人，則禍亂之端已兆矣。[25]

蔡先生以為「此段曰『臣以為』一語，分明非家庭講學應有之詞，乃經筵傳
講之語」[26]。此「臣」指崔群，《舊唐書》載崔群嘗與唐憲宗面論，語及天寶
開元中事，云：「人皆以天寶十五年祿山自范陽起兵，是理亂分時，臣以為
開元二十年罷賢相張九齡，專任奸臣李林甫，理亂自此已分矣。用人得失，
所繫非小。」[27]考此，知蔡先生對材料理解有誤，袁燮間引崔群語以證經義，
而非袁燮自稱。袁燮奏章多引《書》為說，《絜齋集》中多見，然難與《書
鈔》之文對勘，謹採《書鈔》之文補成蔡先生之說，如解〈舜典〉「正月上
日，受終于文祖」云：

> 堯將禪位於舜，故受終于文祖之廟。以為君臨天下許多時節，至於今
> 日方保得徹頭徹後可以無憾。自古人主有終者極鮮，「靡不有初，鮮
> 克有終！」甚矣，有終之難也！唐可稱者三君，明皇、憲宗皆不克
> 其終。自古人君豈惟不克厥終，在位稍久便異於始。唐太宗踐阼未
> 幾，鄭公已有十漸不克終之戒。堯至於此方敢說有始有卒。嗚呼，難

---

[24] 蔡根祥：《宋代尚書學案》（臺北縣：花木蘭文化出版社，2006 年），頁 521。

[25] 〔宋〕袁燮：《絜齋家塾書鈔》，卷 7，頁 841。

[26] 蔡根祥：《宋代尚書學案》，頁 521。

[27] 〔五代〕劉昫：《舊唐書》（北京市：中華書局，1975 年），卷 159，頁 4189。

哉！[28]

此一段全針對帝王行事而發，「自古人主」、「自古人君」全為勸誡人主之詞，如同章奏。應當說袁喬對《書鈔》是有整理之功的。

總體上看，此書的家塾講授性質是十分鮮明的，解說缺乏注疏體式的謹嚴，時有鋪成發揮。如解〈舜典〉「濬哲文明」之「文」云：

> 文，是粲然有文可觀。只如這一「文」字，須是子細思索如何是文。如所謂仁義禮智根於心，其生色也睟然見於面，盎於背，施於四體。如所謂美在其中而暢於四肢，發於事業，夫是之謂文。今人有文者能幾何？縱有之而亦甚微。色相雜謂之文，《周禮》亦言青與赤謂之文。古人多說這文字，稱堯曰：「煥乎其有文章。」言夫子曰：「文章可得而聞。」《記》言：「文王之所以為文也，純亦不已。」〈棫樸〉一詩，詩人美文王而比之以天之雲漢，其詩曰：「倬彼雲漢，為章于天。」可見其文矣。《易》又曰：「內文明而外柔順。」蓋剛健文明之德，這個斷少不得。[29]

此一段文字闡釋「文」之義理，至「夫是之謂文」經義已完足，接著推衍古人重「文」之義，引《詩》、《書》、《易》、《禮記》之文敷衍闡揚以補充說明，務在言明「文」之重要性，文多枝蔓，然乃家塾講章常態，非注疏謹嚴可比。

據關鍵字詞發揮義理是袁燮解經的鮮明特點，與注疏體要章解句釋不同，這一特點的形成當與家塾講義有關。家塾講義雖關乎知識傳授、學問傳承，亦關乎科考，蓋議論風發亦乃策論風習之影響。

28〔宋〕袁燮：《絜齋家塾書鈔》，卷1，頁708。
29〔宋〕袁燮：《絜齋家塾書鈔》，卷1，頁705-706。

二　袁燮《尚書》學新解

　　袁燮解《書》多有創獲，其最著者乃根據心學思想對經文所做的義理闡釋，這些訓詁義理上的新解共同構建起了袁燮之思想世界。解〈堯典序〉「昔在帝堯，聰明文思」云：「聰明不是尋常小小智慧，此心虛明洞達，無一毫人欲之私。」[30]袁燮以為聰明乃「心虛明洞達，無一毫人欲之私」，從心性角度做了新的解釋。又〈舜典〉「惟時亮天功」，「亮」《傳》釋為「信」，意為確實立天下之功。蘇軾、林之奇、朱子訓為輔助，此當為正解。袁燮云：「亮，明也。《書》中多有此字，曰亮采惠疇、曰亮采有邦、曰寅亮天地，皆是明之意。蓋居天位，治天職，必要此心清明，然後知其為天功而不敢慢，稍有怠惰，稍有暗昧，則此心蔽塞，何以亮天功？」[31]訓「亮」為明亮，轉而以「此心清明」為訓，乃本心學思想為解。又解〈盤庚下〉「永肩一心」云：「一心之人吾其永任之，所謂永肩一心也。……且人惟一心，既欲為善，又欲為利，豈所謂一心也哉！盤庚所以告其臣，大略使之一心。」[32]經義本謂群臣當以一心事君，不可懷二意。袁燮以一心指純一之心，具有良心善性之心。背離本意，本其心學思想為說。又解〈說命中〉「惟厥攸居」云：

> 居者，人之所止也。孟子「居天下之廣居」，即此居也。又曰：「仁，人之安宅也。」所謂安宅，即此居也。《書》曰：「安汝止。」曰：「欽厥止。」所謂止，即此居也。人皆有此居，要不可以須臾離，此心有一毫邪思妄念是離其居也。發於用者，有一毫不當亦是離其居也。「綿蠻黃鳥，止於丘隅」，丘隅則黃鳥所止之處也，人豈可不知其所以安身立命之地哉！大抵頓放在是處則得其所居，頓放得非

---

[30]〔宋〕袁燮：《絜齋家塾書鈔》，卷1，頁698。

[31]〔宋〕袁燮：《絜齋家塾書鈔》，卷1，頁721-722。

[32]〔宋〕袁燮：《絜齋家塾書鈔》，卷6，頁834。

其所則失其所居，舍其室廬而立乎岩牆之下，此豈人之安居也哉！[33]

《傳》釋此句云「**其所居行皆如所言**」[34]，訓「居」之義為「居行」，指高宗行為而言。袁氏釋「居」為「止」，由此而推及心之所安，以仁、以至善為說，乃本《大學》推衍。又謂「心有一毫邪思妄念是離其居」、「有一毫不當亦是離其居」，推闡人心之本善，乃心學思想為說。此解帶有鮮明時代思想印跡。又解「皋陶矢厥謨，禹成厥功，帝舜申之」云：

> 矢，陳也。展盡底蘊，更無一毫隱匿不盡之意謂之矢。純全備具，更無一毫虧遺不到之處，謂之成。申，重也。……功已成矣，帝舜之心猶不已焉，故謂之申，申者重複不已之意，聖人只是一個不已，即這不已處便是聖人。

此一節訓詁同諸家，而義理大別，袁氏全以心學思想為說，「展盡底蘊，更無一毫隱匿不盡之意」、「純全備具，更無一毫虧遺不到之處」、「申者重複不已之意，聖人只是一個不已」，均是就「心」上闡說，其義理別開生面。又〈舜典〉「分北三苗」，「北」自《傳》以來諸家皆釋為「分別」，袁燮別求新解云：

> 北讀作南北之北，三苗國在南，是今重湖之地，所以有洞庭、彭蠡之湖。蓋依其險阻，易以為亂。舜分其民處於此焉。前既遷其君，今則遷其民，此最是一個教人之法，殊厥井疆，旌別淑慝，所以作其愧恥之心也。大抵北方土厚水深，南方土薄水淺，故北方之人多沉厚，南方之人多輕揚。舜所以分三苗於北者，蓋桑麻沃野之地，雖欲為亂，亦不可得。[35]

袁燮認為遷苗民於北方，蓋南北地理不一，對人氣質有不同影響，故南北人

---

[33]〔宋〕袁燮：《絜齋家塾書鈔》，卷7，頁843。

[34]〔唐〕孔穎達：《尚書正義》，卷10，頁175。

[35]〔宋〕袁燮：《絜齋家塾書鈔》，卷1，頁722。

性有差異。推袁氏之義當謂使三苗處於北地，有以變其氣質，但袁氏此意未能言明，猶有一間。氣稟之說乃宋、明理學家討論人性之習語。袁燮論述了分流之義在於旌別淑慝，興起苗民愧恥之心，又使其失山川之形勢，不能為亂。此段解說內在邏輯未暢，但秉心學為說之旨是鮮明的。袁燮以心學思想闡釋義理，此其創獲之尤大者。

　　此外，袁氏解經多有新解，於經義之發揚頗為有功。如〈堯典〉「放勳」，袁燮以為《史記》始誤為堯名，非是。云：「放勳者，依仿前人之勳也。有成功者謂之勳，古人所為多矣，吾擇其成績顯然昭著者仿之，是謂放勳。」[36] 擇古人成績昭著者為效仿，此自出心裁。又〈堯典〉：「疇咨若時登庸？」「時」多訓「是」，指代上文「庶績咸熙」，經義本謂誰能廣眾功則登用之，袁燮別求新解云：「此時字即上文『以閏月定四時成歲』之時。聖人之心最以時為重，前既命天地四時之官，使之各任其職矣，聖人之心猶以為未，又諮詢於眾，言誰有能順天時者？吾將登而用之。」[37] 以「時節」為解，以為順應天時，此解新穎，然於上文不協。解釋堯用鯀治水云：「惟洪水之患在當時為害最大，且舍鯀之外別無可任其責者，眾人既以為試可乃已，堯亦只得用之，而堯所以命之者不過一欽字。」[38]「舍鯀之外別無可任其責者」較訓堯不違眾之說為合理。又〈多士〉稱殷遺民為士，而孔子序《書》謂之頑民，袁燮云：「孔子序《書》謂之頑民者，言其不知天命也。周公不敢以民視之，而待之以士。蓋其涵濡商家數百年，深仁厚澤入於骨髓，豈肯一旦臣服于周，所以常以報復為心，雖不知天命，其心蓋甚忠義矣，既是忠義，非士而何？」[39] 對「士」之義理做了闡釋，為殷遺民辯護，較之諸家之批評，這一解說對當時情勢有更深的體察。又解〈舜典〉「協時月正日，同律度量衡」云：「所謂時月日度量衡不容有毫釐之異，故當巡守之際而協之正之同之，凡此者所以一人心也。此即《春秋》大一統之義，六合同風，九州共貫

---

36 〔宋〕袁燮：《絜齋家塾書鈔》，卷1，頁698。

37 〔宋〕袁燮：《絜齋家塾書鈔》，卷1，頁702。

38 〔宋〕袁燮：《絜齋家塾書鈔》，卷1，頁702。

39 〔宋〕袁燮：《絜齋家塾書鈔》，卷12，頁933。

也。若使天下諸侯各自為正朔，各自為度量衡，則國異政，家殊俗，變風變雅之所由作也。」[40]袁燮發掘出大一統思想，這無疑是一有價值的解說。

袁氏《書鈔》之於《尚書》一經頗為有功，其於義理之新解遠不止所論，今僅羅列鄙見以見一書之概要。

三　袁燮《書》學思想

袁燮師從陸九淵，學問以發明本心為職志，然亦深受鄉賢呂祖謙、陳傅良影響，又呂祖謙、陸九淵相繼云亡，朱子為當時學界翹楚，門生弟子遍天下，袁燮思想亦難逃其影響。相對於楊簡，袁燮視野較為開闊，兼收並蓄，而少學派的偏狹。

（一）心學思想的發揚

袁燮受學象山，一本其師心學宗旨，以發揚本心為宗旨，探究人復善的可能和依據，並由此而探討了聖人作為現實人性的理想模型和理想社會圖景，帶有經學家鮮明的淑世精神。

1 心即天──良心善性之根源

袁燮之學源自陸九淵，象山學問之要在得其本心，袁燮遇象山於都城，一見即指本心，變服膺而師事之。袁燮學問倡發明本心，兼綜體用，以開物成務為宗旨，嘗云：「見象山先生讀〈康誥〉有所感悟，反己切責，若無所容；讀〈呂刑〉歎曰：從肺腑中流出。」[41]陸九淵這種讀書反求諸己的方式無疑對袁燮產生了深遠影響，故袁氏於《尚書》一經發明本心，以聖人為職志，《書鈔》中反復致意，隨處發掘本心善性，解〈湯誥〉「惟皇上帝，降

---

[40] 〔宋〕袁燮：《絜齋家塾書鈔》，卷1，頁709。
[41] 〔宋〕袁燮：《絜齋家塾書》，〈序〉，頁695。

衷于下民」，云：

> 衷之義與中同，皆只是人心，天下之至中者，人心也。是中也，天得
> 之而為天，人得之而為人，初非是兩個。謂之降衷，則是在天者降而
> 在民，下民之衷即上帝之衷也。以此觀之，人之性如何不是善？天道
> 降而在人，初不曾分。孟子所以謂人皆可以為堯、舜，所以謂人之性
> 善，只緣見得這個道理分明。成湯誕告之，首發為此言，所以使萬方
> 有眾咸知良心善性吾所固有，咸知吾心之衷與上帝一般，其警人也切
> 矣。[42]

人得「中」而具良心善性，即天賦與人善性，闡明了人的類本質及根源。天
人同得此「中」，「初非是兩個」，闡明了天人具有同質性，在人心得以完全
展現的時候便「吾心之衷與上帝一般」，這是陸九淵「吾心即宇宙」思想的
應用，這個與天為一的心無疑帶有本體性質。袁燮在文集中有更明確的論
述，〈建寧府重修學記〉云：「人之一心至貴至靈，超然異於群物，天之高
明，地之博厚，同此心爾。」[43]所謂天地人同此心，心即宇宙，賦予了心本體
性質。心體又呈現為道，〈韶州重修學記〉：「上帝降衷，有自然之粹精，保
而勿失，大本立矣，萬善皆由是出。……天下無心外之道，安有不根於心而
可以言道者乎？」[44]自然之道只有通過人的認識把握才能具有現實價值，在現
實世界作為一種合規律合目的的呈現，從這一點上說「天下無心外之道」是
完全正確的。在對「本心」的本體追述這一點上，袁燮思想的重心在於用
「本心」來闡述人心本善以及復善的可能性。

　　人得天地之中以為性，「中」不偏不倚，無一毫欠缺，決定了人心的純
然之善。正如〈皋陶謨〉「寬而栗，柔而立，願而恭，亂而敬，擾而毅，直
而溫，簡而廉，剛而塞，強而義」一節，經義主要闡明如何矯正人個性的偏

---

[42]〔宋〕袁燮：《絜齋家塾書鈔》，卷5，頁793。

[43]〔宋〕袁燮：《絜齋集》（臺北市：臺灣商務印書館，1983年，影印《文淵閣四庫全
　　書》，集部第96冊），卷10，頁118。

[44]〔宋〕袁燮：《絜齋集》，卷10，頁119-120。

失，袁燮本其心學思想闡釋云：

> 民受天地之中以生，所謂命也。天之所以為天，中而已矣。天得此中
> 而為天，人得此中而為人，天以此中降人，人受此中而生焉。故曰：
> 「中也者，天下之大本。」大本者，人心也。人心者，中也。人之本
> 心固至中而不偏。[45]

上天賦予人的「本心固至中而不偏」，袁氏認為人性是沒有絲毫缺陷的。不
管是程、朱理學，還是陸、王心學，都對人性的同質性有相同認識，人稟天
地之中而得良心善性，這是人的類本質。人「至中不偏」之本心乃現實價值
之根源，是明識道理的關鍵。所謂「吾之本心，此所謂道心」、「道心者，
良心也……所謂道心，只是此心之識道理者」[46]。又〈盤庚中〉「丕從厥志」
解云：「大抵天下之至明者，人之本心也。……本心雖明，一時蔽於利害，
則往往昧於是非之理，然其實自不可泯沒。」[47]這一「本心」是至明而「不可
泯沒」，是辨析是非利害的根本。又解〈舜典〉「帝舜曰重華」云：

> 華者，光華也。……聖人何故有此光華，而眾人何獨無此光華？人受
> 天地之中以生，既有此秉彝良心，便有此光華，但渺乎其小耳，更為
> 物欲所蔽，昏塞之者多矣。要之，本來光華自在，惟聖人功夫既到，
> 胸中無一毫蔽塞，見諸政事，一一皆當道理，皆合人心，舉天下皆尊
> 仰之，皆稱頌之，是以其光華充塞天地。[48]

袁燮據「華」字闡釋了普遍人性，認為有「良心」便有此光華，是照徹事理
的根本。袁氏認為人皆有此光華，而惟聖人「無一毫蔽塞」，心與理合，所
以「其光華充塞天地」，這既是陸九淵「吾心即宇宙」的一種闡說，同時也
指明了價值體認的根源。袁氏《書鈔》所解「良心」更多傾向道德原則，如

---

45 〔宋〕袁燮：《絜齋家塾書鈔》，卷3，頁747。
46 〔宋〕袁燮：《絜齋家塾書鈔》，卷2，頁737。
47 〔宋〕袁燮：《絜齋家塾書鈔》，卷6，頁826。
48 〔宋〕袁燮：《絜齋家塾書鈔》，卷1，頁705。

〈太甲下〉「先王惟時懋敬厥德，克配上帝」之解云：「自強不息之謂懋，兢兢業業之謂敬，能懋敬厥德，則此心即上帝之心也。我與上帝為一，故謂之克配上帝。惟皇上帝降衷於下民，舉四海九州之人，此心皆天心也。……我能懋敬厥德便與天為一，天人豈有二理也哉。」[49]道德的擴充可以與天為一，「此心即上帝之心」，並且舉四海九州之人，「此心皆天心」，人的本質是相同的。又〈咸有一德〉「惟尹躬暨湯咸有一德，克享天心」解云：「咸有一德，則此心即天心也，與天為一，一物不留，是以享天下之至樂，故謂之克享。人皆有此天心而不能享之，……吾德既一，則此心即天心也。」[50]人秉持純一之德，無物欲之障蔽，「此心即天心」便與天為一，可以徹照萬物之理。同時「本心」又是一切人間秩序的根源，〈皋陶謨〉：「天敘有典，敕我五典五惇哉！天秩有禮，自我五禮有庸哉！」解云：「所謂天敘者，天理自然有此次敘也。天秩者，天理自然之品秩也。所謂天者，吾心以為當然者是已，吾心即天也。」[51]袁燮「吾心即天」之說乃心學主旨，這裏以天的恆常性闡明了人間秩序、倫理的永恆性。

2 氣稟物欲——差異世界何來

人的類本質是同一的，但現實的個體卻是千差萬別的，這種差異來自何處？朱、陸二家皆以「氣稟」說進行了解釋。陸九淵以「良心」為人之本質，良心是純然善的，所謂「此心本靈，此理本明」，但氣稟和後天的種種因素遮蔽了人的本性，所謂：「氣稟所蒙，習尚所梏，俗論邪說所蔽，則非加剖剝磨切則靈且明者曾無驗矣。」[52]氣有清濁，人的現實差異則來自於氣稟之不同，即：「人生天地間，氣有清濁，心有智愚，行有賢不肖。必以二塗

---

49 〔宋〕袁燮：《絜齋家塾書鈔》，卷5，頁807。

50 〔宋〕袁燮：《絜齋家塾書鈔》，卷5，頁811。

51 〔宋〕袁燮：《絜齋家塾書鈔》，卷3，頁751。

52 〔宋〕陸九淵：〈與劉志甫〉，《陸九淵集》（北京市：中華書局，1980年），卷10，頁137。

總之，則宜賢者心必智，氣必清；不肖者心必愚，氣必濁。」[53]陸九淵以氣之清濁解釋了現實人性的差別。袁燮秉承師說，以氣稟說闡釋了個體之差別，如解〈皋陶謨〉「寬而栗，柔而立，願而恭，亂而敬，擾而毅，直而溫，簡而廉，剛而塞，強而義」一節，經義主要闡明如何矯正人個性的偏失，袁燮云：

> 人之本心固至中而不偏。然廣谷大川異制，民生其間者異俗，剛柔輕重遲速異齊，稟山川之氣要不能無偏者。[54]

氣稟不同而導致了人性格的差異，但氣稟說更多的是出生環境決定的，帶有與生俱來的特性，個體無法選擇。氣稟不同之外，陸九淵還闡明了人之善惡不同來自物欲（利欲）、個人思想及所接受學說等後天因素，如〈與鄧文範〉云：「愚不肖者之蔽在於物欲，賢者智者之蔽在於意見，高下汙潔雖不同，其為蔽理溺心而不得其正則一也。」[55]〈與趙然道〉第一書云：「若已汩於利欲，蔽於異端，逞志遂非，往而不反，雖復雞鳴而起，夜分乃寐，其為害益深而去道愈遠矣。」[56]「物欲」、「意見」、「異端」等都是遮蔽人性的重要因素。

袁燮《書鈔》反復闡明師說，論述物欲之害，如〈說命中〉「惟天聰明，惟聖時憲」解云：「蓋聖人之聰明雖與天為一，然聖人亦人爾，人之聰明有時而不聰明，天之聰明則無時而不聰明，利欲昏之，外物奪之，人固有時而不聰明矣。」[57]袁氏認為聖人亦人，其「本心」易被利欲外物遮蔽，這是導致不明事理的關鍵。又解〈盤庚上〉「汝克黜乃心」云：「胸中既有所蔽，如何良心解明？」[58]經義乃盤庚勸誡眾人黜去不從之心，袁氏本心學為

---

[53]〔宋〕陸九淵：〈與包祥道〉，《陸九淵集》，卷6，頁80。
[54]〔宋〕袁燮：《絜齋家塾書鈔》，卷3，頁747。
[55]〔宋〕陸九淵：《陸九淵集》，卷1，頁11。
[56]〔宋〕陸九淵：《陸九淵集》，卷12，頁156。
[57]〔宋〕袁燮：《絜齋家塾書鈔》，卷7，頁839。
[58]〔宋〕袁燮：《絜齋家塾書鈔》，卷6，頁820。

說，謂眾人心蔽於利欲則「良心」難明，不明遷都之理。又〈洪範〉「以近天子之光」，袁氏解云：「這個光人人皆有之，無以蔽之則其光斯著，如日月焉，不為雲霧所蔽則自然有光。」[59] 經義謂庶人而能順行君王之言可以附益天子之光明，袁燮則認為人皆有此光，推原其意，這裏的「光」蓋指人心可以照徹事理，然凡人此光易為物蔽。又〈太甲序〉「太甲既立不明，伊尹放諸桐」解所云：

> 太甲其初亦非不明，曰既立不明，則其初固自明也。要之人之本心何嘗不明，有以昏之耳。太甲之初未履崇高富貴之位，未有物以昏蔽其心，其本然之明固自若也。[60]

「不明」袁氏不用《傳》太甲「不明居喪之禮」[61]說，而從人性論角度作了闡釋，認為太甲之心本明，只是「有物以昏蔽其心」。「人之本心何嘗不明」，對於任何人來說人心都是光明的，只是被物欲遮蔽了。其〈咽爽亭記〉云：「惟天地間清爽之氣周流無窮，與人心之爽本無間隔，由昏於利欲，故扞格而不入。」[62] 利欲遮蔽了人的良心，袁氏《書鈔》、《文集》中凡涉不合事理之事皆以物欲、利欲之蔽「良心」為說，務在闡明現實人性之惡來自何處，同時也為復性提供理論基礎。

人心既有偏弊，何以復性？袁燮《書鈔》多方致意，與陸九淵強調靜坐不同。物欲遮蔽了人心，祛出物欲之蔽就成為復性的一大關鍵，如〈大禹謨〉「惟精惟一，允執厥中」解云：

> 只是道心隱微不著，人心既危，道心又微，然則當如之何？惟精惟一者，此聖人之所以用功也。精是精細，一是純一。十分子細，不敢一毫忽略，是之謂精。聖賢工夫直是精密，今人所以有過，不精

---

[59]〔宋〕袁燮：《絜齋家塾書鈔》，卷9，頁880。

[60]〔宋〕袁燮：《絜齋家塾書鈔》，卷5，頁796-797。

[61]〔唐〕孔穎達：《尚書正義》，卷8，頁163。

[62]〔宋〕袁燮：《絜齋集》，卷10，頁126。

故也。……天地之所以為天地只是純一不貳。所謂一者，有一毫之私意，有一毫之人欲，便不是一。惟精惟一，則人心必不至於危，道心亦不至於微。[63]

以精一為復性工夫，就是要做到無「一毫之私意」、無「一毫之人欲」，精誠專一。「方其喜怒之萌，反而以道理觀之，其當喜耶？不當喜耶？當怒耶？不當怒耶？方其聲色之接，反而以道理觀之，其當好耶？不當好耶？」[64]以「道心」體察是非美惡，不敢有一毫懈怠，此乃聖人用功處。以學問變化氣質，排除私欲的干擾，所謂：

　　所貴乎學問者，將以克其氣質之偏，約而歸於中也。故未歸於中也，當強力矯揉，用工日深，使得其大本可也。[65]

袁燮重學問以變化氣質，「學問者，將以克其氣質之偏」，並且強調「強力矯揉」，帶有強制性，這與老師陸九淵宣導「尊德性」直悟本心的修養方法有差異的，而更接近重「道問學」的朱子。

　　這種復性工夫在於一生的持守，而不是一時的衝動，〈皋陶謨〉「思曰贊贊襄哉」，《傳》云「贊奏上古行事而言之」[66]，如孔氏說，則「曰」之一字為衍文，《傳》訓無疑是有問題的。據上文意，「襄」當訓「成」[67]。張載、蘇軾、薛季宣諸家均以為「曰」乃「日」之訛，此說據文意為當，皋陶本意謂思日日贊成舜治天下之功。袁氏云：「贊，進也。襄，上也。皋陶之謨信乎其可行矣，信乎行而可有功矣。然皋陶不自以為足，方且進進，只欲向上。古人工夫只是不住，蓋此事無住時節，贊贊襄哉，此其所以為皋陶也。」[68]

---

[63]〔宋〕袁燮：《絜齋家塾書鈔》，卷2，頁737-738。

[64]〔宋〕袁燮：《絜齋家塾書鈔》，卷2，頁737。

[65]〔宋〕袁燮：《絜齋家塾書鈔》，卷3，頁747。

[66]〔唐〕孔穎達：《尚書正義》，卷4，頁139。

[67] 按《春秋左氏傳》定十五年：「葬定公，雨不克襄事。」杜元凱曰：「襄，成也。」見楊伯峻：《左氏春秋注》(北京市：中華書局，1990年)，頁1062。

[68]〔宋〕袁燮：《絜齋家塾書鈔》，卷3，頁753。

「贊」、「襄」二字袁氏用《傳》之訓，義理闡釋卻以修養工夫立論，強調了修養的終生性，指出復性不是剎那間的頓悟，而「只是不住」。又〈益稷〉「予思日孜孜」，經義本謂勤於臣職，袁氏云：「孜孜者，勉勉不已也。日孜孜者，無日而不孜孜，言其孜孜之無窮也。禹之孜孜，即舜之求言不已也。所謂聖人亦惟不已而已，舜樂於聞善，其心不已。禹之工夫，亦只是孜孜不已。」[69]此解由盡職轉向了修養工夫的論述。又〈大禹謨〉「耄期倦于勤」，經義指勤於本職，袁氏云：「勤之一字不可輕看，《詩》稱『文王既勤止』，召公戒成王『夙夜罔或不勤』，且君道之尊，不躬親庶政，而所勤者果何事？學者要當思而得之。蓋緣此心不可一念不存，兢兢業業，一日二日萬幾，要須常常兢業，造次必於是，顛沛必於是，人一能之己百之，人十能之己千之，是之謂勤。勤則其德日進，聖人之所以為聖人，勤而已矣。」[70]「勤」本指行為，而「此心不可一念不存」之說則重在對持存本心的論述，轉行為為心理。又解〈旅獒〉「夙夜罔或不勤」云：「聖人之所以為聖，只是一個勤。《詩》言『文王既勤止』，才不勤便有間斷，才間斷便有過失，古人未嘗一念之不勤。」[71]同樣於「勤」字發揮出存心的義理。在袁燮的思想世界里，保持本心是一個念念不住的心理歷程，此生不息，此念不息。

3 成聖——人生的終極追求

復性是韓愈以來思想界關注的一大主題，這一主題努力探究人回復良心善性何以可能？袁燮心性論闡明了人本質上的同一性，「良心」是每一個人成聖的根基，正如〈堯典〉論舜以「孝」協和家庭之德云：

> 此心不特舜有之，人皆有之，所謂孩提之童無不知愛其親者。蓋降衷而生，此正是人秉彝之良心。但人有此心不能保養，……舜之所以為

---

[69]〔宋〕袁燮：《絜齋家塾書鈔》，卷3，頁754。

[70]〔宋〕袁燮：《絜齋家塾書鈔》，卷2，頁732。

[71]〔宋〕袁燮：《絜齋家塾書鈔》，卷10，頁888。

聖，只是不失其良心而已。[72]

舜之為聖根本在於持守良心，這種良心善性「人皆有之」，聖人與常人的差異就在於聖人能夠常存此本心。正如〈舜典〉「敬敷五教在」之解云：「天行健，君子以自強不息。天之所以為天，以其自古至今運行不已也。聖人之所以為聖，亦只是一個不息，才有一毫自已之心，便是息，便不是聖人矣。聖人只這一個不息，便是聖人之心，更把甚麼做聖人。」[73]這種人性同質性的闡述開啟了人人可為聖人的向上之路，啟迪後學向善，此心學之職志。又解〈大禹謨〉「敬修其可願」云：

> 修其可願，人莫不有所願，願為善者人之所同然也，然須修其可願，則方能得其所願。苟莫知修所願，何從而得願哉？孟子所謂可欲之謂善是也。且人孰不願為聖人？願為聖人之心，良心也。[74]

「可願」經義本謂謂舜當修其道德，袁燮解釋為「願為善」，並於「願」一字發揮開來，推及所有人「願為聖人」，雖解經稍涉漫衍，然頗能誘導學人向善。

由於人心同一，所以袁燮常於日用常行中發掘聖賢精神，反對過度拔高聖人之說。如解〈益稷〉「啟呱呱而泣，予弗子，惟荒度土功」云：「欲識聖人之心，當於此處認取。呱呱而泣，予弗子，此正聖人心也。一于為國而忘其家，一於為公而忘其私，當是之時禹之心更無一毫之雜，舜之所謂惟精惟一，伊尹之所謂德惟一，即此心也。」[75]強調於聖人行事之中體認聖人之心，云：

> 大凡看聖人不可過高，所謂聖人固誠高矣，然所以高者乃實自近始，惟其勉勉不已，是以日進於高明廣大，欲識聖人不必他求，勉勉不

---

[72]〔宋〕袁燮：《絜齋家塾書鈔》，卷1，頁703。
[73]〔宋〕袁燮：《絜齋家塾書鈔》，卷1，頁717。
[74]〔宋〕袁燮：《絜齋家塾書鈔》，卷2，頁739。
[75]〔宋〕袁燮：《絜齋家塾書鈔》，卷3，頁763-764。

> 已，兢業常存，此即聖人也，亦非謂勉勉不已然後至於聖，即其勉勉
> 之心便是聖人。[76]

聖人雖與常人有別，然「看聖人不可過高」，聖人之高「實自近始」是可企及的，聖人「勉勉不已，兢業常存」，是一個不斷修習的過程。

　　心學一派之終極追求亦在於探尋復其本心，這種「良心」集中體現在聖人身上，所以求聖人之心是袁燮解《書》的一大主旨，全書中所在皆是。聖人作為一種理想人格，無疑是常人優入聖域的一種引導，經典所載聖賢行事是常人可以體悟聖心的重要途徑。所以袁燮強調讀書欲求切己，而不是徒為見聞，其解《書》每引於修身、治世，從經典中攝取淑世價值，一種人生與社會理想。如謂：「學者讀《書》非徒欲以觀聖人之事，固將以求聖人之心。」[77]讀《書》絕非簡單的瞭解歷史，而以「求聖人之心」為目標，以聖人人格為個體修身引導。又云：「讀《書》且當識聖人之心，如啟呱呱而泣，予弗子，此所謂聖人之心也。不自滿假，不矜不伐，此所謂聖人之心也。學者須于此處常常涵泳，使油然自得。」[78]也就是說要體會聖人人格而涵養性情。對於《書》中所載，學者要理會聖人做事的原則，從中提煉聖人精神。

　　袁燮努力從經典中發掘治世理想，在他看來，經典中隨處潛藏著這種價值，所謂：「學者讀《書》不過欲識頭項，然後觸類而長，而在我者日積矣。且如讀三八政一疇，便知得古人之所謂政元來是如此，此所貴乎學問也。只以食貨言之，古人理會天下之食貨，後世所理會不過只是國家之財賦。蓋古人以公天下為心，後世不過私其在我，此安危理亂之所由分。」[79]讀《書》無疑就會增長對現實的認識，瞭解何為理想社會，於經書基礎上建立一種價值標準。又云：「學者讀《書》，觀『在璿璣玉衡，以齊七政』、『肆類於上帝』，當想大舜之心是如何觀。『輯五瑞』，亦當想當時諸侯之心是如

---

[76]〔宋〕袁燮：《絜齋家塾書鈔》，卷3，頁763。

[77]〔宋〕袁燮：《絜齋家塾書鈔》，卷8，頁865。

[78]〔宋〕袁燮：《絜齋家塾書鈔》，卷2，頁737。

[79]〔宋〕袁燮：《絜齋家塾書鈔》，卷9，頁876。

何想，諸侯必惕然內懼，惟恐其有所不逮矣。」[80]「學者讀《書》觀『臣作朕股肱耳目』一句，須看他如何說作朕之股肱處，又如何說為耳為目處，能如此看，便知其與後世不同。」[81]究竟堯、舜、禹、三代歷史境況如何，這不是經學家關注的問題，這裏暗含的是一種求善的追求，而不是歷史的求真，經學家努力以聖人人格、三代社會為理想尋求淑世精神，努力把傳統轉化為一種自我建構，轉化為一種理想價值標準，這種讀書方式對於把《尚書》當史書的當代學人來說無疑是陌生、甚或悖謬的，而這正是經學的真精神。

心學強調踐履工夫，關注發明人之本心，有鮮明的現實關懷，這一點上與靜坐參禪的佛教徒、打坐修身練氣的道教徒有根本的區別。時人多批評象山學問有禪意，袁燮批評云：「義理之學，乾道、淳熙間講切尤精，一時碩學為後宗師者班班可睹矣，而切近端的，平正明白，惟象山先生為然。或謂先生之學如禪家者流，單傳心印，此不謂知先生者。先生發明本心，昭如日月之揭，豈恍惚茫昧，自神其說者哉！」[82]確實象山學問宗旨在發明本心，更重視學問對人生的價值導向，對溺於章句注疏而忘卻人生的學問取向是一種有益的矯正，而與佛家傳心印是有別的，袁燮確實抓住了老師學問宗旨的精髓。

對於袁燮來說，《尚書》蘊藏著重要的淑世思想，袁燮《書鈔》、《文集》每引《尚書》作為議論的依據，成為建構一己思想的基礎。

（二）吸納程、朱理學——心學與理學的融合

陸氏後學學多與朱子後學對立，這在楊簡身上是比較突出的，而袁燮深受知於朱子，其〈題晦翁帖〉云：「淳熙己丑之歲，四明大饑，某待次里中，晦翁貽書郡守謝侯，謂救荒之策合與某共講之。某雖心敬晦翁，未之識

---

[80]〔宋〕袁燮：《絜齋家塾書鈔》，卷1，頁709。

[81]〔宋〕袁燮：《絜齋家塾書鈔》，卷3，頁758。

[82]〔宋〕袁燮：〈題彭君築象山室〉，《絜齋集》，卷8，頁99。

也。久而呂子約為倉官,晦翁屢遺之書,未嘗不拳拳於愚。不肖自念何以得此,或者過聽以為可教耶?」[83]朱子於袁燮眷眷不忘,燮解《書》吸納程、朱子思想頗多,可謂陸學私淑朱學者,而少學派偏執。袁燮不明引朱子之說,而多暗用,蓋時處慶元黨禁而言論當有避忌。袁燮《書鈔》廣取程頤之說,如〈太甲下〉「唯天無親,克敬惟親。民罔常懷,懷於有仁。鬼神無常享,享於克誠」一節解云:

> 敬、仁、誠此三字當仔細思索。伊川言:「主一之謂敬,無適之謂一。」方其此心無一毫之馳散,無一毫之夾雜,既不思量此,又不思量彼,此是主一,此是無適,此所謂敬也。戰戰兢兢,如臨深淵,如履薄冰,當臨深履薄之時,此心有一毫之馳散乎?以此觀之,則敬之道見矣。才是能敬,天即親之。蓋方其致敬,此心即天心也,天安得而不親。仁是識痛癢處,前輩所謂「癢痾疾痛,舉切吾身」,此兩句論仁最親切。孟子以乍見孺子入井皆有怵惕惻隱之心為仁之端自此而充之,舉天下皆與吾為一體,則仁道盡矣。……誠即成也,《中庸》所謂誠者,非自成己而已也,所以成物也。至誠不雜,純全無虧,是謂之誠,誠則與鬼神為一,所以鬼神享之。[84]

袁燮全用程頤觀點為解,「仁是識痛癢處」乃程氏觀點,程氏云:「醫家以不認痛癢謂之不仁,人以不知覺,不認義理為不仁,譬最近。」[85]又〈洪範〉「敬用五事」解云:「敬用者,能敬而後能用也。 能敬則恭,言能敬則無口過,視聽能敬則不至於非理,思能敬則不至於邪思妄念,故以敬為主。學者欲識敬字,請觀曾子『戰戰兢兢,如臨深淵,如履薄冰』之言,想像臨深履薄之時,此心何如哉。吾知其無一毫之雜也。此即伊川之所謂主一者是也。」[86]引伊川之說為解。〈康誥〉「勿替敬典」解云:「典,常道也。道

---

83 〔宋〕袁燮:《絜齋集》,卷8,頁104。
84 〔宋〕袁燮:《絜齋家塾書鈔》,卷5,頁805。
85 〔宋〕程顥、程頤:《二程遺書》,卷2上,《二程集》,頁33。
86 〔宋〕袁燮:《絜齋家塾書鈔》,卷9,頁872。

不可須臾離，一日替敬典之心，是離乎道也。離乎道何以為人？」[87]這一解說是承自程頤「主敬涵養」精神。對朱子觀點暗引亦多，如解〈堯典〉「安安」云：「安安者，安而又安也……仁者安仁，或安而行之，恭而安。古人多說這安字，德盛仁熟，終日周旋不出於規矩準繩之內，而無一毫辛苦勉強之意。」[88]朱子云：「安安，無所勉強之貌。言其德性之美皆出於自然而非勉強，所謂性之者也。」[89]二者思想是一致的。又如〈微子〉「殷既錯天命」，袁氏解云：「天命，天之道理也。」[90]朱子云：「天命者，天所賦之正理也。」[91]二者思想一貫。他如解經暗用程、朱子之說處頗眾，此乃二家相承小之小者。《書鈔》中天理人欲之心性論、道統觀與程、朱一脈相承，此為程、朱思想之核心與關鍵。

朱、陸對「心」的認識可以當作二家分判之界標，朱子認為「道心」即天理，是人心之本然善性。「人心」是源於人自然屬性的各種生理欲望，「人心是知覺，口之於味、目之於色、耳之於聲底，未是不好，只是危」[92]。朱子〈觀心說〉曰：「夫謂人心之危者，人欲之萌也；道心之微者，天理之奧也。心則一也，以正不正而異其名耳。」[93]朱子把心分為道心、人心兩個層面，意在探討人性善惡之源，同時尋求修養方法。陸九淵強烈反對此種觀點云：

> 《書》云：「人心惟危，道心惟微。」解者多指人心為人欲，道心為天理，此說非是。心一也，人安有二心，自人而言則曰惟危，自道而言

---

[87]〔宋〕袁燮：《絜齋家塾書鈔》，卷10，頁911。

[88]〔宋〕袁燮：《絜齋家塾書鈔》，卷1，頁698-699。

[89]〔宋〕朱熹：《晦庵先生朱文公文集》，收入朱傑人、嚴佐之、劉永翔主編：《朱子全書》（上海市：上海古籍出版社，合肥市：安徽教育出版社，2002年），第23冊，卷65，頁3154。

[90]〔宋〕袁燮：《絜齋家塾書鈔》，卷7，頁852。

[91]按此為朱熹解《論語・季氏》：「孔子曰：君子有三畏：畏天命，畏大人，畏聖人之言。」〔宋〕朱熹：《四書章句集注》，收入《朱子全書》，第6冊，頁215。

[92]〔宋〕朱熹：《朱子語類》，收入《朱子全書》，第16冊，卷78，頁2668。

[93]〔宋〕朱熹：《晦庵先生朱文公文集》，卷67，頁3278。

則曰惟微。罔念作狂，克念作聖，非危乎？無聲無臭，無形無體，非微乎？[94]

陸九淵認為「心即理」，堅決反對程、朱分人心為二的觀點，認為《尚書》所謂「人心」指人而言，人不念其善則「人心」放失。「道心」指道，「無聲無臭，無形無體」，微妙難測。又云：「天理人欲之分論極有病。」[95]陸九淵批評程、朱學派心性之說。而袁燮於天理人欲反復闡揚，解〈大禹謨〉「人心惟危，道心惟微。惟精惟一，允執厥中」云：

> 凡是人便有這心，所謂人心。道心者，良心也。人心危而難安，道心微而難明。所謂道心，只是此心之識道理者。人心日與物接則易為物所誘，孟子所謂物交物則引之而已矣。或動於喜怒，或牽于富貴，或移于聲色，安得而不危。然方其喜怒之萌，反而以道理觀之，其當喜耶？不當喜耶？當怒耶？不當怒耶？方其聲色之接，反而以道理觀之，其當好耶？不當好耶？是非美惡昭然甚明，所以知此是非美惡者誰歟？此正吾之本心，此所謂道心也，只是道心隱微不著。……所謂一者，有一毫之私意，有一毫之人欲，便不是一。惟精惟一，則人心必不至於危，道心亦不至於微。[96]

袁燮以察識善惡之心為「道心」，易受外物影響之心為「人心」，這一認識與陸九淵「人心本善」之說是不一致的，而更接近朱子思想。人心為何易受物欲誘導，袁燮以為：「人之一身皆是血氣，血氣聚而為形體，而耳目之官又不思所以，易得為物所誘而溺於逸欲。」[97]「氣聚成形」這實質是程、朱以氣質之性論人性。〈太甲上〉「王未克變」經義本謂太甲不聽伊尹教訓改過，袁燮解云：「天理不足以勝其私欲，兩者交戰，欲為善乎則人欲熾盛不

94〔宋〕陸九淵：《象山語錄》，卷上，《陸九淵集》，卷34，頁395-396。

95〔宋〕陸九淵：《象山語錄》，卷下，《陸九淵集》，卷35，頁475。

96〔宋〕袁燮：《絜齋家塾書鈔》，卷2，頁737-738。

97〔宋〕袁燮：《絜齋家塾書鈔》，卷3〈皋陶謨〉「無教逸欲有邦」之解，頁750。

能盡克，欲為不善乎則聞伊尹之訓如此，知善之不可不為，既不肯為不善，又未能決意為善，此所謂王未克變，正交戰之時也。」[98]陸氏幾乎不以天理人欲說人性，以天理人欲為說，此乃程、朱理學之家法。又〈咸有一德〉「厥德終始惟一，時乃日新」解云：「一是天理，二三是人欲。大抵天理自是純一，終始能保守此一，則亦終始常如此之新。」[99]「一」經義指道德純粹專一，與天理人欲本不相涉。由袁燮以天理人欲思想解《書》可以看到他更多地受到了朱子思想影響，這一點上袁燮思想較楊簡則多相容。

又從道統觀來看，陸九淵認為：「孔門惟顏、曾傳道，他未有聞。蓋顏、曾從裏面出來，他人外面入去。今所傳者，乃子夏、子張之徒，外入之學，曾子所傳，至孟子不復傳矣。」[100]所謂「顏、曾從裏面出來」是指他們學問以「尊德性」為根本，也即是學問在發明本心。「外入之學」指「道問學」一途，指為學專注知識而忘卻了其價值導向。所以陸九淵認為道統至孟子而絕。又云：「元晦似伊川，欽夫似明道，伊川蔽固深，明道卻通疏。」[101]陸九淵儒學譜系中是沒有確立二程的道統位置的。袁燮〈濂溪先生祠堂記〉中闡述了他的道統觀，云：

> 昔者孔氏之門，惟曾、顏最知道，顏子蚤死，夫子哭之慟，痛斯道之無托爾。幸而曾子得之，傳之子思，傳之孟子。皇皇乎正大之統，昭晰無疑，毫髮不差。此吾道所以與天地同流，日月並明也。自時厥後……道統寖微，不絕如線。寥寥至於我宋，乃始有若濂溪先生者，精思密察，窺見其真，得顏氏子之樂，潛養既深，蹈履既熟，乃筆之書，乃見諸行事。二程氏之學淵源於茲，遂以斯道師表後進，迄今學者趨向不迷，繫誰之力？實惟先生復開其端！[102]

[98]〔宋〕袁燮：《絜齋家塾書鈔》，卷5，頁800-801。

[99]〔宋〕袁燮：《絜齋家塾書鈔》，卷5，頁812。

[100]〔宋〕陸九淵：《象山語錄》，卷下，《陸九淵集》卷35，頁443。

[101]〔宋〕陸九淵：《象山語錄》，卷上，《陸九淵集》卷34，頁413。

[102]〔宋〕袁燮：《絜齋集》，卷9，頁109。

袁燮以周敦頤為理學開端,這一道統觀念與朱子《伊洛淵源錄》、《近思錄》所建構的道統譜系是一致的,袁燮實深受朱子影響。這種思想上的一脈相承,方可見學術上的前後影響。

四 袁燮《書》學影響及評價

袁燮粹學偉行為時儒宗,其影響當時甚大,然《書鈔》罕傳於世。袁燮思想核心無疑是來自陸九淵,一書之中反復闡述「天人一心」之說,為象山之干城。但袁燮思想取境較寬,其解《書》較多地受到呂祖謙、朱子的影響。乾隆題《袁燮絜齋家塾書鈔》云:「議論持醇正,興亡鑒古今。致危惟戒逸,勝怠莫如欽。惜未聯全璧,幸仍揀碎金。流斯失法度,先已獲予心。」[103]肯定了《書鈔》議論醇正及書中所寄興亡之戒,評價頗為中肯。全祖望論云:「慈湖之與絜齋,不可連類而語。慈湖氾濫夾雜,而絜齋之言有繩矩。」[104]此乃本理學宗旨為評判,「夾雜」當指楊簡學問以「提醒為要」,有禪宗之習。袁燮教人倡「學貴自得,心明則本立」,此乃其入門工夫。「精思以得之,兢業以守之」[105],尤重工夫,此乃所謂「繩矩」。袁燮《書鈔》是一部有益於治道的經學著作,又是象山心學一派的《書》學要著,研究此書可見心學之思想流變,以及心學、理學之相互交流借鑒,對於瞭解時代思潮以及經學之本質皆有助益。然陸氏之學僅盛於甬上,其學傳播未廣。而朱子門生遍佈天下,由於宋理宗賞識,逐漸以偽學入正統,朱門弟子多與象山殊軌,其學不繁乃理之自然。

---

103 〔宋〕袁燮:《絜齋家塾書鈔》,〈書首〉,頁696。
104 〔清〕黃宗羲原著、全祖望補:《宋元學案》(北京市:中華書局,1986年),頁2525。
105 〔清〕黃宗羲原著、全祖望補:《宋元學案》,頁2528。

陳壽祺《尚書》學管窺

周豔*

引言

　　陳壽祺（1771-1834），字恭甫，號左海，晚號隱屏山人，福建閩縣人。清代嘉道時期的著名學者。他與其子陳喬樅（1809-1869）以《三家詩遺說考》聞名於學界，當下學者對陳氏的研究也主要集中在其《三家詩遺說考》上[1]。其實，對清代學術史略加涉獵便會發現，陳壽祺對多部儒家經典都有精深研究，他的《五經異義疏證》、《左海經辨》、《尚書大傳定本》等，都是學術史上不可忽略的撰述，有待今人進一步研究。本文以對陳壽祺的《尚書大傳定本》相關問題的討論為切入點，結合陳氏父子其他相關著述，來探討其《尚書》學。

　　需要說明的是，陳氏所輯《尚書大傳》有幾個不同版本，一為三卷本《尚書大傳輯校》，收入《皇清經解續編》中；一為五卷本《尚書大傳

---

* 南京大學圖書館

[1]　這方面的研究成果主要有江乾益：《陳壽祺父子三家詩遺說研究》（臺北市：臺灣師範大學國文研究所碩士論文，1985年6月）；鄭于香：《清代三家《詩》輯佚學研究——陳壽祺父子、王先謙為中心》（中壢市：國立中央大學中國文學研究所碩士論文，2007年7月）；俞豔庭：〈清儒三家《詩》輯佚成就述評〉，《唐都學刊》，第22卷第2期（2006年3月）；房瑞麗：〈陳壽祺、陳喬樅父子《三家詩遺說考》考論〉，《廣西社會科學》，2008年第5期等。除此之外，當下學者有關陳氏父子的其他研究，代表性文章有臺灣學者吳守禮先生所撰〈陳恭甫先生父子年譜附著述考略〉，臺北帝國大學文政學部：《文學科研究年報》，第3輯；史革新：〈陳壽祺與清嘉道年間閩省學風的演變〉，《福建論壇》，2002年第6期；宗靜航：〈讀陳壽祺輯校《尚書大傳》偶記〉，《中華文史論叢》，2006年第2期等。

定本》，收入《左海全集》中[2]。五卷本在《尚書大傳輯校》的基礎上多出了《序錄》一卷、《辨偽》一卷，因此更加完備，也更能體現陳壽祺原著面貌，故本文對此書的討論，即以《左海全集》所收的《尚書大傳定本》為據。

一　陳壽祺「今文為古文先驅」觀點析論

　　通觀陳壽祺的所有經學著述，其用力最勤、著述最豐的領域便是對今文《尚書》、《五經異義》和《三家詩》相關文獻的輯佚疏證。這背後的思想動力，用陳壽祺在〈尚書大傳定本自序〉中的一句話來說，便是「兩漢經師莫先於伏生，莫備於許氏、鄭氏」。除《五經異義》外，其他兩類都屬於經學史上的今文學範疇，陳壽祺在近現代經學史上也常被作為今文經學家提及[3]。那麼，他對所謂古文與今文的關係有怎樣的觀點？對他的觀點應該作出怎樣的評價？本節主要論述這一問題。

　　陳壽祺在〈尚書大傳定本序〉中言：

　　　孔安國晚得壁中古文，多《逸書》十六篇，顧絕無師說，終漢之世，獨傳二十九篇而已。何則？二十九篇今文具存，文字異者不過數百，其餘與古文大旨略均，足相推校。逸十六篇既無今文可考，遂莫能盡通其義。凡古文《易》、《書》、《詩》、《禮》、《論語》、《孝經》所以傳，悉由今文為之先驅，今文所無輒廢。古《春秋左氏傳》賴張蒼先修其業，故傳，《禮古經》五十六卷傳《士禮》十七篇與後戴同，而三十九篇《逸禮》竟廢，《書》亦猶是也。向微伏生，則唐、虞、三代典謨誥命之經，煙銷灰滅，萬古長夜。夫天為斯文，篤生名德期

---

[2] 《四部叢刊》所收即是《左海全集》本。後來陳澧曾重刻之，重刻本收入《古經解彙函》中。《叢書集成初編》所收即據陳澧重刻之本排印，最為易讀。

[3] 如蒙文通《經史抉原》、皮錫瑞《經學通論》、馬宗霍《中國經學史》及日本學者瀧熊之助《中國經學史概說》等，皆將陳壽祺或陳喬樅歸入今文經學家之列。其實陳壽祺不是純粹意義上的清代今文經學家，他並無派別優劣觀念，他的學術也無法用「今文經學」概之。

頤之壽以昌大道，豈偶然哉！[4]

這段話是陳壽祺的經學思想的重要表述，其子陳喬樅在《今文尚書經說考》的序言中，幾乎原封不動的引用了這段話。陳氏意在強調今文經學在經典傳承過程中的重要性，這段話中的「今文」與「古文」，是文字學層面的用法，他認為孔安國晚得壁中《尚書》古文經的文字，時人已無法辨認，只能將與二十九篇今文《尚書》篇目相同者，拿來與之相比對，方能大致辨識其文字。多出來的逸《書》十六篇，因無相應的今文比對對象，文字無法辨識，也就「莫能盡通其義」。推而廣之，他認為古文經典的流傳，「悉由今文為之先驅，今文所無輒廢」。

應該說，陳壽祺的這一說法是有問題的，漢人並非不能識得「古文」。《漢書・藝文志》明言：「劉向以中古文校歐陽、大小夏侯三家經文，〈酒誥〉脫簡一，〈召誥〉脫簡二。率簡二十五字者，脫亦二十五字，簡二十字者，脫亦二十字，文字異者七百有餘，脫字數十。」王國維在〈戰國時秦用籀文六國用古文說〉、〈《史記》所謂古文說〉、〈《漢書》所謂古文說〉、〈《說文》所謂古文說〉、〈漢時古文本諸經傳考〉、〈漢時古文諸經有轉寫本說〉等文章中[5]，將戰國、秦、漢時期不同情境下的「古文」涵義作了條分縷析的解釋，並指出：《史記》所謂古文，皆為先秦寫本舊書，其文字雖已廢棄不用，然在漢朝尚非難識，故〈太史公自序〉中有「年十歲則誦古文」之說；後漢之初所謂「古文」者，專指孔子壁中書，包括伏生所傳二十九篇之《書》在內的西漢今文諸經傳本，原本也是秦未焚書之前的古文寫本，傳授弟子則轉寫為今文；古文難讀之說，起自王充等未見壁中書者，其說至魏、晉間而大盛，漢初實未嘗有此事。錢穆〈兩漢博士家法考〉中也辨明漢儒之經學分野是「古學」與「今學」學風的不同，而不是清儒所言「古文經學」與「今文經學」對立的兩大壁壘，更非文本意義上的書寫文字之異。「今文」諸經多從古文經轉寫而來，且多有中書本，「古文」《毛詩》、《左傳》等經

---

4 〔清〕陳壽祺：《尚書大傳》（道光庚寅年〔1830〕，《左海全集》本），卷首。

5 王國維：《觀堂集林》（唐山市：河北教育出版社，2001年），卷7。

書亦有今文寫本[6]。

　　既非因文字障礙，那麼那些被廢棄的儒家古文經典文獻，其廢棄原因何在？研究這一問題，可從下面幾則史料入手：

> 昔仲尼沒而微言絕，七十子喪而大義乖。故《春秋》分為五，《詩》分為四，《易》有數家之傳。

> 戰國從衡，真偽分爭，諸子之言紛然殽亂。至秦患之，乃燔滅文章，以愚黔首。漢興，改秦之敗，大收篇籍，廣開獻書之路。迄孝武世，書缺簡脫，禮壞樂崩，聖上喟然而稱曰：「朕甚閔焉！」於是建藏書之策，置寫書之官，下及諸子傳說，皆充祕府。至成帝時，以書頗散亡，使謁者陳農求遺書於天下。詔光祿大夫劉向校經傳、諸子、詩賦，步兵校尉任宏校兵書，太史令尹咸校數術，侍醫李柱國校方技。每一書已，向輒條其篇目，撮其指意，錄而奏之。會向卒，哀帝復使向子侍中奉車都尉歆卒父業。歆於是總群書而奏其《七略》。[7]

> 至孝武皇帝，然後鄒、魯、梁、趙頗有《詩》、《禮》、《春秋》先師，皆起於建元之閒。當此之時，一人不能獨盡其經，或為〈雅〉，或為〈頌〉，相合而成。〈泰誓〉後得，博士集而讀之。故詔書曰：「禮壞樂崩，書缺簡脫，朕甚閔焉。」時漢興已七八十年，離於全經，固已遠矣。及魯恭王壞孔子宅，欲以為宮，而得古文於壞壁之中，逸《禮》有三十九篇、《書》十六篇，天漢之後，孔安國獻之。遭巫蠱倉卒之難，未及施行。及《春秋》左氏丘明所脩，皆古文舊書，多者二十餘通，藏于秘府，伏而未發。

> 孝成皇帝湣學殘文缺，稍離其真，乃陳發秘藏，校理舊文，得此三事，以考學官所傳經，或脫簡，或脫編。博問人間，則有魯國桓公、趙國貫公、膠東庸生之遺學與此同，抑而未施。[8]

---

[6] 錢穆：《兩漢經學今古文平議》（上海市：商務印書館，2001年），頁235-258。

[7] 〔漢〕班固：《漢書》（北京市：中華書局，1962年），卷30〈藝文志〉，頁1701。

[8] 〔漢〕班固：《漢書》，卷36〈楚元王傳〉，頁1969-1970。

以上材料可以看出，六藝之學經過戰國的動盪局勢之後，流向民間，衍生出許多不同的派別，秦朝焚書坑儒之後，六藝之學受到更大摧殘，殘缺不全，所以漢朝廣開獻書之路，立五經博士之時，面臨的就是「一人不能獨盡其經」的局面。這也是為什麼漢朝會召開石渠閣會議，一種經書會立多家博士的原因之一。以上材料中可看出劉歆欲立古文《尚書》、《逸禮》、左氏《春秋》的理由有二：一是有文獻，三者均是劉歆在校書過程中發現的「秘藏」，並且文本比立於學官的本子好；二是有經師，這三種經書，「博問人間，則有魯國桓公、趙國貫公、膠東庸生之遺學與此同」，都能找到傳授其學的經師。

劉歆提出的儒家經典立學條件，也只是理論意義上的必要條件，現實情形是並非具備了兩個條件的經書都能立於學官，劉歆爭立的三種經書在西漢都沒有立於學官，就是典型的例子。回到古文《尚書》，逸《書》十六篇究竟為何不傳？其原因亦不難考見。我們可以考察《尚書》在漢初的傳授情況。司馬遷在《史記·儒林傳》中記錄了伏生的傳授《尚書》活動：

> 伏生者，濟南人也，故為秦博士。孝文帝時，欲求能治《尚書》者，天下無有，乃聞伏生能治，欲召之。是時，伏生年九十餘，老不能行，於是乃詔太常使掌故晁錯往受之。秦時焚書，伏生壁藏之。其後，兵大起，流亡。漢定，伏生求其書，獨得二十九篇，即以教于齊、魯之間。學者由是頗能言《尚書》，諸山東大師無不涉《尚書》以教矣。

由這段記錄可見，漢文帝時求能治《尚書》者，除伏生外，「天下無有」。伏生所傳的《書》，便是這秦火之餘的二十九篇文獻。伏生「故為秦博士」，學有師承。正是因為伏生學有師承，才會得到漢庭的承認，又因為除伏生之外，沒有找到其他的《書》學傳授者，所以，整個漢朝，《尚書》方面學有師承的，便只有伏生所傳的這二十九篇《書》學文獻了。再來看逸《書》十六篇的來源：

> 古文《尚書》者，出孔子壁中。武帝末，魯共王壞孔子宅，欲以廣其
> 宮，而得古文《尚書》及《禮記》、《論語》、《孝經》凡數十篇，皆
> 古字也。……孔安國者，孔子後也，悉得其書，以考二十九篇，得多
> 十六篇。安國獻之。遭巫蠱事，未列於學官。[9]
> 孔氏有古文《尚書》，孔安國以今文字讀之，因以起其家。逸《書》
> 得十餘篇，蓋《尚書》茲多於是矣。遭巫蠱未立於學官。[10]

後來孔壁中多出的古文逸《書》十六篇，因只有文獻，沒有經師，孔安國以
今文讀之，因以起其家，即建立起與伏生所傳《尚書》學不盡相同的一家之
學，且獻於漢庭，但其命運是「遭巫蠱未立於學官」。逸十六篇，因未將其
立學取士，自然所學者少，到劉歆欲立古文《尚書》時，還能從民間找到膠
東庸生，到馬融時，已是絕無師說了。所以縱使時人識得其文字，因無師承
傳授，僅有文獻也無法成學。也就是說，逸《書》之廢，並非因陳壽祺所言
無今文對照，無法識別其文字，而是因為它的傳承統緒中斷，已經找不到相
應的經師，時日一長，也就難免亡佚的命運。

所以，「古文諸經所以傳，今文為之先驅」的歷史真實是，漢代以降得
以流傳的以古文字書寫的經典文獻，在博士官中或民間有相對應的傳授系
統，即能找到傳授此學的經師，只是這些經師們所使用的多是已經被轉寫為
今文本的文獻而已。

陳壽祺的觀點雖然不符合漢代的歷史真實，但他在這一觀念的驅動下，
對散逸已久的《尚書》今文學的文獻進行輯佚鉤沉，他與其子陳喬樅對宋以
前的《尚書》今文家之說盡數蒐集編排，力求系統再現《尚書》今文學的傳
承體系。他們的學術成果，客觀上為清代經學史上今文經學與古文經學相關
理論的形成提供了文獻基礎，為清代學術思想史的構建作出了很大的貢獻。
他們的著述，對今天的《尚書》研究者，仍有很大的參考價值。

---

[9] 〔漢〕班固：《漢書》，卷30〈藝文志〉，頁1706。
[10] 〔漢〕班固：《漢書》，卷88〈儒林傳〉，頁3607。

二　陳壽祺所輯《尚書大傳》幾個具體問題的分析

（一）此書的兩個優點

　　梁啟超在《中國近三百年學術史》之〈清代學者整理舊學之總成績〉一節對陳氏父子的《尚書》學成績有所提及，其言：「《尚書大傳》嘉道間陳左海更輯校為二卷，附《辨訛》一卷，又加案語甚多，此書始漸可讀。」葉德輝〈與戴宣翹校官書〉中亦言：「劉申受之於《公羊》，陳恭甫之于《尚書大傳》，淩曉樓之於《春秋繁露》、宋于庭之於《論語》，漸為西京之學。」[11]陳壽祺不是第一個對《尚書大傳》進行輯佚的，其〈尚書大傳定本序〉中言：「近人編輯有仁和孫晴川本、德州盧雅雨本、曲阜孔叢伯本，孫、盧本多淆舛，孔氏善矣，而分篇強復《漢志》之舊，非也。其他訛漏猶不免焉。今復加稽核，揭所據依，稍參愚管而為之箋三卷。」在他之前已有孫、盧、孔之輯本。據孫啟治、陳建華的統計，清人《尚書大傳》的輯本有二十餘種[12]，陳氏之書能成為其中翹楚，主要有以下優點：

　　首先是在〈序〉中大力闡明伏生及《大傳》的重要性，明確強調伏生其人其書在《尚書》學史上的首要地位。之前的輯佚諸本，要麼僅有輯佚內容而無著者的按語或序言作一必要的交代，要麼就在序言中說明自己的輯佚經過，對伏生及《尚書大傳》在經學史上的意義和價值沒有清晰明確的闡述。相比之下，陳壽祺在序言中大力強調伏生其人其書對漢代《尚書》學的巨大作用，是清人此類撰述中最清晰到位的表達。首先，他認為伏生生於戰國秦、漢之際，親見秦焚書坑儒之前的完整《詩》、《書》古文，是歷代儒生所嚮往的以禮樂治天下之時代的見證人和制度的保存者：「伏生以明經為秦

博士，漢孝文時年且百歲，計其生在周末，得見《詩》、《書》古文，且博
識先秦舊書雅記，多漢諸儒所未聞。遭時燔書，明哲退隱，嬴祚既顛，守道
不出。」[13] 其次，他認為伏生之學是唐、虞、三代遺文，尤深於禮，文辭最近
七十子之徒所說。「伏生《大傳》條撰大義，因經屬悟，其文辭爾雅深厚，
最近大小《戴記》七十子之徒所說，非漢諸儒傳訓之所能及也。」「且夫伏生
之學尤善於禮。其言巡狩、朝覲、郊祀、迎日、廟祭、族燕、門塾、學校、
養老、擇射、貢士、考績、郊遂、采地、房堂、路寢之制、后夫人入御、太
子迎問諸侯之法、三正之統、五服之色、七始之素、八伯之樂，皆唐、虞、
三代遺文，往往六經所不備，諸子百家所不詳。」他在序言中提出的「今文
為古文先驅」的觀點雖然不能成立，但其強調伏生對漢代《尚書》學的重要
作用這一點卻是有道理的。

其次，在文獻考訂層面，陳氏此書截斷眾流，後出轉精。

輯佚正文三卷，其所輯佚文通例之一，如香港學者宗靜航所言[14]，如某段
《尚書大傳》分別見於不同書籍，陳氏會以引用最為詳盡之該本書籍為據，
鈔列該段《尚書大傳》於開首，再指出其他節引之書籍。下面舉其卷一《唐
傳・堯典》中一段為例：

> 北方者何也？伏方也。伏方也者，萬物伏藏之方，伏藏之方，則何以
> 謂之冬？冬者，中也。中也者，萬物方藏於中也。故曰北方冬也。
> 陽盛則籲荼萬物而養之外也，陰盛則呼吸萬物而藏之內也。[注] 籲
> 荼，氣出而溫。呼吸，氣入而寒。溫則生，寒則殺也。故曰籲吸也
> 者，陰陽之交接，萬物之終始。（《御覽》二十六「時序」部十一。
> 又《藝文類聚》三、《記纂源海》卷三節引、又《事類賦》五。）

按陳氏所列文獻，依次羅列資料如下：

《尚書大傳》曰：北方者，物之伏方也。何以謂之冬，冬，中也，物方藏於中也。故曰北方冬也。（《藝文類聚》卷三）

《傳》記：冬，中也，物方藏於中也。陽盛則籲舒萬物而養之外，陰盛則呼吸萬物而藏之內，故曰呼吸者陰陽之交接，萬物之始終。（《記纂源海》卷二）

《尚書大傳》曰：北方，伏方也，萬物之方伏也。冬，中也，物方藏於中也。陽盛則籲荼萬物而養之外，陰盛則呼吸萬物而藏之內，故曰呼吸者，陰陽之交接，萬物之終始。（《事類賦》卷五）

可以看出，《太平御覽》所引的資料最為詳盡，其他三書所引，大致可以包含在其中，且《御覽》所引包含鄭玄之注。陳氏便以《御覽》所引為正文，將其他三處出處標於其後，以便讀者自行翻檢。

宗靜航對此種做法稍持異議。認為陳氏沒有詳細列出其他書籍所節引之文字，要知道同一段《尚書大傳》文字在這些書籍中的異同情況，使用者需要覆檢原書。有些差別對斷定《尚書大傳》原句作何，可能起著重要的作用。由於陳氏沒有列出這些節引文字，所以就忽略了這些異文的作用[15]。宗氏所言理論上不差，但限於現有文獻，許多相似字句已經不可能精確斷定究竟哪條是《大傳》原文，更有可能的一種情況是諸條中沒有一條是精確的《大傳》文字，從文獻角度進行復原，做到極致也只能觀其大略而已，陳氏此舉蓋亦有見於此而發，不羅列所有文字，而是在對比所列資料之後精心選取某段作為《大傳》之文，正是其博觀約取，詳而有斷的表現。陳氏在具體材料的處理上不可能完全准確無誤，但這種文獻處理思想值得我們學習。

另外，宗氏所言，其實只是針對陳氏處理某一段文獻已經包含其他文獻時，便以這段最詳盡的文獻作為《大傳》正文這一狀況有效。統觀全書，可以看出，對於不同引文的重要差異，陳氏在按語中都會列出，並做出自己的判斷，未列出者，往往是無關大局的細枝末節之異。再舉《大傳》卷二〈洪範〉中一段以明其體例：

---

15 宗靜航：〈讀陳壽祺輯校《尚書大傳》偶記〉，頁 267-280。

晦而月見西方，謂之朓。〔注〕朓，儵也，儵達行疾貌。朓則侯王其荼。〔注〕荼，緩也。朔而月見東方謂之側匿。〔注〕側匿猶縮縮行遲貌。側匿則侯王其肅。〔注〕肅，急也。日，君象也。月，臣象也。君政急則日行疾、月行徐。臣逡巡不進。君政緩則日行徐，月行疾，臣放肆也。

《太平御覽》四引《傳》、《注》全。《注》「君政緩」上誤衍「朓則侯王其徐徐緩也」十字，又誤「荼」為「徐」，今刪。又《周禮・保章氏》疏引《傳》。又散見《文選・元皇后哀策文》、〈月賦〉、〈舞賦〉注、《藝文類聚》一、〈穀梁傳序〉疏、《後漢書・蔡邕傳》注。《文選・月賦》引鄭注作「朓，儵達行疾貌也」。〈元皇后哀策文〉注引鄭注作「朓，猶儵達也」，當從之。「側匿猶縮縮」，當作「猶縮朒」。

可以看出，陳氏對於所引文獻有考訂，有鑒別，對於文獻之誤有訂正。此書可說是在文獻考訂層面上幾臻極致，其在最後一卷《辨偽》之中，糾舉孫、盧、孔三家輯本訛誤之甚者上百條，在此基礎之上的重輯之本，文獻上已經沒有太多可補正的空間。後來的皮錫瑞以此為底本撰《尚書大傳疏證》，主要工作是就陳氏所輯詳加疏解，其所補正，寥寥數則而已。

（二）《尚書大傳》中的《洪範五行傳》與《漢書・五行志》

陳壽祺在〈尚書大傳定本自序〉中言「末載《漢書・五行志》，綴以他書所引劉氏《五行傳論》三卷，總為八卷」。《左海全集》中兩書刻本的文獻形態是《尚書大傳定本》五卷二冊在前，《洪範五行傳》三卷二冊在其後。而《洪範五行傳》的一書內容，其實就是照錄《漢書・五行志》，間以按語形式將劉向《洪範五行傳論》見引於他書者附於其間。對於為什麼要將《漢書・五行志》附於後，陳壽祺在〈自序〉中也有說明：「《五行傳》者，夏侯始昌至劉氏父子傳之，皆善推禍福，著天人之應，漢儒治經，莫不明象數陰陽以窮極性命，故《易》有孟京卦氣之候，《詩》有翼奉五際之要，

《春秋》有公羊災異之條，《書》有夏侯、劉氏、許商、李尋〈洪範〉之論，班固本《大傳》，攬仲舒，別向、歆以傳《春秋》，告往知來，王事之表不可廢也，是以錄《漢書‧五行志》附於後，以備一家之學云。」陳氏認為《漢書‧五行志》的思想淵源可以追溯到夏侯始昌所傳的《洪範五行傳》，即《尚書大傳》卷三《洪範五行傳》一篇，故錄之於後以備一家之學。

緣鳳林在〈洪範五行傳出伏生辨〉中強調《洪範五行傳》實際上應該是夏侯始昌的發明而非伏生之書原篇，故五行思想不得屬於伏生[16]。《史記》並未提及伏生為《尚書》作《尚書大傳》，《漢書‧藝文志》「六藝略」，在《尚書》經後先著錄「《傳》四十一篇」，亦並未注明伏生作。東漢大儒鄭玄首先為《尚書大傳》作注，其在序中說：

> 伏生為秦博士，至孝文時年且百歲，張生、歐陽生從其學而授之，音聲猶有訛誤，先後猶有差舛，重以篆隸之殊，不能無失。生終後，數子各論所聞，以己意彌縫其闕，別作章句，又特撰大義，因經屬指，名之曰《大傳》。劉子政校書，得而上之，凡四十一篇。[17]

鄭玄認為，《尚書大傳》是張生、歐陽生等人所撰。而《隋書‧經籍志》、《經典釋文》等卻說《大傳》是伏生所作。《晉書‧五行志》「文帝時伏生創記《大傳》，其言五行庶徵備矣」和《晉書‧五行志》「伏生創紀《大傳》，五行之體始詳」的說法，也表明其認為伏生是《大傳》的作者和〈洪範〉五行思想的創立者。其實，《尚書大傳》作為西漢早期的文獻，它所涵括的是一個學派的思想而不僅僅是個人的思想，所以不能單純的說它的作者是伏生還是歐陽生，但說它是西漢早期今文《尚書》學派的文獻是不錯的。但伏生不能算作〈洪範〉五行思想的創立者，《洪範五行傳》一篇也不是《尚書大傳》原有的文獻，它的創始者應該是夏侯始昌，東漢鄭玄注《尚書大傳》，將此篇加入，並為之作注，後人沿之，遂以之為《大傳》原有之文。這一問

---

16 蔣善國：《尚書綜述》（上海市：上海古籍出版社，1988年），頁113-114。
17 〔清〕陳壽祺：《尚書大傳輯校》，卷1。

題除繆鳳林外，興無師也有精到的論證[18]。從這個角度說，陳壽祺把《洪範五行傳》收入《尚書大傳》，是受鄭玄以來學界普遍看法的影響。雖然陳壽祺在《洪範五行傳》與《尚書大傳》的關係問題上沒有完全理清，但他將《漢書‧五行志》附於《尚書大傳》之後這一做法，其實是其建構今文《尚書》學文獻體系的一個環節，意在展示從伏生到夏侯始昌到劉氏父子的《尚書》學發展之一脈。

三 陳壽祺的《尚書》學著述及意義

陳壽祺對《尚書》的探索與文獻整理不止於《尚書大傳》本身，統觀陳壽祺及其子陳喬樅的《尚書》學著述，可以看出其按照他們對《尚書》學史的理解建構系統的今文《尚書》學文獻體系的努力。陳氏父子的《尚書》學著述計有：《尚書大傳定本》、《歐陽、夏侯經說考》、《今文尚書經說考》。後二者是陳壽祺生前未能完成、陳喬樅遵父遺命所撰，因此書中主要指導思想也可看作是陳壽祺的。陳喬樅在〈今文尚書經說考序〉[19]中言：

> 曩者先大夫傷古經之淆亂，憫今學之淪亡，撰《伏生尚書大傳定本》……序而行之，又欲注歐陽、夏侯經說考而未果為也，嘗謂喬樅曰：「《尚書》三家今文各守師法，皆傳伏生之業者，苟能鉤考佚文，得其單辭片義以尋三家今文千數百年不傳之緒，使百世之下猶知當日幸有三家今文賴以維持聖經於不墜，則豈徒足以延絕學而廣異義云耳哉？」

由此〈序〉及前文所引〈尚書大傳定本自序〉可知，陳壽祺認為，代表唐、虞、三代之治的禮樂文明賴由漢代今文經學經師之傳授，才得以不絕於一線，後起的古文經學，須借助今文經學，兩相對照，才得以傳。這就將今文

---

[18] 徐興無：《劉向評傳》（南京市：南京大學出版社，2005年），頁288-291。

[19]〔清〕陳喬樅：《今文尚書經說考》（道光庚寅年〔1830〕，《左海全集》本），卷首。

經學提高到聖經賢傳的直接紹緒者的地位，求三代之治道，捨此無有他徑可循。理解了陳壽祺的這一思想，反觀陳氏父子的《尚書》學著述，便可看清其內在動力和清晰的著述計畫：陳壽祺所輯伏生《尚書大傳》之學，直溯源頭，尋其三代禮樂之遺跡；歐陽、夏侯經說之稽考，旨在觀直繼伏生之學的《尚書》三家開派之說；今文《尚書》經說之搜羅，則力求復現《尚書》今文學的整體風貌。合觀之，三部學術專著，溯源沿流，組成完整的宋之前今文《尚書》學史。

陳壽祺運用清儒典型的學術方法，辨章學術、考鏡源流，對《尚書》今文學文獻進行了全面系統的輯佚與考訂，用這一方式向世人「再現」出一個堙沒已久的《尚書》今文學的學統及道統，雖書中某些個別問題的處理有待進一步商榷，但以其全面性、系統性而論，整個清朝乃至近代，此類著述難有出其右者，這也是陳壽祺卓然名家的一個重要原因。他的學術遺產，值得當下治《尚書》學者進一步深入研究。

皮錫瑞《今文尚書考證》述議

顧遷*

一　撰作背景

　　皮錫瑞是清末一位重要的今文經學家，以治《尚書》著稱於世。據皮名振所編《年譜》，知其所刊《尚書》學著述有《尚書大傳疏證》（1896）、《古文尚書疏證辨正》（1896）、《古文尚書冤詞平議》（1896）、《尚書古文考實》（1896）、《今文尚書考證》（1897）、《尚書中候疏證》（1899），未刊者有《史記引尚書考》等，此外，群書、筆記中有關《尚書》之論述亦復不少，足見皮氏《尚書》學體系精博，獨步學林。

　　《今文尚書考證》（下簡稱《考證》）專釋今文二十九篇，立場鮮明，引證廣博，實欲以今文學之方法闡釋《尚書》經義。蓋《尚書》傳自伏生，僅為二十九篇，弟子晁錯、張生、歐陽生（和伯）以隸書寫之，遂稱「今文」，宣帝時立於學官，有歐陽（高）、大小夏侯（勝、建）之學，傳承不絕。司馬遷撰《史記》，多存今文歐陽之學。兩漢人碑刻、奏議多用學官通行之本，加以緯書多今文說，故《尚書》今文之學斑斑可考。孔安國「古文」本至平帝時方立學，莽新亡後即廢，時間甚短。東漢杜林傳古文《尚書》，馬融、鄭玄為之作注，然馬、鄭常據今文改讀，實不若今文家法之邃密。東晉時偽古文《尚書》五十八篇出，梁、陳以後逐漸盛行，以致馬、鄭真古文本亡佚。在皮氏看來，偽古文《尚書》固不必深究，馬、鄭之學亦多

* 蘇州大學文學院

附會[1]，所當鉤沉發皇者，端在西漢今文之學，而伏生、太史公之義，尤為首務。這是《考證》撰作的學術背景。

《尚書》一經多遭竄亂，後世學者分別今古文，其實非由學派之爭，乃在經義之辨析。清儒段玉裁《古文尚書撰異》、陳喬樅《今文尚書經說考》為今古文字、今古文經說的分判奠定了基礎。不過段氏偏袒馬、鄭古文，家法未能純謹。陳氏之判別今古，方法細密，尤為皮錫瑞所遵用並改進，成為《考證》的理論框架。至於書中多次批駁陳喬樅不分今古，乃因陳氏恪守鄭學，往往誤合鄭玄古文說與今文義，汩亂今文家法。又如江聲、王鳴盛亦有佞鄭之弊，《考證》皆加指斥，以護今文說之純粹。皮氏云：「論文字則古文為勝，論說解則今文為長。」[2]又云：「自今文之說為古文所汩，淺人多以古文妄改今文，乃致前後參差不合，猶幸其有參差之迹，尚可考見今文遺說。」[3]這兩句話可以視作《考證》的解經宗旨。

二　以《大傳》、《史記》折衷經義

既以今文說解為宗，則不得不追溯今文說之源頭。皮氏考釋《尚書》，一以伏生《尚書大傳》、司馬遷《史記》為准的，建構今文說之體系。歐陽、大小夏侯之學皆本伏生，但傳承既久，又左右採獲，其間不無歧異。如三家皆出倪寬，二夏侯又出夏侯始昌，多參用古字，與古文合，而與歐陽不同。三家異說，皮錫瑞皆予以辨析，經義則折衷以伏《傳》和《史記》。

伏生為今文學之始祖，其說之重要自不待言，《考證》所謂：「確守伏義，證明今文，究馬、班二史之異同，掇東、西兩京之遺逸。」[4]太史公本受伏生《尚書》，雖從孔安國問故，但《史記》所載實以今文說為主。《史

---

[1] 〈凡例〉所謂「是古非今」。〔清〕皮錫瑞：《今文尚書考證》（北京市：中華書局，1989年），下引此書皆出此本。

[2] 〔清〕皮錫瑞：《今文尚書考證》，卷2〈皋陶謨〉，頁106。

[3] 〔清〕皮錫瑞：《今文尚書考證》，卷30〈書序〉，頁516。

[4] 〔清〕皮錫瑞：《今文尚書考證》，〈凡例〉。

記》所引《書序》，與古文多異，皮錫瑞認為即西漢今文《書序》[5]，雖頗被質疑，但近代熹平石經《書序》殘石的出土，可證皮說不誤。皮氏認為古文《書序》不可信：「《史記》載今文《書序》，次第秩然。鄭與偽孔古文《書序》，次第倒亂。古文《尚書》不如今文，此其明證。」[6]如《漢書・律曆志》引《書序》曰：「成湯既沒，太甲元年，使伊尹作〈伊訓〉。」皮氏以此為劉歆所引古文《書序》，與馬、鄭、偽孔本不異，但「鶻突不明，脫誤已甚」，成湯之下，脫去外丙、仲壬兩代，與《孟子》不合，絕不如《史記》可信[7]。不但如此，即說解亦當准以《史記》，如〈堯典〉帝曰「汝二十有二人」，〈五帝本紀〉述二十二人為禹、皋陶、契、稷、伯夷、夔、龍、垂、益、彭祖，凡十人，合十二牧，適合其數。皮錫瑞認為後儒不用史公之說，妄生異義：「馬不數皋陶、稷、契而數殳斨、伯與、朱虎、熊羆，皇甫謐數九官、十二牧及殳斨、朱虎、熊、羆為二十五人，蔡沈以四岳為一人，王引之以二十二人為三十二人之誤，紛紛臆說，無一可通，皆由不知折衷於今文。江、段、孫、陳知考今文而不知引《史記》為據，殊不可解。」[8]

皮氏以《史記》所述《尚書》多今文義，實據段玉裁、陳喬樅之說，《考證》所析亦多精核。唯孫星衍據《漢書・儒林傳》「遷書載〈堯典〉、〈禹貢〉、〈洪範〉、〈微子〉、〈金縢〉多古文說」，認定《史記》皆從古文，觀點偏頗[9]，所撰《尚書今古文注疏》影響甚巨，今文學者魏源從其說，古文學者章太炎、吳承仕、黃季剛等亦為所誤。皮氏承認《史記》偶有古文說，

---

5 〔清〕皮錫瑞：《今文尚書考證》，卷16〈梓材〉，頁329。

6 〔清〕皮錫瑞：《今文尚書考證》，卷30〈書序〉，頁496。

7 〔清〕皮錫瑞：《今文尚書考證》，卷30〈書序〉，頁499。

8 〔清〕皮錫瑞：《今文尚書考證》，卷1〈堯典〉，頁87。

9 班氏之意，《史記》以今文說為主乃是常識，自不待言；〈堯典〉以下五篇於今文之外，又存古文說，故如此云云。康有為、崔適考〈堯典〉以下五篇無一古文說（見《新學偽經考》、《史記探源》）。學友馬楠考得數條，並謂班《書》「舉其難明，省其易曉」（〈「遷書載堯典禹貢洪範微子金縢諸篇多古文說」考〉，第二屆國際《尚書》學研討會會議論文），蓋是。此外，當時今古文說並非全然不同，今所考者，特異於今文說者，不排除古文說有同於今文說者，如此，則班書「多采」之意可明。

但總體上與《尚書大傳》大同小異，絕不可據古文異說輕駁伏生、史公。如〈洪範〉篇，史公〈宋世家〉以為箕子陳〈洪範〉後乃封於朝鮮，與伏生以為封朝鮮來朝乃陳〈洪範〉之說異，史公之言即為古文說。但二人皆言文王受命七年而崩、十一年武王克殷，則經文「惟十有三年，王訪於箕子」必指克殷後二年，非釋箕子因之時。《漢書‧五行志》引劉歆說「周既克殷，以箕子歸，武王親虛為問焉」，較《史記》、《大傳》、《書序》先後皆差二年。皮氏云：「遷書所載孔安國古文說與劉歆古文說異，則歆說不可信，不得據劉歆、偽孔以駁伏生、史公也。」[10]又如〈金縢〉篇「周公居東二年，則罪人斯得」，皮氏歷引〈魯世家〉、伏生《大傳》、〈豳風〉《毛傳》、《論衡‧恢國篇》，以證今文說以「居東」為東征管、蔡。獨《論衡‧感類篇》引古文家管、蔡流言，成王狐疑周公，周公奔楚之說，為鄭玄所據。孫星衍拘於班固謂遷書載〈金縢〉多古文說，遂定《史記》、毛公皆為古文說，鄭玄為今文說。但史公與王充皆用歐陽《尚書》，《論衡》固今文說，孫星衍見充明引「古文家」，竟云：「王氏充以為古文者，今文亦古說也。」皮錫瑞斥為「不曉家法，倶倒錯亂，強詞飾說」[11]，固其宜也。在皮氏看來，家法顛倒不明，經義亦將紊亂，《尚書今古文注疏》正坐此病。

但古書流傳既久，異文滋生，亦非罕覯。如王充引經有與史公所引歐陽《尚書》不符者，〈金縢〉「周公立焉，植璧秉圭」，今文「植」作「戴」，而《論衡》不作「戴」，皮氏認為「後人以古文《尚書》改之」[12]。又〈皋陶謨〉王充引「予娶若時」為禹語，與《史記》以「予不能順是」釋「予創若時」係為帝曰不合，段玉裁疑有訛誤，皮氏認為偽孔妄改經文，後人又據偽孔而改《論衡》，當據《史記》訂正[13]。不僅《論衡》，即《史記》亦有顯悖今文者，如〈禹貢〉荊州「惟箘簬」，許慎《說文》以簬為古文，簬為今文，

10〔清〕皮錫瑞：《今文尚書考證》，卷11〈洪範〉，頁240。

11〔清〕皮錫瑞：《今文尚書考證》，卷13〈金縢〉，頁298。

12〔清〕皮錫瑞：《今文尚書考證》，卷13〈金縢〉，頁293。

13〔清〕皮錫瑞：《今文尚書考證》，卷2〈皋陶謨〉，頁119。

但《史記》、《漢志》皆作「籀」，未有作「籀」者，皮氏遂疑後人所改[14]。〈洪範〉九疇，「五福一曰壽」，《史記》同之，唯《說苑・建本篇》引河間獻王曰「《尚書》五福，以富為始」，獻王與史公同時，當時《尚書》惟有歐陽，而《史記》所載與獻王說異，皮氏亦疑後人所改[15]。〈呂刑〉「享國百年」，〈周本紀〉述穆王即位，年已五十五，立五十五年而崩，與《論衡・氣壽篇》在位百年不同，皮氏亦疑後人所改[16]，又疑《史記》或為古文說[17]，兩存其疑，實亦頗難論定者。

皮氏釋此等疑問，皆緣其經學理論預設已定，故多歸咎於後人改字，實亦無可厚非。稍後的古文學者如黃季剛等不滿其今古文體系，斥此改字之說為大弊，固當分別觀之。

鄭玄〈尚書大傳敘〉謂伏《傳》為弟子張生、歐陽生等各述所聞，彌縫而成。鄭玄《書贊》云：「歐陽氏失其本義。」（〈堯典〉篇目「虞書」疏引）鄭玄或因此不滿二家，而專為伏《傳》作注，以其不雜後師之論。今之伏《傳》偶雜古文，亦因久遠之故，故說解亦較《史記》純粹。皮錫瑞每云《史記》與伏《傳》大同小異，正是此意。若遇《史記》、《大傳》有分歧，皮氏必為調和化解。如《大傳》以〈召誥〉、〈洛誥〉分別為周公攝政五年、七年所作，而史公、劉歆則以〈召誥〉、〈洛誥〉之作皆在七年。皮錫瑞云：「以經考之，當以《史記》與劉歆之說為合，然《大傳》之說亦自不誤。」皮氏之意，《大傳》云「四年建侯衛，五年營成周」，封康叔在四年，而〈康誥〉篇首已云「周公初基，作新大邑於東國雒」者，蓋平三監、遷邶鄘之民於洛邑、以殷餘民封康叔於衛，皆一時之事。因此，建侯衛、營成周於四、五年連言之，蓋周公在四、五年時已定規劃，七年乃終成其事，而作〈召誥〉、〈洛誥〉。「迎洛大事，非一時所能辦。《大傳》言其始，《史記》要其終，兩說可互相明，本無違異。……鄭君過求分析，失之拘泥，雖用伏

生之說，而非伏生之意。」[18]又如史公〈周本紀〉以〈多方〉作於周公攝政七年返政成王之後，而《大傳》明云「三年踐奄」，則以為攝政三年事，鄭玄據此疑《尚書》編次不當。皮氏則認為〈多方〉「王來自奄」為史臣述成王事，〈多士〉「昔朕來自奄」乃周公自述，明非一事；蓋奄凡三見伐，一為武王誅紂伐奄，一為周公克殷踐奄，一為成王親政奄復叛而成王踐奄。如其說，《大傳》所云別是一事，不可誤會伏意[19]。此史實、文義之須明辨者。另須注意，鄭玄注《大傳》，並不純用今文，實多雜古文之說，因此多背伏生本意。此點為王鳴盛、陳喬樅等所忽略，皮錫瑞於《考證》中反復致意。

皮氏於經史所引《尚書大傳》悉加考核，剔除陳壽祺誤輯者多條，又撰《尚書大傳疏證》闡明其義，辨析極精。在《考證》中，皮氏還發現《大傳》之義容有多說，他歸結為伏生歿後，歐陽、張生各記所聞之故[20]。對於《大傳》明顯違背今文義旨之處，皮氏亦多以為後人改之[21]。對於陳喬樅多次詆毀《大傳》，認為伏生老耄，記憶不明，皆嚴加駁斥[22]。

三　鄭注《大傳》與今文說

陳喬樅《今文尚書經說考》分析今古文家數甚精，為皮錫瑞所承襲，此點不容否認。但其以古文說竄亂伏生《大傳》，導致今古文混淆，則為皮錫瑞所不滿。翻覽《考證》，會發現皮氏對陳氏下了不少斷語，如「陳氏寧道伏生誤，諱言鄭君非」[23]，「陳氏治今文，必以鄭君古文說汩之」[24]，「鄭合今古文說傅會為一，其注《大傳》實與《大傳》之義不符，孫氏引之不加別

---

[18]〔清〕皮錫瑞：《今文尚書考證》，卷17〈召誥〉，頁333-334。

[19]〔清〕皮錫瑞：《今文尚書考證》，卷22〈多方〉，頁394。

[20] 如〈堯典〉「朔易」、「伏物」之說，〔清〕皮錫瑞：《今文尚書考證》，卷1〈堯典〉，頁26。

[21] 如〈堯典〉「敬授民時」，〔清〕皮錫瑞：《今文尚書考證》，卷1〈堯典〉，頁18。

[22] 如〈牧誓〉，〔清〕皮錫瑞：《今文尚書考證》，卷10〈牧誓〉，頁234。

[23]〔清〕皮錫瑞：《今文尚書考證》，卷13〈金縢〉，頁300。

[24]〔清〕皮錫瑞：《今文尚書考證》，卷22〈多方〉，頁400。

白」[25]，「陳氏不敢駁鄭，且欲強引鄭君為今文張目」[26]。可知陳氏之病，在於固守鄭學，淆亂今文家法。鄭玄經學固多採緯書及其他今文說，但注《大傳》多雜古文說，實在不容牽合。陳氏解《尚書》，於兩漢今古文說源流授受條析極明，唯恨不能贊明今文，猶為古文說所亂，此是皮氏之遺憾，故其撰《考證》於今文說鑽研極深，其云：「漢人遺說存者無多，學者當確守其說，深思其義。」[27]又云：「馬、鄭自據古文……，即不敢駁馬、鄭，聽其各自為說可矣，何必牽引西漢今文家說以強合於馬、鄭，使今古文糾紛莫辨哉！」[28]可見其專意考抉今文說之深願。可以說，皮錫瑞的《考證》作為今文經學一家言，較之陳喬樅，無論在材料上，還是在方法上，都更加全面和穩妥。如陳氏解《書序》「盤庚五遷」，駁孔《傳》「五邦」之說，用《竹書紀年》並數庇、奄，皮錫瑞認為：「此等新說，不得闌入今文家法，當以《史記》所引今文《書序》為斷。」[29]可見其恪守今文，寧缺毋濫。在皮氏的努力下，西京今文《尚書》說，不再是疑信參半的斷章碎義，更具有理論性和立體感。在這個意義上，稱皮錫瑞為今文經說集大成者，諒非過譽。

皮錫瑞之分別今古，一方面固然為今文說張目，一方面也破除時人佞鄭之風。鄭玄為漢末儒宗，兼注群經，諸經傳轉相發明，體系嚴密，為清代乾嘉經學之圭臬。以《書經》而論，鄭玄亦秉其以禮解經之習，多引禮經相附會。此就鄭玄自身，徒欲明聖教之廣大而已。清儒解經，務求分析，不可能復原鄭學之時代精神。如陳喬樅講今文家法，即不當比附馬、鄭古文說，當使西漢反之西漢，東漢反之東漢，使各歸其所，不相淆雜，如此方合清儒「實事求是」之旨。

皮錫瑞謂鄭玄以禮解《書》或本於劉歆舊說，〈凡例〉云：「馬、鄭注《尚書》，多引《周禮》說虞、夏之制，或亦本於劉歆說也。」劉歆隨父校中

25〔清〕皮錫瑞：《今文尚書考證》，卷24〈顧命〉，頁415。

26〔清〕皮錫瑞：《今文尚書考證》，卷30〈書序〉，頁495。

27〔清〕皮錫瑞：《今文尚書考證》，卷9〈微子〉，頁231。

28〔清〕皮錫瑞：《今文尚書考證》，卷21〈君奭〉，頁381。

29〔清〕皮錫瑞：《今文尚書考證》，卷30〈書序〉，頁509。

秘書，得見孔壁古文《尚書》，又建立《周官》經以為《周禮》，於古文經轉相發明實屬自然。皮氏又稱：「今文《尚書》家有師說，古文《尚書》家並無師說，專據《周官》等書比附為之。」[30] 言雖絕對，但於鄭學特徵頗有所見。

如〈堯典〉「同律度量衡」，「同」字兩漢經師皆釋為齊等之意。唯鄭玄注謂「同」是陰律之名，實本《周禮·典同》「六律六同」之義。皮錫瑞謂：「是亦鄭據古《周禮》說以易今《尚書》說之明證也。」[31]

又〈甘誓〉：「乃召六卿。」鄭注云：「六卿者，六軍之將。《周禮》六軍將皆命卿，則三代同矣。」鄭注《大傳·夏傳》又云：「所謂六卿者，后稷、司徒、秩宗、司馬、作士、共工也。」鄭以六卿為六軍之將本無問題，但又引〈夏官·司馬〉「軍將皆命卿」，以為后稷、司徒、秩宗、司馬、作士、共工諸人，則嫌於附會。按：〈地官·司徒〉敘官：「鄉大夫，每鄉卿一人。」小司徒職：「頒比法於六鄉之大夫。」鄉大夫職：「受教法於司徒。」知《周禮》鄉大夫並非分職六卿，而僅為司徒之屬官。〈夏官·大司馬〉制軍「二千有五百人為師，師帥皆中大夫。五百人為旅，旅帥皆下大夫」云云，蓋天子六軍出自六鄉，六卿即為六鄉之大夫。皮錫瑞說：「云『命卿』者，蓋假以卿名，使為軍將耳。……《大傳》以為夏有九卿，則六卿或於九卿中擇用六人，或別有六卿，亦未可知，要與羲和四子、后稷、司徒等官無涉也。」[32] 鄭玄之弊，在於以周禮推說虞、夏之制。

按兩漢今文家說夏、殷官制，只有三公九卿，並無六卿之名。如《大傳》云：「古者天子……三公、九卿、二十七大夫、八十一元士。」此義又見《五經異義》引夏侯、歐陽說、《禮記·昏義》、《春秋繁露·官制象天》、《白虎通·封公侯》。至周初亦止有三公，無六卿之名。皮錫瑞認為，〈立政〉之「司徒、司馬、司空」為文王時之三公，〈顧命〉之「太保奭、芮

---

[30]〔清〕皮錫瑞：《今文尚書考證》，卷1〈堯典〉，頁15。

[31]〔清〕皮錫瑞：《今文尚書考證》，卷1〈堯典〉，頁57。

[32]〔清〕皮錫瑞：《今文尚書考證》，卷4〈甘誓〉，頁192-193。

伯、彤伯、畢公、衛侯、毛公」，則為成王崩、周公制禮後之六卿。王莽製造官制，乃准《周禮》之式、參用《尚書》之名，「以羲和、作士、秩宗、典樂、共工、予虞為六卿，又置三公司卿以擬三孤，合為九卿」。鄭注《周禮》沿用莽說，又稍變化之以注《尚書》。又云：「鄭言六卿無羲和，較莽為勝，而又加以司馬。司馬之名不見於《尚書》，惟緯書有之。稷為天官，亦出緯書。然緯書並無六卿之說，且鄭解〈堯典〉以羲和與仲叔四子為六卿，解〈夏書〉又以后稷、司徒之屬為六卿。案《書序》云『羲和湎淫』，則羲和之官夏時尚在，何以又不在六卿之列？此鄭君古文說不及今文家說可信之一證也。」[33]

四　偽孔《傳》與今文說

皮錫瑞既以鄭玄古文說多附會，不若其本於今文說者之確當[34]，又稱《尚書》偽孔《傳》務與鄭玄立異，確如丁晏《尚書餘論》所考乃王肅偽撰。江聲已見偽孔《傳》時採漢儒之義，皮錫瑞則以王肅雖善賈、馬之學，實多本其父王朗所受楊賜之歐陽義，故偽孔《傳》多與史公之說相合[35]。皮氏之意，偽孔名為古文，實參合今文說而成，其意在於攻鄭。

但偽孔與王肅之說亦非完全吻合，如〈禹貢〉徐州「厥土赤埴墳」，《史記·夏本紀》、《漢書·地理志》皆作「埴」，孔《傳》曰：「土黏曰埴。」與班、馬今文說相同。《釋文》曰：「埴，市力反。鄭作『戠』，徐、鄭、王皆讀曰熾。」可見偽孔與鄭、王皆不同。皮錫瑞以此為「不可解」，推測：「偽孔《傳》出於王肅，而《正義》、《釋文》所載孔《傳》亦間與肅注不同，或皇甫謐、枚頤輩又間為竄亂歟？」[36]言下頗為疑惑。後來吳承仕有

---

[33]〔清〕皮錫瑞：《今文尚書考證》，卷4〈甘誓〉，頁192。

[34] 如西漢舊解「高宗梁闇」為居喪，唯馬融釋為信默，鄭不從馬而從伏，皮氏以為卓識，見〔清〕皮錫瑞：《今文尚書考證》，卷20〈無逸〉，頁367。

[35]〔清〕皮錫瑞：《今文尚書考證》，卷13〈金縢〉，頁294。

[36]〔清〕皮錫瑞：《今文尚書考證》，卷3〈禹貢〉，頁148。

見於此，撰文全面比較孔《傳》與王肅《尚書》注之異同，其〈尚書傳王孔異同考〉[37]發得王、孔相異者一百二十五條，以致王肅偽造說開始動搖。

不過在皮氏看來，此亦當置諸疑事毋質之列，他更關心偽孔《傳》與馬、鄭及西漢今文古義的關係。如前述〈多方〉篇，〈周本紀〉以為乃周公攝政七年成王長、周公反政之後所作，鄭玄據伏《傳》文以為三年事。王肅注則本史公之說，謂為周公還政後所作。偽孔《傳》云歸政明年奄又叛，王親征奄，蓋與王肅《尚書》注合。皮錫瑞認為其說「與今文家合，遠勝馬、鄭古文學者」。又指出：「據馬、鄭以駁偽孔，可也；據馬、鄭以駁伏生、史公，不可也。近儒偏執鄭義以駁孔《傳》，不知以古義為折衷，殊為失之。」[38]鄭、王異趨，然皆於今文有所本，偽孔《傳》更為王肅竄亂，以馬、鄭古說駁之，本無不當，但絕不可挾馬、鄭之說淩越《大傳》和《史記》。以今文古義為經義之斷制，此為皮氏不可動搖的方法論基礎。

唐代偽孔流行，唐人倒置本末，每執偽孔以駁古義，皮氏皆隨文予以駁斥。如〈高宗肜日〉「典祀無豐于昵」，孔《傳》曰：「祭祀有常，不當特豐於近廟。」《史記·殷本紀》曰：「罔非天繼，常祀毋禮於棄道。」司馬貞《索隱》：「祭祀有常，無為豐殺之禮於是以棄常道。」史公蓋釋今文《尚書》之義，「棄道」明與「無豐于禰」不同。《索隱》牽引偽孔以釋《史記》，文義混亂[39]。又如〈蔡仲之命〉，《書序》云：「蔡叔既沒，王命蔡仲踐諸侯位，作〈蔡仲之命〉。」〈管蔡世家〉曰：「蔡叔度既遷而死，其子曰胡，胡乃改行，率德馴善。周公聞之，而舉胡以為魯卿士，魯國治。於是周公言於成王，復封胡於蔡，以奉蔡叔之祀，是為蔡仲。」晚出《古文尚書·蔡仲之命》云：「蔡仲克庸祗德，周公以為卿士。叔卒，乃命諸王，邦之蔡。」刪去「魯」字。《索隱》據晚書駁《史記》曰：「伯禽居魯，乃是七年致政之後，此言乃說居攝之初，未知史遷何憑而有斯言也。」蓋謂居攝時尚無魯

---

37 載《華國月刊》，第2期第7冊、第10冊，第3期第1冊。

38 〔清〕皮錫瑞：《今文尚書考證》，卷22〈多方〉，頁395。

39 〔清〕皮錫瑞：《今文尚書考證》，卷7〈高宗肜日〉，頁219。

國，何來魯卿士？皮錫瑞認為，周公封魯在武王定天下之初，伯禽就國於魯，即在周公攝政之初，不待七年致政之後。周公舉胡以為魯卿士，即魯卿之命於天子者。晚書以為王朝之卿士，而不知王朝卿士為執政之最尊者，非周公之屬所能有。「《索隱》據偽古文以駁《史記》，尤謬。」[40]皮氏之救《史記》，稍嫌牽強，亦出其維護今文古義之立場。

五　對皮氏今文《書》說體系的反省

如上所述，皮錫瑞《今文尚書考證》所建今文說體系極為嚴密，西漢今文博士之學得以發揚光大。稍後王先謙撰《尚書孔傳參正》，引用皮說極多，蓋亦難以凌駕乎其上也。

民國期間，經學今古文之爭廣泛存在，除了《左傳》、《公羊》學術分野之外，圍繞《尚書》今古文的爭論也從未停息。皮氏所撰《尚書大傳疏證》、《今文尚書考證》、《尚書中候疏證》等，為今文《尚書》學構築了堅實的堡壘。古文學者如章太炎、吳承仕等雖欲為古文說張本，無奈古文說吉光片羽，存者極少。章氏認為：「《尚書》今古文，除《說文》所引、《正始石經》所書者，難信為古文真本，即今文亦唯《熹平石經》稍有證據，其餘則或在緯書耳。今文雖立學官，公私稱引不必盡取於是，猶當時《春秋》立學，只有《公羊》，而稱述《左氏》者亦正不少，何獨於《尚書》必有科禁也。」[41]章氏因撰《太史公古文尚書說》，欲存孔安國學術之一線；撰《新出三體石經考》，欲從《正始石經》以窺古文真本之迹；撰〈疏證古文八事〉[42]，以示具體操作之法。在章氏看來，只有詳考漢人字書、傳注，才能發現「古文真本」的原貌。吳氏也認為，《尚書》原本為古文，而漢人傳習皆今字，要辨析今古文，根據只有「古文原本」，漢儒輾轉訓讀，已非古今文

---

[40]〔清〕皮錫瑞：《今文尚書考證》，卷30〈書序〉，頁526。

[41]〈復吳簡齋書〉，《華國月刊》，第2期第12冊。

[42]《華國月刊》，第2期第10冊。

舊貌；清儒如段玉裁、皮錫瑞、王先謙等不明此義，故所分徒滋繳繞、疑誤後生[43]。受章氏的啟發，吳氏又據新出敦煌唐寫本《舜典釋文》推梅氏隸古定，廣引漢人經注字書及《三體石經》相證，以求漢代古文原貌，否定動輒以隸古定為六朝俗字的做法。章門弟子黃季剛亦稱：「《尚書》文字有古文真本與古文傳寫本、古文異本。」[44]也是從《禮經》鄭注中受到的啟發。

今日看來，章、吳等人注意到古今文有「原本」，當就字書、經注輾轉尋求，乃是卓識。然茲事體大，諸人僅發凡起例，亦未能卒業。儘管如此，還是留給後人很多啟發，至少以從文字演化上檢驗清人對今古文家數的判定。

比如，〈康誥〉云：「殪戎殷。」《左傳》宣公六年：「秋，赤狄伐晉，圍懷及邢丘。晉侯欲伐之。中行桓子曰：『使疾其民，以盈其貫，將可殪也。〈周書〉曰「殪戎殷」，此類之謂也。』」又《禮記·中庸》云：「武王纘太王、王季、文王之緒，壹戎衣而有天下。」皆明載〈康誥〉異文。在皮錫瑞看來，《左傳》是古文，〈中庸〉是今文，故《考證》云：「今文『殪』作『壹』。」[45]

按《漢書·儒林傳》，夏侯始昌為伏生三傳弟子，后蒼事始昌，亦通《詩》、《禮》，為博士，戴德、戴聖為其弟子。皮錫瑞因此認為：「大小戴與大小夏侯同出始昌，皆今文說。」[46]照此邏輯，〈大學〉、〈中庸〉等所引皆為今文說，而不顧《禮記》為七十子後學纂輯，實乃戰國古記之事實。洪誠注意到這一點，認為從《左傳》看，《尚書》「殪」字不錯，鄭玄所見《禮記》本誤。古文「殪」與篆形「壹」形近，以致訛誤，壹不是殪的形殘，也非通假。「殪戎」為動字複語，意為「用武器消滅」，與〈文侯之命〉「侵戎」語

---

[43] 吳承仕：〈論古今文上章先生書〉，《華國月刊》，第2期第12冊。

[44] 黃侃：〈量守廬論學箚記〉，《人文論叢》1999年卷（武漢市：武漢大學出版社，1999年），頁15。

[45] 〔清〕皮錫瑞：《今文尚書考證》，卷14〈康誥〉，頁311。

[46] 〔清〕皮錫瑞：《今文尚書考證》，卷1〈堯典〉，頁86；卷29〈秦誓〉，頁476。

例相同[47]。洪氏固章、黃後學,猶得聞古文家法,所論理據充足,足備一說。以此可見,清儒如陳喬樅、皮錫瑞等以師承授受分別今古文,往往僅得皮相,不見本源。

　　總體看來,皮錫瑞的《今文尚書考證》方法精密,材料豐富,是今文《尚書》學的集大成之作。皮氏以今文家法為宗,力圖不雜古文說,客觀上建立了兩漢今文《書》學的體系。但其強分今古、不相屬雜的做法也導致了觀念上的一些偏差,引起了後來學者的爭議。當今之世,地不愛寶,先秦古文屢有出土,於傳世文獻外,實可另窺門徑,以息今古之爭,則今日學人之任也。

---

[47] 洪誠:《訓詁學》第二章第四節注釋四,收入《洪誠文集》(南京市:江蘇古籍出版社,2000年),頁54。

王安石〈洪範傳〉之解經形式

何銘鴻*

一 前言

　　《尚書·洪範》舊傳為周武王克殷之後，箕子向周武王陳述的「治國御民之大法」。其著成之時代歷來眾說紛紜，有謂作於西周之初者、有謂作於戰國初年者、有謂作於戰國後至秦統一以前者、有謂作於戰國末期者，莫衷一是。近人黃忠慎先生則以為：「漢初之得《尚書》，或來自壁藏，或由於口傳，因有今古文之分與口受之誤，而漢後作注者，間或私以己意刪改原文，則今人因經之一字一句而推論其時代，失之枘鑿亦可想見。此外，先秦典籍引《書》者比比皆是，是則〈洪範〉之問世當早於戰國初年甚多，且已異常風行，否則不易為古籍所引用。……蓋今之〈洪範〉與周府庫所藏之〈洪範〉，本有字句上之出入也。」[1]黃先生認為，除非有更明確的證據證明，否則〈洪範〉最初文本之問世應始於西周初年，惟今所見之〈洪範〉，已非原本，難以遽斷。

　　就其內容而言，〈洪範〉所載治國御民之大法凡九類，故稱「九疇」，其經文云：「初一曰五行，次二曰敬用五事，次三曰農用八政，次四曰協用五紀，次五曰建用皇極，次六曰乂用三德，次七曰明用稽疑，次八曰念用庶

---

* 臺北市立教育大學中國語文學系

[1] 黃忠慎：《《尚書·洪範》考辨與解釋》（新北市：花木蘭文化出版社，2011年），頁46-47。本書第二章對於各家說法皆有所考辨，黃先生之論點，基本上依據徐復觀先生的說法，徐復觀先生的說法見於氏著：〈陰陽五行觀念之演變及若干有關文獻的成立時代與解釋問題〉，收入《中國人性論史》（上海市：華東師範大學出版社，2005年）。

徵,次九曰嚮用五福,威用六極。」九疇並列,語甚平易,秦末漢初濟南伏生首傳《尚書》,以壁藏之二十九篇,教於齊、魯之間,有《尚書大傳》及《洪範五行傳》,其《五行傳》專言祥瑞災異,而說《尚書》者多宗之,自是〈洪範〉離《尚書》而獨行,備受矚目,別傳於世。而《五行傳》乃以一疇統貫八疇,推論天人感應之理,附以休徵、咎徵,儼然為兩漢《尚書》學之中心。[2] 自漢至唐,〈洪範〉之學,大致仍以五行讖緯為其中心,除偽孔《傳》略見平實之論,稍異漢儒,餘皆出入其間,此部分蔣秋華先生有〈宋以前〈洪範〉學概述〉[3] 一文述之甚明,可參看。

王安石曾任宋神宗之宰輔,主導熙寧變法,宋神宗熙寧六年(1073)詔設經義局修纂《周禮》、《詩經》、《尚書》三經新義,由王安石總其事,於熙寧八年(1075)完成,頒於學官,作為科舉考試的標準本,也是王安石進行變法的思想基礎之一。《尚書·洪範》一篇自古以來即為治國者最重視的要籍,被視為儒家治國的最高典範法則。王安石既要實施變法,必然需要在〈洪範〉一文上進行一個新的詮釋,以作為他實施變法的一種「經典」依據。臺灣黃姿瑜有〈王安石〈洪範傳〉析論〉[4] 一文,曾就王安石〈洪範傳〉之撰作動機、內容作一簡要分析,並將程元敏先生所輯《尚書新義》[5] 中各家對於王安石〈洪範〉九疇之匯評,做一整理,所論尚稱平實,然有所未盡。其次,蔣秋華先生有《宋人洪範學》一書,就宋人於《尚書·洪範》一篇的研究情形,做一全面的梳理,惟對於王安石解〈洪範〉的分析,亦有所未盡。筆者今擬先述宋代〈洪範〉研究之概要,次以王安石〈洪範傳〉為主要文本,參酌〈書〈洪範傳〉後〉、〈進〈洪範〉表〉以及程元敏先生所輯《尚書新義》有關〈洪範〉部分為文本,從不同的角度切入,進一步探討王安石《尚書·洪範》解經形式的之特色。

---

2 蔣秋華:《宋人洪範學》(臺北市:國立臺灣大學出版委員會,1986年),頁2。

3 蔣秋華:《宋人洪範學》,第1章第1節,頁1-11。

4 黃姿瑜:〈王安石〈洪範傳〉析論〉,《問學》,第7期(2004年12月),頁125-147。

5 程元敏:《三經新義輯考彙評(一)──尚書》(上海市:華東師範大學,2010年)本書舊有臺北市國立編譯館民國七十五年出版之版本,筆者所據為後出之版本。

二 宋代《尚書‧洪範》研究述要[6]

　　王安石〈書洪範傳後〉云：「予悲夫〈洪範〉者，武王之所以虛心而問，與箕子之所以悉意而言，為傳注者汩之，以致於今冥冥也。於是為作傳，以通其意。」[7]此處之言，表明了〈洪範〉一篇在王安石心中的地位，以及所以要為〈洪範〉重新作〈傳〉的原因，也就是王安石希望重新還原箕子當年為武王陳述治國大法的深意。蔣秋華先生云：「《尚書‧洪範》宋人甚為重視，不僅學者研究，發明天人之道；宋室諸帝，亦頗好斯學。」[8]如明‧陳邦瞻《宋史紀事本末》卷二二即記載宋真宗獲受命天書〈大中祥符〉三篇，其文辭與〈洪範〉類似，真宗以金匱盛之，大臣以經義附和，一時天下爭言祥瑞之事。此實因澶淵之盟，天下恥之，真宗為正視聽，遂從王欽若計，仿龍圖洛書之例，詭稱天降祥符，雖為迷信，亦可見〈洪範〉之地位。又如宋章如愚《山堂考索》卷二二載宋仁宗御制《洪範政鑑》十二卷併示輔臣，其書雖未必親出仁宗之手，然以國主勞思其事，用作自警，亦足見其旌揚之意[9]。《經義考》亦引宰相范祖禹之言曰：「仁宗最深〈洪範〉之學，每有變異，恐懼修省，必求其端。」[10]其三，宋英宗治平三年（1066），英宗詔王廣淵書〈洪範〉於殿屏，並垂問先儒所論〈洪範〉得失，以張景所論最得深意，進〈景論〉七篇，英宗覽之，以為三德為馭臣之柄，尤為善論，每遇臣下，常務謙柔聽納之間，則自以明斷，此屏置之坐右，豈特無逸之戒[11]。蓋英宗之於〈洪範〉，特重其政治上之效用，視仁宗之以災異自戒，要高明許

---

[6] 本節主要參考蔣秋華：《宋人洪範學》，第1章第2節，〈宋代洪範學概況〉之研究整理而得，頁11-29。

[7] 王安石：《王安石文集》，卷64。

[8] 蔣秋華：《宋人洪範學》，頁12。

[9] 蔣秋華：《宋人洪範學》，頁13。

[10] 林慶彰等主編、〔清〕朱彝尊原著：《經義考新校》（上海市：上海古籍出版社，2010年），第5冊，卷95，頁1782引范祖禹之說。

[11] 〔宋〕李燾：《續資治通鑑長編》，卷208，頁8。

多。前述三例，可見得宋室諸帝深好〈洪範〉之學也。

宋世學術之盛，理學為最，胡瑗、孫復為之先導。胡瑗生於北宋盛時，有《洪範口義》二卷，其論〈洪範〉，與漢儒之學殊異。蓋漢儒說〈範〉，牽合陰陽術數讖緯，神秘詭僻，偽孔《傳》不能盡去，重以唐《正義》大量採用，士子肄業《書》經，又一依傳疏，遂通行一時。至胡瑗解〈範〉，乃不取天錫龜負之說，滅迷信荒誕色彩；不尚舊疏，盡以己見辨明，皆與漢儒之說相反，另拓新地，肇宋世〈洪範〉新學之端緒。蔣秋華先生之研究指出：宋人之論〈洪範〉，大致可分章句訓詁、圖書象數、疑經改經、貫通理學四類。茲將其要點略述如下：

（一）章句訓詁：學者讀經，首在辨明章句，以通經義，漢儒說經，偏重訓詁名物，考證制度，績效彰著，未可菲薄。宋代經學，雖稱變古，其於前人解經成果，亦難一概否定。研究《尚書》之名家要籍如：史浩《尚書講義》、黃度《尚書說》、陳經《尚書詳解》、魏了翁《尚書要義》、胡士行《尚書詳解》、林之奇《尚書全解》、蔡沈《書集傳》、夏僎《尚書詳解》、黃倫《尚書精義》等。此類要籍皆注疏之體，首重經文字義之發明，至於發揮義理，以非所重，故非多見。宋儒之注解〈洪範〉單篇者，以王安石及曾鞏之〈洪範傳〉為最著。兩家注解，各有勝所，其字義訓釋、發揮義理，皆有所長。

（二）圖書象數：此類近乎術數之學，殆承漢學緒餘而推衍之，惟其說解有逾越漢儒者。蓋漢儒以五行、五事、庶徵、福極諸疇，相互比配，論其天人感應之理；宋儒雖譏其不當，然亦不憚溝合比附，甚至穿鑿旁通，尤過於漢人者，如蘇轍〈洪範五事說〉、晁補之〈洪範五行說〉、晁說之〈洪範小傳〉、蔡沈《洪範皇極內篇》；其次有以黑白圈點所作之圖譜，與象數有關，如劉牧《易數鉤隱圖》、朱熹《易學啟蒙》、唐仲友《帝王經世圖譜》、王柏《研幾圖》，各有與〈洪範〉相干者數圖，并用以表彰經義，庶使讀者易曉爾。

（三）疑經改經：懷疑經書，為宋代經學一大特色。宋儒之所疑者，

遍及群經，且疑者多人，殆時代風氣使然。其著者如：吳棫《尚書稗傳》首疑古文《尚書》，朱子從之；趙汝談《南塘書說》併今文而疑之。至若〈洪範〉一篇，宋儒於其作者及經義皆有懷疑，惟論者不多，而說其脫簡、錯簡，則大有人在；此議自龔鼎臣首倡之，續有蘇軾、晁說之、洪邁、項安世諸人附和之，至王柏、金履祥而達極致，至為之分別經傳，亦不憚為之。

（四）貫通理學：宋世理學特盛，而理學又自經學入手。此因魏、晉以來，佛、道思想昌盛，凌駕儒學之上，宋儒為重振孔、孟思想，乃圖自哲理之樹立，以抗佛、道之玄談，故不得不資經書以建新說。宋人據以立論之經，以《易傳》、《論語》、《孟子》、〈大學〉、〈中庸〉為主，他經則僅作引述佐證之用。職是之故，宋儒解〈洪範〉，亦不免加入哲理之言。理學之先導──胡瑗，其解〈洪範〉即重義理，不取漢儒陰陽術數之說，其論平實，咸在人倫日用之間，王安石之解〈洪範〉，亦復如是。蘇軾《東坡書傳》注文雖簡，然好以經義論史，故說〈範〉首即辯箕子撰作之由。張九成〈洪範傳〉、鄭伯熊《敷文書說》，亦論箕子撰作原委，蘇軾為其先導。另外，或以皇極為九疇中心，統攝諸疇，稟此而推究治亂得失者，有釋契嵩、薛季宣、葉適之〈皇極說〉及范浚〈洪範論〉、趙善湘《洪範統一》。此外，陸九淵派之袁燮注〈洪範〉之「皇極」，即以「本心」闡釋之。可知經學、理學實不可分，理學家自經書尋求哲理根據，轉以發明經義，兩者相得益彰。

宋人〈洪範〉學之研究狀況，大抵如是。

三　王安石〈洪範傳〉之解經形式

承上文，蔣秋華先生提到：「宋儒之論〈洪範〉，大致可分：章句訓

詁、圖書象數、疑經改經、貫通理學四類。」[12]又說：「宋儒之注解〈洪範〉
單篇者，以王安石及曾鞏之〈洪範傳〉為最著。」並引宋黃震《黃氏日鈔》
卷六四所云「荊公〈洪範傳〉，其字義多足取者」為證，加以說明曰：「安
石解經，好出新義，其《三經新義》之編定，即因不滿舊注，而重作訓釋
也。〈洪範傳〉亦以先儒所解未當，不得已而作也，故頗有更易舊解者。
考其訓釋，確有特見，黃震之讚是也。」[13]蔣先生的意見以為王安石解〈洪
範〉，在宋人論〈洪範〉的系統裏，大抵是歸類在「章句訓詁」一類，並認
為「其字義多足取者」，從王安石說解〈洪範〉的內容來說，筆者以為蔣先
生的意見大抵是正確的，但就其解經形式的分析上，所述或有未盡之處，故
下文擬從不同的角度，就王安石解說〈洪範〉時其解經形式的表現特色，作
進一步的闡述，或可補蔣秋華先生與黃姿瑜先生二文之不足。

（一）小章句之解經特色

　　業師林慶彰先生曾在〈兩漢章句之學重探〉一文中說道：「章句並不全
是對經書的注解。」[14]又說：

> 現存的章句資料……清人馬國翰和黃奭等人的輯佚，已無法窺見章句
> 的完整形式。現存以章句為書名的著作，有趙岐《孟子章句》和王逸
> 的《楚辭章句》。……這兩部書的內容和一般所說的傳注並沒有什麼
> 不同，但對經文的每一句都有簡明的釋義。這種對各章、各句做簡明
> 釋義的，可能就是〈丁寬傳〉所說的「作《易說》三萬言，訓故舉
> 大誼而已，今小章句是也。」（《漢書》，卷八八）可知解經如僅僅是

---

12 蔣秋華：《宋人洪範學》，頁16。
13 前引併見蔣秋華：《宋人洪範學》，頁17。
14 林慶彰：〈兩漢章句之學重探〉，收入《中國經學史論文選集》（臺北市：文史哲出版
　社，1993年），頁279。該文曾刊載於《漢代文學與思想學術研討會論文集》（臺北
　市：文史哲出版社，1991年）。

「訓故舉大誼」，就是「小章句」。這種小章句，可能就是章句之學最
早的形式，如果牽引很多資料，甚至單就某一問題做詳盡縝密的闡
釋，就可能變成「大章句」。西漢末至東漢時代所要刪削的，就是這
種動輒數十萬言，或百萬言的大章句。[15]

從上述所言可知：1.現存章句之輯佚，恐無法反應章句之學的完整面貌。
2.「訓故舉大誼」的解經方式，就是「小章句」，可能就是章句之學最早的形
式。3.趙岐《孟子章句》和王逸的《楚辭章句》雖是東漢刪減章句之作，但
其形式可能就是小章句。因此，「小章句」的內容與樣貌就是建立在「訓故
舉大誼」的形式之上。

其次，對於章句之學的解經方式，《漢書‧夏侯勝傳》有一段話說：
「勝從父子建字長卿，自師事勝及歐陽高，左右采獲，又從五經諸儒問與
《尚書》相出入者，牽引以次章句，具文飾說。」（卷75，頁3159）林慶彰先
生云：「『以次章句』的『次』，是排列的意思。亦即順著經文各章、各句的
脈絡，將所援引的資料納入，然後再加以引伸闡述，這就是『具文飾說』。
這種解經方式，自成一種格局。」也就是說這種解經方式的特色是順著經文
脈絡，援引資料，並加以引伸闡述。與純粹的「訓詁」解經不同[16]。而且，
這種解經方式，有一部分是為應付論敵用的。夏侯建研經的著眼點即在此。
而夏侯勝承繼西漢初年的學風，訓詁通而已，所以夏侯建才批評他「為學疏
略，難以應敵」[17]。

綜上所述，今復舉馬國翰《玉函山房輯佚書》[18]所輯之《尚書大夏侯章

---

[15] 林慶彰：〈兩漢章句之學重探〉，頁281-282。

[16] 林慶彰先生在文章中引《漢書》、《後漢書》之資料指出：揚雄「不為章句，訓故通
而已」；桓譚「博學多通，遍習五經，皆訓詁大義，不為章句」；班固「所學無長師，
不為章句，舉大義而已」。可知通訓故與章句之不同。見林慶彰：〈兩漢章句之學重
探〉，頁279。

[17] 林慶彰：〈兩漢章句之學重探〉，頁280。

[18] 馬國翰：《玉函山房輯佚書》，收入《山東文獻集成》（濟南市：山東大學出版社，
2006年），下所引《尚書大夏侯章句》、《尚書小夏侯章句》、趙岐《孟子章指》、高誘

句》、《尚書小夏侯章句》之數例，與王安石解〈洪範〉之方式作一對照，以見得章句之學樣貌與王安石解〈洪範〉之模式：

《尚書大夏侯章句・洪範》言「羞用五事，建用皇極」云：

> 羞用五事，建用皇極，如貌、言、視、聽、思失大中之道，不立則咎徵薦臻，六極屢降，皇之不極，是謂大中不立。

言「咎徵」之「臣之有作威作福，害于爾家，凶于爾國」云：

> 天右與王者，故災異數見，以譴告之，欲其改更，若不畏懼，有以塞除。而輕忽簡誣，則凶罰加焉，其至可必。

《尚書小夏侯章句・洪範》言「水曰潤下」云：

> 五行以水為本，其星玄武、婺女，天地所紀，終始所生，水為準平。王道公正脩明，則百川理落脈通；偏黨失綱，則湧溢為敗。《書》云：「水曰潤下。」陰動而卑，不失其道，天下有道，則河出圖，洛出書。

言〈金縢〉之「秋大熟未穫……邦人大恐」云：

> 成王狐疑於周公，欲以天子禮葬公，公，人臣也；復以人臣禮葬公，公有王功。狐疑於葬周公之閒，天大雷雨，動怒示變，以彰聖功。

言〈金縢〉之「王出郊，天止雨，反風，禾則盡起」云：

> 開匱得書，覺悟泣過，決以天子禮葬公，出郊觀變，天止雨，反風，禾盡起。

觀以上《尚書大小夏侯章句》，雖僅吉光片羽，但仍依稀可見章句之學「以次章句，具文飾說」之模式，只可惜此處無法見得大小夏侯差異之所在。而

《孟子高氏章句》等，皆出於此，不復出注。

觀王安石解〈洪範〉內容之形式，亦具有此種「具文飾說」之特色。此見下文：

《尚書・洪範》言：「五事，一曰貌，二曰言，三曰視，四曰聽，五曰思。貌曰恭，言曰從，視曰明，聽曰聰，思曰睿。恭作順，從作乂，明作哲，聰作謀，睿作聖。」王安石之〈洪範傳〉云：

> 何也？恭則貌欽，故作肅；從則言順，故作乂；明則善視，故作哲；聰則善聽，故作謀；睿則思無所不通，故作聖。五事以思為主，而貌最其所後也，而其次之如此，何也？此言修身之序也。恭其貌，順其言，然後可以學而至於哲。既哲矣，然後能聽而成其謀。能謀矣，然後可以思而至於聖。思者，事之所成終而所成始也，思所以作聖也。既聖矣，則雖無思也，無為也，寂然不動，感而遂通天下之故可也。[19]

就其形式而言，〈傳〉文乃順著經文而下，加以引伸闡述，頗符合章句之體，且論述精要，沒有大章句之繁瑣，反而符合小章句「訓詁舉大誼」的特色。王安石解〈洪範〉之內容與形式大抵如是，以下再舉一例：

《尚書・洪範》言：「七稽疑，擇建立卜筮人，乃命卜筮，曰雨，曰霽，曰蒙，曰驛，曰克，曰貞，曰悔。凡七，卜五，占用二，衍忒。」王安石之〈洪範傳〉云：

> 何也？言有所擇，有所建，則立卜筮人，卜筮凡七，而其為卜者五，則其為筮者二可知也。先卜而後筮，則筮之為正悔亦可知也。衍者，吉之謂也；忒者，凶之謂也。吉言衍，則凶之為耗可知也；凶言忒，則吉之為當亦可知也。

王安石每於經文之後，繼之以「何也」？並陳述自己解經的意見，所述內容多為義理之闡發，具有「策論」之特色，此觀其行文可知也。陳振孫亦云：

---

[19] 王安石：〈洪範傳〉，收入程元敏：《三經新義輯考彙評》，頁128。下所引〈洪範傳〉皆出自於本書，為免繁瑣，不再出注。

「王氏學獨行於世者六十年，科舉之士，熟於此，乃合程度。前輩謂如脫鑿然，按其形模而出之爾。」[20] 蓋策論之文本以說理為主，說理之特點即在於「解義」，亦即使讀者明白解說者所欲闡述之義理，王安石解說〈洪範〉之特點便是以「解大誼」（解義）為主，從此一角度觀之，頗符合「小章句」的特點。再進一步就現存所輯得的《尚書義》的內容、形式觀察，應可推論整本《尚書義》的解經形式就是一種帶有「小章句」的特色，同時，王安石重新闡釋《尚書》，除了作為科舉定本之外，也帶有一點應敵的意味，也就是藉由官方定本的呈現，讓經義定於一尊，藉機削弱其他學者的經說地位。

（二）融入散文之修辭句法

王安石之散文，在文學史上號為「唐宋八大家」之一，上追唐代的韓愈、柳宗元，於宋代則與歐陽修、蘇洵、蘇軾、蘇轍、曾鞏齊名，因此，其下筆行文必然有獨到之特色與感染力。截至目前為止，依筆者所掌握到的資料，除一般性的期刊論文之外，以王安石的散文為研究素材，對其表現特色進行研究的，在臺灣有方元珍《王荊公散文研究》與翁志萍《王安石及其散文研究》二種[21]；在大陸則有姚濤《王安石記體文研究》、李小蘭《論王安石散文創作中的思維類型》與湯江浩《北宋臨川王氏家族及文學考論：以王安石為中心》三種[22]。其中尤以臺灣二本論文對於王安石散文的表現形式與特色，論述較為深入。而就其散文之行文特色來考察王安石解〈洪範〉之內容，筆者發現：王安石〈洪範傳〉雖然是一種解經之著作，卻與過去的「訓

---

[20] 林慶彰等主編、〔清〕朱彞尊原著：《經義考新校》，第4冊，卷97，頁1489引陳氏之說。

[21] 方元珍：《王荊公散文研究》（臺北市：文史哲出版社，1993年）；翁志評：《王安石及其散文之研究》（桃園縣：銘傳大學應用中國文學研究所碩士論文，2005年）。

[22] 姚濤：《王安石記體文研究》（福州市：福建師範大學中國古代文學專業碩士論文，2010年）；李小蘭：《論王安石散文創作中的思維類型》（上海市：華中師範大學古代文學專業碩士論文，2004年）；湯江浩：《北宋臨川王氏家族及文學考論：以王安石為中心》（福州市：福建師範大學中國古代文學專業博士論文，2002年）。

詁解經」有很大的不同，王安石以散文的表現方式呈現在「解經」的著作
內容上，以發揮其「闡述義理」的效果；進一步考察則發現，為了發揮「說
理」的效果，王安石主要運用了「排比」與「層遞」的二種修辭表現方式[23]，
呈現在解經的論著當中。以下分別論述之：

1 排比

　　黃永武先生云：「連綴若干句型相等，而句意不等的文句，來強調同一
範圍的事象，構成一小組排句，來強化語氣的辭格，叫做『排比』。」[24]馮永
敏先生進一步論及排比修辭在文章所呈現之特色云：「排比，用於敘事，語
意暢達；用於抒情，節奏和諧；用於說理，則氣勢磅礴，其勢不可遏。」[25]可
知為文時，如能善用排比之修辭，可以達到強化文勢的作用，這種作用非常
適合於「說理」的作品。以下略舉數例以明之：

　　王安石在〈洪範傳〉開頭：「初一曰五行」……「次二曰敬用五事」……
「次三曰農用八政」……「次四曰協用五紀」……一直到「次九曰嚮用五福，
威用六極」後，分別對「敬」、「農」、「建」、「乂」等字有一段論述曰：

> 敬者何？君子所以直內也，言五事之本在人心而已。農者何？厚也，
> 言君子之道施于有政，取諸此以厚彼而已。有本以保常而後可立也，
> 故皇極曰建。有變以趣時，而後可治也，故三德曰乂。嚮者，慕而
> 欲其至也；威者，畏而欲其亡也。

---

23 關於此處論述之修辭表現方式，筆者主要參考黃永武之《字句鍛鍊法》（臺北市：洪範
　　書店，1986年）一書，據書前〈增訂本序〉言，本書完成於民國五十七年，在臺灣當
　　時大學校園為首創之作，頗受重視，雖非以「修辭」為書名，但著重於文章中修辭之
　　功用來論述，所引例證涵蓋古典與現代之詩、文作品。筆者所據，是民國七十五年的
　　增訂版。書中主要分為兩部分，前半部為「鍛句的方法」，後半部為「鍊字的方法」，
　　前半部即本文參考之依據；其次，則是參考馮永敏：《散文鑑賞藝術探微》（臺北市：
　　文史哲出版社，1997年）中「散文修辭的選擇」一節。
24 黃永武：《字句鍛鍊法》，頁107。
25 馮永敏：《散文鑑賞藝術探微》，頁287。

此處筆者以黑框框起之處，即王安石以「排比」句法表現之處：「敬者何？……也，言……而已。農者何？……也，言……而已」；「有……故……。有……故……」這種表現方式在王安石解〈洪範〉之文字中十分常見，頗具有「語意暢達」、「一氣呵成」之效果，王安石為使其解說達到「說人以理」的目的，故將其散文技巧用於經解之中，可謂善矣。再觀一例，如王安石在〈洪範傳〉「五行：一曰水，二曰火，三曰木，四曰金，五曰土」下云：

> 五行也者，成變化而行鬼神，往來乎天地之間而不窮者也，是故謂之行。天一生水，其于物為精，精者，一之所生也。地二生火，其于物為神，神者，有精而後從之者也。天三生木，其于物為魂，魂從神者也。地四生金，其于物為魄，魄者，有魂而後從之者也。天五生土，其于物為意，精神魂魄具而後有意。自天一至于天五，五行之生數也。

以上「天一……也」到「天五……也」之句式，亦是「排比」的表現句法。再如〈洪範〉「休徵」、「咎徵」之後，王安石〈洪範傳〉之言曰：

> 天之有五物，一極備凶，一極無亦凶，其施之小大緩急無常，其所以成物者，要之適而已。人之有五事，一極備凶，一極無亦凶，施之小大緩急亦無常，其所以成民者，亦要之適而已。故雨、暘、燠、寒、風者，五事之證也。降而萬物悅者，肅也，故若時雨然；升而萬物理者，乂也，故若時暘然；哲者，陽也，故若時燠然；謀者，陰也，故若時寒然；睿其思，心無所不通，以濟四事之善者，聖也，故若時風然。狂則蕩，故常雨若；僭則亢，故常暘若；豫則解緩，故常燠若；急則縮栗，故常寒若；冥其思，心無所不入，以濟四事之惡者，蒙，故常風若也。

從上文之例可知，因為排比之句法，非常適用於說理性之文字，因此，王安石十分善於運用此種表現方式，並將其運用於經解文字之中。

2 層遞

　　黃永武先生云：「連綴若干句型相似而涵意輕重有序的句子，把要強調的語詞，安置在最後或最前，用來聳動讀者視聽的辭格，叫做『層遞』。」[26]進一步說，就是一種用三個或三個以上的語句，按文意由淺而深，由低而高，由小而大，由輕而重，或由深而淺，由高而低，由小而大，由重而輕，逐層遞增或遞減的排列的一種修辭技巧。由於層遞法「上下相接，若繼踵然」，可以使語言整齊和諧，一環扣一環，文意一步緊一步，逐步深化讀者的認識[27]。王安石解〈洪範〉，亦往往於行文之中，流露此種技法，以強化其文章之說服力。例如王安石〈洪範傳〉於「水曰潤下，火曰炎上，木曰曲直，金曰從革，土爰稼穡」下云：

> 北方陰極而生寒，寒生水，南方陽極而生熱，熱生火，故水潤而火炎，水下而火上。東方陽動以散而生風，風生木。木者，陽中也，故能變，能變，故曲直。西方陰止以收而生燥，燥生金。金者，陰中也，故能化，能化，故從革。中央陰陽交而生濕，濕生土。土者，陰陽沖氣之所生也，故發之而為稼，斂之而為穡。曰者，所以命其物。爰者，言于之稼穡而已。

此處從「北」、「南」、「東」、「西」、「中央」五個方位「層層遞敘」、「環環相扣」，確實具有語言整齊，說理明白之效果。再如〈洪範〉五事「五事，一曰貌，二曰言，三曰視，四曰聽，五曰思。貌曰恭，言曰從，視曰明，聽曰聰，思曰睿。恭作肅，從作乂，明作哲，聰作謀，睿作聖」一段，王安石〈洪範傳〉就其先後順序之理言：

> 恭則貌欽，故作肅；從則言順，故作乂；明則善視，故作哲；聰則善聽，故作謀；睿則思無所不通，故作聖。五事以思為主，而貌最其所後也，而其次之如此，何也？此言修身之序也。恭其貌，順其言，然

---

[26] 黃永武：《字句鍛鍊法》，頁123。

[27] 馮永敏：《散文鑑賞藝術探微》，頁254。

後可以學而至於哲。既哲矣，然後能聽而成其謀。能謀矣，然後可以思而至於聖。思者，事之所成終而所成始也，思所以作聖也。既聖矣，則雖無思也，無為也，寂然不動，感而遂通天下之故，可也。

其文就貌、言、視、聽、思；恭、從、明、聰、睿之順序與理由，層層推進，說理明白曉暢，讀來一氣呵成。因為〈洪範〉一文頗多以數字、順序為辭者，故王安石解義之時，頗能善用層遞之表現方法，結合〈洪範〉文本之特性，加以進一步申述。再如〈洪範〉「八政，一曰食，二曰貨，三曰祀，四曰司空，五曰司徒，六曰司寇，七曰賓，八曰師」一段，王安石〈洪範傳〉即就其先後順序之理申述云：

食、貨，人之所以相生養也，故一曰食，二曰貨。有相生養之道，則不可不致孝於鬼神，而著不忘其所自，故三曰祀。有所以相生養之道，而知不忘其所自，然後能保其居，故四曰司空。司空所以居民，民保其居，然後可教，故五曰司徒。司徒以教民，教之不率，然後俟之以刑戮，故六曰司寇。自食貨至於司寇，而治內者具矣，故七曰賓，八曰師。賓所以接外治，師所以接外亂也。自食貨至於賓師，莫不有官以治之，而獨曰司空、司徒、司寇者，言官則以知物之有官，言物則以知官之有物也。

此王安石以為〈洪範〉言「一曰、二曰、三曰、四曰、五曰、六曰、七曰、八曰」等順序，非空言也，皆有其置於先後之理也。食何以先？貨何以次？七何以賓？八何以師？王荊公由重而輕，由先而後，逐層遞增，娓娓道來，確能收其說理之效。再如〈洪範〉「汝則有大疑，謀及乃心，謀及卿士，謀及庶民，謀及卜筮」一段，荊公〈洪範傳〉云：

人君有大疑，則當謀之於己，己不足以決，然後謀之於卿士，又不足以決，然後謀之於庶民，又不足以決，然後謀之於鬼神。鬼神，尤人君之所欽也，然而謀之反在乎卿士、庶民之後者，吾之所疑而謀者，人事也，必先盡之人，然後及鬼神焉，固其理也。聖人以鬼神為難

知，而卜筮如此其可信者，《易》曰：「成天下之亹亹者，莫大乎蓍
龜。」唯其誠之不至而已矣，用其至誠，則鬼神其有不應而龜筮其有
不告乎？

荊公以為人君之有大疑時，先求諸己身，復謀之於卿士、庶民、鬼神，其
理在於「先人事」，必先盡人事然後可以求之於鬼神，足見荊公之解〈洪
範〉，已遠離漢代五行迷信之色彩，而繼之以人道現實之重視。此處亦可見
其層層推進，逐步深化讀者對其義理的理解。

四　結論

　　王安石解說〈洪範〉的形式，乃依經文之順序，從字義的解釋上，進一
步做義理的闡發，其形式雖上追漢儒章句之學，卻又沒有漢代「說五字之文
至於二三萬言」（《漢書‧藝文志》語）的繁瑣，反而擷取其「小章句」解
經的特點，又帶有宋代學者喜為議論的特色。其次，王安石之散文，在文學
史上號為「唐宋八大家」之一，上追唐代的韓愈、柳宗元，於宋代則與歐陽
修、蘇洵、蘇軾、蘇轍、曾鞏齊名，王安石以其散文行文之修辭句法，運
用於解說〈洪範〉，使其達到強化文勢、說理明暢的效用。就筆者的觀察發
現，王安石解〈洪範〉之句法，最為顯著者即是「排比」與「層遞」兩種特
色，蓋因此兩種特色最適合用來說理、解義，能滿足王安石解經之用。

　　《尚書》是治國之要典，〈洪範〉又是其中與治國理論最為直接相關者，
因此，王安石不得不藉由〈洪範〉的重新詮釋，來寄託其政治理念。因著闡
述義理之需要，王安石以其善於行文之特點，運用於解經的表現形式當中。

顧棟高〈西伯戡黎係武王論〉析議

蔣秋華*

一　前言

顧棟高（1679-1759）為清初著名的經學家，撰有《尚書質疑》、《毛詩訂詁》、《毛詩類釋》、《春秋大事表》等多種解經之作，這些著述，四庫館臣在為《尚書質疑》所撰之提要中，總評曰：

> 《尚書質疑》二卷，江西巡撫採進本。國朝顧棟高撰。……所著《春秋大事表》，最為精密，其注《詩》亦有可觀，惟此一編，較他書為次乘。其例不載經文，亦不訓釋經義，惟標舉疑義，每條撰論一篇，為數凡四十有一，大抵多據理臆斷，不甚考證本末。……大抵棟高窮經之功，《春秋》為最，而《書》則用力差少。人各有所短長，不必曲為之諱也。[1]

指出顧氏的經學成就，《春秋》為第一，其次為《詩經》，《尚書》則居末。《尚書質疑》之所以不受重視，除了篇幅僅有二卷[2]四十一篇，無法與五十卷的《春秋大事表》、二十一卷的《毛詩類釋》、八卷的《毛詩訂詁》相比，或許和四庫館臣的學術偏尚也有密切關係。蓋四庫館臣的主要學術取向，趨重於考據學，因而凡與其取徑相同的著作，往往受到較多的推崇，否則便易

---

* 中央研究院中國文哲研究所

[1] 見〔清〕紀昀等：《四庫全書總目提要》（臺北市：漢京文化事業有限公司，1981年），卷11，總頁72。

[2] 四庫館臣所據者分為二卷，他本或分作三卷。

遭致嚴厲的批駁。《尚書質疑》的撰作方式，乃是「不載經文，亦不訓釋經
義，惟標舉疑義，每條撰論一篇」，亦即此書並非詮解經書大意的著作，只
是選擇《尚書》當中，作者認為有爭議的問題，提出一己的看法，予以評
斷。而其所呈現的內容，在館臣心中，定調為「大抵多據理臆斷，不甚考證
本末」，也就是專以個人的見解發表議論，並不注重考據。既是如此，此書
無法獲得四庫館臣的青睞，可謂其來有自。然而道光六年（1826），為顧棟
高刊刻此書的蔣廷瓚，所撰〈尚書質疑跋〉曰：

> 予曩得其《尚書質疑》抄本三卷，什襲藏之有年矣。茲偶檢閱，愛其
> 考論精確，洵足為後學攻經者導之津梁。[3]

稱贊此書「考論精確」，堪為後學治經之「津梁」。《尚書類聚初集》收入此
書時，杜松柏為其所撰〈提要〉曰：

> 清顧棟高著。棟高，清無錫人，苦《尚書》之說愈多而經愈晦，歸田
> 之後，致力研究，每事各著論一篇，積得四十一篇。例如〈虞書九族
> 論〉、〈璿璣玉衡論〉等，專事考論，以《尚書》論文視之，可也。
> 《四庫全書》未見著錄，僅有存目，謂：「其多據臆斷，不甚考證本
> 末。」蓋其書本非考據之體，不宜因此而少之也。[4]

認為《尚書質疑》屬於論辯之書，本非為考據而作，所以用考據的標準來評
斷此書，並不公允。換言之，《尚書質疑》自有其本身之價值，不可因其不
事考據而輕忽。杜氏所論，能跳出漢、宋學之糾葛，提醒讀者勿受拘於成
見，應以客觀之心態以理解古人之作。本文即依其指引，試析《尚書質疑》
之〈西伯戡黎係武王論〉，以察其論辯之觀點。

---

[3] 見〔清〕顧棟高：《尚書質疑》（臺北市：新文豐出版公司，1984年，《尚書類聚初集》
本，據道光6〔丙戌〕年〔1826〕鐫眉壽堂藏板影印），卷首，頁3上。

[4] 見〔清〕顧棟高：《尚書質疑》，卷前。

二 文王戡黎說

〈西伯戡黎〉為《尚書・商書》中之一篇，記載周人攻取黎國，逼進殷都，引起殷臣祖伊之恐慌，因而走告商紂，應有所警惕，惟商王以為自有天命，毫不在意。此文戡黎之西伯，究為何人？據《書序》曰：

> 殷始咎周，周人乘黎。祖伊恐，奔告于受。作〈西伯戡黎〉。[5]

未言明戡黎者究竟為何人。伏生《尚大書傳》曰：

> 文王受命，一年斷虞、芮之質，二年伐邘，三年伐密須，四年伐犬夷，五年伐耆，六年伐崇，七年而崩。[6]

歷述文王受命後至逝世前征伐之事，以文王受命之六年伐耆，此「耆」後人謂即為「黎」，於是注《尚書》者，多承其說，以戡黎為文王事業，如鄭玄（127-200）注《尚書》曰：

> 西伯，周文王也。時國于岐，封為雍州伯也。國在西，故曰西伯。戡黎，入紂圻內。[7]

以文王受封為伯，因國處西方，遂有西伯之稱，而戡黎乃進入商紂王圻之內，亦即周師已迫近殷之都邑，隨時有亡殷的可能。王肅（195-256）注《尚書》亦曰：

> 王者中分天下，為二公總治之，謂之二伯，得專行征伐，文王為西

---

5 見題〔漢〕孔安國傳、〔唐〕孔穎達正義：《尚書正義》（上海市：上海古籍出版社，2007年），卷9，總頁381。

6 見〔漢〕伏生撰、〔清〕陳壽祺輯校：《尚書大傳》（北京市：國家圖書館出版社，2010年，《經學輯佚文獻彙編》本），卷2，頁16下。

7 見題〔漢〕孔安國傳、〔唐〕孔穎達正義：《尚書正義》，卷9，總頁382。

> 伯。黎侯無道，文王伐而勝之。[8]

謂殷之分天下為二，由東西二伯總治，均有專征之權，而黎侯無道，故文王以西伯之姿討伐，乃行其所具有之權責。偽孔《傳》曰：

> 文王率諸侯以事紂，內秉王心，紂不能制，今又克有黎國，迫近王圻，故知天已畢訖殷之王命。[9]

以文王受諸侯擁戴，但仍舊統率他們臣服於殷，但商紂已無法制約文王。如今文王又降服黎國，勢力已拓及王畿，故可知殷之喪亡已是指日可待。三家解經咸以伐黎者為文王。

司馬遷（前145-前86？）《史記・殷本紀》曰：

> 及西伯伐飢國，滅之。紂之臣祖伊聞之而咎周，恐，奔告紂曰：「……」[10]

此處載錄〈西伯戡黎〉之文，惟「黎」作「飢」，但亦以西伯乃文王。《史記・周本紀》曰：

> （文王）明年，伐犬戎。明年，伐密須。明年，敗耆國。殷之祖伊聞之，懼，以告帝紂。紂曰：「不有天命乎？是何能為？」[11]

所述文王征伐諸國之次序，雖與《尚書大傳》不同，且國名為「耆」，實即為「黎」，是亦繫伐黎之事於文王。《史記・宋微子世家》曰：

> 及祖伊以周西伯昌之修德滅阢國，懼禍至，以告紂。紂曰：「我生不有命在天乎？是何能為？」[12]

---

8 見題〔漢〕孔安國傳、〔唐〕孔穎達正義：《尚書正義》，卷9，總頁382。

9 見題〔漢〕孔安國傳、〔唐〕孔穎達正義：《尚書正義》，卷9，總頁382。

10 見瀧川龜太郎：《史記會注考證》（高雄市：麗文文化公司，1997年），卷3，頁30-31。

11 見瀧川龜太郎：《史記會注考證》，卷4，頁14。

12 見瀧川龜太郎：《史記會注考證》，卷38，頁2。

此處之「阢」也是「黎」，亦繫伐黎之事於文王。司馬遷於其書中，三處記事所言之地，雖有異文，但均以伐黎之事屬於文王。

　　宋代以前，對於戡黎之事屬於文王功業，多無異辭，宋人解經，也頗有承襲者。如夏僎曰：

> 據《史記》，文王脫羑里之囚，而獻洛西之地，然後紂賜之弓矢鈇鉞，使專征伐，為西伯。文王既受命于紂，得專征伐，故諸侯有為不道，文王遂稱兵以誅之。黎乃諸侯之國，《史記》以為饑，《大傳》為耆，在上黨壺關，乃朝歌之西境也。其地密邇王畿，其君黨惡于紂，虐用其民，故文王為民，稱兵伐之，初無心于伐紂也。而殷乃咎惡于周者，非惡文王有伐紂之心也。紂時諸侯相助為惡者多矣，今黎國既以為虐，為周所伐，周德及黎，則天下之困于虐政者，皆將相率而歸周。紂雖不亡，不可得也。此殷所以惡周也。然殷所以惡周，非舉殷人皆惡也，祖伊知殷亡，故惡之耳。《史記》言祖伊聞之而咎周，此說是也。[13]

其意以文王受命為西伯，享有征討不道諸侯的權柄[14]，而黎為紂黨，施虐於民，文王行誅伐之權，目的是為解救百姓，實無不臣之心。文王此舉，大獲民心，於殷愈益不利，致遭祖伊所惡。夏氏依據《史記》申說，敘事較為詳明。袁燮（1144-1224）曰：

> 西伯，或者以為文王，或者以為武王。謂之武王者，蓋謂文王三分天下有其二，以服事殷，必無戡黎之事。不知《詩》言既伐崇、墉，崇、墉黨紂為惡者，既伐之矣，黎亦黨紂為惡者，則安得而不伐耶？

---

[13] 見〔宋〕夏僎：《尚書詳解》（北京市：中華書局，1985年，《叢書集成初編》本），卷15，總頁328。

[14] 《史記‧殷本紀》曰：「西伯出而獻洛西之地，以請除炮格之刑。紂乃許之，賜弓矢斧鉞，使得征伐，為西伯。」

故雖謂之文王，亦可。[15]

他反駁以西伯指稱武王，認為以文王三分天下有其二，猶服事於殷，則不當有戡黎之舉，但是《詩經》中，言及文王伐滅崇、墉等國，這些都是助紂為虐者，黎亦屬此類，故文王伐之，有何不可？張九成（1092-1159）〈西伯戡黎論〉曰：

> 《史記》以謂紂賜弓矢鈇鉞與文王，使得專征伐為西伯。西伯陰修德行善，諸侯多叛紂而往歸西伯。夫修德行善，臣子之常，何以陰為哉？此蓋紂矜人臣以能、高天下以勢，以為皆出己知下。文王豈敢顯然修德行善，以取其誅戮乎？既而紂日夜失人心，文王日夜得人心，故諸侯叛紂而歸西伯。西伯雖欲辭焉，不可得也。諸侯聽西伯號令者，皆有志於為善，黎侯乃恃紂為惡，略不畏天下公論，故西伯仗義以征之，其意亦以警紂也。[16]

他也是據《史記》立論，以文王為西伯，有專征之權，且文王修德以吸納諸侯之歸依，乃得人心之故，黎侯倚紂為惡，文王伐之，實屬仗義之事，而用意是在警醒商紂。張九成又曰：

> 始文王遵養韜晦，殷人不以西伯為意，紂日夜為惡，西伯日夜為善，天下之心日夜去紂而歸西伯。殷之賢者為國家深思遠慮，知天下之勢將盡歸於文王，紂將盡亡祖宗社稷。此所以始咎周也。夫黎近王圻，文王威德日隆，動無不克，其勢將至王朝矣。此祖伊所以恐而奔告也。恐而奔告，其驚懼之心，亦可見矣。夫文王稱兵，迫近王畿，使朝廷大臣驚恐，此不赦之罪也。借使得專征伐，當如是之恣乎？使紂按其不臣之心，下令而廢黜之，有何不可？至無以為計，稱天自解，

---

[15] 見〔宋〕袁燮：《絜齋家塾書鈔》（臺北市：臺灣商務印書館，1986年，《文淵閣四庫全書》本），卷7，頁36上。

[16] 見〔宋〕張九成：《橫浦集》（臺北市：臺灣商務印書館，1986年，《文淵閣四庫全書》本），卷8，頁11上-11下。

何也？曰：天下之勢已歸文王矣。王者無勢，以天下之勢為勢，勢既去矣，特一獨夫耳，禁之誰止？令之誰從？使文王肯聽天子之令，天下其肯舍文王乎？賴文王大聖，不肯遽順天下之心，舉成湯故事。使當伊尹、成湯之際，紂有南巢之放久矣。孔子見其心，故曰：「周之德可謂至德也矣。」[17]

此處舉出「勢」字作為立論基礎，以為文王日夜行善，以贏得民心，殷之賢臣擔心長此以往，將使國家喪亡，且文王滅黎，其地接近王都，故恐懼以告天子。雖然文王所為，看似大逆不道，殷王實可懲治之，但因商紂已失民心，已無王者之勢，而文王已獲天下之勢，特因謹守本分，所以得到孔子賦予「至德」的稱賞。張氏再次以稱兵伐黎，確為文王所為。

綜上所述各家之說，所記伐黎之名雖有「耆」、「飢」、「阢」等異文，然均以伐黎之西伯為文王。

三　武王戡黎說

宋以前諸家說解《尚書・西伯戡黎》之西伯為文王，幾無異詞，然宋以後，則有分歧，支持文王者有之，以為武王者，亦頗有其人。

胡宏（1105-1161）在《皇王大紀》提出戡黎之西伯為周武王，曰：

（紂）三十二祀，黎侯近于王畿，不供王命。紂方日夜極以聲色，不知治也。西伯發戡黎，殷人大震，祖伊告而不納。作〈西伯戡黎〉。[18]

他將戡黎一事繫於商紂在位之三十二年，也就是武王繼位之第九年，而黎侯「不供王命」，紂又「不知治也」，武王遂代王征伐。惟此舉引發殷臣祖伊之

---

[17] 見〔宋〕黃倫：《尚書精義》（北京市：中華書局，1985年，《叢書集成初編》本），卷23，總頁297引。

[18] 見〔宋〕胡宏：《皇王大紀》（臺北市：臺灣商務印書館，1986年，《文淵閣四庫全書》本），卷10，頁36下。

恐慌，雖以之告紂，卻弗納其奏。胡氏以戡黎屬武王，其後學者頗有同其說者。如薛季宣（1134-1173）《書古文訓》曰：

> 西伯，武王也，舊說以為文王，《說苑》膠鬲謂武王為西伯，武王亦嘗為商伯也。[19]

他根據劉向（前77-前6）《說苑》有殷賢臣膠鬲稱武王為西伯[20]，遂以戡黎之西伯為武王。又如陳經《尚書詳解》曰：

> 此篇乃商家之亡，周家之興，皆自此而始。西伯即武王，非文王也。文王三分天下有其二，以服事商，有君民之大德，有事君之小心，必無戡黎之事。至武王時，人心去商久矣，孟子曰：「取之而燕民悅，則取之。」武王是也。[21]

他以戡黎一事為商、周興亡之關鍵，並以《論語・泰伯》「三分天下有其二，以服事殷，周之德其可謂至德也已」之言，認為文王謹守臣節，必無戡黎之舉。至於武王之時，因紂始終未改其惡，故陳氏以孟子之說，謂武王伐商，乃順乎人心，乃以戡黎事屬武王。

蔡沈（1167-1230）《書集傳》曰：

> 西伯，文王也，名昌，姓姬氏。戡，勝也。黎，國名，在上黨壺關之地。按：《史記》：文王脫羑里之囚，獻洛西之地，紂賜弓矢鈇鉞，使得專征為西伯。文王既受命，黎為不道，於是舉兵，伐而勝之。祖伊知周德日盛，既已戡黎，紂惡不悛，勢必及殷，故恐懼奔告于王，庶

---

[19] 見〔宋〕薛季宣：《書古文訓》（臺北市：漢京文化事業有限公司，1968年，《通志堂經解》本），卷6，頁20上。

[20] 武王有西伯之稱，又見《呂氏春秋・貴因》，其曰：「武王至鮪水。殷使膠鬲候周師，武王見之。膠鬲曰：『西伯將何之？無欺我也。』武王曰：『不子欺，將之殷也。』膠鬲曰：『曷至？』武王曰：『將以甲子至殷郊，子以是報矣。』」

[21] 見〔宋〕陳經：《尚書詳解》（北京市：中華書局，1985年，《叢書集成初編》本），卷19，總頁227。

幾王之改也。史錄其言，以為此篇，誥體也。[22]

此據《史記》立論，雖依舊說以戡黎者為文王，但又曰：

> 或曰：西伯，武王也。《史記》嘗載紂使膠鬲觀兵，膠鬲問之，曰：
> 「西伯曷為而來？」則武王亦繼文王為西伯矣。[23]

指《史記》亦載武王有西伯之稱，故謂伐黎者亦可能是武王。蔡氏並採兩說，卻未論斷何者為是，然而他已注意到宋人所提武王戡黎之說。

黃度亦以戡黎之西伯為武王，其曰：

> 薛士龍曰：「西伯，武王。《說苑》膠鬲稱武王為西伯。」紂使繼文王
> 歟。〈泰誓〉觀政，乃乘黎也。黎與紂同惡，武王聲其罪而伐之，以
> 諫紂，此所謂觀政。戡亦勝也。案：文王獻洛西之地於紂，是則紂以
> 前二伯地域，自洛分，至文王獻洛西地，始自陝分。武王越陝入商畿
> 內有所誅討，蓋以動紂也，故祖伊恐。[24]

他引薛季宣（字士龍）之說，以西伯為武王，乃紂令其繼文王之職。又舉《尚書・泰誓》中有「觀政」之語，謂此即乘黎之舉。復謂文王之前，以洛中分天下，文王既獻洛西之地於商，則改陝以中分天下，如今武王越陝以伐黎，已迫近王畿，所以引起祖伊的恐懼。

金履祥（1232-1303）《尚書表注》曰：

> 西伯，武王也。武王襲爵以後。未克商以前。商人稱之，固西伯也。
> 故五峰《大紀》、呂成公、陳少南、薛士龍皆謂武王，舊說為文王，
> 失之矣。[25]

---

[22] 見〔宋〕蔡沈：《書集傳》（臺北市：世界書局，1972年），卷3，總頁62。

[23] 見〔宋〕蔡沈：《書集傳》，卷3，總頁62。

[24] 見〔宋〕黃度：《尚書說》（臺北市：臺灣商務印書館，1986年，《文淵閣四庫全書》本），卷3，頁35上-35下。

[25] 見〔宋〕金履祥：《尚書表注》（北京市：中華書局，1985年，《叢書集成初編》本），

他以西伯為武王承爵之稱,又指胡宏(號五峰)、呂祖謙(諡號成,1137-
1181)、陳鵬飛(字少南)、薛季宣等人主張伐紂者為武王。金履祥《尚書表
注》又曰:

> 吳才老謂是武王伐受時,蓋以祖伊辭氣為甚迫也。然亦當是觀兵之時
> 歟![26]

此處又舉吳棫(字才老,1100?-1154)主張武王伐紂之說,其所持理由乃
就祖伊之語氣判斷,實屬急迫,所以應該是武王觀兵(亦即觀政)時事。金
履祥《尚書表注》一書所釋比較簡單,他於另一著作《資治通鑑前編》,則
有更為詳明的解說,其曰:

> 履祥按:商自武乙以來,復都河北,在今衛州之朝歌,而黎,今之潞
> 州黎城,自潞至衛,計今地里三百餘里耳,則黎者蓋商畿內諸侯之國
> 也。西伯戡黎,武王也。自史遷以文王伐耆為戡黎,證之以祖伊之
> 告,於是傳注皆以為文王,失之矣。孔子稱「三分天下有其二,以服
> 事殷,是為至德」,而《傳》稱「文王率殷之叛國以事紂」,則戡黎
> 之役,文王豈遽稱兵天子之畿乎?然則文王固嘗伐邘、伐密須矣,而
> 奚獨難於伐黎?[27]

他認為司馬遷以伐耆為戡黎,屬諸文王,致令後世注家承襲其說,此乃誤
謬。因為孔子稱文王有「至德」,偽孔《傳》又有「文王率殷之叛國以事紂」
之說,且黎在商之王畿內,文王不可能稱兵於其地。然文王嘗伐邘、伐密
須,伐黎又何需為之諱飾?《資治通鑑前編》續曰:

> 蓋諸侯賜弓矢然後征,賜斧鉞然後殺,自文王獻洛西之地,紂賜弓

卷1,總頁59。

[26] 見〔宋〕金履祥:《尚書表注》,卷1,總頁59。

[27] 見〔宋〕金履祥:《資治通鑑前編》(臺北市:臺灣商務印書館,1986年,《文淵閣四
庫全書》本),卷5,頁36下。

矢斧鉞，使專征伐，則西諸侯之失道者，文王得專討之，若崇、若密須，率西諸侯也。自關河以東諸侯，非文王之所得討，況畿內之諸侯乎！三分天下有其二，特江、漢以南，風化所感，皆歸之爾。文王固未嘗有南國之師也，而豈有畿甸之師乎？前儒謂孔子稱文王為至德，獨以其不伐紂耳。至如戡黎之事亦已為之，誠如是也，則觀兵王疆，文王已有無商之心矣，特畏後世之議，而於紂未敢加兵，是後世曹孟德之術也，烏在其為至德？昔者紂殺九侯而醢鄂侯，文王聞之竊嘆，遂執而囚之，而況於稱兵王畿之內，祖伊之告如是其急也，以紂之悍，而於此反遲遲十有餘年，不一忌周乎？故胡五峰、呂成公、陳少南、薛季龍諸儒，皆以為武王。[28]

金氏從前人之說，以文王受命於紂，可以專征西方諸侯，而其所伐之崇及密須，都是西方諸侯，屬其所轄之西方，固得討之，至於東方諸侯，則無權處分，更遑論征伐王畿內的諸侯。且三分天下有其二，乃江、漢以南區域受其感化而自動歸附，文王未曾出兵脅迫，果如此說，則其更不可能征討黎國。前人或以文王之至德，僅在其守住不伐紂而已。此說金氏不能苟同，認為戡黎已是「觀兵王疆」，心中已無商王，若文王只是畏懼後世的批評，而不敢伐紂，這是曹操（字孟德，115-220）的權謀之術，有愧「至德」之稱。更何況文王因嘆鄂侯之被醢，即遭商紂囚禁，若稱兵王畿之內，何以在十多年中，未受商紂之忌害？因此，他又於此處指出四位主張西伯為武王的宋代學者。

金履祥《資治通鑑前編》又曰：

然則戡黎，蓋武王也。昔者商紂為黎之蒐，則黎紂濟惡之國也。武王觀政于商，則戡黎之師，或者所以警紂耳。而紂終莫之悛，所以有孟津之師與！觀祖伊之言，曰「天既訖我殷命，殷之即喪」，則是時殷已阽危，亡無日矣。故吳氏遂以為戡黎之師，在伐紂之時，蓋以其辭

---

[28] 見〔宋〕金履祥：《資治通鑑前編》，卷5，頁36上-37上。

氣觀之，斷可知也。其非文王也明矣。然則文王西伯也，武王而謂之
西伯，何也？戡黎列於《尚書》，以商視周，蓋西伯耳。殷之制，分
天下以為左右，曰二伯。子夏謂殷王帝乙時，王季九命作伯，受圭
秬鬯之賜。果爾，則周之為西伯舊矣，非特文王為西伯也。文王因之
受專征之命耳。武王之未伐商也，襲爵猶故也，故傳記武王伐紂之
事，曰：西伯軍至泲水，紂使膠鬲候周師，而問曰：西伯將焉之？
曰：將伐紂。然則武王之為西伯，見於史傳者，有自來矣。[29]

他進一步論述戡黎者為武王，謂黎助紂為虐，重申觀政即是戡黎，用意亦在
警醒商紂。

宋儒以堅守臣節看待文王，因而不欲減損其聖人之形象，遂據史料有武
王亦稱西伯之說，改以伐黎為武王之事，然學者或從或否，仍未形成通說。

四　顧棟高〈西伯戡黎係武王論〉

顧棟高撰有〈西伯戡黎係武王論〉[30]，此文後又收入《尚書質疑》中。
〈西伯戡黎係武王論〉曰：

案：西伯戡黎係武王也，自史遷為〈周本紀〉，於文王伐耆下，載祖
伊告王之語，耆、黎音近，故孔安國及後來諸儒，皆以為文王，蔡氏
因之，列武王於圈外，考其寔不然。[31]

顧氏以為戡黎者為武王，因《史記·周本紀》記文王伐耆，孔安國（即偽孔
《傳》）以下諸儒謂「黎」、「耆」兩字音近，遂以為同是一事，因以伐黎者

---

[29] 見〔宋〕金履祥：《資治通鑑前編》（臺北市：臺灣商務印書館，1986年，《文淵閣四
庫全書》本），卷5，頁37上-37下。

[30] 見〔清〕顧棟高：《萬卷樓文稿》（北京市：國家圖書館出版社，2010年，影印清鈔
本），卷1，頁34上-35上。

[31] 見〔清〕顧棟高：《尚書質疑》，卷中，頁4上。

為文王，蔡沈《書集傳》亦從之。顧氏又曰：

> 若果文王伐黎，〈皇矣〉之詩不應止稱伐密、伐崇，而於此全不及，
> 一也。文王獻洛西之地，紂賜弓矢鈇鉞，使得專征伐，為西伯。密與
> 崇皆西方諸侯，有罪，文王得而討之。若黎在上黨之黎城縣，去紂之
> 朝歌不過二百餘里，文豈宜遽稱兵天子之畿內，二也。[32]

他以為文王不伐紂之理由有二：其一是《詩經・大雅・皇矣》僅言文王伐
密、伐崇，未言其伐黎[33]；其二是以文王為西伯，有專征諸侯之權，故於西方
之密與崇，得以征討，而黎地去朝歌較近，且為畿內之國，文王不得伐之，
蓋「文豈宜遽稱兵天子之畿內」，仍是以文王守其臣節，作為不得伐黎之結
論。

〈西伯戡黎係武王論〉續曰：

> 呂伯恭、陳少南、薛季龍以為武王，吳才老亦謂此伐紂時事，得之
> 矣。顧氏炎武曰：「自古以關中并天下者，必先得河東，秦取三晉而
> 後得燕、齊，符氏、宇文俱先取晉陽，而後滅慕容及高氏之國。故西
> 伯戡黎而殷人震恐。」觀祖伊曰：「天子，天既訖我殷命。」情迫而詞
> 切，岌岌乎若不終日之勢，於文王伐崇時，不聞有此，亦以崇遠而黎
> 較近，患在切膚，故不得不為痛哭號呼之詞。意惟武王觀兵時有此，
> 其去滅商宜旦夕間事，豈文王至德，而遽出此？[34]

---

32 見〔清〕顧棟高：《尚書質疑》，卷中，頁4上-4下。
33 《詩經・大雅・皇矣》曰：「帝謂文王，無然畔援，無然歆羨，誕先登于岸。密人不
恭，敢距大邦，侵阮徂共。王赫斯怒，爰整其旅，以按徂旅，以篤于周祜，以對于天
下。……帝謂文王，予懷明德，不大聲以色，不長夏以革。不識不知，順帝之則。帝
謂文王，詢爾仇方，同爾兄弟，以爾鉤援，與爾臨衝，以伐崇墉。」
34 見〔清〕顧棟高：《尚書質疑》，卷中，頁4下。

以宋人呂祖謙[35]、陳鵬飛[36]、薛季宣[37]、吳棫[38]等人皆以戡黎者為武王,此四位於金履祥書中已稱及之。顧棟高又旁引顧炎武(1613-1682)於《日知錄》所做豪傑奪取天下方式之分析[39],結合祖伊情迫詞切之反應,以伐黎之舉逼近商都,有危在旦夕之患,所以只有在武王觀兵之際,才有可能伐滅黎國。最後再以文王之至德斷之,謂其必無犯上行為。

〈西伯戡黎係武王論〉又曰:

> 朱子曰:「伐黎逼近紂都。看來文王當日只是不伐紂耳。後人因孔子『以服事殷』一語,遂曲迴護。」此亦朱子過信安國之《傳》,畢竟是硬說。若文王時已伐黎,何為武王伐紂,遲之十有三年之久乎?〈泰誓〉曰:「以爾友邦冢君,觀政於商,惟紂罔有悛心,乃夷居。」此即答祖伊「我生不有命在天」之語也。統觀商、周之書,一以得當日之故矣。[40]

伐黎之舉,朱熹(1130-1200)仍認為當屬文王,對後人取《論語》「以服事殷」而指其必不伐黎,乃曲為維護。顧棟高不贊同朱子如此的論調,認為是

---

35 呂祖謙曰:「文王有君人之大德,有事君之小心。紂在上為惡日增,文王在下修德日盛,殷之所以咎周也,黎之地近王畿,而輔紂為惡者,武王不得已而戡之。祖伊紂之賢臣,見黎之地既為周勝,恐懼奔走而告于受。奔走有倉皇之意。當時上下化紂之惡,莫知危亡之至,惟祖伊於醉中獨醒,恐懼而告。西伯非文王,乃武王也,周國於西,是為西伯。《史記》載紂使膠鬲觀兵,膠鬲問曰:『西伯曷為而來?』則武王亦繼文王為西伯矣。」見〔宋〕呂祖謙:《增修東萊書說》(臺北市:臺灣商務印書館,1986年,《文淵閣四庫全書》本),卷13,頁14上-14下。

36 其說未見,金履祥曾稱述其名,已見前文。

37 其說已見前文引錄。

38 其說已見前文金氏所引。

39 〔清〕顧炎武:《日知錄》(上海市:上海古籍出版社,2011年,《顧炎武全集》第18冊),卷2,總頁101〈西伯戡黎〉條曰:「以關中并天下者,必先於得河東。秦取三晉而後滅燕、齊,符氏取晉陽而後滅燕,宇文氏取晉陽而後滅齊。故西伯戡黎而殷人恐矣。」

40 見〔清〕顧棟高:《尚書質疑》,卷中,頁4下。

誤信孔《傳》所致。他從征伐的時間來分析，指武王伐紂在十有三年，若文王曾伐黎，則時日久遠，無法與當日緊迫之情景相合。同時謂〈泰誓〉「以爾友邦冢君，觀政於商，惟紂罔有悛心，乃夷居」之言，為答祖伊「我生不有命在天」之語，其情勢方相符。

顧棟高大致承襲宋儒所主武王伐黎者之說，以及所舉《詩經・大雅・皇矣》只記伐崇、伐密，而不及於黎，以此作為反駁的論據。然而《詩》文之不載，或有其選擇之用意，未可倚為惟一判斷之準則，尚需參照其他史料，庶可獲取較客觀及明確之體認。

五　結語

西伯戡黎，以西伯為文王，抑武王之爭辯，啟自宋人，影響所及，顧棟高亦撰〈西伯戡黎係武王論〉，支持西伯乃武王之說。其觀點雖不新穎，仍是沿襲宋儒所強調的文王堅守臣節發論，此屬主觀之所謂「義理」判斷，實際上是學者自我信念的表達，因而有見仁見智之爭議。

觀顧棟高所撰之文，其標題著以「論」字，即可知屬一己感想之抒發，未必有札實之考據作為依憑。因此，以考證之眼光視之，〈西伯戡黎係武王論〉之推論，誠為作者之私見，但其所反映的，卻是古人解經時，如何維護聖賢完美形象之苦心。就此而言，顧棟高此說在闡發經義上，未必獲得確解，然而其中卻蘊含其深刻之教化理念，而這往往是傳統解經者所習見之態度。

「長於政」的兩漢《書》教傳統

馬士遠*

　　《尚書》在政治、法律、地理、曆法、軍事、經濟、宗教、哲學、文學、藝術等方面均有始創性的論述，特別是在治政方面的論述廣博而深刻，足稱華夏治典之淵藪。作為「政事之紀」的要籍，《尚書》能否真正有資於歷代王朝之統治，關鍵在於《尚書》「長於政」之古義能否被統治者及其世人所接受。《尚書》所涉諸多治政命題，作為我國古代政治哲學得以形成的種子，經過早期《尚書》學者的不斷詮釋，逐漸形成了至為關鍵的「長於政」的《書》教傳統，這種傳統對幾千年來中國古代政治哲學的萌芽、產生與發展曾發揮過重要影響。此一特色在兩漢時期表現尤為明顯。「長於政」的漢代《書》教傳統是影響漢代政治哲學得以形成的核心要義所在，兩漢立政倫理哲學與治政倫理哲學均與當時的《書》教傳統有着密切的關聯。

　　從《左傳》、《國語》、《論語》、《墨子》、《孟子》等早期傳世典籍所載相關史實來看，以《尚書》施政行事之理來匡諫人君、規範人心、資政理民的現象在周、秦時期早有發生。這在當時雖然未必能真正取得較好的社會效果，但毫無疑問的是，那時已初步形成了具有「長於政」特色的《書》教傳統。漢代《書》教傳統「長於政」的特色更為突出，經過諸多《尚書》學大師對周、秦時期《書》教傳統的承繼與再詮釋，以「長於政」為目的對《尚書》古義的新詮釋得以在廣泛的區域內傳播，這些詮釋與創新多能作為依據，用於指導立政、治政之實踐，取得了明顯的資政效果，直接影響了漢代的政治變遷。

* 曲阜師範大學文學院

一　完備的兩漢《書》教傳播系統

　　故秦博士伏生以及頗懂古文字學且幸運地得到了家壁所出古文《尚書》的孔安國，在漢代《尚書》學嬗變歷程中占據着大宗師地位，其經、其學居然成了漢代今文、古文《書》教活動的種子，迅速得以發芽壯大，致令漢代《書》教局面蔚為大觀。在漢代統治者的大力提倡及積極推動下，漢代的《尚書》之教可分為官學和私學兩大傳播系統，在官、私兩個層面上《書》教活動均得以普遍開展，不同風格的《書》教傳統隨之形成，其間流衍爭勝不斷，對漢代社會政治變遷產生了廣泛的影響。但無論今文學、古文學，無論官學、私學，無論流派風格有多大差異，無論如何爭勝不斷，各家各派詮釋的着力點均未超越資政導民之目的。

　　漢代官學包括中央太學和地方官學兩類。中央太學為國家的最高學府，設有專經博士。以專經博士為老師來培養官吏專才，這種制度有一個逐漸發展完善的歷程。《尚書》乃治政之學，早在孔子時期，其弟子從政者就多研習《書》學，漢代太學用儒家經學培養政吏人才，自然《尚書》內容最為恰切。漢初儒家學說不被看好，黃、老之學備受推崇，直到文帝、景帝時才相繼設立了許多與儒學、諸子學等有關的博士，如伏氏弟子張生就曾為博士[1]，到了漢武帝建元五年才初設五經博士，《尚書》始有專經博士，孔安國、兒寬等即為太學中的《尚書》博士。漢武帝不僅為《尚書》之學設有博士，並為其首置博士弟子員。《尚書》博士官及博士弟子員的設立為《書》教活動在官學層面上的開展創造了機遇，也為《書》教「長於政」傳統的踐行提供了用武之地。

　　前漢初建太學五經博士之時，博士弟子僅五十人，五經博士需各自傳授。單就《尚書》之教而言，每位《尚書》學博士僅教十名弟子。後來太學的學生規模不斷擴大，至元帝時已擴為千人，成帝時發展為三千人，平帝

---

[1]　伏勝的另一弟子歐陽生是否曾為博士，歷來頗有爭議。

時，王莽輔政，大規模修築太學校舍，太學能容納學生萬人以上，《尚書》博士所授弟子數額隨着太學規模的擴大而增加。後漢遷都洛陽，於光武帝五年重建太學，大築太學博士舍，特修內、外講堂，很快就形成了「諸生橫巷，為海內所集」的盛況，而光武帝劉秀又特推崇桓氏所傳的歐陽《尚書》學，桓氏一系及其名弟子多人為太學中的《尚書》博士，故歐陽《尚書》之學盛極一時。可惜的是，章帝後，中央太學教育一度衰落，出現了「博士倚席不講，朋徒相視怠散」的頹廢景象，《尚書》的傳播也隨之陷入低潮。東漢順帝時，官方又重修中央太學，擴建校舍，太學又日見發達，至漢質帝本初元年，太學生竟增至三萬餘人，因《尚書》之學在諸經之學中占得先機，可以想見博士弟子員中習《尚書》者當大有人在。為了能容納相當數量的學生同時聽講，據史書記載，東漢時建的太學講堂「長十丈，廣三丈」，如此大的講堂正體現了當時諸經講授之盛況。對《尚書》學的傳播而言，至少可以說明，《尚書》博士傳授經學已不是小班化的規模，已形成了大規模的集體講經教學形式。就官方經學教育傳播途徑而言，除中央太學之外，後漢中央官學還有其他存在形式。東漢明帝永平九年，朝廷曾專為外戚樊氏、郭氏、陰氏、馬氏四姓子弟設立學校於南宮。因為四姓不曾列侯，故而稱小侯。四姓小侯學的辦學目的與太學相似，都以教授五經為旨歸。這種與太學分立的貴冑學校，其辦學條件優越，所聘經師的學術水平和地位都高於中央太學的博士。《尚書》歐陽學大師張酺就曾為四姓小侯師，此亦說明《尚書》官學傳播的廣度。

　　前漢所設置的中央太學《尚書》博士多屬今文經學，但也有個別時期、今古學並立。《史記·儒林傳》說：「伏生教濟南張生及歐陽生，張生為博士。」自此以後，文帝時的晁錯、景帝時的孔延年、武帝時的兒寬、孔安國等《尚書》學者均曾為太學博士。其後的發展，就派別而言，前漢《尚書》一經博士分立的情形，武帝時唯有歐陽而已，至孝宣世復立大、小夏侯《尚書》博士，至平帝世又立古文《尚書》博士，但很快就被廢除。就知名者而言，《尚書》歐陽氏學有歐陽高、歐陽地餘、林尊、平當、殷崇、朱普等為博士，《尚書》大夏侯氏學有夏侯勝、孔霸、許商、孔光、吳章、炔欽等為

博士,《尚書》小夏侯氏學有夏侯建、張山拊、鄭寬中、馮賓等為博士。從三家《尚書》博士官的設立及諸多知名博士來看,可知當時《書》教活動開展的盛況,這些博士都可說是當時《尚書》學界的領袖人物,對前漢《尚書》學的繁盛做出過重要貢獻。

前後漢的《尚書》學博士各有其特點。前漢《尚書》學博士由皇帝徵召或由官員薦舉,無須考試,博士多為社會中名聲顯赫的《尚書》學大家,他們多擁有專用於太學講授的師法。所謂師法,就是指經學的師承體系和經師的學說內容,後代弟子必須嚴格遵守。前漢朝廷規定博士只能依師法傳授,師之所傳,弟之所受,一字不敢出入,背師說即不用。各家《尚書》博士的經說部分,今見於《漢書·藝文志》者尚有《歐陽章句》三十二篇,大、小《夏侯章句》各二十九篇,大、小《夏侯解故》各二十九篇,《歐陽說義》二篇,許商《五行傳記》一篇。從〈藝文志〉所載這些《尚書》博士經說著述來看,這些《尚書》學博士大多專守一經,形成了各自不同的《書》教傳統,罕有能兼通者。後漢時卻有所不同,後漢《尚書》學重家法,如果經學大師的弟子對師說有所發展,能夠形成一家之說,被學術界和朝廷承認,便可形成自己的家法。後漢以考試和薦舉相結合的方式擇取《尚書》學博士,要求《尚書》學博士不僅精通《尚書》學,還要精通其他各經,更要博通百家,行為正直,年齡在五十歲以上,且有教授門徒五十人以上的教學經歷。後漢的這種太學制度為《尚書》博士走向兼通創造了有利條件。

漢代地方官學對推進《書》教活動的開展亦具有重要作用。漢代地方設有學、校、庠、序等多種官學,其中由郡國所舉辦和管理的稱「學」,由縣道邑所設置和管理的稱「校」,由鄉設置和管理的稱為「庠」,由聚設置和管理的稱為「序」。漢代郡國學的首創者,是漢景帝時蜀郡的郡守文翁,漢武帝即位後,對文翁興學一事極為贊賞,下詔令天下郡國仿效,並為各地設置學校官。平帝時,王莽秉政,郡國、縣、邑、鄉、聚分別設立學、校、庠、序,添置經師,出現了「學校如林,庠序盈門」的盛況。郡國學的教育活動主要是傳授經學和實施教化,其中《尚書》一經的授受自然是其教育活動的核心內容。而且一些郡國學仿效中央太學的方式分經立官,進行專經

教授,《尚書》在社會基層的廣泛傳播,正是在此一背景下得以實現的。郡國學不僅教授生徒,而且面向社會推廣教化,移風易俗,《尚書》「長於政」的特色,也正是在此大背景下,逐漸形成了深入社會基層的授受傳統,為漢庭掌控底層民意做出了貢獻。

漢代《書》教傳統的形成及廣泛傳播,私學亦功不可沒。不僅古文《尚書》學一直在民間授受,就是今文《尚書》學各家各派,私家傳授也是其最為重要的傳播形式。兩漢私學較官學更為發達,漢代民間常設有經館,又稱精舍,或精廬,以傳授儒家經典為主,專習一經或數經,程度與中央太學相當,教師多為名士碩儒。可以想見,漢代民間《書》教活動極為活躍,可惜的是,史書載記的事例不多,僅能從個別《尚書》學者的傳記中略見一二。兩漢《尚書》學大師大都曾經在家設學教授過《書》,他們或亦仕亦教,或辭官致仕後閉門授業,或終生隱逸山澤間聚徒授《書》,他們的弟子門徒少則數百人,多則數千人,甚而至於有多至萬人者。

二　兩漢《書》教傳統的要義所在：長於政

為孔子四科之教的《書》教,其最大優長處在於資政,漢代的《書》教傳統之核心要義正是「長於政」。經過漢代《尚書》學者在此一特質上的多向闡發,在探尋朝代更替的源動力及其規律性、制定王朝儀制的歷史依據、以《尚書》經義來匡正人君、鑒戒重臣等方面多有發明,並多在長期的治政實踐中付諸實施。

(一)在找尋漢庭更替秦朝的源動力及帝王繼承大統之規律性等方面,「長於政」的《書》教傳統具有十分特出的地位。

〈盤庚〉篇說「今不承于古,罔知天之斷命」,又說「予迓續乃命于天」,〈西伯戡黎〉篇說「天既訖我殷命」,〈召誥〉篇說「天用勦絕其命,今予惟恭行天之罰」,又說「皇天上帝,改厥元子茲大國殷之命」。「天之斷

命」、「續命於天」、「勸絕其命」、「恭行天之罰」、「改殷之命」等表述概說了商人、周人認為其之所以能得天下，蓋由天命所賜，並將此一倫理哲學理念昭信於天下。在《書》教傳統的形成過程中，此一國運定於天命之主題意識亦代代相傳，至秦、漢而有過之而無不及，直接影響着漢代統治的合法性論證，在兩漢帝國的建立與鞏固等多方面發揮了重要的建設性作用。再者，《尚書・洪範》中所提及的五行觀念，本來是非常樸素的元思維，但經漢代《尚書》學者的不斷詮釋，「洪範五行」思想得到了漢代統治者的格外重視，漢代所流行的五德終始說、三統三正說均與「洪範五行」思想有關。

1 伏生創造的《洪範五行傳》對兩漢時期的五德終始說影響頗深。

漢代流行的五統說，又謂五德終始說，其義理來源當始出於《尚書・洪範》義，其中的「五行說」則導源於《尚書》之天命觀。生活於戰國末期至漢初文帝之間的伏生創造的《洪範五行傳》對兩漢時期的五德終始說影響甚深。《晉書・五行志》說：「文帝時，宓生創紀《大傳》，其言五行庶徵備矣。」《宋書・五行志》亦說：「伏生刱紀《大傳》，五行之體始詳。」伏生《尚書大傳》言「五行」，其相關傳說，如五行相沴說、五行配五色說、五行配五職說等，均與五德終始說相通。「五德」是指五行之木、火、土、金、水所代表的的五種德性，「終始」是指五德之間周而復始的循環運轉。五德終始說將此與天人相與之說相攀附，以為朝代更替，應遵行天道，應運而興之帝王，必占水、火、木、金、土五德中之一德，即〈洪範〉初一所及的水、火、木、金、土五行中之一行。代之而起的新帝王，亦必須依五行相生相克之原理，占有五德中之一德。

兩漢立政多依五德終始說，只不過中間經歷了一個複雜的論證變化歷程。漢初，張蒼採用黃帝（土）→夏（木）→商（金）→周（火）→漢（水）之五行相克說，認為秦王朝國祚太短，且暴虐無道，不屬於正統朝代，應該由漢朝接替周朝的火德，所以漢朝之正朔應為水德。至漢武帝，前漢之國運所依據，又有所更改。漢武帝依五德終始說，認為秦王朝屬於正統朝代，應占有五德之水德，因土克水，以為漢以土德王，故改漢正朔為

土德。《漢書·武帝紀》說：「太初元年夏五月，正歷以正月為歲首，色上黃，教用五，定官名，協音律。」顏師古註曰：「以建寅之月為正也。」可知漢武帝時，服色、官名、度數、音律等一依五德終始說。後來劉向《洪範五行傳論》又提出了五行相生說，並用於朝代更替上。劉向以為，暴秦享祚太短，可以不計，五行相生，即黃帝（土）→夏（金）→商（水）→周（木）→漢（火），依此說，漢朝屬於火德。《漢書·律歷志》即依此說，曰：「漢高祖皇帝着紀，代秦繼周，木生火，故為火德，天下號曰漢。」東漢光武帝光復漢室之後，正式承認了劉氏父子的說法，《後漢書·光武帝紀》說：「壬子，起高廟，建社稷於雒陽，立郊兆於城南，始正火德，色尚赤。」從此確立了漢朝正朔為火德，幟尚赤，服色亦正為赤色。漢朝有時被稱為「炎漢」，又因漢朝皇帝姓劉而稱為「炎劉」，實導源於劉向的《洪範五行傳論》。

2 漢代流行的三統說非常重用〈洪範〉義，其義理亦源出於《尚書》之教。

　　三統說又稱三正說，實由其前的五統說演化而成[2]。該說以黑、白、赤三色代表三統，每一應運而生之帝王，必占三統中之一統，代之而起者，須依三統遞相更替，如夏朝為黑統，殷朝為白統，周朝為赤統。三統說之義理最早見於七十子後學文獻中，《禮記·明堂位》曾說：「夏后氏牲尚黑，殷白牡，周騂剛。」《禮記·檀弓上》亦曾說過：「夏后氏尚黑，大事斂用昏，戎事乘驪，牲用玄。殷人尚白，大事斂用日中，戎事乘翰，牲用白。周人尚赤，大事斂用日出，戎事乘騵，牲用騂。」而漢代首提三統義者為《尚書》今文學大宗師伏生，《尚書大傳》為伏生弟子記述伏生之學的合輯，主要體現的是伏生的《尚書》學思想。《尚書大傳·略說》篇有三處內容涉及三統說。其文曰：「天有三統，物有三變，故正色有三。……夏以十三月為正，色尚黑，以平旦為朔。殷以十二月為正，色尚白，以雞鳴為朔。周以十一月

---

[2] 漢武帝兼用二說，三統說與五德終始說有牴牾，漢武帝取三統說中的正朔而去其服色，取五德終始說中的服色而去其正朔。

為正，色尚赤，以夜半為朔。」又云：「周以至動，殷以萌，夏以牙。物有三變，故正色有三。……周人以日至為正，殷人以日至三十為正，夏以日至六十日為正。是故三統、三正若循連環，周則又始，窮則反本。」再云：「王者存二王之後，與己為三，所以通三統、立三正。周人以至日為正，殷人以日至後三十日為正，夏人以日至後六十日為正。天有三統，土有三王；三王者所以統天下也。」《禮記・檀弓》孔穎達《正義》曾引《略說》文，其引語說：「夏尚黑，殷尚白，周尚赤，此之謂三統。……物牙色白，此萌色赤不同者，萌是牙之微細，故建子云萌，建丑云牙，若散而言之，萌即牙也，故《書傳・略說》云：『周以至動，殷以萌，夏以牙。』」夏以十三月為正，或以日至後六十日為正，漢《太初歷》承用夏正，立寅月為歲首，其用同《尚書大傳》三統義。由伏生再傳弟子兒寬奉詔議定的漢《太初歷》，因伏生三統義而定漢行夏正之時。《漢書・律歷志上》云：「武帝元封七年，公孫卿、壺遂、司馬遷等言『歷紀壞廢，夏改正朔』。是時，御史大夫兒寬明經術，上乃詔寬曰：『與博士共議，今宜何以為正湖？服色何上？』寬與博士賜等議，皆曰：『帝王必改正朔，易服色，所以明受命於天也。創業變改，制不相復，推傳序文，則今夏時也。……臣愚以為三統之制，後聖復前聖者，二代在前也。今二代之統絕而不序矣；唯陛下發聖德，宣考天地四時之極，則順陰陽以定大明之制，為萬世則。』」夏、商、周三統為一循環，繼周者作新一輪循環。

漢初人認為周、秦之間「可謂文敝矣」，秦政不改周制，反酷刑法，故去嬴秦不算，漢為繼周之政統，為新三統之始。《史記・高祖本紀贊》云：「三王之道若循環，終而復始。……故漢興，承敝易變，得天統矣。」得天統之義，即繼周之後，復夏之統，漢當為黑統。自伏氏以後，漢代論及三統說者源源不斷。董仲舒《春秋繁露》據《春秋》論三統，其實也受到了《尚書大傳》三統說的影響，其以黑統為建寅，白統為建丑，赤統為建子，全同《尚書大傳・略說》篇義；以黑統正平明，白統正雞鳴晨，赤統正夜半，亦與《尚書大傳》所說的「夏以平旦為朔，殷以雞鳴為朔，周以夜半為朔」義相同。劉向曾上疏說：「故聖賢之君，博觀終始，窮極事情，而是非分明。

王者必通三統，明天命所授者博，非獨一姓也。」劉向所謂「通三統」，顏
師古註中載有應劭的說法：「二王之後，與己為三統也。」《漢書‧成帝紀》
亦記載綏和元年詔書論「通三統」事，其文說：「蓋聞王者必存二王之後，
所以通三統也。」

關於漢代通三統之義，後漢何休說得最為明白。《公羊傳》隱公三年
《春秋經》有「三年，春王二月」。何休《解詁》說：「二月，殷之正月也；
三月，夏之正月也。王者存二王之後，使統其正朔，服其服色，行其禮樂，
所以尊先聖通三統師法之義。」

漢代聲律亦歸義於三統。《漢書‧律歷志上》云：「五聲之本，生於黃
鐘之律。……律有十二，陽六為律，陰六為呂。律以統氣類物，……呂以旅
陽宣氣，……有三統之義焉。……三統者，天施、地化、人事之紀也。十一
月，〈乾〉之初九，陽氣伏於地下，始着為一，萬物萌動，鐘於太陰，故黃
鐘為天統，……為萬物元也。《易》曰：『立天之道，曰陰與陽。』六月，
〈坤〉之初六，陰氣受任於太陽，……故林鐘為地統，……令剛柔有體也。
『立地之道，曰柔與剛。』……正月，〈乾〉之九三，萬物棣通，……故太族
為人統。……『立人之道，曰仁與義。』『在天成象，在地成形；後以裁成
天地之道，輔相天地之宜，以左右民』，此三律之謂矣，是為三統。」〈律歷
志〉立三統之義，以天、地、人論之，殆自伏生《尚書大傳》三統說之衍生
義。

（二）「長於政」的《書》教傳統，多成為兩漢統治者在制定王朝
儀制時的依據。

漢代《書》教活動的廣泛開展，對漢代社會政治影響很大，特別是今文
《尚書》之教在官、私兩個層面的大規模施行，使《尚書》中的許多觀念深
入人心，並成為漢代立政過程中制定具體儀制的重要依據。《書》教傳統中
的許多思想不僅被漢代君臣所接受，而且也能被全社會所接受，對最高統治
者所制定的各種儀制，社會底層民眾不僅不反對，反而能擁護之。

1 漢代常依《尚書》古義為據，封建誥命，任薦大臣，論廢立，改官名。

用《尚書》古義封建誥命始於漢武帝。武帝初嗣大統，親覽賢良文學對策書，御決才選，此舉應是漢代依經選才之始。武帝元狩六年封建皇子，策立皇子劉閎為齊王、劉旦為燕王、劉胥為廣陵王。武帝仿《書》「誥」[3]手制誥命三策[4]。三策中「封於東土」、「封於北土」、「封於南土」，仿自〈康誥〉「肆汝小子封在茲東土」、「惟命不于常」，顯然是活用〈康誥〉經文；「俾君子怠」係改〈秦誓〉「俾君子易辭」經文；「凶於而國」亦直接引用〈洪範〉經文。策中又明引《書》：「臣不作威，不作福。」[5]這些不單單是從文體上仿效《尚書》，而是依《尚書》古義進行分封。自此以後，漢代帝王封建誥命多用《尚書》義。

漢代任薦大臣亦多用《尚書》古義。如《漢書・李尋傳》載記，王根輔政，時多災異，李尋引用〈秦誓〉穆公自悔之辭，對王根說：「天官上相上將，皆顯面正朝，憂責甚重，要在得人。……昔秦穆公說諓諓之言，任仡仡之勇，身受大辱，社稷幾亡。悔過自責，思惟黃髮，任用百里奚，卒伯西域，德列王道。二者禍福如此，不可不慎！」王根因之而舉薦李尋。周堪、張猛在位時，劉向懼其傾危，於是引用〈堯典〉、〈皋陶謨〉「舜命九官」、「鳳皇來儀」古義上封事，亦為用《尚書》義任薦大臣之顯例。後漢光武帝欲拜高密侯鄧禹為大司徒，其策文說：「百姓不親，五品不訓，汝作司徒，敬敷五教，五教在寬。」此篇策文幾乎全抄〈堯典〉帝舜命契作司徒之文本。光武帝劉秀曾習《尚書》於歐陽學博士許子威，熟知《尚書》本經，故此策應為光武帝親撰。

漢代還常用《尚書》古義論廢立、改官名。論廢立者如：昌邑王劉賀既立，行為淫亂，霍光欲廢之，以問田延年，田延年矯取〈商書・太甲〉之「伊尹放大甲於桐三年，太甲悔過遷善，伊尹歸之政」古義以塞眾口，建議

3　顏師古註引服虔曰：「誥敕王，如《尚書》諸誥也。」

4　司馬貞《索隱》云：「按〈武帝集〉，此三王策皆武帝手製。」則知武帝依仿《尚書》眾誥篇體，自撰策文。

5　顏師古註云：「〈周書・洪範〉云『臣無有作威作福』也。」

廢昌邑王劉賀，選賢另立。霍光曰：「今欲如是，於古嘗有此否？」田延年曰：「伊尹相殷，廢太甲以安宗廟，後世稱其忠，將軍若能行此，亦漢之伊尹也。」改官名者如：後漢建武十五年，朱祜上奏云：「宜令三公並去『大』名，以法經典。」三公即司徒、司空、司馬，最早見稱於《尚書》，去「大」字以法經典，正是依據《尚書》本經而議更改之。後建武二十七年五月丁丑，光武帝曾據此下詔改官名，其詔曰：「昔契作司徒、禹作司空，皆無『大』名，其令二府去『大』。」後又改大司馬為太尉，驃騎大將軍行大司馬之事。

2 漢代常依據《尚書》古義定國疆、議遷都、理陰陽、順四時。

用《尚書》古義定國疆，如宣帝世，議者謂胡越荒服鄙遠，主張依〈禹貢〉疆域方五千，應割棄胡越之地勿理，以節省國力。元帝初元年，珠崖又反，皇上與有司議，準備大發軍隊徵之，賈捐之依〈禹貢〉疆域，以為不當擊，認為應棄珠崖不復置郡，阻止發軍南徵。用《尚書》古義議遷都，如漢獻帝初平元年，楊彪用〈盤庚〉本經及〈盤庚序〉古義，駁董卓利用讖書〈石包讖〉，詭託天命，欲止其徙都長安。

用《尚書》古義理陰陽、順四時，如前漢名相陳平曾對文帝說：「宰相者，上佐天子理陰陽，順四時，下育萬物之宜，外鎮撫四夷諸侯，內親附百姓，使卿大夫各得任其職焉。」後漢陳忠疏奏中亦認為：「臣聞三公上則臺階，下象山嶽，股肱元首，鼎足居職，協和陰陽，調訓五品，考功量才，以序庶僚，遭烈風不迷，遇迅雨不惑，位莫重焉。」陳忠此言之依據為《尚書》義。丞相之職掌，首在佐天子理陰陽，順四時，大概得其實。漢家受〈洪範〉五行學而施於政教者，多見於三公佐天子調順陰陽例。三公不親細事，以調和陰陽為其職守，宣帝丞相丙吉對此明甚。《尚書》家平當於此論之，甚是切要，成帝時，平當上書言：「今……風俗未和，陰陽未調，災害數見，意者大本有不立與？何德化休徵不應之久也！」

3 漢代儒者在依據《尚書》經義來匡正人君、鑒戒重臣等方面亦多有發明。

負有政治使命的漢代《尚書》學者，不得已假藉天象，托之《尚書》經義，用以誡警專橫暴君、佞臣賊子改行仁政。如成帝宴飲，座張畫屛，畫紂醉踞妲己，作長夜之樂。班伯據〈微子〉、〈酒誥〉義，戒成帝毋迷色淫酒。成帝無繼嗣，又數有災異，於是成帝用大臣意，謂咎在後宮，於是責皇后省減椒房掖庭用度。許皇后上疏申辯，成帝引《尚書》雊雉鼎耳義警戒之，又引《尚書》周穆王刑章義以威之。其曰：「《書》云：『高宗肜日，鼎有雊雉，祖己曰：惟先假王，正厥事。』又曰：『雖休勿休，惟敬五刑，以成三德。』」此為借〈高宗肜日〉、〈呂刑〉義，戒後宮減省用度。成帝建始三年冬，有日食地震，谷永引〈無逸〉、〈文侯之命〉義，諫戒成帝毋逸豫。桓帝幸廣成校獵，陳蕃亦引《尚書》「無教逸」、「勿盤於遊畋」義，鑒戒桓帝毋逸豫。

後漢郅惲曾引《尚書》「周公戒成王勿盤於遊畋」義，鑒戒光武帝毋逸豫。郎顗用〈盤庚〉「汝猷黜乃心，無傲從康」義諫順帝仁儉施政。明帝永平四年，東平王劉蒼引伏氏《洪範五行傳》有畋獵失宜之事應義，鑒戒明帝「毋逸豫」，明帝覽奏後，即還宮不獵。章帝初立時，第五倫以后族過盛，以后家「三馬」或賄買人心，或歲臘饗宴奢費，皆不應〈洪範〉義。

其實《尚書》學者所憑借的天象，未必皆合情實。趙翼《廿二史箚記》「漢儒言災異」條對此所議最為平定，他說：「〈洪範〉一篇，備言五福六極之徵，其它詔誥，亦無不以惠迪從逆為吉凶。……觀〈五行志〉所載，天象每一變，必驗一事，推以往以占將來，雖其中不免附會，然亦非盡空言也。」

4 漢代依據《尚書》義，人君下罪己詔，三公自劾去官者亦不少。

前漢文帝時，每逢日食、水旱、疾疫等災變，文帝輒諮議於大臣，此為有漢一代人君因災異而下詔自責之始。彼時經學博士與百家博士並立，具官待問而已，雖下丞相、博士等議之，經學博士尚不敢直接引經救弊獻策，更無直引《尚書》經以決事之舉。元帝時，因數次地震，而引據《尚書·

皋陶謨》義，昭告天下登用賢俊、存問黎老孤弱。元延元年七月，星孛於東井，成帝詔曰：「乃者，日蝕星隕，謫見於天，大異重仍。在位默然，罕有忠言。今孛星見於東井，朕甚懼焉。公卿、大夫、博士、議郎其各悉心，惟思變意，明以經對，無有所諱。與內郡國舉方正能直言極諫者各一人，北邊二十二郡舉勇猛知兵法者各一人。」成帝又曾於鴻嘉二年下罪己詔。大司馬大將軍王鳳曾以罪己上疏乞骸骨。

後漢和帝時，每逢災變，輒諮諏臣下，下罪己詔，一如其先帝。安帝時，因京師地震，《尚書》歐陽家弟子楊震，用師桓郁意上疏請抑幸臣，用〈洪範〉義鑒戒安帝節用去奢，無使威福久移臣下。永和元年正月乙卯，順帝亦因地震下詔自罪。桓帝時，朝廷每有災異疑議，輒諮問重臣趙典，趙典據經正對，無所曲折，以為災異例不虛出，其源亦來自〈洪範〉義。

總之，從後世對《尚書大傳》、《尚書緯》、《洪範五行傳》等所作的輯本來看，漢代《尚書》學始終存在着一系或以陰陽五行說、或以災異譴告說、或以讖侯緯說等為內容的神學化《尚書》學闡釋傳統。《尚書》中的〈洪範〉等篇章成為這一系闡釋思想的最原始的源泉和證明，他們通過各種神學化的解釋將《尚書》所載上古三代歷史的社會制度、政治經驗等攀附到漢代的現實政治之中，隨之出現了大量的《尚書》決獄、〈禹貢〉治河、〈洪範〉察變等經世致用之舉。當然，詮釋也是有限度的，過猶不及。隨着漢代「長於政」的《書》教詮釋傳統的發展，由於仕途功名的誘惑、主觀意識的作祟以及授徒資政的需要，漢代《尚書》學者在經世致用實踐中，或被迫將傳統的本體解釋學發展至具有很大局限性的章句之學，或被迫將傳統的知人論世、以意逆志詮釋學衍化為災異譴告、圖讖緯說，所作闡釋或流於空談繁瑣，或攀附各種圖讖，無法在現實中落實下來，漸漸違背了傳統解釋學的根本目的，最終導致了後漢末期《尚書》學的凋敝與新變。

三　兩漢謀求《書》教傳統融合的契合點：長於政

前人留下的典籍，往往以一種文本的存在狀態顯諸於後世，後人治政要

以這些典籍為依據，就必須對其進行有選擇的詮釋。作為上古政治歷史文獻的重要載籍，佶屈聱牙的《尚書》之主體部分，是我國上古時期的訓、誥、誓、命一類的政書，屬於應用型的文字存在狀態。其有些篇章雖顯得拙稚，甚至曾被漢武帝稱為「樸學」，但卻是我國最早的也是比較成熟的政史文字載記。這種應用型特性及「樸學」之特點，使得《尚書》文本具有了很強的闡釋張力和較為廣闊的闡釋空間，為漢代經學者詮釋《尚書》提供了必要條件，在數以千計《尚書》學者的努力下，遂造就了漢代治《尚書》之學的昌盛。

只有通過重新闡釋才能使古奧難懂、敘述簡略的《尚書》為漢代統治者所接受，並為其統治服務。漢代《尚書》學者對《尚書》的解讀，許多內容已屬於不同於先秦時期的新闡釋，《尚書大傳》、《尚書》決獄、〈禹貢〉治河、〈洪範〉察變、《尚書緯》等都凸顯了兩漢《尚書》學者在經典詮釋傳統方面有所出新，其目的就是為漢帝國的現實政治服務。完全可以說，兩漢《尚書》詮釋的範疇、深度、特色均是與《尚書》文本「長於政」的特色分不開的，漢代《尚書》學的興衰演變也是與《尚書》「長於政」特色的詮釋意向能否得以凸顯緊密關聯的，「長於政」特色既是兩漢《書》教傳統的要義所在，亦是漢代謀求《書》教傳統融合的契合點。要想把《書》教傳統真正變成為資政的依據，就必須對各種不同的《書》教詮釋傳統進行適合資政目的的改造與貫通。

兩漢時期的學者對《尚書》的不同詮釋，既有迎合兩漢不同時期政治、社會、文化發展需要的一面，也有對先秦詮釋傳統承繼的一面。由於闡釋者的詮釋對象存在傳本的差異以及闡釋者的主觀闡釋意向、詮釋風格不同，在四百餘年間產生不同的《尚書》學派是順理成章的事。但兩漢時期謀求各種《書》教詮釋傳統融合統一的努力卻一直沒有停止，漢代統治者把《尚書》學逐步提升到官學體系內，目的是為了統一其詮釋內容，並使之成為治政導民之核心依據。在漢代統治者的大力推崇下，「長於政」的漢代《書》教活動得以在廣泛的區域內開展，今、古文《尚書》學家以官、私並存的《書》教活動為依托，提出了各種各樣的《尚書》學說。正是在廣泛的《書》教活

動實踐中，各種各樣的《尚書》學說逐步得以融合，漸漸形成了對《尚書》文本的系統的權威詮釋，這種權威詮釋集中凸顯了「長於政」的傳統，是構建漢代社會各層次心理結構的重要內容，是漢代統治者立政倫理思維和治政自覺實踐的有機組成部分。

漢代《尚書》分立數家博士以及一家之中又衍生支派的情形是一種普遍的客觀現象。這種經說紛歧的現象對於朝廷使用和儒生學習來說都有不便的地方，加以經學既成利祿之途，自成一說的儒生自然希望自己一派立於學官。這些問題，往深裏說，都牽涉到政治哲學命題，故經說的紛歧既非純粹學術上的爭議，自然就不能全靠儒生自己來解決。為了解決經說、經傳爭議問題，前、後漢時期朝廷曾經分別舉行過一次公開的經學討論會，目的就是為了統一經文，融合經說，解決各派存在的分歧。

《尚書》及其經說的討論在兩次會議中都占有十分突出的地位。第一次為石渠會議，發生在前漢宣帝甘露三年，朝廷「詔諸儒講五經同異，太子太傅蕭望之等平奏其議，上親稱制臨決焉」。參加這次討論的《尚書》學大師有六人，歐陽地餘、林尊、周堪、孔霸、張山拊、假倉，其中周堪在各經大師中論經最高。石渠閣經議所討論的都是各經本身的問題，全都屬於前漢今文學範疇，而今文學以經世致用為其詮釋方向。石渠會議留有詳細的文字紀錄，今見於《漢書・藝文志》者，在《尚書》類中有《議奏》四十二篇，在總論中又有《五經雜議》十八篇，班固均自註曰「石渠論」。可惜這些紀錄現在已全部亡失，有關其詳細內容，無法得知。第二次為白虎觀會議，發生在後漢章帝建初四年，朝廷下詔諸儒聚集白虎觀，講論經義，參加本次討論人員多有《尚書》學者，其中以丁鴻論經最明。這次討論會的結果，由楊終、班固撰集其事，名之為《白虎通議》，又叫《白虎通德論》。今書還在，其書除徵引六經傳記外，兼涉讖緯，而多傳古義，其主要目的是希望對當時經學之文字、師說等各方面的紛歧求得統一標準，以維持最高統治者資政導民的需要和儒學定於一尊的局面。

這兩次學術大討論，前者周堪論經最高，後者丁鴻論經最明，周、丁二人均為《尚書》學者，其意義頗大。概其要義有三：一來反映了當時《尚

書》學繁盛的概況；二來借着不同學者的切磋，集思廣益，極大地開拓了《尚書》學者的學術研究視野；再者，這種客觀的開放式的討論，是解決疑難問題的最好方法，《書》教傳統中的諸多疑難問題，正是在這兩次大論戰中按照「長於政」目的有所折中。

總體看來，兩漢《尚書》學的盛衰演變是與《書》教傳統「長於政」特色能否得以凸顯相關聯的。西漢初期，高祖時陸賈著有《新語》十二篇，文帝時賈誼著有《新書》，二者都曾稱引《尚書》以論政。文帝、景帝時，朝廷亦曾立有主治《尚書》的博士，漢武帝建元五年，更是置專經《尚書》博士，標誌着漢代官方《尚書》經學的正式形成。自此以後，漢代《尚書》學大盛。究其原因：

首先，兩漢《尚書》學的繁盛，是與漢代帝王的提倡、獎勵分不開的。前漢多位帝王尊崇《尚書》，先後設立歐陽、兩夏侯三家博士，並置博士弟子員。平帝時更立古文學，以蘇竟為講《尚書》祭酒。後漢帝王尊崇《尚書》之學，更是有過之而無不及。具體來看，秦火之後的漢初，漢承秦挾書之制，民間仍不敢私藏《尚書》，有之亦多藏於山崖屋壁之中。漢惠帝四年始除挾書律，為《尚書》的復出提供了歷史機遇。漢文帝命晁錯從伏生受《尚書》，是漢代帝王第一次發出尊崇《尚書》信息的明證。建元五年春，漢武帝置《尚書》歐陽博士，以孔安國等為《尚書》博士，為《書》教活動的展開及博士弟子仕進架設了橋梁。如在武帝建元間，張湯決大獄，欲傅古義，乃請博士弟子治《尚書》者用之。孔安國之博士弟子兒寬見上語經學，上悅之，從寬問《尚書》一篇，擢之為中大夫。漢昭帝始元五年六月，下詔以《尚書》等未明，令三輔太常，舉賢良各二人，郡國文學各一人；又於元平元年，以孔霸為《尚書》博士。漢宣帝本始四年，曾下詔令夏侯勝撰《尚書說》，賜黃金百斤，又於甘露三年三月，詔諸儒講五經同異，上親稱制臨決，立大、小夏侯《尚書》博士。漢平帝元始年間，網羅遺失，兼而存之，立古文《尚書》博士，以扶風平陵蘇竟為講《尚書》祭酒。東漢光武帝建武元年，延續前漢之制，置《尚書》歐陽、兩夏侯三家博士；建武十九年，光武帝召桓榮，「令說《尚書》，甚善之，拜為議郎，賜錢十萬，每朝會，

令榮於公卿前，敷奏經書，帝稱善曰：『得生幾晚。』因拜榮為博士」。漢章帝更是降意儒術，特好古文《尚書》，建初元年，下詔賈逵入講古文《尚書》，令其撰《歐陽、大小夏侯尚書、古文同異》三卷；又建初八年十二月戊申，下詔令群儒選高才生受古文《尚書》。漢安帝延光二年春正月，下詔選三署郎及吏人能通古文《尚書》者一人。漢靈帝熹平四年，刻石經《尚書》立於太學門外，熹平四年，又詔公卿舉能通《尚書》者除議郎。

其次，兩漢《尚書》學的繁盛，亦與治《尚書》學者多為帝王師或三公等有關。兩漢帝王，多能以治《尚書》有成就的學者為師，雄才大略的漢武帝曾從兒寬問《尚書》一篇，首開漢代帝王以《尚書》學者為師之先河。夏侯勝因用《尚書》授太后，而遷長信少府，賜爵關內侯，卒官時，太后為其素服五日，以報師傅之恩，儒者以為榮。漢宣帝即位四年，夏侯勝遷太子太傅，太子即漢元帝。歐陽地餘及孔霸亦都以《尚書》授元帝，孔霸因之官至大中大夫，賜爵關內侯；博士鄭寬中，以《尚書》授太子，太子即漢成帝。後漢建武十九年，顯宗始立為皇太子，選求明經，乃擢桓榮弟子豫章何湯為虎賁中郎將，以《尚書》授太子；皇太子又師事博士桓榮，學通《尚書》。桓郁少以父任為郎，傳父業，永平十五年，以《尚書》入授皇太子。桓郁之子桓焉亦少以父任為郎，明經篤行，永初元年入授安帝；順帝即位，拜桓焉為太傅，復入授經禁中。鄧弘少治歐陽《尚書》，亦授安帝禁中。楊震、楊秉、楊賜、楊彪祖孫曾四世為三公，兩帝王師。除家學相傳外，楊氏下授門徒眾多，盛極一時，至三國仍綿延不斷。

再者，利祿之途的引誘，亦是漢代《尚書》學大盛的主要原因之一。班固在《漢書·儒林傳贊》中說：「自武帝立五經博士，設弟子員，開科射策，勸以官祿，訖於元始，百有餘年，傳業者寖盛，枝葉繁滋，一經說至百餘萬言，大師眾至千人，蓋利祿之路然也。」獎勵、推崇，已使文人士子向慕從風，再用利祿加以引誘，影響所及，自然廣泛。如夏侯勝，每於講授《尚書》之際，常對諸生說：「士病不明經，經術苟明，其取青紫，如俛拾地芥耳。」桓榮更是說：「今日所蒙，稽古之力也，可不勉哉！」當時在鄒魯之地有一句諺語說：「遺子黃金滿籯，不如一經。」其實在當時由明《尚書》

經而致相位的,也確實不少。

兩漢《尚書》學新變析因。今文《尚書》學一直占據兩漢官學的有利地位,但在歷經了前漢中後期和後漢初期的發展之後,卻急劇地跌落下來。之所以發生如此巨大的變化,是與今文《尚書》學自身發展中出現的兩種現象分不開的。第一個是今文《尚書》學的繁瑣化。從西漢宣帝始,《尚書》學分為三家,每家又有數說,枝離蔓衍,經師和師說增多,互為歧義,《尚書》詮解日趨繁瑣,不利於思想統治。第二個是今文《尚書》學的讖緯化。自從《尚書》學研究成為官方肯定的學問之後,政府與學者都以《尚書》學做為施政的依據,伏生以〈洪範〉中的「五行」為生發點,結合陰陽學說,最早構建了《洪範五行傳》的理論體系,為今文《尚書》學走向讖緯化開闢了理論源泉,將今文學者導向既重視對《尚書》中微言大義的引申,又強調天人相與的神學觀。

當然,今文《尚書》學的迅速轉向,也受到了一定的外因影響,主要是受到了古文《尚書》學的衝擊。劉歆增置古文《尚書》,既立學官,必創說解,即古文《尚書》之師法,後漢衛宏、賈逵、馬融又遞為增補,衍為家法,以行於世,遂與今文分道揚鑣。《尚書》今古文學之爭,雖始於西漢末年,但其爭鬥的高峰卻在東漢。在這場鬥爭中,古文經學日益擡頭,在民間流傳甚廣,並逐漸占據優勢,對今文經學產生了強有力的衝擊。

後漢中後期,今、古文《尚書》學,又在走向融通的過程中,由盛極而漸至式微。承秦火之後,前漢諸儒傳《尚書》的學者,由伏生開始,其後歐陽生、張生,各自成家;等到孔壁古文《尚書》出,孔安國亦自別行,遂衍為今文、古文的差異。然而就其傳播《尚書》過程來說,他們一則加以不懈的整理校讎,一則致力於章句訓詁,遂使《尚書》之學,大行於世,諸儒之功實不可沒。當時《尚書》學者不僅重在微言大義的闡發,亦能兼顧考據訓詁的探討,雖遭司馬談「博而寡要,勞而少功,其事不可盡從」的批評,可是以之與其後的「碎義逃難」,動輒徒以數十萬言使人終生不得竟其業的章句小儒相比,確能略勝一籌。

王充《論衡》稱,王莽之時,省五經章句,皆為二十萬言,由此可推知

西漢末年，今文各家經說，蓋已具繁瑣之病，不然無需減省。秦恭延君能說〈堯典〉，僅篇目兩字，竟然達十多萬言，但說「曰若稽古」，亦至三萬言。《漢書・儒林傳》更謂其守小夏侯之說，增師法至百萬言。光武中興之後，這種《尚書》經說習尚，並未減退，如周防受古文《尚書》，撰《尚書雜記》四十萬言，朱普歐陽《尚書章句》四十萬言，桓榮以朱普之章句浮辭繁長，減省為二十三萬言，其子桓郁，復加刪減，定為十二萬言。《牟氏尚書章句》四十五萬言，張奐亦以其浮辭繁多，減為九萬言，然其自著《尚書記難》，竟至三十餘萬言。

《漢書・儒林傳》說：「自武帝立五經博士，開弟子員，設科射策，勸以官祿，訖於元始（平帝），百有餘年，傳業者浸盛，枝葉蕃滋，一經說至百餘萬言，大師眾至千餘人，蓋祿利之路然也。」圇於利祿之爭，衍師法為家法，各自名家的情形，到了後漢，更有過之而無所不及。其「守文之徒，滯固所稟，異端紛紜，互相詭激，遂令經有數家，家有數說」。這種解經者的支離漫衍，已有「迂滯」之弊，班固對這種現象說得最為明晰：「古之學者耕且養，三年而通一藝，存其大體，玩經文而已，是故用日少而畜德多，三十而五經立也。後世傳經，既已乖離，博學者又不思多聞闕疑之義，而務碎義逃難，便辭巧說，破壞形體，說五字之文，至於三二萬言，後進彌以馳逐，故幼童而守一藝，白首而後能言，安其所學，毀所不見，終以自蔽，此學者之大患也。」馬宗霍亦說：「夫以鄭玄大儒，遍註群經，凡百餘萬言，通人猶譏其繁，則一經以過繁蒙譏，固其宜矣。」徐幹《中論・治學》篇也說：「凡學者，大義為先，大義舉而物名從之，在鄙儒之學也，務於名物，群於器械，摘其章句，而不能統其大義之所極，以獲先王之心，此無異乎女史誦詩，內豎傳令也。故使學者勞思慮，而不知道，費日月而無功，故君子必擇師焉。」

《尚書》今文經說至此，誠可謂浮辭繁雜，紛紜莫衷，學者無不以為苦，於是融合今、古文的學風興起。其實早在前漢武帝時，古文學大宗師孔安國即兼通今、古文。孔安國「為今皇帝博士」，可是今皇帝武帝所立《尚書》者，皆為今文，即終漢之世，古文亦未嘗多立，孔安國就一定是今文博

士無疑。正因孔安國為今文博士,其傳壁中古文時,能「以今文讀之」,因以起其家法。王鳴盛《尚書後案》說:「蓋安國在當時,實兼今文古文而通之,其為博士時,自當授弟子以今文,所謂祿利之路然也。至別有好古之士,如司馬遷、都尉朝,方從安國問古文,所謂古文不合時務是也。兒寬初事歐陽生,治《尚書》以文學應郡舉,詣博士受業,孔安國以試第次補廷尉史,此非經學既明而得祿之驗乎?其所受者,乃今文也。」後漢治《尚書》者,在研習今文《尚書》之餘,也多能探究古文,如漢章帝、賈逵、孫期、尹敏、周防、楊倫、許慎、鄭玄等,都是明顯的例證。鄭玄的出現,實乃今、古文《尚書》學融合會通之關鍵。鄭玄雖以古學為宗,亦兼采今學以附益其義,自成一家,且無所不包。學者苦其家法繁雜之際,見鄭玄宏通博大,於是眾論翕然歸之,自鄭氏《尚書註》行,其他各家的說法也就翕然而止了。這種不為今文或古文所囿的治學態度,確實值得效法,也惟其不為所囿,鄭玄才能成為漢代經學之集大成的通儒。

　　《尚書》今文經學與古文經學,不僅在經書的字體、文字、篇章等形式上有差異,而且在經書中重要的名物、制度、解說等內容上亦多有不同。今文《尚書》學近於哲學,強調經世致用;古文《尚書》學近於史學,講究訓詁考據。但無論經世致用,還是訓詁考據,在其發展過程的後期,都出現了一些背離初衷的枝蔓現象,使各自的優點,漸漸嬗變為阻礙社會前行的阻力,無論是今文《尚書》學,還是古文《尚書》學,求新、求變是其發展的必然。大儒鄭玄之學的興起,標誌着《尚書》今、古文學融合的形成。

呂坤《閨範》對《尚書》的引用與說解[*]

連文萍[**]

一　前言

　　明代能讀書識字的女性是否研讀《尚書》？這是個有趣的問題。《尚書》是上古聖王治國經驗的紀錄，後世多用以學習治國之法，到明代不但是帝王學的必讀經典，也成為士人應舉的科目之一，但女性並無治國或科考的需求，加上《尚書》文字古奧，所以她們是否有機會接觸或是有研讀《尚書》的必要？這是考察明代女性教育的面向之一，也是研究《尚書》接受史的課題之一，但歷來較缺乏學界的關注。

　　本論文是繼探討明代皇族的《尚書》與《詩經》教習之後[1]，進一步探討《尚書》與明代女性教育的關係。透過考察明代女性閱讀經書的相關紀錄及明代女教用書對經書的引用，發現呂坤為教誨女兒所編纂的《閨範》一書，對《尚書》的引用與說解深具特色，因此本論文以之為論述重點，祈能一窺《尚書》與明代女性教育的關係及明代女性對《尚書》的接受概況。

---

[*] 本文為國科會補助專題研究計畫（NSC-100-2410 -H-031-034）的部分研究成果，僅此致謝。

[**] 東吳大學中文系

[1] 關於明代皇族的《尚書》與《詩經》教習研究，目前已發表論文：〈明神宗與《詩經》講習〉，《國文學報》，第49期（2011年6月），頁65-86,；〈明代皇族的《尚書》教習〉，《書目季刊》，第45卷2期（2011年9月），頁1-19；〈《詩經》與明代皇族女教初探〉，《廈門大學國學院及篔簹書院合辦第二屆海峽兩岸國學論壇暨第三屆海峽國學高端研討會》（2011年11月11-14日），頁1-16。

二 明代女性的經書閱讀

因為「女子無才便是德」的觀念[2]，明代接受教育、能讀書識字的女性，大多集中在中上階級的書香或官宦世家，這些女性透過家庭教育或自我學習，除了吸收道德意識，也得以閱讀經書，甚至能獲得稱引。如高妙瑩「通經史傳記」、黃珂女黃氏「博通經史」、袁九淑「少讀經史，尤通內典」[3]，但這些紀錄多半空泛，並未詳言她們讀的是那些經史。對照男性的傳記，顯示「博通經史」是明代傳記常用的褒詞，且是男女適用。

另一些紀錄較為具體，如沈榛「幼失恃，外父手授《詩》、《禮·內則》，及《三唐》、《近體》、《香奩》、《草堂》諸集」；陸樞妻茅氏「幼習小學《孝經》」；徐媛「幼緝學，曉暢〈內則〉諸書大義」；端淑卿「幼從父宦邸，日讀《毛詩》、《列女傳》、《女範》諸篇。笄總後，遂博通群書，作為詩詞，大類唐人」[4]。這些紀錄顯示明代女性閱讀的經書，多是《詩經》、《禮記·內則》、《孝經》，及《列女傳》、《女範》之類的女教書。由這些書籍可以進一步推知她們的閱讀經書，係側重道德的通曉與領略，如《禮記·內則》專論事親之義，精通此章，則知恭敬事父母舅姑之法，此乃自古以來閨門所持循的誦習之道，故明代女性閱讀經書，實源自傳統，與儒生繹章句、工文辭的章句之學大有不同。

又有宗萬邦妻陳氏「少讀《五經》、《周禮》、《孝經》，兼通史鑑，嘗集五經句為詩四十首」[5]，此處標舉《五經》，但又特別揭諸《周禮》、《孝經》，

---

[2] 「女子無才便是德」之說在明代的起源與發展狀況，劉詠聰：《德·才·色·權——論中國古代女性》（臺北市：麥田出版公司，1998年），〈中國傳統才德觀及清代前期女性才德論〉，已有論述，可以參考。

[3] 以上見〔清〕厲鶚：《玉臺書史》（臺北市：新興書局，1973年，《說庫》本），頁24-26、33。

[4] 以上見胡文楷：《歷代婦女著作考》（上海市：上海古籍出版社，2008年），頁116、135、143、190。

[5] 胡文楷：《歷代婦女著作考》，頁168。

應是陳氏對二經尤能通曉。明弘治年間,沈瓊蓮選入內廷,給事禁中,授女學士,其閒暇時飼養白鸚鵡,教之誦《尚書・無逸》[6]。〈無逸〉是周公訓示沖齡即位的成王,戒其勿晏安逸樂,要能法祖恤民,故為明代帝王學中涵養君德的重要篇章。沈瓊蓮是明孝宗朱祐樘(1470-1505)的侍妾,其初入內廷時,孝宗曾試以〈守宮論〉,沈瓊蓮發題即云:「甚矣秦之無道也,宮豈必守哉?」顯示對國家興亡有所體悟,其對《尚書・無逸》特別喜誦,以之教習鸚鵡,用意奇巧,應不只是閒暇無聊之舉,而是別有深意,也與她的身份職務有關。

明代女性讀《五經》或《尚書》的具體紀錄十分少見,與明代訓蒙觀念及施教用書乃男女有別,可能有所關聯。明代的女性不一定會接受教育,即使接受教育,多以零星篇章或女教書的教讀為主,如明成祖時,仁孝皇后徐氏(1362-1407)曾謂:

> 小學之書無傳,晦庵朱子編輯成書,為小學之教者始有所入。獨女教未有全書,世惟取范曄《後漢書》、曹大家《女戒》為訓,恆病其略,有所謂《女憲》、《女則》,皆徒有其名耳。近世始有女教之書盛行,大要撮〈曲禮〉、〈內則〉之言,與〈周南〉、〈召南〉、《詩》之〈小序〉及傳記而為之者。[7]

徐氏是中山武寧王徐達(1332-1385)的長女,自幼聰慧,「于書一覽輒成誦不忘,姆師咸驚之」,是明代皇后中學力最為人稱道者。她評述明初女教用書,認為「未有全書」,因此記述婆婆孝慈高皇后馬氏(?-1382)之教而成《內訓》一書,用為后妃講習所需。是書刊成,除施教於內廷,明成祖並予刊刻普及,曾下賜群臣,俾教養於家,日後亦成為明代流行的女教書之一。女性教育有專門用書及選本,故考察明代女教書的編纂內容,可以窺知當時

---

[6] 〔清〕朱彝尊著、黃君坦校點:《靜志居詩話》(北京市:人民文學出版社,1998年),卷1,〈宮掖・沈瓊蓮〉,頁23。

[7] 〔明〕徐皇后:〈內訓原序〉,《內訓》(臺北市:臺灣商務印書館,1983年,影印《文淵閣四庫全書》本),頁722、723。

女性施教與閱讀的重點。

明代流行的女教書大致可分二類：一為沿用自前代所編撰的女教書，如劉向《列女傳》、班昭《女誡》、鄭氏《女孝經》等。一為明人重新編纂的女教書，包括由朝廷推動編纂刊行的女教書，如解縉（1369-1415）等儒臣受敕重編的《古今列女傳》，及前述仁孝皇后徐氏的《內訓》等；也有民間編纂的女教書，如呂近溪《女小兒語》、呂坤（1536-1618）《閨範》及溫璜（1585-1645）錄其母陸氏訓言的《溫氏母訓》等[8]。

這些明人重新編纂的女教書，內容多屬道德意識的灌輸，或選錄史傳歷代賢女事蹟行誼，以收見賢思齊之效，行文淺近，直書其事，亦有引述經書之言，融經史於一爐，使女性閱讀是書，即能掌握經史大要及處事立身的榜樣。而各書所擷取經書之言，多取自《禮記·內則》或《詩經》，至如《尚書》等其他經書則少見，反應出明人對女性教育的觀點，《禮記·內則》、《詩經》是《五經》中與女性處世立身最為攸關的經書，《尚書》等其他經書則非當務首選。

在明人重新編纂的女教書中，呂坤為訓誨女兒所編纂的《閨範》，係以新穎的編纂觀點與手法，在道德訓示與賢女事蹟的羅列之外，巧妙摘選經書中女性適讀的篇章，將《尚書》與各經俱涵融其中，其編纂的策略、目的，特別是對所引《尚書》篇章的說解，值得深入探討。

8　明代使用的女教書現今多有影印出版，〔漢〕劉向：《列女傳》，收入《列女傳彙編》（北京市：北京圖書館出版社，2007年，影印《文淵閣四庫全書》本）；班昭《女誡》（臺北市：鼎文書局，1985年，影印《古今圖書集成·閨媛典》本），冊395；鄭氏：《女孝經》（臺北市：鼎文書局，1985年，影印《古今圖書集成·閨媛典》本），冊395；解縉等編：《古今列女傳》，收入《列女傳彙編》（北京市：北京圖書館出版社，2007年，影印《文淵閣四庫全書》本）；〔明〕章聖皇太后：《御製女訓》，收入《故宮珍本叢刊》（海口市：海南出版社，2001年，影印明嘉靖刻本）；〔明〕呂坤：《閨範》，收入《四庫存目叢書》（臺南市：莊嚴出版公司，1995年，影印明呂應菊重刻本），並有王國軒等整理：《呂坤全集》（北京市：中華書局，2008年）的重新排版本。

三　《閨範》的撰著特色與傳布影響

　　呂坤，字叔簡，號新吾，寧陵人，萬曆二年（1574）進士，歷官襄垣知縣、戶部主事、山西觀察使、刑部侍郎等職，其留意風教，學貴實踐，著有《實政錄》、《呻吟語》、《去偽齋集》等，史稱其「所著述，多出新意」[9]。萬曆十八年（1590），呂坤在山西觀察使任內，為教誨其女呂中儀，撰成《閨範》一書。《閨範》又名《閨範圖說》，呂坤在序文詳述編纂緣由：

> 先王重陰教，故婦人有女師，講明古語，稱引昔賢，令之謹守三從，克遵四德，以為夫子之光，不貽父母之辱。自世教衰，而閨門中人竟棄之禮法之外矣。生閭閻內，慣聽鄙俚之言；在富貴家，恣長驕奢之性。首滿金珠，體徧縠羅，態學輕浮，語習儇巧，而口無良言，身無善行。舅姑姊娌，不傳賢孝之名；鄉黨親戚，但聞頑悍之惡，則不教之故。迺高之者，弄柔翰，逞騷才，以夸浮士。卑之者，撥俗絃，歌豔語，近於倡家，則邪教之流也。閨門萬化之原，審如是，內治何以脩哉？《女訓》諸書，昔人備矣，然多者難悉，晦者難明，雜者無所別白，淡無味者不能令人感惕，閨人無所持循以為誦習。余讀而病之，乃擬《列女傳》，輯先哲嘉言、諸賢善行，繪之圖像，其奇文奧義，則間為音釋。又於每類之前，各題大旨，每傳之後，各贊數言，以示激勸。

呂坤有見於世教衰微、缺乏適用的女教書，故編纂《閨範》用以訓女。是書原本沒有附圖像，其女呂中儀讀之「不得其解，輒掩卷臥」，呂坤為加強教學效果，乃倩畫工加入圖像，意態情形，宛然逼真，其女「見像而問其事，因事而解其辭，日讀數十事不倦也，且一一能道，又為人解說，不數月而成

---

9 〔清〕張廷玉等：《明史》（臺北市：鼎文書局，1979 年），卷 226〈呂坤〉，頁 1602。

誦」[10]。

　　因為效果頗佳，呂坤乃刻之於官署，其後傳布甚廣，翻刻頗多，「有嘉興板、蘇州板、南京板、徽州板，縉紳相贈寄，書商輒四鬻，而此書遂為閨門至寶矣」[11]。甚至傳入內廷，明神宗的鄭貴妃屬其伯父鄭承恩等，於書中新添〈后妃〉一門，加入包括她自己在內的十二位萬曆時婦女，且親撰序言，於萬曆二十三年（1595）重刊。當時正值明神宗遲遲不立「國本」，朝臣為冊立太子一事惶惶論爭，鄭貴妃的舉動大有政治意涵，遂引發政爭[12]。然其傳布並未止息，影響亦是深遠，清代陳宏謀將是書編入《教女遺規》重新刊行時，即謂：「當時士林傳誦其書，摹印不下數萬本，直到流布宮禁，其中由感生愧，由愧生奮，巾幗之內，相與勸于善而遠于不善者，蓋不知凡幾也。」[13]

　　呂坤對於教育多所用心，有《四禮翼》、《續小兒語》等專著，已為當世名家，然《閨範》的傳布與教學效果甚佳，主要來自圖文並茂的編纂新意，及內容的詳備適用。全書共四卷，卷一〈嘉言〉，摘錄經書及往哲前賢之文，為之訓釋；卷二至卷四為〈善行〉，敘述古代足以為法程的賢女事蹟，分就三類：女子之道、婦人之道、母道，兼及姊妹、姒娣、姑嫂、嫡妾及婢子之道，皆繪圖於上，並附以呂坤的贊語。

　　全書凡為人女、為人婦、為人母之道，靡不昭揭，而文頗淺近，意在使人人易知易循。此外，選錄史傳賢女事蹟，並加入圖像，能引導、指揮讀者按圖索驥，具體揣摩、領略其事蹟行宜。而附加的贊語，則是編纂者直接現身，向讀者進行說解，有效強化教誨訓示的力道與功能。

---

[10] 以上呂坤為其女編撰《閨範》一事，見〔明〕呂坤：《去偽齋集》，收入《呂坤全集》，卷2〈辯憂危竑議疏〉，頁76。

[11] 〔明〕呂坤：《去偽齋集》，卷2〈辯憂危竑議疏〉，頁76。

[12] 〔清〕張廷玉等：《明史》，卷226〈呂坤〉，頁1604。又見〔明〕劉若愚：《酌中志》（北京市：北京古籍出版社，2001年），卷1〈憂危竑議前紀〉。

[13] 〔清〕陳宏謀：《五種遺規・教女遺規》，收入《續修四庫全書》（上海市：上海古籍出版社，2002年，影印清乾隆四年至八年培遠堂刻匯印本），卷中〈呂新吾閨範・謹按〉，頁74。

　　其中，卷一〈嘉言〉，摘錄《四書》、《五經》，及班昭《女誡》、蔡邕《女訓》之文，兼及孔子、匡衡、司馬遷、文中子、司馬光、顏之推等往哲前賢之言，尤為歷來女教書所未見，深具特色。呂坤曾謂：「女子固不宜弄文墨，但古之賢女，未嘗不讀書。如《孝經》、《論語》、《女誡》、《女訓》之類，何可不讀？婦女邪正，不專在此。」[14]故《閨範》前列〈嘉言〉，就是針對世俗以為女子不宜讀書，提出具體有力的駁正。

　　在呂坤所規畫的「讀書計畫」中，女性非但必須讀書，還須讀《四書》、《五經》，所以在《閨範・嘉言》中，各經排列順序及所摘錄的則數如下：

> 《四書》：《中庸》二則、《論語》一則、《孟子》五則
> 《易經》：九卦
> 《書經》：二則
> 《詩經》：三十二則
> 《春秋・左傳》：六則
> 《禮記》：〈曲禮〉十則、〈檀弓〉三則、〈月令〉一則、
> 　　　　　〈曾子問〉一則、〈禮器〉一則、〈郊特牲〉九則、
> 　　　　　〈內則〉二十一則、〈大傳〉二則、〈經解〉一則、
> 　　　　　〈仲尼燕居〉一則、〈坊記〉一則、〈雜記〉四則

觀察呂坤對各經的排列及摘錄，可以窺知他心目中理想的女性讀經方式，以《四書》為先，《五經》則依序是《易》、《書》、《詩》、《左傳》、《禮》。對照他對男童啟蒙的要求：「《四書》外，惟有《六經》及諸史最要。」[15]顯見他認為閱讀經書男女無別，都是切身要事。

　　但他仍注意到女性對經書的接受問題，在〈閨範凡例〉的第二條有謂：「婦女不文。是輯訓婦女也，故於原文深奧者　有變更，而余言亦甚膚淺

---

[14]〔明〕呂坤：《四禮翼・昏前翼・女子禮》，收入《呂坤全集》，〈書史〉，頁1357。
[15]〔明〕呂坤：《四禮翼・冠前翼・養蒙禮》，〈書籍〉，頁1347。

云。」[16]因為考量女性的接受度,他對各經的摘錄求精不求多,以足備女性法
程為主。中如《詩經》及《禮記‧內則》摘錄數量最多,顯見他認為二經與
女性教育最為攸關。同時,呂坤對各經的摘錄去取也經過考慮,經文中不合
常理、不切實用者,則不予採錄,如是書〈嘉言‧禮記‧內則〉篇前呂坤評
云:「此篇論事親,則恭敬之意多而和樂之情少。乃寒不敢襲,則近於君臣
矣。至於酒食諸品,極口腹之欲,盡鮮釀之美,與聖王菲飲食、養生家薄滋
味之理,大相悖謬。」[17]所以他對《禮記‧內則》非照單全收,而是「取婦人
之事舅姑者以示法焉,蓋禮節雖繁,皆孝子之道也」。

四 《閨範》中的《尚書》摘錄與說解

《閨範》卷一〈嘉言〉所摘錄的《尚書》經文,僅止二則,在各經當中
數量偏少,顯示《尚書》似非呂坤心目中最適合施用於女教的經書。若詳加
觀察呂坤所摘錄的經文內容、所作的贊語,可進窺其對《尚書》的接受與解
讀觀點。以下分就二則經文加以論述。

(1)第一則選文:

> 岳曰:「瞽子,父頑,母嚚,象傲,克諧,以孝烝烝,乂不格姦。」
> 帝曰:「我其試哉。」女于時,觀厥刑于二女。釐降二女于媯汭,嬪
> 于虞。帝曰:「欽哉!」[18]

此則經文摘自《尚書‧虞書‧堯典》,係帝堯詢問四方諸侯之長,是否能順
應天命,接替帝位。眾人向帝堯推薦年三十而無妻的虞舜,四方諸侯之長
說:「虞舜是樂官瞽叟之子,其父愚劣,其母奸詐,其弟傲慢,而虞舜能以

---

16 〔明〕呂坤:《閨範》,卷前,頁1410。

17 〔明〕呂坤:《閨範》,卷1〈嘉言‧禮記‧內則〉,頁1448-1449。

18 〔明〕呂坤:《閨範》,卷1〈嘉言‧書經〉,頁1421。

深厚的孝道和諧家人，克制自己，又能感化家人的惡行。」帝堯說：「我將試用他。」帝堯嫁二女於舜，觀察其對待二女的法度，進而觀察舜的品德才行。帝堯令他的兩個女兒娥皇和女英下嫁到嬀汭，去盡為婦之道。帝堯說：「要敬慎呀！」

〈堯典〉敘述帝堯的事蹟，包括命令羲氏、和氏推算歲時、制定曆法；命鯀治水等，呂坤僅摘引他嫁二女給虞舜，以測試他的品德才性一事，其教習用意在文後的贊語有所說明：

> 舜濬哲文明，溫恭允塞，天下之至德也。父頑，母嚚，象傲，天下之至惡也。舜能使之克諧烝乂，天下之至化也。猶不足信，而試以二女。二女視頑嚚者，賢愚何如？舜化二女，視化頑嚚難易何如？堯猶以此試舜，始知嫡妾之難處，有甚於父母之頑嚚。《易·睽》曰：「二女同居，其志不同行。」蓋中女少女，性各陰柔，火動而上，澤動而下，志各異趨，以是處於同室，冰炭不相入矣。況同欲分愛，爭妍取憐，又婦人常態。能刑于二女矣，天下尚復有難處之事乎？堯既不挾貴，以理降二女於舜家，且命二女曰：「敬之哉。」夫以天子之女，下嫁匹夫，猶曰敬慎，始知婦道之卑，帝女不得加於凡夫；夫道之尊，凡民不得屈於帝女，況諸侯士庶人乎？[19]

經由父、母及弟的至惡，對照出虞舜的至德與至化，再試以二女，更顯虞舜至化之極，此為一般的解讀觀點。但呂坤的施教重點並不在此，其真正的命意在於申明女性不論地位尊卑，嫁為人婦之後，都要謹守本分，恪遵婦道及嫡妾之道，故其強調雖是帝女不免於天性，會有婦人同欲分愛、爭妍取憐之態；雖是帝女下嫁凡夫，也要敬慎，以示夫道之尊。

值得注意的是，此則經文中，帝堯對二女「欽哉」的訓勉，就是父親教誨女兒的話語，也是呂坤的自我投射，帝堯的「欽哉」正是他對女兒中儀的訓勉。這是因為作為父親，不論帝王或凡夫，對出嫁女兒的教誨是一致的，

---

[19] 〔明〕呂坤：《閨範》，卷1〈嘉言·書經〉，頁1421。

古聖先王尚且如此，何況諸侯士庶人？呂坤藉此強調婦道之卑與夫道之尊乃古今不刊之論，同時宣示了夫權，也建立了父權。

（2）第二則選文：

第二則經文摘自《尚書・周書・牧誓》，乃周武王伐紂，兵至牧野，臨戰之際的誓師之詞，呂坤所摘引只有寥寥數語：

> 王曰：「古人有言曰：『牝雞無晨。牝雞之晨，惟家之索。』今商王受，惟婦言是用。」[20]

這則經文是周武王向將士們說：「古人有說：『母雞是不會在早晨鳴叫的。如果母雞早晨鳴叫，這個人家就要破敗了。』現在商王受，只聽信婦人的話。」

此則經文摘錄周武王所說的話，但未完整引出，因為周武王接著敘述了商紂聽信婦言後種種倒行逆施的行徑：「昏棄厥肆祀，弗答；昏棄厥遺王父母弟，不迪。乃惟四方之多罪逋逃，是崇是長，是信是使，是以為大夫卿士，俾暴虐于百姓，以奸宄于商邑。」換言之，周武王向將士們宣說：「現在商王受，只聽信婦人的話，輕蔑的廢棄對祖先的祭祀，對祭祀不聞不問；輕蔑的捨棄自己先王後裔、同父同宗兄弟不加任用。卻對從四方逃亡而來的罪人加以推崇禮敬，信任重用，任命他們擔任大夫卿士的官職，使他們殘暴的虐待百姓，在商都內外犯法作亂。」呂坤只引錄周武王所言的前數句，在其後贊語則加以引申：

> 此武王伐紂誓師之辭也。牝雞，母雞也。鳴晨者，雄雞之聲。當家者，男子之事。母雞夜啼而報曉，必主家道蕭索，骨肉離散，凶之兆也。今紂惟用妲己之言，妲己所喜者，貴之；妲己所憎者，誅之。奸邪滿朝，忠良誅逐，故我誓告三軍，明正天討，為天下除害焉。夫眇眇一婦人耳，逐則不敢不去室，誅則不敢不就刑，庸夫賤子，皆

能禍福其妻，彼何能為者？乃古今以來，不但妲己，桀以妹喜亡夏，幽以褒姒亡周，唐高以武曌、明皇以玉環亡唐，浩浩六合之大，林林千百萬之眾，致令國破身亡，江河漲萬姓之血，原野丘三軍之骨，何物妖孽，禍烈至此！無他，溺愛者之罪也。此數女子，在文王宮中，不過一婢妾耳。化於德，尚可以為賢妃；恣其惡，不過自殃乃身，何禍之能為？故兵刃皆可以殺戮，水火皆可以焚溺，善用之，則成勘靖之仁，養生之賴。〈周書〉不罪婦言，而曰惟婦人之言是用，始知操刀、縱火、決防，禍有所從來矣。[21]

呂坤可能考慮「婦人不文」，所以節錄前數句較明白易曉的內容，使此段經文顯得很片段，語意並不完整。

然其真正的命意並不在周武王的誓師之詞，而是在於藉由紂王寵愛妲己導致國破身亡一事，引出妹喜、褒姒、武曌、楊玉環等相類的史事，向其女曉示婦人須謹守婦道，不可踰越本份，因為「當家者，男子之事」。

至如贊語中所謂「自殃乃身，何禍之能為」，雖是指責帝王溺愛女妃，自作孽導致國破身亡，但也具有不同的涵意：一方面指揮男性要對女性「善用之，則成勘靖之仁，養生之賴」；另方面更是在於宣示女子的卑弱，進而指導其女要自居於卑弱，方能接受教化「化於德」，能被善用「成勘靖之仁，養生之賴」。

是故，綜觀《閨範》中所摘錄二則《尚書》的經文，第一則藉由帝堯嫁二女給虞舜的故事，申明婦道及嫡妾之道；另一則藉由商紂寵愛妲己導致國破身亡，強調男性要對女性「善用之」，更指導女性要自居於卑弱以接受教化。呂坤的摘錄都偏重故事性，或有背景可述者，應係考慮女性的接受度，而其解讀的觀點則是特色所在，與一般《尚書》的說解有所不同，他是以女性的角度來審視及觀看《尚書》，所以帝堯嫁二女給虞舜一事，重點就不在強調帝堯的禪讓或虞舜的至德至化，而商紂寵愛妲己導致國破身亡一事，也不在凸顯周武王的正義之師或商紂的暴虐當誅。

---

[21] 〔明〕呂坤：《閨範》，卷1〈嘉言・書經〉，頁1421-1422。

五 《閨範》中的《尚書》引用與說解

除了摘錄的方式，《閨範》卷一〈嘉言〉，也透過「引用」向女性介紹《尚書》的特色及重要性。如〈嘉言・古語〉引司馬遷曰：「《易》基乾坤，《詩》首〈關雎〉，《書》美釐降，《春秋》譏不親迎。夫婦之際，人道之大倫也，禮之用，唯昏姻為兢兢。」其下呂坤的說解，則針對「唯昏姻為兢兢」而發：「兢兢，戰懼謹慎之意。世人皆以為樂，而聖人以為懼；世人皆以為合，而聖人以為別。其慮遠，其計深矣。」[22]

此處引「《易》基乾坤，《詩》首〈關雎〉，《書》美釐降，《春秋》譏不親迎」諸語，出自《史記・外戚世家》，乃司馬遷對「周之興也，以姜原及大任，而幽王之禽也，淫於褒姒」[23]所興發的感觸。「《書》美釐降」係針對帝堯以二女嫁予虞舜，事見《尚書・虞書・堯典》，其意頗深，釐即理也，降是下也，意即帝女下嫁。呂坤引用此說，卻未針對「釐降」二字說解，可能是考量女性的接受理解，如《閨範》卷前所述「婦女不文。是輯訓婦女也，故於原文深奧者畧有變更，而余言亦甚膚淺云」[24]，所以只要強調「唯昏姻為兢兢」的重點即可。當然，〈嘉言・書經〉已摘錄〈堯典〉「釐降二女于媯汭」原文，呂坤有「堯既不挾貴，以理降二女於舜家」[25]之解釋，讀者可以互見參看。

《閨範》的其他篇章也有《尚書》文句的引用，但數量較少。如卷三〈善行・婦人之道・明達之婦〉，有〈楚野辯女〉一章，敘述昭氏之妻乘車，與鄭簡公所派大夫之車，在狹路發生衝撞，大夫怒，將執而鞭之，昭氏之妻引〈周書〉「毋侮鰥寡」，謂：「今子列大夫，輕妾微弱而執之，不亦侮鰥

---

[22] 〔明〕呂坤：《閨範》，卷1〈嘉言・古語・漢〉，頁1461。

[23] 〔日〕瀧川龜太郎：《史記會注考證》（臺北市：洪氏出版社，1983年），卷49〈外戚世家〉，頁773。

[24] 〔明〕呂坤：《閨範》，卷前，頁1410。

[25] 〔明〕呂坤：《閨範》，卷1〈嘉言・書經〉，頁1421。

寡乎？」使得鄭大夫慚，無以回應。此處傳文延用劉向《列女傳》，但劉向所引〈周書〉為「毋侮鰥寡，而畏高明」二句，出自〈洪範〉[26]，呂坤加以簡化，只引前句，使之更趨簡明。其贊語則加以詳說：「口才非婦人所尚也，而無端受辱，無言惟懼，或言而動氣犯禮，或言而浮衍無當，奚貴言哉？」[27]贊許昭氏之妻言言當理，鄭大夫宜羞愧，也指出女性言語的運用分寸。

又如卷四〈善行・母道・智母〉有〈孫叔敖母〉一章，敘述孫叔敖幼時出遊，見兩頭蛇，殺而埋之，因為聽聞「見兩頭蛇者死」，故回家泣別其母。母親詳問緣由，乃曰：「汝不死矣。夫有陰德者，必有陽報。德弭眾妖，仁除百禍，《書》不云乎：『皇天無親，惟德是輔。』爾默矣，必興於楚。」[28]孫叔敖母所引述「皇天無親，惟德是輔」，出自《尚書・周書・蔡仲之命》，此章乃周成王封蔡仲為諸侯的誥命。

孫叔敖母的引述，不一定代表她對《尚書》或〈蔡仲之命〉內容的熟稔，因為「皇天無親，惟德是輔」應是眾所周知、廣被引用，如《左傳》僖公五年，宮之奇在回答虞國虞公的問話時，就引〈周書〉「皇天無親，惟德是輔」，來強調德行的重要。

所以呂坤贊語曰：「天道好生，敖母奚取於埋蛇之兒乎？蓋殺害人者以全人，陰德莫大焉。世有容保凶頑，殃賊良弱，不肯除害去惡而自附於仁者，其未知埋蛇之義歟！」孫叔敖母深明事理、見解不凡，故此則故事的曉示重點在於識見，當然孫叔敖母宅心仁厚，言語機智得體，又能正確引經據典以證成己說，也是另一種學習。

六 《閨範》摘錄經書的用意與功能

《閨範》中摘錄的二則《尚書》經文，經過呂坤的巧妙解說與指導，居

---

[26] 今本〈周書・洪範〉作「毋虐煢獨，而畏高明」，見屈萬里：《尚書集釋》（臺北市：聯經出版事業公司，1983年），頁120。

[27] 〔明〕呂坤：《閨範》，卷3〈善行・母道・智母〉，頁1525。

[28] 〔明〕呂坤：《閨範》，卷4〈善行・母道・孫叔敖母〉，頁1549。

然具有如同《女誡》、《女訓》之類女教書的命意與功能。呂坤對於教育多所用心，有《四禮翼》、《續小兒語》等專著，其編纂《閨範》用以教習其女，乃切身之事，又攸關女兒立身處事及家庭聲望，不得輕忽，故語語戒慎，殷殷期勉。

以今日看來，呂坤對女性教育的觀點不無偏頗，特別是過於壓抑女性，而申張父權與夫權，但《閨範》所凸顯呂坤對於經書施用於女教的觀點，認為《四書》、《五經》俱為女性必須優先認識學習，故在〈嘉言〉中詳列各經名稱，並摘錄各經足以為女性法程的經文，並加以說解，這樣的編纂理念仍可稱述，也深具多項的意義與功能：

其一，《四書》、《五經》並舉，可以包融涵蓋一般女性較少閱讀的經書，特別是傳統上認為是治國大法的《尚書》，以增進婦知、婦德。而所摘錄的《尚書》經文，有助於提昇女性的識見，認識女道、婦道乃千古不刊之論，且是帝王庶民無別。

其二，《四書》、《五經》是傳統文化知識的結晶，呂坤主張女性應讀書識字，此係跨越閨閣的界限，挑戰「婦女不文」的傳統認知，他更介紹並指導女性研讀《四書》、《五經》，使之進一步親炙傳統文化。但各經的摘錄要有所選擇，如《尚書》性質特殊、文字古奧，女性讀之，僅要求粗識其書，不在於多讀、精讀，多則不免踰越婦女本份。為幫助女性親炙經文，呂坤加入淺近贊語以指導閱讀，有效強化教誨訓示的力道與功能，所以呂坤儼然扮演女性導師的角色。

其三，女性認識《四書》、《五經》，除了自我婦知、婦德的增進，也有利於母教的進行。女性可以透過母教，將《四書》、《五經》傳統文化傳給她的後代子嗣。所以，女性除了以生育延續人倫命脈，也要透過母教延續傳統文化的命脈。

其四，《閨範》在呂坤的編纂下，成為兼有《四書》、《五經》、《列女傳》、《女誡》等多元內容的綜合性教材選本，加上引錄孔子、顏之推、司馬光等前賢之語，增加是書的附加價值，同時全書圖文並茂、說解淺近，這樣的選本在當日許多家庭購書不易的狀況下，一本兼抵多本，深具功能性及

吸引力。同時此書也具有「橋樑」作用，有心的女性有機會由零星段落的研讀，進階到更多篇章或全本的閱讀。

其五，呂坤嘗試藉由《四書》、《五經》及《列女傳》、《女誡》諸書的摘錄，勾勒並建立森嚴的母親形象、卑弱的女性形象。

其六，呂坤一方面要求女性讀書識字，還要閱讀經書，跨越閨閣的界限，進入男性專擅的知識領域，但另方面又透過經文的選錄，教育女性認識並嚴守男女分工、男尊女卑的文化傳統，強化夫權、父權對女性的控制。

七 結語

經由上述討論可以得知，明代女性對經書的閱讀，以《詩經》、《禮記·內則》、《孝經》為多，其閱讀目的側重於道德意識的通曉與領略，與儒生繹章句、工文辭的章句之學不同。《尚書》是上古聖王治國經驗的紀錄，但女性無治國及科考的需求，加上閱讀能力的限制，所以《尚書》並非明代女性閱讀的首選，一般女性不一定有機會接觸。

呂坤因世教衰微，及苦無適當的女教書，因此編纂《閨範》用以教誨女兒。他認為女性應讀書識字，要認識《四書》、《五經》，所以在《閨範》中摘選各經經文，也巧妙「搭載」了《尚書》。

《閨範》以摘錄及引用的方式，灌輸《尚書》釐降等精義。其中摘錄的部分共有二則，一摘自〈虞書·堯典〉，藉由帝堯嫁二女給虞舜的故事，申明女性不論地位尊卑，嫁為人婦之後，都要謹守本分，遵守婦道及嫡妾之道；另一則摘自〈周書·牧誓〉，藉由商紂寵愛妲己導致國破身亡，強調男性要對女性「善用之」，更指導女性要自居於卑弱以接受教化。呂坤的解讀觀點，與一般《尚書》的說解不同，他是以女性的角度來審視及觀看，所以帝堯嫁二女給虞舜，並不強調虞舜的至德至化，而商紂寵愛妲己導致國破身亡，也不在凸顯商紂的暴虐當誅。

《閨範》中對《尚書》的引用，如引司馬遷《史記·外戚世家》「《書》美釐降」，以證成「唯昏姻為兢兢」的深意。又如引《尚書·周書·蔡仲之

命》「皇天無親，惟德是輔」，以見孫叔敖之母深明事理、見解不凡。相較於《閨範》中對《詩經》、《禮記》等的引用，《尚書》的引文很少，且均簡短、片段，很可能是考慮到女性的接受與理解。但呂坤的摘引仍卓有特色、用意深遠，足以提昇女性對《尚書》的認識，增進對傳統文化的接受與傳承。

論《尚書》傳統思想道德教育的
原則與方法

楊飛*

《尚書》是中華文化的元典，是記載我國古代思想道德教育理論與實踐的最早文獻之一，反映了從堯舜禹、夏商周以至春秋戰國時期大量的思想品德、倫理綱常、道德修養、哲理物性的內容。《尚書》反映了「我國傳統思想道德教育由自髮轉向自覺、由直覺依賴轉向理性思維的重要階段」[1]。對《尚書》傳統思想道德教育原則與方法的歸納與整理，不僅有助於中國教育史的研究，而且將為當代思想道德教育提供豐富的例證與參考。

一 正確處理「政」與「教」的關係，堅持政治統治與民眾教化的有機統一

一定的政治形態反映著一定的社會生產關係、組織形式和價值標準。上古社會是以血緣關係為紐帶而形成的自然群體，之間的關係鬆散而複雜，統治階級以親緣為紐帶，利用倫理道德等社會規範，形成族群之間的向心力和凝聚力。政權的存在方式決定思想道德教育的方式，形成了政教、官師、道器合一的思想道德教育模式。

---

* 南京大學文學院

[1] 張世新：《中國古代思想道德教育史》(杭州市：浙江大學出版社，2010年)，頁1。

（一）政教合一

為政以德，道德是政治的靈魂和核心。政治的執行以思想道德教育為基礎，並不依賴於個體嚴格遵守社會準則，也不體現群體性的社會管理模式，而是表現為一種自發的參與與維護。因而道德教育作為外在的規範形式極度發達，內化為政治的原則，成為維護社會秩序的重要手段。

政治與思想道德教育之間關係非常密切，在先民看來，能夠進行思想教育才具有從政的能力。《尚書·堯典》中，堯帝接受四方諸侯的推薦，任命舜為自己的接班人，讓其負責對百姓宣教，包括父義、母慈、兄友、弟恭、子孝五種，百姓能遵守五教而不亂倫，表現了舜潛在的政治素養。至此，堯帝才讓舜總理一切朝政，而舜對各類政務也處置得井井有條。上古時期，道德感化過程往往就是政治的實施過程，政治的推行的結果就是道德教育的結果，道德的高下就是檢驗政治的最好標準。

（二）官師合一

道德政治作為一種內在意識和外在規範高度結合的政治形式，推行教化的過程就是施行政治的過程，官員就是教師，政治就是教育。《荀子·天論》云：「堯、舜者，天下之善教者也。」堯帝和舜帝均意識到思想道德的傳播和擴散具有良好的社會整合功能，所以堅持以德聚民、以身示教、命夔典樂、以教胄子，通過人的和諧而達到政治和諧、國家安定。

《尚書·君奭》記載：「召公為保，周公為師，相成王為左右。」輔佐成王，施政於朝，力盡師保之責。面對「小民難保」的社會現實，要求成王「體卹下民，力戒貪慾」，重視自身道德修養，「克明德慎罰，不敢侮鰥寡」，兢兢業業，勤政於民，才能「乃以民寧」，永保天命，周公指出仁君不可沉迷於逸樂，「君子所，其無逸。先知稼穡之艱難，乃逸，則知小人之依」（〈周書·無逸〉）。必須先知稼穡的艱難，先知小民的痛苦，把逸樂和人民的痛苦聯繫起來，「非知之艱，行之惟艱」。懂得道理並不難，實行它

就難了，說得非常深刻，對成王的教誨也很成功。

（三）道器合一

「道器合一」是中國哲學中的基本命題，《周易・繫辭》中說：「形而上者謂之道，形而下者謂之器。」教育的目的不僅是提高個體能力與素質，更是將其做為國家穩定和富強的工具，古人在教育的過程中隱藏著對「道」的認同。《尚書》中的傳統教育不僅傳授社會生活經驗，而且培養人的社會規範意識，注意對民眾的「五常之教」，通過個體的完善而達到整個國家統治的順暢，使得教化能夠「東漸於海，西被於流沙，朔南暨聲教訖於四海」。將個體的倫理道德、身心修養與國家治理結合在一起，以思想的統一鞏固政治的統一，從而達到「垂拱而天下治」。

二 正確處理「點」與「面」的關係，堅持先進示範與廣泛教化的有機統一

由於不同個體所處的社會地位、實踐經驗、知識水平和認知水平不通過，對利益的追求和對實物的認知存在差異，因此應根據不同的對象，積極探索思想道德教育的方式方法，堅持因材施教，講究道德的層次性，注意工作的漸進性，提高教育的針對性和有效性。上以德教官，下以孝教民。堅持教化為先，以道化民。

（一）君為民先

統治者以自己的先鋒模範作用，以身作則，率先垂範，以身教重於言教的方式開展思想政治工作，取得普通民眾的認同，具有極大的影響力和感召力。《呂氏春秋・執一》：「為國之本，在於其身，身為而家為，家為而國為，國為而無不為。」統治者的執政能力對於國家的穩定與繁榮非常重要。

「邦之杌陧，曰由一人；邦之榮懷，亦尚一人之慶。」（〈周書・秦誓〉）

　　政治清正和君主以身作則是民眾歸化的基本前提。統治者是百姓的父母，學習的楷模。「天祐下民，作之君，作之師。」（〈周書・秦誓〉）肩負對民眾的教化職能。「凡厥庶民，極之敷言，是訓是行，以近天子之光。」（〈周書・洪範〉）統治者必須率先垂範，正人先正己，因為「爾身克正，罔敢弗正；民心罔中，惟爾之中」。周公力行德政，提出「敬德保民、明德慎罰」等治國策略，形成周初無政無逸的風氣，奠定有周八百年基業。周公以此教成王，取得很大的成功。成王死後，太師召公、畢公延續周公的教育理念，召公認為君主應該是德臣之首，是老百姓效法施行的榜樣，「其惟王位在德元，小民乃惟刑用于天下，越王顯」（〈周書・召誥〉）。輔助太子釗以成康王，成王、康王也能秉承周公遺政，勤奮為政、力戒逸樂，形成歷史上有名的「成康之治」。

（二）建官惟賢

　　賢者治國，是古代理想的國家治理模式。安邦治國，選賢與能是治國的關鍵，必須在社會上造就和使用大批賢能之士。《孟子集註・公孫丑章句》云：「德行高者謂之賢。」「賢，有德者，使之在位，則足以正君而善俗。能，有才者，使之在職，則足以修政以立事。」建立官長依據賢良，安置眾吏依據才能，歷代明王立政，不惟其官，均惟其人。

　　各級地方長官的表率對教化的影響很大。堯帝「建官惟賢，位事惟能」，明察賢明之人，選拔有才備德、地位卑微之人，「明明揚側陋」，任命伯夷頒佈法典，大禹平治水土，后稷教民播種，做到「野無遺賢，萬邦咸寧」。尚賢不僅為國傢網羅了大批人才，在更深層次上，通過他們的表率作用影響天下人，通過官員的引領，禮孝的教導，以達到定制度、立規矩、決是非、明好惡，使得百姓在潛移默化中受到教育，與此同時，在整個社會形成重賢養士、歸於教化之風，其作用和影響遠遠超過尊賢本身。

（三）化民成俗

　　道德觀念在西周正式出現，以德和孝為綱，德以對天，孝以對民，道德觀念一經產生，必然成為統治階級教育的內容。思想政治教育的主要特點是防患於未然，通過正面的教育、榜樣的示範、環境的感化，使人們形成良好的道德習慣，自覺甚至無意識地將自己納入封建倫理綱常之中，各安其位、各守其行，遵守統治階級所規定的制度和行為準則，從而確保長治久安。《潛夫論・德化》所云：「人居之治，莫大於道，莫勝於德，莫美於教，莫善於化。」

　　周公提倡孝道，將孝道作為民眾思想道德教育的核心，成為後世以孝治國的濫觴。他在《尚書・康誥》中告誡康叔：「元惡大憝，矧惟不孝不友。……天惟與我民彝大泯亂，曰：乃其速由文王作罰，刑茲無赦。」他認為最大的罪惡便是「不孝不友」，對於這種現象，必須以刑罰嚴加處置，不能姑息放縱。所以《孝經・聖治》認為：「孝莫大於嚴父，嚴父莫大於配天，則周公其人也。」儒家將周公的倫理思想發展為「五倫」，使之成為維持宗法社會的思想基礎與支柱[2]。

三　正確處理「上」與「下」的關係，堅持正面教育與雙向對話的有機統一

　　思想教育過程並不是單一的，而是雙向的過程。思想道德教育可以使教育者和被教育者之間交流順暢，思想互動，情感共鳴，從而增進教育的效果。殷商時期，統治階級不僅重視至上而下的正面教育，而且提倡教育者與教育對象之間的雙向互動。

2　游喚民：《尚書思想研究》(長沙市：湖南教育出版社，2001年)，頁194。

（一）學道下貫

正面的教育是思想道德教育的主要形式，必須通過多種途徑提高思想政治工作的吸引力和感染力，先聲奪人的搶佔輿論高地，突出自身的正當性和正義性，掩蓋道德缺陷，贏得民眾支持。

周文王卒，武王大會諸侯於孟津，告誡友邦諸侯和治事大臣，成〈泰誓〉三篇。中心思想是揭露商紂王的罪行，勸誡諸侯友邦順從自己，討伐商紂。上篇宣佈商紂王的罪行，沉湎酒色，殘害忠良，暴虐小民，說明伐商的原因，伐商是順天應民，告誡諸侯應當輔助自己掃除邪惡；中篇指出商紂王力行無度，惡行為世所知，從天意和人事兩個方面說明伐商必定成功，伐商之事順從天心民意，是輝煌的事業，勉勵將士建功立業；下篇又指責商紂王的種種罪行，侮辱五常之義，砍忠臣之脛，剖賢人之心，結怨於人民，說明討伐的原因，號召全軍將士分清敵我，勇敢殺敵並認清文王的顯著德政。可見，武王在整個討伐過程中，始終伴隨著正面的思想道德教化。

（二）下情上達

「天畏棐忱，民情大可見。」（〈周書·康誥〉）要求統治者必須體察民情、審視民意、關註民生，加強社會輿情的收集和分析，及時了解和掌握民眾主流性、傾向性、苗頭性的動態觀點，作為統治者執政立國的依據和參攷。

堯帝要求各部落長官能打開四方之門，廣開言路，明察各地事務，傾聽各方面的意見，「人，無於水監，當於民監」（〈周書·酒誥〉），不要只從水中察看自己，應當從民情上察看。「闢四門，明四目，達四聰」（〈夏書·堯典〉），及時掌握民情動態，做好下情上達。任命「龍」做納言的官，早晚傳達堯帝的命令，轉告下面的意見，做到真實允當。此外，還通過藝術的方式攷察民情，廣開言路，通過聽取六種樂律、五種聲音、八種樂器的演奏，從聲音的哀樂攷察治亂，取捨各方的意見。並在此基礎上「明庶以功，車服

以庸」。根據言論廣泛地接納他們，根據工作明確地攷察他們，用車馬衣服酬勞他們。

（三）輿情控制

上古時期，統治者已經認識到思想輿論的重要性，不僅能夠廣開言論，還能夠製造輿論，控制輿論，體現了輿論引導和控制的能力。

殷商統治後期，由於洪水的動蕩導致老百姓流離失所，盤庚提出遷都，遭到守舊臣民的反對，謠言四起，社會不安。盤庚認識到輿論的重要性，為控制民眾言論，防範流言蜚語，干擾民心，阻礙政令暢通，他從多個方面說明了遷都的必要性。盤庚還要求眾人不要用無稽的言論互相鼓動，恐嚇煽動民眾，「胥動以浮言，恐沉于眾」，否則謠言就會像原野上的大火，不能靠近，不能被撲滅。告誡臣子將恩惠施給民眾，永遠和民眾一心，要求臣民能「各恭爾事，齊乃位，度乃口」，認真地做好自己份內之事，謹言慎行，否則「罰及爾身，弗可悔」。輿情得到控制，思想得以統一，為盤庚順利遷都奠定了堅實的基礎。

四 正確處理「軟」與「硬」的關係，堅持柔性管理與剛性法規的有機統一

法律約束和思想教化兩者不能混同或替代，法律約束是規定性的，思想教育是倡導性的，思想教化從個體的內在起作用，法律制度則從個體的外部起作用，將兩者有效結合，才會產生最佳效果。

（一）約之以禮

以天命作為思想政治的感召，禮是外在的行為規範，樂是內在的移情化性，以禮樂的方式教育和管理民眾在遠古就已經出現，在西周得以完善並

形成體系。《左傳》文公十八年：「先君周公制周禮曰：則以觀德，德以處事，事以度功，功以食民。」禮作為社會秩序和道德行為規範具，有重要的價值。禮樂教化通過外在的思想文化、藝術形式來調節人類的思想和情感、行為和價值，從而形成長幼有序、和諧健康的社會關係和社會風尚，最終將政治教育、思想引領、道德薰陶、心理調節、文化滲透融為一體，取得思想道德教育的立體效果。

（二）警之以刑

周朝統治者實行以教化為本的思想，以刑殺圖象來禁戒眾人，勸人向善。作為原始社會的首領，堯帝命人在器物上刻畫五種常用的刑罰。《尚書大傳》：「蓋刻畫墨、劓、荊、宮、大闢之刑於器物，使民知所懲戒，如九鼎象物之比。」林之奇《尚書全解》並云：「此說比先儒為長。蓋王者之法如江河，必使易避而難犯，故必垂以示之，使知所避。……《周官·司寇》：正月之吉，始和佈刑於邦國都鄙，乃懸象刑之法於象魏，使萬民觀象日而斂之，此則唐、虞『象以典刑』之意也。」[3] 使百姓見而知威，具有一定的勸誡和震懾作用。皋陶執行舜帝的策略，「方施象刑」，以刑殺的圖象警戒三苗，取得了良好的成效。刑有罪、釋無辜，無論是警示，還是刑罰，慎罰還是必罰，其目的都是為了勸民為善。《尚書·大禹謨》「明於五刑，以弼五教，期於予論」。明刑而弼教，通過刑律曉喻民眾，使民眾知法、畏法而守法，以輔助教化之所不及。在刑罰懲治之前融入教化的精神，先教而後殺，「勿庸殺之，姑惟教之」。警之以刑，教而後殺的原則在《尚書》中得到重視和實際應用。

---

[3] 〔宋〕林之奇：《尚書全解》，收入《文淵閣四庫全書》(香港：香港迪誌文化傳播有限公司，1997年)。

（三）施之以威

商朝雖然滅亡，但是大量的殷商遺民心懷不滿、頑固不化，仍然蠢蠢欲動，周公東征，滅三監，營造洛邑，實行移民政策，把殷商頑民遷來成周，加強對他們的教育與監管，初步穩定了國情。周公告誡失敗的殷民，周王滅殷是順從天命，殷商的先祖從成湯到帝乙均能修德而明祀，所以上帝護祐殷國；但是後繼的殷王驕縱淫逸，不知百姓疾苦，所以上帝才降下滅國之災。對那些「迪屢不靜」、「心未愛」、「屑播天命」、「自作不典，圖忱于正」，即不敬天遵命，違法犯紀、興風作浪的犯罪分子，極度損害統治秩序的異己分子，周公先「教告之」、「戰要囚之」，對他們指明前途，如能臣服周朝，尚能安寧自身，如執迷不悟、教而不化，則「大罰殛之」，施以重罰。

五　正確處理「內」與「外」的關係，堅持說服教育　　與啓發教育的有機統一

思想政治工作必須圍繞民眾關心的重要問題，以理服人，以情動人，不斷解決民眾的認知困惑，克服民眾在認知上的片面性、模糊性，統一思想，明確目標。進行思想政治教育，以道心之微化解人心之危，要講究策略和方法：「凡厥庶民，有猷，有為，有守。」

（一）寓教於樂

採用藝術的形式來進行思想政治教育。《禮記・樂記》：「凡音之起，由人心生也。人心之動，物使之然也。感於物而動，故形於聲。」寓教於樂，採用民眾易於參與，樂於參與的藝術方式增強思想政治教育的實效性。

〈堯典〉中記載舜帝命夔典樂教胄子，通過樂教，達到「直而溫、寬而慄、剛而無虐、簡而無傲」的品質，通過吟詩來表達感情，通過歌聲來抒發心聲，「詩言誌，歌永言，聲依永，律和聲。八音克諧，無相奪倫，神人以

和」。陶冶情操，完善人格，並且配和舞蹈，「擊石拊石，百獸率舞」。提高思想政治教育的實效性，做到寓教於樂，使民眾的心靈得到淨化、道德得到提升，從而達到維護群體的秩序和規則，促進群體內部的和諧與穩定。

（二）寓理於情

對於群眾性教育勸誡，要注意方式與方法。盤庚是商朝的第二十位君王，為避免水患，抑制奢侈的惡習，決定把都城從曲阜（奄）遷往安陽，遭到一些頑固大臣的反對，盤庚先後三次教喻臣民，曉之以情，動之以理，終於遷都。盤庚教育民眾：「古我先王，暨乃祖乃父，胥及逸勤，予敢動用非罰。世選爾勞，予不掩爾善。茲予大享於先王，爾祖其從與享之。作福作宰，予亦不敢動用非德。」因為我的先王和你們的前輩曾經在一起過著安樂的生活，希望你們能繼承祖先的勤勞，與我共同來作善受福。在訓誡中，多次強調先王與臣民的祖先之間的關係，並且主動承擔責任，「邦之臧，惟汝眾，邦之不臧，惟予一人有佚罰」。國家治理好了，是你們大家的功勞，如果治理不好，那就是我一個人的過失。從正反兩個方面論述，遷都是「施實德於民」，解除群臣的疑懼心理，贏得了大多數人的支持。

（三）寓訓於史

「惟殷先人，有典有冊」，對於歷史的學習和借鑒，古以有之。周公善於運用歷史事實來訓誡成王，他認為王室成員應該了解古今興亡的歷史教訓，擴充自己的聽聞，增長自己的見識。他列舉殷王中宗、高宗、祖甲等，讚揚他們皆能「治民祗懼，不敢荒寧」，國家能夠長治久安，成為頗有建樹的一代聖王。在〈康誥〉中，他說：「我時其惟殷先哲王德，用康乂民作求。」「汝丕遠惟商耇成人，宅心知訓。」通過力行殷代先世聖王的德行，去安撫和致力殷民，與殷商的年老者多接觸，誠心接受他們的教訓，通過借鑒前人的經驗來充實完善自己，使自己的思想道德水平不斷提高。

六 正確處理「義」與「利」的關係，堅持精神追求與物質利益的有機統一

「義」與「利」二者統一，不可分割。不能離義而言利，也不能離利而講義。思想政治工作從一開始就不是超功利的教育，要具有生命力和感召力，就必須將提高民眾精神追求與解決切身利益結合，將統治策略與民眾長遠利益結合，保證民眾切身利益，維護國家長治久安。實踐已經證明，思想道德教育必須與民眾生活結合，滲透到社會的各個角落，才能使思想政治工作具有針對性和有效性，取得良好成效和富有生命力。

（一）政在順民

在思想道德教育中，要重要民眾的訴求與期盼，不斷凝聚民心、開啟民智、善用民力，借鑒吸取統治經驗與教訓，聽天命，順民心。《孟子‧梁惠王下》曰：「桀、紂之失天下也，失其民也。失其民者，失其心也。得天下有道：得其民，斯得天下矣。得其民有道：得其心，斯得民矣。」

周公等西周統治者吸取殷亡的教訓，因而比較重視小民的力量。周公說「民之所欲天必從之」；「政之所興，在順民心；政之所廢，在逆民心」；「民心無常，惟惠之懷」。統治者要能有博大寬容之心，政治的實施必須符合大多數人的利益，人君既不能違背治道來取得百姓的稱讚，也不要違背百姓來順從自己的私心。只有得到民眾的支持，專治國家的政治秩序才能穩定，統治者的地位才能鞏固。

（二）政在安民

殷人叛亂，周公帶領軍隊東征，三年而返，殺紂王子庚及參加叛亂管叔、放逐蔡叔，立康叔為衛侯，統領殷商故地。周公憂慮康叔年輕缺乏政治

經驗，希望他借鑒殷王朝滅亡的原因和教訓，愛護民眾，管治殷民。周公告誡康叔，不要在殷民眾製造怨恨，不要濫用民力，努力施行德政，「民寧，不汝瑕殄」（〈周書‧康誥〉），只有安定殷民之心，才能統治長久，保民安康，其功　比天還大。「用康保民。宏于天，若德，裕乃身不廢在王命！」《尚書》中政在安民的思想影響深遠。宋代大儒程頤在《河南程氏文集》主張：「為政之道，以順民心為本，以厚民生為本，以安而不擾為本。」他認為，治理國家的首要問題是民眾生活富足，民心穩定，國家才能得到充分治理。

（三）政在養民

政治與民生不可分割。「道洽政治，澤潤生民」，教化普及四方，政事治理順暢，才能「資澤於下民」，施實德於百姓，使四方被髮左衽之民，均能受到福利。

大禹治水有功，繼虞帝之位，他與伯益討論政事時指出：「德惟善政，政在養民。」統治者應當使政治美好，而政治的良善在於養民。在國家管理中，必須提高百姓的思想品質，改善民眾的生活水平，做好「六府三事」，整治妥當「水、火、木、金、土、糧食」六種物質，協調安排「正德、利用、厚生」三件事。「端正德行、便利用物、富民生活」三件利民的事應當配合，使人的道德合乎規範；發展貿易，擴大生產，使百姓生活便利；輕徭薄賦，勿奪農時，使百姓豐衣足食；做好以上三件事，國家自然太平，民眾自然安定。

綜之，《尚書》具有寬闊的視野和豐富的內涵，作為中華民族文化中最精華的部分，與其他經典一起構成了「我國傳統思想道德教育理論的源頭」[4]。《尚書》中薈萃著先民深邃的智慧，其思想富於原創性，主題具有恆久性，書中豐富的道德實踐、教育思想被代代相傳、不斷借鑒、常釋常新，成

4　張祥浩：《中國傳統思想教育理論》（南京市：東南大學出版社，2011 年），頁 4。

為當今國人的價值標準和行為準則。我們通過借鑒前人具有典範意義的思想
道德教育方式和教育行為，對元典進行選擇性發揚和創造性闡釋，以期豐富
和拓展當代思想道德教育理論與實踐。

重新認識《尚書》的學術價值

林慶彰*

一　前言

　　《尚書》是中國最古老的一部經典，它記載三千年前我國古代君王的誥命及相關事蹟言論。它最早只稱《書》，春秋戰國時期常與《詩》連稱「《詩》《書》」，此後《尚書》成為知識份子人人必讀的書。但是當它被認定為有後人偽造嫌疑時，它的權威和影響力，就逐漸減弱，甚至於被鄙棄於經典之外。倒是日本漢學家頗注意偽古文《尚書》對六朝和隋、唐、五代文學的影響。

二　《尚書》的出現與篇數問題

　　《漢書・藝文志》：「《書》之所起遠矣，至孔子纂焉，上斷於堯，下訖于秦，凡百篇，而為之序，言其作意。」[1]可見當時認為《尚書》為孔子所編。秦始皇焚燒《詩》、《書》，當時的博士伏生把《尚書》的文本藏在牆壁裏，後因戰亂，到處流亡。劉邦（前256-前195）統一天下後，伏生把藏在牆壁中的《尚書》篇章取出，僅得二十九篇，漢文帝派晁錯（前200-前154）受教於伏生，那時他已九十多歲了。從此《尚書》就在漢代傳開來[2]。這二十九篇就是所謂的今文《尚書》。

---

* 中央研究院中國文哲研究所

[1]　〔漢〕班固：《漢書》（北京市：中華書局，1982年）。

[2]　〔漢〕司馬遷：《史記・儒林傳》（北京市：中華書局，1982年）。

　　《尚書》所書寫的文字應該都是古文，在漢景帝末年，魯共王為了擴大他的住宅而破壞孔子的故居，獲得古文《尚書》，與伏生的版本相比較，多出了十六篇[3]，其中有〈九共〉分成九篇，如果這樣算，多出的就有二十四篇，這是所謂古文《尚書》。到了東晉時候，出現五十八篇古文《尚書》，其中二十五篇，是當時人從各種古籍中把《尚書》的佚文輯集出來，另外三十三篇將伏生所傳的二十九篇，分析成三十三篇，即從〈堯典〉中分出〈舜典〉、從〈皋陶謨〉中分出〈益稷〉、將〈盤庚〉分成三篇。這本偽古文《尚書》從東晉時代出現以後，到隋、唐、五代受到許多文學家的推崇，對中國文學有很深的影響。宋代以後，學者逐漸發現二十五篇是偽造的，如吳棫（1100?-1154）、朱熹（1130-1200）。自梅鷟開始收集偽造的證據[4]，至清初閻若璩（1636-1704）作《尚書古文疏證》，這二十五篇《尚書》是後人偽造，已鐵案如山[5]。

　　今人把大部分的精力花費在探討二十五篇古文《尚書》的資料來源，當確定是偽造以後，大部分的學者都把偽造的二十五篇擱置不論，只談伏生所傳的二十九篇，但是古代的學者，尤其是南北朝、隋、唐時代的學者，並不知《尚書》有真偽之別，所以他們只從實用的觀點來看《尚書》，模仿《尚書》中的文體。我個人覺得《尚書》的真偽必須要考辨，但是《尚書》所反映的時代因素和社會生活，對我們了解古代人的社會生活，仍然有不可取代的地位，即使是二十一世紀的今天，《尚書》這本經典，它的學術價值並未消失，所以我們仍應該好好的去閱讀《尚書》。以下就《尚書》的重要性，分別加以討論。

3　〔漢〕班固：《漢書・儒林傳》。
4　梅氏著有《尚書考異》與《尚書譜》二書。
5　閻氏之書列有一百二十八條目，辨證古文《尚書》為偽，但今僅存九十九條內文。

三　治國的方法與策略

　　《尚書》的五十八篇中，幾乎都有談及治國的方法與策略，其中以〈禹貢〉、〈洪範〉最受讀者的重視。現在就以這二篇文章為例，說明讀《尚書》的價值。

　　〈禹貢〉雖不是禹所作，卻是我國現存最早的地理著作，要了解山川風物的必讀書。到了漢代，有桑欽作《水經》，足以和〈禹貢〉相輔相成，北魏酈道元（466?-527）為《水經》作注，內容非常的詳盡，但仍不足以取代〈禹貢〉，所以明朝晚年至清朝初年，數十年間所產生的〈禹貢〉專著，竟多達二十餘種，這是什麼緣故？因為晚明學者強調經世致用，要經世致用必須要先了解山川地理及風俗民情，那〈禹貢〉是最好的參考書[6]，當然，當時顧炎武（1613-1682）作《天下郡國利病書》、顧祖禹（1631-1692）作《讀史方輿記要》都是為了彌補〈禹貢〉不足而完成的著作，這些著作在記載山川地理的時候，雖然比〈禹貢〉要詳盡得多，但是沒有〈禹貢〉奠定的基礎，顧炎武和顧祖禹也不可能在那麼短的時間內完成這兩部偉大的著作。

　　另一篇受讀者重視的文章是〈洪範〉。「洪」是大的意思，「範」是法律的意思，〈洪範〉這篇記載了周武王打敗殷商之後，拜訪箕子，箕子向周武王訴說治國的大法。

　　〈洪範〉有所謂的九疇，九疇主要是在闡述天、帝王和人民三者的關係，其中主要的是以帝王為核心，闡明帝王與天的關係、帝王與人民的關係，然後為帝王從各種紛繁複雜的關係中理出頭緒，為帝王修身、治國安邦提供理論依據。〈洪範〉九疇的概念非常豐富，其覆蓋的範圍廣及天下萬物，而且各個概念互有聯繫、互為因果，其中的概念主要是九大類：

　　五行：水、火、木、金、土

---

[6] 參見陳韋哲：〈明代〈禹貢〉學中的通經致用思想——以茅瑞徵的《禹貢匯疏》為主要考察對象〉，《中國文學研究》，第31期（100年1月）。

五事：貌、言、視、聽、思

八政：食、貨、祀、司空、司徒、司寇、賓、師

五紀：歲、月、日、星辰、歷數

皇極：為君之道

三德：正直、剛克、柔克

稽疑：為占卜決疑

庶徵：雨、暘、燠、寒、風

五福：壽、富、康寧、攸好德、考終命

六極：凶短折、疾、憂、貧、惡、弱

可見九疇所含蓋的範圍相當廣大，每一疇又有其中心概念，是古代治國方略中最有理論價值的著作，象徵古代安邦治國方略的最高成就，對後世也有很深的影響。

四　作為古代史的重要材料

《尚書》五十八篇都可以作為研究上古史的史料。其中，〈禹貢〉、〈洪範〉在前一節已略加論述，現在我們所閱讀的的〈堯典〉，雖然作成於孔子之後，但仍可以反映當時堯、舜的思想狀況。另外，大家如雷貫耳的〈周書〉十二篇，歷史更為悠久。周誥十二篇是指〈大誥〉、〈康誥〉、〈酒誥〉、〈梓材〉、〈召誥〉、〈洛誥〉、〈多士〉、〈無逸〉、〈君奭〉、〈多方〉、〈立政〉、〈顧命〉。大概是西周初年所留下的文獻。它所反映的政治思想，有：（1）國即家家即國、（2）國運由於天命、（3）修德保民與勵精圖治、（4）建侯與命官、（5）尊民意重司法。以上五項，即周誥十二篇作者思想的結晶。研究古代思想的學者，大都將其備於案頭。

五　《尚書》對中國古代文學的影響

要看一本典籍的影響力為何，可以從它對後代的影響來觀察。我們可以

從日常生活用到的成語，來觀察這部經典的重要性。在先秦流傳最廣的三部書籍中，起源於《尚書》的成語有一百三十三個之多，出自今文《尚書》的有六十個，出於偽古文《尚書》的有七十三個。茲舉數例：

（1）〈堯典〉：「允釐百工，庶績咸熙」→庶績咸熙

（2）〈堯典〉：「象以典型，扑作教刑」→扑作教刑

（3）〈堯典〉：「帝乃殂落，百姓如喪妣考」→如喪妣考

（4）〈皋陶謨〉：「能哲而惠……何畏乎巧言令色孔壬」→巧言令色

（5）〈梓材〉：「欲至于萬年惟王，子子孫孫永保民」→子子孫孫

（6）〈呂刑〉：「一人有慶，兆民賴之，其寧惟永」→一人有慶，兆民賴之。

以上都是今文《尚書》中所見到[7]的成語，至於偽古文《尚書》中的成語，很難斷定是來自先秦，暫時不錄。

除了從成語來觀察它對中國文學的影響，也可以將南北朝至隋、唐、五代的文學作品，來和古文《尚書》的文章作比對，就可以發現它們文章所受到的影響了。

日本學者平岡武夫（1909-1995）著有《經書的傳統》[8]，共有六章，第三章第四節〈補逸書的作品及其結構〉，指出白居易（772-846）在所補的逸書〈湯征〉中引用了不少古文《尚書》的文句。平岡教授是第一位對古典文學作品中與古文《尚書》的關係作深入討論的學者。其次是吉川幸次郎（1904-1980）。他著有〈關於北周的大誥〉[9]，該文指出蘇綽（498-546）的〈大誥〉引用古文《尚書》的情形。

清水茂（1925-2008）教授，他著有〈偽古文尚書與中國文學〉[10]。該文首先大略講述偽古文《尚書》被閻若璩考訂為偽書後，漸漸不受世人之重視，

---

[7] 參見林政華：〈《書經》成語研究〉，《孔孟學報》第47期（1984年4月），頁47-67。

[8] 東京市：岩波書店出版，昭和26年1月。

[9] 收入《石濱先生古稀紀念東洋學論叢》（1959年），又收入《吉川幸次郎全集》第7卷（東京市：筑摩書房，1974年）。

[10] 收入《清水茂漢學論集》（北京市：中華書局，2003年10月）。頁16-21

然而古文《尚書》中仍有許多在思想上、文化上及文學上可資汲取及研究
處。之後再對韓愈（768-824）、柳宗元（773-819）的散文引用《尚書》的
部分作分析，認為韓愈引用的多為〈洪範〉與偽古文《尚書》。再以柳宗元
的散文〈貞符〉為例，認為此篇除「克明俊德」為真古文，其餘皆用偽古文
《尚書》。清水茂教授以為後代文章中會大量引用偽古文《尚書》，是因為偽
古文《尚書》中的文字不會詰屈聱牙。可見日本學者皆以為偽古文《尚書》
與中國文學有很密切的關係。從六朝至唐、宋的五、六百年間，偽古文《尚
書》成了學者寫作文章的指南。這點也提示研究《尚書》學、古代文學的學
者，應該要特別重視《尚書》的閱讀。

六　結語

《尚書》由於被列入儒家經典，又有偽作的情況，自宋代以來，其內容
屢被懷疑。我們如果拋開真偽的論辨，它的文章已成了南北朝文人模仿的對
象。出自偽篇〈大禹謨〉之十六字心傳[11]，朱熹認為是古聖賢傳心的要法，真
德秀（1178-1235）又加以表彰，十六字心傳如日中天，直到清初被判定為
偽書為止。

但當這本偽古文《尚書》孔《傳》被判定為偽書後，它的權威性格逐漸
被消解，甚至於比不上一般的典籍，晚近日本漢學家平岡武夫、吉川幸次
郎、清水茂等，特別關注這問題，證明南北朝、隋、唐、五代的文學都受偽
古文《尚書》的影響。

---

11 即「人心惟危，道心惟微，惟精惟一，允執厥中。」其中「人心惟危，道心惟微」，出
自《荀子·解蔽》。「允執厥中」，出自《論語·堯曰》。

宋人已經指出的
《尚書正義》的一處破句

呂友仁*

　　《尚書·牧誓》：「及庸、蜀、羌、髳、微、盧、彭、濮人。」孔《傳》：「八國皆蠻、夷、戎、狄屬文王者國名。羌在西蜀叟，髳、微在巴蜀，盧、彭在西北，庸、濮在江漢之南。」我所說的破句，指的就是孔《傳》中的「羌在西蜀叟」一句。而首先指出破句的是宋人。

　　據南宋末年廖瑩中《九經總例》的「句讀」部分所載，當時流行的蜀中字本和興國本《尚書注疏》就已經是這樣標點的，但《九經總例》認為是誤標。而誤標的原因，據說是受了孔穎達《正義》的誤導。因為孔穎達《正義》說：「云『羌在西蜀叟』者，漢世西南之夷，蜀名為大，故《傳》據蜀而說。」《九經總例》認為，正確的標點應是：「羌在西。蜀，叟。」道理何在呢？《九經總例》說：

> 案西羌居析支、渠、搜之地，〈禹貢〉所謂「西戎即敘」者也。孔傳以「西戎即敘」之下明言「羌、髳之屬」，漢時先零、罕開正居析支、渠、搜之地，所謂「賜支河首」（按：《後漢書·西羌傳》文），即〈禹貢〉之「析支」也。以此證之，「羌在西」，當為一句。「蜀，叟」者，孔《傳》以「叟」字解「蜀」字也。後漢之季，呂布既誅董卓，卓將李傕等攻布，布有叟兵內反，傕等遂破長安。及馬騰、劉範之攻傕也，益州牧劉焉遣叟兵五千助之，章懷太子李賢注曰：「叟，

* 河南師範大學

蜀兵。」以此證之，「蜀，叟」當自為一句，今已改定句讀。[1]

今按：《九經總例》的說法顯然是對的，只是還少欠明晰，今更為稍稍補說如下：《九經總例》認為〈禹貢〉的「析支」，就是《後漢書》的「賜支」。這個認為是有根據的。《後漢書・西羌傳》「賜支者，〈禹貢〉所謂『析支』者也。」[2]；〈禹貢〉的「西戎」，就是《後漢書》的「西羌」，這就是應該標點作「羌在西」的理由。至於標點作「蜀，叟」，其證據在於：《後漢書・董卓傳》：「呂布軍有叟兵，內反。」李賢注：「叟兵，即蜀兵也。漢代謂蜀為叟。」[3]又《後漢書・劉焉傳》：「興平元年，征西將軍馬騰與範謀誅李傕，焉遣叟兵五千助之，戰敗。」李賢注：「漢世謂蜀為叟。孔安國注《尚書》云：『蜀，叟也。』」[4]李賢注所謂「孔安國注《尚書》云『蜀，叟也』」一句，表明唐人的句讀也是「羌在西。蜀，叟」。

《九經總例》的這條糾正似乎被今天的學者忽略了。首先，我所看到的今人校點本《尚書正義》有兩種，都是這樣錯誤標點的。一種是由廖名春等先生整理、北京大學出版社一九九九年出版的，見該書二八四頁；一種是由黃懷信先生整理、上海古籍出版社二〇〇七年出版的，見該書四二一頁。

其次，焦桂美先生《南北朝經學史》是一部勝義紛呈的著作，但在徵引《尚書・牧誓》這段經文、注文時，除了同樣把「羌在西蜀叟」作為一句來看以外，似乎走得更遠。為什麼這樣說呢？且看焦桂美先生《南北朝經學史》徵引的下面一段孔《疏》：

---

[1] 《九經三傳沿革例》（臺北市：臺灣商務印書館，影印《文淵閣四庫全書》，第183冊），頁571。按：人們引用此節時，習慣稱此書為《九經三傳沿革例》。實際上，溯其源，這是廖瑩中《九經總例》的文字。《沿革例》的主體部分就是原封不動的《九經總例》。發此千載之覆者是張政烺先生。他說：「《沿革例》向皆以為岳珂所作，事既無據，而按其內容，則又《廖氏世采堂刊正九經》之《總例》，除卷之前後相臺岳氏略有增附外，大抵保全原文，無所加減。」詳《張政烺文史論集・讀《相臺書塾刊正九經三傳沿革例》》（北京市：中華書局，2004年），頁168。

[2] 〔南朝宋〕范曄：《後漢書》（北京市：中華書局，1965年），頁2869。

[3] 〔南朝宋〕范曄：《後漢書》，頁2334。

[4] 〔南朝宋〕范曄：《後漢書》，頁2334。

大劉以「蜀」是蜀郡，顯然可知，孔不說。又退「庸」就「濮」解之，故以次先解「羌」。云「羌在西蜀叟」者，漢世西南之夷，「蜀」名為大，故《傳》據「蜀」而說。左思〈蜀都賦〉云：「三蜀之豪，時來時往。」是蜀都分為三，羌在其西，故云「西蜀叟」。「叟」者，蜀夷之別名，故《後漢書》興平元年「馬騰、劉範謀誅李傕，益州牧劉焉遣叟兵五千人助之」，是蜀夷有名「叟」者也。「髳、微在巴蜀」者，巴在蜀之東偏，漢之巴郡所治江州縣也。「盧、彭在西北」者，在東蜀之西北也。文十八年《左傳》稱庸與百濮伐楚，楚遂滅庸。是「庸、濮在江漢之南」。[5]

按：「大劉」，指隋代經學名家劉焯。劉焯著作很多，其《尚書義疏》是孔穎達《尚書正義》的藍本之一。焦桂美先生將這一段疏文的著作權歸之於大劉，這種推本溯源的剖析是值得肯定的。這是一種正面的走得遠。但是，此段疏文的著作權既然歸之劉焯，那就表明，此處之破句，蓋始於劉焯之《尚書義疏》，孔穎達《尚書正義》，不過是沿襲其誤而已。在這種情況下，把這段孔《疏》（亦即劉《疏》）作劉焯《尚書義疏》「疏解詳實，言必有據」的例證，顯然不合適。這是一種負面的走得遠。

最後，順便說一下，有沒有標點對的呢？有。《史記·周本紀》也徵引了〈牧誓〉中的這句話：「及庸、蜀、羌、髳、微、盧、彭、濮人。」裴駰《集解》引孔安國曰：「八國皆蠻夷戎狄。羌在西。蜀，叟。」（見中華書局一九五九年校點本的第一冊，一二三頁）。看來，上述標點錯誤諸家，不僅忽視了宋人的研究成果，也忽視了今人的研究成果。

5　焦桂美：《南北朝經學史》（上海市：上海古籍出版社，2009年），頁448。

〈禹貢山水名〉箋識

錢宗武*

　　錢穆先生字賓四，晚號素書老人、七房橋人，齋號素書堂、素書樓，以高中肄業的讀書經歷，歷任燕京、北京、清華、西南聯大等大學教授，曾創辦香港新亞書院，任臺北中國文化學院歷史所教授、中央研究院院士、臺北故宮博物院特聘研究員，是我國現代著名的史學家、思想家和教育家。錢穆先生學識淵博，尤精於子學、史學和宋明理學，其著述《劉向歆父子年譜》（1930）、《先秦諸子繫年》（1935）、《中國近三百年學術史》（1937）、《國史大綱》（1940）、《中國思想史》（1952）、《宋明理學概述》（1952）、《兩漢經學今古文評議》（1958）、《朱子新學案》（1971）等皆為學術經典，錢穆先生以一億七千萬字的畢生著述構建了龐大的文化學術體系。誠然，錢穆先生專門的語言文字學著述確實比較少，如《中國文化史導論·古代學術與古代文字》、《中國民族之文字與文學》等，然偶爾為之，亦為範式。錢穆先生曾作《史記地名考·禹貢山水名》一文，細心研讀，可見錢穆先生的訓詁學方法及其訓詁學成就。

　　〈禹貢山水名〉共列兩百二十八個詞條，訓釋兩百五十三個山水詞目。兩百五十三個詞目中有九十個詞目見於今傳本《尚書·禹貢篇》，餘皆不見。可能錢穆先生所指「禹貢山水名」是以專稱概泛稱，以「禹貢山水名」概指《史記》所涉長江、黃河流域的所有古代山水名，並不僅僅囿於《尚書·禹貢》中見於《史記》的山水名。

---

* 揚州大學文學院

　　現存《史記》的舊注主要是劉宋裴駰的《史記集解》、唐司馬貞的《史記索隱》和唐張守節的《史記正義》。錢穆先生考訂山水之名，主要是博考群書，斟酌三家舊說，從者述而不論，違者證誤補遺，無可從違，則自為新說。演繹其訓詁條例約有六類，分別是：補三家注之不足、證三家注之訛誤、評三家注之失注、述三家注而不評、無述無評、證古書之誤。在訓釋的兩百二十八個詞條中，二十六個重複出現：「南山」三見，「山東」二見，「荊山」二見，「衡山」五見，「東陵」二見，「汧」二見，「梁山」二見，「岐」四見。「碣石」二見，「蒙」三見，「河」四見，「西河」四見，「南河」二見，「河外」六見，「河東」二見，「河西」二見，「洛」二見，「渭陽」二見，「江」四見，「江南」三見，「九江」二見，「漢」二見，「雲夢」二見，「黑水」二見，「淮陽」二見，「沂」二見。其中有意義相同的，也有意義不同的。錢穆先生把他們分開訓釋，有的因為是三家注注解不同，有的是因為錢穆先生認為他們雖然同名，但所指的意義不同，所以分為不同條目。下面分別從訓詁體例、訓詁方法等方面對錢穆先生的〈禹貢山水名〉進行箋識，以求深入探討錢穆先生的訓詁理念與訓詁實踐。

一　訓詁體例

（一）補三家注之不足，一百零七見。

「漯」條。

> （1）浮於濟、漯。（〈夏本紀〉）
> （2）太史公迎河，行淮、泗、濟、漯。（〈河渠書〉）
> 【集解】鄭玄曰：「〈地理志〉云『漯水』出東郡東武陽。」
> 【索隱】應劭曰：「至千乘縣入海。」（〈夏本紀〉）

案：東武陽，今山東朝城縣西。千乘，今高苑縣北。古漯河即徒駭故道，俗名大土河。

箋識：「漯」，當為「濕」。《說文》：「濕，水出東郡東武陽，入海。桑欽云：『出平原高唐。』」《漢書‧地理志》：平原郡，高唐，「桑欽言漯水所出」[1]。「東郡，東武陽，禹治漯水，東北至千乘入海，過郡三，行千二十里。」[2]《尚書今古文注疏》：「『濕』作『漯』者，假音字。」[3]《水經注》：「漯水東北至千乘入海。河盛則通津委海，水耗則微涓絕流。《書》『浮於濟、漯』，亦是水者也。」[4]《尚書易解》：「漯，水名。黃河之支流。古漯水自河南濬縣與河分流，至今山東朝城又東北流，至高苑縣入海。」[5]錢穆先生補三家注，用今名釋古名，有根有據，是為的論。

「沔」條。

(1) 踰於沔。(〈夏本紀〉)

(2) 沔，祠漢中。(〈封禪書〉)

【集解】孔安國曰：「漢上水為沔。」鄭玄曰：「或謂漢為沔。」(〈夏本紀〉)

【索隱】《水經》云：「沔水出武都沮縣。」《注》云：「東南注漢。所謂漢水。」故祠之漢中。樂彥云：「漢女者，漢神是也。」(〈封禪書〉)

案：沮縣，今略陽。沔水出沔縣西北略陽縣境，為漢水別源；於沔縣西南入漢水，名曰沮口。

箋識：曾運乾《尚書正讀》：「沔者，鄭云：或謂漢為沔。按：郭璞《爾雅音義》云：有水自漢中沔陽縣南流至梓潼漢壽入大穴中，通峒山下，西南潛出，一名沔水。舊俗云：即〈禹貢〉『潛』也。按：此則東漢別流，從沔陽

---

[1] 〔漢〕班固：《漢書》(北京市：中華書局，1962年)，頁1579。

[2] 〔漢〕班固：《漢書》，頁1557。

[3] 〔清〕孫星衍：《尚書今古文注疏》(北京市：中華書局，1986年)，頁150。

[4] 〔北魏〕酈道元著、王先謙校：《水經注》(成都市：巴蜀書社，1985年)，頁138。

[5] 周秉鈞：《尚書易解》(長沙市：嶽麓書社，1984年)，頁51。

西南潛出者稱沔水。此經貢程：自西漢白龍順流而下，自廣漢逆流而上，皆
所謂浮於潛也。貢程：循水上下曰浮，絕水登陸曰逾。荊州『浮于江、沱、
潛于漢，逾于洛』是也。西漢水雖于通谷及漢壽均與東漢會，然皆伏流大穴
中，不能乘舟，故須舍舟登陸。王鳴盛云：以今輿地言之，浮嘉陵江至廣元
縣北龍門第三洞口，舍舟登陸，越岡巒而北，至第一洞口，出穀，乘舟至沔
縣南，《經》所謂『浮潛逾沔』也。」[6]自鄭玄始，多以沔水為漢水。錢穆先
生補正劉宋裴駰的《史記集解》和唐司馬貞的《史記索隱》，後學者多同錢
穆先生之說。

另「朱圉」、「汶山、瀆山」、「荊州」、「荊」、「荊蠻」、「荊山」、「衡
山五」（表示其為第五個「衡山」詞條，下面出現的數字依此類推）、「敷
淺原」、「汧洛二淵」、「嶽山」、「梁山一」、「梁山二」、「岐一」、「薄山、
襄山」、「大邳」、「碣石一」、「碣石二」、「碣石宮」、「蒙一」、「漆園」、
「九川」、「棘津」、「河外三」、「鉅野」、「廣野」、「九河」、「二渠」、「洛
一」、「洛二」、「澧」、「伊」、「雒、雒汭」、「瀍」、「澗」、「沈水」、「荷
澤」、「望諸」、「明都、孟諸」、「濟」、「濟陰」、「衡漳」、「漳南」、「十二
渠」、「雍、沮」、「江漢」、「九江二」、「滎、潛」、「三澨」、「雲夢二」、
「黑水1」、「黑水二」、「黑水三」、「沂」，錢穆先生都對三家注的注解給以
補充說明。

「西傾」、「鳥鼠」、「太華」、「中嶽、太室、嵩高」、「桐柏」、「荊
山」、「內方」、「吳嶽」、「汧一」、「龍門」、「岐山」、「岐四」、「壺口」、
「雷首」、「霍太山」、「砥柱」、「析城」、「王屋」、「太行」、「蒙二」、
「蒙、蒙澤」、「河東一」、「盟津」、「河陽」、「金堤」、「瓠子」、「吾山」、
「宣防、宣房、宣房宮」、「逆河」、「勃海、渤海」、「渭」、「涇」、「漆
二」、「滎口」、「濟南」、「濟陽」、「漯陰」、「汶（水）」、「濰」、「淄、
菑」、「降水」、「大陸」、「樅陽」、「漢二」、「蒼浪之水、滄浪水」、「成
固」、「淮」、「淮陰」、「淮陽」、「沂」、「泗」、「泗水郡」，以上諸條錢穆先

生用以今名釋舊名的方法多對三家注進行補充。

（二）證三家注之訛誤，三十六見。分兩種情況：

一是三家中某家對，某家誤。

「汶陽」條。

（1）釐公元，以汶陽鄪封季友。（〈魯世家〉）

（2）魯成二，齊歸魯汶陽。（〈十二諸侯年表〉）

（3）定公十，會于夾谷。齊歸所侵魯鄆、汶陽、龜陰之田。（〈孔子世家〉）

【集解】賈逵曰：「汶陽、鄪，魯二邑。」杜預曰：「汶陽，汶水北地也。」

【索隱】鄪在汶水之北，則「汶陽」非邑。（〈魯世家〉）又：《左傳》：「鄆、讙及龜陰之田。」則三田皆在汶陽也。（〈孔子世家〉）

案：漢汶陽縣故城在今寧陽縣東北，非此汶陽，洵如《索隱》之辨。

箋識：汶陽，指今山東汶河以北泰安縣西南一帶，春秋魯地。鄪，即《論語·季氏》中的「費」。朱熹《四書章句集注》：「費，季氏之私邑。」[7]費是僖公元年魯君賜給季友的采邑，其地在汶河以北，即山東費縣西北。「汶陽」是大範圍，「費」是小地名，在汶陽範圍以內，猶鄆、讙及龜陰之田「皆在汶陽也」。錢穆先生是司馬貞《史記索隱》所論，甚確。

---

[7] 〔宋〕朱熹：《四書章句集注》(北京市：中華書局，1983 年)，卷 8，〈論語集注〉，頁170。

「九江」條。

（1）九江甚中。

（2）過九江，至於敷淺原。

（3）過九江，至於東陵。（〈夏本紀〉）

（4）太史公南登廬山，觀禹疏九江。（〈河渠書〉）

【集解】鄭玄曰：「〈地理志〉九江在尋陽南，皆東合為大江。」

【索隱】案：《尋陽記》：「九江者，烏江、蚌江、烏白江、嘉靡江、源江、畎江、廩江、提江、箘江。」又張湞《九江圖》所載有三里、五畎、烏土、白蚌。九江之名不同。（〈夏本紀〉）

案：《漢志》：「豫章郡尋陽，〈禹貢〉『九江』在南，皆東合為大江。」漢盧江郡無江以為南地。尋陽，今黃梅縣北，而九江在其南，殆即今廣濟、黃梅、宿松、望江諸縣境之江水也。太史公登廬山，觀禹疏九江，則漢時猶有九江故道。若以湖漢九水為九江，則與江之經流不涉，亦與經文「過九江，而後東也北會於匯」者悖。若以洞庭為九江，則何以先云「江、漢朝宗」，而後乃云「九江孔殷」？又經云：「九江納錫大龜。」《通典》廣濟縣蔡山出大龜；褚先生云「神龜出於江、讙之間」，皆其證。

箋識：司馬貞《史記索隱》引《尋陽記》以「九江者」之「九」為數詞。歷來多以為是，僅以說解不一：一說指今江西贛江以及贛江的八大支流合稱「九江」；一說指今湖南洞庭湖所匯湘、沅等九水。宋代蔡沈《書集傳》認為：「九江，即今之洞庭也。」或皆非也。孫星衍《尚書今古文注疏》亦認為：《史記索隱》又：「引《尋陽記》『烏江』等九江，非古義也。」[8]錢穆先生既不從裴說，亦不從蔡說。他認為「若以洞庭為九江」則「江漢朝宗」與下文「九江孔殷」不協。又〈禹貢〉「九江納錫大龜」，孔安國《傳》：「尺二寸曰大龜，出於九江水中。」唐代杜佑的《通典》記載廣濟縣出大龜。錢穆先生據宋代裴駰《史記集解》所引〈地理志〉九江在尋陽南，即指今廣

---

8 〔清〕孫星衍：《尚書今古文注疏》，頁165。

濟、黃梅一帶之江水，合於事實文情。

　　另「衡山四」、「大別」條、「五湖」條都屬於這種情況。

　　二是所列三家注有誤。

「桓」條。

　　　西傾因桓是來，浮於潛。（〈夏本紀〉）

　　　【索隱】桓水出蜀郡岐山西南，行羌中入海也。

案：《漢志》：「廣漢郡甸氐道，白水出徼外，東至葭萌入漢，過郡一，行九百五十里。」《宋書》：「白水自西傾至陰平界。氐居水上者，為白水氐。」此水今稱白龍江，源出今甘肅岷縣西南，經西固、武都，至四川昭化入嘉陵江。後人以嘉陵江為潛，因以此當桓水。今知嘉陵非潛，自西傾來者，亦斷無紆回自隴抵蜀，再自蜀入漢中之理。《索隱》說更誤。

箋識：桓，即桓水。酈道元《水經注》謂蜀山、西傾俱有桓水。以「和夷」之「和」為蜀山桓水，以「因桓」之「桓」為西傾桓水。《尚書正讀》：「此條所謂桓水即白水。《水經注》：白水出西傾山，流注漢水。按：即今白龍江也。」[9]《尚書覈詁》：「桓，馬謂因桓水是來，言無他道也。」[10]西傾，據《漢書‧地理志》在隴西臨洮。《尚書易解》：「西傾，山名，在甘肅、青海交界處，綿亙千餘裏。桓，桓水，即白水。《水經注》：『白水出西傾山，流注漢水。』今名白龍江。此言織皮與西傾之貢因白龍江而來。」[11]白龍江源於西傾山，西傾貢道當因白龍江而來。

「南河」條。

　　　（1）舜讓避丹朱於南河之南。（〈五帝本紀〉）

9　曾運乾：《尚書正讀》，頁68-69。

10　楊筠如：《尚書覈詁》(西安市：陝西人民出版社，1959年)，頁69。

11　周秉鈞：《尚書易解》，頁62-63。

（2）浮於江、沱、涔、（於）漢，逾於雒，至於南河。（〈夏本紀〉）

【集解】劉熙曰：「南河，九河之最在南者。」

【正義】《括地志》云：「故堯城在濮州鄄城縣東北十五里。」《竹書》
云「昔堯德衰，為舜所囚」也。又有偃朱故城，在縣西北
十五里。《竹書》云「舜囚堯，復偃塞丹朱，使不與父相見」
也。按：濮州北臨漯，大川也。河在堯都之南，故曰南河，
〈禹貢〉「至於南河」是也。其偃朱城所居，即「舜讓避丹朱
於南河之南」處也。（〈五帝本紀〉）

案：河曲以北，秦、晉分界，大率謂之西河。河曲之南，折而東經周、鄭之
界，則為南河。更折而東北，穿入衛、齊界，則為東河。《集解》、《正義》
說皆非。

箋識：錢穆先生所引《集解》、《正義》皆為〈五帝本紀〉「南河」之《集
解》、《正義》，〈夏本紀〉「南河」無解。先秦時稱黃河自今陝西潼關北南流
向一段為西河，潼關以下西東流向一段為南河。曾運乾《尚書正讀》：「必言
至於南河者，蓋由漢而洛，由洛南至潼關，即南河矣。與荊州之『浮伊、洛
達河』者，其道各異。禹時黃河東折處，蓋稱南河。」[12]《尚書易解》：「此荊
州之貢道。沱，長江之支流。潛，漢水之支流。逾，越也，舍舟陸行曰逾。
南河，顏師古曰：『在冀州南。』指洛陽鞏縣一帶之河。江、沱、潛、漢，
往復相通，由漢至丹江而上，舍舟逾嶺即至洛矣。」[13]錢穆先生所解合於〈禹
貢〉、〈夏本紀〉記載的上古荊州貢道。

「九山」、「昆山」、「桓」、「終南」、「敦物」、「負尾」、「汶山、岷
山」、「汶、汶山」、「衡山一」、「衡山」、「衡山三」、「衡山四」、「大別」、
「岐西」、「岐三」、「首陽山」、「首」、「西河」、「西河四」、「南河一」、
「河內」、「河西一」、「渭陽一」、「沮」、「汶（水）陽」、「河漳」、「九江
一」、「彭蠡」、「北江」、「中江」、「五湖」、「沱」、「濮」、「醴」、「下鄉、

---

12 曾運乾：《尚書正讀》，頁65。

13 周秉鈞：《尚書易解》，頁60。

南昌亭」諸條都屬於這種情況。

（三）評三家注之失注，十四見。

「河東二」條。

> 昭襄二十二，伐齊。河東為九縣。（〈秦本紀〉）

案：衛有西河，齊亦有河東。

箋識：《史記》地名「河東」同名異地。〈秦楚之際月表〉、〈河渠書〉、〈穰侯列傳〉、〈范雎蔡澤列傳〉、〈淮陰侯列傳〉、〈季布欒布列傳〉、〈貨殖列傳〉之「河東」皆為「漢河東郡治安邑，今夏縣北」。〈秦本紀〉裴駰、司馬貞、張守節三家失注，易生歧解，錢穆先生自為補注，豁然暢通。

「洛渠」條。

> 太史公迎河。行淮、泗、濟、漯、洛渠。（〈河渠書〉）

案：洛渠在洛陽縣西南二十五里，引洛水入渠溉田。

箋識：《史記・河渠書》：「太史公曰：余南登廬山，觀禹疏九江，遂至於會稽太湟，上姑蘇，望五湖；東闚洛汭，大邳，行淮、泗、濟、漯、洛渠；西瞻蜀之岷山及離碓，北自龍門至於朔方。」上述所及水名多為大川之專名，惟「洛渠」小水，讀者不詳所出，當注。錢穆先生明洛渠之方位，述洛渠之所由名，細微處見精神，平易處見功力。

　　另有「華山、西嶽」、「山東一」、「山東三」、「荊吳」、「東陵二」、「岐二」、「上雒」、「菏」、「濟北」、「濟川」、「江二」、「尋陽」諸條，三家皆失注。錢穆先生自為之注，或辨析同名異地，或另為新解，這些都反映了賓四先生對三家注的不評之評。訓詁之旨在明古今之異言，

　　通古今之變遷。當注不注是為失注，注家之大忌。古書失注或為時人以為易解，是有意不注；或為時人不辨，是疏忽不注；抑或為時人存疑，是為

力不能注。今人補古人之失注，見功力，也是一種境界。

（四）述三家注而不評，五十一見。

「吳陽」條。

> 雍旁故有吳陽武時，秦靈公作吳陽上時，祭黃帝；下時，祭炎帝。
> （〈封禪書〉）
> 【索隱】吳陽，地名，蓋在岳之南。

箋識：吳陽，在今陝西隴縣南。嶽山，在今陝西隴縣西南。《索隱》說甚是。因而，錢穆先生未作注。

「震澤」條。

> 震澤致定。
> 【集解】孔安國曰：「震澤，吳南太湖名。」
> 【索隱】〈地理志〉云：「會稽吳縣，具區在其西，古文以為震澤。」
> 　　　　又《左傳》稱「笠澤」，亦謂此也。

箋識：《尚書今古文注疏》：「震澤，亦名具區。」「《水經・禹貢山水澤地所在》云：『在吳縣南五十里。』鄭注《周禮・職方氏》云：『具區在吳南。』」[14]《尚書易解》：「震澤，即江蘇之太湖。」[15]古往今來，注家對此條解釋均同，無異議，無須再出注。

　　另「昆侖、崑崙」、「南山一」、「南山三」、「山東二」、「山西」、「山南、山北」、「外方」、「岳崤山」、「首山」、「太嶽、岳陽、嶽鄙」、「河三」、「西河二」、「西河三」、「南河二」、「北河」、「河外一」、「河外二」、

---

[14] 〔清〕孫星衍：《尚書今古文注疏》，頁160。

[15] 周秉鈞：《尚書易解》，頁56。

「河外四」、「河外五」、「河外六」、「河外七」、「三河」、「河西二」、「河源」、「河雍」、「大野」、「渭南」、「漳水」、「江一」、「江南三」、「江三」、「江四」、「三江」、「漢一」、「漢中」、「漢北」、「雲夢一」、「淮北」、「淮東、淮西」、「淮夷」、「泗上一」、「泗上二」、「泗水亭」都屬此例。此類還有一個特例，「漆一」的案語是放在「沮」字條案語裏解讀的。

　　錢穆先生的注解主要是圍繞三家注考慮的，所以對三家注存而不論，想必是同意三家注的觀點。

（五）無述無評，十七見。

「渭北」條。

　　　　張武軍渭北。（〈孝文本紀〉）

「江海」條。

　　　　私吳、越之富而擅江海之利。（〈楚世家〉）

案：「南山二」、「勃碣」、「河一」、「河二」、「河四」、「渭陽二」、「滎澤」、「濟西」、「濟東、大河郡」、「江淮」、「江南一」、「江南二」、「江東」、「江旁」、「淮南」都屬於這種情況。

箋識：錢穆先生沒有對這些條目進行解釋，主要是因為在這個條目的前面已經有相關內容的說明。譬如在「渭北」條之前，已經有了對「渭」的詳細解釋，那麼「渭北」的意思是顯而易見的，所以不需要再作注解。

（六）評古書之誤，六見。

「積石」條。

（1）導河積石。（〈夏本紀〉、〈河渠書〉）

（2）浮于積石。（〈夏本紀〉）

【集解】孔安國曰：「積石山在金城西南，河所經也。」

【索隱】積石在金城河關縣西南。又：《漢書‧西域傳》云：「河有兩
源：一出蔥嶺，一出於闐。于闐河北流，與蔥嶺河合，東注
蒲昌海，一名監澤。其水停居，冬夏不增減，其南出積石，
為中國河。」是河源發昆侖，禹導河自積石而加功也。

【正義】《括地志》云：「積石山今名小積（石）山，在河州枹罕縣西
七里。河州在京西一千四百七十二里。」（〈夏本紀〉）

案：〈漢志〉：「金城河關，積石山在西南羌中。」河關故城，今臨夏縣西。
積石山，在今臨夏縣西北。《水經注》謂之唐述山。諸家多以此為小積石，
別有大積石，去此尚千餘裏。其說蓋本《漢書‧西域傳》。歐陽忞《輿地廣
記》謂：「張騫窮河源，乃意度之，非實見蒲昌海與積石河通流也。」河源
在吐蕃境，漢時未通中國，則歐陽說是也。又議指積石在今臨夏，誤始杜佑
《通典》，謂在龍支縣界。（青海西寧縣，與臨夏接界。）然《後漢書‧郡國
志》：「隴西郡河關縣，積石山在西南。」又〈桓帝紀〉「燒當羌叛」，「段熲
追擊於積石」，注：「在鄯州龍支縣南，即〈禹貢〉『導河積石』。」是皆在
唐人置積石軍於澆河故城前。則杜佑說實有本，不僅據唐事為說也。

箋識：《尚書正讀》：「晚出孔《傳》云：積石山，在金城西南，河所經也。
按：在今青海省西寧縣之西南。」[16]積石山無大小之別，錢穆先生遍求載籍，
窮源竟委，細繹古書致誤之因。

另「東陵一」、「嶓、嶓塚」、「汧二」、「三渚」也屬此類。

---

[16] 曾運乾：《尚書正讀》，頁71。

二 訓詁方法

（一）以語境確定同名異指，二種：

一是同一詞條，所指不同。如「山東」。

「山東」條。

> 齊必入朝秦。秦欲已得乎山東，則必舉兵而向趙矣，今山東之建國，莫彊于趙。（〈蘇秦傳〉）

案：既曰「秦欲已得乎山東，則必舉兵向趙」，似山東專指齊言；又曰「山東建國，莫彊如趙」，則山東仍指華山以東言也。要之，山東乃大名，而所指容有異。

箋識：《史記》原文為：「夫秦下軹道，則南陽危；劫韓包周，則趙氏自操兵；據衛取卷，則其必入朝秦。秦欲已得乎山東，則必舉兵而向趙矣。秦甲渡河逾漳，據番音，則病必戰於邯鄲之下矣。當今之時，山東之建國莫強於趙。趙地方兩千餘里，帶甲數十萬，車千乘，騎萬匹，粟支數年。西有常山，南有河漳，東有清河，北有燕國。燕國弱國，不足畏也。」細繹原文上下文義，顯見錢穆先生所言甚確。

古書中經常出現這種同名異指的情況，但卻經常會被注家忽視。在俞樾《古書疑義舉例五種》卷三第三十二提及「以大名代小名例」，說到「古人之文，有以大名代小名者，後人讀之而不能解，每每失其義矣」。兩個同形異義詞作為孤立的概念，是沒辦法分辨出所指之異的，但在特定的語言環境中，其特定的意義立即就反映出來了。錢穆先生分析此條，以語境考察大名代小名之例，明同名異指之實，具有普遍的訓詁學方法論意義。

二是不同詞條，所指不同。如「衡山」。

「衡山一」條。

（1）汶山之陽，至於衡山。

（2）荊及衡陽維荊州。（〈夏本紀〉）

【集解】孔安國曰：「北據荊山，南及衡山之陽。」

【索隱】在長沙湘南縣東南。《廣雅》云：「岣嶁謂之衡山。」（〈夏本紀〉）

【正義】《括地志》云：「衡山，一名岣嶁山，（〈封禪書〉）在衡州湘潭縣西四十一里。」（〈夏本紀〉、〈封禪書〉）

案：衡山在河南南召縣南，見《山海經》。又《漢書・地理志》：「南陽郡雉，衡山，澧水所出。」馬融〈廣成頌〉：「面據衡陰。」此謂荊山及衡山之陽為荊州也。

「衡山二」條。

（1）項羽立吳芮為衡山王，都邾。（〈項羽本紀〉、〈高祖本紀〉）

（2）後二年，衡山國、河東、雲中郡民疫。（〈孝景本紀〉）

【正義】衡山國，今衡州。（〈孝景本紀〉）

案：隋置衡州，唐復置，尋改衡山郡，治今湖南衡陽縣。西漢衡山國在安徽，《正義》說大誤。

箋識：古代地名由於王朝的更迭、行政區劃的變革會有不同的名稱，古書同名異指屢見不鮮。訓詁者當溯源及流，辨明同名異指。「衡山一」，或在今湖南衡陽。衡陽，隋置為衡州，大業初改為衡山郡。唐武德四年（621）復為衡州，天寶元年（742），改為衡州郡，乾元初，復為衡州。「衡山二」或在今安徽。秦亡後，項羽封吳芮為衡山王，都邾。邾，在今湖北黃岡縣西北。衡山國轄衡山郡，相當於今鄂、豫、皖交界大別山脈周圍一帶，西漢初

年徙廢。故「衡山二」非「衡山一」,《正義》誤。

(一)依考據確定異名同指,兩種:

一是兩個詞目,同一詞條,所指相同。有兩種情況:

1 單音節與複音節之分

「汶、汶山」條。

(1)蜀地之甲,乘船浮於汶,乘夏水而下江,五日而至郢。(〈蘇秦傳〉)

(2)秦西有巴蜀,大船起於汶山,浮江以下,至楚三千餘里。不至十日而距扞關。(〈張儀傳〉)

【索隱】即江所出之岷山。(〈蘇秦傳〉)

箋識:「乘船浮於汶」之「汶」,亦即「汶山」。《戰國策・燕策二》:「蜀地之甲,輕舟浮於汶,乘夏水而下江,五日而至郢;漢中之甲,乘舟出於巴,乘夏水而下漢,四日而至五渚。」「汶」即「汶山」,「巴」即「巴山」,又名巴嶺山。《史記・蘇秦列傳》:「乘船出於巴。」張守節《正義》:「巴嶺山,在梁州南一百九十里。《周地志》云:『南渡老子水,登巴嶺山。南回大江。此南是古巴國,因以名山。』」[17]《史記・蘇秦列傳》司馬貞《索隱》:汶,「音旻」[18]。《類篇・水部》:「汶,山,在蜀。」[19]《別雅》卷一:「汶山,岷山也。」岷山,在今四川松潘縣北。〈蘇秦列傳〉之「汶」與〈張儀列傳〉之「汶山」,同一詞條,兩個詞目,所指相同。

---

[17] 〔漢〕司馬遷:《史記》(北京市:中華書局,1959年),頁2272。

[18] 〔漢〕司馬遷:《史記》,頁2272。

[19] 〔宋〕司馬光等:《類篇》(北京市:中華書局,1984年),頁400。

「汶」條。

（1）浮於汶。

（2）濟東至於荷，又東北會於汶。（〈夏本紀〉）

【集解】鄭玄曰：「〈地理志〉『汶水』出泰山郡萊蕪縣原山，西南入
　　　　濟。」

箋識：《說文・水部》：「汶，水，出琅邪朱虛東泰山，東入濰，從水文聲，
尚欽說：汶水出泰山萊蕪，西南入沛。」《玉篇・水部》、《集韻・文韻》
同《說文》，《論語・雍也》「則吾必在汶上」皇侃《疏》亦同。汶，即汶
水，在今山東西部，本自東平縣流注至濟水。〈禹貢〉青州「浮于汶」之
「汶」，即此汶水。明初東平縣境築戴村壩，遏汶水南出南旺湖資運入濟，西
流故道遂淤。今主流改由東平縣北入東平湖。

　　〈蘇秦列傳〉之「浮於汶」與〈禹貢〉青州之「浮于汶」、〈夏本紀〉之
「會於汶」，三者「汶」相同而義不同，前者指「汶山」，後二者指「汶水」。

「嶓、嶓冢」條。

（1）汶、嶓既藝。

（2）道嶓冢，至於荊山。（〈夏本紀〉）

【集解】鄭玄曰：「嶓冢山在漢陽西。」

【索隱】嶓冢山在隴西西縣，漢水所出也。

【正義】嶓冢山在梁州金牛縣東二十八里。

案：嶓冢山，今陝西寧羌縣北。《水經注》：「《漢中記》曰『嶓冢以東，水
皆東流；嶓冢以西，水皆西流。故俗以嶓冢為分水嶺也。』金牛廢縣，在寧
羌東北。《漢志》：「隴西郡西縣，〈禹貢〉『嶓冢山』，西漢所出，東南至
江州入江。」山在今天水西南六十里。西漢水即嘉陵江也。蓋古人以嘉陵江
為江源，則隴西嶓冢實即岐山。後人知江源不在此，乃以為西漢水，而岐山
亦改稱嶓冢。《水經注》又以漾水之名亦歸西漢，於是舛錯逾多矣。

箋識：《尚書正讀》：「嶓冢山在隴西郡西縣，西漢所出。」[20]《尚書易解》：「嶓，音波，嶓冢山，在今陝西寧強縣西北，為漢水發源地。」[21]可見，「嶓」即「嶓冢」，無異議。

漢語詞的複音化傾向在甲骨文中就出現了。到戰國末，複音詞數大約可占總詞數的百分之三十到四十。而至晚在東漢時期，複音詞的數量就超過了單音詞。複音化傾向最早表現在專名上，後來發展到普通名詞。地名是對一個指定地域概念的命名，由於其能指與所指內在的單一規定性，原則上要求它不應像古漢語其他單音詞那樣具有多義性的特點，一個詞可以包含好幾個意義。如果一個地名詞同時指稱幾個地域，就造成同名異實現象，給使用帶來種種不便。與單音詞相比，大部分早期的複音詞，明顯地表現出詞義的單一性，因為多個詞素的相互制約，可以把詞義限定在更明確的範圍內。

馮勝利認為，在漢語的自然音步中「雙音節自成一個韻律單位（音步）」。非雙音節的對人、地等的稱呼常被改造成雙音節。稱山、水、地等時，後面的「山」、「河」、「縣」、「市」等標誌字有湊足雙音節或多音節的作用。古書中經常運用「專名＋類名」的方法構成複音詞，除湊足音節外，還使表義更加明確。如上面提到的「汶」，它既可指「汶山」，又可指「汶水」，意義不明確，加了「山」、「水」這些類名後，所指一目了然。

錢穆先生把這些單音詞和複音詞放在同條訓釋，說明單音詞和複音詞共時狀態中的意義聯繫，揭示了專有地名在歷時發展中單音節複音化的趨向。

2 字詞形體寫法有別。

異形詞

---

[20] 曾運乾：《尚書正讀》，頁67。

[21] 周秉鈞：《尚書易解》，頁61。

「昆侖、崑崙」條。

（1）織皮昆侖、析支、渠搜，西戎即序。（〈夏本紀〉）

（2）西望崑崙之軋。（〈司馬相如傳〉）

【索隱】鄭玄以為昆侖、析支、渠搜三山皆在西戎。王肅曰：「昆侖在臨羌西。」今按：〈地理志〉金城臨羌縣有昆侖，敦煌廣至縣有昆侖障。（〈夏本紀〉）

【正義】《括地志》云：「崑崙在肅州酒泉縣南八十里。《十六國春秋》後魏昭成帝建國十年，涼張駿、酒泉太守馬岌上言：『酒泉南山，即崑崙之體。周穆王見西王母，樂而忘歸，即謂此山。有石室，王母堂，珠璣鏤飾，煥若神宮。』又刪丹西河名云弱水，〈禹貢〉崑崙在臨羌之西，即此名矣。」（〈司馬相如傳〉）

箋識：顯而易見，「昆侖」、「崑崙」兩個詞概念的內涵和外延完全等同，在任何地方都可以替換。二者是異形詞。錢穆先生把「昆侖」、「崑崙」列為同一詞條，雖僅此一例，他已敏銳地意識到文獻典籍中的異形詞現象。在文字學或對文獻文本的研究中，學者們一般僅注意異體字的研究，現代漢語規範化長期以來也僅注意字形的規範，不注意詞形的規範。錢穆先生的這一訓詁實踐不僅具有實踐意義，而且在訓詁學和語用學的研究方面具有理論意義。

通假字

「蒼浪之水、滄浪水」條。

東流為漢，又東為蒼浪之水。（〈夏本紀〉）

【索隱】馬融、鄭玄皆以滄浪為夏水，即漢河之別流也。漁父歌曰「滄浪之水清兮，可以濯吾纓」，是此水也。

【正義】《括地志》云：「均州武當縣有滄浪水。庾中雍《漢水記》云
　　　　『武當縣西四十里漢水中有洲，名滄浪洲』也。《地記》云：
　　　　『水出荊山，東南流為滄浪水。』」

案：滄浪洲，今均縣北。

箋識：〈夏本紀〉之「蒼浪之水」與《正義》所引之「滄浪水」異名同實。
《說文》：「蒼，草色也，從艸倉聲。」「滄，寒也，從水倉聲。」「蒼」和
「滄」原本意義並不相同，但兩字同一聲符，古音當相同，音同通假，「蒼」
為「滄」之通假字。

「明都、孟諸」條。

（1）道河澤，被明都。（〈夏本紀〉）

（2）浮渤澥，遊孟諸。（〈司馬相如傳〉）

【索隱】明都，音「孟豬」。孟豬澤在梁國睢陽縣東北。《爾雅》、《左
　　　　傳》謂之「孟諸」，今文亦為然，唯《周禮》稱「望諸」，皆
　　　　此地之一名。（〈夏本紀〉）

案：〈禹貢〉「明都」在豫州，其為「孟諸」甚審。

箋識：〈夏本紀〉之「明都」和〈司馬相如列傳〉之「孟諸」異名同實。
「明」和「孟」上古都屬明紐陽韻，二字同音；「都」隸端紐魚韻，「諸」亦
為端紐魚韻，二字雙聲疊韻。「明都」、「孟諸」據音索形，義同形異，音同
通假。

　　「勃海、渤海」條中的「勃」和「渤」，「淄、菑」條中的「淄」和
「菑」，「宣防、宣房」條中的「防」和「房」，「澇、潛」條中的「澇」和
「潛」，同名異形，皆為通假現象。

　　漢字造字法「六書」之「象形」最早產生，但殷商甲骨裏就有假借字
了。假借字的出現以濟造字之窮，使漢字能夠較為完整地記錄漢語。越是古
老的典籍裏假借字越多。假借字產生了一詞多形的現象，容易造成歧義，不

合文字社會性的原則，後漸為形聲字取代。地名當早於文字，文字產生以前，人們口耳相傳。文字產生以後，人們因音取形，形隨音轉，因而載籍同指異名的現象十分普遍。

錢穆先生在文字學上有許多見解，在《中國文化史・古代學術與古代文字》的第六部分就專門論述中國的文字。他認為漢字「六書」的造字體系是不斷自我完善的，語言與文字、文字和文化都是互相促進，又互相規約的，文字維繫著中國的民族與文化。錢穆先生就是憑藉深厚的文字學理論修養進行上述訓詁實踐，深刻地揭示了文獻典籍中各種文字歧義現象。

二是不同詞條，所指相同。

「河陽」、「河雍」條。
「河陽」條。

> 晉文公召襄王，會河陽、踐土。（〈周本紀〉）
> 【集解】賈逵曰：「河陽，晉之溫也。」

案：河陽故城，今河南孟縣西三十五里許，武王會諸侯於盟津是也。

「河雍」條。

> 昭襄十八，攻垣、河雍，決橋取之。（〈秦本紀〉）
> 【集解】徐廣曰：「《汲冢紀年》云：『魏哀王二十四年，改河陽曰河雍。』」

箋識：由「河雍」條《集解》顯見「河陽」即為「河雍」。

「沈水」、「濟」條。

「沈水」條。

> 道沈水，東為濟。（〈夏本紀〉）
>
> 【集解】鄭玄曰：「〈地理志〉：沈水出河東垣縣王屋山，東至河內武
> 德入河，泆為滎。」
>
> 【索隱】《水經》云：「自河東垣縣王屋山東流為沈水。」
>
> 【正義】《括地志》云：「沈水出懷州王屋縣北十里王屋山頂，岩下石
> 　　　　泉亭不流，其深不測，至縣西北二里平地，其源重發，而東
> 　　　　南流，為氾水。」《水經》云：「氾東至溫縣西為沛水，又南
> 　　　　當鞏之南，北入於河。」

案：濟水出今濟源縣西王屋山。《山海經》：「王屋之山，㴉水出焉。」郭
注：「『㴉』、『沈』聲近，即沈水也。」至溫縣境入河。

「濟」條。

> （1）四瀆，江、淮、河、濟也。
>
> （2）天下大川祠二，曰濟，曰淮。（〈封禪書〉）
>
> （3）浮於濟、漯。（〈夏本紀〉）
>
> （4）齊有清濟、濁河可以為固。〈（蘇秦傳〉）
>
> 【集解】孔安國曰：「濟在溫西北。」
>
> 【索隱】濟水出河東垣縣王屋山東，其流至濟陰，故應劭云：「濟水
> 　　　　出平原漯陰縣東。」（〈夏本紀〉）《風俗通》云：「濟廟在臨
> 　　　　邑。」（〈封禪書〉）
>
> 【正義】濟、漯二水上承黃河，並淄、青之北流入海。（〈蘇秦傳〉）

案：濟水一名沈水，其故道本越河而南，東流入山東境，與黃河並行入海，
故曰「濟、河間為沇州」也。今其下游為黃河所占，河、濟遂不分。

箋識：錢穆先生在「濟」條書證「浮於濟、漯」用「沇水」條「道沇水，東為濟」之《集解》，或以「沇」、「濟」一也。或「沇」概「濟」，「沇」為大名，「濟」為小名，「濟」為「沇」下游之水也。《尚書易解》：「沇水，出自今山西垣曲縣王屋山。漢代在今河南武陟縣西入河。漢以後在今溫縣入河。後來故道盡陷河中，濟與河遂混同矣。」[22]「沇水」與「濟」實為一處。

另有「終南」、「南山」；「華山、西嶽」、「太華」；「雷首」、「首山」；「衡漳」、「漳水」、「河漳」；「鉅野」、「大野」、「廣野」；「滎澤」、「滎口」；「荷澤」、「菏」；「衡漳」、「漳水」、「河漳」；「三江」、「三渚」；「震澤」、「五湖」。

（一）以今名釋舊名

「桐柏」條。

　　（1）熊耳、外方、桐柏至於負尾。
　　（2）道淮自桐柏。（〈夏本紀〉）
　　【集解】鄭玄曰：「桐柏山在南陽平氏東南。」
　　【索隱】桐柏山一名大復山，在南陽平氏縣東南。
　　【正義】《括地志》云：「桐柏山在唐州東南五十里，淮水出焉。」

案：今桐柏縣西南三十里。

「成固」條。

　　鄧公，成固人。（〈袁盎晁錯傳〉）
　　【正義】梁州成固縣也。《括地志》云：「成固故城在梁州成固縣東六
　　　　　里。」

---

22 周秉鈞：《尚書易解》，頁72。

案：今城固縣西北。

箋識：「以今名釋舊名」是注家常用的一種訓詁方法，錢穆先生用此種方法訓釋的詞條有五十二見，占很大一部分比例。

（二）綜合運用考據學、歷史學、語言學等方法

「棘津」條。

> 呂尚困於棘津。（〈游俠傳〉）
> 【集解】徐廣曰：「在廣川。」
> 【正義】古亦謂之石濟津，故南津。

案：《左》昭十七：「晉荀吳帥師涉自棘津。」《水經注》：「棘津亦謂之濟津，故南津也。晉自南河濟，即此。」河水於是亦有濟津之名。地在今延津縣東北，故胙城之北，汲縣之南七里；已湮。

箋識：此條錢穆先生分別引《左傳》昭公十七年和《水經注》作為《集解》、《正義》的佐證，證據詳實，一目了然。

「薄山、襄山」條。

> 自華以西，名山七。曰薄山。薄山者，襄山也。（〈封禪書〉）
> 【集解】徐廣曰：「蒲阪縣有襄山，或字誤也。」
> 【索隱】應劭云：「襄山在潼關北十餘里。」《穆天子傳》云：「自河首
> 　　　　襄山。」酈道元《水經》云：「薄山統目與襄山不殊，在今芮
> 　　　　城北，與中條山相連。」
> 【正義】《括地志》云：「薄山亦名襄山，一名寸棘山，一名渠山，
> 　　　　一名雷首山，一名獨頭山，一名首陽山，一名吳山，一名條
> 　　　　山，在陝州芮縣城北十里。」此山西起雷山，東至吳阪，凡
> 　　　　十名，以州縣分之，多在蒲州。今史文云「自華以西」，未

詳也。

案：山稱「靁」者，即急水迴旋成螺之義，如古彭蠡之稱大靁也。「襄」者，水勢之騰驤；「薄」者，水流之衝薄；皆一義。大河自此折而東，其南即潼關也。「潼」亦急水衝撞之義。

箋識：「薄山」、「襄山」何以異名同指？錢穆先生以「薄」、「襄」義近。薄，《說文》為「林薄」、「蠶薄」，《釋名》為「迫也」，《方言》為「事之相迫者皆謂之薄」。先秦的常用義亦為「迫也」、「近也」。可見《尚書·益稷》孔安國傳、《左傳·成公十六年》杜預傳、《國語·吳語》韋昭注、《呂氏春秋·明理》高誘注。襄，《說文》：「漢令解衣耕為襄。」先秦「襄」亦有「迫近」之義。可見《尚書·堯典》「蕩蕩懷山襄陵」（孔安國《傳》）。「薄」是上古鐸部的字，「襄」是上古唐部的字。鐸唐陰陽對轉，「薄」、「襄」音通，二字音義同源。

「菏」條。

案：《說文》引《書》作「菏」，即荷也。自淮而泗，自泗而菏，然後由菏入濟，以達於河也。

箋識：「菏」以「河」為聲符，「荷」以「何」為聲符。「河」、「何」皆以「可」為聲符，「菏」、「荷」音同，二字通假。

「梁山二」條。

古公去邠，度漆、沮，逾梁山。

【正義】《括地志》云：「梁山在雍州好畤縣西北十八里。」鄭玄云：「岐山西南。」然則梁山橫長，其東當（櫟）陽，西北臨河，其西當岐山東北，自邠適周，當逾之矣。

案：邠蓋山西汾旁之邑。古公者，山西絳縣西北有古山、古水，其流入汾；

古公蓋自此渡河津，逾韓城縣梁山，而耕殖於漆、沮二水間，即今洛水與石川河間之平原也。

箋識：《括地志》之「好畤縣」，秦置，今治所在今陝西乾縣東五里好畤村。《尚書易解》：「梁，山名，在今陝西韓城縣西。」「漆沮，今之洛水。漆沮會洛以入河，故洛有漆沮之名。」[23]洛水，今陝西洛河。此條語例出自《史記·周本紀》，原文作古公「乃與私屬遂去豳，度漆、沮，逾梁山，至於岐下」[24]。鄭玄云：「岐山在梁山西南。」錢穆先生結合歷史事件注釋地名，合於史實。《詩經·大雅·綿》：「緜緜瓜瓞，民之初生，自土沮漆。古公亶父，陶復陶穴，未有家室。古公亶父，來朝走馬。率西水滸，至於岐下。」這是《詩經》裏關於周族的史詩之一，記敘了古公亶父遷於周（岐山之南）的歷史。《史記·周本紀》與〈大雅·綿〉的記載一致。

綜上考論，錢穆先生在〈禹貢山水名〉的訓詁實踐中遵循常法又不拘于常法，偶或創為新法，諸如「以語境確定同名異指」和「依考據區分異名同指」，這些訓詁方法具有普遍而重要的方法論意義。

清代乾嘉時期的戴震、姚鼐從經學角度提出治經的三種方法：考據、義理、辭章，主張三者不可偏廢。錢穆先生繼承戴、姚這一觀點，並加以發揮。他突破傳統訓詁學家的認識樊籬，拓展傳統訓詁學的研究畛域，以歷史學家的睿智深邃，置訓詁考據之學於寬廣的歷史文化背景中進行，多創新識。錢穆先生曾評價王靜庵先生的學術曰：

> 王先生講歷史考證，自清末迄今，無與倫比，雖然路徑是第二流，但他考證的著眼點很大，不走零碎瑣屑一途，所以他的成績不可磨滅。考證如此，也可躋於第一流了。[25]

言為心聲，錢穆先生的評語正是其訓詁考據理念的直白注釋。

---

23 周秉鈞：《尚書易解》，頁64。

24 〔漢〕司馬遷：《史記》，頁114。

25 嚴耕望：《治史三書》(上海市：上海人民出版社，2011年)，頁246。

　　錢穆先生在其經典名著《中國近三百年學術史》中屢屢認同那些通經致用的學問，強調做學問要有大境界，大境界就是經國濟世。《史記地名考・禹貢山水名》博覽載籍，鉤隱索微，正本清源，拾遺補缺，讓《尚書》和《史記》這兩部輝煌的民族文化典籍發射出更加燦爛的光芒，實經國之事，濟世之績。錢穆先生的訓詁學理念與訓詁實踐，在他燦若星河的學術天空中也應該是一顆不朽的星座。

《尚書》「享」（亯）的渾沌性與分化性

——渾沌語言學的一個古漢語例證

肖婭曼*

　　語言學界有一個根深蒂固的普遍看法，任何詞的原始義也好，本義也好，必定是單純的，其餘意義被稱作引申義，亦即認為詞義的發展是由簡單而複雜。而這種觀念又建立在詞是語言的起始點這一自古以來的「詞源」語源觀之上。「詞源」語源觀是迄今為止唯一的語源觀，它包含着一系列的觀念，其中最基本的觀念是：最初的「詞」語義上必定是單義的，語法上必定是單性的，即作為語言初始樣態的「詞」，必定要麼是表示指稱的名詞，要麼是表示陳述的動詞等，一個詞表現出的多種用法都是在單純用法的基礎上產生的。迄今為止，從未有人對「詞源」語源觀產生過疑問，也從未有人就此進行過任何討論，更遑論被證明，因而「詞源」語源觀實際是一個從未被反思過的預設。雖然「詞源」語源觀僅僅是一個預設，但實際卻成為整個語言學研究的基礎，例如，在漢語詞類劃分這一老大難問題的研究中，有學者提出「詞類是初始概念」[1]，即認為詞類的本質是詞產生伊始的表述功能（表指稱為名詞，表陳述為動詞等）。「單性單義」的詞必定是概念，「詞源」語源觀意味着語言的產生開始於一個個概念的產生，這與哲學、心理學、人類學認為概念是思維發展到高級階段的產物這一共識矛盾對立。筆者提出的渾

---

* 四川大學中文系

[1] 郭銳：《現代漢語詞類研究》（北京市：商務印書館，2002 年），頁 92。

沌語言學認為，語言的初始樣態不是詞，而是渾沌語，語言的形成與發展，從根本上說，不是由簡單而複雜，而是由渾沌而分化。作為語言初始樣態的原始渾沌語含義豐富，能表達遠比今天的句子還要豐富的內容，語義上它表達一件事，包含場景、活動等認知內容和情感、態度等文化內容，這些內容渾然一體，不可分割，即語言的初始樣態絕非概念性的單純詞。語法上它既非名詞，也非動詞，而可能既是動詞，又是名詞、形容詞，根本無法按今天意義上的語法功能給它歸類。原始語言的面貌雖不可再現，但語言的渾沌性仍然可以通過古老的語言得以瞭解。漢語是世界上唯一沒有中斷的語言，上古漢語的渾沌性可以通過傳世文獻和出土文獻得到證明。我們已經論證了上古所謂的幾個不同的「是」（指代詞「是」、名詞「是」、形容詞「是」、副詞「是」等）其實是同一個「是」[2]。這裏，我們將通過「亯」（《尚書》作「享」）與「享」、「亨」、「烹」的關係，來證明「亯」的渾沌性與分化性。

一

　　《尚書》的「享」，甲骨文和《說文》作「亯」。「亯」、「享」為古今字，後來分化為「享」、「亨」、「烹」，這是古今共識。最早的文字之書《說文解字》只有「亯」字，沒有「享」字。《說文》曰：「亯，獻也。從高省，曰象進孰物形。《孝經》曰：『祭則鬼亯之。』凡亯之屬皆從亯。𤾫，篆文亯。許兩切，又普庚切，又許庚切。」[3]「亯」甲骨文作 𠅦 、 𠅩 、 𠅧 ，根據甲骨文字形和許慎的說法，學者們一直在試圖弄清「亯」的原始單純義是什麼，《新編甲骨文字典》：「亯，象宗廟形。」[4]《甲骨文字典》：「亯，象穴居之形，口為所居之穴，�為穴旁臺階以便出入，其上並有覆蓋以免雨水下注。居室既為止息之處，又為烹製食物饗食之所，引申之而有饗獻之義。」[5]

2　肖婭曼：《漢語係詞「是」的來源與成因研究》（成都市：巴蜀書社，2006 年）。

3　〔漢〕許慎撰、段玉裁注：《說文解字注》（上海市：上海古籍出版社，1988 年）。

4　劉興隆編：《新編甲骨文字典》（北京市：國際文化出版公司，1993 年）。

5　徐中舒主編：《甲骨文字典》（成都市：四川辭書出版社，1989 年）

除了「宗廟」說、「居室烹饗所」說之外，還有「獻具」說[6]等各種觀點。今人的這些不同觀點，都立足於「亯」是單性單義詞，即「亯」是個單純的概念。這與《說文》的訓釋頗為不同。

從《說文》的「亯，獻也。從高省，曰象進孰物形」，並引《孝經》「祭則鬼亯之」來看，即無論從文字上，還是引證上，許慎都不是在說「亯」是一個單純概念（單性單義詞），而是在說「亯」是一個重大的內涵豐富的活動。「獻也」是說「亯」是一個行為活動；「從高省」是說「亯」這一行為活動的場所是在崇高處有着建築的用於「觀高」的高臺上（《說文·高部》：「高，崇也。象臺觀高之形。從冂、口。」《說文·山部》：「崇，嵬高也。從山，宗聲。」）「進孰物」是說如此場景下祭獻的方式。許慎引《孝經》「祭則鬼亯之」，更為完整地表達出「亯」這個活動的文字分析表達不出的另一半含義，「亯」是為了「鬼亯之」。《說文》表達的「亯」是一個完整的交際活動，這個交際活動中的交際要素有：交際行為（獻）、交際場所（高）、交際者（人-鬼）、交際方式（祭〔進孰物〕-饗）。

《甲骨文》《說文》的「亯」，在《爾雅》中作「享」，《爾雅·釋詁》：享，「獻也」、「孝也」。作為最早的訓詁之書，《爾雅》的訓釋與《說文》、《孝經》之說不僅吻合，而且還多出「孝也」這個關於「享」的文化內涵。

將上述各家關於「亯」（享）的意見，按時代先後列出如下表：

6　林義光：《文源》（上海市：中西書局，2012年）。

「享」（亯）各家說				
文字	出處	觀點	語義	
亯	《說文‧亯部》	從高省，曰象進孰物形。 《孝經》曰：「祭則鬼亯之。」 許兩切，普庚切，許庚切。	交際活動：獻 交際場所：高 交際者：人‑鬼 交際方式：上行 祭（進孰物） 下行 饗	渾沌豐富
享	《爾雅‧釋詁》	享，孝也。 享，獻也。	交際含義：（卑者通過）祭 （向尊者表達）孝	
	《新編甲骨文字典》	宗廟。		
倉 倉 倉	《甲骨文字典》	象穴居之形，又為烹製食物饗食之所。	（本義）單義單性	單純
	《文源》	祭獻器具。		

　　根據《說文》、《爾雅》的注說，以及這些注說背後隱藏的內容，上古漢語一個「亯」（享）表達的含義，今天即使用大段文字也未必能完整的表達出來。《說文》、《爾雅》去古未遠，古人對「亯」的語感，應該比今人更接近上古漢語實際。

二

　　如果認為對《說文》、《爾雅》訓釋的分析，不足以證明「亯」（享）的原始渾沌性和豐富性，那麼《尚書》的語料不僅可以印證古書的訓釋，而且《尚書》中「享」的語義比《說文》、《爾雅》所訓還要豐富渾沌。

　　上古早期傳世文獻中，《尚書》、《詩經》、《周易》（古經）均只有「享」，無「亯」、「烹」。《書》、《詩》、《易》中，「享」的出現率分別是三十三次、十三次、三次。因此，瞭解「享」的上古用法，《尚書》是最

早、最好的文獻。《尚書》中這三十三例「享」所表達的語義，除了《說文》、《爾雅》訓釋所表達出的交際場所、交際者、交際方式、交際含義以外，還表達出交際目的、交際效果等，更加完整豐富地表達出「享」的渾沌性。

「享」的語義渾沌，對它進行今天語言學的意義分析，實為以今律古，必然損及它的本來面貌。但即便如此，仍能由此窺見它語義的渾沌性。鑑於「享」在今古文《尚書》中用法並無出入，在本文的考察中，古文《尚書》同樣重要。這三十三例「享」，主要分為通天交際類和君臣交際類，如下表：

《尚書》「享」的三種用法			
用法	數量	例句	出處
通天交際			
（天子-鬼神）	二十一例	茲予大**享**于先王	
		爾祖其從與**享**之	〈商書·盤庚上〉
君臣交際	九例	後式典集，庶邦丕**享**	〈周書·梓材〉
非交際	三例	爾曷不夾介乂我周王，**享**天之命？	〈周書·多方〉

本文只討論通天交際類「享」的渾沌性。

通天交際類「享」完整表現出「享」交際活動中的交際者（天子-鬼神）、交際場所、交際方式（烹祭-享祭）、交際目標（天子）、交際效果（卑方、尊方、雙方）。

（一）交際關係（天子-鬼神）

與《孝經》「祭則鬼享之」所體現出的交際雙方一致，《尚書》中的「享」也主要用於天子與鬼神等，即「享」句中如出現「享」者，往往為天子與鬼神，時間越早越是這樣。而「享」句如不出現「享」者，這個「享」本身就含有「享」者義。例如：

　　茲予大**享**于先王，爾祖其從與**享**之。（〈商書・盤庚上〉）

　　惟命不于常，汝念哉！無我殄，**享**，明乃服命。」（〈周書・康誥〉）

（除特殊說明外，本文《尚書》的斷句均採用李學勤主編《十三經注疏》〔標點本〕的斷句。）

〈盤庚〉中的兩個「享」句分別出現了兩個「享」者：一是祭獻者「予」、二是饗祭者「爾祖」，這兩個「享」前者為天子，後者為鬼。〈康誥〉之「享」為「享有國土」之意，句中未出現「享」者，此「享」本身即包含「享」者義。〈康誥〉「無我殄」，《十三經注疏》孔安國《傳》：「無絕棄我言而不念。」〈康誥〉「享，明乃服命」，《十三經注疏》孔安國《傳》：「享有國土，當明汝所服行之命令。」也就是說，「享」的上下句均未出現「享有國土」的主語（施事），「享」既含「享有國土」之意，也含「享有國土者」（交際者、交際效果）之意。

（二）交際場所

前述文字分析認為「亯」的字形就含有交際場所之意，《尚書》中的「享」句一般不用出現「享」的場所應該與此有關，但一當出現，必定是宗廟等神聖之地。例如：

　　郊社不修，宗廟不**享**，作奇技淫巧以悅婦人。上帝弗順，祝降時喪。

　　（〈周書・泰誓〉）

《尚書》中的「享」最值得注意的是文字形體（言）難以傳達的方面，即交際方式，尤其是交際效果方面的內涵。

（三）交際方式與環節

「享」的交際雙方地位不同，採取的交際方式也尊卑有別。交際環節的第一步，請求交際：在地的天子祈望同上天的鬼神交際，卑者的交際方式為上行。在天的鬼神接受交際請求，並作出回應，為交際的第二環節：回應交際，尊者的交際方式為下行。

1 上行-請求交際：烹祭

「烹祭」、「祭祀」是「享」這一交際活動的開始，它是交際關係的雙方（天子-鬼神）中地位在下的天子，通過「享」這種烹祭的形式，向決定自己命運的地位至高者（鬼神）表示恭敬，以求賜福的盛大祭祀活動。例如：

> 茲予大享于先王，爾祖其從與享之。（〈商書·盤庚上〉）
> 天有顯道，厥類惟彰。今商王受，狎侮五常，荒怠弗敬。自絕于天，結怨于民。斫朝涉之脛，剖賢人之心，作威殺戮，毒痛四海。崇信奸回，放黜師保，屏棄典刑，囚奴正士，郊社不修，宗廟不享，作奇技淫巧以悅婦人。上帝弗順，祝降時喪。（〈周書·泰誓〉）
> 王若曰：「誥告爾多方，非天庸釋有夏，非天庸釋有殷。乃惟爾辟以爾多方大淫，圖天之命屑有辭。乃惟有夏圖厥政，不集于享，天降時喪，有邦間之。（〈周書·多方〉）

上面第一例「享」表達出在宗廟恭敬而隆重地蒸煮犧牲祭祀祖先。〈盤庚〉「大享于先王」，《十三經注疏》孔安國《傳》：「大享，烝嘗也。」「烝嘗」即「烝享」。第二例、第三例「享」，也都是在宗廟恭敬而隆重地蒸煮犧牲祭祀祖先之意。〈泰誓〉「宗廟不享」，《十三經注疏》孔穎達《疏》：「『不享』，謂不祭祀也。」〈多方〉「不集於享」，《十三經注疏》孔穎達《疏》：

「不成於享。」錢宗武、杜純梓《《尚書》新箋與上古文明》：「集：止。」[7]「不成於享」或「不止於享」，都是說不舉行祭祀活動，以恭敬事天。

2 下行－回應交際：享祭

「享祭」是「享」這一交際活動的第二階段，請求交際一方實現了與交際物件的溝通，接受交際請求的鬼神，接受認可請求交際方對自己的恭敬，享受祭品。享祭意味着承諾，並實施對烹祭者保佑、賜福。例如：

> 古我先王暨乃祖乃父胥及逸勤，予敢動用非罰？世選爾勞，予不掩爾善。茲予大**享**于先王，爾祖其從與**享**之。(〈商書‧盤庚上〉)
>
> 伊尹申誥于王曰：「嗚呼！惟天無親，克敬惟親。民罔常懷，懷于有仁。鬼神無常**享**，**享**于克誠。(〈商書‧太甲〉)

〈盤庚〉「茲予大享于先王，爾祖其從與享之」一句中，前後相隨的兩個「享」，前句的「享」表現交際雙方中天子（卑者）對鬼神（尊者）恭行「享」禮，而後句「享」則表現交際雙方的另一方鬼神（尊者）享用，即接受認可對自己的恭敬虔誠地侍奉。同一句中的兩個「享」分別表現出「享」的上行和下行方式，以及請求交際與回應交際兩個環節。這是「享」具有渾沌性的典型一例。

〈太甲〉「鬼神無常享，享于克誠」一例，道出交際的尊方接受享用卑者的烹祭，即認可肯定下方的「克誠」。因此，作為尊方的鬼神的「享」不是今天意義上的單純「享用」，而是包含着評價卑方「克誠」與否後，做出的肯定性、贊許性交際反應，即享祭、保佑、賜福。因此，即使今天看來只表現鬼神接受的「享」，語義也與價值判斷（「克誠」與否）和判斷後做出的反應，即享祭、保佑、賜福等，是渾然一體，不可分割的。

---

7 錢宗武‧杜純梓：《《尚書》新箋與上古文明》（北京市：北京大學出版社，2004年）。

（四）交際效果

交際效果這裏是指交際目標的實現。「享」的用法反映出有三個角度的交際效果，請求交際者角度（卑方）、接受交際者角度（尊方）、交際雙方角度。「享」既用於表達請求交際者（卑方）的交際目標的實現（享有國土、封地、享福、美德等），也用於表達接受交際請求的鬼神（尊方）的交際回應，還用於表達交際雙方共同一致的至高目標（亨通）。下面按交際雙方、尊方、卑方的順序討論。

1 人鬼亨通（雙方）

古文《尚書·咸有一德》中有一例「享」，不是表達「享」這一交際活動的交際者任何一方的交際行為或交際目標，而是表達整個交際活動的交際雙方的至高交際目標或目標的實現——人鬼亨通。即：

> 惟尹躬暨湯，咸有一德，克享天心，受天明命，以有九有之師，爰革夏正。（〈商書·咸有一德〉）

「克享天心」，《十三經注疏》孔安國《傳》：「享，當也。」孔穎達《正義》：「德當神意，神乃享之。」人懂天意，使天意下達即為德，如此地天相通，人鬼相通，即可風調雨順，國泰民安。這種天地的至通即亨通，亨通即「享」這一交際活動的至上目標的實現。「亨通」與上述通天交際中「享」的交際者義、交際場所義、交際方式的烹祭、享祭義等同樣渾然一體，不可分割。後來的「亨」，是蘊含於「享」中的亨通義分化的結果。

2 鬼神賜福（尊方）

前文交際方式中所引「鬼神無常享，享於克誠」（〈商書·太甲〉）一例，既可講作「享祭」，也可講作「賜福」。「賜福」即接受卑者交際請求的尊者鬼神做出的交際回應。這裏不存在「賜福」和「享祭」那種講法正確的問題，而是「享祭」、「賜福」渾然一體，不可分割。

3 天子享福（卑方）

「享」表達享有國土、封地、享福、美德等，是請求交際方（卑者）交際目標的具體實現。此類「享」又可分兩類：其一，「享」不帶賓語，即「享」將「享有」義和「享有」的賓語（受事）義包含於自身中，這裏稱這類「享」為含賓「享」；其二，「享」帶上了賓語，稱作帶賓「享」。這裏主要討論含賓「享」的渾沌性。

將具體享有的國土、封地、福氣、美德等包容於一個「享」字中，這與今天漢語的「享」只單純表示「享受」的動詞完全不同，它們的語義具有渾沌性。例如：

> 惟命不于常，汝念哉！無我殄，**享**，明乃服命，高乃聽，用康乂民。（〈周書・康誥〉）
>
> 王若曰：「往哉！封，勿替敬典，聽朕告，汝乃以殷民世**享**。」（〈周書・康誥〉）
>
> 又惟殷之迪諸臣惟工，乃湎于酒，勿庸殺之，姑惟教之。有斯明**享**，乃不用我教辭，惟我一人弗恤弗蠲，乃事時同于殺。（〈周書・酒誥〉）
>
> 惟天不畀純，乃惟以爾多方之義民不克永于多**享**。（〈周書・多方〉）
>
> 王曰：「公功肅將祗歡，公無困哉！我惟無斁其康事，公勿替刑，四方其世**享**。」（〈周書・洛誥〉）
>
> 多士，爾不克勸忱我命，爾亦則惟不克**享**，凡民惟曰不享。（〈周書・多方〉）
>
> 惟克天德，自作元命，配**享**在下。（〈周書・呂刑〉）

〈康誥〉「享，明乃服命」一句中的「享」，《十三經注疏》孔安國《傳》：「享有國土。」即此例「享」不僅如前所述包含「享有」的施事，還包含「享有」的受事。一個「享」字集行享者、行「享」活動、享有物於一身，其渾沌性十分典型。

〈康誥〉「汝乃以殷民世享」，《十三經注疏》孔安國《傳》：「順從我所

告之言，則汝乃以殷民世世享國。」即「享」為「享國」義。〈酒誥〉「有斯明享」之「享」，《十三經注疏》孔安國《傳》：「享國。」即「享」為「享國」義。〈多方〉「惟天不畀純，乃惟以爾多方之義民不克永於多享」，《十三經注疏》孔安國《傳》「天所以不與桀，以其乃惟用汝多方之義民為臣，而不能長久多享國故」，即「享」為「享國」義。〈洛誥〉「四方其世享」，這是周成王在洛邑懇請周公繼續治洛留任時所說。成王說自己才智不足以治洛，周公離去會造成的嚴重後果，即會使自己困頓（公無困哉！），周公在洛邑創制的法度也將因自己的才智淺短而廢去（公勿替刑）。反面陳說理由的同時，成王從正面也說了兩點，第一，「公功肅將祗歡」，《十三經注疏》孔安國《傳》：「公功以進大，天下咸敬樂公功。」第二，「四方其世享」，孔安國《傳》：「四方之民其世世享公之德。」這個「享」包含有鬼神對周公恭敬事天德行的肯定，保佑賜福周公治理下的洛邑平安無事，即此「享」為「享德」義。〈多方〉：「多士，爾不克勸忱我命，爾亦則惟不克享，凡民惟曰不享。」《十三經注疏》孔安國《傳》：「眾士，汝不能勸信我命，汝亦則惟不能享天祚矣，凡民亦惟曰不享於汝祚矣。」即此「享」為「享天祚」之義。〈周書·呂刑〉：「惟克天德，自作元命，配享在下。」《十三經注疏》孔穎達《正義》：「（堯時）天德平均，惟能為天之德。志性平均，自為長久大命。配當天意，在於天下。言堯德化之深，于時典獄之官皆能賢也。」即此「享」為「享天意」。總之，這些不帶賓語的「享」，都將享有的對象包含於「享」中，並且無論具體解作享有什麼，都包含着尊天、敬鬼神，得到鬼神賜福的文化觀念，即所有這些「享」的語義都具有渾沌性。

　　將上文對《尚書》中「享」的分析歸納如下表：

「享」：通天交際				
	交際要素	內涵	例句	出處
渾然一體　不可分割	交際關係	天子－鬼神	茲予大**享**于先王 爾祖其從與**享**之	〈商書・盤庚上〉
	交際場所	祭場	宗廟不**享**	〈周書・泰誓〉
	交際方式 交際環節	上行　烹祭	茲予大**享**于先王	〈商書・盤庚上〉
		下行　享祭	爾祖其從與**享**之	〈商書・盤庚上〉
	交際效果	人鬼亨通	克**享**天心	〈尚書・咸有一德〉
		鬼神賜福	鬼神無常**享**	〈商書・太甲〉
			享于克誠	
		君臣享福	汝乃以殷民世**享**王 **享**國百年**享**天之命	〈周書・康誥〉 〈周書・呂刑〉 〈周書・多方〉

　　總之，上古的「享」與今天已經充分分化了的語言基本單位「詞」非常不同。今天的詞的概念性特徵很突出，它的語法特徵也很確定。單獨說出某個詞（如「烹」），它的語義（煮）和語法功能（動詞）即可被確定。但上古的「享」卻不是這樣，一個「享」語義非常渾沌豐富，包含上述文字分析（《說文》之訓、甲骨文字分析）、古訓（《爾雅》、《孝經》）和文獻分析（《尚書》）的所有含義之總和。

　　需要特別指出的是：上述分類是在今人失去上古漢語言模式，採用今天語言的框架，即「詞」框架，對上古「享」作分析的結果。這種分析框架實際上已經把上古「享」作為了「詞」來分析，即必然誘導我們按固有的多義詞模式來理解《尚書》中的這些「享」。今天的多義詞的確在具體句子中具有某種具體語義和詞性，但這並不意味着《尚書》中的這些「享」一定就

如今天的多義詞一樣。多義詞背後隱含的語言觀是：詞最初本來是單性單義的，後來引申發展出各種用法。按照這種本義引申觀，「亯」（享）最初是單純的，正是在這種思維範式規定下，我們的文字學家才去探尋「亯」的本義究竟是宗廟、居室烹所，還是獻具？那麼，「亯」（享）最初是單純的嗎？

三

按照「本義 - 引申」觀，上古「享」的各種用法中有一個是最早的用法，其餘是由這個義項發展而來的，這也就是文字學家提出「宗廟說」、「居室烹所說」、「獻具說」的原因。以這種眼光來看《尚書》中的每一例句中的「享」，似乎可以隨文釋義地將它的用法大致落實在某個意義上，但這並不能得出每句中具體的「享」就一定是單義單性的結論，這種看法有可能正如瞎子摸象，摸到大象的耳朵就誤以為大象如箕，摸到尾巴就誤以為大象類繩，而大象既非箕，也非繩，象就是象。這也正如水，江河的水浩大奔流，杯中的水杯狀靜止，它們都並非水本身，都是水在特定條件規定下能夠呈現的面貌罷了。「享」就如大象和水，它不是宗廟、不是祭場、不是祭者，不是享者、不是烹祭、不是享祭，不賜福、不是享福，而是它們的渾然一體，「享」就是「享」。每句中可以具體講出的「享」的意義，不是「享」的意義本身，而是「享」這座冰山能夠露出水面的那部分罷了。

如果「亯」（享）最初是單純詞，它上述各種用法是已經發展為多義詞的某一意義的表現，即上古早期它已由單純而複雜，那麼古訓，傳世文獻、出土文獻中應該會有蹤跡可尋。可事實是，無論古訓、傳世文獻、出土文獻都顯現出一個共性：上古早期的「亯」（享）用法複雜，越晚用法越明確、單純化。《尚書》中同一句中的同一個「享」往往既可以講作甲用法，也可以講作乙用法，甚至還有更多的講法，例如〈周書・康誥〉的「無我殄，享，明乃服命」之「享」（行享者、享行、享有物）、〈商書・太甲〉「鬼神無常享，享於克誠」之「享」（享祭、保佑、賜福）。這種現象用「本義 - 引申」模式或「單純 - 多義」模式是無法解釋的，而用「渾沌 - 分化」觀則可以使之得到合理解釋。

《說文》訓釋反映出「亯」的渾沌性，而甲骨文文獻研究的結論也說：「亯，古文享、亨、烹通用。」[8]《說文解字》大徐本「亯」條的「許兩切，又。普庚切，又許庚切」三個反切，「許兩切」為本音，即「亯」之讀音，亦其今字「享」的讀音。兩個又音中，許庚切為「亨」的讀音，普庚切為「烹」的讀音[9]。從上古傳世文獻看，「享」出現最早，用法最複雜，在上古的出現率最高；「亨」較「享」晚，用法比「享」簡單，出現率較低；而「烹」出現最晚，用法最單純，上古罕見。從「亨」、「烹」與「享」的關係看，應該是「亨」先從「享」字分化出來，而「烹」可能是從「亨」進一步分化出來的。因為，上古《書》、《詩》等十一部經書中均不見一例「烹」，全部十三部經書中，僅見八例「烹」，《左傳》四例，《孟子》四例，並且均作「烹煮」講[10]。「亨」不見於《尚書》，也不見於《周易》古經，《詩經》見有四例，《左傳》見有三例。上古晚期的《儀禮》有五例，《周易》的〈彖傳〉有四十七例。這些「亨」，在《詩經》、《儀禮》中均作「烹煮」講。《左傳》的三例「亨」中，有一例作「亨通」講，即：「史朝曰：『元亨』，又何疑焉？」（昭公）有一例作「獻」或「亨通」講（或「獻」、「亨通」渾然一體），即：「是以先王務修德音以亨神人，不聞其務險與馬也。」（襄公）而出自戰國時期的《周易·彖傳》中的四十七例「亨」，全部都作「亨通」講。這就是說，從出現時間看，「亨」早於「烹」出現；從語義上看，「亨」有「烹煮」、「亨通」、「獻」等意義，而「烹」僅有「烹煮」義，「亨」比「烹」的語義豐富。將經部「享」、「亨」、「烹」三字上古的出現率及用法總結如下表：

8　劉興隆：《新編甲骨文字典》（北京市：國際文化出版公司，1993年），頁318。

9　「亨」，《廣韻》「許庚切」；「烹」，《集韻》「披庚切」。

10　《左傳》哀公：「水火醯醯以烹魚肉」；（昭公）：「不言將烹」、「不克則烹」、「乃烹石乞」；《孟子·萬章》：「校人烹之」、「予既烹而食之」、「伊尹以割烹要湯」、「未聞以割烹也」。

「享」（亯）由渾沌而分化			
古字	亯（許兩切、 庚切、許庚切）		
今字	享		
分化順序		享 （許兩切）	亨 （許庚切）	烹 庚切
理由	出現時間	最早	較早	最晚
	出現率	最高	較低	罕見
	十三經出現情況	十三經常見 《書》三十三次 《詩》十一次 《易》三次	《尚書》不見。《詩》四例、《左傳》三例、《儀禮》五例，多見於《周易‧彖傳》	《書》、《詩》等十一部經書中不見一例，《左傳》、《孟子》各四例
	語義	交際關係： 　天子-鬼神 交際場所： 　祭場 方式環節： 　上行：烹祭 　下行：享祭 交際效果： 　人鬼亨通 　鬼神賜福 　君臣享福	《易‧彖傳》： 　亨通 餘經：烹煮 獻	烹煮
	發展	渾沌 豐富	簡化	單純

可以看出，與語言學的普遍觀念相反，不是最早出現的「亯」（享）語義更簡單單純，恰恰相反，反倒是後發展出的「亨」、「烹」語義愈益簡化。

總之，從「亯」到「享」、「亨」、「烹」並非由單純而複雜而分化，而是由渾沌而分化，如果我們能有意識地警惕以今律古，就可以從上古語言事實和古人的論說中辨析出真相，最終破除發生學上的「本義-引申觀」，而建立嶄新的「渾沌-分化觀」。

利用戰國文字校讀《尚書》二題

魏宜輝*

一

由於《尚書》時代久遠，在傳抄過程中出現不少誤字。其中有些情況是由於後人對早期文字中出現的訛體字或混同字缺乏正確的認識，從而在文本傳抄中保留了這些有問題的字。我們以《尚書‧大誥》篇中的「畢」字為例來分析。

《尚書‧大誥》篇有這樣一句：

> 予曷敢不于前寧人攸受休畢。

于省吾《尚書新證》云[1]：

> 偽《傳》「畢」訓「終」。〈莽誥〉作「輔」，蓋讀「畢」為「弼」。按「畢」乃「異」之訛。𠤞伯簋「異」作𢀛，倗仲簋「畢」作𢆉，二字形似。休異，謂殊異之休也。言予曷敢不于前文人用受殊異之休乎？䚡卣：「䚡弗敢諲王休異」，諲即忘，言䚡弗敢忘王殊異之休也。昔人以為「攸受休畢」與上「圖功攸終」為對文，不知「功」可以言「終」，〈召誥〉：「惟王受命無疆惟休」，〈君奭〉：「我受命無疆惟休」，凡「休」每云無疆之休，豈可云「休畢」乎？「休畢」又豈可言「攸受」乎？今以金文「休異」為證，無可移易，且䚡卣為周初

---

* 南京大學文學院

[1] 于省吾：《雙劍誃群經新證‧雙劍誃諸子新證》(上海市：上海書店出版社，1999年)，頁81-82。

器，皆同時之語例也。

馮勝君基本認同于說，但不同意于氏關於「休異」的解釋，認為[2]：

> 于氏認為《尚書》「休畢」為「休異」之形譌，所論信而有徵，十分
> 正確。只是解「休異」為殊異之休，卻不一定恰當。這裏的「休」應
> 依裘錫圭說理解為蔭庇或庇佑。（裘錫圭：《文字學概要》143～144
> 頁，商務印書館，1988年，北京。）「異」應讀為「翼」，與「休」義
> 近連言。《詩・大雅・生民》：「誕寘之寒冰，鳥覆翼之」，《漢書・高
> 帝紀》：「（項）伯亦起舞，常以身翼蔽沛公。」這裏的「翼」也都是
> 遮蔽、保護的意思。

于、馮之說從辭例和文意上看，是很有道理的，但仍有一處疑點。于說認為〈大
誥〉中的「休畢」乃是「休異」之訛，其論斷最根本的依據在於「異」與「畢」
二字形似。但從于說所據是西周金文字例「𢌿（異）」、「𢌿（畢）」來看，二字
形體迴異，看上去于說的依據是有問題的。而隨著新材料的出現，我們發現于說
基本上是可信的，他指出的「異」、「畢」相混的情況的確存在於古文字中，只不
過不是出現在西周文字中，而是出現在戰國文字中。

新出清華簡《繫年》篇簡104-105有這樣一段內容（本文除討論之字外儘量
採用寬式隸定）[3]：

> 景平王即世，昭【104】[王]即位，陳、蔡、胡反楚，與吳人伐楚。
> 秦異公命子蒲、子虎率師救楚，與楚師會伐唐，縣之。……【105】

簡105中被整理者釋作「異」之字寫作：**異**。整理者註釋云[4]：

> 《左傳》定公四年楚昭王奔隨，「申包胥如秦乞師……秦哀公為之賦

---

[2]　馮勝君：《二十世紀古文獻新證研究》(濟南市：齊魯書社，2006年)，頁73。

[3]　李學勤主編：《清華大學藏戰國竹簡（貳）》(上海市：中西書局，2011年)，頁183。

[4]　李學勤主編：《清華大學藏戰國竹簡（貳）》，頁184.

〈無衣〉。九頓首而坐。秦師乃出。」《史記・秦本紀》亦作「哀公」，《索隱》云：「〈始皇本紀〉作『瑝公』。」今本〈始皇本紀〉作「畢公」。簡文作「異公」。《左傳》定公五年：「申包胥以秦師至。秦子蒲、子虎率車五百乘以救楚」，大敗吳軍，「秋七月，子期、子蒲滅唐。」

蘇建洲將這裏出現的「異」、「畢」異文與楚簡文字結合起來考慮，認為[5]：

釋文「秦異公」似應該改為「秦畢公」，《清華一》的「畢」與「異」形體相當接近，如底下西周「畢公」的「畢」作：

耆夜01.19　　　耆夜03.10　　　耆夜06.16　　　祭公09.17

比對《包山》52「異」作異，可以知曉。同時也可以知道〈始皇本紀〉所記的異文「秦畢公」是其來有自，有學者所著《秦史》認為「秦畢公」記載有誤，現在看來應該更正。

和早期文字相比，戰國楚簡文字中「異」字的寫法有多種變化，本文不作展開，只選取相關的兩例來作比較：

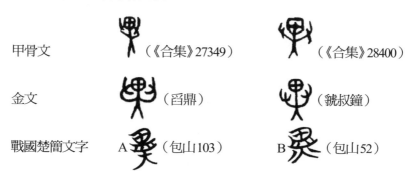

甲骨文　　　　（《合集》27349）　　　　　　（《合集》28400）

金文　　　　　（曶鼎）　　　　　　　　　（虢叔鐘）

戰國楚簡文字　A　（包山103）　　　　B　（包山52）

5　蘇建洲：〈關於『繫年』第四章的「秦異公」〉，復旦大學古文字與出土文獻中心網站，二〇一一年十二月四日，http://www.gwz.fudan.edu.cn/ShowPost.asp?ThreadID=5256

　　甲骨文中的「異」字象人首戴物之形，即」戴」之初文[6]。戰國楚簡文字中，A類「異」字基本延續了早期文字的構形，只是雙手變作作「」形。B類「異」字在A類字下加上兩點作為飾筆。

　　「畢」字，周原甲骨從田（表田獵），象有柄的田網（應該就是「畢」的象形初文）；西周中期的永盂下部的網形加上網目，並漸漸訛變，《說文》「華」就是從這種網形分化出來的[7]。春秋時期的邾公華鐘、呂黛鐘銘文中的「畢」字在田網下加雙手之「廾」旁。

周原甲骨H11:45　　　永盂　　　　　邾公華鐘　　　　邵黛鐘

　　與上舉「異」字相類，清華簡「」（繹）」字所從的「」形」應該也是由雙手之形演變來的，而後又在其下添加飾筆。這種「畢」旁正好與上舉楚簡B類「異」字寫法雷同而相混。

　　蘇建州據楚簡文字中「畢」與「異」形體相類，指出今本《史記》與楚簡簡文中出現的「畢」、「異」異文是有來源的。他的這一分析非常重要，正好為上文于省吾的觀點提供了最為關鍵的證據。據此，可證「于說《尚書·大誥》中的『休畢』乃是『休異』之訛」正確無疑，至於「異」訛變作「畢」的時代，並非于說西周時期，而應是戰國時代。

二

　　清華簡〈皇門〉篇簡2-3有這樣一段話[8]：

　　　我聞昔在二有國之哲王，則不共於卹，廼惟大門宗子邇臣懋揚嘉德，

6　于省吾主編：《甲骨文詁林》(北京市：中華書局，1996年)，頁285。

7　季旭昇：《說文新證》(福州市：福建人民出版社，2010年)，頁317。

8　李學勤主編：《清華大學藏戰國竹簡（壹）》，頁164。

迄有孚，以【2】助厥辟，勤卹王邦王家。……【3】

《逸周書·皇門》篇中相應部分與簡文略有差異[9]：

我聞在昔有國誓王之不綏於恤，乃維其有大門宗子勢臣，內不茂揚肅德，訖亦有孚，以助厥辟，勤王國王家。

其中「則不共於卹」一句，整理者認為：「共」讀為「恐」，「卹」同「恤」，《爾雅·釋詁》：「憂也。」[10]「共」、「恐」的讀音雖然很近，但從戰國楚地竹簡的用字習慣來看，「共」讀為「恐」則不一定正確。戰國楚簡裏基本上都是用「㤑」來表示「恐」，如[11]：

㤑（恐）貽吾子羞，願因吾子而治。（上博3·仲弓26）
朕孳不敏，既得昏聞道，㤑（恐）弗能守。（上博3·彭祖8）
如順言弅惡乎，則㤑（恐）後誅於史者。（上博6·景公瘧7）
武王聞之㤑（恐）懼。（上博7·武王踐阼5）
惟蕩慄㤑（恐）懼。（新蔡·甲三15）

孫飛燕認為整理者將「共」釋為「恐」，與哲王憂念國家的行為不符。「不」當讀為「丕」，語助詞。這一用法古書習見，如《書·多方》「爾尚不忌于凶德」，《詩·大雅·思齊》「肆戎疾不殄，烈假不遐」。「共」讀為「恭」。「不共於卹」即「丕恭於卹」，是恭敬於憂國的意思[12]。

---

9 黃懷信、張懋鎔、田旭東：《逸周書匯校集注》(上海市：上海古籍出版社，2007年)，頁546。

10 李學勤主編：《清華大學藏戰國竹簡（壹）》，頁166。

11 馬承源主編：《上海博物館藏戰國楚竹書（三）》(上海市：上海古籍出版社，2004年)，頁281、308；馬承源主編：《上海博物館藏戰國楚竹書（六）》(上海市：上海古籍出版社，2007年)，頁178；馬承源主編：《上海博物館藏戰國楚竹書（七）》(上海市：上海古籍出版社，2008年)，頁155；河南省文物考古研究所編：《新蔡葛陵楚墓》(鄭州市：大象出版社，2003年)，頁189。

12 孫飛燕：〈清華簡『皇門』管窺〉，《清華大學學報》(哲學社會科學版)，2011年第2期，頁54。

「丕恭於卹」這種說法其實也有些牽強。《尚書・大誥》:「綏予曰:『無毖于恤,不可不成乃寧考圖功。』」孔《傳》:「汝眾國君臣,當安勉我曰:無勞於憂,不可不成汝寧祖聖考文、武所謀之功。」孔穎達《疏》:「毖,勞也。」《廣雅・釋詁》:「祕,勞也。」王念孫云:「祕者,〈大誥〉:『無毖于恤。』《傳》云:『無勞於憂。』祕與毖通。」[13]

我認為清華簡〈皇門〉篇中的「不共於卹」與〈大誥〉「無毖于恤」的意思應該是相類的。「共」,所表示的應該是一個表示「操勞、辛勞」義的詞。從音義關係分析,與「共」讀音相近之字亦有表示「操勞、辛勞」義的例子。春秋齊國銅器叔夷鎛銘文有:「汝娿勞朕行師。」有學者將「娿」釋讀為「鞏」[14]。但釋「鞏」顯然於義不通。也有學者將「娿」釋讀為「勤」[15]。「勤勞朕行師」從文意上看是很有道理的,然而「娿」、「勤」讀音遠隔,不可能相通,故此說亦不可信。鑒於「共」與「娿」的讀音十分接近,我認為叔夷鎛銘文裏的這個「娿」與上文討論的「不共於卹」的「共」所表示的很可能是同一個詞,銘文「娿勞朕行師」即指「操勞於軍旅之事」。

此外,文獻中常見的訓作「勞」的「劬」,在音、義上與我們上文討論的「共」、「娿」關係也很密切。劬,從力、句聲,古音為群母侯部字;共為群母東部字,工為見母東部字。它們之間的聲韻關係都是很近的。文獻中亦有從句聲之字與從共聲之字相通的文例。《左傳》襄公九年:「陳畚挶。」《漢書・五行志》引挶作輂。《史記・夏本紀》:「山行乘檋。」《漢書・溝洫志》作橋[16]。輂、檋,皆從共聲;挶、橋從局聲,而「局」本從句聲[17]。春秋時期的吳國,在傳世文獻中或稱「句吳」(「句」字或作「勾」),而在出土的銅器銘文中「句吳」常常寫作「工𪓁」、「攻敔」、「攻吳」[18],是為「句」、「工」可通之例。據此,我認為「劬勞」

13 〔清〕王念孫:《廣雅疏證》(南京市:江蘇古籍出版社,1984年),頁31。

14 中國社會科學院考古研究所:《殷周金文集成》(北京市:中華書局,2007年),頁324。

15 馬承源主編:《商周青銅器銘文選(二)》(北京市:文物出版社,1990年),頁541。

16 張儒、劉毓慶:《漢字通用聲素研究》(太原市:山西古籍出版社,2002年),頁310。

17 劉釗:《古文字構形學》(福州市:福建人民出版社,2006年),頁213。

18 馬承源主編:《商周青銅器銘文選(二)》,頁363-368。

之「劮」極有可能也是我們上文討論的這個詞的不同表現形式，那麼清華簡〈皇門〉篇中「不共於卹」中的「共」及叔夷鎛銘文中的「婁勞朕行師」或許都可以讀作「劮」。

結合簡文「我聞昔在二有國之哲王，則不共於卹，逎惟大門宗子埶迵臣懋揚嘉德，迄有孚，以惠厥辟，勤卹王邦王家」來分析，我們將「共」釋讀作表示「勞」義的「劮」，這段話前後的內容就連貫了：夏、商二代的哲王，不勞於憂，是由於他們有大門宗子近臣的輔助，這些人輔助他們的君主，勤勞王邦王家之事。

《逸周書・皇門》「我聞在昔有國誓王之不綏於恤」，王引之已指出此句文義不明。他認為：「之」疑當作「亡」，亡與罔同。綏，安也。卹，憂也。始於憂勤者終於佚樂，哲王之憂乃其所以得安也，故曰「在昔有國哲王罔不綏於卹」[19]。現在看來，這段文字文義不通顯然是由於傳抄致誤造成的。

程少軒先生給本文提出了很好的意見，謹誌謝忱。

---

[19]〔清〕王念孫：《讀書雜誌》（南京市：江蘇古籍出版社，1985年），頁14。

漢熹平石經《尚書》異文研究

趙立偉*

　　漢石經，又名熹平石經、一字石經、鴻都石經，熹平四年（175）始立，光和六年（183）刊成。經石立於洛陽城南開陽門外太學講堂前，刻有《周易》、《尚書》、《魯詩》、《儀禮》、《春秋》、《公羊傳》、《論語》七部經書。作為最早的官方定本，石經殘石雖然所剩無幾，但仍能基本反映出石經刊立時各經書寫本的大致面貌。

一　石經《尚書》概況

　　刊立石經，以之為萬世定本，既不能盡刊諸家之本，亦不可專據一家，於是刊石者便用一家之本，其後復列學官所立諸家之異同。石經出土之初，對於《尚書》所據之底本，學界並無定論。後錢玄同以《漢書・藝文志》所載今文《尚書》之卷數及陳壽祺之「今文有序」所列第13證為據，證有序之漢石經《尚書》為歐陽本。這一觀點得到馬衡的支持[1]。上世紀八十年代，在洛陽太學遺址附近收集到一方內容為《校記》的《尚書》殘石，在總數共十三行八十四字的《校記》中，提到「大小夏侯」的內容有九處，其中「大夏侯」五處，「小夏侯」一處，「大小夏侯」三處，這可以明確地證明石經是以大小夏侯經本來校勘的，亦可作為漢石經所刊確為歐陽《尚書》的證據[2]。需要特別指出的是，漢石經以歐陽《尚書》為底本，並非偶然。事實

* 聊城大學文學院
[1] 馬衡：《漢石經集存》（臺北市：藝文印書館，1976年）。
[2] 許景元：〈新出熹平石經《尚書》殘石考略〉，《考古學報》，1981年第2期，頁185-197。

上，東漢王朝的《尚書》學，主要就是今文歐陽氏學，它壟斷了學官，歷代為皇帝經師，而且枝派繁衍，師承不絕。不似大小夏侯二家，雖列學官，然往往師承不可尋，其勢零落，而歐陽一派多漢世顯要[3]。在這種學術背景下，蔡邕等人將歐陽《尚書》刻寫上石也就在情理之中了。

關於熹平石經歷代出土與著錄的情況，我們已另外著文討論，此略而不述。就石經《尚書》而言，目前所能見到的材料分別出土於宋代、民國以及二十世紀後半期，其中的大部分材料已收入《尚書文字合編》一書，另有少量拓本見於《北京圖書館藏曆代拓本彙編》一書（按：上世紀後半期所出殘石的拓本見於《考古學報》所發表的相關發掘報告。）[4]。經石共涉及二十篇今本《尚書》的部分內容及《校記》、《序記》的殘篇斷句，經文部分共一千三百八十九字，其中異文共一百五十六字，占文本總數的百分之十一。本文所說的今本《尚書》是指清阮元校刻《十三經注疏》本《尚書》文字[5]，這一文本最早源於東晉豫章內史梅賾所獻《孔傳古文尚書》，學界稱之為偽古文《尚書》。偽古文《尚書》雖偽，然而唐朝初年制定《五經》的標準讀本採用了它，孔穎達等作《五經正義》採用了它，刊刻《開成石經》採用了它。由於國家的承認，它一直流傳下來，清代的《十三經注疏》也就採用了它。據考證，偽古文《尚書》中的三十三篇源自於伏生所傳《尚書》，也就是說今傳本《尚書》中的三十三篇文字與石經《尚書》有共同的來源，然而這種本子畢竟由作偽者所獻，其與未經改動過的本子究竟存在多大差異，或者說在獻出之前，這一本子是否經過梅賾或者其他人的改動，我們又應該如何評價今本《尚書》的語料價值和史料價值，這些都需要對東晉以前的本子與今本作出系統比較後，才能找到答案。我們在研究的過程中，將今傳本《尚書》（以下簡稱「今本」）與石經《尚書》（以下簡稱「石經本」）逐字

---

[3] 劉起釪：《尚書學史》（北京市：中華書局，1989 年），頁 123。

[4] 顧頡剛、顧廷龍：《尚書文字合編》（上海市：上海古籍出版社，1996 年）。國圖金石組：《北京圖書館藏中國古代石刻拓本彙編》（鄭州市：中州古籍出版社，1989 年）。許景元：〈新出熹平石經《尚書》殘石考略〉，《考古學報》，1981 年第 2 期，頁 185-197。

[5] 〔清〕阮元校刻：《十三經注疏》（北京：中華書局，1980 年）。

對照，窮盡性地收集所有異文，在此基礎上，揭示熹平石經不同於今本《尚書》的區別性特徵，找出石經本《尚書》與今本《尚書》的差異所在，借此觀察《尚書》文本在流傳過程中所發生的變化。

二　石經《尚書》異文分類考察

下述引文斜前線為石經本文字，斜線後為今傳本《尚書》引文，異文以著重號標示。將今傳本與漢石經相互對照，其中的異文可分為以下九類，下面分類討論。

（一）石經與今本之異文分別為借字和本字

1. 天工／惟時亮天功　〈舜典〉

時乃工惟敘／時乃功惟敘　〈皋陶謨〉

按：功從工得聲，故可通假。又漢〈橋公廟碑〉及〈陳太丘碑〉引《尚書》作「時亮天工」，與此同。

2. 有無貨居／懋遷有無，化居　〈皋陶謨〉

按：貨從化得聲，故可通假。《六書索隱》曰：「古文貨亦作化。《尚書》『懋遷有無化居』，化即貨也。」孫星衍《尚書今古文注疏》：「化，即古貨字，古布以化為貨。」[6]

3. 相時散民／相時憸民　〈盤庚〉

按：段玉裁《古文尚書撰異》：「古文《尚書》作『愻』，枚氏古文《尚書》

---

[6] 〔清〕孫星衍：《尚書今古文注疏》（北京市：中華書局，1986年）。下文所引孫氏之說皆出自此書，不再注明。

作『憸』，今文《尚書》作『散』。『㦖』與『憸』義同而音異。……（㦖）當為『刪』省聲，轉寫訛脫耳。『刪』省聲則與『散』字異而音同。」[7]

    4.人維舊，□□救舊／人惟求舊，器非求舊　〈盤庚〉

按：救從得求聲，二字聲近，故可通假。《周禮・地官・大司農》：「正日景以求地中。」鄭玄云：「故書求為救。」

    5.予不克羞爾／予丕克羞爾　〈盤庚〉

      高后不乃崇降罪疾／高后丕乃崇降罪疾〈盤庚〉

      不視功載／丕視功載　〈洛誥〉

      受此不不其／受此丕丕基　〈洛誥〉

按：《說文》「丕」字段玉裁注：「丕與不音同，故古多用不為丕。」

    6.綏績／降我凶德，嘉績于朕邦。〈盤庚〉

按：楊筠如《尚書覈詁》曰：「綏古音同佗，而佗、加古亦通用，《詩・小弁》《傳》：『佗，加也。』字一作『拕』，《廣雅》：『拕，加也。』《莊子・庚桑楚》《釋文》：『拕，音佗。』〈趙策〉：『必加兵于韓矣。』《韓非子・十過》『加』作『移』。足證佗、拕、移、加古音並同，故『綏』可為『嘉』也。」[8]

    7.興降不永／丕乃崇降弗祥　〈盤庚〉

按：馮登府云：「崇、興音義通，《文選・東京賦》：『進明德而崇業。』薛注：『崇猶興也。』……《太玄經》：『風動雷興，從其高崇。』馬融〈長笛賦〉：『曲終闋盡，餘弦更興，繁物累發，密節疊重。』可證『興』與『崇』

---

[7] 〔清〕段玉裁：《古文尚書撰異》，收入《續修四庫全書》（上海市：上海古籍出版社，2002年，影印《經韻樓叢書》本），冊46。下文所引段氏之說皆出自此書，不再注明。

[8] 楊筠如：《尚書覈詁》（西安市：陝西人民出版社，1959年）。下文所引楊氏之說皆出自此書，一般不再注明。

協，則有『崇』聲，故今文作『興』，正以見古音如此耳。」[9]

關於「祥」字作「永」，段玉裁《撰異》云：「永，古音讀如羊，祥亦讀如羊，故永同音假借為祥。」

　　8. 伊鴻水／鯀陻洪水，汩陳其五行　〈洪範〉

按：伊影母脂部；陻影母文部，聲相同，韻對轉，故可通假。

朱駿聲《說文通訓定聲》：「鴻，假借又為洪。」《史記・夏本紀》「鴻水滔天」，司馬貞《索隱》：「鴻，一作洪。」

　　9. 乂用三德／次六曰乂用三德　〈洪範〉

按：艾從乂得聲，故可通假。《漢書・五行志》：「次六曰艾用三德。」顏師古注：「艾，讀曰乂。」《孟子・萬章上》：「自怨自艾。」焦循《正義》：「艾乂字通。」

　　10. 人用□頗辟／人用側頗僻　〈洪範〉

按：古辟、僻聲同，故辟可借作僻。《漢書・王嘉傳》引《尚書》作「用側頗辟」，與石經同。

　　11. 茂和／惟民其勅懋和　〈康誥〉

按：朱駿聲《說文通訓定聲》：「茂，假借又為懋。」〈皋陶謨〉「懋哉」，《漢書・董仲舒傳》作「茂」，與石經同。

　　12. 寇攘奸軌／凡民自得罪，寇攘奸宄，殺越人于貨。〈康誥〉

按：朱駿聲《說文通訓定聲》：「軌，假借為宄。」《文選・陸機・五等論》：「僅及數世，姦軌充斥。」李善注：「軌與宄古字通。」

9　馮登府：《石經考異・漢石經》，《皇清經解》（上海市：上海古籍出版社，2002年），冊7。下文所引馮氏之說皆出自此書，一般不再注明。

13. 以予萬意年／公其以予萬億年敬天之休　〈洛誥〉

按：億從意得聲，故可通假。《漢書・賈誼傳》：「大人不曲，意變齊同。」王念孫《讀書雜志》：「意，讀萬億年之億。《史記》正作億。」

14. 大敦典殷獻民／大惇典殷獻民　〈洛誥〉

按：段玉裁《說文解字注》：「凡言敦厚者，假敦為惇。」《左傳》成公十三年：「勤禮莫如致敬，盡力莫如敦篤。」阮元《校勘記》：「《漢書・五行志》引作『惇篤』。案『惇』通作『敦』。」

15. 鑒我士師工／監我士師工　〈洛誥〉

按：鑒從監得聲，故可通假。《詩・大雅・蕩》「殷鑒不遠」，王先謙《集疏》：「《魯》『鑒』作『監』。」《周禮・考工記》：「謂之鑒燧之齊。」孫詒讓《正義》：「監、鑒字通。」

16. 不則侮厥／否則侮厥父母　〈無逸〉

按：王引之《經傳釋詞》：「漢石經『否』作『不』。不則，猶『於是』也。言既已妄誕，於是輕侮其父母也。」[10]

17. 以民祗懼／治民祗懼　〈無逸〉

按：以，定母之部；治，餘母之部。聲近韻同，故可通假。又如今本〈緇衣〉「大臣不治」，郭店簡〈緇衣〉作「大臣不以」。

18. 高宗之饗國／肆高宗之享國五十有九年　〈無逸〉

按：朱駿聲《說文通訓定聲》：「饗，假借為享。」《禮記・月令》：「以共皇天、上帝、社稷之饗。」《呂氏春秋・季冬紀》、《淮南子・時則》引《尚書》作「社稷之享」，與石經同。

---

[10] 〔清〕王引之：《經傳釋詞》（長沙市：嶽麓書社，1984年）。

19. 徽柔懿共／徽柔懿恭　〈無逸〉

按：恭從共得聲，故可通假。〈皋陶謨〉「願而恭」，《史記·夏本紀》作「願而共」，與此同。

20. 黼衣綴衣／狄設黼扆綴衣　〈顧命〉

按：扆從衣得聲，二字聲同，故可通用。朱駿聲《說文通訓定聲》：「衣，假借又為扆。」

21. 出於不詳／出于不祥　〈君奭〉

按：詳、祥均從羊得聲，故可通假。〈呂刑〉「告爾祥刑」，「祥」字《後漢書》作「詳」。《荀子·修身》「則可謂不詳少者矣」，楊注：「詳當為祥。」

22. 受此不丕其／受此丕丕基　〈立政〉

按：朱駿聲《說文通訓定聲》：「其，假借又為基。」《詩·周頌·昊天有成命》「夙夜其命寡密」，陸德明《釋文》：「其，本亦作基，始也。」

23. 是罔顯哉厥世／不訓于德，是罔顯在厥世　〈立政〉

按：哉，精母之部；在，從母之部，二字聲近韻同，故可通假。

24. 以受人之微言／予旦已受人之徽言　〈立政〉

按：孔《傳》曰：「歎所受賢聖說禹、湯之美言，咸告孺子王矣。」此處異文，徽為本字，微為借字。《墨子·號令》：「為微職。」孫詒讓《閒詁》：「《周禮·司常》鄭注作徽識。」故「微言」即「徽言」。

（二）石經與今本之異文分別為本字和借字

1. 三帛二牲一／五玉，三帛二生　〈舜典〉

按：段玉裁《古文尚書撰異》：「『生』〈封禪書〉作『牲』……汲古閣刻正文改『牲』為『生』，注文則不改。司馬彪〈祭祀志〉『五玉三帛二牲一死贄』，字亦作『牲。』」

    2. 罔水舟行，風淫于家／罔水行舟，朋淫于家　〈皋陶謨〉

按：楊筠如《尚書覈詁》：「『朋』，本古鳳字。卜辭風並作鳳，故朋、風可通。」《後漢書・樂成靖王傳》引《尚書》作「風淫于家」，與石經同。

    3. 永勸憂／汝誕勸憂　〈盤庚〉

按：馮登府《石經考異》：「『誕』從『延』聲，延、永雙聲，義並訓『長』。『永』字正與上『謀長』對言，不為長久之謀，乃為長久之憂，故下云『有今罔後』也。」

    4. 天即付命／天既孚命　〈高宗肜日〉

按：朱駿聲《說文通訓定聲》：「孚，假借又為付。孚、付雙聲。」〈君奭〉：「我不敢知曰厥基永孚於休。」孫星衍《注疏》：「孚、付古通。」又「天既孚命」，《漢書・孔光傳》「天既付命」，與石經同。

    5. 壹戎殷／天乃大命文王，殪戎殷　〈康誥〉

按：殪、壹聲同，故可通用。今本《晏子・內篇・諫上》「鼓毀將殪」，「殪」字銀雀山漢簡《晏子》作「壹」，與石經同。

    6. 乃劮乃諺即延／乃逸乃諺既誕　〈無逸〉

按：延、誕聲同，故可通用。《史記・周本紀》「赧王延」，「延」字《史記索隱》作「誕」，與石經同。

（三）石經與今本之異文為同音通用字

1. 以齊七政，遂／以齊七政，肆類于上帝　〈舜典〉

按：《經傳釋詞》卷八：「肆，遂也……遂、肆聲相近，方俗語有侈弇耳。」
段玉裁《撰異》云：「古文《尚書》皆作『肆』，太史公《史記》作『遂』，
然則漢人釋『肆』為『遂』。」[11]

2. 橫天之下／禹曰：「俞哉・帝光天之下」　〈皋陶謨〉

按：王引之《經義述聞》：「光被之光作橫，又作廣，字異而聲義同。」[12]皮錫
瑞《今文尚書考證》：「蓋光、廣古通用，光、橫古同聲，亦通用。漢人引
用，或作『橫』，或作『廣』，或作『光』，皆歐陽、夏侯三家今文異字，然
字異義同，光被即廣被，亦即橫被，皆是充塞之義。」[13]

3. 鄂，罔水舟行／罔晝夜頟頟，罔水行舟　〈皋陶謨〉

按：鄂、頟聲同，故可通用。皮錫瑞《今文尚書考證》：「今文作『鄂鄂』。」
《潛夫論・斷訟篇》引此句作「晝夜鄂鄂」，與石經同。

4. 勖建大命／懋建大命　　〈盤庚〉

按：段玉裁《說文解字注》：「勖，古讀如茂，與勖、懋音義皆同。」

5. 毋偏毋黨／無偏無党，王道蕩蕩　〈洪範〉

按：毋、無聲同，故可通用。《尚書》「無偏無黨」，《史記・宋世家》引作

---

[11]〔清〕王引之：《經傳釋詞》。.

[12]〔清〕王引之：《經傳釋詞》。

[13]〔清〕皮錫瑞：《今文尚書疏證》（北京：中華書局，1989年），頁138。下文所引皮氏
之說皆出自此書，一般不再注明。

「*毋偏毋黨*」，與石經同。

  6. 天降畏用／天降威用　〈大誥〉

按：段玉裁《古文尚書撰異》：「古畏、威通用。畏之曰畏，可畏亦曰畏。」《尚書・呂刑》：「雖畏勿畏。」蔡沈《集傳》：「畏、威古通用。」

  7. 往傅／往敷求于殷先哲王　〈康誥〉

按：《廣雅疏證》：「傅、敷古同聲而通用。」《史記・夏本紀》：「命諸侯百姓興人徒以傅土。」裴駰《集解》：「《尚書》傅字作敷。」

  8. 則兄曰敬德／則皇自敬德　〈無逸〉

按：朱駿聲《說文通訓定聲》：「皇，假借又為況，實為兄。」〈秦誓〉：「我皇多有之。」劉逢祿《尚書今古文集解》：「皇、況、兄古通。」

  9. 以前人之微言／予旦已受人之徽言　〈立政〉

按：《正字通》：「已與古共一字，隸作以。」〈洛誥〉：「往以公功肅將祗歡。」孫星衍《尚書今古文注疏》：「以，同已，用也。」

  10. 文王惟克厥度心／文王惟克厥宅心　〈立政〉

按：度，定母鐸部；宅，定母鐸部，聲同可通。戴震《方言疏證》：「宅、度古多通。《詩・大雅》『宅是鎬京』，〈坊記〉引作『度是鎬京』。《周禮・縫人》注引《書》『度西』，今《書》作『宅西』。」段玉裁《古文尚書撰異》云：「凡古文《尚書》皆作『宅』，凡今文《尚書》皆作『度』。」鄭玄注《周禮・縫人》引〈堯典〉「宅隅夷」作「度隅夷」，與石經同。

  （四）石經與今本之異文為古字與今字

  1. 般庚作／盤庚作，惟涉河以遷　〈盤庚〉

按：《左傳》莊公十四年：「〈商書・般庚〉。」陸德明《釋文》：「般，本又

作盤。」甲骨文「盤庚」作「般庚」，後「盤」字從皿乃孳乳字。

2. 女不／汝不憂朕心之攸困　〈盤庚〉

按：第二人稱代詞「汝」在早期文獻及出土古文字材料中均作「女」。如
〈無逸〉「小人怨汝詈汝」，《三體石經》作「怨女詈女」，與此同。

3. 於戲，嗣王監于茲／周公曰：嗚呼，嗣王其監于茲　〈無逸〉

按：今本「嗚呼」石經本皆作「於戲」。《匡謬正俗》卷二：「『烏呼』，歎辭
也！……古文《尚書》悉為『於戲』字，今文《尚書》悉為『嗚呼』字，而
《詩》皆云『於乎』字。中古以來，文籍皆為『嗚呼』字。文有古今之別，
義無美惡之別。」

（五）石經與今本之異文為一字之異體

1. 時乃工維序／時乃功惟敘　〈皋陶謨〉

按：皮錫瑞《今文尚書考證》：「今文『敘』作『序』。」〈皋陶謨〉「惇敘九
族」，《漢書・王莽傳》引《尚書》作「惇序九族」，與石經同。

2. 天命不僭／天命不僭　〈大誥〉

按：《龍龕手鏡・人部》：「僭，同僭。」又今本〈大誥〉「不敢替上帝命」，
《三體石經》作「不敢晉上帝命」，「晉」字作「替」，與此處「僭」字作
「僭」形變軌跡正同。

3. 荆／無或荆人殺人　〈康誥〉

按：《說文》：「荆，罰罪也。從井從刀，井亦聲。」桂馥《義證》：「荆，經
典通作刑。」檢古文字資料，「刑」本從「井」，隸變後訛變作「开」。

4. 作大邑于茲雒／今朕作大邑于茲洛 〈多士〉

　　爾厥有幹有年于茲雒／爾厥有幹有年于茲洛 〈多士〉

按：《漢書・地理志》師古注：「魚豢云：『漢火行，忌水，故去洛『水』而加『隹』。」漢〈孔龢碑〉等「洛」字皆作「雒」，與石經同。

5. 乃劮乃諺既延／乃逸乃諺既誕 〈無逸〉

按：王念孫《廣雅疏證》：「劮，經傳通作佚，又作逸。」《字彙・力部》：「劮，即逸字，《尚書・無逸》石經作《無劮》。」

（六）石經與今本之異文詞異而義同

1. 汝悔命何及／汝悔身何及！ 〈盤庚〉

按：馮登府《石經考異》：「上文屢言『命』，下文『矧予制短長之命』，與此『悔命』相應，『悔命何及』即所謂『罔知天之斷命也』，今文義為長。」

2. 安定厥國／今予將試以汝遷，安定厥邦 〈盤庚〉

　　一二國／用肇我區夏，越我一二國以修 〈康誥〉

按：邦、國是一組因避諱而產生的異文，又如〈堯典〉「協和萬邦」，孫星衍《尚書今古文注疏》曰：「史遷邦作國。」《論語・八佾》：「邦君樹塞門。」漢石經作「國」。皆因避高祖劉邦之諱而改邦作國。

3. 試以爾遷／今予將試以汝遷 〈盤庚〉

按：爾、汝同為第二人稱代詞，文獻中常可互相通用。如〈湯誓〉「爾無不信」，《史記・殷本紀》引《尚書》作「汝無不信」；〈金縢〉「用能定爾子孫於下地」，《史記・魯世家》引《尚書》作「定汝子孫於下地」。

4. 各翕中／各設中於乃心 〈盤庚〉

按：王引之《經義述聞》：「《廣雅》曰：『設，合也。』〈禮器〉曰：『合於天時，設於天財。』……翕亦合也，今古文字異而義同。」

　　5. 興降不祥／崇降弗詳　〈盤庚〉

按：弗、不古並通用。〈金縢〉「王有疾弗豫」，《史記・魯世家》引《尚書》作「王有疾不豫」，與石經同。

　　6. 謀及庶民／謀及庶人　〈洪範〉
　　　懷保小人／懷保小民　〈無逸〉

按：古書中民、人互換者不乏其例，如《尚書・堯典》「敬授人時」，《史記・五帝紀》與《漢書・藝文志》等皆作「敬授民時」。又《漢書・谷永傳》引〈無逸〉作「懷保小人」，與石經同。

　　7. 今我／今予其敷心腹腎腸　〈盤庚〉

按：我和予作為第一人稱代詞，上古漢語中常可通用，今本「予」石經作「我」即其例。

　　8. 通殷就大命／用克達殷集大命　〈顧命〉

按：段玉裁《古文尚書撰異》：「此今文《尚書》也。古文『達』今文皆作『通』，〈禹貢〉『達于河』、『達于淮泗』，《史記》皆作『通』，是也。『集』、『就』古通用。《韓詩》『是用不就』，《毛詩》作『不集』，是也，皆雙聲字。」

　　9. 常伯常任辟／王左右常伯、常任、准人、綴衣、虎賁　〈立政〉

按：孔傳曰：「准人平法，謂士官。」孔《疏》：「平法之人，謂獄官也。」因此「准人」即治獄之官，亦即法官。又《爾雅・釋詁》：「辟，法也。」故孫星衍曰：「辟亦法也，辟人謂法官也。」故辟人、准人雖異辭而同義，均指治獄官。

10. 王之鮮光／以觀文王之耿光 〈立政〉

按：《廣雅・釋詁》：「耿，明也。」《周易・說卦》「為蕃鮮」孔《疏》：「鮮，明也。」故耿、鮮同意，均訓為明。《尚書大傳・洛誥》作「以勸文王之鮮光」，與石經同。

（七）石經與今本之異文分別為本源字和訛誤字

1. 大陸既作，鳥夷皮／大陸既作，島夷皮服 〈禹貢〉

按：段玉裁《古文尚書撰異》：「『鳥夷』見《大戴禮記》、〈五帝本紀〉，又按〈夏本紀〉、〈地理志〉皆云『鳥夷皮服』，然則今文《尚書》亦作『鳥』也，今更定經文作『鳥』。」「島夷皮服」石經正作「鳥夷皮服」，恰可證段氏之說。

2. 率寧人有者疆土／率寧人有指疆土 〈大誥〉

按：因古文字者、旨形近，故「者」訛變作「旨」，又誤加手旁作「指」。當依石經作「有者疆土」為長，者、諸通用，「有者疆土」即為「有諸疆土」，意即「守著文王傳下來的廣闊疆土」。

3. 惠于鰥寡／惠鮮鰥寡 〈無逸〉

按：段玉裁《古文尚書撰異》：「『惠鮮』恐是『惠于』之誤，『于』字與『羊』字略相似，又因下字『魚』旁誤增之也。」《漢書・谷永傳》、《後漢書・明帝紀》引《尚書》皆作「惠于鰥寡」，與石經同，恰可證段氏之說。

（八）石經與今文之異文源於文字多寡的不同

1. 女秩宗／汝作秩宗，夙夜惟寅，直哉惟清 〈舜典〉

按：唐本《經典釋文》：「女秩宗，本或作『女作秩宗』。『作』，衍字。」龔向農《考證》：「今本皆有『作』字，而《釋文》以為衍，蓋所見馬、王本皆無作字，與『汝共工』同。」由於石經和唐本《經典釋文》皆無「作」字，故可以推測今傳本「作」字殆為流傳過程中後人所加。

2. 人維舊，□□救舊／人惟求舊，器非求舊　〈盤庚〉

按：今本「人惟求舊」，漢石經作「人惟舊」，無「求」字。《潛夫論・交際篇》引此句作「人惟舊」，亦無「求」字。然《風俗通・窮通篇》引此句作「人惟求舊」。知漢時傳本原有此歧異，相比較而言，當以作「人惟求舊」更合乎修辭和文法的需要。

3. 無淫于觀于逸于游田／則其無淫于觀于逸于游于田　〈無逸〉

按：魏石經作「于游于田」與今本同，可知今本不誤，漢石經與今本之差異殆源於今古文經學家法的不同。

4. 訓德／不訓于德，是罔顯在厥世　〈立政〉

按：此處「訓」與「德」為動詞與賓語的關係，引進賓語的介詞「于」在早期寫本中常常省略，如今本《孫子・虛實》「行千里而不勞者，行于無人之地也」，《銀雀山漢簡本》作「行無人之地也」；〈謀攻〉「故君之所以患於軍者三」，簡本作「患軍者三」。

5. 嗣王監于茲／周公曰：嗚呼！嗣王其監于茲　〈無逸〉

按：此句魏石經作「嗣王其監於茲」，與今本同，可見因「其」字有無而形成的異文，在漢、魏時期已經存在。語氣詞「其」用於謂語前作狀語，配合文義表示勸戒、命令或請求等語氣，可譯為「務請」、「一定要」等。〈無逸〉篇為周公對成王的教誨勸誡之辭，加上語氣詞「其」更有助於表達周公、成王的一片殷殷之情。

（九）石經本與今本之異文源於語序的不同

1. 罔水行舟／罔水舟行 〈臯陶謨〉

按：此段文字敘述堯子丹朱不肖之事，偽孔《傳》曰：「丹朱習於無水陸地行舟，言無度。」今本作「罔水舟行」者，其邏輯主語為「舟」，石經本作「行舟」者，其邏輯主語為人。此句意在說明河中，無水仍要行船，就是強迫人在河中無水的情況下，把船推著走，石經本優於今本。

2. 維天／天惟與我民彝泯亂 〈康誥〉

按：「惟」作語助詞時，既可作句首語助詞，又可作句中語助詞，如〈高宗肜日〉「惟天監下民」、〈洪範〉「惟天下民」、〈酒誥〉「惟天降命」等「惟」皆為句首語氣詞，而〈大誥〉「天惟喪殷」、〈多方〉「天惟降時喪」、〈多方〉「天惟求爾多方」等皆為句中語氣詞。句法位置雖有不同，但並沒有語義內容和語法特徵的差異。所以石經「維天」和「天惟」在表意和用法上並無差別。

三 石經《尚書》異文產生的原因及文獻價值

上文第二部分，我們對石經漢異文作了詳細討論，約略言之，這些異文可以分為以下三種情況：

（一）石經與今本雖為異文，但表示的意義完全相同。在我們所收集到的材料中，這類異文占絕大多數。究其產生的原因，大致有以下幾點：

1. 因古書流傳過程中，對文字的改易而產生的異文。表現在字形上，或

者以今字替代古字；或者是以後世的通用字替換早期文本中不合規範、不常使用、比較偏僻的異體字，以上兩種替換形雖有別、意則實同。表現在字音上，可分為假借和同音通用兩類，上文所討論的假借和通用（多數材料應歸類於此。歸於義者或為同、義詞近義詞的替換；或者是異文）雖為不同的詞，但是它們表示的概念卻完全相同。

2. 學術流派師承家法不同而引起的文字歧異，漢代《尚書》學分為今文、古文兩大派別，其中又各自分為許多小的流派。這些流派淵源有自，都有自己嚴密的師承關係和傳授體系，師法家法亦很嚴格。陳喬樅在《齊詩遺說考·自序》中說：「先大夫嘗言漢儒治經，最重家法，學官所立，經生遞傳，專門命氏，咸自名家，三百餘年，顯于儒林……文字或異，訓義固殊，要皆各守師法，持之弗失，寧固而不肯少變。」[14]陳喬樅的話，把死守師承家法的弊病說得很清楚。在當時各家傳本主要依靠口耳授受，人工抄寫，用字極易走形變樣的情況下，這種「持之弗失，寧固而不肯少變」的態度，杜絕了交流的機會，堵塞了趨同的管道，凝固了彼此的差異，進而助長了異文的繁衍。如今本〈立政〉「文王惟克宅心」石經作「度心」，今本「于游于田」石經作「于游田」等皆是因家法不同而產生的異文，這也是石經《尚書》異文的一個重要特色。

3. 因避諱而產生的異文，如今本「邦」石經本作「國」，今本「人」石經本作「民」等。雖然換了不同的詞，但完全不影響文意的表達。

至如因石經增字減字所產生的異文則多與虛詞有關，而這些虛詞的增減與位置的變換大多並不影響文義的解讀。

---

[14]〔清〕陳喬樅：《齊詩遺說考》（上海市：上海書店出版社，1988年，影印《清經解續編》），頁3。

（二）石經本與今本之異文意義截然不同，然置於上下文中皆可講 通，且兩種解釋皆淵源已久。

這類異文的產生多與當時特有的知識傳授方式有關，先秦兩漢知識傳授主要採用「口耳相傳」的方法，由於漢字中存在豐富的同音字，加之講授者和記錄者又可能使用不同的方言，這樣古書在流傳過程中就會出現音同而字異的現象，並進而由用字的不同演變為經義解釋的歧異，最終導致各家對經義的不同解讀。如今本「殲戎殷」，石經作「壹戎殷」，關於此句的解釋，爭論由來已久，而爭論的根源則在於此句應作「殲」還是作「壹」。《左傳》宣公六年引作「殲戎殷」，杜注《左傳》云：「殲，盡也。〈康誥〉言：武王以兵伐殷，盡滅之。」《禮記·中庸》則作「壹戎衣」。《禮記·中庸》鄭玄注曰：「『壹戎殷』者，壹用兵伐殷也。」後世注釋家或本杜說，或宗鄭說，從而形成了不同的解釋。類似的例子尚不只「殲戎殷」一例，我們已另外著文討論，此不贅述[15]。

（三）今傳本有文字訛誤，石經本明顯優於今本，或可校今本之失。

于省吾在《雙劍誃尚書新證》中謂「經傳文詞之不易解多半由聲之假與形之訛」[16]，將今本與石經相比後，我們發現今本《尚書》文字出現訛誤者亦多與此有關。如〈康誥〉「汝不遠惟商耇成人」，今本〈康誥〉作「汝丕遠惟商耇成人」。偽孔《傳》曰「汝當大遠求商家耇老成人之道」，今之釋家多從此說，釋「丕」為「大」。然而清代的學者對此提出了不同的意見，如孫星衍曰：「丕遠，猶言不遠。」[17]石經〈康誥〉作「不」，恰可印證孫說。我

---

[15] 趙立偉：〈學《尚書》箚記〉，《聊城大學學報》，2010 年第 6 期，頁 76-78。

[16] 于省吾：《雙劍誃〈尚書〉新證》敘例（上海市：上海古籍出版社，1999 年），頁 12。

[17] 〔清〕孫星衍：《尚書今古文注疏》（北京市：中華書局，1986 年），頁 361。

們認為，此處經文當從孫氏之說作「不」，因「不」常假借為「丕」，故較晚的寫本或刻本中常將「不」破讀為本字「丕」，後人受這種用字習慣的影響，把〈康誥〉中本來不應當改讀的「不」破讀為「丕」。另外，今本〈皋陶謨〉「朋淫于家」，石經作「風淫于家」、今本〈高宗肜日〉「天即孚命」，石經作「天即付命」，兩兩相比，石經明顯優於今本，此類異文的產生亦與聲之假有關。而上面第二部分所討論的「鳥夷皮服」、「有諸疆土」等幾處異文則是形近致訛的結果。於此，我們已有專文討論，此不贅述。

通過對漢石經與今本《尚書》的比較後，我們不難發現，今本《尚書》自東漢迄今經歷了近兩千年的流傳，絕大多數異文對文意的理解並沒有產生負面影響，仍具有相當高的文獻價值和史料價值。同時也不能否認，石經《尚書》個別異文的確能起到「一字千金」確的作用，對今本《尚書》的解讀具有重要的參考價值。

馬融本《尚書》用字考

程興麗*

　　正如段玉裁所說，諸經之中《尚書》罹厄最甚，從最早的秦火，到今文家拘於門戶之見反駁古文，到永嘉之亂今文散盡，再到偽古文出而他家《書》說的消亡，各家《書》學，眾說紛紜，其最主要的差異除了篇章，就是文字。馬融本歸根到底應為孔壁本，故也應為隸古定本，多古字，今本雖源於梅賾所獻偽孔《傳》本，其字亦為隸古定，但已經過梅賾的更改，後由衛包全部改為今字。故我們今天看到的孔《傳》本《尚書》也並非梅賾原本，而是歷經數次改動之後的本子。如此紛繁複雜的版本系統，才會使各本呈現出如此多的異文。馬融本與今本差異甚多，最主要表現在用字上面，用字的不同有時僅是抄寫過程中不慎為之的失誤，有些是古代約定俗成的假借現象，有些卻折射著其解經宗旨和大義的獨特性。故為了探究造成用字差異的深層原因，給予經典以正確解讀，在全面梳理馬融《尚書》異文的基礎上，對馬融本《尚書》用字異文從兩大方面闡釋如下：

一　二本用字不同，訓釋相同

　　何為用字不同，卻訓釋相同乎？蓋二本所用為本字與通假字、正字與異體字之別，故無涉大義，訓解相同也。今分別論述之。

---

* 陝西理工學院文學院

（一）通假字之別

許慎云：「假借者，本無其字，依聲托事。」許氏所下的定義為「本無其字」的通假。此外還有「本有其字，依聲托事」的假借，從這個意義上分析，就具有了本字與通假字之別，「本有其字」即本字，「依聲托事」即通假字。至於「本有其字」假借的起源，歷來學界有多種認識。大致在古代學問主要的傳播途徑是口耳相傳。在口授筆錄的過程中，便很容易用一個音同音近字代替本字，故產生了通假字。後通假字不斷發展，已經成為了一種約定俗成，後人需對其進行辨別，才能不致誤讀經典，避免語義上的困頓。

1 今本用本字，馬本用通假字：

（1）今本：囂訟，可乎？（〈堯典〉）

　　馬本：囂庸，可乎？

　　按：《釋文》作「訟」，注云：「馬本作『庸』。」《史記・五帝本紀》：「吁！頑凶，不用。」《史記正義》曰：「凶，訟也。言丹朱心既玩囂，又好爭訟，不可用之。」[1]又，唐寫本《堯典釋文》亦作「訟」，是古文、今文皆作「訟」可知也。《說文》：「訟，爭也，从言公聲。曰謂訟。」又：「庸，用也。从用，从庚。庚，更事也。《易》曰：『先庚三百。』」孔《傳》釋作「言不忠信為囂，又好爭訟」，是今本同《說文》，用「訟」可知。馬本作「庸」，不明解作何。段玉裁《古文尚書撰異》：「馬本作『庸』，蓋假借字。古『訟』通作『頌』，『頌』通作『庸』。《周禮》注『頌或作庸』，《儀禮》注『古文頌為庸』，是也。」可知，馬融亦訓「庸」為「爭訟」，故馬本用通假字，今本用本字。

---

[1] 〔漢〕司馬遷：《史記》(北京市：中華書局，1959 年)，頁20。

（2）今本：導岍及岐。（〈禹貢〉）

　　　馬本：導開及岐。

　　按：孔《疏》：「岍，馬本作『開』。」孔《傳》：「更理說所治山川首尾所在，治山通水，故以山名之。三山皆在雍州。」作「岍」，訓為山名。

　　《史記》作「汧」，「道九山：汧及岐至於荊山」。《史記集解》：「鄭玄曰：『〈地理志〉汧在右扶風也。』」《史記索隱》：「汧，一作『岍』。按：有汧水，故其字或從『山』或從『水』，猶岐山然也。」《史記正義》：「《括地志》云：『汧山在隴州汧源縣西六十里。』」[2]《說文》亦作「汧」，「水出扶風，汧縣西北入渭。从水幵聲」。無「岍」字。此乃作「汧」也。

　　《爾雅・釋山》云：「河西，嶽。」郭璞注：「別名吳山，亦曰開山。」《水經・山水澤地篇》：「開山在扶風汧縣之西。」此乃作「開」者。王念孫《廣雅疏證》：「開與汧同。」可知實即「岍山」，讀同「開山」。此乃作「開」也。

　　蓋或如《史記索隱》所說，從山，從水皆可，故「岍」、「汧」或為異體也。又因「開」與「汧」音同，故後假借「開」以表「汧」、「岍」之義也。故本作「汧」或「岍」，同音而假借作「開」。可知，馬本用通假字，今本用本字。

（3）今本：噫！公命我勿敢言。（〈金縢〉）

　　　馬本：懿！公命我勿敢言。

　　按：孔《疏》：「馬本作『懿』，猶『億』也。」王鳴盛《尚書後案》云：「〈大雅〉有〈抑〉篇，〈楚語〉作『懿』，韋昭云：『懿讀曰抑。』〈小雅・十月之交〉『抑此皇父』，《箋》云：『抑之言噫。』《韓詩》云：『抑，意也。』……然則噫、意、懿、抑皆同也。」[3]王引之《經傳釋詞》亦云：

---

2 〔漢〕司馬遷：《史記》，頁68。

3 〔清〕王鳴盛：《尚書後案》，收入《續修四庫全書》(上海市：上海古籍出版社，2002年)，頁167。

「『意』竝與『抑』同。字又作『噫』，又作『億』，又作『懿』，聲義竝同也。」[4]據《說文》：「噫，飽食息也。从口意聲。」同孔《傳》之解，均為嘆詞也。又《說文》：「懿，專久而美也。从壹，从恣省聲。」則可知，「噫」為本字，「懿」為通假字。段玉裁《古文尚書撰異》：「〈大雅·瞻卬〉曰：『懿厥哲婦，為梟為鴟。』鄭《箋》：『懿，有所痛傷之聲也。』」[5]此處亦為通假字。

2 今本用通假字，馬本用本字：

（1）今本：作會。（〈益稷〉）
馬本：作繪。

按：《釋文》：「會，馬、鄭作『繪』。」[6]孔《傳》：「會，五采也，以五采成此畫焉。」據《說文》：「會，合也。从亼，从曾省。曾，益也。」又：「繪，會五采繡也。〈虞書〉曰：『山龍華蟲作繪。』《論語》曰：『繪事後素。』从糸會聲。」則「繪」有五采繡之義，而「會」無。故馬本用本字，今本用通假字。

（2）今本：嚴恭寅畏天命。（〈無逸〉）
馬本：儼恭寅畏天命。

按：《釋文》：「嚴，馬作『儼』。」[7]又：「〈祭義〉云『嚴威儼恪』。」段玉裁《說文解字注》：「儼，昂頭也。『昂』當是本作『卬』，淺人所改也。卬者，望欲有所庶及也。〈陳風〉：『碩大且儼。』《傳》曰：『儼，矜莊皃。』《曲禮注》同。古借『嚴』為之。」[8]又其《古文尚書撰異》：「嚴、儼，古通

---

[4] 〔清〕王引之：《經傳釋詞》(長沙市：嶽麓書社，1982年)，頁67。

[5] 〔清〕段玉裁：《古文尚書撰異》，收入《續修四庫全書》，頁197。

[6] 〔唐〕陸德明：《經典釋文》(上海市：上海古籍出版社，1984年)，頁152。

[7] 〔唐〕陸德明：《經典釋文》，頁188。

[8] 〔清〕段玉裁：《說文解字注》(上海市：上海古籍出版社，1981年)，頁369。

用。」[9]是古多借「嚴」以表「儼」之義。又《說文》:「嚴,教命急也。从吅厰聲。」「嚴」無「矜莊」、「儼克」之義,故孔《傳》訓作:「言太戊嚴恪恭敬,畏天命。」則「嚴」為通假字,「儼」為本字。

3 今本用通假字,馬本亦用通假字:

(1) 今本:天用勦絕其命。(〈甘誓〉)

馬本:天用巢絕其命。

孔《傳》:勦,截也。截絕,謂滅之。

按:《釋文》:「勦,馬本作『巢』,與《玉篇》、《切韻》同。」[10]

《史記‧夏本紀》、《唐石經》作「勦」。《說文》:「勦,勞也。《春秋傳》曰:『安用勦民。』从力巢聲。」作「勦」則與孔《傳》解作「絕」不合。故段玉裁《古文尚書撰異》:「剿,《唐石經》及各本誤作『勦』,今改正。《說文‧四篇刀部》曰:『剿,絕也。從刀,喿聲。〈夏書〉曰:天用剿絕其命。』《釋文》:剿,子六反。《玉篇》子小反。馬本作『剿』,與《玉篇》、《切韻》同。《釋文》原本當如是。」[11]但今本《釋文》作:「勦,子六反。《玉篇》子小反。馬本作『巢』,與《玉篇》、《切韻》同。」蓋「馬本作『剿』,即『剿』字之異者。衛包謂『剿』為古文而改為『剿』,亦無非是,而竟改為從力之『勦』」。若如段氏之言,則馬本作「巢」當為開寶時陳鄂依衛包改《釋文》而致。且不知《說文》:「鳥在木上曰巢,在穴曰窠。从木,象形。」斷無「絕」之意,謬甚矣。則可知,今傳本「勦」為假借字,馬本「巢」本為「剿」之誤改,應為段氏推論之言,難有確證,故將其亦認作假借字。

---

9 〔清〕段玉裁:《古文尚書撰異》,頁235。

10 〔唐〕陸德明:《經典釋文》,頁160。

11 〔清〕段玉裁:《古文尚書撰異》,頁135。

（2）今本：三吒。（〈顧命〉）

　　馬本：三詫。

　　按：《釋文》：「《說文》作『𧪈』，奠爵也。馬作『詫』，與《說文》音義同。」[12]孔《傳》作「吒」，亦訓為「奠爵」。《說文》實作「𧪈」，云：「奠爵酒也，从宀託聲。〈周書〉曰：『王三宿三祭三𧪈。』」《玉篇》：「吒，與『咤』同。噴也，叱怒也。又與『詫』通。」「詫，誇也。」是「詫」、「吒」二字均無「奠爵」之義。段玉裁《古文尚書撰異》：「許所據蓋壁中古文原本，馬本作『詫』者，字之誤也。孔本作『咤』者，又『詫』之字誤也。其作『宅』者，別本也。」蓋可知馬融、孔《傳》均用通假字，本字為「𧪈」。

（二）異體字之別

　　所謂異體字，是指內涵和外延完全相同的字，只是書寫形式不一樣而已。雖王力云：「兩個（或兩個以上的）字的意義完全相同，在任何情況下都可以互相代替。」[13]但如地名、人名之類，將其單獨拆開來，兩個字意義是完全不同的，但置於特定的專有名詞語境下，二者可以互相代替，也可同時使用，此時意義是完全相同的。這種情況，我們也可將其視為異體字。

（1）今本：瑤、琨、筱簜。（〈禹貢〉）

　　馬本：瑤、瓃、筱簜。

　　按：《釋文》：「琨，馬本作『瓃』。」[14]《說文》：「琨，石之美者。从玉昆聲。〈虞書〉曰：『揚州貢瑤琨。』瓃，琨或从貫。」可見，琨、瓃本同字而異體，二家各用一也。「琨或从貫」，則「瓃」為不常見之俗寫，故可知馬

---

[12]〔唐〕陸德明：《經典釋文》，頁195。

[13] 王力：《古代漢語》(北京市：中華書局，1981年)，頁171。

[14]〔唐〕陸德明：《經典釋文》，頁156。

本用異體字，今本用正字。

（2）今本：將遷其君于蒲姑。（〈將蒲姑〉）

　　馬本：將遷其君于薄姑。

　　按：《釋文》：「蒲，馬本作『薄』。」[15]《說文》：「蒲，水艸也，可以作席。從艸浦聲。」「薄，林薄也。一曰蠶薄，從艸溥聲。」雖二字意義相差甚多，但在地名「蒲姑」這個語境下，二字通用。

　　有作「蒲姑」者，《左傳·昭二十年》晏子云：「昔爽鳩氏始居此地，季萴因之，有逢伯陵因之，蒲姑氏因之。」[16]又孔《傳》：「蒲姑，齊地，近中國，教化之。」孔《疏》：「昭二十年《左傳》晏子云：古人居此地者，有蒲姑氏。杜預云：『樂安博昌縣北有蒲姑城。』」[17]

　　有作「薄姑」者，《史記·周本紀》：「召公為保，周公為師，東伐淮夷，殘奄，遷其君薄姑。」《史記正義》引《括地志》曰：「薄姑故城在青州博昌縣東北六十里。薄姑氏，殷諸侯，封于此，周滅之也。」[18]

　　蓋可知，「蒲姑」、「薄姑」作為地名講，為異體字。孰正孰異，已難以考之。

（3）今本：肅慎來賀。（〈賄肅慎之命〉）

　　馬本：息慎來賀。

　　按：《釋文》：「馬本作『息慎』，云：『北夷也。』」[19]《說文》：「肅，持事振敬也。從聿在𣍟上，戰戰兢兢也。」「息，喘也。從心，從自，自亦聲。」二字意義相差甚大，但作「息慎」一詞講，二字通用。

　　今本作「肅慎」，孔《疏》：「成王既伐而服之，東北遠夷其國有名肅

---

[15]〔唐〕陸德明：《經典釋文》，頁190。

[16] 楊伯峻：《春秋左傳注》(北京市：中華書局，1981年)，頁1421。

[17]〔唐〕孔穎達：《尚書正義》(北京市：中華書局，1980年，《十三經注疏》本)，頁227。

[18]〔漢〕司馬遷：《史記》，頁133。

[19]〔唐〕陸德明：《經典釋文》，頁192。

慎氏者，以王戰勝，遠來朝賀。」是孔解「肅慎」為東北之遠夷也。馬本作「息慎」，訓為「北夷也」。故二者解應同。《史記》亦作「息慎」，〈周本紀〉：「成王既伐東夷，息慎來賀，王賜榮伯，作〈賄息慎之命〉。」[20]

上述所論均為二本用字不同，訓釋相同之例。究其原因，蓋為《尚書》版本系統的複雜性，導致如今通假字、異體字繁夥的局面。版本不同，最主要的體現就是用字的不同，諸如今文、古文之別，即使古文家內部也時有差異，這與其所用為隸古定本有一定的關係。用隸書摹寫古字，本身就有一定的不確定性，故古文家內部用字也時有差別。其次，古代學術最主要的傳播途徑就是口耳相傳，然後傳抄轉寫，故在抄寫過程中就難免有異文的產生，用形近、義近之字代替本字，或有意，或無意，這也就致使古文多通假字、異體字。這種情況在古代比比皆是，這是特定時代背景造就的，有時甚至是一種約定俗成的現象，這種用字的不同不會導致經解的相異，因為它們只有一個本字，只表一種意思。

二　二者用字不同，訓亦不同

與上述用字不同，訓釋相同的情況有別，這部分是馬融用字與今本不同，且經解亦不同。故其所用之字與今本並非通假、異體之關係，而是各用其字，各得其解。是二者用字不同，各以義訓耳。略舉七例以論之：

（1）今本：黎民阻飢。（〈舜典〉）
　　馬本：黎民徂飢。
　　按：唐寫本《舜典釋文》：「馬本作『徂』，云『始』也。」又《毛詩釋文》作「祖飢」，訓作「始也」。不論馬本到底作「徂」或「祖」，但都訓作「始」可知，即「黎民始飢」。《史記》也作「黎民始飢」，是今文、古文都有此解。《史記索隱》：「古文作『阻飢』。孔氏以為『阻，難也』。

---

[20]〔漢〕司馬遷：《史記》，頁133。

祖、阻聲相近，未知誰得。」[21]段玉裁《古文尚書撰異》以為壁中古文「阻」作「俎」，故鄭玄注：「俎，讀曰『阻』。阻，厄也。」[22]可知，段玉裁亦認為「阻」應訓為「阻厄」。

馬融作「俎」，訓為：「百姓始飢，你后稷，播種百穀。」而孔《傳》作「阻」，訓為：「阻，難。……眾人之難在於飢。汝后稷，布種是百穀以濟之。」雖均可通，但此時黎民應是久飢，非為始飢，故孔《傳》為得。蓋馬融、孔《傳》各以義訓耳。

（2）今本：奏庶艱食鮮食。（〈益稷〉）

馬本：奏庶根食鮮食。

按：《釋文》：「艱，馬本作『根』，云：『根生之食，謂百穀。』」[23]孔《傳》作「艱」，釋作：「艱，難也。眾難得食處，則與稷教民播種之。」《史記》作「后稷予眾庶難得之食」[24]，可知今文亦作「艱」。馬氏之所以解作「根生之食」，蓋應與「鮮食」對言也。《說文》：「鮮，魚名，出貉國。」又，孔《傳》「鳥獸新殺曰鮮」、「決川有魚鱉」。可知，所謂「鮮」均指鳥獸魚鱉等動物而言，故馬融作「根食」，即以農作物與其相對而言也。故二者各以義訓耳。

（3）今本：滎波既豬。（〈禹貢〉）

馬本：滎播既豬。

按：孔《疏》：「馬本又『播』，滎播，澤名。」《史記》作「滎播既都」，《史記索隱》：「古文《尚書》作『滎波』，此及今文並云『滎播』。播是水播溢之義。滎是澤名，故《左傳・閔公二年》云『狄及衛戰於滎澤』。

---

[21]〔漢〕司馬遷：《史記》，頁40。

[22]〔清〕段玉裁：《古文尚書撰異》，頁49。

[23]〔唐〕陸德明：《經典釋文》，頁151。

[24]〔漢〕司馬遷：《史記》，頁51。

鄭玄云：『今塞為平地，滎陽人猶謂其處為滎播。』」[25]《史記索隱》雖云今、古文所用字不同，但解全同孔《傳》「滎澤波水已成遏豬」，訓「滎」為澤名，「波」、「播」為水湧流、播溢之貌也。

但馬融作「滎播」卻不同於孔《傳》「滎澤之水」，直解「滎播」作澤名。《尚書校釋譯論》考證甚詳：「潘、播與波同音通用，稱此種澤為潘為播為波，皆可。古滎澤，居民習稱為滎播或滎波、滎潘，雖其地乾涸，滎陽人仍舊稱不改。可知滎播或滎波、滎潘為相承已久之湖澤名。故址在今河南滎陽縣境。」[26]可知，顧頡剛、劉起釪二師認為，不管作「滎波」、「滎播」還是「滎潘」，均為澤名。蔡沈《書集傳》一反諸家之說，直接認為滎、波為二水名，並以「滎波」為一水者為誤。

今本作「波」，釋作「波水」，馬本作「播」，滎播，澤名。蓋各以義訓耳。

（4）今本：自靖。（〈微子〉）

馬本：自清。

按：《釋文》：「馬本作『清』，謂『絜』也。」[27]清，《說文》：「朖也，澂水之。从水青聲。」又：「澂，清也。从水，徵省聲。」又，「朖」當為「朗」也，《說文》「朗」之小篆即月在左，良在右，且言曰：「明也，从月良聲。」則「清」有清澈、潔淨、清明之義。《尚書校釋譯論》：「〈堯典〉『直哉惟清』，《史記》作『直哉維靜潔』，亦以靜潔釋『清』。『自清』即潔身自愛自重之意。」[28]

孔《傳》作「靖」，釋為「各自謀行其志」，則訓「靖」為「謀」。《說文》：「靖，立竫也。从立青聲。一曰細皃。」又：「竫，亭安也。从立爭聲。」蔡沈《書集傳》依《說文》解作「安」，「各安其義之所當盡」。諸家

---

[25]〔漢〕司馬遷：《史記》，頁63。

[26] 顧頡剛・劉起釪：《尚書校釋譯論》(北京市：中華書局，2005年)，頁676。

[27]〔唐〕陸德明：《經典釋文》，頁172。

[28] 顧頡剛・劉起釪：《尚書校釋譯論》，頁1083。

解釋不盡相同，蓋各以義訓耳。

（5）今本：文王卑服。（〈無逸〉）

馬本：文王俾服。

按：《釋文》：「卑，馬本作『俾』，『使』也。」[29]孫詒讓《尚書駢枝》：「案『卑』當從馬本作『俾』，其訓為『使』則是而未盡也。此當訓為『從』。《爾雅・釋詁》云：『俾、使，從也。』是『俾』、『使』皆有『從』義。『服』當訓為奉行，猶〈康誥〉云『明乃服命』，〈召誥〉云『越厥後王復民，茲服厥命』。此承上『大王王季克自抑畏』之文，謂文王從先王之德而奉行之，即就康功田功也。」[30]馬解或同孫氏。《說文》：「俾，益也。从人卑聲。一曰俾門侍人。」段玉裁《說文解字注》：「經傳之『俾』皆訓使也，無異解。蓋即『益』義之引伸。〈釋詁〉：『俾，從也。』〈釋言〉：『俾，職也。』，亦皆引伸之義。……古或假『卑』為『俾』。」[31]

如若孔《傳》訓為「使」，則其用假借字。但其訓為「文王節儉，卑其衣服」，又《說文》：「卑，賤也。執事也。从ナ甲。」可知其用「卑」之本義，非「俾」之假借字。

馬融、今本用字不同，蓋各以義訓耳。

（6）今本：在後之侗。（〈顧命〉）

馬本：在後之詞。

按：《釋文》：「馬本作『詞』，云『共』也。」[32]《說文》：「詞，共也。一曰譀也。从言同聲。〈周書〉曰：『在夏后之詞。』」是馬融同《說文》，均作「詞」，訓「共」也。

今本作「侗」，《廣韻》：「未成器之人曰侗。童、侗、同、詞，古一

29 〔唐〕陸德明：《經典釋文》，頁188。

30 〔清〕孫詒讓：《尚書駢枝》，收入《續修四庫全書》，頁40。

31 〔清〕段玉裁：《說文解字注》，頁376。

32 〔唐〕陸德明：《經典釋文》，頁193。

字。」孔《傳》:「在文武後之侗稚,成王自斥。」所謂「侗稚」,則用「童」之本義也。成王在上文剛說到承文王、武王重光盛業,因而才自謙說「在我這一個未成器的後嗣者」。是今本訓為「侗稚」。

孫星衍《尚書今古文注疏》云:「『詷之言詞』,是『詞』即『詷』,與《說文》訓『共』義通也。今本作『侗』,假借字。」[33]孫氏之義蓋為「侗」假借「童」之義耳。馬融、今本用字異,各以義訓耳。

(7) 今本:惟來。(〈呂刑〉)

馬本:惟求。

按:《釋文》:「來,馬本作『求』,云:『有所求,請賕也。』」[34]段玉裁《古文尚書撰異》:「『官』者,畏其高明也;『反』者,不畏而矯枉過正也。此二者疵之最甚者也。『內』者,女謁行也,『貨』者,苞苴行也,『來』者,謂雖非女謁苞苴,而請託於其間也。『來』、『求』字異訓同。」[35]其同馬融,訓作「請求」。而孔《傳》作「或舊相往來」,訓作「往來」。孔《傳》之義,後世多有遵者,如蘇軾《東坡書傳》:「『來』,親友往來者為言也。」[36]林之奇《尚書全解》:「『惟來』,舊相往來也。」[37]各家依其本,各以義訓耳。

這部分不同的字之間沒有任何關係,也不表示一種意思,而是各用其字,各訓其義。這種情況的產生,很難說是由於無意的誤寫,倒更像是源於各家解經不同而催生的結果。上文已說,隸寫古字具有一定的不確定性,故各家會根據對經文不同的見解而對用字略作修正,這也是不同版本之間重要

---

[33] 〔清〕孫星衍:《尚書今古文注疏》,收入《續修四庫全書》,頁698。

[34] 〔唐〕陸德明:《經典釋文》,頁198。

[35] 〔清〕段玉裁:《古文尚書撰異》,頁274。

[36] 〔宋〕蘇軾:《東坡書傳》,收入《叢書集成初編》(北京市:中華書局,1985年),第3576冊,頁602。

[37] 〔宋〕林之奇:《尚書全解》,收入《四庫全書》(上海市:上海古籍出版社,1989年),頁811。

的表現之一。

綜由上述，《尚書》版本極其複雜，各個版本的不同最主要體現在用字相異方面，用字的相異有些是通假字、異體字之別，這種異文不會導致各家經典訓釋的不同。另有一些用字不屬於通假字、異體字的範疇，而是各用其字，各表其義，故而造成各家經文解讀的差異性。這兩個方面既是不同版本的主要體現，也是造就不同版本的原因所在，馬融本《尚書》用字異文即是如此。

《尚書》「典」體新考

朱巖*

　　今文《尚書》以「典」為名的篇目僅〈堯典〉一篇，古文《尚書》中除〈堯典〉外，加有〈舜典〉一篇。言及《尚書》「六體」，學者們首先討論的往往是「典」，大多指出其「常法」的性質，卻很少顧及它與其他五種文體的關係。我們認為，在上古實際運用中，「典」是一種多體共存的集合，它既包括史官專門製作的反映帝王之事的「典」，也包括一些原本是討論、訓誡的言辭，這些言辭因君王的重視而被「尊閣之」，身份便轉化為「典」。所以，「典」與其他五體並不處於同一個層次之上，具體考釋如下。

一　〈堯典〉與《周禮》「六典」

　　「典」體，見於《尚書》首篇〈堯典〉。〈堯典〉描寫堯、舜之事，成篇卻是西周[1]。關於夏、商的典冊情形，我們僅有的材料只是〈周書·多士〉裏「惟殷先人，有冊有典」這簡短的八個字，其餘情況因資料原因無法得知。所以只有通過「殷承夏制」、「周承殷制」的周代之典窺其一二。

　　始設於商代末年的專門史官機構太史寮，在周代已經發展成熟。長官為太史，太史之下還有不同等級和職責的其他官員：小史、內史、外史、御史，他們分別擔任太史的副手，擬制簡冊文書，掌管人事檔案、典籍等工作。

---

* 江蘇鹽城師範學院文學院
[1]　顧頡剛、劉起釪：《尚書校釋譯論》（北京市：中華書局，2005 年），頁358-386。

「太史」，亦作「大史」，為史官之長，是周王朝中職位顯赫的重要職官。《周禮・春官・大史》中對大史的職責有如下規定：

> 大史掌建邦之六典，以逆邦國之治。掌法以逆官府之治。掌則以逆都鄙之治。凡邦國都鄙及萬民之有約劑者藏焉，以貳六官。六官之所登，若約劑亂則辟法，不信者刑之。
>
> 正歲年以序事頒之於官府及都鄙。頒告朔于邦國，閏月，詔王居門，終月。
>
> 大祭祀，與執事卜日。戒及宿之日與群執事讀禮書而協事。祭之日執書，以次位常，辨事者考焉。不信者誅之。
>
> 大會同朝覲，以書協禮事。及將幣之日，執書以詔王。
>
> 大史抱天時，與大師同車。大遷國，抱法以前。
>
> 大喪，執法以蒞勸防。遣之日，讀誄。凡喪事考焉。小喪賜謚。凡射事，飾中，舍算，執其禮事。[2]

以上文字，可以歸納出大史的主要職責：(1)保管六典、盟約、券；(2)制定並頒佈日曆、行事曆，校正曆法；(3)督察、協助祭祀活動；(4)協助賓禮活動，詔告活動進程；(5)戰爭時攜帶測定天時的法式；(6)遷都負責攜帶營造法式；(7)負責喪事讀誄，賜謚號；(8)協助射禮活動。這八項活動至少有七項與文籍有關，合併起來有三個方面的寫作職責：制定建國六典、制定曆法、作誄與謚號。而六典的具體寫作，則由天官冢宰負責，大宰是主要的執筆人。《周禮・天官・大宰》：

> 大宰之職，掌建邦之六典，以佐王治邦國：一曰治典，以經邦國，以治官府，以紀萬民。二曰教典，以安邦國，以教官府，以擾萬民。三曰禮典，以和邦國，以統百官，以諧萬民。四曰政典，以平邦國，以正百官，以均萬民。五曰刑典，以詰邦國，以刑百官，以糾萬民。六

---

2 〔漢〕鄭玄注・〔唐〕賈公彥疏、黃侃經文句讀：《周禮注疏》（上海市：上海古籍出版社，1990年），頁400-402。

曰事典，以富邦國，以任百官，以生萬民。[3]

從上述職文可以看出，周典有六種：治、教、禮、政、刑、事。它們功能各異，分屬各體。比對這六種「典」體的功能說明，以及後世仿《周禮》所作的《唐六典》等典籍，我們發現，這是一種與〈堯典〉體制完全不同的「典」。前者是說明性文本，後者為敘事性文本，《周禮》之「典」與《尚書》之「典」從文體上來說是迥異的。

夏、商之典是否是敘事性的文本，不得而知。但通過典籍引用情況，可以證實〈堯典〉篇肯定不是《周禮》所描述的周代「典」體。〈堯典〉在先秦典籍中被稱引十四次[4]，分別涉及《國語》、《左傳》、《孟子》、《荀子》、《禮記》、《逸周書》諸書。分析各條引文，可以發現，真正用〈堯典〉之名引用的僅《孟子·萬章上》：「〈堯典〉曰：『二十有八載，放勳乃殂落。』」和《禮記·大學》：「〈帝典〉曰：『克明俊德。』」其餘皆未用「典」名，這說明〈堯典〉之名確立得很遲，這個「典」字並不表示〈堯典〉是《周禮》「六典」之一。

如果說〈堯典〉與「六典」有什麼聯繫的話，只能說它們在內容上存在著某些相似之處。仔細閱讀〈堯典〉，就會發現〈堯典〉的內容幾乎涵蓋了上述「六典」的所有方面，〈堯典〉可以說是《周禮》「六典」的具體說明文字。

〈堯典〉全文分五個相對獨立的部分，第一部分頌揚堯的品德和功績「帝堯曰放勳，欽明文思安安。允恭克讓，光被四表，格於上下。克明俊德，以親九族。九族既睦，平章百姓。百姓昭明，協和萬邦，黎民於變時雍」；第二部分言堯任命羲和制定曆法節令；第三部分言堯選拔官吏治理四時、整治洪水；第四部分言堯提拔虞舜代替自己；第五部分敘述舜在攝政期間的事功：巡守天下、區劃疆域、制定刑罰、流放四凶、任用百官，三載考績、安置三苗，最終「陟方乃死」，憂勤乃歿。〈堯典〉的內容涉及治國安

---

[3] 〔漢〕鄭玄注、〔唐〕賈公彥疏、黃侃經文句讀：《周禮注疏》，頁25。

[4] 顧頡剛、劉起釪：《尚書學史》（北京市：中華書局，1989年），頁14-15。

民的方方面面，全部文本簡直可以說是周「六典」的具體詮釋，描繪的是「六典」功能的理想達成狀態。〈堯典〉的這一特點可以作為確定〈堯典〉篇是後人追述而成的旁證，亦可以之說明〈堯典〉褒頌先王以達勸勉百官的史鑒傾向，但不能成為〈堯典〉與周「六典」是同一種文體的依據。

二　典：涵蓋不同文體的「常典」

《尚書》中除〈堯典〉外再無參證，是難以判斷「典」之性質的重要原因。為此，我們選擇《逸周書》中的「典」進行比對。《逸周書》中，關於「典」的資料相對豐富許多，不但有〈程典〉、〈寶典〉、〈本典〉等以「典」為名的篇章，而且還在〈文政〉、〈成開〉等篇中分別提到了「九典」及「五典」等說法，為我們確定「典」體的性質提供了最直接的文獻證據。

下面是〈程典〉、〈寶典〉、〈本典〉三篇的整體結構，談話內容文繁不錄。

〈程典〉：

> 維三月，既生魄，文王令六州之侯，奉勤于商。商王用宗讒，震怒無疆，諸侯不娛，逆諸文王。文王弗忍，乃作〈程典〉，以命三忠。
> 曰：「……」（《逸周書・程典》）[5]

該篇講文王向紂王進貢，紂王聽信讒言，竟十分憤怒，諸侯欲歸附文王，文王不忍，撰寫〈程典〉講述慎德、慎教、慎地、慎用的政治原則。

〈寶典〉：

> 維王三祀二月丙辰朔，王在鄗，召周公旦曰：「嗚呼，敬哉！朕聞曰：……」
> 周公拜手稽首興曰：「……」
> 王拜曰：「……允維典程，既得其祿，又增其名，上下鹹勸，孰不競

5　黃懷信：《逸周書校補注譯》（西安：西北大學出版社，1996年），頁81-87。

> 仁。維子孫之謀，實以為常。」（《逸周書‧寶典》）[6]

此篇是武王與周公的一段對話記錄，討論如何以「四位」、「九德」論人之美德，以「十奸」論人之惡德，以「十散」論人之行動原則，以「三信」論人之言語原則。

〈本典〉：

> 維四月既生魄，王在東宮，告周公曰：「嗚呼，朕聞……」
>
> 周公再拜稽首曰：「……」
>
> 王拜曰：「允哉，幼愚，敬守以為本典。」（《逸周書‧本典》）[7]

此篇記周公為成王備陳治國大法，成王很受啟發，聽後行禮道：「講得好啊，我這愚昧的幼兒將恭敬地守著它，把它作為所依法典。」

從以上三「典」可以看出，這些文本起初是為不同目的而作，但這些談話由於特別重要，被奉之為「常典」，《逸周書‧謚法》云：「典，常也。」[8]也就是說，這些原本一般性的談話內容後來變成了常法，用於指導普遍的社會生活和政治行為。此種變化〈本典〉篇表現得尤為清楚：成王聽完周公的話後覺得很重要，決定「敬守以為本典」。

《說文‧丌部》：「典，五帝之書也，從冊在丌上。尊閣之也。」〈程典〉所云之典，本是文王「弗忍」之後對三忠（吏）的警告之辭，從功能來說，是一種誥辭，但因為這個誥辭重要，所以轉化為典。〈寶典〉本是武王與周公的討論之辭，從功能來說，與「謨」相類，因為重要，這個「謨」也成為了典。〈本典〉是周公對成王的告誡之辭，如「訓」一般，這個「訓」也轉化為典。

這些情況表明，「典」是一個開放的系統，不停的有新的血液補充進來。那些於政有補、於治有益的訓命誥誓，皆可「尊閣之」成為「典」。

6　黃懷信：《逸周書校補注譯》，頁146-154。

7　黃懷信：《逸周書校補注譯》，頁322-326。

8　黃懷信：《逸周書校補注譯》，頁307。

因此，「典」與其他五體便不在同一層次之上，它是涵蓋多種文體的集合。「道其常而作彝憲者」說出了「典」的本質，具有這一功能的「訓」、「誥」等體皆可成為「典」。

《國語・楚語上》：

> 在輿有旅賁之規，位寧有官師之典，倚几有誦訓之諫，居寢有褻御之箴，臨事有瞽史之導，宴居有師工之誦。[9]

《國語》的這一段表述說明，「典」與「規」、「諫」、「箴」、「導」、「誦」相並列，這些都是範圍比較寬泛的起輔助王政作用的文類。「典」是「位寧」時用的，「寧」，《爾雅・釋宮》：「門屏之間謂之寧。」《禮記・曲禮》：「天子當寧而立。」注：「門內屏外，人君視朝所寧立處。」「典」即為天子處理朝政時所依據的常法。

由此可以看出，上古實際存在的「典」原本是各有所用的言辭記錄，其中重要的記錄便奉之為「典」，供君王遵守。訓、誥、誓、命、謨，包括其他實用文體，皆可進入「典」。「典」是一種集合，與其他五體不是並列關係，而是一種交叉關係。〈堯典〉是一篇根據夏、商史官資料及《周禮》「六典」的說明文字糅合而成的作品，其目的在於宣揚堯、舜之嘉言雋行，以期垂範百代，因此名曰〈堯典〉，屬於「尊閣之」的典冊之一。典在最初可能僅僅指專錄帝王之事的簡冊，但以後性質發生了變化，成為一個開放的文類。由於今文《尚書》僅存〈堯典〉一篇，如果僅從《尚書》書裏去確定「典」的性質，便只能得出「典」是記錄君王事蹟的這一結論。然而與事實情況相比，這一結論所指範圍明顯狹窄。

---

9 〔春秋〕左丘明：《國語》（上海市：上海古籍出版社，1982 年），頁 209。

論《尚書》、《逸周書》對話

陳春保*

　　每一個時代都有其典型、集中而且普遍的話語方式，任何一種話語方式、文體形態都蘊含著時代精神，文獻對此做出的不同選擇意味著差別化的精神傾向。對話是為兩周文獻廣為採用的話語方式，對話體形態蘊含著時代精神，對其進行研究有助於從微觀層面瞭解兩周時代文化事象內涵。作為早期史官文獻的重要代表，《尚書》和《逸周書》在政治、哲學、思想、文化和文學等方面都具有深遠的歷史意義和可觀的現實影響，學者們從不同的角度探討其原因及表現，得出了許多令人信服的結論。需要再加探討的是對話在這兩部文獻中的價值，兩者採用對話作為重要話語方式、文體形態不是偶然的。《尚書》是現在所能見到最早、最為集中的文獻形態的「顯性」對話載錄文獻，《逸周書》是與《尚書》同類性質的文獻，在整編成書上也有相仿之處。兩書的話語方式、文體形態既有所記錄時代的印跡，又受到成書時代的影響。通過對其對話載錄的話輪排比及整編成書情況的考察，我們同樣可以獲得一些有價值的結論。

一　《尚書》、《逸周書》「顯性」對話研究現狀

　　本文所論對話是「顯性」對話，即暫時撇開「對話」的比喻詞義層面，而著重考察其「對話」的形式呈現，即一般所說的對話體。董小英先生說：「對話最初與敘述者的陳述一同進入文本的時候，它在史詩中僅是敘事的一

---

* 南通大學文學院

部分，是單方敘述，即獨白。史詩的主人公的心理、行為都由敘述者敘述出來，主人公的話似乎是敘述者為了證明主人公還是個活人，時而引用一下。主人公的對話是敘述者的有聲有色的敘述、摹仿主人公口氣的敘述。因為，對話應該是雙向敘事，或者往來問答，但……對方的問或答是由敘述者以間接敘述轉述的。所以，這種對話是不完全的對話，作者不是把對話情節、對話的每一句對話全部記錄下來，而是對對話的陳述。」[1]《尚書》、《逸周書》中的對話多為完全對話，而非對對話的陳述，考察其形態與價值是題中應有之義，自然也應遵守一定的規則。

《文心雕龍·宗經》曰：「《書》實記言，而訓詁茫昧，通乎《爾雅》，則文意曉然。」記言之體眾多，《尚書》、《逸周書》多為記言。歷來有《尚書》眾體之說，但對其中對話形式的記言與記事的關注卻是近年來的現象。清人章學誠《文史通義·匡謬》談論假設問答，並未涉及《尚書》對話問題。雖然由於古代經學的興盛，對《尚書》研究一直得到相應的重視，但從文學角度進行的專題研究只是晚近以來的事；《逸周書》則久已未得應有重視。文體問題是《尚書》、《逸周書》文學研究的重點之一。探討對話問題與兩《書》文體緊密相關，一般兩《書》文體研究論著都會涉及對話問題。就筆者所見，在大陸地區有葉修成先生博士論文〈《尚書》文體研究〉（北京師範大學，二〇〇八年）、朱巖先生博士論文〈《尚書》文體研究〉（揚州大學，二〇〇八年。作者以博士論文為基礎所撰《尚書語體研究》（已由江蘇人民出版社二〇一〇年出版。）、王媛先生博士論文〈《今文尚書》文本結構研究〉（首都師範大學，二〇〇八年）、侯文華先生博士論文〈先秦諸子散文文體研究〉等等。其中有研究專門談到對話，如朱巖先生〈《尚書》文體研究〉從敘事角度進行文本分析，認為《尚書》的對話描寫有兩個特點，即話輪明確、圍繞中心和使用語氣詞產生臨場感，作者給出的例證是〈堯典〉；此外，作者指出《尚書》多有「王曰」、「王若曰」的單向獨白而對話

---

[1] 董小英：《再登巴比倫塔——巴赫金與對話理論》（北京市：生活·讀書·新知三聯書店，1994年），頁3。

性不強的事實，而對話所運用的話輪轉換標誌的存在，則使寫作表現出較強的敘事色彩。作者給出的例證是〈皋陶謨〉，該篇第一部分所載禹與皋陶圍繞知人安民的中心話題，從道德修養倫常、等級尊卑、服飾、刑法多方面探討治理策略，從而形成多個相對獨立的話輪，其中便有話輪轉換標誌，即：「禹曰：『俞，如何』」；「皋陶曰：『都！在知人，在安民』」；「禹曰：『何？』」，在論述中運用了現代語篇分析理論，不乏細緻與新見。再如王媛博士論文〈《今文尚書》文本結構研究〉，第三節總結《尚書》中記言部分的結構類型，首先從講話人數的角度，將言論劃分為獨白式與對話式；再從對白式言論中論述形式的差異，劃分為化解式與建設式；從對話關係的角度，將對話式記言劃分為問對式與普通式。羅家湘研究《逸周書》中的問對體文章，認為其問對體結構包括「問、答、謝」三個部分，並且，「這種標準的三段式對問體文章中主客雙方地位平近，平等對話，全文以答語為主體部分」[2]。其他如胡宏哲先生博士論文〈《尚書》與《逸周書》比較研究〉（北京語言大學，二〇〇八年）、鄧田田先生碩士論文〈論《尚書》中周公之誥的三大語體特徵〉（北京師範大學，二〇〇九年）、盧一飛先生碩士論文〈《今文尚書》文學性研究〉（揚州大學，二〇〇五年）、陳良中先生碩士論文〈《今文尚書》文學藝術研究〉（安徽大學，二〇〇四年）等，對此問題都多少有所涉及。不過上述論著往往對文獻的具體性質未加仔細區分，也不考慮不同階段文獻整編過程對對話的影響。《尚書》、《逸周書》中的對話是對話史的早期代表，處於對話史序列的前端，上述諸多研究固然能夠揭示其中對話的不少內涵，但還有深入探究的必要。

2　羅家湘：《逸周書研究》（上海市：上海古籍出版社，2006年），頁90。

二 《尚書》、《逸周書》對話載錄

（一）《尚書》對話話輪排比與整編成書

　　《尚書》有今文、古文之分。古文《尚書》之偽早有定讞，而近來清華簡所出相關內容似可進一步證明古文《尚書》之偽。本文討論的依據是今文《尚書》，篇名、原文、句讀和譯釋具體參照顧頡剛先生、劉起釪先生《尚書校釋譯論》（中華書局，二〇〇五年版）、周秉鈞先生《尚書易解》（華東師範大學出版社，二〇一〇年版）、錢宗武先生和杜純梓先生《尚書新箋與上古文明》（北京大學出版社，二〇〇四年版）。《尚書》中含有的對話篇目（篇目後括弧內數字系筆者按《尚書》全書順序所編對話序號）、對話者、對話事項為：

　　〈堯典〉（1）：帝堯-放齊；是否提拔堯子丹朱，帝批評丹朱而未明確反
　　　　　　　　　　對。

　　〈堯典〉（2）：帝堯-歡兜；共工是否善理政務，帝批評共工而未明確反
　　　　　　　　　　對。

　　〈堯典〉（3）：帝堯-僉（眾人）、岳（四方諸侯之長）；鯀是否能治理洪
　　　　　　　　　　水，帝任命鯀治理洪水，鯀治水卻九年無成。

　　〈堯典〉（4）：帝堯-岳（四方諸侯之長）、師（眾人）；討論誰能繼承帝
　　　　　　　　　　位，眾人推薦舜，帝贊成。

　　〈堯典〉（5）：帝舜-僉（眾人）；帝就官員任用諮詢眾人；眾人推薦，最
　　　　　　　　　　終任命禹、棄、契、皋陶等。

　　〈堯典〉（6）：帝舜-僉（眾人）；帝就任用共工之官諮詢眾人；眾人推
　　　　　　　　　　薦，最終任命垂、殳斨、伯與等。

　　〈堯典〉（7）：帝舜-僉（眾人）；帝就任用虞人之官諮詢眾人；眾人推
　　　　　　　　　　薦，最終任命益、朱虎、熊羆等。

　　〈堯典〉（8）：帝舜-僉（眾人）；帝就任用典禮之官諮詢眾人；眾人推

薦，最終任命伯夷。

〈堯典〉（9）：帝舜－夔；帝任用夔為樂官，夔回應「百獸率舞」。

〈皋陶謨〉（10）：禹－皋陶；禹與皋陶討論德政；彼此認同對方主張。

〈皋陶謨〉（11）：帝舜－皋陶、禹；帝舜、皋陶鼓勵禹「昌言」治水之事，
帝舜、皋陶讚美禹治水之功。

〈皋陶謨〉（12）：帝舜－禹；帝舜與禹探討君臣相處共治天下之道，帝肯定
禹的主張，禹勉勵帝。

〈皋陶謨〉（13）：帝舜－禹；帝舜與禹討論對待三苗的策略，帝舜、禹發表
各自見解。

〈皋陶謨〉（14）：帝舜－皋陶；帝舜與皋陶唱和，君臣互相勉勵。

〈湯誓〉（15）：商湯自設對話；代眾人問「舍穡事而割正夏」而答以上帝
之命，商湯自我裁定。

〈湯誓〉（16）：商湯自設對話；代眾人問「夏罪」而答以夏德敗壞，商湯
自我裁定。

〈盤庚中〉（17）：盤庚自設對話，代高后、先后的問責，盤庚自我裁定。

〈西伯戡黎〉（18）：祖伊－紂；祖伊勸諫紂王，紂王相信「天命」，祖伊再
諫紂王無回應。

〈微子〉（19）：微子－父師；微子向父師、少師請教殷亡後的出路，父師力
勸微子出逃以挽救殷商的覆亡，微子無回應。

〈洪範〉（20）：周武王－箕子；周武王向箕子諮詢「彝倫攸敘」之法，後者
詳為說明，武王之語是引子，主要是箕子的長篇論述。

〈金縢〉（21）：太公、召公－周公；三公討論如何面對武王生病，太公、
召公主張卜問，周公主張先向先王祝禱，最終先向先王祝
禱，再施行蔔問。

〈洛誥〉（22）：成王－周公；討論定都大事，成王接受周公建議。

〈洛誥〉（23）：成王－周公；成王請周公居洛執政，周公應允。

　　需要補充說明的是〈堯典〉（5）對話中有省略，本應共包含四組對話，
只完整交待了帝舜與眾人討論禹的情況，對於棄、契、皋陶等都只交待任命

情況，而實際上關於後三人任命情況的討論，也應有帝舜與眾人的討論。

關於任命禹討論的對話是：

舜曰：「咨，四岳！有能奮庸熙帝之載，使宅百揆亮采，惠疇？」僉曰：「伯禹作司空。」帝曰：「俞，咨！禹，汝平水土；惟時懋哉！」禹拜稽首，讓于稷、契暨皋陶。帝曰：「俞，汝往哉！」

而關於棄、契、皋陶的任命，並非完整對話內容的載錄，而是如下三段語句：

帝曰：「棄！黎民阻飢，汝后稷，播時百穀。」

帝曰：「契！百姓不親，五品不遜。汝作司徒，敬敷五教，在寬。」

帝曰：「皋陶！蠻夷猾夏，寇賊姦宄。汝作士，五刑有服，五服三就。五流有宅，五宅三居。惟明克允。」

由以下〈堯典〉（6）、（7）、（8）三組對話，可推知上述對話載錄有省略，即：

帝曰：「疇若予工？」僉曰：「垂哉。」帝曰：「俞，咨，垂！汝共工。」垂拜稽首，讓于殳斨暨伯與。曰：「俞，往哉！汝諧。」

帝曰：「疇若予上下草木鳥獸？」僉曰：「益哉！」帝曰：「俞，咨，益！汝作朕虞。」益拜稽首，讓于朱虎、熊羆。帝曰：「俞，往哉！汝諧。」

帝曰：「咨，四岳！有能典朕三禮？」僉曰：「伯夷。」帝曰：「俞，咨，伯！汝作秩宗。夙夜惟寅，直哉惟清。」伯拜稽首，讓于夔、龍。帝曰：「俞，往欽哉！」

這三組的形式比上文帝舜與眾人討論禹的情況的敘述，略為簡潔。如果能按這種形式，將四次對話都補充完整，似乎應該如下所示（方括號內為酌補語句）：

1. [帝曰：「疇若予百穀？」][僉曰：「棄哉。」]帝曰：「棄！黎民阻飢，

汝后稷，播時百穀。」[棄拜稽首，讓于某某暨某某。][曰：「棄，往
哉！汝諧。」]

2. [帝曰：「疇若予民？」][僉曰：「契哉。」]帝曰：「契！百姓不親，五
品不遜。汝作司徒，敬敷五教，在寬。」[契拜稽首，讓于某某暨某
某。][曰：「契，往哉！汝諧。」]

3. [帝曰：「疇若予刑？」][僉曰：「皋陶哉。」]帝曰：「皋陶！蠻夷猾
夏，寇賊奸宄。汝作士，五刑有服，五服三就。五流有宅，五宅三
居。惟明克允。」[皋陶拜稽首，讓于某某暨某某。]。[曰：「皋陶，
往哉！汝諧。」]

由於上述對話多出於文獻整編者的追撰，筆者的補充只是試圖還原文獻寫作
與整理的過程。本文姑且將其中省略寫法稱為對話的省提與共承，即對帝舜
之語有省提，對眾人應答之語與被任命者的分敘來說是共承一提。

關於《尚書》各篇整編成書情況，蔣善國先生《尚書綜述》（上海古籍
出版社，一九八八年版。以下簡稱《綜述》。）綜述古今，尤其是近代以來
關於《尚書》的各種說法，並頗有己意。由於其中並未將全部篇目的整編都
進行說明，本文還參考顧頡剛先生、劉起釪先生《尚書校釋譯論》（以下簡
稱《譯論》）、錢宗武先生和杜純梓先生《尚書新箋與上古文明》（以下簡稱
《新箋》），將《尚書》各篇成書情況綜述如下：

〈堯典〉：秦併天下到秦始皇末年經儒家和博士整編而成。（《綜述》第140-
168頁）

〈皋陶謨〉：秦併天下禁《詩》、《書》時從〈舜典〉中把關於皋陶的言論
彙集而成。（《綜述》第169-172頁）

〈禹貢〉：成書在孟子謝世後，《呂氏春秋》成書前，約在西元前三世紀。
（《綜述》第173-199頁）

〈甘誓〉：成書至早在西周中葉，至晚在戰國初年。（《綜述》第200-202
頁）

〈湯誓〉：周初人作。（《綜述》第203頁）

〈盤庚〉：大體是遷殷後的實錄，是在武王封武庚時整編而成，文句經小辛

和周初編修。（《綜述》第204-208頁）

〈高宗肜日〉：祖己訓祖庚的傳說流傳已久，春秋以後寫定。（《綜述》第
209-210頁）

〈西伯戡黎〉和〈微子〉：兩篇皆是周初時追記殷末史實而作。（《綜述》
第211-212頁）

〈牧誓〉：武王在牧野的誓辭實錄。（《綜述》第226-227頁）

〈洪範〉：成書在《墨子》卒年（前383）前後。（《綜述》第228-232頁）

〈金縢〉：成書最早在戰國中世。（《綜述》第233-236頁）

〈大誥〉：史官記錄的周公平管、蔡之亂的戰前動員。（《譯論》第1261
頁、《新箋》第161頁）

〈康誥〉、〈酒誥〉、〈梓材〉：成王、周公封康時則武王所作。（《綜述》第
237-248頁）

〈召誥〉：史官記錄周初成王五年營雒過程和召公的誥詞。（《譯論》第
1431頁；《新箋》第202頁）

〈洛誥〉：成王七年在營洛部分完成後計持祀典時周公誥詞。（《譯論》第
1456頁；《新箋》第221頁）

〈多士〉：周公在成王七年的誥詞。（《新箋》第231頁）

〈無逸〉：周公還政成王之後的誥詞。（《新箋》第242頁）

〈君奭〉：周公還政成王之後對召公的答辭。（《新箋》第254-155頁）

〈多方〉：周公還政成王後的第二年，討淮夷，返鎬京，代成王而作誥辭。
（《新箋》第267頁）

〈立政〉：周公晚年告誡成王建立官制的誥辭。（《新箋》第279頁）

〈顧命〉：史官記成王所作遺囑及康王即位史實。（《譯論》第1711頁、《新
箋》第295頁）

〈呂刑〉：穆王時作品。（《綜述》第252-253頁）

〈文侯之命〉：周平王賜晉文侯的命詞。（《譯論》第2113頁、《新箋》第
317頁）

〈費誓〉：魯僖公伐徐，在費誓師所作。（《綜述》第250-251頁）

〈秦誓〉：魯僖公三十三年，秦穆公對晉戰敗後自責的誥辭。（《譯論》第
　　　2168頁、《新箋》第330頁）

可將上述情況總結為《尚書》對話載錄與整編情況一覽表供比較（表1）：

表1：《尚書》對話載錄與否篇目與整編時間比較表

	有對話篇目	對話情況	整編時間等	無對話篇目	整編時間等
1	堯典	九次，占幾乎全部篇幅	秦	禹貢	戰國末
2	皋陶謨	五次，占幾乎全部篇幅	秦	甘誓	西周中葉至戰國初年
3	湯誓	自設對話，兩次，占篇幅極少	周初	盤庚上、盤庚下、大誥	周初
4	盤庚中	自設對話，一次，占篇幅極少	周初[1]	高宗肜日	春秋
5	西伯戡黎	一次，占幾乎全部篇幅	周初	牧誓	周武王時
6	微子	一次，占幾乎全部篇幅	周初	康誥、酒誥、梓材、召誥、多士、無逸、君奭、多方	成王、周公時
7	洪範	一次，占幾乎全部篇幅，武王之語極少，為箕子陳述引子	戰國中期後	立政	周公晚年時
8	金縢	一次，占篇幅少	最早在戰國中期	顧命	周成王時
9	洛誥	兩次，占幾乎全部篇幅	成王、周公時	呂刑	西周穆王時
				文侯之命	周平王時
				費誓	春秋（魯僖公時）
				秦誓	春秋（魯僖公三十三年）

注1：李學勤先生〈甲骨卜辭與《尚書・盤庚》〉一文以甲骨卜辭為參照，考證〈盤庚〉

篇「逸口」一詞「乃是商代文字的一個有時代性標誌」;「弔由靈」以下數句所記占卜活動與商末黃組卜辭的卜法相合,「更能證明〈盤庚〉確是『商書』(該文收入李學勤著:《通向文明之路》,北京市:商務印書館,2010年版,第79-83頁。原載《甲骨文與殷商史》新一輯,北京市:線裝書局,2008年版)。合而觀之,暫置於周初。

由於《尚書》部分篇章在歷史上有或分或合的情況,故按具體事項確定的對話次數及所占篇幅來為參照。在按具體事項確定對話次數時,論事和論理有細微差別。論事的對話往往一事一議,可謂因事而「析次」,一事之定往往話輪較少,即使在敘述上有間隔,如果所議是同一件事,乃歸屬為一次對話(如《逸周書·殷祝解》桀三次讓國於湯有三個對話過程,而所議為同一事項),所以可統計對話次數較多;論理的對話前後話輪邏輯聯繫緊密,一理之議往往話輪較多,但所得對話次數較少。論事與論理之對話區分是相對的,以是否涉及具體人物活動的描述、安排或使動、施動等為標準,有之為事,無之為理。如果以整編時間中的春秋為界,由上表可見,春秋前包含對話的篇目為五篇,春秋後為五篇。在春秋前包含對話的五篇中,〈湯誓〉和〈盤庚中〉二篇(〈盤庚〉分為三篇)三次都是自設對話,在本質上還是獨白,獨白的本質決定了它是一種「假性對話」,而且三次「對話」所占篇幅極少。〈西伯戡黎〉、〈微子〉、〈洛誥〉三篇四次對話都是占幾乎全部篇幅。春秋後包含對話的4篇中,〈堯典〉、〈皋陶謨〉、〈洪範〉三篇分別為九次、五次和一次對話,都占幾乎全部篇幅,〈金縢〉一次占篇幅極少。《尚書》全書中有無對話篇目比為九比二十一,即有近三分之一的篇目有對話。〈盤庚中〉有「假性對話」。這種自設的、「假性」對話是漢語文章的一個特點,金克木先生說:「至於對話體式,則不僅中國,古希臘柏拉圖寫的對話,古印度的一些經典,都有。但是在書面語言的文章中這樣擴散普及,由對話直到自問自答和無問自答,也許是漢文的一個特色。」[3]如果將〈湯誓〉和〈盤庚中〉的「假性對話」歸入無對話篇目中,有無對話的篇目比七比

3　金克木:〈八股新論〉,收入啟功、張中行、金克木:《說八股》(北京市:中華書局,2000年),頁115。

二十三；在無對話篇目中，春秋前為十七篇，春秋後為六篇（〈甘誓〉計入
春秋後）。春秋後整編文獻對話次數明顯多於春秋前，而且占全文篇幅比例
也遠高於春秋前。先秦士人或史官整編前代文獻雖然以一定的原始材料為依
託，同時也不可不受時代思潮的影響，春秋後對話比例高，說明春秋後知識
人在整編文獻時，對對話的重視可能超過春秋前，或者說在春秋戰國的「對
話時代」，知識人將時代特徵投射於歷史文獻的整理之中，一定程度上影響
了文獻的話語方式。尤其是尚無文字流傳可據而整理的〈堯典〉與〈皋陶
謨〉，對話次數及篇幅的突出，正表現了知識人以時代思潮想像前代人群關
係的事實。這種想像並非憑空而來，前代人群生活方式和社會關係的知識必
定在不同層面流傳，而作為對話深層精神要素的平等、合作意識等正是這種
生活方式和社會關係的基本表現。

（二）《逸周書》對話話輪排比與整編成書

　　關於《逸周書》的對話載錄情況，主要依據黃懷信、張懋鎔、田旭東等
《逸周書彙校集注》（上海古籍出版社，二〇〇七年版）考論的基本文獻依
據，篇名、原文、句讀和譯釋都據此著，闕篇不計。

　　《逸周書》的對話載錄情況如下：

〈酆保解〉（1）：武王－周公；武王與周公討論保國守位的辦法，武王以
　　　　　　　　「允哉」表示信服周公所論。

〈大開武解〉（2）：武王－周公；武王為滅商「訪于周公」，周公以殷商為
　　　　　　　　鑒與之討論天命與國運，武王拜謝周公之言。

〈小開武解〉（3）：武王－周公；武王因「忌商」而焦慮，周公以文王之政
　　　　　　　　為楷模開導武王，武王拜謝周公之言。

〈寶典解〉（4）：成王－周公；周公與成王論「寶」，重點在信、義、仁，
　　　　　　　　成王贊同周公之言。

〈酆謀解〉（5）：武王－周公；成王與周公討論興師伐商，成王與周公就儘
　　　　　　　　快伐商達成一致。

〈寤儆解〉（6）：武王-周公；武王為伐商焦慮入夢而謀於周公，武王贊同
周公之言。

〈大聚解〉（7）：武王-周公；武王與周公討論都邑、什伍、農耕、漁獵等
治國措施，武王贊同周公之言。

〈成開解〉（8）：成王-周公；周公教導成王以文王為理政榜樣，成王贊同
周公之言。

〈大戒解〉（9）：成王-周公；成王就君臣職事訪于周公，成王贊同周公之
言。

〈本典解〉（10）：成王-周公；周公為成王講述治國之法，成王贊同周公
之言。

〈官人解〉（11）：成王-周公；周公為成王講述選官察人之法（成王之言
是引子）。

〈祭公解〉（12）：穆王-祭公（周公之後），祭公謀父以有關守位之事訓戒
穆王及其三公，王拜謝祭公「黨言」。

〈太子晉解〉（13）：師曠-周太子晉；師曠懷疑太子晉幼而善言，見太子
晉與之品評君子、聖人、胄子、士、伯、帝等人物，
並論及天、仁、義等的內涵，師曠稱善佩服太子晉之
言辨。

〈太子晉解〉（14）：師曠-周太子晉；太子晉與師曠話別，賜馬、問禦、
賦詩，師曠誇讚王子晉，而王子晉自言壽限，果如其
言。

〈殷祝解〉（15）：桀-湯；桀三次讓國於湯，湯最終登位。
與《尚書》相比，《逸周書》各篇對話事項單一，基本上，一篇包含一次對
話。

關於《逸周書》整編情況，羅家湘《《逸周書》研究》（上海古籍出版
社，二〇〇六年版）綜述郭沫若、顧頡剛、李學勤、黃懷信等學者的相關研
究，排比多家觀點，並對部分篇目予以考證，頗可參考。近年來《逸周書》
研究中還有其他一些論著，但都未矚意於成書時間，尤其是單篇成書時間

的探討，如王寶宏《《逸周書》考釋》（社會科學文獻出版社，二〇〇一年版）、周玉秀《《逸周書》的語言特點及其文獻學價值》（中華書局，二〇〇五年版）、王連龍《《逸周書》研究》（社會科學文獻出版社，二〇一四年版）。羅家湘將《逸周書》分為史書、政書、兵書、禮書等四類，按類將各篇成書時代先後予以綜合和探討，現將羅著結論轉述如下（以下所引成書時間結論，或出於羅著，或出於羅著所引各家，不再一一注明。）：

史書類，完全確定的西周篇章：〈世俘〉、〈商誓〉、〈皇門〉、〈嘗麥〉、〈祭公〉、〈芮良夫〉；有爭議的西周篇章：〈克殷〉、〈度邑〉、〈作雒〉；

政書類，〈文酌〉、〈程典〉、〈酆保〉、〈大開〉、〈小開〉、〈文儆〉、〈柔武〉、〈大開武〉、〈小開武〉、〈寶典〉、〈酆謀〉、〈武穆〉、〈大匡〉第三十七、〈文政〉、〈五權〉、〈成開〉、〈大戒〉等以數為紀的訓誡文章寫於春秋早期；〈寤儆〉、〈和寤〉、〈武寤〉、〈大聚〉、〈武儆〉、〈本典〉、〈史記〉是春秋早期瞽史宣講的記錄；〈文傳〉具有春秋戰國文字集成的性質；〈度訓〉、〈命訓〉、〈常訓〉作於春秋；〈糴匡〉、〈大匡〉第十一等不晚於春秋；〈王佩〉、〈銓法〉作於春秋；〈殷祝〉、〈周祝〉作於春秋後期；〈王會〉作於戰國早期，〈太子晉〉為西元前五一三年羊舌氏亡後的作品；

兵書類：〈武稱〉、〈允文〉、〈大武〉不晚於春秋前期；〈武順〉應作於春秋中期；〈大明武〉、〈小明武〉作於春秋末期；〈武紀〉篇是春秋末期小國以德自保的作品；

禮書類：〈周月〉、〈時訓〉、〈職方〉、〈官人〉、〈謚法〉、〈明堂〉、作於西元前四百年前後；〈器服〉是一份西元前二九九年的遣策；

現將上述《逸周書》各篇對話載錄與成書情況列為下表（表2）：

表2:《逸周書》對話載錄與否篇目與整編時間比較表

	有對話篇目	對話情況	整編時間等	無對話篇目	整編時間等
1	酆保	一次,占幾乎全部篇幅	春秋早期	世俘、商誓、皇門、嘗麥、芮良夫	西周
2	大開武	一次,占幾乎全部篇幅	春秋早期	克殷、度邑、作雒	西周(有爭議)
3	小開武	一次,占幾乎全部篇幅	春秋早期	文酌、程典、大開、小開、文儆、柔武、武穆、大匡第三十七、文政、五權、和寤、武寤、武儆、史記	春秋早期
4	寶典	一次,占幾乎全部篇幅	春秋早期	文傳	具有春秋戰國文字集成的性質
5	酆謀	一次,占幾乎全部篇幅	春秋早期	度訓、命訓、常訓、王佩、銓法	春秋
6	寤儆	一次,占幾乎全部篇幅	春秋早期	糴匡、大匡第十一	不晚於春秋
7	大聚	一次,占幾乎全部篇幅	春秋早期	周祝	春秋後期
8	成開	一次,占幾乎全部篇幅	春秋早期	王會	戰國早期
9	大戒	一次,占幾乎全部篇幅	春秋早期	武稱、允文、大武	不晚於春秋前期
10	本典	一次,占幾乎全部篇幅	春秋早期	武順	春秋中期
11	官人	一次,絕大部分為周公之言,且占幾乎全部篇幅	西元前四百年前後	大明武、小明武、武紀	春秋末期

	有對話篇目	對話情況	整編時間等	無對話篇目	整編時間等
12	祭公	一次，占幾乎全部篇幅	西周	周月、時訓、職方、諡法、明堂	西元前四百年左右
13	太子晉	兩次，占幾乎全部篇幅	西元前五一三年羊舌氏亡後	器服	西元前二九九年
14	殷祝	一次，占幾乎全部篇幅	春秋後期		

與《尚書》中對話一樣，若以春秋為界，在《逸周書》中，春秋前包含對話的只有1篇即〈祭公解〉，而春秋後包含對話十三篇，所有這十四篇中的對話在各篇中幾乎都占全部篇幅。在無對話篇目中，春秋前為八篇，春秋後為三十七篇。

春秋後對話的數量遠高於春秋前，春秋後不含對話的數量同樣遠高於春秋前，這說明春秋對話思潮對《逸周書》的話語方式影響有限。這是《逸周書》保持其原初文體形態因素較多，而較少受此後士人編選傾向影響的重要表現。

根據上述整理，以下列出《尚書》和《逸周書》對話載錄對比表（表3）：

表3：《尚書》和《逸周書》對話載錄對比表

		《尚書》		《逸周書》	
		篇數	百分比（％）	篇數	百分比（％）
①	春秋前對話篇數及占全書百分比	3	10	1	1.7
②	春秋後對話篇數及占全書百分比	4	13.3	13	22
③	對話篇數占及全書百分比	7	23.3	14	23.7
④	春秋前無對話篇數及占全書百分比	17	56.7	8	13.6
⑤	春秋後無對話篇數及占全書百分比	6	20	37	62.7
⑥	無對話篇數及占全書百分比	23	76.7	45	76.3

注：〈盤庚〉暫分為3篇，〈甘誓〉計入春秋後。

　　由①②可知，從春秋前到春秋後，《尚書》和《逸周書》對話載錄在全書中的比重都是上升的，《尚書》上升幅度小，而《逸周書》上升幅度極大，達十倍以上；這種共同的上升反映了春秋時代啟動的對話思潮對話語方式的有力影響。由④⑤可知，從春秋前到春秋後，《尚書》無對話載錄篇數在全書中的比重是下降的，而《逸周書》則上升的，《尚書》下降的幅度和《逸周書》上升的幅度不相上下；兩者升降有異的具體原因可能是，兩相比較，《尚書》所受的對話思潮影響較大，而《逸周書》則較小。由③⑥可知兩者對話篇數、無對話篇數占全書比重都相差無幾，這反映兩者文獻的基本形態大體奠定於同一時期。

三　文獻整編話語方式因革與《尚書》、《逸周書》對話價值

　　由於對話具有強烈的現場感，一般的對話載錄都有較強的實錄因素，但加工與改造是不可回避的。如前已述，《尚書》中的〈堯典〉（5）對話有省略，共應包含四組對話，現只完整交待了帝舜與眾人討論禹的情況，對於棄、契、皋陶等都只交待任命情況，而實際上關於後三人任命情況的討論也應有帝舜與眾人的討論，前文已試著對此進行補充，並將這樣的寫法稱為對話修辭的省提與共承，即對帝舜之語有省提，對眾人應答之語與被任命者的分敘來說是共承一提。這種寫法透露出對文本或記錄進行的加工。同時從《尚書》載錄可以看出，歷史事實越早的時代以對話形式予以記錄的篇目越多，而從這些文獻整編的過程看，這些篇目中的對話記錄無疑都是想像性質的追記。按《尚書》本身的文體劃分多屬於「典謨」，如其中〈堯典〉（1）-（9）、〈皋陶謨〉（10）-（14）所記文明初生與文字未萌時代的史實表現出典型的想像和追記；而歷史事實越近的時代，則多是記錄王公單一向度言語行動、命令式、教訓式的「訓誥誓命」，兩相比較，後者實錄的程度顯然更

高，這一點可以從與之處於歷史發展相同階段的西周青銅器銘文中存有大量「訓誥誓命」類文體得到參證。

據趙逵夫先生研究，古代文獻傳播可以分為四個階段，即：第一，傳說時期或口傳歷史時期。第二，口傳與記事符號相結合的時代。第三，文字記載，隨時訓說的時代，大體從西元前二十一世紀至春秋戰國之際。第四，不但保持文獻的內容與基本規模、大體結構、文體特徵，而且注意保存文獻敘述語言的原始面貌。其中第三個階段文獻傳播特點主要表現在「語言形式在變化，詞語被不斷地替換，但總還保留著原來的意思、原來文獻的規模和表述方式」[4]。比勘相關事實，筆者發現《尚書》和《逸周書》整編基本處於第二、三個階段，尤其以第三個階段為重點。關於戰國史料出土材料與傳世文獻的比較也能說明，在文獻整理中，話語方式在很大程度上是得以保留的。一九七三年出土於長沙馬王堆漢墓的帛書中二十七篇被整理者定名為《戰國縱橫家書》，其性質與《戰國策》相近。「選取《戰國策‧趙策一》、《戰國縱橫家書》、《史記‧趙世家》中各保存下來的同一篇策士說辭來作一番比較：……《戰國策》所錄策士說辭，在文章結構和文句意思上是保持了底本原貌的。」「劉向在整理《戰國策》時，並沒有據《史記》所錄策士說辭來校改。」「劉向所據之底本的抄錄者在抄錄此文時並未對文章結構乃至句式、語氣作大的改動和潤色，否則《戰國策》所錄與《戰國縱橫家書》所錄的絕大部分文句和結構是不會如此相同的。」[5]再如：「對照簡書《文子》與今本《文子》，明顯可見其中的竄亂之跡。據出土簡報，從幾個與今本相同的章節證明，凡簡本文中的文子，今本都改成了老子，並從問答的先生變成了提問的學生，這無疑是傳播者意欲把文子之言歸於老子而榜黃老學說的正統性和增其影響力所為，從而也為後人疑其偽書提供了誘因。」[6]所謂「並未

4　趙逵夫：〈逸周書研究序〉，收入羅家湘：《逸周書研究》（上海市：上海古籍出版社，2006年）。

5　鄭傑文：〈出土文物資料與古代文學研究〉，《中華文學史料》第2輯（北京市：學苑出版社，2007年），頁8-10。

6　譚家健、李山：〈有關先秦兩漢文學的新出土文書〉，收入趙敏俐‧譚家健主編：《中

對文章結構乃至句式、語氣作大的改動和潤色」,以及今本《文子》對問答形式的保留,都說明對話語方式的保留是彼時文獻整理的基本要求。也就是說,雖然對文獻進行的整編影響了話語方式,但對話作為一種話語方式在文獻整編過程中是得到有效保存的,或者說既有對話是整編者在話語方式的拒變與求變、因襲與革新之間尋求平衡的結果。

話語方式的變化受制於多種因素,社會傳播手段的發展程度即是其中之一。在中國古代,尤其是在先秦時代,傳播方式比較單一,「家國同構的一元性政治結構決定了中國傳播體制的一元化格局」[7],主要是以帝王為中心的政治化的一元傳播為主導,而以其他各類關聯密切的人際型傳播為輔助。時代愈是往前,傳播手段愈是可能單一,而話語方式也愈能夠在相當較長的時間內保持穩定性。西周時代正屬於此種由傳播手段決定的話語方式穩定發展的時代。對話時代在其精神價值上是屬於所謂諸子即士人的,作為史官文化產物的《尚書》和《逸周書》受到春秋時代士人文化的影響是歷史發展的必然趨勢。雖然話語方式演變的原始情形已經無法查考,但是成書形態中對對話形式的因革可以說明整編者對某種話語方式的尊重和肯定。

對話的展開在形式上需要一種平等、合作關係,而《尚書》、《逸周書》的「君臣對話」,大多展現了「君臣」之間協商議事的意識,這其中的原因在於一部分展現了原始契約機制下的君臣平等關係,另一部分則出於後人尤其是士人在文獻整理過程的合理「想像」,即士人將自己對君臣關係應然狀態的理解和主觀設計應用於兩《書》的整理中。在對話發展中,存在著一種對話的形式遷移,影響此後對話者對形式平等的追求,尤其在處理君臣、師生和君士關係方面,對遷移而來的形式平等更是熱烈而持久。原始契約狀態是一個令士人神往的平等精神萌發的「古對話」時代,尤其是《尚書》虞、夏之書的追記對話,能反映出文獻整理者的對話觀念。梁啟超指出:「平等與自由,為近世歐洲政論界最有價值之兩大產物,中國在數千年專制政體

國古代文學通論》(先秦卷)(北京市:人民出版社,2010 年),頁 513-514。

[7] 孫旭培:《華夏傳播論》(北京市:人民出版社,1997 年),頁 34。

之下，宜若與此兩義者絕相遠，然而按諸實際，殊不爾爾。除卻元首一人以外，一切人在法律之下皆應平等，公權私權皆為無差別的享用。乃至並元首地位，亦不認為先天特權，而常以人民所歸向所安習為條件。此種理想，吾先民二千年前，夙所宣導，久已深入人心，公認為天經地義，事實上確亦日日向此大理想進行，演成政治原則，莫之敢犯。」[8]話語之中雖然不乏想像與自信混雜而造成的對史實真相的部分忽略，但確實深刻地道出初民時代平等的一些內涵。

實際上在一個神權時代，人與人之間的對話是不可能真正的發生，只有到了神權削弱而「人權」獲得重視時才會實現，這是西周作為倫理宗教時代與殷商作為自然宗教時代的一大區別。在宗教還籠罩一切的時代，早期語言具有強烈的自然宗教屬性，這抑制了顯性對話及其載錄的發生。從對話發生的角度來說，語言所具有的「本然的對話要求」使得它成為人成立的重要條件，《春秋穀梁傳·僖公二十二年》載曰：「人之所以為人者，言也。人而不能言，何以為人。」《禮記·儒行》載曰：「言談者，仁之文也。」所以在理論上，對話行為雖然幾乎可以發生在任何不同的個體之間，但是在宗教性統治占主導地位的殷商時代，希望對話在不同的個體的、普遍性的「人」之間發生是不現實的，作為「觀念形態表現」的文獻的對話載錄就更是無從談起。而只有到了西周，政治性統治逐漸成為一種現實力量並逐步削弱其自然宗教特性時，倫理宗教注重人際關係的一面得到強化，顯性對話及其載錄才可能發生。在早期儒家話語的理論建構中，關於周公形象的塑造正是為了創造一個能夠與王者「對話」的人——「聖人」，這一聖人形象的塑造正是以西周文獻為基礎的[9]。當然在西周時期，就文獻載錄作為對話的「物化形態」和記錄、敘事的選擇性來說，卻不可能將所有對話都予以載錄。要使發生的對話被記錄下來，取決於多種因素，在西周的文化環境中，被政治統治

8　梁啟超：《先秦政治思想史》（上海市：中華書局·上海書店，1986年），頁3-4。

9　陳春保：〈周公形象的塑造與早期儒家話語的建構〉，《孔子研究》，2011年第5期，頁91-98。

籠罩的文獻載錄活動當然受到權力的強力影響，關於對話載錄的發生實際上是話語權獲得與權力話語傳播的問題，這與史官制度、政治文化與文獻制度等有關。史官的撰述行為是為王朝政治活動和目的服務，史官是先秦最能理解話語權的知識人，是史官制度的執行者，也是掌握話語權的話語現象的記錄者。話語權在其基本意義上是一種政治權力或者文化權力，社會主流話語在本質上與政治權力、文化權力不可分開，在政治占主導的社會中，話語權從來都掌握在占統治地位的一方。先秦文獻傳播受制于王朝以帝王為中心的一元傳播體制，政治文化價值的確證與闡揚權都掌握政治核心人物中。在西周時代，對話作為一種話語方式表現出的話語權是由貴族政治集團控制和選擇的，多極的、不同的對話者都屬於特定的統治集團，無論是當世編纂《尚書》、《逸周書》一類文獻的史官，還是後世「干預」整編的士人，他們對對話的認識與使用更多地體現他們的文化理想。

《尚書》、《逸周書》既受到了春秋後士人文化的影響，而又能保留一定程度的西周起始的原有話語方式，這正反映了對話的生命力和精神價值。累積成書文獻在不同階段有著不同的話語方式和文體形態，對話在《尚書》、《逸周書》中的表現微觀而又形象地反映了時代精神的演變。

上文是在作者博士學位論文〈先秦對話研究─觀念世界關係建構的話語方式〉第三章〈《尚書》、《逸周書》：王者與聖人的對話〉中一部分的基礎上改寫而成，原論文寫作得到本人博士導師北京師範大學過常寶教授等先生的指導，謹此致謝！

上古語篇連貫機制的分析策略
——以《尚書》語篇為例

陳丹丹*

　　自布拉格學派開創功能句子觀以來，語篇分析成為語言學研究的重要分支。語篇是由一組相互聯繫，組成一個整體的句群組成。語篇與非語篇之間的區別性特徵就是語篇的連貫性。美國研究者Zellig Harris曾說過：「語言不是在散漫無序的詞或句子中發生的，而是在連貫的話語中。」[1]語篇「言內」、「言外」的各要素間要相互照應、語義連貫，傳遞一段完整的資訊，完成一定的功能。可見，連貫是任何一個語篇都具有的重要特性，是語篇分析的關鍵概念。至今，不少學者對語篇的連貫性進行了研究，但多集中於印歐語系、現代漢語諸語篇，很少關注古代漢語，尤其是上古漢語的語篇特性。本文試圖借鑒西方語篇語言學的研究框架，結合上古漢語的實際，以《尚書》語篇為例，分析上古語篇「連貫性」的實現策略，以期進一步瞭解上古語篇的質態。

一　「連貫性」及其研究框架

　　嚴格意義上說，語篇語言學是二十世紀的產物，而對語篇及其連貫性的認識由來已久。不論古希臘還是古中國，語言研究皆始於語篇。

---

* 揚州大學外國語學院

[1]　Harris，Z. S. Discourse Analysis. *Lan guage*，，28.1（1952）:1-30.

在中國傳統語言學研究中占主體地位的雖然是「小學」研究，圍繞著「字」的音、形、義展開，但對於「字」以上語言單位的探索卻從未停止過。字、辭、句、章到文章清晰完整流暢的表達，其中蘊含著豐富的漢語篇章分析的研究成果。「文生於道」、「文以明道」、「質勝文則野，文勝質則史。文質彬彬，然後君子」等等對「文」與「道」、「文」與「質」的論述體現了古人對文章內容和形式連貫統一的哲學思考，也成為了中國文章學研究的主體：「立意」與「謀篇」。選擇確立文章主題即「立意」；設計組織文章架構即「謀篇」。「立意」要求文意單一，集中明確，貫通全文；「謀篇」要求文章結構順理成章，連貫統一，體現主題。劉勰《文心雕龍・附會》中的「何謂附會？謂總文理，統首尾，定與奪，合涯際，彌綸一篇，使雜而不越者也」一說體現了古人對寫作中主題集中、首尾呼應、章節連貫的關注和要求。可見，古人業已認識到連貫的重要性，沒有連貫就不成語篇，但其關注的是寫作時總體文意的連貫，缺乏對連貫機制解構性系統性的理論分析。

在現代語言學研究中，語篇分析自二〇世紀五〇年代發展以來一直佔據著重要地位。六〇、七〇年代，Jacobson (1960)、Van Dijk (1972，1977)、Halliday&Hasan (1976)、Widdowson (1978，1979)、Enkvlst (1978)等學者開始對語篇連貫問題進行研究，連貫性研究成為了語篇分析的重要組成部分，其中真正引起人們對語篇連貫研究重視的是Halliday&Hasan的《語篇的銜接》(〔Cohesion in English)一書的出版。八〇、九〇年代，學者們對語篇連貫的研究進一步深化和發展，形成了許多有關語篇連貫的理論體系：Halliday&Hasan的語域銜接理論論述了語域一致性在形式標記實現語篇銜接連貫過程中的作用；Van Dijk的宏觀結構理論從「生成篇章語法」出發，在句子之間線性微觀結構外，探索能決定語篇整體連貫的底層語義宏觀結構；Mann&Thompson的修辭結構理論認為語篇由不同層次的功能塊以一定的關係模式生成，語篇在功能塊的有機聯結和其所表現的修辭關係的相互修飾中達到連貫統一；Danes和Fries的主位推進理論仍著眼於語篇內部，從超句角度利用不同的主位組織結構模式體現語篇整體結構的統一性、連貫性；

Brown&Yule 的心理框架理論來到語篇外部，強調講話者的背景知識對語篇連貫的解釋性。同期，國內研究者如胡壯麟、張德祿、王東風等結合漢語實際對語篇連貫理論、框架等進行創新和拓展，加入了語音語調、及物性、語氣結構、心理認知結構、文化語境等考量維度，並將連貫理論運用到其他研究領域。綜上，連貫系統是一個多層次的立體網路結構。雖然眾多學者對語篇連貫性進行了大量的研究，但其研究對象鮮涉及上古語篇，這也成了語篇研究的一個空白。

連貫是一個語義概念，表現為語篇整體在語義上的聯繫和一致性。而這種聯繫和一致性不是孤立的語篇所能完成的，必需將其置於整個符號系統中，考查不同層次符號系統對其語義網路建構的影響。具體地講，它是語境和語言形式相互作用的結果：由語境決定，由語言形式（辭彙、語法、語音）體現。從語境角度，語境可分為文化語境和情景語境：如果語篇宏觀結構符合文化語境所規約的體裁/語類結構，實現其功能，那它就是連貫的；如果語篇符合情景語境所構建的情景框架—語域，行使適當的功能，那它是連貫的。這意味著語篇與語境的語義關係已建立起來。從語篇本身講，它表示語篇的語義連接完好，語篇各部分在整個語篇中起作用，形成一個語義整體。因此，連貫是語篇的語言形式與語境相互作用產生的總體效應[2]。

二　上古語篇「連貫性」分析策略

《尚書》是上古語篇的傑出代表，是進行上古語篇研究的經典語料。首先，《尚書》是我國最重要的古典文獻之一，被儒家奉為五經之首，自漢代立為官學以來，備受尊崇，成為整個封建社會最重要的教科書，所謂援《書》為史鑒，授《書》為教化，解《書》以贊治，引《書》以立說，其社會影響力可見一斑。其次，《尚書》文本突破商周金、甲文等共時的語言材料字數、篇幅、行文格式等諸多限制，準確反映商、周語言實際，且具備記

---

[2]　張德祿：〈論語篇連貫〉，《外語教學與研究》，2000 年第 2 期，頁 108。

言、敘述、描寫等多種表達方式[3]，是語言學研究的的重要材料。再次，《尚書》語篇屬於口語化的官方文書，漢代孔安國〈尚書序〉將《尚書》分為六種體式：典、謨、訓、誥、誓、命，多為訓下告上之詞，《文心雕龍·宗經》云：「詔策章奏，則書發其源。」可見，《尚書》是文告、會議記錄等應用文體的濫觴，也開闢了古代散文創作的先河[4]，是上古語篇典型文獻之一。因此，本文利用前人對現代語篇「連貫機制」的研究成果和經驗，以《尚書》為語料，結合其語言特點，分析上古語篇連貫性的實現策略。今存《尚書》共五十八篇，但由於研究主題需要和篇幅所限，本文只選取了其中一篇完整語篇——〈牧誓〉作析。

(一)「文化語境」分析策略

所謂文化，就是一個社會的符號系統之和，是存在、說話、做事的方式所表達出的意義的整體[5]。語境是語篇發生的社會符號層，語言活動都在一定的環境中發生。在一定社會文化社團中的人一言一行都打上了其所賴以成長的文化背景的烙印，影響著他的思維模式和行為習慣，這就是英國人類學家馬林洛夫斯基（Malinowsky）所指的「文化語境」（context of culture）。在同一語言文化環境裏的人們對用語言進行交際實現不同的目標有一套本文化環境大家都認可、共用的相應不同的步驟、結構[6]，即有較為固定的「行為潛勢」，體現在語言符號中為一套約定俗成的說話、作文的規則和原則，這種固定的交際模式或語義結構稱為「語類」或「體裁」，在結構上，不同體裁

---

[3] 朱巖：〈上古語篇銜接機制的分析策略〉，《揚州大學學報（人文社會科學版）》，2008年第2期，頁74。

[4] 江灝、錢宗武：《今古文尚書全譯》（貴陽市：貴州人民出版社，2009年），頁2。

[5] M.A.K. Halliday & Ruqaiya Hasan. Language, Context, and Text —— Aspects of Language in a Social-semiotic Perspective.（北京市：世界圖書出版公司，2012年），頁101。

[6] 司顯柱：《功能語言學與翻譯研究——翻譯品質評估模式建構》（北京市：北京大學出版社，2007年），頁74。

有不同的綱要式結構。因此，語篇宏觀結構符合文化語境所規約的體裁／語類結構，實現其功能，就能實現連貫。

「誓」是《尚書》中六種體式之一，主要是君王諸侯的誓眾詞。《說文》：「誓，約束也。」《尚書》中的六誓多數為約束軍隊之用，因此，一般用作與敵人軍隊決戰前的誓師詞，其目的是克敵制勝。那麼，作戰爭前的政治動員、戰前部署、形勢分析、戰場紀律、戰術運用以及兵役制度等則是達到這一目的的相應步驟和過程，也是作「誓」的綱要性結構。從〈甘誓〉（原始社會末期）到〈秦誓〉（封建社會初期），千百年的時間跨度中，「誓」體的篇章幾乎沿襲了一致的綱要性結構，成就了一類體裁。〈牧誓〉一文首先展現了誓師前的部署：周武王募集西方諸侯國和部落聯盟，發起牧野之戰，要求軍隊布列齊整，場面氣勢恢宏；第二小節說明發動戰爭的原因，聲討商王罪行，聲明自己「恭行天之罰」，皆為最有力的政治動員，能激發將士的鬥志，取得人民支持，保證戰爭勝利；最後，宣佈戰場紀律和賞罰，清楚明確，也是奪取戰爭勝利的必要一環。全篇文勢如高山懸瀑，飛流直下。語篇宏觀結構符和體裁要求，能夠有效實現其功能。

(二)「情景語境」分析策略

根據系統功能語言學理論，情景語境是現實化的文化語境，是語言活動發生的即時語境，由三個變數組成——語場、語旨、語式，它們構成語言事件的情景框架—語域，並且它們所對應的經驗意義、人際意義、謀篇意義構成了語篇的整體意義，因此，語域在具體語言交際事件中能支配語義選擇的因素，它將直接或間接地影響或支配語篇意義的選擇及語言形式的取捨。[7]

〈牧誓〉的情景語境—— 語域構成：

語場（經驗意義）：周武王在牧野與商紂王的軍隊決戰前的誓師詞。

語旨（人際意義）：將領（說話者）與士兵（受話者），上級與下級；

7 張德祿：〈語篇連貫研究縱橫談〉，《外國語》，1999年第6期，頁25。

社會距離：大。

語式（謀篇意義）：獨白；口頭媒介；聲音管道；語言為建構性作用。

首先，情景語境所提供的外界環境對語言選擇進行限定，如哪些是在現場情景中和在上下文中明確的，不必用形式手段表達出來；哪些是對現在的交流十分重要必須要表達出來；那些是從形式上進行預設的。如〈牧誓〉中，據其當時的情景語境，「王」必為「周武王」是也；「婦人」也一定指商紂王的寵妃妲己，而非他人；「爾」在文中必指在場的將士，別無他人。這一銜接紐帶一頭在文中，另一頭在情景語境中，非瞭解當時情景之人而不能識也。

此外，情景語境中語場、語旨、語式三個變數可以由語言形式中及物性系統、語氣系統和主位、資訊結構等體現。這些都涉及語篇內部的語言形式，在下面一部分中會加以論述。

(三)「語篇內部形式」分析策略

語義的相關性在語篇內部形式上，主要由銜接機制體現。銜接機制是從形式特徵來研究語篇連貫的重要途徑，它的範圍應該擴大到所有語義聯繫機制，由多個層面和多種形式表現出來，如辭彙語法層上及物性、語氣、主位等結構性銜接和指代、替代、省略、連接等非結構性銜接，語音層上的聲韻、句調等音系模式。語篇成分之間、成分與部分之間、部分與部分之間形成線性、層級性的語義銜接網路，前後一致，相互呼應，並與外部語境融為一體，形成一個意義整體，就達到了語篇連貫的要求。

1 辭彙語法層

（1）及物性結構

及物性是我們對客觀世界經驗的反映。韓禮德指出，語言能使人類建

構關於現實世界的心理圖景，並理解周圍環境和內心世界所發生的一切[8]。語言（以語篇為代表）能使我們的經驗模式化：以切分的方式將我們的世界體現為一個接一個的「過程」，將這些模式化了的經驗切分體連綴成有機的整體，從而形成「作為成品的語篇」的經驗構成體。語篇中的這一語法系統就是「及物性」，及物性系統將經驗世界識別為一種可以操作的「過程類別」。因此，構建情景語境構型的三變數之一──語場反映了語篇的經驗意義，在語言形式層面就是用及物性系統來實現的。胡壯麟先生認為，及物性在語篇銜接中的作用應當肯定，其論點是：對某一過程的選用的相對頻率可體現一個語篇的某些特徵[9]。也就是說，及物性所體現的過程與語篇總體主題意義相一致，那麼語篇就具有連貫性。

〈牧誓〉的語場，即經驗意義，是周武王在牧野與商紂王的軍隊決戰前以上告下的誓師詞，作戰爭前的政治動員、戰前部署、形勢分析、戰場紀律、戰術運用以及兵役制度等是其主要內容。〈牧誓〉的及物性結構：除了第一句外，其餘皆是由「曰」為主動詞的「言語過程」，符合語篇主題；「曰」後面所接的直接引語是語篇的主體內容，在所有小句中物質過程占了百分之八十九。韓禮德指出：「物質過程是表示做某件事的全過程。這個過程本身由動態動詞……來表示。」〈牧誓〉語篇小句基本由「動作者＋動作（物質過程）＋目標」組成，符合語場特徵：誓師中，作戰爭前的政治動員、戰前部署、形勢分析、戰場紀律、戰術運用以及兵役制度等一定會用到大量的動詞結構。可見，〈牧誓〉語篇中及物性所體現的過程與語篇總體主題意義和內容相一致，符合當時的情景構型，能夠完成一定的功能，語篇具有連貫性。

（2）語氣結構

---

[8] Halliday, M.A.K. *An Introduction to Functional Grammar*. (2nd Edition)（London:Arnold, / Beijing: Foreign Language Teaching and Research Press, 1994/2000），pp.106.

[9] 胡壯麟：〈有關語篇銜接理論多層次模式的思考〉，《外國語》，1996 年第 1 期，頁 4。

同及物性結構一樣，語篇的語氣結構也具有銜接功能。語氣結構體現情景語境構型中的另一變數─語旨，即語篇的人際意義。如果語氣結構符合語篇中交際雙方的關係模式，使交際順利進行，達到交際目標，那麼語篇就是連貫的。此外，語篇中某一類語氣結構的高頻出現可以體現語篇的語類結構／體裁。

〈牧誓〉的語旨（人際意義）是，將領（說話者）與士兵（受話者），上級與下級；社會距離：大。其體裁屬於六體中的「誓」體，為以上告下的誓詞，而〈牧誓〉為決戰前的誓師詞，需要有強大的號召力，需要慷慨激昂、氣勢磅礴。相應地，語篇中有大量的感歎句：「逖矣，西土之人！」其中「矣」增加了感歎語氣；「嗟！」獨詞成句，這一嘆詞表示對千軍萬馬的大聲呼告；「夫子勖哉！」「勖哉夫子！」不同語序同義表述，「哉」表感歎，號召力極強；「爾所弗勖，其於爾躬有戮！」語氣斬釘截鐵，字字句句敲擊在心。此外，語篇中也不乏表指令和命令的祈使句，完全適應「誓」的體裁要求：「稱爾戈，立爾矛，予其誓。」「 不愆于六步、七步，乃止齊焉。」「不愆于四伐、五伐、六伐、七伐，乃止。」「尚桓桓，如虎如貔，如熊如羆，于商郊。」「弗迓克奔以役西土。」綜上，感歎語氣和祈使語氣的大量運用符合語篇的語旨／人際意義及「誓」體要求，實現連貫。

（3）主位結構

根據系統功能語法，主位結構由主位和述位組成。主位（T）是資訊起點，一般是已知資訊；述位（R）是對主位的發展，一般是新資訊。它是重要的謀篇手段之一，它以線性、層次性將語篇話題連接起來，體現一定的主位推進模式（thematic progression），使語篇脈絡清晰，新、舊資訊有序展開，呈現語篇的銜接和連貫。

以〈牧誓〉中第二小節為例，「古人有言曰：／『牝雞無晨；／牝雞之晨，惟家之索。』／今商王受惟婦言是用，／昏棄厥肆祀弗答，／昏棄厥遺王父母弟不迪，／乃惟四方之多罪逋逃，／是崇是長，／是信是使，／是以為大夫卿士。／俾暴虐于百姓，／以奸宄于商邑。／今予發惟恭行天之罰。」

（注：「／」隔開的是資訊單位，下劃線部分是新資訊。）

其中用了兩種主位推進模式：

A. 延續型，第一小句的述位作第二小句的主位：

T1→R1

↓

T2（=R1）→R2

（以此類推）

如：牝雞無晨；牝雞之晨，惟家之索。

B. 連續型，一組小句的主位相同，而述位變化：

（T1→R1）

↓

T2（=R1）→R2

↓

T2（=R1）→R3

（以此類推）

如：今商王受惟婦言是用，（商王）昏棄厥肆祀弗答，（商王）昏棄厥遺王父母弟不迪，乃惟四方之多罪逋逃，（商王）是崇是長，（商王）是信是使，（商王）是以為大夫卿士。（商王）俾暴虐于百姓，（商王）以奸宄于商邑。

此外，例中新舊資訊或交替出現、或線狀延續，完成語篇意義群落的構建。

（4）非結構性銜接

非結構性銜接是韓禮德（Halliday）和韓茹凱（Hasan）的經典銜接理論，劃分出照應、省略、替代、連接、辭彙銜接五大銜接手段。

照應，指語篇中一個成分作為另一個成分的參照點，大體分為外指和內指。外指於情景語境相聯繫，前文已論述。內指存在於語篇內部，如：「是崇是長，是信是使，是以為大夫卿士」中的「是」；「予其誓」和「今予發惟恭行天之罰」中的「予」等等。

　　省略，是為了避免重複，突出主要資訊，銜接上下文。省略可以看作是一種特殊的替代——零替代。這在上古文獻中承前省現象十分常見。〈牧誓〉中，如：「今商王受惟婦言是用，（商王）昏棄厥肆祀弗答，（商王）昏棄厥遺王父母弟不迪，乃惟四方之多罪逋逃，（商王）是崇是長，（商王）是信是使，（商王）是以為大夫卿士。（商王）俾（四方之多罪逋逃）暴虐于百姓，（商王）以（四方之多罪逋逃）奸宄于商邑。」

　　連接，是小句之間邏輯意義上的聯繫，其手段不限於傳統語法中的連詞，也可以通過副詞、介詞短語，以至零形式體現。〈牧誓〉中有表示承接關係的連詞「乃」、「其」，以及表假設的連詞「所」等。「今予發惟恭行天之罰」中副詞「今」既表示時間順序上的承接，通過上下文它還暗含著一種因果邏輯語義關係。此外，還有邏輯意義以零形式體現，是隱性的，需要通過上下文補充，這著言約義豐的上古語篇中更為明顯。如〈牧誓〉中：「牝雞無晨；（如果）牝雞之晨，（那麼）惟家之索。」「（行軍時，）不愆于六步、七步，乃止齊焉。……（刺擊時，）不愆于四伐、五伐、六伐、七伐，乃止。」「（不但）昏棄厥肆祀（並且）弗答，（而且）昏棄厥遺王父母弟（並且）不迪，……。」

　　辭彙銜接，是通過辭彙意義的連續性來達到銜接的效果。辭彙意義關係豐富，主要包括重複、同義關係、反義關係、上下義關係等範疇。〈牧誓〉中名詞「牝雞」、「步」、「伐」、「夫子」；動詞片語「昏棄」、「不愆于」、「勖」；代詞賓語「是」；虛詞「乃」、「如」、「于」等的重複使用，增強了語篇節奏感，而虛詞的重複也能使句子具有同構關係，使語篇更顯連貫。「王左杖黃鉞，右秉白旄以麾」中「左」、「右」為反義關係，「杖」、「秉」為同義關係；「昏棄厥祀弗答，昏棄厥遺王父母弟不迪」中「弗」、「不」為同義關係；「俾暴虐於百姓，是奸宄於商邑」中「俾」、「是」為同義關係；「是崇是長」中「崇」、「長」為同義關係。這些同義、反義關係的運用使語篇文字生動又富於變化，連貫性和文學性也由此加強。

2 語音層

（1）押韻

朱光潛在《詩論》中說：「韻的最大功用在於把渙散的聲音聯絡貫串起來，成為一個完整的曲調。」可見，相同或相近的聲韻能將不同的意義單位聯繫在一起，形成完整的語義群落。因此，語音銜接是古代語篇連貫的重要環節，體現了上古語篇的顯著特色，不僅存在於《尚書》語篇中，而且相當廣泛。

（2）句調

語調有助於表達一定的語義內容和思想感情。句調的前後呼應、相互搭配可起銜接作用；相同句調的複現，特別是飽含某種特殊語義或強烈感情的句調連續出現也能貫串各句[10]。如〈牧誓〉中「……夫子勖哉！……勖哉夫子！……勖哉夫子！……」

3 辭格層

辭格的運用往往不限於字詞之間，而是關涉到相鄰句群乃至整個語篇，並在語篇中起銜接連貫作用。

（1）排比和對偶

排比和對偶都是同構銜接：排比，把結構相同或相似、意思密切相關、語氣一致的詞語或句子成串地排列，如〈牧誓〉中「稱爾戈，比爾干，立爾矛」、「昏棄厥祀弗答，昏棄厥遺王父母弟不迪」、「是崇是長，是信是使，是以為大夫卿士」、「如虎如貔，如熊如羆」等等；對偶，用兩個結構相同、字數相等、意義對稱的片語或句子來表達相反、相似或相關意思，如「俾暴虐于百姓，是奸宄于商邑」等。這樣的同構組織，可以增強語勢，行文鏗鏘有力，深化中心，有助於實現語篇連貫性、完成語篇功能。此類結構

---

[10] 王誠：〈《論語》中的銜接〉，《甘肅聯合大學學報》，2013年第1期，頁86。

在很大程度上是通過辭彙銜接手段實現的，前已提及，不再贅述。

（2）反復

　　反復，就是為了強調某種意思，突出某種情感，特意重複使用某些詞語、句子或者段落等。這裏主要指句子的重複，在〈牧誓〉第三小節表現得尤為明顯，利用相同或相似句式的反復出現，使文勢如高山懸瀑，飛流直下，語篇渾然一體。反復基本也是通過辭彙銜接實現的。

（3）比喻

　　古人設喻，不僅使文意深入淺出、文采斐然，而且其本體和喻體間能夠形成銜接關係，增強語篇連貫性。〈牧誓〉第二小節開始以「牝雞之晨」為喻，來比擬「商王為婦言是用，昏棄厥祀弗答，昏棄厥遺王父母弟不迪，……」，揭露其禍國殃民的罪行。喻體、本體前後相接成串，形象生動，理清義明。

　　綜上，語篇連貫是語義概念，但由（語言）形式體現，言內，各成分、部分間有機銜接，言外使語篇與語境融為一體，實現功能，它們相互依賴，平衡地共存於符號系統中。語篇本身語音層、辭彙語法層、辭格層等各層次的語言銜接形式對各語言單位進行組織、編排，使其連接成篇，語義聯結，貫串一致，構建了語篇的語式，完成了謀篇意義；語篇語言形式中的語氣結構特點和及物性結構系統具有銜接功能，並使其與語篇所體現的人際關係及主題內容相一致，實現人際意義／語旨和經驗意義／語場。此時，語言形式與語篇的意義構型一致，符合其語域特點，符合當時的情景語境，語篇是連貫的。最後，成品語篇的宏觀結構符合一定文化語境中人們的交際模式，適應其「行為潛勢」，交際成功。因此，語篇整體意義得以完成，連貫機制得以實現。

緯書《尚書考靈曜》中的宇宙結構

李天飛*

一 《尚書考靈曜》解題

《尚書考靈曜》是《尚書緯》的一種。漢代流傳的《尚書緯》，有《璇璣鈐》、《考靈曜》、《刑德放》、《帝命驗》、《運期授》五種，以及《尚書中候》十八篇。《考靈曜》佚文最多，其內容包括天地開闢、天地形態、地之四游、日月運行、四仲中星、五星運動等，此外還包括一些帝王受命、祥瑞災異的話題，但關於天地形態、日月運行的內容，佔了絕大部分。

「靈曜」又作「靈耀」、「靈燿」，皆通，為漢、魏人的常用語，其中如〈陳太丘碑文〉：「陳君稟嶽瀆之精，苞靈曜之純。」李善注：「靈曜，謂天也。」[1]《後漢書·章帝紀》曰：「曆數既從，靈燿著明。」李賢注：「靈燿著明，謂日月貞明。」[2]

由此可知「靈曜」是一個很廣泛的概念，可指天地、日月、星辰等，也可以指它們的運行，泛言之，即現代所謂「天文現象」。

後世學者多以為緯書虛妄，而對於《尚書考靈曜》，卻以為近理：

---

* 中華書局

[1] 〔南朝梁〕蕭統編、〔唐〕李善注：《文選》（北京市：中華書局，1977年），卷58，頁802。

[2] 〔南朝宋〕范曄：《後漢書》（北京市：中華書局，1959-1978年），頁150-151。本文凡使用屬於「二十四史」的文獻，都是中華書局點校本。

> 學莫大於稽天，……而不知其秘皆原於緯書，漢儒窮緯，故談天為至
> 精，此《考靈曜》所繇名也。[3]
> 考其言，無悖於理。隋燔緯書，若此與《括地象》，雖置不燔可也。
> （《經義考》卷二百六十五）[4]

《考靈曜》多天文推步之文，很多地方符合具體的天象實際，且屢被鄭玄、
孔穎達等人注經時稱引，其書在當時的影響，可見一斑。惜緯書禁絕之後，
不得目睹全貌，只有根據拼綴連接的殘文推理判斷，於是後世不同的學者對
《考靈曜》的解釋亦各自不同，需要我們做一番正本清源的研究。

二 《尚書考靈曜》關於宇宙結構的內容

《尚書考靈曜》記載了一套詳備的天文學理論，見於《緯書集成》者，
有近二十條，今全部錄出，並按內容重新排列，綴聯成章，以便觀覽。

（1）天地相去十七萬八千五百里。

（2）一度二千九百三十二里千四百六十一分里之三百四十八，周天百七萬
　　一千里。

（3）正月假上八萬里，假下十萬四千里。

（4）從上臨下八萬里，天以圓覆，地以方載。

（5）天如彈丸，圍圜三百六十五度四分度之一。

（6）地有四游，冬至地上北而西三萬里，夏至地下行南而東復三萬里。春
　　秋分其中矣。地恆動而不止，人不知，譬如人在大舟中，閉牖而坐，
　　舟行不覺也。

（7）地與星辰四游，升降於三萬里之中，夏至之景，尺有五寸，謂之地

---

3 〔明〕孫轂：《古微書》（臺北市：臺灣商務印書館，1983 年，影印《文淵閣四庫全書》
　本），卷1《尚書緯》，頁194-813。本文凡使用版本為四庫本的文獻，均根據影印《文
　淵閣四庫全書》本。

4 〔清〕朱彝尊：《經義考·補正·校記》（北京市：中國書店，2009 年），頁 1756。

中。

（8）春則星辰西游，夏則星辰北游，秋則星辰東游，冬則星辰南游。

（9）二十八宿，周天三百六十五度四分度之一。

（10）二十八宿之外，各有萬五千里，是為四游之極，謂之四表。

（11）日月五星，冬至起牽牛，日月若懸璧。仰觀天形如車蓋，眾星累累如連貝。

（12）斗十二度，無餘分，冬至在牽牛所起。

（13）日道出於列宿之外，萬有餘里。

（14）日光照四十萬六千里。

（15）日影於地千里而差一寸。

（16）萬世不失九道謀。

（17）以仲春仲秋晝旦夜分之時，光條照四極，周經凡八十二萬七千里，日光接，故曰：分寸之晷，代天氣生。

（18）天有九野，九千九百九十九隅，去地五億萬里。

（19）何謂九野，中央鈞天，其星角亢。東方皋天，其星房心。東北變天，其星斗箕。北方玄天，其星須女。西北幽天，其星奎婁。西方成天，其星胃昴。西南朱天，其星參狼。南方赤天，其星輿鬼柳。東南陽天，其星張翼軫。[5]

由上文可見，《尚書考靈曜》的宇宙理論已經非常完備，且載於《禮記・月令》和《爾雅・釋天》注疏之中，對後世產生了很大影響，至宋、元猶然[6]。

需要指出的是，第十八、十九兩句，講的是九天之名，似乎攙雜了《淮南子・天文訓》的文字，而且所敘述的內容也與其他文字不相照應。九天之名，見於《呂氏春秋・有始覽》和《淮南子・天文訓》。這裏的第十八句，

---

5 以上並見《緯書集成》，頁342-366。

6 如朱熹仍然認為地有四游，見《朱子語類》，卷2，《朱子全書》（上海市：上海古籍出版社；合肥市：安徽教育出版社，2002年），第14冊，頁134-136。

最早僅見於明代孫轂《古微書》輯錄，孫氏稱之為《尚書考靈曜》文字，此前不見任何文獻記載，非常可疑。第十九句，也僅見於《太平御覽》卷一，缺乏其他文獻的旁證，且在《太平御覽》裏，這段話是這樣的：

> 《尚書考靈耀》曰：中央鈞天，其星角亢，東方皋天（《呂氏春秋》曰蒼天），……西方成天（《呂氏春秋》曰晧天），……南方赤天（《呂氏春秋》、《廣雅》皆曰炎天），……（《太平御覽》卷一）[7]

很明顯，注文中是用《呂氏春秋》、《廣雅》去校勘本文的。但《淮南子·天文訓》相同位置也有異文，既然連晚出的《廣雅》都拿來校勘，為什麼把《淮南子》這最重要的一家漏掉了呢？所以這裏一定是有問題的。最大的可能，是這段文字本來就是《淮南子》的，所以《太平御覽》編者才會用《呂氏春秋》和《廣雅》校勘它，而前面還應有一段文字是《尚書考靈曜》的。我的推測，「尚書考靈曜曰」六個字後面，應是漏掉了《考靈曜》的某段文字和「淮南子曰」四個字，結果誤將《淮南子》的文字，接到了《考靈曜》身上。孫轂不察，把這段文字當作緯文抄到了自己的書裏，又覺得語意不完，於是依己意加上了前面原有的「天有九野」云云一段話。所以，這段文字屬於誤輯，應予剔除。

另外，還有幾處文字，都有問題，接下來會結合實例詳談。

三　對前人《尚書考靈曜》宇宙模型的辨析

《尚書考靈曜》既然構建了如此精密的宇宙結構模型，鄭玄、孔穎達、邢昺等人，都紛紛為之注解，希望從數理上講清楚《尚書考靈曜》的宇宙結構。但中國古代算學，「偏重數學方面，幾不知幾何學為何物。希臘人常以幾何方法解代數問題，而中國算學則常以代數學方法解幾何問題」[8]，所以往

---

[7] 〔宋〕李昉等：《太平御覽》（北京市：中華書局，1960年），頁5。

[8] 錢寶琮：〈印度算學與中國算學之關係〉，《錢寶琮科學史論文選集》（北京市：科學出

往流於文字敘述。現代學者如陳遵嬀、呂子方、李鵬舉、石雲里，以及中國天文學史整理研究小組等，都對此有所研究。而論述最詳者，莫過於天文學史家陳美東先生。他在《中國古代天文學思想》一書中，將《尚書考靈曜》設專節講述，除了總結前人的研究成果外，尚多有創見。然而我們認為，陳美東的論點仍有可以商榷的地方，《尚書考靈曜》的宇宙模型，有補充和修訂的必要。

　　陳美東構建《尚書考靈曜》宇宙模式的依據，主要有如下幾條：

（2）一度二千九百三十二里千四百六十一分里之三百四十八。

（3）正日（月）假上八萬里，假下一十萬四十里。（假，格也。）

（5）天如彈丸，圍圓三百六十五度四分度之一。

（6）地有四游，冬至地上北而西三萬里……

（8）春則星辰西游，夏則星辰北游，秋則星辰東游，冬則星辰南游。

（10）二十八宿之外，各有萬五千里，是為四游之極，謂之四表。

（13）日道出於列宿之外，萬有餘里。

據此，陳美東說：「天體分為內外兩層，外層叫做四表天球，其半徑約為一九三五〇〇里；內層叫做二十八宿天球或恆星天球，其半徑約為一七八五〇〇里。在一年中，它從東向西旋轉一周，其運動被約束在四表天球的範圍之內，時時都與四表天球處於內切狀態。」又說：「地體為邊長三萬里的正方體。一年內，地體中心繞四表天球中心、沿橢圓形軌道自西向東運轉，橢圓形軌道的短軸在春、秋分時……長軸在冬、夏至時……地體是懸空運動的，沒有水或其他東西的承托，這一思想比當時的其他渾天家之說遠為先進。」[9]他給出的《尚書考靈曜》宇宙模型圖如圖 1-1 所示[10]。

版社，1983 年），頁 76。

9　陳美東：《中國古代天文學思想》（北京市：中國科學技術出版社，2008 年），頁 295。

10　陳美東：《中國古代天文學思想》，頁 296。

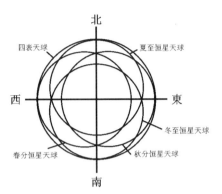

圖1-1　陳美東《尚書考靈曜》宇宙模型

由此可見，陳美東認為《尚書考靈曜》是主張渾天說的。但是他所根據的幾條引文，從文獻學的角度來看，是有一些問題的。

第一，第五句「天如彈丸，圍圓三百六十五度四分度之一」這句話是否《尚書考靈曜》本文？其實不然，《禮記正義》中，這段話的上下文是這樣的：

> 按鄭注《考靈耀》云：「天者純陽，清明無形，聖人則之，制璇璣玉衡以度其象。」如鄭此言，則天是大虛，本無形體，但指諸星運轉以為天耳。……計二十八宿一周天，凡三百六十五度四分度之一，是天之一周之數也。天如彈丸，圍圓三百六十五度四分度之一。按《考靈耀》云……[11]

不難發現，這句話並非《考靈曜》本文，甚至連鄭玄的注文都不是，而是孔穎達的疏文。

這句話被誤當作《尚書考靈曜》本文，還是始於明代的孫瑴，此句被作為緯文引用，首次出現在《古微書》卷一。清馬國翰《玉函山房輯佚書》、

---

[11]〔漢〕鄭玄注、〔唐〕孔穎達疏：《禮記正義》（北京市：中華書局，1980年，影印阮刻《十三經注疏》本），頁1352。本文凡出處屬於十三經的文獻，如無特別說明，均使用影印阮刻《十三經注疏》本。

殷元正《集緯》照錄不誤。

關於這句話的真偽，前人已有討論。《緯攟》的編者清人喬松年在書中的按語裏說：「此是〈月令〉疏孔穎達語，非《考靈曜》本文。孫氏（孫瑴）引作正文，誤也。」[12]但是，馬國翰在《玉函山房輯佚書》中卻信為真，他認為：「《禮記·月令》《正義》有此文，下引一度二千云云，作《考靈曜》。《古微書》並輯入。案《書·堯典》《正義》引《考靈曜》、《乾鑿度》諸緯云：『周天三百六十五度四分度之一。』又〈月令〉《正義》云云，曰：『渾天形如彈丸。』又云『注《考靈曜》用渾天之法』。則此節亦確為緯文也。」[13]

可以看出，馬國翰只是自己的推測，並無確鑿證據。況且，不一定非得球形的天體才可以講周天度數，蓋天形狀的天體也未嘗不可。另外，鄭玄「注《考靈曜》用渾天之法」，不等於《考靈曜》用渾天之法。孔穎達「今《禮記》是鄭氏所注，當用鄭義，以渾天為說」這句有提示意味的話，反倒暗示給我們一種可能，即《考靈曜》本來就不是渾天之法，而鄭玄用渾天之法去注解它。而且從第十一句「仰觀天形如車蓋」的描述，也可以判定「天如彈丸」屬於誤輯。以天比作車蓋，正是蓋天宇宙學說的經典比喻。

另外喬松年還指出了如下幾條孫瑴搞錯的地方：

> 二十八宿之外，各有萬五千里，是為四游之極，謂之四表。
> 愚按此亦是孔《疏》，非《考靈曜》本文。《天中記》、《唐類函》及孫氏皆引作《考靈曜》，誤也。
> 周天百七萬一千里。
> 愚按此句是《考靈曜》本文，孫氏轉認為孔《疏》語，又誤也。
> 地與星辰均（一作俱）有四游升降。
> 愚按此是〈月令〉孔穎達《疏》語，《爾雅》邢昺《疏》亦引之，孫

---

[12]〔清〕喬松年：《緯攟》（清光緒三年強恕堂刻本），卷13。

[13]〔清〕嚴可均：《玉函山房輯佚書》（上海市：上海古籍出版社，1990年），卷52，頁2022。

氏列作鄭注，誤也。[14]

陳美東先生正是根據「二十八宿之外，各有萬五千里」這句話，認為《考靈曜》宇宙結構中，二十八宿之外還有一個所謂「四表天球」（類似說法亦見《中國天文學史》第八章第四節「樸素的地動說」，中國天文學史整理小組編[15]）。但是，這也是鄭玄、孔穎達等人提出來的，並非緯書原文。假如通過別的渠道，證明緯文和鄭《注》、孔《疏》相合，那麼說緯文有一個「四表天球」，自無不可。但可惜的是，現在並沒有較為有力的證據，證明《尚書考靈曜》裏也有一個「四表天球」存在。事實是，連內層的那個「恆星天球」，都不一定存在。

誤輯文獻的現象，不但孫愨的《古微書》裏有，連北京大學出版社出版的《十三經注疏》新標點本《禮記正義》，也同樣犯了這種錯誤：

> 按《考靈曜》云：「一度二千九百三十二里千四百六十一分里之三百四十八。周天百七萬一千里者，是天圓周之里數也。以圍三徑一言之，則直徑三十五萬七千里，此為二十八宿周回直徑之數也。然二十八宿之外，上下東西各有萬五千里，是為四游之極，謂之四表。據四表之內，並星宿內，總有三十八萬七千里。然則天之中央上下正半之處，則一十九萬三千五百里，地在其中，是地去天之數也。」[16]

根據前後引號的位置，校點者顯然認為這一大段話都是《考靈曜》的本文。緯書流傳至今，早已成為斷簡殘編，這裏居然冒出這麼一大段佚文，豈不是很奇怪的事情嗎？其實詳細分析這段話，從「是天圓周之里數也」之後，是孔穎達的話。應依喬松年說斷作：

14〔清〕喬松年：《緯攟》，卷13。

15 這一節認為，《考靈曜》用大地的運動解釋太陽每天在正南方時高度的周年變化，但是並沒有認為大地的運動也造成了四季星空的變化，持論較為穩健。中國天文學史整理小組編：《中國天文學史》（北京市：科學出版社，1981年），頁172。

16《十三經注疏》整理委員會：標點本《禮記正義》（北京市：北京大學出版社，1999年），頁439。

> 按《考靈曜》云「一度二千九百三十二里千四百六十一分里之
> 三百四十八，周天百七萬一千里」者，是天圓周之里數也。

清人陳壽祺也注意到了這個問題，他也認為「周天百七萬一千里」之後，
「《考靈曜》文當至此止，以下《正義》申解語」[17]。另外，假如斷作：

> 按《考靈曜》云：「一度二千九百三十二里千四百六十一分里之
> 三百四十八。」周天百七萬一千里者，是天圓周之里數也。[18]

也是不合適的，因為前面說的是「一度」如何如何，何以突然講起了周天長
度呢？一度里數和周天里數不應拆開。同類問題，兩種標點版的《禮記正
義》錯誤還有很多。

安居香山的《緯書集成》同樣犯了這個錯誤，在《尚書考靈曜》一章
裏，他把前面的「一度二千九百三十二里千四百六十一分里之三百四十八」
和「周天百七萬一千里」收入了，注明是來自《禮記‧月令》疏。後面的
「二十八宿之外，上下東西各有萬五千里，是為四游之極，謂之四表」也收
入了，注明是來自《天中記》卷一、《續博物志》卷一、《淵鑒類函》卷一
和《事詞類奇》卷一[19]，核查原書（《事詞類奇》未能見到），正如喬松年所
說，都是從《禮記‧月令》抄來。所以，即使安居先生輯得無誤，那又何以
不收中間「是天圓周之里數也。以圍三徑一言之，則直徑三十五萬七千里，
此為二十八宿周回直徑之數也」這段話呢？顯然，安居香山沒有細讀《禮
記‧月令》原文，僅僅根據《天中紀》、《唐類函》的記載，就把這三句話
誤作《尚書考靈曜》的正文輯錄了進去。

另外，安居香山所輯的第七句，也是有問題的。這幾句話出自《周禮正
義》，原文是：

17 〔清〕陳壽祺：《五經異議疏證》，《皇清經解》（清道光九年學海堂刻本），卷1250。
18 呂友仁校點：《禮記正義》（上海市：上海古籍出版社，2008年），頁592。
19 《緯書集成》，頁344-346。

案《三光考靈耀》云「四游升降於三萬里中」，下云「日至之景尺有
五寸，謂之地中」。則是半三萬里而萬五千里，與土圭等，是千里差
一寸。[20]

安居香山先生認為「夏（日）至之景尺有五寸，謂之地中」是《三光考靈
耀》的話，也是錯誤的。這是《周禮·大司徒》的正文，且就在「四游升降
於三萬里中」之後隔了幾行的位置上，這才是賈公彥《疏》所謂的「下云」。

第二，陳美東先生對第五句的理解存在錯誤。

5）正日（月）假上八萬里，假下一十萬四十（千）里。

原文見於《禮記·月令》和《爾雅·釋天》，兩處文字不同，《禮記·
月令》作：「正日假上八萬里，假下一十萬四十里。」[21]《爾雅·釋天〉作：
「正月假上八萬里，假下一十萬四千里。」[22]依《校記》，「日」應作「月」（或
應作「月日」）。結合上下文看，「十」應作「千」。按照《爾雅·釋天》，這
段話是這樣的：

又《考靈耀》云：「正日假上八萬里，假下一十萬四千里。」[23]所以有
假上假下者，鄭注《考靈耀》之意，以天去地十九萬三千五百里[24]。
正月雨水之時，日在上假於天八萬里，下至地一十一萬三千五百里。
夏至之時，日上極與天表平也。後日漸向下，故鄭注《考靈耀》云：
「夏至日與表平，冬至之時，日下至於地八萬里，上至於天十一萬
三千五百里也。」委曲俱見《考靈耀》注。

陳美東先生認為：「孔穎達已經注意到鄭玄大約把日與天、地的距離弄顛倒

---

20 〔漢〕鄭玄注、〔唐〕賈公彥疏：《周禮注疏》，頁704。

21 〔漢〕鄭玄注、〔唐〕孔穎達疏：《禮記正義》，頁1352。

22 〔晉〕郭璞注、〔宋〕邢昺疏：《爾雅注疏》，頁2607。

23 如果是一十萬四千的話，104000+80000＝184000里，與後文不符。

24 十九，阮刻《禮記·月令》作「十五」，閩、監、毛本、衛氏《集說》同，惠棟校宋
本作「十九」，是。

了。……這一點，孔穎達的理解應是正確的。不過，其時當在冬至這一節氣，鄭玄之說應有所據。」[25]這種說法不合情理。鄭玄專意注經，恐無在這種重大問題上弄顛倒之理。倒是古書中「上」、「下」二字，字形相近，容易淆亂。這句話裏，「正月」尚且誤作「正日」，何以「上」、「下」就不能相混呢？細讀原文，鄭《注》語意明白，而孔《疏》卻表述含混。最大的可能，是鄭玄見到的原文應該是「正日（月）假下八萬里，假上十一萬四千里」，所以他說，夏天太陽和天表平齊，冬至太陽下至於地八萬里，上至於天十一萬三千五百里。孔穎達見到的原文是「正日（月）假上八萬里，假下十一萬四千里」，已經和鄭《注》發生矛盾了，所以只好按自己看到的文字敷衍一番，又覺得畢竟不妥，要維持「疏不破注」的規矩，但鄭玄注的不是經文而是緯文，姑且通融，只好說「委曲（文意隱晦曲折）俱見《考靈耀》注」。後來傳抄訛誤，「十一」又誤作「一十」，使文中各個數字的關係更無法解釋。

我們確信鄭玄所見為「正月假下八萬里，假上十一萬四千里」，還有一條數理上的證據，即按鄭玄所說，太陽在冬至日之高度角和事實較為吻合，此與陳美東先生的思路不謀而合，但他卻沒有得出精確的結果。為了便於閱讀，這裏不給出具體計算，詳見附錄一。

另外，從《考靈曜》「從上臨下八萬里，天以圓覆，地以方載」這句話中，也可以看出《考靈曜》的原文是作「正月假下八萬里，假上一十萬四千里」的，因為《考靈曜》已經明確告訴我們，天地距離為一七八五〇〇里，所以這裏的「從上臨下」不應是從天到地，而是從冬至太陽位置到地。只有這樣，才能合理解釋「八萬里」這一數字的來源。

第三，陳美東先生說「地體為邊長三萬里的正方體」，也不知根據何在，因為現存的緯文中看不到這樣的資料。

第四，陳美東先生認為地體是沿著橢圓形軌道運轉的，似乎也和現存的緯文不合，因為緯文明確說「地有四游，冬至地上北而西三萬里，夏至地下

---

[25] 陳美東：《中國古代天文學思想》，頁294。

行南而東復三萬里。春秋分其中矣」。這句話更有可能描述的是一種折線運動，下文有詳細論述。

四 《尚書考靈曜》宇宙模型的試構建

（一）《尚書考靈曜》宇宙模型的屬性

《尚書考靈曜》的文本存在著混亂，所以，它到底是持渾天說，還是蓋天說，眾說紛紜，孔穎達已經注意到了這個問題，讓我們先看看孔穎達的說法：

> （天地之說）凡有六等：一曰蓋天，文見《周髀》，如蓋在上；二曰渾天，形如彈丸，地在其中，天包其外，猶如雞卵白之繞黃，楊雄、桓譚、張衡、蔡邕、陸績、王肅、鄭玄之徒並所依用；三曰宣夜，舊說云殷代之制，其形體事義，無所出以言之；四曰昕天，昕讀為軒，言天北高南下，若車之軒，是吳時姚信所說；五曰穹天，云穹隆在上，虞氏所說，不知其名也；六曰安天，是晉時虞喜所論。注《考靈曜》用渾天之法，今《禮記》是鄭氏所注，當用鄭義，以渾天為說。[26]

從上文可見，鄭玄是主張渾天說的，但《考靈曜》並不一定也主渾天說。注《考靈曜》「以渾天為說」只是鄭玄一廂情願的做法。孔穎達沿用鄭玄渾天說而不改，並不一定是認為鄭玄說得有道理，恐怕更多的是要信守「疏不破注」的原則。而鄭玄以渾天為說，更有可能是信守馬融師法。馬融多用渾天之法解經，是很明顯的。例如《尚書·舜典》引馬融說：「渾天儀可旋轉，故曰璣。衡，其橫簫，所以視星宿也。以為璇璣，以玉為衡，蓋貴天象也。」[27]又有一次，馬融「嘗算渾天不合，諸弟子莫能解，或言（鄭）玄能

---

26 〔漢〕鄭玄注、〔唐〕孔穎達疏：《禮記正義》，頁1352。

27 〔漢〕（偽）孔安國傳、〔唐〕孔穎達疏：《尚書正義》，頁126。

者。融召令算，一轉便決，眾咸駭服」[28]。所以，馬融、鄭玄並依渾天之說，當無疑問。我們今天再重新研究《尚書考靈曜》，應該以原文為主，不能因為《禮記》是鄭氏所注，就要用鄭玄的渾天說來解釋原文。

　　經過訂正，可信為《尚書考靈曜》的原文如下：

（1）天地相去十七萬八千五百里。

（2）一度二千九百三十二里千四百六十一分里之三百四十八，周天百七萬一千里。

（3）正日（月）假上（下）八萬里，假下（上）十萬四千里（十一萬四千里）。

（4）從上臨下八萬里，天以圓覆，地以方載。

（6）地有四游，冬至地上北而西三萬里，夏至地下行南而東復三萬里。春秋分其中矣。地恆動而不止，人不知，譬如人在大舟中，閉牖而坐，舟行不覺也。

（8）春則星辰西游，夏則星辰北游，秋則星辰東游，冬則星辰南游。

（9）二十八宿，周天三百六十五度四分度之一。

（11）日月五星，冬至起牽牛，日月若懸璧。仰觀天形如車蓋，眾星累累如連貝。

（12）斗十二度，無餘分，冬至在牽牛所起。

（14）日光照四十萬六千里。

（15）日影於地千里而差一寸。

（16）萬世不失九道謀。

（17）以仲春仲秋晝旦夜分之時，光條照四極，周經凡八十二萬七千里，日光接，故曰：分寸之暑，代天氣生。

28〔南朝宋〕劉義慶：《世說新語》（上海市：上海書店，1986 年，《諸子集成》本），頁 47。本文凡出處屬於諸子的文獻，除本文引述情況較複雜的《淮南子》外，如《老子》、《墨子》、《管子》、《鹽鐵論》、《論衡》、《呂氏春秋》及《世說新語》等，如無特別說明，均使用《諸子集成》本。

以下兩條附：

（7）地與星辰四游，升降於三萬里之中。

（13）日道出於列宿之外，萬有餘里。

此二條都輯自《周禮注疏》，屬於所謂《三光考靈曜》，而《三光考靈曜》
或即《尚書考靈曜》的一篇。陳壽祺在《五經異義疏證》的按語中說：
「《儀禮・士昏禮》目錄疏亦引《三光考靈耀》，是其書唐人見之。《考靈耀》
本《尚書》緯名，余見日本國所傳隋蕭吉《五行大義》卷四論七政，引《尚
書考靈耀・七政》曰：『日月者時之主也，五星者時之紀也，故曰在璇璣玉
衡以齊七政。』據此，《考靈耀》有〈七政〉篇。題則〈三光〉，亦其篇題之
一。與依文當作《尚書考靈耀・三光》。《周禮》疏倒之者，或古書小題在
上，大題在下，因而舉之如此耳。」[29]則可見《尚書考靈曜》是一部大書，其
中有若干篇，〈三光〉、〈七政〉皆其一篇。

　　本文只談緯書中的宇宙結構，所以鄭玄、孔穎達等人的疏解，只能作為
參考，不能引為結論。則從以上文字，可以看出以下幾點：

　　一、關於天地形狀。第一句告訴我們，天地相去的距離是一七八五〇〇
里。第二句告訴我們周天里數，可以立即算出周天半徑也是一七八五〇〇里
（$\pi = 3$），和天地相去距離相同，且第十一句告訴我們「天形如車蓋」，這
樣，我們大致可以推斷，天空基本上是穹窿形的。

　　二、從第四句「天以圓覆，地以方載」中，可以判斷，《考靈曜》主張
蓋天宇宙結構，但是，高度為八萬里的位置，是一個特殊的分界線。

　　「天地相去十七萬八千里」這句話，似乎告訴我們天地距離是一個常
量，其實不必這樣拘執。張衡總該是主張渾天說的，在他的著作中，有這
樣的話：「天大地小」[30]和「自地至天，半於八極」[31]。既然天是半球形的，那麼

29〔清〕陳壽祺：《五經異議疏證》，《皇清經解》，卷1250。

30〔漢〕張衡：〈渾天儀〉，收入〔宋〕李昉等：《太平御覽》，卷2，頁10。

31〔漢〕張衡：〈靈憲〉，《後漢書・天文志》注引，頁3215-3217。

一定是中間高，四邊低，怎麼可能「自地至天，（總是）半於八極」呢？其實這裏有一個隱含的原因，那就是「天大地小」。地居於天頂之下，面積不大。在這一小片區域內，半徑的差異可以忽略不計。

三、《尚書考靈曜》既然採用了穹窿形的天體，就必須回答另一個問題：這天體的自轉軸心，也就是北極位於何處？倘若位於正天頂上，則觀測者的位置就必須放在半球的球心以南，但是，在中原地區，北極出地高度為今度三十五度左右，即使將觀測者置於球的最南部邊緣，其望極高度尚且有四十五度，所以，北極必須置於這個半球偏北的位置。

那麼歷史上有相應的天地結構嗎？據南朝祖暅《天文錄》記載，蓋天說共有三家：

> 蓋天之說又有三體，一云天如車蓋，游乎八極之中；一云天形如笠，中央高而四邊下，亦云天如欹車蓋，南高北下。（《太平御覽》卷二引）[32]

第三種此即所謂周髀家（並不一定是《周髀算經》）蓋天說：

> 周髀家云：天員如張蓋，地方如棋局。天旁轉如推磨而左行，日月右行隨天左轉，故日月實東行，而天牽之以西沒。譬之於蟻行磨石之上，磨左旋而蟻右去，磨疾而蟻遲，故不得不隨磨以左迴焉。天形南高而北下，日出高故見，日入下故不見。天之居如倚蓋，故極在人北，是其證也。極在天之中，而今在人北，所以知天之形如倚蓋也。[33]

王充也注意到了周髀家的說法：

> 或曰：天高南方，下北方。日出高，故見；入下，故不見。天之居若倚蓋矣，故極在人之北，是其效也。極其天下之中，今在人北，其若

---

[32] 〔宋〕李昉等：《太平御覽》，頁9。

[33] 〔唐〕房玄齡等：《晉書》，頁279。

倚蓋，明矣。[34]

據陳美東先生說，二者實出於同一文獻記錄[35]。根據他的研究，周髀家蓋天說天地結構如圖1-2所示[36]：

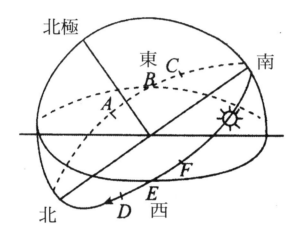

圖1-2　陳美東所繪周髀家蓋天說宇宙模型

此圖尚有不足，北極出地高度畫得過高，又赤道圈以外，地下之天轉到地上後，不足以和地相接。然則赤道圈以下，究竟是什麼形狀，緯文並未明言，僅能憑己意補足這一部分。則《尚書考靈曜》天地模型可能的形狀如圖1-3所示，此二圖均符合《尚書考靈曜》現存文字的描述。

---

[34]〔漢〕王充：《論衡》，頁108。

[35] 陳美東：《中國古代天文學思想》，頁89。

[36] 陳美東：《中國古代天文學思想》，頁90。圖中平板形大地為筆者所加。

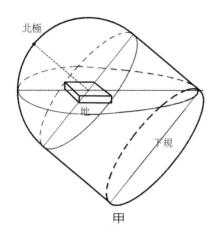
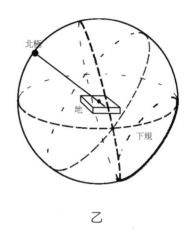

圖1-3 《尚書考靈曜》蓋天說宇宙模型

　　先討論甲圖。甲圖的模式，其形狀如一頂張了帷幕的車蓋，這樣畫是根據「天形如蓋」的描述，并受了星圖的啟發。歷代所傳的星圖，除繪於平面上的蓋圖外，另有一種橫圖，北極恒顯圈內，用圓形畫紫微垣諸星，自恒顯圈至恒隱圈，用長條形橫圖表示，如果黏合起來恰像一個罩子。此圖式現在仍然常用[37]，只不過囿於紙面，頂部無法作穹窿形而已。

　　又古代車蓋，四周未必光禿無物，旁可張帷，例如：「掌帷、幕、幄、帟、綬之事。」鄭玄注：「在旁曰帷，在上曰幕。」[38]「其縑帛圖書，大則連為帷蓋，小乃制為滕囊。」[39]又：「近小使車，蘭輿赤轂，白蓋赤帷。」[40]還有就是如著名的〈氓〉描述的那樣：「淇水湯湯，漸車帷裳。」孔《疏》：「《傳》以大夫之車立乘，有蓋無幛裳。此言帷裳者，婦人之車故也。……故〈巾車〉云：『重翟、厭翟、安車皆有容蓋。』鄭司農云：『容謂襜車，山東謂之裳幃，或曰童容。』以幛障車之傍，如裳以為容飾，故或謂之幛裳，或謂之童

---

[37] 例如王力：《古代漢語》（北京市：中華書局，1962年）附伊世同所繪《天文圖》。

[38] 《周禮注疏・天官・幕人》，頁676。

[39] 《後漢書・儒林列傳》，頁2548。

[40] 《後漢書・輿服志上》，頁3651。

容。其上有蓋，四傍垂而下，謂之幨。」[41]

「童容」很長，可以及輪，所以才會入水而濕。那麼如左圖所示的模型，恒顯圈附近取象車蓋，赤道附近取象車帷，正是一套完整的車蓋形狀。

至於右圖，此圖中所缺，只是南天恆隱圈一小部分，形狀像一個削去蒂的西瓜，更加接近渾天說的形狀。但是如果承認蓋天家「天如倚蓋」、「天高南下北」等描述，且一定要吻合觀測事實，則這樣的形狀也未為不可。但是，考慮到《尚書考靈曜》以蓋天立說，故以左圖為優。

實際上，蓋天、渾天，並非勢同水火，而是你中有我，我中有你，互相吸收利用而發展。戰國以前有沒有成型的渾天說，頗有疑問，例如：

> 渾天遭秦之亂，師徒喪絕而失其文，惟渾天儀尚在候臺。（《宋書·天文志》）[42]
> 宣夜先絕，周髀多差，渾天之學遭秦而滅，洛下閎、耿壽昌晚出，始物色得之。（《宋書·天文志》）[43]

滅絕復興也罷，橫空出世也罷，今傳渾天之說，來自漢代落下閎等人所創，後經東漢、三國學者修訂，應該無可懷疑。自然科學史學者王立興認為，古渾天說亡佚後，讖緯之書的作者們和注經的漢儒們也在搜尋史料，著手重建渾天說，他們使用蓋天說的天文數據，作為他們渾天說的基石，反過來又批評《周髀》中渾天說的謬誤。但這些第二代的渾天家們，對從蓋天說來的「千里一寸」和「勾股重差」等假設，不置一辭[44]。這些渾天說採自蓋天說的證據是非常明顯的。

王立興是主張蓋天說優於渾天說的，他的論述雖然有主觀因素，但卻指出了渾天說和蓋天說的關係，而他仍然認為《尚書考靈曜》是主渾天說。假

---

[41] 〔漢〕毛亨、毛萇傳、〔漢〕鄭玄箋、〔唐〕孔穎達疏：《毛詩正義》，頁325。

[42] 〔南朝梁〕沈約：《宋書》，頁678。

[43] 〔元〕脫脫等：《宋史》，頁950。

[44] 王立興：〈從星圖畫法上看渾天說的兩次建成的先後〉，《中國天文學史文集》第5集（北京市：科學出版社，1984年），頁192-194。

如重新審定《尚書考靈曜》的天地結構，就會覺得這個變化過程更加自然。渾天家向蓋天家借來「周天度數」、「千里一寸」等理論，固如王立興所論；而蓋天家又何嘗不向渾天家借來球面天體觀、極軸斜在人北等觀念呢？例如《周髀算經》「牽牛去極百十五度千六百九十五里二十一步……東井去極六十六度千四百八十一里」[45]的說法，已經把這些渾天說的概念大量地應用在自己的蓋天宇宙理論之中了。「去極度數」只能在球面的基礎上才能談，現在學者一般認為，《周髀算經》持天地平行觀，甚至天地為平行平面觀，何來「去極度數」？這也是蓋天說融合渾天說的一個證據。

渾蓋二說相互交織，原來的蓋天家一般認為北極正當天頂，而《考靈曜》裏的蓋天家就已將傾斜的天穹比作「倚蓋」了，這是更加符合觀測實際的。我們不妨推測，隨著對天體觀測的不斷深入，這個「倚蓋」的下沿逐漸包攏，「倚蓋」之比喻亦漸趨勉強，終於無法顧及其實際形狀，於是，圖1-3中的甲圖就慢慢向乙圖變化。漢代出現這種只差一步便成渾天說的「蓋天說」，就是水到渠成的事情了，這正是蓋天說和渾天說交融階段的一個產物。

這種模型是有很大問題的，在漢代就受到了王充等人的批評：

> 日明既以倚蓋喻，當若蓋之形也。極星在上之北，若蓋之葆矣；其下之南，有若蓋之莖者，正何所乎？夫取蓋倚於地不能運，立而樹之，然後能轉。今天運轉，其北際不著地者，觸礙何以能行？由此言之，天不若倚蓋之狀，日之出入不隨天高下，明矣。或曰：「天北際下地中，日隨天而入地，地密郭隱，故人不見。」然天地，夫婦也，合為一體。天在地中，地與天合，天地並氣，故能生物。北方陰也，合體並氣，故居北方。天運行於地中乎，不則，北方之地低下而不平也。如審運行地中，鑿地一丈，轉見水源，天行地中，出入水中乎，如北方低下不平，是則九川北注，不得盈滿也。（《論衡・說日》）[46]

---

45 郭書春校點：《算經十書》（瀋陽市：遼寧教育出版社，1998年），頁22。

46《論衡》，頁108。

所以，歷史上不乏調和渾蓋之人，如北齊信都芳著《四術周髀宗》，其序曰：

> 渾天覆觀，以靈憲為文；蓋天仰觀，以周髀為法。覆仰雖殊，大歸是一。[47]

明末李之藻力主渾蓋合一，其說云：

> 渾蓋舊論紛紜，推步匪異。爰有通憲，范銅為質，平測渾天，截出下規遙遠之星，所用固僅倚蓋，是為渾度蓋模，通而為一。(《渾蓋通憲圖說·總圖說》)[48]

值得注意的是，如前引錢寶琮先生之語，中國人長於代數而短於幾何，所以日躔月離、五星順逆的計算數據，其精度堪與現代天文學一爭高下，而言及天地之體，粗疏之甚，不外乎彈丸、倚蓋、覆盤幾個而已，其數學語言實在是非常貧乏的。

自然科學史學者江曉原先生論古代天文學時認為：佔據統治地位的渾天學說，雖有一個「渾天」的大致圖象（也只是用文字描述出來），但其中既無明確的結構，更無具體的數理，甚至連其中的大地是何形狀這樣的基本問題都還令後世爭論不休。宇宙究竟是什麼形狀和結構這類問題，他們更可以放在一邊不去過問[49]。所以，今人自童蒙起，即已經接受西方數學，凡涉及空間問題，必藉助幾何工具，立空間模型以描述之，而古人於球體、球冠、立方體等各種幾何形狀，也未必像今人那樣分得那麼清楚，只要符合實際觀測就可以了（為便於討論，以下所言《尚書考靈曜》天地結構，皆採用左圖）。

---

[47] 〔唐〕李延壽：《北史·信都芳傳》，頁2934。

[48] 〔明〕李之藻：《渾蓋通憲圖說》（上海市：商務印書館，1936年，《叢書集成初編》本），頁23。

[49] 江曉原、謝筠譯注：《周髀算經》（瀋陽市：遼寧教育出版社，1996年），頁49。

（二）《尚書考靈曜》的日道位置

　　《考靈曜》說「從上臨下八萬里」、「正月假下八萬里，假上十一萬四千里」，根據鄭玄的解釋，是說冬至時的太陽位置。實則從中還可推出夏至時的太陽位置。因為二數相加，從地到天頂的垂直距離為一九四〇〇〇里，而天地相去一七八五〇〇里，多出的一五五〇〇里，應是地下行（此時天亦下行，詳述見後），離開原位的一五〇〇〇里再加上太陽半徑五百里。緯文說「十一萬四千里」，鄭玄何以說「十一萬三千五百里」？這是計入太陽半徑和不計太陽半徑的區別，《論衡》卷十一、《五行大義》卷四引《白虎通》並云「日徑千里」，這是古人公認的「天文常數」。由此也恰可以看出，夏至日，太陽升於天頂正中，即鄭玄所謂「夏至之時，日上極與天表平也」。也只有如此，計入太陽半徑五百里的「假上十一萬四千里」才是有意義的。否則徑言「假上十一萬三千五百里」即可，多出了的五百里就沒有了著落。以上諸數字的關係，如圖1-4所示。

　　離地八萬里，是太陽下降的最低值。另外，日道出於列宿之外萬有餘里，說明太陽不隨星辰四游而運動，其自有軌道。

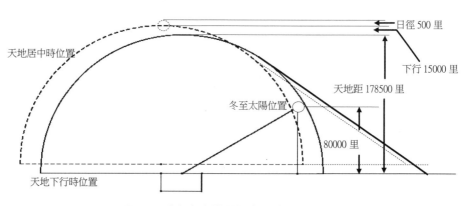

圖1-4 《尚書考靈曜》冬至太陽位置圖

綜合以上分析，可以畫出《尚書考靈曜》日道模型，如圖1-5所示：

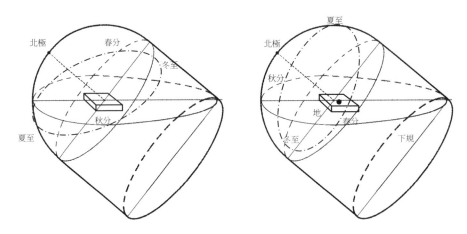

圖1-5　《尚書考靈曜》的日道

如圖，天半徑為一七八五〇〇里（根據緯文「天圓地方」，地體畫作方形）。日徑千里，日道出於天穹之外一段距離，且冬至之時，距地面八〇〇〇〇里，夏至之時升於天頂中心（此圖按天地均為靜止的情況繪製，暫未考慮四游）。太陽的周日運動，也像渾天說那樣，白天升於天中，夜晚降於地下。李鵬舉先生據此無奈地說：「以《考靈曜》為代表的天體結構，既不簡單是蓋天，也不簡單是渾天，而是既在天體結構方面介於蓋渾，又在天體運行方面超越蓋渾的一種奇異模式。」[50]不過，此圖更能說明《考靈曜》代表了一種渾、蓋的融合。

或問按照此圖，夏至之時太陽豈非垂直照射地面？實則不然，因為《尚書考靈曜》還設計了一套系統，與之調節，這就是接下來要介紹的四游之說。

---

50 李鵬舉：〈漢代緯書中的古代相對性原理問題〉，《自然科學史研究》，1989年第4期。

（三）《尚書考靈曜》的四游理論

《考靈曜》最引人注目之處，莫過於認為天地均有四游，這是一種其他典籍從沒提到過的理論。前人對此也有較為深入的探討，石雲里先生總結得很詳盡，有專文論述[51]。

天文學史家陳遵媯先生倡為「地球自轉說」，認為漢代緯書提出天和地作相對的旋轉運動，並從天象的從東向西運動，領會到地從西向東運動，實際上已經猜測到地球的自轉運動。《尚書緯考靈曜》明確指出地是運動的，「地有四游」，一年四季，春夏秋冬，地各游一處。冬至，地經北向西游到三萬里處；夏至，地經南向東游三萬里回到起點處；春分，地游到經北向西所經過的弧形軌道的中間；秋分，地則游到經南向東所經過的弧形軌道的中間。可以說這是古人對地球公轉運動的天才猜測。《考靈曜》提到星辰四游，所游方向正好跟地在四季中所游的方向相反[52]。

自然科學史家呂子方先生也認為：「地恆動而不止，是包括了地球的『公轉』和『自轉』這兩種地動狀態的。」[53] 雖然《尚書考靈曜》首先提出了「地有四游」，但《尚書考靈曜》之前，古人早已猜測到地和天一樣，也在不停地運動，今考諸古籍有：

> 天左動起於牽牛，地右動起於畢。（《河圖括地象》）[54]
>
> 天左舒而起牽牛，地右辟而起畢昴。（《尸子》）[55]
>
> 地不足東南，陰右動，終而入靈門。地所以右轉者，氣濁精少，含

[51] 石雲里：〈中國傳統地動說及其引起的分歧與爭論〉，《自然辯證法通訊》，1992 年第 1 期。

[52] 陳遵媯：《中國天文學史》（上海市：上海人民出版社，2006 年），頁 1302-1303。

[53] 呂子方：〈古代的「地動說」〉，《中國科學技術史論文集》（成都市：四川人民出版社，1983 年），頁 220。

[54]《緯書集成》，頁 1090。

[55]〔宋〕李昉等：《太平御覽》，卷 37，頁 175。

而起遲，故轉右迎天，左其道也。(《春秋元命包》)[56]

粥熊曰：「運轉亡已，天地密移，疇覺之哉？」(《列子‧天瑞》)[57]

天地車輪，終而復始。(《呂氏春秋‧大樂》)[58]

天左動，其理較顯。只要對天象稍事觀察，即可察覺到一日一夜，天轉一周，即所謂周日視運動；每年星空亦轉一周，即所謂周年視運動。而能設想地右動，則非有抽象思維和更換參照系的意識不能為之。所以，不管《尚書考靈曜》的地動理論是如何的粗疏，我們仍然認為這是一種極其可貴的思想，在科學史上有重要的意義。

然而由於緯書散佚嚴重，所以其中的四游理論歷來聚訟紛紜。《河圖帝覽嬉》云：

立春，星辰西游，日則東游。春分，星辰西游之極，日東游之極，日與星辰相去三萬里。立夏，星辰北游，日則南游。夏至，星辰北游之極，日南游之極，日與星辰相去三萬里。[59]

參照《尚書考靈曜》兩段文字：「地有四游，冬至地上北而西三萬里，夏至地下行南而東復三萬里」和「春則星辰西游，夏則星辰北游，秋則星辰東游，冬則星辰南游」，可知二書所說為一事，更證實了四游說流行之廣。且《河圖帝覽嬉》存有二分二至時星空四游之極的說法，更補充了《尚書考靈曜》之不足。

陳美東先生在《中國古代天文學思想》中，對《尚書考靈曜》的地動模式及孔穎達為《尚書考靈曜》所作疏文中提到的地動模式作了很好的歸納和假設。本文即受陳先生的啟發，認為陳先生所謂「孔穎達的地動說」，其實就是《尚書考靈曜》的地動說，並不像陳先生所說，二者有什麼區別。筆者

---

[56]《緯書集成》，頁598。

[57]《列子》，頁8。

[58]《呂氏春秋》，頁46。

[59]《緯書集成》，頁1114。

這個模型，即承襲了陳先生的觀點，但對其細節作了一些修正。

根據緯文，可知冬至地在最下，又在最南，夏至地在最上，又在最北。對於「北而西三萬里」、「南而東復三萬里」，陳美東以為，是北而西一共三萬里，南而東也一共三萬里，其軌跡為一橢圓。但是這種橢圓形的軌跡，並不見於緯文和鄭《注》、孔《疏》提到，其說無據，而北而西，南而東各三萬里較為恰當，且行折線，即每三個月地行六萬里，全年一共運行了二四○○○○里。如圖1-6所示：

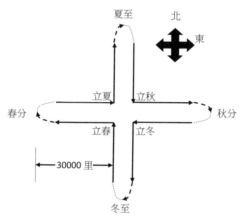

圖1-6 《尚書考靈曜》地有四游俯視圖

從冬至到立春，大地北游，從立春到春分，大地西游，則「北而西」各三萬里，合計六萬里；從夏至到立秋，南游，從立秋到秋分，東游，是「南而東」各三萬里，合計六萬里。與此同時，大地還有上下運動，冬至最低，夏至最高。

按照這種模式，可以算得冬至正午太陽高度角為二十九點五度，夏至正午太陽高度角為七十九點六度。而洛陽地區冬至太陽高度角約為三十一點五十五度，夏至正午太陽高度角為七十九點十一度，兩組數據較為相符，更說明此模型是建立在實測基礎之上的。具體計算見附錄一。

關於天有四游，即「春則星辰西游，夏則星辰北游，秋則星辰東游，冬則星辰南游」，與日道無涉，是天體自行運動。星空移而日道不移。而春則

星辰西游，並非整個春天都在向西運動，而是說在整個春天星空都在中心之西而已，西游到一定距離，自然要回歸。至春分西游之極，距太陽三萬里，也就是說西移了三萬里[60]，然後東行。夏、秋、冬亦如此。夏至北游之極，秋分東游之極，冬至南游之極。如此可知星空的四游與大地的四游完全相同，故不會察覺到星空有水平方向上的位移變化，如圖1-7所示，從立春到立夏的一往一還，是為「春則星辰西游」，夏、秋、冬亦同。

那麼星空有沒有垂直方向上的運動？根據緯文「地與星辰四游，升降於三萬里之中」看來，星辰也有升降，而且和大地的升降同步進行。那麼，大地和星空就完全沒有相對位移了。也就是說，人在大地上，僅憑對星空和地面的觀察，根本不能覺察到自己在不停地運動著。於是，這也驗證了《尚書考靈曜》的那句著名的話：

地恆動而不止，人不知，譬如人在大舟中，閉牖而坐，舟行不覺也。[61]

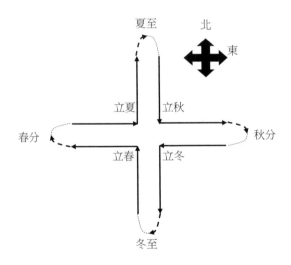

圖1-7 《尚書考靈曜》星空四游俯視圖

---

60 其說本於《河圖帝覽嬉》。

61 《緯書集成》，頁345。

　　這個比喻，正是對「地有四游」理論最恰當的注解，也是星空和大地同步「四游」的最好說明。一條封閉的船，使乘客看不到艙外的景象，也就是說，參照系內部的觀察者找不到系外參照物。倘若星空和大地位移方向不符，那麼豈不是就能覺察到「舟行」了嗎？所以，認為天地四游不同步，是違背這條緯文的基本設定的。

　　從常識來看，也可以知道《尚書考靈曜》的天體和地體是沒有相對運動的，假如天體、地體真的有相對運動，就會像明人王廷相懷疑的那樣：「況（地游）三萬里，其星辰河漢之位次寧不有大變移者乎？而北極、北斗、天漢之位次，其高下東西未嘗有一度之爽，所謂四游三萬里之說，豈不謬乎？」[62]他顯然是從後人的注解出發來理解《尚書考靈曜》的，但這並不一定符合緯書本義。

　　陳美東先生根據自己構建的模型，指出《尚書考靈曜》存在以下幾個所謂「硬傷」：

　　一、《尚書緯考靈曜》以為四季星空的位移變動是兩者綜合運動的結果。由此推論，一年內四季星空應該運轉二周天，這顯然是不正確的。

　　二、該模型勢必導致南天恆星位置的低昂變化（北天恆星亦如此），而這是不符合實際的，這是該模型的又一大硬傷。

　　三、這個模型……看來只能是半定量的，也就是說誤差還是不小的（陳美東算得《考靈曜》冬至日太陽地平高度角為二十六度，遠小於中原地區的31°）。[63]

　　一個模型出現這麼多的硬傷，很可能是其設計得不合適。筆者認為：第一、星空之所以有四季變化，實在不必以星空四游解釋。《考靈曜》提出星空四游理論的本義，也不是用來解釋星空四季變化的。實際上太陽每天沿黃道運行一度，每晚看到的星空自然就會推後一點，經年而周天，只要承認黃道的存在，四季星空的變化就是必然的；第二、星空與大地同步運動，恆

---

[62]〔明〕王廷相：《王氏家藏集》（臺北市：偉文圖書出版社，1976年），卷34，頁1544。

[63] 陳美東：《中國古代天文學思想》，頁297。

星位置就沒有所謂「低昂變化」，且符合「舟行不覺」的描述。倘若出現了「低昂變化」，那大地就不再是「閉牖」的，而成了「敞篷舟」了；第三、按照本文構建的模型，可以算出冬至日地平高度角為二十九點五度，夏至日地平高度角為79.6°，亦較陳說為精確。

五 日行九道考

《尚書考靈曜》中涉及「日有九道」的說法。日有九道，故《考靈耀》云：

> 「萬世不失九道謀。」(《禮記・月令》疏)[64]
> 其日甲乙。鄭注：日之行，春東從青道，發生萬物，月為之佐。孔疏：云「日之行，春東從青道」者，以星辰之次謂之黃道，春時星辰西游，黃道近西。黃道之東，謂之青道，日體不移，依舊而行，當青道之上，故云「東從青道」。云「月為之佐」者，以日月皆經天而行，月亦從青道，陰佐於陽，故云「月為之佐」。知月亦從青道者，以《緯》云「月行九道，九道者並與日同，而青道二，黃道東；赤道二，黃道南；白道二，黃道西；黑道二，黃道北；並黃道而為九道也」，並與日同也。(《禮記・月令》)[65]

另外，漢代王充《論衡・說日》也說：「日月有九道。故曰日行有近遠，晝夜有長短也。」[66]這些話明確說明，九道是由於星辰四游產生的。例如「青道」，是星辰西游所致，太陽的運行軌跡並未改變，只是星空向西移走了，才使太陽落在了東邊的「青道」上。又如：

> 黃道一，青道二，出黃道東；赤道二，出黃道南；白道二，出黃道

---

64 〔漢〕鄭玄注、〔唐〕孔穎達疏：《禮記正義》，頁1352。

65 同上書。

66 《論衡》，頁108。

西；黑道二，出黃道北。日春東從青道，夏南從赤道，秋西從白道，冬北從黑道。立春，星辰西游，日則東游。春分，星辰西游之極，日東游之極，日與星辰相去三萬里。立夏，星辰北游，日則南游。夏至，星辰北游之極，日南游之極，日與星辰相去三萬里。以此推之，秋冬放此可知。[67]

按《考靈耀》「春則星辰西游」，謂星辰在黃道之西游也。日依常行，在黃道之東，至季春之月，星辰入黃道，復其正處，日依黃道而行，是春夏之間，日從黃道。

「夏則星辰北游」，謂星辰在黃道之北游也。日依常行，在黃道之南，至季夏，星辰入黃道，復正位，日依常行黃道，至夏秋之間，日從黃道也。

「秋則星辰東游」，謂星辰在黃道東游。日依常行，在黃道之西，至季秋星辰入黃道，還復正位，日依黃道而行，至秋冬之間，日從黃道也。

「冬則星辰南游」，謂星辰在黃道南游。日依常行，在黃道之北，至季冬星辰入黃道，還正位，日依常行黃道，至冬春之間，日從黃道也。鄭注〈洪範〉云：

「四時之間，合於黃道也。」月之行道與日同，故云「月為之佐」也。（《禮記·月令》疏）[68]

這兩段話，更加明確。太陽的周年視運動軌跡不變，而黃道附著於星空之上，因為星空有「四游」，故春天星空西游，太陽落在黃道之東；夏天星空北游，太陽落在黃道之南；秋天星空東游，太陽落在黃道之西；冬天星空南游，太陽落在黃道之北。只有每當季節交替之時，黃道移回原位，太陽才有一段短暫的時間（實際上是一個沒有長度的時間點），沿著黃道運行。

「日有九道」的概念，除緯書外很少有人提到，歷代論述更多的是「月

---

67 《緯書集成》「立春星辰西游」以下輯作緯文，北大出版社標點本引號至「冬北從黑道」之後，認為以下是疏文，姑存疑，但不影響大局。

68 〔漢〕鄭玄注、〔唐〕孔穎達疏：《禮記正義》，頁1352。類似文字又見《河圖帝覽嬉》。

有九道」，如：

> 月有九行者：黑道二出黃道北，赤道二出黃道南，白道二出黃道西，青道二出黃道東。立春、春分，月東從青道；立秋、秋分，西從白道；立冬、冬至，北從黑道；立夏、夏至，南從赤道。然用之，一決房中道（房字當作於字）（《漢書・天文志》）[69]

「九道」及推算九道的「九道術」，隋、唐以後較為明晰。曲安京認為：在隋、唐以前，九道術主要是用來推算月亮的近點月週期的，除了《乾象曆》中的「三道術」給出了具體的算法外，在魏、晉、南北朝的諸多曆法中並沒有流傳下來任何有關九道術的翔實描述，直到一行的《大衍曆》才第一次出現了九道術的算法。不過，此時的九道術已經不再與近點月的計算有關了。《大衍曆》以後，九道術便成為月亮運動的核心算法之一，專門用來推算月亮在白道上的位置。但是，由於九道術精度很差，郭守敬在《授時曆》中就放棄了這個算法[70]。

　　漢代的九道術用意何在，清代以來，看法不同。戴震認為，九道術表示的是黃白交點的退行[71]；而俞正燮認為，九道是用來解釋日行的[72]。

　　「月行九道」之說，學界的研究已經非常深入。漢代的「月行九道」是用來解釋近點月問題，應已成定論[73]。近點月是描述月亮運行的一個概念，月繞地運行的曲線並非正圓，有一個近地點和一個遠地點，月在近地點時，運行最快，然而月球受周圍天體的攝動，近地點每天會移動一點，約9年恰好移動一周天而回歸原位。然而，「日行九道」之說，卻論述得不夠充分。陳

---

[69]《漢書》，頁1294。

[70] 曲安京：《中國數理天文學》（北京市：科學出版社，2008年），頁331-332。

[71]〔清〕戴震：《戴東原集》（上海市：商務印書館，1929年，《萬有文庫》本），卷5，〈九道八行說〉，頁82。

[72]〔清〕俞正燮：《癸巳類稿》（瀋陽市：遼寧教育出版社，2001年），頁331-332。

[73] 關於用九道術求月行的問題，參見陳久金：〈九道術解〉，《自然科學史研究》，1982年第2期。

久金先生撰為《九道術解》，圖解月行九道，堪稱定讞，然而對於《尚書考靈曜》、《河圖帝覽嬉》記述的「日有九道」，卻採取了一種迴避的態度：

> 初看起來，這段文字[74]與以上所引《後漢書·律曆志》的說法完全相反，因而與實際是不符的。但是，不能僅從字面上來理解。以上這段文字中的「日」字，實際可以理解為北斗的斗柄，「游」字可理解為指字。這就是《夏小正》、《鶡冠子》等書中「斗柄東指，天下皆春；斗柄南指，天下皆夏；斗柄西指，天下皆秋；斗柄北指，天下皆冬」的傳統說法。[75]

這段話，以「斗」訓「日」，以「指」訓「游」，沒有任何根據，是違背語言學和文獻學理論的。

對於同樣的文本，錢寶琮先生的見解比較正確，他認為：西漢時代的讖緯家喜歡故弄玄虛，拿天文曆象來附會陰陽災異，「替日月的軌道造出許多名目來」，將一個太陽年從立春起分做八節，太陽在八節內各行一道，又以黃道做四季的中道，併為九道。其實名為九道，實際上只是一道，不過巧立名目附會五行罷了。後世的天文家稱日道為「黃道」，月道為「白道」，和地軸正交的大圓為「赤道」，是借用西漢讖緯家所立的名目而重定界說的[76]。

錢先生之論，已明「日有九道」之大旨。所以，所謂「日有九道」，和近點月問題並無關係，實為建立在「四游」的觀念之上。九道，即太陽的視運行軌跡。

---

[74] 指《河圖帝覽嬉》「春則星辰西游，日則南游」等語。

[75] 陳久金：《九道術解》。

[76] 錢寶琮：〈漢人月行考〉，《錢寶琮科學史論文選集》，頁183-184。

如果以星空為參照系，太陽的視運行軌跡就在黃道附近擺動。根據緯書的描述繪出圖形，如圖1-8所示。

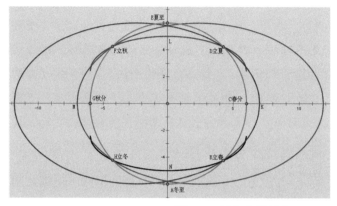

圖1-8　日有九道總圖

如圖1-8可見，青道、赤道、白道、黑道是四段橢圓。青道、赤道、白道、黑道分別對應橢圓上的弧BKD，DLF，FMH和HNB。

清除不必要的曲線，得到的九道圖如圖1-9所示。

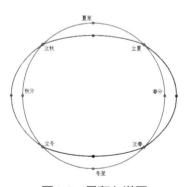

圖1-9　日有九道圖

這幅圖中的青赤白黑顏色的曲線，就是以星空為參照系所看到的太陽運行軌跡。從圖中可以看出：

1. 立春到立夏，整個春天，太陽在青道上運行，到春分點星空帶著黃道平

移到最西點，此時黃道和青道距離最大，此後逐漸回復，青道在春分處一分為二。春夏之交，太陽在黃道上短暫停留。

2. 立夏到立秋，整個夏天，太陽在赤道上運行，到夏至點星空帶著黃道平移到最北點，此時黃道和赤道距離最大，此後逐漸回復，赤道在夏至處一分為二。夏秋之交，太陽在黃道上短暫停留。

3. 立秋到立冬，整個秋天，太陽在白道上運行，到秋分點星空帶著黃道平移到最東點，此時黃道和白道距離最大，此後逐漸回復，青道在秋分處一分為二。秋冬之交，太陽在黃道上短暫停留。

4. 立冬到立春，整個冬天，太陽在黑道上運行，到冬至點星空帶著黃道平移到最南點，此時黃道和黑道距離最大，此後逐漸回復，赤道在冬至處一分為二。冬春之交，太陽在黃道上短暫停留。

青、赤、白、黑八道，實際上只有四道，即四段獨立的橢圓，但是每段橢圓的前二分之一是星空從近到遠移動，後二分之一是從遠向近移回，所以仍然可以認為有八道。太陽只有在二分二至的那個時刻才處於黃道上。

如錢寶琮先生所言，九道圖本是讖緯家附會之說，不必過於較真。但是如果一定要繪一幅準確的九道圖，就需要解釋一下這幅九道圖的繪製過程和數學依據：

1. 黃道在地面上的投影應該是一個橢圓，這裏為了方便起見，近似地繪作一個正圓。

2. 四游的最大值取 1 個單位長度，黃道直徑則取 12 個單位長度，這參考了《考靈曜》給出的周天直徑 178500 里和四游之極 30000 里的比例。

3. 青、赤、白、黑八道之所以是橢圓，是因為其運動是一個複合運動，是太陽自身的圓周運動和沿著 x 和 y 軸平動疊加而成。

為便於閱讀，這裏不給出具體計算過程，詳細計算見附錄二。

緯書之後，還出現了晉人劉智的日道說。《隋書‧天文志》「蓋圖」條下記載了劉智論日道云：「顓頊造渾儀，黃帝為蓋天，然此二器，皆古之所

制，但傳說義者失其用耳。昔者聖王正曆明時，作圓蓋以圖列宿，極在其中回之，以觀天象，分三百六十五度四分度之一，以定日數。日行於星紀，轉回右行，故圓規之以為日行道。欲明其四時所在，故於春也則以青為道，於夏也則以赤為道，於秋也則以白為道，於冬也則以黑為道。四季之末各十八日，則以黃為道。蓋圖已定，仰觀雖明，而未可正昏明，分晝夜，故作渾儀，以象天體。」[77]可見，這裏也出現了青赤白黑四道和黃道的概念，但是和緯書相比已經有了很大的變化。

第一、它取消了縱橫交錯的日道軌跡，認為日道軌跡只有一個圓，即所謂「圓規之以為日行道」。

第二、它賦予青赤白黑四道確切的含義，認為青赤白黑四道，是為「明（日之）四時所在」之用。

第三、它在每個季節之末單獨撥出十八天，「以黃為道」，並賦予了特殊的含義。

很明顯，劉智的日道只有一條，說明在他的宇宙模型中，取消了星空四游的運動。但是，每個季節十八天「黃道日」的出現，又打破了春青、夏赤、秋白、冬黑的格局，說明了新的思想觀念被孱入，而這種思想，是和繪製純粹意義的天文蓋圖沒有什麼關係的。另外，青赤白黑四道除了表示「日在」之外，也似乎沒有什麼天文學的意義，更像是為了繼承前人成說而不得不如此。劉智的日道圖如圖1-10所示：

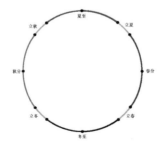

圖1-10　劉智的日道圖

---

[77]《隋書·天文志》，頁520。

　　除劉智外，南朝宋戴法興也提到過日有九道，然而劉智的日道說和戴法興奏議，可能有稍許的不同。戴法興認為：「日有八行，各成一道；月有一道，離為九行。」[78] 所謂日有八行，即日道只有一個圓周，但圓周被分為八個部分。這八個部分是什麼？有兩種可能，一種是按春夏秋冬平均分為四等分，每一段再一分為二，每兩段代表一個季節的日道。另一種可能，是春夏秋冬各占一段，而每兩個季節之交各加入了十八天的「黃道日」，這樣也是「八行」之數。

　　緯書雖然「日行九道」，但有一點值得注意，那就是它並沒有給太陽留出沿黃道運行的機會。如圖 1-9 所示，只有二分二至的四個時刻，太陽才會經過黃道，而且不會停留，實際上只有「日行八道」。而戴法興明確地說「日有八行」，雖然畫法不甚明確，但似乎正可證明我們對緯書「日有九道」而實有八段的設想。劉智的日道圖，明確將一個圓周分為八個部分，除春夏秋冬各占一部分之外，每個季節還給黃道留出了十八天的時段。這種改良了的日道圖，可以看作是「日有九道」的余波。

　　至今為止，學者們討論「月行九道」問題已經很深入了，但是我們卻找不到「日行九道」的任何天文學根據。而且，如前所述，劉智的日道圖，實在不必要加入四段各十八天的所謂「黃道」，於是我們猜測，緯書和劉智的日道圖，更有可能是受到了數術思想的影響。

　　在緯書中，日有九道是經常被提到的，例如《河圖括地象》說：

> 天有五行，地有五嶽。天有七星，地有七表。天有四維，地有四瀆。
> 天有八氣，地有八風。天有九道，地有九州。[79]

「天有五行」，亦見《春秋繁露》卷十一。五行、七星、四維、八氣，都是描述天之特徵的「基本參數」。而「五行」似乎地位特尊，在漢代人心目中可

---

[78] 《宋書·曆志》，頁 306。
[79] 《緯書集成》，頁 1090。

以包括以下諸事，試分析如下：

七星：這裏的七星不是「柳、七星、張」的七星，而當指日、月、熒惑、歲星、辰星、太白、填星，即所謂七曜。七星除日月外，均配五行，這是漢代人的習慣。或「七星」指「七宿」，則東方蒼龍、西方白虎、南方朱鳥、北方玄武，亦與五行相配。或「七星」指北斗七星，《詩含神霧》云：「七政：天斗上一星，天位，二主地，三主火，四主水，五主土，六主木，七主金。」[80]則北斗七星也兼配五行。

四維：揚雄《太玄》卷八載：「三八為木，為東方，……四九為金，為西方，……二七為火，為南方，……一六為水，為北方，五五為土，為四維，為中央。」[81]則以四維配五行，其義甚明。

八氣：當即漢代京房所倡之「八卦之氣」，《後漢書·黃瓊傳》注引《五經通義》曰：「八風者，八卦之氣。」[82]可知「地有八風」，實自天之八氣而來。《易緯通卦驗》中詳述八卦占術，其中用八氣配八卦和一年的八個節氣，列如表1-1所示[83]。

一時有一時之氣，對應八卦、八方和五行。且另一部緯書《易緯是類謀》中，還有一種「征王亡術」，以為「震氣不效，倉帝世，……天下亡」。其餘離、坤、兌、坎，分別對應赤、黃、白、黑四帝，某卦氣不效，對應的帝王之世將亡[84]。

---

[80]《緯書集成》，頁465。

[81]〔漢〕揚雄著、劉韶軍整理：《太玄集注》（北京市：中華書局，1998年，《新編諸子集成》本），頁199。

[82]《後漢書》，頁2035。

[83] 徐興無：《讖緯文獻與漢代文化構建》（北京市：中華書局，2003年），頁116-118。

[84]《緯書集成》，頁287-289。

表1-1：八方配八氣

乾	坎	艮	震	巽	離	坤	兌
西北	北	東北	東	東南	南	西南	西
立冬	冬至	立春	春分	立夏	夏至	立秋	秋分
白氣	黑氣	黃氣	青氣	青氣	赤氣	黃氣	白氣

此外，《春秋考異郵》也主八風應八卦氣之說，其說與《易緯通卦驗》基本相同[85]。

以上分述七星、四維、八氣和五行的關係。既然如此，在這樣的敘述模式下，「五行、七星、四維、八氣、九道」中最後一事「九道」，也不應落在五行學說的籠罩之外，而且，也應該有較為精緻的對應體系，而非簡單的湊泊。這裏的「九道」不應是「月行九道」之九道，因為「三綱之義，日為君，月為臣也」[86]。月作為「天道」的代表，似還不夠格。則此九道當為日於四季所行之九道。

五和四，本來就差一個數，所以如果想用五行來配四季，一定要想出一些合適的理由。五行配當的困難主要在於土。因為加了土這一行，使四時氣變有了五行相生的理論依據，但同時就出現了與四時配當不均的困難[87]。春夏秋冬配木火金土是很穩定的，但是，土的地位是什麼，該放在哪裏，歷史上不同的學者給出了不同的解決方案。

古籍中首見五行之說，當推《尚書·洪範》，它的五行排列順序與後世不同，以水為首：

　　一曰水，二曰火，三曰木，四曰金，五曰土。[88]

土居於五行之末，在另一部較早出現五行概念的文獻《管子》中，土也是居於輔助地位：

[85]《緯書集成》，頁793-794。

[86]《緯書集成》，頁738。

[87] 盧央：《中國古代星占學》（北京市：中國科學技術出版社，2008年），頁24。

[88]《尚書正義》，頁188。

中央曰土，土德實輔四時入出，以風雨節土益力。土生皮肌膚。其德
和平用均。中正無私，實輔四時。（《管子‧四時》）[89]

然而，「五行之說之極怪誕而有組織者，始見於《呂氏春秋》之〈十二
覽〉。其後《小戴禮記》採之（即〈月令〉篇），《淮南子》又採之」[90]。在
《呂氏春秋》中，中央土放在了卷六〈季夏紀〉之末，雖然地位有所提升，
但於體例卻不倫不類，且沒有相關篇章歸其統領，絲毫不能與其他四行並
論。所以《淮南子‧天文訓》進而引申之曰：

> 東方木也，……執規而治春；南方火也，……執衡而治夏；中央土
> 也，其帝黃帝，其佐後土，執繩而制四方；其神為鎮星，其獸黃龍，
> 其音宮，其日戊己。西方金也，……執矩而治秋；北方水也，……執
> 權而治冬。[91]

中央土的特點，是「執繩而制四方」，凸顯了土的地位。但是，還是不能讓
人明白，土到底屬於哪裏。〈樂記〉的佚文有：

> 春生夏長，秋收冬藏。土所以不名時者，地，土之別名也，比於五行
> 最尊，故自居部職也。[92]

《春秋繁露》大談陰陽五行，而土地位開始尊崇起來，賦予「五行莫貴於土」
的觀念，其排列順序也變成了「木、火、土、金、水」。然而一書之中，尚
且存在著矛盾的說法：

> 故木居東方而主春氣，火居南方而主夏氣，金居西方而主秋氣，水居
> 北方而主冬氣。……土居中央，為之天潤。土者，天之股肱也，其德

---

[89]《管子》，頁239。

[90] 梁啟超：〈陰陽五行說之來歷〉，《古史辨》（上海市：上海古籍出版社，1982年），第
5冊，頁352。

[91] 張雙棣：《淮南子校釋》（北京市：北京大學出版社，1997年），頁263。

[92]〔宋〕李昉等 ：《太平御覽》，卷17，頁86引。

茂美，不可名以一時之事。……土者，五行之主也。（《春秋繁露・五行之義》）[93]

木者春，……火者夏，……土者夏中，君之官也，……金者秋，……水者冬。（《春秋繁露・五行順逆》）[94]

水為冬，金為秋，土為季夏，火為夏，木為春。春主生，夏主長，季夏主養，秋主收，冬主藏。……土者，火之子也，五行莫貴於土，土之於四時，無所命者，不與火分功名……土者，五行最貴者也，其義不可以加矣。（《春秋繁露・五行對》）[95]

日冬至七十二日，木用事，其氣燥濁而青。七十二日，火用事，其氣慘陽而赤。七十二日，土用事，其氣溼濁而黃。七十二日，金用事，其氣慘淡而白。七十二日，水用事，其氣清寒而黑。（《春秋繁露・治水五行》）[96]

既然土為「季夏」、「夏中」，又為什麼說土「於四時無所命者」呢？由此看來，《春秋繁露》五行的尊土之說，還沒有完全固定。

《禮記・月令》的說法，較有代表性。

中央土，其日戊己，其帝黃帝，其神后土。鄭注：「火休而盛德在土也。戊之言茂也。己之言起也。日之行四時之間，從黃道，月為之佐。至此萬物皆枝葉茂盛，其含秀者抑屈而起，故因以為日名焉。」孔疏：「夫四時五行，同是天地所生，而四時是氣，五行是物。氣是輕虛，所以麗天；物體質礙，所以屬地。四時系天，年有三百六十日，則春夏秋冬各分居九十日。五行分配四時，布於三百六十日間，以木配春，以火配夏，以金配秋，以水配冬，以土則每時輒寄王十八日也。雖每分寄，而位本未，宜處於季夏之末，金火之間，故在此陳

---

93 《董仲舒集》（北京市：學苑出版社，2003 年），頁 246-247。
94 《董仲舒集》，頁 299-300。
95 《董仲舒集》，頁 240。
96 《董仲舒集》，頁 305。

之也。」[97]

經文、鄭《注》、孔《疏》，體現了三種不同的看法。〈月令〉正文僅把土放在了夏秋之間，沒有明言，似乎只有一天，甚至只有一個時刻，而鄭《注》就已經把土安排在「四時之間」了。孔穎達更進一步發揮，把土每個季節各安排了18天，這樣，土的地位逐漸固定了下來。

土每個季節都有，「土……寄旺於四時，他占的日子全是戊己日。那麼戊己日每十天裏有兩天，一季九十天，應當有他的二九十八天；一年四季，共是七十二天；其餘四德也各占七十二天」[98]。

根據上面的分析，對比緯書的九道說和劉智的日道圖，就可以發現如下問題：

太陽所經行的軌道，何以稱為「黃道」，又從何時起稱為黃道？若言因日色黃得名，那麼朝升西沒之時，日色赤紅，何以不稱為「赤道」？又日在中天時，其色亮白，何以不稱為「白道」？太陽運行的軌道，歷來不止一個名字，如：

> 日有中道，月有九行。中道者，黃道，一曰光道。（《漢書·天文志》）[99]

中道者，日行於天中；光道者，日行於光芒之道，都可以顧名思義。唯獨黃道一名，似與天文無關，而與陰陽五行家說近似。

前引《春秋感精符》曰「三綱之義，日為君，月為臣也」。日既然已經比附君長，那麼它所行之道，也一定尊貴。所以，如果一定要用五行來比附，則以「黃道」命名（尤不能名為「土道」），最為恰當。

我們發現，緯書中由於天地有「四游」，所以日行四季四陸，唯獨四季之交入於黃道，恰合乎鄭玄所主「日之行四時之間，從黃道」，合乎早期

---

[97] 〔漢〕鄭玄注、〔唐〕孔穎達疏：《禮記正義》，頁 1371-1372。

[98] 徐文珊：〈儒家和五行的關係〉，《古史辨》，第 5 冊，頁 690。

[99]《漢書》，頁 1293。

「土不名時，自居部職」的說法。而黃道居於八道之上，而八道各出於其上
下左右，隨之而動，體現了「五行莫貴於土」的觀念。日道交於黃道而只作
短暫停留，體現了土「不與火分功名」（當然也不與其他三行分功名）的思
想，但是，八道卻逃不脫黃道的控制。如果在天體之外俯視太陽的軌道，
實際上只是一條固定不動的黃道，站在四游的大地上仰觀，卻有青赤白黑
八條，而黃道本身卻隱沒了。這在體現土與其他四行的關係上，如「為君
長」、「自居部職」、「不分功名」，是一種多麼精巧的設計[100]！而這種設計
又與上文我們分析的二至日在、星空位置等其他天文現象不相矛盾，更說明
《尚書考靈曜》本有一個宏大精細的宇宙結構，既能包容陰陽五行等思想觀
念，又能較為準確地符合觀測實際（當然，後人批評《考靈曜》的數據「失
於過多」、「非聖人之旨」[101]，是天文學又獲得發展的原因，並不能因此否認
《考靈曜》的價值）。而劉智將日軌四時之末分出十八天，繪為四段短短的黃
道，可能更是受了後期五行說的影響，即土主四時，每一時各寄十八天的觀
念。不過這種概念比起緯書，還是顯得生硬牽強了一點。

那麼，後來的「月行九道」又是怎麼回事呢？我們猜測：古代對月行的
認識並不清楚，一直認為日月行於同一軌道，所以有「月為之佐」的說法。
後來發現月球自有軌道後，就把原有的「日有九道」觀念借去命名月行了。

六 《尚書考靈曜》的「玉儀」問題

《尚書考靈曜》中有一句話，講述的是一種儀器的使用：

> 分寸之晷，代天氣生以制方員。方員以成，參以規矩，昏明主時，乃
> 命中星，觀玉儀之游。鄭注：以玉為渾儀也。[102]

---

[100] 不過因條件所限，我們還是不能判斷，是「四游」理論影響了「五行貴土」，還是天
文學家們基於「五行貴土」設計了「四游」理論。

[101]《隋書‧天文志》，頁514。

[102]《緯書集成》，頁347。

在這裏，鄭玄認為這段話講的是渾儀的使用，而且他認為渾儀是用玉製作的。但是，以玉為渾儀之說，殊為費解。渾儀，又稱渾天儀，自古以來，基本結構變化不大。秦代以前的渾儀，不見於記載。漢代的落下閎、耿壽昌、張衡等人都曾製造過渾儀或渾象，但都是用銅製造的，例如：

> 漢武時洛下閎、鮮于妄人嘗為渾天。宣帝時耿壽昌始鑄銅為之象。（《玉海》卷四）[103]
>
> 至（永元）十五年七月甲辰，詔書造太史黃道銅儀。（《後漢書·律曆志》）[104]
>
> 張平子既作銅渾天於密室中，以漏水轉之。（《晉書·天文志》）[105]

渾儀的主要結構，「是由多個環圈組成，各組環圈可以由外至內套在一起，各組均可繞軸回轉，……古代渾儀除個別用鐵鑄以外，皆為銅製」[106]。它的工作原理，是以轉動銅環，以一根銅管或銅標對準欲觀測的天體，然後從環上讀出刻度。很明顯，正如上文所述，像這樣複雜的結構，只能用金屬鑄造（或者用竹木組裝簡易模型），是非常不適合用玉來製作的。況且，除了這條鄭《注》之外，歷史上從來沒有看到過用玉來製造渾儀的實際記載。鄭玄的這句「以玉為渾儀也」，頗有點「此地無銀三百兩」的味道。

渾儀和璇璣的關係，是一個爭議非常大的老問題。東漢基本同時的三位經學大師，對這個問題的看法竟然各自不同，例如：

> 渾儀中箭為旋機，外規為玉衡。（鄭玄注《尚書大傳》）[107]馬融云：渾天儀可旋轉，故曰機。衡，其橫簫，所以視星宿也。以璇為機，以玉

---

[103] 〔宋〕王應麟：《玉海》（南京市：江蘇古籍出版社；上海：上海書店，1987年），頁68。

[104]《後漢書》，頁3029。

[105]《晉書》，頁281。

[106] 吳守賢、全和鈞：《中國古代天體測量學及天文儀器》（北京市：中國科學技術出版社，2008年），頁430。

[107]《史記·天官書》，頁1292《索隱》引。

為衡，蓋貴天象也。（又見《史記・天官書》《索隱》引，蕭作箭）[108]
蔡邕云：玉衡長八尺，孔徑一寸，下端望之以視星辰。蓋懸璣以象天
而衡望之，轉璣窺衡以知星宿。是其說也。[109]

從短短的這幾句話中，我們就可以看出馬融、鄭玄、蔡邕的相互矛盾。
鄭玄認為「中箭」是旋機，「外規」是玉衡，馬融卻認為「衡」是「橫
箭（簫）」。「外規」是外圓，也就是渾儀的外層銅環。橫簫、中箭，當即
一物。據《宋史・律曆志》：「橫簫望箭，長五尺七寸，外方內圓，中通望
孔，其徑六分，周於日輪，在璇樞直距之中，使南北遊仰以窺辰宿，無所不
至。」[110]另外，沈括還給出一個略微不同的說法：「為橫簫二，兩端夾樞，屬
於機，其中挾衡為橫一，棲於橫簫之間。中衡為轉，以貫橫簫兩末入於機之
罅，而可旋璣，可以左右以察四方之祥。」[111]總之，都是用於瞄準的器具，和
鄭玄所說完全相反。

從上文還可以看出，無論馬融還是蔡邕，都認為可以用玉來製作
「衡」，很難想像，一條孔徑一寸的八尺（今兩米左右）玉質細長管，該是多
麼脆弱，又該如何使用呢？這是不合常理的，也沒有相似的出土器物作為佐
證。

三位同時代的學者，描述同一件器物竟然出現這樣的差異。況且，《隋
書・天文志》也認為：「馬季長創謂機衡為渾天儀。」[112]那麼，我們可以推
斷，「旋機」「玉衡」等，並不是通用的名字，而似乎是經學家們根據某種
理念賦予給這些零件的。

儀，在很早的時候，就作測量日影的尺規講。古代觀測日影的表柱，以
立木為之。如《荀子・君道》：「儀正而景正。」[113]王引之《經義述聞・爾雅

---

[108]《尚書正義》，頁126《疏》引。
[109]《尚書正義》，頁126《疏》引。
[110]《宋史》，頁1745。
[111]《宋史・天文志》，頁962。
[112]《隋書・天文志》，頁516。
[113]〔清〕王先謙：《荀子集解》，頁154。

上》「儀，幹也」引王念孫曰：「楨、翰、儀、幹，皆謂立木也。」[114]另外，儀還可以作弓弩上的瞄準具講，這個意義，多見於諸子。例如：

> 設五寸之的，引十步之遠，非羿、逄蒙不能必全者，有常儀的也。（《韓非子・外儲說左上》）[115]
>
> 今夫善射者有儀表之度，如工匠有規矩之數。（《淮南子・俶真》）[116]

我們可以從上文得出一個基本結論：儀的作用是望準，其方向可以是水平，也可以是垂直；其形制是立柱，其尺度可以長達尋丈，也可以短至分寸。注意到《尚書考靈曜》用了一個動詞「游」，來描述「玉儀」的工作狀態。恰好，《周髀算經》有一段話，講述了一種叫做「游儀」儀器，使用方法如下：

> 則立表正南北之中央，以繩系顛，希望牽牛中央星之中；則復望須女之星先至者，如復以表繩希望須女先至，定中；即以一游儀希望牽牛中央星，出中正表西幾何度，各如游儀所至之尺為度數。游在於八尺之上，故知牽牛八度。趙爽注：游儀，亦表也。游儀移望星為正知星出中正之表西幾何度，故曰游儀。[117]

江曉原也認為：「立在地面大圓中心的表是固定不動的，此外為測量而隨處移動的以為標識的表，則稱為游儀。」[118]很明顯，這裏的能夠「游」的「游儀」，和《荀子・君道》和《爾雅》上中提到的儀是一樣的東西。這種類似尺子的「游儀」，才是容易用玉來製造的。

---

[114] 〔清〕王引之：《經義述聞》（上海市：商務印書館，1929 年，《萬有文庫》本），卷26，頁1039。

[115] 〔清〕王先慎：《韓非子集解》，頁201。

[116] 張雙棣：《淮南子校釋》，頁172-173。

[117] 郭書春校點：《算經十書》（一），頁21，本節所引《周髀算經》之文，均見於郭書春校點：《算經十書》（一），頁20-21。

[118] 江曉原、謝筠：《周髀算經》，頁104。

　　上面引的這段《周髀算經》，屬於「立二十八宿以周天曆度之法。」其上下還有一些文字，讀一讀就會發現，《周髀算經》講的這些內容，和《尚書考靈曜》的這句話非常相似：

> 其術曰：立正勾定之，以日始出，立表而其術曰，立正勾定之。以日始出，立表而識其晷。日入，復識其晷。晷之兩端相直者，正東西也。中折之指表者，正南北也。

這一段話講的是正東西南北的方法。恰恰是「分寸之晷，代天氣生以制方員」中的制「方」和「昏明主時」。注意到這裏的「晷」並不是作為儀器的日晷，而是影子的意思。同樣，「分寸之晷」也不是指日晷，《玉燭寶典》引這句話時記錄了鄭玄的一句注文：「鄭玄曰：晷以分寸增減，陰陽修而消息，生萬物也。」[119]晷影的增長和減短，代表了季節的變化。接下來：

> 倍（背朝著）正南方，以正勾定之。即平地徑二十一步，週六十三步。令其平矩以水正（畫一個直徑二十一步的平整大圓），則位徑一百二十一尺七寸五分。因而三之，為三百六十五尺、四分尺之一，以應周天三百六十五度、四分度之一（再畫一個直徑為一二一點七五尺的大圓）。審定分之，無令有纖微。分度以定，則正督經緯。而四分之一，合各九十一度十六分度之五。於是圓定而正。

這一段話恰恰是「以制方員」中的制「員」。並且「審定分之，無令有纖微」恰好是「方員以成，參以規矩」，接下來：

> 則立表正南北之中央，以繩系顛，希望牽牛中央星之中；則復望須女之星先至者，如復以表繩希望須女先至，定中；即以一游儀希望牽牛中央星，出中正表西幾何度，各如游儀所至之尺為度數。游在於八尺之上，故知牽牛八度。

119 〔北齊〕杜臺卿：《玉燭寶典》（上海市：商務印書館，1936年，《叢書集成初編》本），頁96。

這一段話，恰恰是「乃命中星，觀玉儀之游」。所以，《尚書考靈曜》「分寸之晷，代天氣生以制方員。方員以成，參以規矩，昏明主時，乃命中星，觀玉儀之游」這段話和《周髀算經》中「立二十八宿以周天曆度之法」完全相同（座標系不一定相同），只是有詳略的差別。

從上文的分析中，我們可以看出《尚書考靈曜》和《周髀算經》有非常密切的關係。《周髀算經》的宇宙結構，是現在我們能看到的最完備的蓋天說，所以，我們有理由相信，《尚書考靈曜》也是主張蓋天說的。那麼《尚書考靈曜》的測量方法，也應與《周髀算經》相似，則用游儀測星，當是一種較早的測量方法。

從語言學的角度來看，「游儀」和「璇璣」有很密切的關係。璣，見母微部字，儀，疑母歌部字。見母和疑母，相近可通，而歌部和微部，亦可相叶。例如《楚辭·遠游》：「玄螭蟲象並出進兮，形蟉虯而逶**蛇**。雌蜺便娟以增撓兮，鸞鳥軒翥而翔**飛**。」蛇是歌部字，飛是微部字，相叶[120]。又如《楚辭·九辯》：

> 「白日晼晚其將入兮，明月銷鑠而減**毀**，歲忽忽而遒盡兮，時去晻晻若騖**馳**。」毀是微部字，馳是歌部字，相叶。[121]

漢代以後，這種情況就更多了，例如：

> 故亡國之法，有可**隨**者；治國之俗，有可**非**者。（《淮南子·說山訓》）[122]

隨是歌部字，非是微部字。又如：

> 擊石拊韶兮淪幽洞**微**，鳥獸蹌蹌兮鳳皇來**儀**，凱風自南兮喟其增**悲**。

---

120 王力：《楚辭韻讀》（北京市：中國人民大學出版社，2004年），頁458。

121 王力：《楚辭韻讀》，頁466。

122 羅常培、周祖謨：《漢魏晉南北朝韻部演變研究》（北京市：中華書局，2007年），頁254。

（〈南風歌〉）[123]

幾，微也。（《說文》卷四下）[124]

幾、微是微部字，儀是歌部字[125]。從字形上來看，「儀」又寫作「檥」，如《說文》卷六上：「檥：幹也。」[126]《爾雅‧釋詁》：「楨、翰、儀，幹也。」[127]「璇璣」在《尚書大傳》等文獻裏又寫作「旋機」。如劉逢祿所說，鄭、馬、王、偽《傳》、《釋文》本皆作機，作璣者，後人所改[128]。他並且指出，先秦有沒有渾儀，實在是不確定的事情[129]。「檥」和「機」，字形相近易混。又璇也寫作旋，游也寫作斿（如〈天馬詩〉「泛泛滇滇從高斿，殷勤此路臚所求」）[130]。旋、斿字形相近，容易相混。另外，《尚書考靈曜》「觀玉儀之游」，《初學記》[131]、《太平御覽》[132]正引作「觀玉儀之旋」。所以，我們懷疑，「旋機」很可能本來就作「斿檥」，後來傳寫成「旋機」，經師遂以此能「旋」之「機」和能旋轉的渾天儀牽合到了一起。

如前所述，《尚書‧舜典》記有舜「在璇璣玉衡，以齊七政」的話，漢代很多經師都認為璇璣就是渾儀。但是，《隋書‧天文志》已經指出：將璇璣對應渾儀，實始於馬融。又如劉逢祿所懷疑的那樣，先秦有沒有渾儀，是值得討論的。徐振韜先生著有考辨文章，認為渾儀在先秦以前就已經出現，其觀點一度很受關注。但考慮到徐文的寫作年代，其中有類似「反擊帝國主義者的誣衊」、「用古代科技成就提高民族自信心」等不夠客觀的話，而且

---

[123] 〔宋〕郭茂倩編：《樂府詩集》（上海市：上海古籍出版社，1998年），卷57，頁636。

[124] 〔漢〕許慎：《說文解字》（北京市：中華書局，1963年），頁84。

[125] 郭錫良：《漢字古音手冊》（北京市：北京大學出版社，1986年），頁64、68、137。

[126] 《說文解字》，頁120。

[127] 《爾雅注疏》，頁2575。

[128] 〔清〕劉逢祿：《尚書今古文集解》（臺北市：臺灣商務印書館，1973年），卷1，頁34。

[129] 〔清〕劉逢祿：《尚書今古文集解》，頁36。

[130] 《漢書‧禮樂志》，頁1062。

[131] 〔唐〕徐堅：《初學記》（北京市：中華書局，1962年），頁2。

[132] 〔宋〕李昉等：《太平御覽》，頁10。

僅根據馬王堆出土帛書《五星占》推測，並無考古學和文獻學上的有力證據，其結論難以讓人信服[133]。胡維佳先生認為，早期的去極度、二十八宿宿度、日月五星行度都可以用其他儀器測得，不必用渾儀，而且，尚未找到東漢以前觀測天象用渾儀的記載，以往（指胡文撰寫時間一九九七年以前）關於東漢以前就使用渾儀觀測的說法是不可靠、不謹慎的[134]。李志超先生更通過對翔實的史料分析之後斷言，一切倡言在西漢之前有渾儀的說法都不可信[135]。

一九七七年，安徽阜陽縣汝陰侯夏侯灶墓出土了一件文物，其形制為上下兩盤，互相疊累，中間有孔可以穿軸。上盤邊緣刻有若干小孔，似乎可以插入細桿一類的東西。如將殘缺部分補全，小孔應有三百六十五個，代表周天度數。下盤邊緣刻有二十八宿名稱及其距度[136]。二十八宿圓盤的形狀，如圖1-11所示。

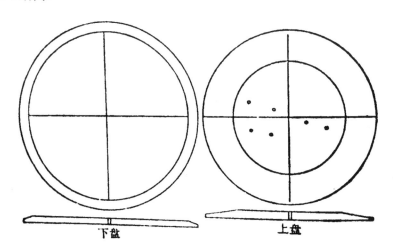

圖1-11　安徽阜陽汝陰侯墓出土二十八宿圓盤

---

[133] 徐振韜：〈從帛書五星占看先秦渾儀的創製〉，《考古》，1976年第2期。

[134] 胡維佳：〈渾儀考源〉，《科史薪傳——慶祝杜石然先生從事科學史研究40周年學術論文集》（瀋陽市：遼寧教育出版社，1997年），頁264-265。

[135] 李志超：〈儀象創始研究〉，《自然科學史研究》，1990年第4期。

[136] 劉金沂：〈從「圓」到「渾」——漢初二十八宿圓盤的啟示〉，《中國天文學史文集》，第3冊，頁205-213。

　　這個圓盤的發現，對漢代天文學史的研究有重要的意義。劉金沂先生認為，這件儀器可以用來測二十八宿距度，「只要將上盤安置在赤道面上，中心孔插一定標，在周圍小孔上插置遊標，通過定標和遊標與天上某星成一直線，做下記號；再同法對準下一個星，甲乙兩星間的赤道距度就可在盤上數兩遊標間的分劃可得」[137]。劉金沂還進一步猜測，「璇璣玉衡」很可能就是一種圓盤狀測角工具，以玉石製為圓盤，中心插一根玉管，玉管兼起瞄準北極和中心定標的作用。而且，這種測量儀器，只要再稍微改進一下，就可以發展為後來的渾儀。嚴敦傑先生也認為：「（二十八宿圓盤）很可能是失傳的璇璣玉衡，或是西漢初期的圓儀。」[138]那麼，這種使用遊標和中心定標瞄準的方式，豈不是和《周髀算經》中用來測二十八宿的方式大同小異嗎？差別只是在於《周髀算經》的「圓盤」是畫在地上的，不能隨意移動，使用的是地平坐標系；而二十八宿圓盤是「便攜式」的，可以使用赤道座標系。

　　結合前面的分析，我們可以得到以下結論：

　　一、「璇璣」在早期文獻中寫作「旋機」，很可能是「斿標」的訛誤。而「游儀」的使用方法，見於《周髀算經》的記載，其用途與《尚書考靈曜》的「玉儀」相似。夏侯灶墓出土的二十八宿圓盤，是這種早期測量工具在考古實物方面的有力佐證。

　　二、《尚書考靈曜》裏的「玉儀」和《尚書》中的「璇璣玉衡」並不一定指渾天儀。「璇璣」和渾天儀發生關係，應出於漢代經師的牽合。而且從常識分析，渾天儀也無法用玉製造。所謂「玉儀」當另有所指。

　　三、《尚書考靈曜》的恆星測量和《周髀算經》中的恆星測量非常相似，二者應該出於同樣的技術背景。

---

[137] 劉金沂：〈從「圓」到「渾」——漢初二十八宿圓盤的啟示〉，頁207。
[138] 嚴敦傑：〈關於西漢初期的式盤和占盤〉，《考古》，1978年第6期。

附　錄

一　《尚書考靈曜》二至日太陽地平高度角求法

1. 如圖，天半徑OS』為178500里，冬至時，地與星辰南游30000里，且下行15000里。即BM=30000里。太陽距地面80000里，即SP=80000里。

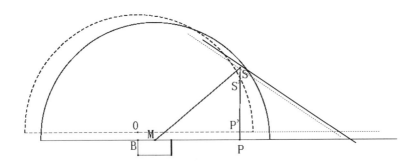

又日出於列宿萬餘里，此數字不準確，亦語焉不詳，姑且假設星空居中時，日道位於列宿之上方。「萬餘里」一定在10000里和20000里之間，不妨假設為15000里，即SS』=15000里，則有：

$$S'P' = SP - SS' - PP' = 80000 - 15000 - 15000 = 50000 \ 里$$

$$OP' = \sqrt{OS'^2 - S'P'^2} = 171354 \ 里$$

$$MP = OP' - BM = 171354 - 30000 = 141354 \ 里$$

$$\tan(\angle SMP) = SP / MP = 80000 / 141354 = 0.566$$

解得 $\angle SMP = 29.5°$

即冬至正午太陽高度角為29.5°。

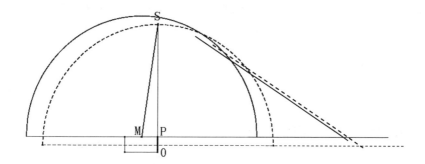

2. 如圖，夏至時，日升於原天頂，然而此時地和星空也北游30000里，且上游15000里。即MP=30000里，OP=15000里。則太陽高度角：

$$SP = OS - OP = 178500 - 15000 = 163500 \text{ 里}$$

$$\tan(\angle SMP) = SP / MP = 163500 / 30000 = 5.45$$

解得 $\angle SMP = 79.6^{\circ}$

即夏至正午太陽高度角為79.6°。

洛陽地區緯度是34.67°，冬至時太陽赤緯是-23°26'，因此正午太陽高度角為：

$$h = 90^{\circ} - |34.67^{\circ} - (-23.78^{\circ})| = 31.55^{\circ}$$

夏至時太陽赤緯是23°26'，因此正午太陽高度角為：

$$h = 90^{\circ} - |34.67^{\circ} - 23.78^{\circ}| = 79.11^{\circ}$$

由此可見，按照《尚書考靈曜》四游模型求出來的二至太陽高度角還是比較符合實際情況的。

二　日行九道圖的繪製過程

（一）日行九道的物理學根據：

設太陽的運行軌跡函數運算式是y=f（x），沿著x軸或y軸平動的運算式

是y=g（x），則星辰沿著x軸東游和西游時，太陽的運行軌跡函數運算式是：

$$h(x)=f(g(x))$$

　　星辰沿著y軸南游和北游時，太陽的運行軌跡函數運算式是：

$$h(x)=g(f(x))$$

（二）日行九道軌跡的數學計算：

1. 首先設一個半徑為6的圓為黃道。如下圖所示：

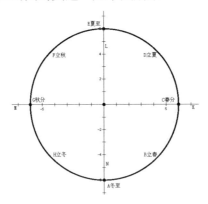

這個圓的方程為：

$$\frac{x^2}{6^2}+\frac{y^2}{6^2}=1$$

冬至到立春的圓軌跡函數為：

$$y=-6\sqrt{1-\frac{x^2}{36}}\quad(0<x<6)$$

2. 從立春開始，星空西游，到春分時到達最大值1，則此時以星空為參照系，太陽在點K處。

　　從立春到春分，星辰西移，則太陽東移，太陽位於點B時，其座標為（$3\sqrt{2}$，$-3\sqrt{2}$），位於點K時，座標為（7，0），則太陽的東移量y的函數為：

$$y_1 = \frac{6 - 3\sqrt{2}}{7 - 3\sqrt{2}}\left(x - 3\sqrt{2}\right) + 3\sqrt{2}$$

整理可得：

$$y_1 = 0.6373x + 1.5389$$

根據h（x）=f（g（x）），將上式代入圓的方程，得：

$$y = -6\sqrt{1 - \frac{\left(y_1\right)^2}{36}}$$

整理得：

$$y = -6\sqrt{1 - \frac{\left(0.6373x + 1.5389\right)^2}{36}} \quad \left(3\sqrt{2} < x < 6\right)$$

這就是以星空為參照系，太陽從立春到春分運動的軌跡函數，即青道一，如圖中的 BK 段：

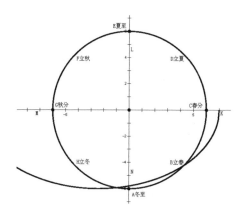

3. 同理可得太陽從春分到立夏運動的軌跡函數：

$$y = 6\sqrt{1 - \frac{\left(0.6373x + 1.5389\right)^2}{36}} \quad \left(3\sqrt{2} < x < 6\right)$$

即青道二，如下圖中的KD段：

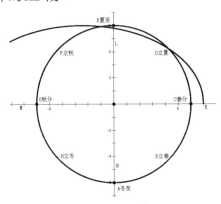

4. 從立夏開始，星空開始在 y 軸上平移。太陽立夏的座標為（ $3\sqrt{2}$ ，$3\sqrt{2}$ ），夏至時，座標為（0，5），則星空北移量 y 的函數為：

$$y = \frac{5 - 3\sqrt{2}}{6 - 3\sqrt{2}}\left(x - 3\sqrt{2}\right) + 3\sqrt{2}$$

整理可得：

$$y = 0.431x + 2.414$$

根據 h（x）=g（f（x）），將上式代入圓的方程，得：

$$y = 0.431\left(6\sqrt{1 - \frac{x^2}{36}}\right) + 2.414 \quad \left(-3\sqrt{2} < x < 0\right)$$

這就是以星空為參照系，太陽從立夏到立秋的軌跡函數，即赤道一和赤道二，如下圖中的 DE 段和 EF 段，其中 $0 < x < 3\sqrt{2}$ 時為赤道一，$-3\sqrt{2} < x < 0$ 時為赤道二。

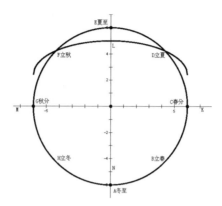

同理，可得從立秋到秋分的軌跡函數為：

$$y = \pm 6\sqrt{1 - \frac{\left(1.5389 - 0.6373x\right)^2}{36}} \quad \left(6 < x < 3\sqrt{2}\right)$$

其中，從立秋到秋分取正，秋分到立冬取負。即白道一和白道二，如下圖中的 FM 段和 MH 段：

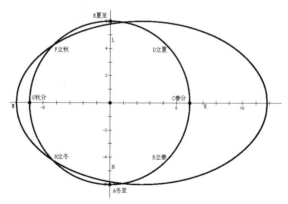

從立冬到立春的軌跡函數為：

$$y = -0.431\left(6\sqrt{1 - \frac{x^2}{36}}\right) - 2.414 \quad \left(-3\sqrt{2} < x < 3\sqrt{2}\right)$$

即黑道一和黑道二，如下圖中的 HN 段和 NB 段，其中 $-3\sqrt{2} < x < 0$ 時為黑

道一，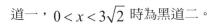 時為黑道二。

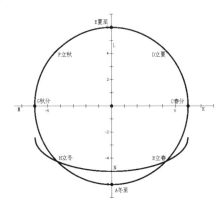

九道總圖如下：

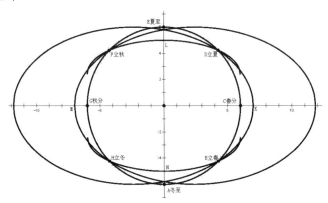

分屬於兩個系統的絕地天通傳說
——關於《尚書》與《國語》相關記載的對讀與辨析

賈學鴻*

絕地天通是中國古代的重要話題，來源於先秦時期的歷史傳說，其大意是，禁止世人與天界的隨意溝通。關於這個傳說，分別見於《尚書‧呂刑》和《國語‧楚語下》，《墨子》和《山海經》中也有片斷的記述。然而，細讀《尚書‧呂刑》和《國語‧楚語下》，這兩則講述絕地天通的文字，會發現它們之間雖然關聯密切，但內涵上差異很大。加上古代注釋家常常錯雜地解讀這兩處文字，造成後人認識上的混亂。對上古文獻中有關絕地天通的材料進行梳理，把〈呂刑〉與〈楚語下〉進行對照、辨析，可以深入開掘絕地天通傳說的原始內涵及其在後人解讀過程中的變異。同時，也可以從傳播角度剖析《尚書》、《國語》等史料文獻的價值。

一 〈呂刑〉篇的絕地天通及其決策者身份之爭

《尚書‧呂刑》是西周穆王告誡諸執法官要注重德政、勤政慎罰的誥詞。周穆王為強調建立法度的必要性，追溯了刑的源流，從而講到絕地天通傳說。文中說道：

---

* 復旦大學文學院、揚州大學新聞與傳媒學院

若古有訓，蚩尤惟始作亂，延及於平民，罔不寇賊，鴟義奸宄，奪攘矯虔。苗民弗用靈，制以刑，惟作五虐之刑曰法。殺戮無辜，爰始淫為劓、刵、椓、黥，越茲麗刑並制，罔差有辭。民興胥漸，泯泯棼棼，罔中於信，以覆詛盟。虐威庶戮，方告無辜於上。上帝監民，罔有馨香德，刑發聞惟腥。皇帝哀矜庶戮之不辜，報虐以威，遏絕苗民，無世在下。乃命重、黎絕地天通，罔有降格。群后之逮在下，明明棐常，鰥寡無蓋。[1]

穆王這段誥詞，是從經驗和教訓兩方面對遠古部族時代的歷史事件所作的評述。周穆王認為：由於南方苗族首領蚩尤犯上作亂，導致民風邪辟惡毒：巧取豪奪、互相殘殺、不畏威靈、不聽政令的現象頻繁發生。為了整飭這種混亂局面，執政者制定出五虐之刑來制裁施亂者。然而，又由於用法不慎導致殘暴無度，濫殺無辜。民心因此日益變得狡詐，不守信義。無辜的受害者便向上帝控訴。皇帝審視下界，同情受害者，也認識到世間混亂的嚴重性，於是下令絕地天通。

穆王談到「皇帝哀矜庶戮之不辜，……乃命重、黎絕地天通」，說明絕地天通的決策人是皇帝。然而皇帝指誰？古代注家給出了不同的回答。漢代孔安國認為：「皇帝，帝堯也。」[2]唐代孔穎達《正義》沿襲孔安國的說法，也認為絕地天通講述的「是帝堯之事」[3]。而清人孫星衍卻稱：「此皇帝，鄭以為顓頊也。」[4]孫星衍的觀點本自漢代鄭玄的《尚書》注。宋代學者蔡沈《書集傳》又提出：「皇帝，帝舜也。」[5]至此，〈呂刑〉篇絕地天通的決策者，就

---

[1] 〔清〕孫星衍：《尚書今古文注疏》（北京市：中華書局，1986年），頁519-523。

[2] 〔漢〕孔安國：《孔氏尚書傳》（北京市：中華書局，1998年，《四部要籍注疏叢刊》本），頁112。

[3] 〔唐〕孔穎達：《尚書正義》（北京市：中華書局，1980年，《十三經注疏》本），頁248。

[4] 〔清〕孫星衍：《尚書今古文注疏》，頁523。

[5] 〔清〕劉芬等：《書經傳說彙纂》（北京市：中華書局，1998年，《四部要籍注疏叢刊》本），頁1048。

出現了三種理解，一曰高陽帝顓頊，一曰唐堯，一曰虞舜。

蔡沈認為皇帝是舜，蓋源於《尚書·舜典》。據〈舜典〉記載，舜「竄三苗于三危」，正與〈呂刑〉篇皇帝「遏絕苗民」的事契合。其中舜命伯夷、禹、稷各司其職，又符合〈呂刑〉下文的敘述：「皇帝清問下民，鰥寡有辭于苗。德威惟畏，德明惟明。乃命三后，恤功于民：伯夷降典，折民惟刑；禹平水土，主名山川；稷降播種，家殖嘉穀。」皇帝了解到下民對三苗無德的報怨，於是重用賢德的伯夷、禹和稷。據此，這裏的皇帝也應是舜。但根據〈舜典〉所載，堯帝晚年，由舜攝政，也就是說，執行者是舜，授命者是堯。所以孔安國稱：「帝堯詳問民患，皆有辭怨於苗民。」[6]這是皇帝又被說成是堯的原因。此外，〈堯典〉談到堯授命羲氏、和氏掌管天文曆法，也是使堯與絕地天通發生聯繫的一個原因。而鄭玄在注「皇帝清問下民」一段時則說：「上文說顓頊之事，自此以下乃說堯事。」[7]在鄭玄看來，〈呂刑〉中的皇帝不是一個人，而是對最高權力者的稱謂。鄭玄說「清問下民」的皇帝是堯，所據的是《尚書·舜典》；說「哀矜庶戮」的皇帝是顓頊，本的當是〈楚語〉，這將在下文談到。

可是，從《尚書》及相關文獻考察，這三種說法均存在疑義。堯在《尚書》中稱為帝堯，或稱為帝，而不是稱為皇帝。稱顓頊為皇帝，在先秦典籍中也找不到例證。從〈呂刑〉文本看，「苗民弗用靈」，是說苗民不再聽信神靈的威令。「上帝監民，罔有馨香德」，是從天神享祭角度而言。繼而講到「皇帝哀矜庶戮之不辜」，在敘事上與上文有連續性，說明上帝、皇帝當指同一主體，而不是兩個不同的敘事對象。〈呂刑〉的後面段落又寫道：「上帝不蠲，降咎于苗。苗民無辭于罰，乃絕厥世。」意思是上帝不能赦免苗民的罪，降災絕了他們在人間的世襲之位。這與前文提到的皇帝「遏絕苗民」一致，應是同一施動者。由此看來，先民認為宇宙天地的主宰是上帝，

---

6 〔漢〕孔安國：《孔氏尚書傳》，頁112。

7 〔清〕江聲：《尚書集注音疏》（北京市：中華書局，1998年，《四部要籍注疏叢刊》本），頁1709。

也即皇帝。據《說文解字・王部》解釋，皇就是大。皇，字形從自，有初始之義，引申有大、天、輝煌等含義。皇帝指天帝，是《尚書》寫定時期的固定稱謂，這個名號當時尚未專指人間君主。稱天帝為皇帝，意謂他是初始之帝、至高無上之帝。這在《墨子》中也能得到印證。

《墨子・尚賢中》有如下論述：

> 然則天之所使能者，誰也？曰：若昔者禹、稷、皋陶是也。何以知其然也？先王之書〈呂刑〉道之。曰：「皇帝清問下民，有辭有苗。曰群后之肆在下，明明不常，鰥寡不蓋……」[8]

墨子相信天命、天志的存在，把上天的意志、決策視為人世間成敗興衰的決定性因素，他所說的天，就是天帝、上帝或皇帝。而世間的歷史人物禹、稷、皋陶，都是天帝派來治理下界的賢能使者。墨子對〈呂刑〉的理解，合乎原文的本意，他沒有用顓頊、堯、舜加以附會。這表明，在《墨子》成書的戰國時期，這個學派還能按照〈呂刑〉的本意加以解讀。

那麼，〈呂刑〉中由天帝決策的絕地天通具體指什麼呢？對此，孔安國解釋道：「三苗虐政作威，眾被戮者，方方各告無罪於天。」[9]按照孔安國的理解，由於三苗實行殘暴統治，濫殺無辜，被害者便直接與上天溝通，紛紛向上天鳴冤叫屈。於是，世間與天界由於沒有域界阻隔，造成「泯泯棼棼」的混亂局面。鑒於這種形勢，天帝一方面「遏絕苗民，無世在下」，另一方面是「乃命重、黎絕地天通，罔有降格」。對絕地天通，孔安國作了如下解釋：「使人神不擾，各得其序，是謂絕地天通。言天神無有降地，地祇不至於天，明不相干。」[10]在孔安國相看來，神與人混雜在一起，互相干擾。絕地天通的目的就是要人神不擾，天神、地祇各處其所，天上地下的神靈不能隨意進入對方的界域。孔安國的解釋有一定道理。上古關於蚩尤的傳說很多，

---

8 〔清〕孫詒讓：《墨子閒詁》（北京市：中華書局，2001年），頁62。
9 〔漢〕孔安國：《孔氏尚書傳》，頁111。
10 〔漢〕孔安國：《孔氏尚書傳》，頁112。

《初學記》卷九引〈龍魚河圖〉說，蚩尤獸身人語，銅頭鐵額，善造兵器，能作大霧，號為戰神。黃帝戰蚩尤還有風神、雨師等天神助戰[11]。由此可見，根據古文獻記載，傳說中的蚩尤時代確實人神雜糅、天下大亂。

　　絕地天通舉措把下界與上天隔斷，那麼，世間的事務由誰來處理呢？〈呂刑〉這樣交待：「群后之逮在下，明明棐常，鰥寡無蓋。」王鳳陽先生指出：「『后』和『司』古代應是一個字，都是主管、主宰的意思。」[12]文中提到的三后，指伯夷、禹、稷三位行政長官。群后，即以三后為代表的賢德之人。關於逮字，朱駿聲寫道：「逮者，行相及也。」[13]意謂前後相隨。也就是說，世間的事物由相繼出現的賢德之人掌管。「群后之逮在下」，《墨子·尚賢中》引〈呂刑〉作「群后之肆在下」。肆，有陳列、列隊之義。十六枚鐘、磬組合為一列稱作肆。這裏的逮、肆都有列隊前行之義。「明明棐常」，孔安國釋棐為輔助，釋常為常道。有明哲之人輔助天道運行，鰥寡孤獨等弱勢群體就不再受到侵害。《墨子·尚賢中》引作「明明不常」，與後面的「鰥寡不蓋」相對成文。棐，孫詒讓注曰：「《書》作棐者，匪之假字，匪、不，義同。」[14]所以，棐，也可譯為否定副詞不。蓋，即遮蔽。常，《說文解字·巾部》「常，下裙也。從巾尚聲。裳，常或從衣。」段玉裁注寫道：「《釋名》曰：『上曰衣，下曰裳。裳，障也，以自障蔽也。』……今字裳行而常廢矣。」[15]常的本義是下裙，對人體起着遮蔽作用，故有掩蓋之義。「明明不常」，即世間有賢哲之人的明察，便不被蔽障，鰥寡老弱等人也就不再受壓制。這兩種解釋是由於同音假借產生的意義分歧，但基本意思都是要求行政長官秉公執法，妥善處理政務，使各種矛盾在世間公平地解決。

[11] 袁珂：《山海經校注》（成都市：巴蜀書社，1996年），頁492-493。

[12] 王鳳陽：《古辭辨》（長春市：吉林文史出版社，1993年），頁353。

[13] 〔清〕朱駿聲：《說文通訓定聲》（北京市：中華書局，2011年），頁558

[14] 〔清〕孫詒讓：《墨子閒詁》，頁62。

[15] 〔清〕段玉裁：《說文解字注》（上海市：上海古籍出版社，1981年），頁358。

二 〈楚語〉中的絕地天通及其衍生的學術議題

有關絕地天通的傳說，還見於《國語‧楚語下》，這段文字當是由《尚書‧呂刑》篇的記載升發而來。文中寫道：

> 昭王問於觀射父曰：「《周書》所謂重、黎實使天地不通者，何也？若無然，民將能登天乎？」對曰：「非此之謂也。古者民神不雜。……及少之衰也，九黎亂德，民神雜糅，不可方物。夫人作享，家為巫史，民匱於祀，而不知其福。烝享無度，民神同位。民瀆齊盟，無有嚴威。神狎民則，不蠲其為。嘉生不降，無物以享。禍災薦臻，莫盡其氣。顓頊受之，乃命南正重司天以屬神，命火正黎司地以屬民，使復舊常，無相侵瀆，是謂絕地天通。其後三苗復九黎之德，堯復育重、黎之後，不忘舊者，使復典之。以至於夏、商，故重、黎氏世敘天地，而別其分主者也。」[16]

與〈呂刑〉中周穆王的政治訓誥不同，〈楚語下〉的絕地天通傳說出現在楚昭王與大臣觀射父的談話中。楚昭王對《周書》記載的人神相通產生懷疑，觀射父便根據歷史的發展和個人的理解，對此進行了全新解釋。把兩處文獻對照來看，繼承與變異屬性便凸顯出來。

首先，絕地天通的過程有同有異。〈呂刑〉和〈楚語〉都把絕地天通置於上古部族衝突的背景下，說明這一舉措的必要性。關於絕地天通的起因。周穆王認為是蚩尤作亂所導致的苗民濫用刑罰，觀射父則歸結於「九黎亂德」。黎，《爾雅‧釋詁》訓為眾；九，表多數。歷史傳說中，九黎是南方各部族的總稱，三苗則是黃帝至堯、舜時的南方古族，蚩尤是該集團的首領。蚩尤被黃帝打敗後，南方諸族漸漸離心，走向式微。由此看來，兩處文獻可以通解，但是〈呂刑〉沒有交待絕地天通的具體時間，而〈楚語〉卻提

---

[16] 徐元誥：《國語集解》（北京市：中華書局，2002 年），頁 512-516。

出了兩個時段，首次是少皞、顓頊之間，這時應是蚩尤作亂，「九黎亂德」；第二次是堯執政期間，三苗再次作亂。

其次，絕地天通的參與者有同有異。關於決策者，周穆王認為是至尊天神；觀射父則認為首次是顓頊，二次是唐堯。這也是上文所述〈呂刑〉中皇帝被誤讀的原因之一。但絕地天通的執行者，兩處都鎖定為重、黎，只是穆王沒有標示重、黎的身份，觀射父則具體指出重為南正，黎為火正，第二次絕地天通則是重與黎的後裔所為。

第三，兩處文獻存在根本性差別，即絕地天通的內涵不同。〈呂刑〉所說的天地相通，指的是世人可以出入於天地之間，能夠登上天界向上帝進行傾訴。所謂的絕地天通，是斷絕世人登天的可能，人世間的事務在下界由行政長官處理。觀射父所說的天地相通，則是指祭祀的泛濫，家家都進行祭祀，人人都能在精神層面與神靈交往和溝通。而所謂的絕地天通，則是對祭祀活動加以規範，由專門的巫師承擔，其他人不能參與，從而樹立了巫師職業的權威性。〈呂刑〉和觀射父所說的人神雜糅，存在着歷史話語層面與宗教精神層面的差異。絕地天通的本質屬性，存在着社會政治與宗教祭祀的區隔。二者在這方面的差異是鮮明的、帶有根本性。

由此可見，相比〈呂刑〉篇，觀射父對絕地天通的闡釋更具體、更詳細、更現實，從而也使絕地天通傳說走向了兩個系統。後代學者在涉及這一話題時，主要沿襲了觀射父的說法。

《史記·太史公自序》寫道：「昔在顓頊，命南正重以司天，北正黎以司地。唐、虞之際，紹重、黎之後，使復典之。至於夏、商，故重、黎氏世序天地。」[17] 司馬遷基本是照錄〈楚語下〉觀射父的話語，只是把火正黎改為北正黎。司馬遷把自己的家族史追溯到顓頊氏，認為自己就是重、黎的後裔，並且為此深感自豪。

〈楚語下〉是觀射父對〈呂刑〉絕地天通的最早闡釋，人們反過來又采用觀射父的觀點對《尚書·呂刑》篇加以解讀，於是把顓頊或唐堯說成是這

---

[17]〔漢〕司馬遷：《史記》（北京市：中華書局，1982年），頁3285。

一舉措的決策人，孔安國、鄭玄就是如此。

唐堯在位期間，很重要的施政措施就是命官職，明確各部門行政首領的職責。《尚書・舜典》寫道：「乃命羲、和，欽若昊天，曆象日月星辰，敬授人時。」[18]這段記載比較簡明，敘述堯任命羲、和擔任曆法官一事，他們的職責是觀察日月星辰的運行，向世人准確地發布曆法。可是，孔安國為《尚書》作解卻把這件事和絕地天通舉措的實際擔當者重、黎聯繫在一起。他寫道：「重即羲，黎即和。堯命羲、和世掌天地四時之官，使人神不擾，各得其序，是謂絕地天通。」[19]由於觀射父把第二次絕地天通的時段界定在唐堯時期，而《尚書》有關唐堯的敘述並未提到這個舉措，於是孔安國就以唐堯任命羲、和為曆法官一事加以附會，使得本來不相干的兩件事混淆在一起，把對《尚書》的解讀引入誤區。孔安國的說法在後代影響頗大，許多學者都沿襲他的結論。

揚雄《法言・重黎》篇寫道：「或問：『南正重司天，北正黎司地，今何僚也？』曰：『近羲、近和。』『孰重？孰黎？』曰：『羲近重，和近黎。』」[20]王莽時期立有羲、和之官，所以，揚雄對於擔當絕地天通職責的重、黎，用當時的羲、和之官加以解說，承襲的是孔安國的說法。

鄭玄則對前代以羲、和附會重、黎的說法作了進一步發展：「堯育重、黎之後羲氏、和氏之子賢者，使掌舊職天地之官。」[21]鄭玄在承襲孔安國、揚雄等人看法的基礎上，把羲、和說成是重、黎的後裔，從血脈上認定羲、和是重、黎的繼承者，強調這一說法的合理性。而他持論的依據，則是〈楚語〉記載的觀射父的話語。這種附會現象一直延續到清末。

---

[18]〔清〕孫星衍：《尚書今古文注疏》，頁 10-12。

[19]〔明〕孫安國：《孔氏尚書傳》，頁 80。

[20]〔漢〕揚雄：《法言》，收入《諸子集成》（七）（北京市：中華書局，1996 年），頁 27。

[21]〔清〕孫星衍：《尚書今古文注疏》，頁 10。

三　兩個絕地天通傳說系統的生成根據

　　關於絕地天通這兩個系統，宋、元時期學者金履祥在《資治通鑑前編》中有過表述：「夫〈呂刑〉之書，為訓刑者也，則推所以立刑之由；〈楚語〉觀射父，為絕地天通而言，則推巫鬼之由。……〈呂刑〉、《國語》所指不同，學者多合而言之，其失久矣。」[22]金氏從文章立論角度，點出兩部典籍對絕地天通傳說的運用不同，並涉及宗教與政治的關係，卻沒有從絕地天通傳說本身去剖析。要理清這一點，就要從絕地天通傳說本身的內在屬性以及後人對它的接受兩個層面加以把握。

（一）絕地天通傳說的原始宗教意義。

　　〈呂刑〉提到「苗民弗用靈」、「方告無辜于上」、「上帝監民」，〈楚語下〉觀射父所謂的「民神雜糅」、「神狎民則」，都與原始宗教的神道觀念有關。對此，徐旭生先生有過如下論述：

> 按照當時人的思想，天地相隔並不太遠，可以相通。交通的道路就是靠著「上插雲天」的高山。「上插雲霄」，在各個民族裏面，全有它相類的成語。在先民看起來，它是實在的，並不像我們近代人的思想裏面，它僅只是文學上的誇張一樣。[23]

徐先生所述，正是原始宗教的重要特點之一。《山海經》保留了許多原始宗教的材料，其中就有許多世人升天的傳說。〈大荒西經〉有如下記載：

> 有人珥兩青蛇，乘兩龍，名曰夏后開。開上三嬪於天，得〈九辯〉與〈九歌〉以下。……

---

[22]〔元〕金履祥：《資治通鑑前編》（《文淵閣四庫全書》本），卷1。
[23] 徐旭生：《中國古史的傳說時代》（北京市：科學出版社，1960年），頁79。

有互人之國，人面魚身。……是能上下於天。[24]

這兩條傳說前後相次，其中的夏后開，指的是夏啟，為避諱漢景帝之名而改為開。無論是夏朝的開國君主，還是人面魚身的互人，都能升降於天地之間，可以進入天界。夏啟處於原始社會與文明社會交替期，關於他的傳說還帶有原始宗教的屬性。除此之外，〈海內經〉記載的柏子高，又稱柏高，亦能從肇山登天。

原始宗教認為世人可以舉體飛升，進入天界，〈呂刑〉中穆王的誥詞以「若有古訓」開頭，依據的當是遠古的宗教傳說。〈楚語下〉楚昭王「民將能登天乎」的問話，依據的是〈呂刑〉，體現的是對原始宗教神秘性的質疑。

另外，〈呂刑〉和〈楚語下〉在說到絕地天通的具體承擔者時，都提到重和黎，這是值得討論的問題。

重，小篆為重，《說文》曰：「厚也，從壬東聲。」段玉裁注曰：「厚者，㫗也，厚斯重矣，引申為之鄭重、重疊。」[25]《說文》又曰：「㫗，厚也，從反亯，凡㫗之屬皆從㫗。」[26]亯是享的篆體，《說文》曰：「㫗，獻也，從高省，曰象進孰物形，《孝經》曰：『祭則鬼亯之。』凡亯之屬皆從亯。」[27]徐鍇曰：「亯者，進土也，以進上之具反之於下則厚也。」[28]從字形考察，重與祭祀有關。趙誠先生認為，甲骨文中的□，借指一位先公，可能是重。他說：「關於□的卜辭相當多，大別可分為兩類：一類是向□進行祭祀，……一類是向□祈求好年成或祈求下雨。」[29]可見，重字在形、義和使用上，帶有宗教神秘性，並且因此地位很高。〈大荒西經〉關於絕地天的通傳說中，有「帝令重獻上天」之語，即上帝命重掌管祭祀上天之職，與甲骨文重字的功能基本相符。獻指祭祀，與重字的使用一脈相承。

---

[24]〔晉〕郭璞：《山海經注》（上海市：上海古籍出版社，1995年），頁113。

[25]〔清〕段玉裁：《說文解字注》，頁388。

[26]〔清〕段玉裁：《說文解字注》，頁229。

[27]〔漢〕許慎撰、〔宋〕徐鉉校定：《說文解字》（北京市：中華書局，1999年），頁111。

[28]〔漢〕許慎撰、〔宋〕徐鉉校定：《說文解字》，頁111。

[29] 趙誠：《甲骨文簡明辭典——卜辭分類讀本》（北京市：中華書局，1996年），頁12。

再看黎字，《說文解字・黍部》：「黎，履粘也。」段玉裁注：「〈釋詁〉曰：『黎，眾也。』眾之義行而履粘之義廢矣。」[30]黎的本義是指在粘性物體上行走，這勢必造成行走困難，故而黎的本義指艱難前行。〈大荒西經〉有天帝「令黎邛下地」之語，邛，指辛苦、勤勞。《禮記・緇衣》引〈小雅・巧言〉的詩句：「匪其止邛，惟王之邛。」鄭玄注：「邛，勞也。言臣不止於恭敬其職，惟使王之勞。」[31]鄭玄釋邛為勞，符合詩的本義。這首詩是說朝廷大臣不能恪盡職守，使周王很辛勞。邛有辛勞之義，與黎字含義相近，二者可以互證。

由此看來，傳說中實際擔當絕地天通職責的重和黎，稱謂本身都有象徵性，暗示出他們的職責和身份。

（二）〈呂刑〉、〈楚語〉對絕地天通的接受及其效應。

絕地天通是原始部族時代的傳說，距離周穆王在位的公元前十世紀前後，已相當久遠。而楚昭王在位是公元前五世紀左右，距穆王時期又過了約五百年。此時中國社會已經步入春秋時代，人們在解讀絕地天通時，難免不染上時代色彩。

〈呂刑〉是《尚書》中的論法力作。周穆王作為西周王朝的第五任帝王，不僅在疆域上實現了對天下諸侯蠻夷的大一統，還頒布了〈呂刑〉，實行制度上的統一。篇中的絕地天通是刑產生的背景。穆王由蚩尤作亂講起，說明刑是治亂的無奈手段，執法者必須勤政慎刑，才能發揮好它的作用，不然就會由於用刑不當導致濫殺無辜。古訓中的絕地天通，就是上天對人濫用虐刑的處罰。在這裏，穆王是從社會制度層面，把神判權轉移到人手中。他所關注的，不在於絕地天通的真實性，而是如觀射父所說的，「寵神其祖，以取威於民」，目的在於通過「君權神授」來加強自己的統治，主觀的理性

---

[30]〔清〕段玉裁：《說文解字注》，頁330。

[31]〔清〕朱彬：《禮記訓纂》（北京：中華書局，1996年），頁807。

色彩和現實意義顯而易見。這也是《尚書》作為儒家經典宣揚德政和人文理性的重要特徵。

然而，主觀的理性並不能完全洗去原始宗教的影響。由穆王的訓誥內容看，神道思想充斥其間。如把絕地天通的原因歸結為「苗民弗用靈」、把決策者說成是上帝、受害者向上帝控訴冤屈、上帝聞到血腥對庶戮的同情以及對作亂者的處罰等等，都滲透出人神相通、天神主宰世界的理念。在這一點上，〈呂刑〉與《山海經》和《墨子》有較近的親緣關系。這說明在西周時，人本思想的實現還要罩着神本思想的面紗。因此，穆王所說的絕地天通，具有雙重性，即人文目的性與神道輔助性的結合。

與〈呂刑〉不同，〈楚語下〉楚昭王直接對〈呂刑〉絕地天通傳說中人可登天的情節提出質疑，表面上是「不主於經」荒誕問題，實際上是嚴肅的宗教信仰問題。觀射父是楚昭王的朝廷大臣，他首先說明昭王的疑問是對〈呂刑〉的曲解，接着從宗教發展和巫、覡、祝、宗的職責談起，肯定絕地天通在維護宗教秩序方面的價值，並揭示出執政者借助祭祀來維護統治的潛在意圖，還指出這一舉措的重複性。觀射父作為文明社會朝廷祭祀的代言人出現，他所處的春秋時期，先民已經不再相信人能登天，人對神的敬畏明顯縮水。觀射父對〈呂刑〉的闡釋，把神話傳說中絕地天通的行動主體作了置換，用顓頊取代上帝。觀射父是楚人，顓頊是楚族男性始祖，觀射父所作的置換，體現的是對本族祖先的推舉。至於把堯說成是第二次絕地天通的決策者，則是對傳說時代聖君明主的稱揚和崇拜。雖然與〈呂刑〉原意發生偏離，但表現了更強的現實性和理性精神，是人的主體性上升的結果。

經過上面的對照與辨析可以得出這樣的結論：絕地天通作為原始部族時代的神話傳說，本身就包涵社會歷史性與宗教信仰的雙重因素。〈呂刑〉從社會法制角度進行借鑒，現實政治目的背後彰顯的是原始宗教的神道觀念；〈楚語〉從宗教祭祀方面加以闡發，荒誕話題中透出的是更鮮明的理性光輝。由於社會的變遷，兩處文獻相比，絕地天通傳說的本然狀態，都塗上了人文色彩，但二者所表現的明暗程度不同的差別，也昭示出文明發展的艱難與濡化過程。

論〈禹貢〉貢賦制度的制定原則

刁化功　王青云*

　　《尚書》是傳世最古老的歷史文獻，〈禹貢〉則是存世最早的國家財稅報告書。《廣雅疏證・釋言》：「貢，獻也。」[1] 又云：「稅也。」[2]「禹貢」即指夏禹時的貢物和田賦。

　　大禹治水，進而劃分九州，劃分九州實為統一九州，正所謂包舉宇內。分宇內而為九州，國家行政單位的雛形形成了。國家行政單位的重要職能是徵收貢賦。國家之初，戰爭頻仍，軍旅之用，需要佔有和消耗一定數量的社會產品。《孟子・盡心下》：「有布縷之徵，粟米之徵，力役之徵，君子用其一緩其二，用其二而民有殍，用其三而父子離。」[3] 趙岐注：「徵，賦也。國有軍旅之事，則權興此三事也。」[4] 軍旅及其軍旅之用衍生的賦稅，自產生之初，就給庶民帶來極大的痛苦和深重的災難。如何制定貢賦制度？以怎樣的原則制定貢賦制度？是國家運用行政力量均衡貧富，實行國家利益和庶民利益最大化，確保國泰民安的重要制度和政策思想。

　　「貢」與「賦」，在傳世經典的詮釋話語中渾言析言，別言合言，有同有異，異中有同。唐代孔穎達《尚書正義》曰：「賦者，自上稅下之名。治田出穀，經定其差等，謂之厥賦。貢者，從下獻上之稱。以所出之穀，市

---

* 江蘇省社科院經濟研究所、揚州大學文學院

[1]〔清〕王念孫：《廣雅疏證》（南京市：江蘇古籍出版社，1984 年），頁 134。

[2]〔清〕王念孫：《廣雅疏證》，頁 158。

[3]〔清〕阮元校刻：《十三經注疏》（北京市：中華書局，1980 年），頁 2778。

[4]〔清〕阮元校刻：《十三經注疏》，頁 2778。

其土地所生以獻。謂之厥貢。」[5]孔穎達認為賦是上級徵收下級田地裏生長出來的稻穀。貢是下級向上級奉獻用稻穀所交易的土特產。王炎曰：「九州有賦有貢。凡賦。諸侯以供其國用；凡貢，諸侯以獻于天子。」[6]王炎認為，賦是諸侯徵收百姓用來作為國用的，貢是諸侯奉獻給天子的。林少穎云：「別而言之，有貢有賦，合而言之，則此貢與商之助、周之徹皆一代取民之總名。」林少穎的觀點是：貢和賦實質是一樣的，都是索取百姓財物的名稱，只是叫法不同。清人胡渭在《禹貢錐指》一書中對貢與賦的論述最為詳盡：「九州之末，皆言貢道……甸、侯、綏服方三千里之地，謂之中邦……諸侯取于民謂之賦，而出其國用之餘，以獻于天子，則貢也，而非賦矣。外而要荒君長，若嵎夷、萊夷、淮夷、和夷、西傾之屬，皆有所獻，以效其慕義嚮化之誠，亦謂之貢。至於海外之島夷，及昆侖、析支、渠搜諸戎，莫不來享來王，各以其貴珤為摯，亦皆謂之貢。貢之為言廣矣、大矣。賦之甸服，貢盡九州。賦止中邦，貢兼四海。」[7]所以，賦是諸侯取於百姓，以做國用，而且，賦只在中邦有，在所謂蠻夷之地不存在。貢則是諸侯的國用之餘交易而來的奉獻給天子的土特產，而且蠻夷之地也是需要上交貢物的，放之四海而皆準。然而，考察九州貢物就會發現，中邦之內唯獨冀州沒有規定需要上交的貢物。是否胡渭的說法不可靠？胡渭《禹貢錐旨》另文有言曰：「冀州天子所自治，無貢名。其土之所生而供于上者，亦謂之賦。」[8]冀州，堯帝都也，天子自治之，天子取賦於冀州百姓，國用之餘皆市土產。其他各州都是諸侯取賦於百姓，國用之餘用來換土特產，再獻於天子，因為是以下獻上，因而名之曰貢。然天子自取百姓，國用之餘，換做土特產留給自己，當然不可曰之貢。這是嚴格遵從「以下獻上曰貢」的原則。所以，胡渭對於貢與賦的界定或稱可信。

---

5 〔唐〕孔穎達等：《尚書注疏》（北京市：中華書局，1980年，《四部要籍注疏叢刊》本），頁201。

6 〔清〕胡渭：《禹貢錐指》（上海市：上海古籍出版社，2006年），頁1引。

7 〔清〕胡渭：《禹貢錐指》，頁1

8 〔清〕胡渭：《禹貢錐指》，頁47。

〈禹貢〉詳細記載九州各州貢賦的等級、貢物以及上交貢物的路線等，貢賦之法已經相當成熟。通過深入的分析，可探求貢賦制度制定的具體原則，概約有三端：任土作貢、等賦有差、平均負擔。

1 任土作貢

「任土作貢」是〈禹貢〉貢法的基本原則。貢是指土貢，任土作貢就是按其土所出，規定貢物。因為農作物的生長跟土壤的關係最為密切，所以〈禹貢〉中九州的土壤都有詳盡的記載：

> 冀州……厥土惟白壤，厥賦惟上上，錯，厥田惟中中。
>
> 濟、河惟兗州……厥土黑墳，厥草惟繇，厥木惟條。厥土惟中下，厥賦貞，作十有三載乃同。厥貢漆絲，厥篚織文。
>
> 海、岱惟青州……厥土白墳，海濱廣斥。厥田惟上下，厥賦中上。厥貢鹽、絺，海物為錯。
>
> 海、岱及淮惟徐州……厥土赤埴墳，草木漸包。厥田惟上中，厥賦中中。厥貢惟五色土，羽畎夏翟，嶧陽孤桐，泗濱浮磬，淮夷蠙珠暨魚。
>
> 淮海惟揚州……厥土惟塗泥。厥田惟下下，厥賦下上，上錯。厥貢惟金三品，瑤、琨、篠、簜、齒、革、羽、毛惟木。
>
> 荊及衡陽惟荊州……厥土惟塗泥，厥田惟下中，厥賦上下。厥貢羽、毛、齒、革惟金三品，杶、榦、栝、柏，礪、砥、砮、丹惟箘簬、楛。
>
> 荊、河惟豫州……厥土惟壤，下圖墳壚。厥田惟中上，厥賦錯上中。厥貢漆、枲、絺、紵，厥篚纖、纊，錫貢磬錯。
>
> 華揚、黑水惟梁州……厥土青黎，厥田惟下上，厥賦下中，三錯。厥貢璆、鐵、銀、鏤、砮、熊、羆、狐、狸。
>
> 黑水、西河惟雍州……厥土惟黃壤，厥田惟上上，厥賦中下。厥貢惟球、琳、琅玕。

各州土壤均有差別，貢物也不盡相同。更重要的是，各州都是先言土壤，後

講貢物。也正因為如此,很多觀點都認為大禹是先分辨了各州的土壤,而後就是根據土讓的色、性制定各州的貢物,或者說制定貢物第一步必須要分辨各州的土壤。夏僎:「則夫教民樹藝與因地制貢,固不可不先於辨土也……各因色性而知其所當用。」陳大猷曰:「白言色,壤言質,水患退,而後土性復,色質變,始可興地利、定賦法也。」按照夏僎和陳大猷的觀點,制定貢物離不開對土地的分辨。但是,依照當時的科學發展水平來說,不可能單單根據土壤的色、性分析就能辨別土壤的優劣,應該是實際考察的經驗所得。《孟子・滕文公上》記載:「當是時,禹八年於外,三過其門而不入。」[9]《禹貢錐指》亦指出:「禹平水土,非一手足之為烈。當時佐禹者必眾,內而百僚,外而群牧,并有其人。」[10]大禹和百僚群牧在行走各州,溝通河道的時候,也了解各州土壤的色、性,考察各地物產。龍子曰:「貢者,校數歲之中以為常,樂歲粒米狼戾,多取之而不為虐。」[11]可見,取貢確實是根據實際生產而定的,不僅僅是品種,還有數量。因而,「任土作貢」中的「土」理解為「土之所出」就非常合適了。林少穎在《尚書全解》中講:「八州之貢,揚、荊最多,兗、雍最寡,各因其地之所有,而不強之以所無也。雖有多寡,然皆以其所入,準其高下,以充每歲之常貢,是以有多寡而無輕重。」這段話中「地之所有」就是「地之所出」之意。貢是諸侯獻於天子之物,貢法是根據考察各地土壤以及物產情況制定的。

2 等賦有差

「賦」專指田賦。按等徵賦就是按照土地的等級徵收田賦。禹調查九州的土質情況,根據土質將土地分為三大等,每大等下又細分三小等,所以一共有九等,如冀州土地屬「白壤」,田為「中中」即第五等。土地的顏色和性質是客觀的,以土地的色、性制定土地本身的等級也是恆定的,但是,貢

---

9 〔清〕阮元校刻:《十三經注疏》,頁 2705。

10 〔清〕胡渭:《禹貢錐指》,頁 7。

11 〔清〕胡渭:《禹貢錐指》,頁 44。

物的制定不可能完全依據土壤的色、性決定，田賦的制定需要根據各種實際
情況作出規定。通觀〈禹貢〉全篇，不難發現，九等田賦跟九等土地並不對
應。夏僎曰：「田之高下，既分九等，則賦亦當稱是。今乃有異同者，蓋地
有狹廣，民有多少，則其賦稅之總數，自有不同。不可以填之高下準之。況
洪水初平，蕩析離居者，由未復業，必有偏聚之處。故地力有開不開，人功
有修不修，是以賦止所入，與田之等級，如此遼絕也。」夏氏在這段話中對
田與賦不對等的現象，總結出了幾點原因：首先是地的廣狹大小，其次人口
的多少，接著是地力的開發，最後是人功之修，即糞種。《周禮·草人職》
曰：「凡糞種，剛用牛，赤緹用羊，墳壤用麋，渴澤用鹿，鹹瀉用貆，勃壤
用狐，埴壚用豕……輕爂用犬。」注云：「凡所以糞種者，謂煮取汁也。」人
功之修就是針對不同的土質，用不同的動物煮出來的汁水去施肥。在說明這
四點原因之前，夏氏已經承認田賦與土地等級理應一致，也就是說在確定田
賦等級的時候，田地的等級仍舊是最重要的參考標準，以下的原因只是不確
定的或者暫時的影響因素罷了。為了更方便的看出九州田等與賦等的關係，
看下表：

州別	賦等	田等
冀州	一等雜二等	五等
兗州	九等	六等
青州	四等	三等
徐州	五等	二等
揚州	七等	九等
荊州	三等	八等
豫州	二等雜一等	四等
梁州	八等雜七、九等	七等

雍州	六等	一等

圖表所示,各州田等與賦等的對應情況一目了然。九等田為標准來分析九等賦。在當時的背景之下,最特殊的是兗州。兗州是洪水的氾濫區,雖然經過治理,洪水已退,但是地力的恢復並不是那麼快就能完成的。〈禹貢〉亦云「作十有三載乃同」,也就是說十三年之後,兗州的土地才恢復了它應有的地力,與其他州相同。禹制貢賦之初,兗州的田雖為六等,賦卻低田等很多而淪為九等,那也就不足為奇了。梁州田為七等,賦八等雜七、九等,這是很符合田與賦對等的情況。至於揚州的田九等,卻是賦七等,那還要歸結於兗州,兗州因水患而賦為九等,梁州八等,那麼揚州七等也就無可厚非。至於雍州一等田地卻是六等賦,那可真與該州的土地開發、人功之修有密不可分的關係了。雍州在黃河的上游,河流的上游必是山地溝壑縱橫,地力雖然肥厚,但是土地開發卻是不夠的。至於青州和徐州,那也是因為洪水的原因,洪水在兗州氾濫,兗州附近的青州和徐州也不能倖免,只是危害程度有輕重而已。所以賦等相較田等低一些。荊州田八等,賦卻三等,主要原因一是兗州、青州、徐州因洪水之患而賦等減輕,所以荊州的賦等自然顯得相對較重。二是荊州本地的人功之修發揮的作用,使得土地出產比較豐盛。孔《傳》曰:「田八等,賦三等,人功修。」這兩個主要原因,使得荊州的田等很低,賦等卻很高。冀州和豫州都是一等和二等的雜糅。照此分析可知,各州的賦等的制定確實是主要依據田等而定的,只是有當時洪水的影響,使得兗州、青州、徐州的賦等都較之田等低一些,也正因如此錯亂了原本該一一對應的順序。

也有的學者認為田等和賦等的不對應,還因為在制定賦等的時候,考慮了各地的經濟發展情況。其中包含了兩種意思:第一,經濟發展指的是小農經濟。第二,這「賦」指的不僅僅是田賦,還雜有其他賦。這兩個觀點都是錯誤的。首先,小農經濟的前提是土地私有,可是堯、舜、禹當時的土地絕對是公有的。土地私有制的產生一直到春秋戰國時期。其實可以說規定賦

等的時候，考慮了人們的生活水平，但是當時人們的生活完全是依地而活，也就是說地力如何，生產如何，生活就如何，那麼賦等的規定終究還是依據田等制定的。再言當時的經濟水平是參考條件，那只是多此一舉而無必要。其次，「賦」在〈禹貢〉中就是指田賦。按照之前說賦等是有考慮當時的經濟狀況在內，那就是說徵收賦稅不僅僅是徵收田賦，還有其他。關於賦，《孟子·盡心下》有記載：「有布縷之徵，粟米之徵，役力之徵。」蘇氏始云：「賦，田所出粟米兵車之類。」但是鄭玄和孔穎達都不是這種觀點，「鄭《注》、孔《疏》皆主穀稅，而軍賦不與焉」。「按周以前無為兵為賦也。」[12]單單看〈禹貢〉，也可以辨別其實這裏的賦就只是指田賦，〈禹貢〉中除了冀州，其他各州都是先講田等，再講賦等，這就是說賦等是在田等的基礎之上，徵收的就是田賦。至於為何冀州將賦等記載田等之前，林少穎曰：「冀州之賦，獨先於田者，蓋王畿千里之地，天子所自治，並與園、廛、漆、林之類而徵之。如《周官·載師》之所任，非盡出於田也。故亥賦屬於厥土之下，而餘州皆田之賦也。故先田後賦，所以異＝於畿內也。」林氏這段說明很明確的指出，賦確指田賦，只是冀州是王畿之地，有所不同。

所以，賦是根據田等制定的，僅僅指田賦，田等與賦等的不對應現象是由人功之修以及洪水因素影響下形成的。

3 平均負擔

在規定各州的貢物和制定各州的田賦等級中，我們看見的不僅僅是任土作貢和等賦有差的原則，還有一個貫穿古今賦法的大準則，那就是平均負擔原則。

貢物的規定是「各因其地之所有」，雖是任土作貢，但憑各地之所有，可是天子仍舊不會因為有的州少交貢物而有所損失。天子徵收的貢物數量和種類是一定的，只是分在了不同的州，平均了各地的負擔。林少穎曰：「雖有多寡，然皆以其所入，準其高下，以充每歲之常貢，是以有多寡而無輕

12〔清〕胡渭：《禹貢錐指》，頁46。

重。」各州之間有了多寡之分，多者多出，少者少出。那貢物就沒有輕重的區別了。

等賦有差，實際上也是平均負擔的一種體現，各州土地的肥沃程度不一，如果規定相同的賦稅標準，那麼土壤貧瘠的州就會覺得賦稅太重，而土壤肥沃的州就會有盈餘，這樣就很不平均、不公平了。等賦有差就消除了這個顧慮，在徵收田賦的時候充分考慮各州的具體情況，將國家的總的賦稅公平、公正的分給各州。就算是臨時因素引發的田地所出減少，也會有相應的措施來遵守平均負擔這一原則。例如兗州，遭受洪水之災，如果還是根據六等田，定六等賦，那麼兗州的負擔明顯就重於其他各州。將兗州的賦等定為九等，而且還說「作十有三載乃同」，這就為兗州減輕了負擔。

當然，兗州減輕負擔那只是暫時的，十有三載之後又會與其他各州相同，所以更能體現平均負擔原則的是規定甸服的田賦之中。

> 五百里甸服，百里賦納總，二百里納銍，三百里納秸服，四百里粟，
> 五百里米。

這段〈禹貢〉中關於甸服內田賦的記載，就對距王畿之地一百里、二百里、三百里、四百里、五百里的各地田賦情況作了不同的規定。一百里裏王都最近，所以交了稻穀也就越完整。依次漸遠，那交的穀物就越來越精，越來越輕。《傳》曰：「甸服內之百里近王城者，禾槀曰總，入之以飼國馬。」[13]「銍刈謂禾穗。」[14]蔡氏曰：「禾本曰總，刈禾曰銍，半槀也。」[15]《尚書正義》曰：「秸，亦槀也，雙言之耳。去穗送槀，易於送穗，故為遠者輕也。」[16]渭按：「總者，禾之全體。銍去其本，秸又去其穗，此三者之別。」[17]觀察可知，距離帝都越來越遠，上交的農作物就越來越精，越來越輕，即所謂「近重遠

---

13 〔唐〕孔穎達等：《尚書注疏》，頁225。

14 〔清〕阮元校刻：《十三經注疏》，頁153。

15 〔宋〕蔡沈：《書經集傳》（臺北市：世界書局，1972年），頁37。

16 〔唐〕孔穎達等：《尚書注疏》，頁215。

17 〔清〕胡渭：《禹貢錐指》，頁666。

輕」。這就是一種平均負擔的思想。

孔子就曾說過：「不患寡而患不均，不患貧而患不安。」[18]可見公平、公正原則對於百姓來說是多麼的重要。

〈禹貢〉任土作貢原則、等賦有差原則、平均負擔原則這三種原則不僅僅是當時制定貢賦制度的原則，也是後來歷朝歷代制定貢賦制度的原則。雖然時代在不斷發展，社會在不斷進步，但是賦稅的制定還是離不開這些指導性的思想原則。離〈禹貢〉時代最近的三代，也遵循一相同原則。《孟子·滕文公篇》記載：「夏后氏五十而貢，殷人七十而助，周人百畝而徹。」[19]這講的是夏、商、周三代的不同賦稅名稱。三代徵稅的方法雖然有所不同，而根本的原則卻是沿襲前代的，就是因地而稅、平均負擔，進而保證人民的生活，適合他們的耕種能力，三代的徵收制度即以人們的生活為基調。

直至秦朝，改「因地而稅」的制度為「舍地而稅人」的制度，即「人頭稅」。秦朝徵收賦稅依據人頭，這樣大大加重人民的負擔，也難怪強秦短命。《文獻通考》在評論秦代的土地和賦稅制度時指出：「秦壞井田之後，任民所耕，不限多少，已無所稽考，以為賦斂之厚薄，其後舍地而稅人，則其謬益甚矣。」[20]強秦的失敗給了漢朝一份警惕，漢朝的統治者再建國之初，仍舊依據「因田而稅」的原則，徵收田稅，甚至稅收較之前代更輕，尤其是文帝、景帝之時。中國畢竟是農業大國，農業的發展離不開土地，因而農業政策的制定也不該脫離土地。

發展到唐朝，賦稅制度依舊不改這些基本原則。唐朝最有名的就是租庸調制度。租：就是農民向政府繳納穀物，作為田稅。據《唐六典》記載：「課戶每丁租粟二石。」[21]庸：就是農民為政府服勞役代替納物。調：就是農民向政府繳納當地的土特產，一般指的是絹物等。據《唐六典》記載：「其調隨鄉土所產綾、絹、絁各二丈，布加五分之一，輸綾、絹、絁者，綿三兩，

18〔清〕劉寶楠：《論語正義》（上海市：上海書店，1992年），頁352。
19〔清〕焦循：《孟子正義》（石家莊：河北人民出版社，1980年），頁197。
20〔元〕馬端臨：《文獻通考》（北京市：中華書局，1986年），頁31。
21〔後晉〕劉昫：《舊唐書》（長春市：吉林文學出版社，1995年），頁1115。

輸布者，麻三斤。」[22]雖然「田賦」改名為「租」，但是實質沒有變，還是繳納田稅。「調」就好比是貢，雖然在數量有了規定，這也是社會進步發展的表現，但是要求各地繳納的都是土特產，也就是「任土作貢」。「庸」是要農民服勞役代替納物，這是統治者對於貢賦制度改造，小農經濟發展，百姓有富有貧，貧窮的交不起物產，就用自己的勞役來抵當納物。縱觀這歷朝歷代的貢賦，在繳納的具體方法上也是一脈相承的。〈禹貢〉中無論是百姓還是諸侯，上交的都是實物賦稅、貢品，也是後來朝代所沿用的「實物制」。例如兗州，上交的貢物是漆和絲，還有用竹筐裝著的彩綢。我國八九十年代仍舊有上交國家糧食的「實物制」制。

社會發展，新的經濟領域和新的經濟部門不斷出現，稅種也越來越多，然而賦稅制度制定的基本原則卻還是〈禹貢〉貢賦制度制定原則的沿革。古今中外不同的專家制定有不同的原則。亞當斯密在他的《國民財富的性質和原因的研究》中列舉了稅收的四原則[23]：（1）平等原則。一切納稅人都應按照自己能力的比例（亦即收入的比例）來負擔稅收。（2）確定原則。納稅人應納的稅賦必須是確定的，不得隨便變更，完納的日期、完納的方法、完納的數額都應當清楚明白。（3）便利原則。納稅手續應盡可能從簡，使納稅義務最為方便。（4）最少徵收費用原則。徵稅的費用應盡可能最少，即在徵稅過程中，應儘量減少不必要的費用支出，所徵稅收儘量歸入國庫，是納稅人的付出盡可能等於國家收入。後來，德國的阿道夫‧瓦格納集前人稅收原則之大成，在其所著的《財政學》中提出了九項原則[24]：（1）收入充分原則、（2）收入彈性原則、（3）慎選稅源原則、（4）慎選稅種原則、（5）普遍原則、（6）平等原則、（7）確定原則、（8）便利原則、（9）節省原則。比較亞當斯密和阿道夫‧瓦格納所總結的原則，不難看出，兩者共同的原則是平等原則、確定原則、便利原則。

---

22 〔後晉〕劉昫：《舊唐書》，頁1115。
23 袁振宇等：《稅收經濟學》（北京市：中國人民大學出版社，1995年），頁23。
24 袁振宇等：《稅收經濟學》，頁24-25。

　　財政部財政科學研究所，一份名為《我國居民收入分配狀況與財稅調節》的調查報告對中國當前收入分配狀況進行了總體評價，提出了改革個人所得稅稅制，在適度提高起徵點的同時，減少級次，擴大級距並降低稅率，以保護我國社會公平，防止貧富差距進一步擴大。財政部部長金人慶在《中國當代稅收要論》中，以較長的篇幅論述了個人所得稅的稅制設計要以公平為主旨，稅收就是公平公正的體現，開篇即講：「稅收不僅是國家財政收入的主要來源，也是政府宏觀調控的重要工具，還是實現公平與效率的主要手段。」[25]

　　平等、公平、公正原則的實質就是〈禹貢〉中的平均負擔原則。平均負擔講究的就是公平、公正，平等原則亦是如此。根據納稅人的收入來徵收賦稅與根據農民土地所產來徵收田賦實質完全相同。時代在進步，稅收的名目再複雜，國家徵收賦稅的原則總體上還是沿襲了〈禹貢〉中關於貢賦制度制定的最古老指導原則。

---

25 金人慶：《中國當代稅收要論》（北京市：人民出版社，2002年），頁1。

今文《尚書》比喻的文化語境透析

陳樹*

　　今文《尚書》是我國最早的歷史文獻彙編。《荀子·勸學篇》曰：「《書》者，政事之紀也。」[1]說明《尚書》多是上古君臣經世治國言行的記錄。為了使抽象深奧的事理得以形象有力地闡發，言說者使用許多自然貼切的比喻辭格，游國恩《中國文學史》評贊：「這些從現實生活經驗出發的譬喻都顯得非常生動。」[2]

　　修辭格是一種語言的話語表達模式，言語的表達方式通常要受到語境的制約，文化語境屬於宏觀語境，它是指說話者所在的言語社團的生產方式、政治制度、民俗風情、思維方式、人文心理等組成的話語背景。《書》經中的比喻是華夏民族上古歷史文化的反映，它的使用會受到文化語境的影響，本文嘗試對此作一番探討。

一

　　今文《尚書》比喻辭格數量眾多、富於變化，全書凡二十九見。其中〈虞夏書〉三見，〈商書〉八見，〈周書〉十八見。比喻的本體，即君臣所論述的事理，概括起來主要涉及政權、軍事、治理等三個方面。

---

* 揚州大學文學院

[1] 〔清〕王先謙：《荀子集解》（北京市：中華書局，1988年），頁11。

[2] 游國恩：《中國文學史》（北京市：人民文學出版社，2004年），頁55。

（一）政權方面

> （1）天亦惟用勤毖我民，若有疾，予曷敢不于前寧人攸受休畢？（〈周書・大誥〉）

例（1）討論維護政權，平定叛亂。周成王元年（前1063），管叔、蔡叔、武庚聯合淮夷反叛周王朝，周公忠誠為國，決計出兵平定叛亂。為了說服諸侯國的國君和眾位大臣，周公用此比喻說明叛亂如心腹之患，給國家帶來災害，給百姓帶來勞苦，所以必須協力去平定叛亂，維護先王周武王創立的基業。這個比喻反映當時周初緊急的國家政權形勢。

> （2）天惟喪殷，若穡夫，予曷敢不終朕畝？（〈周書・大誥〉）

例（2）說明政權的更替，周公宣稱天命不可懈怠，天帝要滅亡殷商，就像農夫必須完成田畝工作一樣，自己必須順應天命完成革除殷商政權。

（二）軍事方面

> （3）尚桓桓，如虎如貔，如熊如羆，于商郊。（〈周書・牧誓〉）

例（3）的背景是周武王在同商紂決戰之前誓師。武王勉勵諸侯和軍士勇往直前。希望將士威武雄壯，像虎、貔、熊、羆一樣，殺往商都的郊外。《韓非子・五蠹》：「上古之世，人民少而禽獸眾，人民不勝禽獸蟲蛇。」[3]上古先民生活環境惡劣，野禽猛獸經常出沒，是人的生命的巨大威脅。這種如野獸般兇猛在戰爭中無疑會給敵方造成巨大的威力和恐懼，武王以此喻來鼓舞士氣，振奮軍心。

---

3 〔清〕王先慎：《韓非子集解》（北京市：中華書局，1998年），頁442。

（三）治理方面

> （4）若考作室，既底法，厥子乃弗肯堂，矧肯構？厥父菑，厥子乃弗肯播，矧肯獲？（〈周書・大誥〉）

例（4）為了說明周文王的治國大業必須繼續完成，用了有關建屋、耕種的兩個比喻。好像父親建屋，已經確定了辦法，他的兒子卻不願意打地基，況且願意蓋屋嗎？他的父親新開墾了田地，他的兒子卻不願意播種，況且願意收穫嗎？

> （5）夫子作民父母，以為天下王。（〈周書・洪範〉）
> （6）若有疾，惟民其畢棄咎。（〈周書・康誥〉）

例（5）箕子向周武王進獻九條安定天下的大法。其五提出天子作臣民的父母，厚德愛民，因此才做天下的君王。例（6）周公告誡康叔要爭取民心，就要像自己有病一樣，看待臣民犯罪，臣民就會完全拋棄咎惡。

　　比喻喻體的材料多有它的文化依據，《尚書》喻體的選擇與華夏先民的文化心理世界有著必然的聯繫。茲按喻體所反映的文化不同方面將《尚書》中的比喻分為三類：

1 與主體人的身體生存相關

> （7）帝曰：「臣作朕股肱耳目。」（〈虞夏書・皋陶謨〉）
> （8）乃歌曰：「股肱喜哉！元首起哉！百工熙哉！」（〈虞夏書・皋陶謨〉）

兩例均來源於〈虞夏書〉中，這些比喻首先產生於「股肱」對人體重要的身體經驗。例（7）暗喻用來比方賢臣是君王的重要輔助，例（8）借喻來表現舜帝與大臣歡歌的場面，這些反映了原始社會末期君臣平等融洽的關係。

（9）若保赤子，惟民其康乂。（〈周書・康誥〉）

（10）若生子，罔不在厥初生，自貽哲命。（〈周書・召誥〉）

比喻（9）周公告誡康叔要爭取民心，就要像保護小孩一樣，保護臣民，臣民就會康樂安定。百姓是水，君王是舟，水能載舟，亦能覆舟。統治者作人民的「父母官」，也是為了更好的維護統治。例（10）周成王初理政事，召公對其告誡，上帝會給予明哲，就像教養小孩一樣，沒有不在開初教養時就親自傳給他明哲的教導的。這是古人天命觀點的集中反映，天命是上古神權文化的核心，「君權神授」不但統治階級奉為金科玉律，就是被統治者也頂禮膜拜。

2 與客體物件的自然物質相關

（11）若顛木之有由蘖，天其永我命於茲新邑，紹復先王之大業，底綏四方。（〈商書・盤庚上〉）

「顛木」是撲倒的樹木，意指舊都。「由蘖」指破伐的殘餘發出嫩芽。「顛木」雖大，卻失去了生機。「由蘖」雖小，卻充滿了旺盛的生命力。殷商的命運將獲得新生，可以繼續復興先王的大業。這種喻體發端於先民對樹木生長特性的觀察，華夏先民最早生活在一個氣候溫暖，叢林茂密的內陸環境中，他們和樹木朝夕相伴。在生活生產中，人們與樹親密接觸，對樹木的不同狀態有比較細緻的觀察和瞭解，這裏選用樹木作為喻體是有文化背景的。

（12）則亦有熊羆之士，不二心之臣，保乂王家。（〈周書・顧命〉）

周成王逝世，康王繼位，告誡各位諸侯，周王朝有像熊、羆一樣勇敢的將士，忠貞不渝的大臣，安定治理我們的國家，威武的軍隊是維護統治的重要力量。

（13）有眾率怠弗協，曰：「時日曷喪？予及汝皆亡。」（〈商書・湯誓〉）

這是一個借喻，喻體是「日」，本體暴君夏桀在句中未出現。夏王荒淫暴虐，民眾怠慢不恭，詛咒夏王早日滅亡，但又不敢直言，所以借酷熱的太陽比喻殘暴的夏桀。反映了夏末，緊張的階級對立，預示著夏王朝的滅亡。

3 與主客體相互作用的生產生活相關

　　（14）若網在綱，有條而不紊。（〈商書・盤庚上〉）

　　（15）予告汝于難，若射之有志。（〈商書・盤庚上〉）

古人在遠古時期，為了維持生存，此時的勞動主要是採集和狩獵。而狩獵的主要來源是捕獵和漁業。例（14）中盤庚用綱與網的關係作喻體，反映了商民漁業文化的發展，綱舉目張已是普遍的文化心理。據摩爾根《原始社會》研究，弓箭的創造是人改造自然能力的一大進步。例（15）中盤庚說：「我在患難的時候告訴你們，要像射箭有箭靶一樣，你們不能偏離我。」用射箭與箭靶的關係喻群臣要忠於君王。人們只有在生活廣泛地使用弓箭，盤庚才會用這樣的喻體誥喻臣民。

　　大約距今六、七千年前，先民逐漸由採集和狩獵的生活轉向以農業種植為主的定居生活[4]。人類社會的第二次大的分工是手工業從農業中分離出來。木器加業是手工業中最普遍的一種。這些生產勞動經常被《尚書》引來作為比喻的喻體。

　　（16）若農服田，力穡乃亦有秋。（〈商書・盤庚上〉）

　　（17）乃不畏戎毒于遠邇，惰農自安，不昏作勞，不服田畝，越其罔有黍稷。（〈商書・盤庚上〉）

這兩例都是用農事為喻說明事理。例（16）商王盤庚從正面勸說群臣必須克服困難遷都，好像農民從事田間勞動，只有努力耕種，才會大有收成。例（17）盤庚從反面告誡群臣，如果他們不擔心大水的災害而遷都，就像懶惰

4　王玉哲：《中華遠古史》（上海市：上海人民出版社，2003年），頁63。

的農民一樣自求安逸，不努力操作，不從事田間勞動，就會毫無收穫。都是借農業生產的例子來說明遷都的重要。這說明商代的農業已有一定的發展，否則也不會多次引用農業生產的喻體。

> （18）惟曰：若稽田，既勤敷菑，惟其陳修，為厥疆畎。若作室家，
> 　　　 既勤垣墉，惟其塗塈。若作梓材，既勤樸斲，惟其塗丹雘。
> 　　　 （〈周書・梓材〉）

例（18）周公告誡康叔創業和守成的關係時，連用種地、建房、作器三個生產建設中常見的事理做比喻，自然貼切，說服力強。《詩經・大雅・生民》記載周人的祖先后稷從小就愛農務農。周人有發達的農耕文化。農耕文明和定居文明是互為因果的，《詩經・大雅》的〈緜〉和〈公劉〉都有周人造屋作室的記載。這說明在周代，真正意義上的農業文化已經形成，遊牧文化的痕跡已經根除，農業已經成為社會經濟的中心。種地建房作器，在周人的文化心理世界中，佔有突出的位置。所以在轉述抽象深奧的經邦治國之道，就會很自然地取材當時熟悉的生產勞動為喻體，顯得淺顯明白而生動有力。

　　雖然這些生動的比喻出於名君賢相之口，在語句中選用什麼樣的喻體是偶然的，但在這偶然的背後卻又是必然的。在這些人類語言活動背後龐大的文化知識庫對於喻體的取捨具有重要作用，因為在對話語境中，只有說話者和接受者同時對某個喻體所蘊含的文化特徵有所瞭解，才能使話語信息正常溝通。

二

　　《尚書》比喻具有鮮明的時代色彩。《尚書》記載的時代上自原始社會末期，下至封建社會初期，橫跨整個奴隸社會，由於各個時代的文化背景、共同心理、風俗習慣等不同，造成的比喻呈現隨著歷史文化語境的演進而發生變遷的鮮明特色，這一點在喻體的選用及喻點發掘上有所體現。

（一）隨著時代的發展，同一本體選用的喻體不同

上文所引例（7）、（8）說明了君臣關係和諧融洽，同時也可以看出，在當時的社會政治生活中，君臣之間還沒有形成主僕式的森嚴等級關係，「君為臣綱」的倫理思想還沒有形成。君臣一體的比喻雖然昭示了政治生活的相對寬鬆，但是，「臣」的概念的出現，寓示著原始氏族文化逐步解體，正向奴隸制文化轉型。

上文所引例（14）「若網在綱，有條而不紊」，是盤庚說服臣民要服從王命進行遷都的一段話。朱駿聲《尚書古注便讀》：「『綱』喻君，『網』喻臣，言下從上令，則有常而不亂也。」[5]說明了「君為臣綱」的思想萌芽。

（19）故一人有事于四方，若卜筮罔不是孚。（〈周書·君奭〉）

例（19）周公說君王對四方施政，如同卜筮一樣，沒有人不相信。這說明卜筮在周王朝比較普遍，人們對卜筮的結果深信不疑。君王的統治，人們也要絕對地服從。正如《詩經·小雅·北山》所說：「溥天之下，莫非王臣；率土之濱，莫非王土。」[6]

從以上比較可以看出，隨著時代的發展，君與臣民的階級對立關係逐步形成。《尚書》比喻清晰地記載了中華文明的演進軌跡。換句話說，社會的發展推進了比喻的變化發展。

（二）隨著認知的發展，同一喻體所取喻點不同

比喻的構成基於心理的聯想，人類的聯想意識因時代而相異。在不同的時代裏，對同一事物所產生的聯想不同。不同時代的文化心理使人們在關照

---

5 〔清〕朱駿聲：《尚書古注便讀》（民國華西《國學叢書》活字本，1934年），頁51。
6 程俊英·蔣見元：《詩經注析》（北京市：中華書局，1991年），頁643。

喻體時，會強化或弱化某些方面，凸顯不同的相似點，即喻點。經過這樣的文化語境選擇，其形成的比喻也就不會一樣。

（20）予若觀火，予亦拙謀作，乃逸。（〈商書・盤庚上〉）

（21）而胥動以浮言，恐沈于眾。若火之燎于原，不可向邇，其猶可撲滅？（〈商書・盤庚上〉）

（22）無若火始焰焰；厥攸灼敘，弗其絕。（〈周書・洛誥〉）

例（20）盤庚告誡群臣，自己觀察到當前危急的形勢，就像看到火災一樣地清楚，如果自己再不謀劃遷都，那就危險了。例（21）是盤庚以比喻來指責群臣用浮言煽動群眾的害處，朱駿聲《尚書古注便讀》解釋說：「惡之行於眾，若火之燎於野。」[7]《尚書》中以「火」作為喻體，凸顯的是「火」的不同特點，反映了商周人民對火的認知和體驗過程。上古時，人們是先認識自然火。由於開始對火還缺乏足夠的瞭解，常常懷有敬畏的心理，認為一旦「火燎于原」，都不能靠近，又怎麼談得上去撲滅它？這種火災給當時人所造成的難以平復的心靈創傷，在心理世界儲存、積澱起來。只有在這樣的文化背景下，殷民才能清楚不遷都將面臨著極大的災難，殷臣才能明白流言的可怕。但是例（22）是周公鼓勵年少的周成王要精神振奮，不要像火剛開始燃燒時那樣氣勢很弱，積極主持政事，率領在鎬京的官員到洛邑去，開拓新的大業。運用反喻，具有發人深省的作用。從此例會發現周代比商代對火的認識有所發展，人們在同火的多次接觸和實踐中，逐漸掌握了取火、生火、用火的方法，火不僅僅是恐懼，它給人帶來溫暖、光明。雖是同一喻體火，但因為人們認知的發展，選取的相似點發生了很大的變化，一是危害、災難，一是力量、希望。

（23）爾惟自鞠自苦，若乘舟，汝弗濟，臭厥載。爾忱不屬，惟胥以沉。（〈商書・盤庚中〉）

（24）今殷其淪喪，若涉大水，其無津涯。（〈商書・微子〉）

---

[7] 〔清〕朱駿聲：《尚書古注便讀》，頁52。

（25）予惟小子，若涉淵水，予惟往求朕攸濟。（〈周書·大誥〉）

（26）責人斯無難，惟受責俾如流，是惟艱哉！（〈周書·秦誓〉）

世界四大古代文明都是大河文明，華夏文明對水的認識很早。《尚書·虞夏書·堯典》云「湯湯洪水方割」，「浩浩滔天」，給先民造成對水患的畏懼心理。例（23）對於那些不想遷都的臣子，盤庚說你們自己搞得走投無路，自尋煩惱，譬如坐在船上，你們不渡過去，這就會把事情搞壞。你們誠心不合作，那就只有一起沉下去。說明盤庚時代，舟船已成為人們重要的交通工具，但由於簡陋，沉船事故時有發生，渡水仍是一件很困難的事情。例（24）說現在殷商恐怕要滅亡了，就好像要渡過大河，幾乎找不到渡口和河岸，這無疑是先民水患意識的再現。例（25）〈周書·大誥〉記載周成王年幼，周公攝政。周公大誥各諸侯國的國君和眾位大臣，轉諭成王的旨意，說道：「我小子像渡過深淵，我應當前往尋求渡過去的辦法。」把治國與渡水聯繫起來，說明創業的艱難如同渡水一樣險惡，是水難集體記憶的殘留。但是人在與水災的戰鬥中逐漸積累了經驗。《尚書·虞夏書·皋陶謨》：「予決九川距四海，浚畎澮距川。」大禹掌握了水的特性，採用疏導的方法治水。流水通暢了，水患就解除了。例（26）〈周書·秦誓〉這是一篇秦穆公對戰敗歸來將帥的自我責備的誥辭。他認識到責備別人不是難事，受到別人責備，聽從它如同流水一樣地順暢就很困難的道理。選用流水做喻體就是治水中人們經驗積累的體現。這種變化同樣說明了認知經驗對喻體的作用。同一事物對不同時代的人會觸發不同的心理，因而不同時代的人們對同一事物特徵的認知具有不同的取向，因而導致以上的差異。

《尚書》比喻的變化反映了漢民族的生存生活狀態的變化給語言帶來的影響。從這些修辭現象可以揭示人們認識客觀事物的深入和改造自然能力的發展是比喻辭格豐富演進的一個動因。

三

　　文化是由物質、制度、行為等層次組成的結構系統，其核心部分是心態文化層，它由人類在社會實踐和意識活動中長期絪蘊化育出來的價值觀念、審美情趣、思維方式等所構成。思維是人類的文化創造、發展的基本動力。語言是人類思維的工具，一個民族長久穩定、普遍起作用的思維方式和心理底層結構與比喻的這一修辭現象的產生有著密不可分的關係。

　　所謂比喻，就是抓住和利用不同事物的相似點，用另一事物來闡釋或描摹所要表現的事物。事物之間存在相似或相近的聯繫是比喻辭格存在的客觀基礎。但是事物之間的這種聯繫往往是不清晰的，是原始的，它需要通過人們自我的主觀意識去構建，去類比。

　　《周易‧繫辭下》曰：「古者包犧氏之王天下也，仰則觀象於天，俯則觀法於地，觀鳥獸之文與地之宜，近取諸身，遠取諸物，於是始作八卦。」[8] 典型展現了中國傳統思維注重類比。《尚書》記載的那些先王賢相，運用類比思維，在眾多事物中捕捉到這種相似點。在說明聽眾難以理解的事、物、理時會借用一個有相似聯繫的熟悉的具體的事、物、理來比方，將深奧抽象的經世之道和治國之法用具體可感的生活經驗明白具體地表現出來。如例（14）是盤庚說服臣眾遷都的一段話。他創意將綱對網的控制和臣聽從君類比聯繫，清晰發出了臣民要服從王命的信號。又如例（22）周公鼓勵年少的周成王要有勇氣，人的勇氣與火是不同的兩類事物，但是借助類比思維，勇氣使人熱血沸騰，火能給人熱量，兩者的相似點一旦建立，產生了新的比喻。可以說先民的類比思維是比喻生成的基礎。

　　比喻具有鮮明的民族色彩，由於各個民族的文化背景、共同心理、風俗習慣等方面的不同而造成了比喻的特殊性。《尚書》是我國上古歷史的記載，這一時期正是中國傳統思維的初創階段，華夏民族的思維特質對比喻的構成也有一定影響。

---

[8]〔唐〕孔穎達：《周易正義》（臺北市：藝文印書館，2006 年），頁 166。

（一）比喻與具象思維

申小龍在《文化語言學論綱》中指出：「語言浸透了民族文化精神。」並從漢民族具象思維的思維特徵出發，指出漢語「不是西方語言執著於知性、理性的精神，而是充滿感受與體驗的精神。最具體的一個表現就是漢語言中中國傳統思維更注重具體，經常借助於生動形象的外在物象論述理論問題，構成傳統思維的一大特色」[9]。今文《尚書》中多是說理性比喻。在面臨生疏的、抽象的、深奧的事理時，人往往會運用具象思維方式，借助熟悉的、具體的、簡單的事物來理解它，當用語言表達出來時，表現為比喻這一修辭語言活動。參照認知語言學的研究成果[10]，比喻辭格可分析為以下幾種方式。

1. 方位性比喻，指的是參照空間方位組將一系列概念比喻。如例（15）將臣忠於君的抽象關係用箭不偏離箭靶的空間方位關係比方出來；又如例（21）用向四方瀰漫的原野大火比喻流言蜚語四處流傳。

2. 本體性比喻，指的是將大量抽象的、模糊的概念如思想、感情、心理活動、狀態、活動等，用具體的、明晰的物質或實體去理解和體驗，這樣可以使理解與體驗變得較為簡單和清晰。如例（3）周武王勉勵諸侯和軍士勇往直前，像虎、貔、熊、羆一樣勇猛殺敵；例（7）舜帝用「股肱耳目」作喻體，說明臣對君的輔助作用。

3. 結構性比喻，指人們在認知中廣泛地用另一事件的結構來嵌套此事件結構，從而在理解、表述此事件時，系統地借用談論另一事件詞語。殷盤周誥比喻修辭多用結構性比喻。如例（4）〈周書·大誥〉周公為了說明文王的大業不能半途而廢，用了有關建屋、耕種的兩個事理性比喻，將深奧的治國之策轉為了淺顯的生產之事；又如例（17）〈商書·盤庚上〉盤庚告誡群

9　申小龍：《文化語言學論綱》（南寧市：廣西教育出版社，1996年），頁12。
10　趙艷芳：《認知語言學概論》（上海市：上海教育出版社，2001年），頁106-111。

臣,像懶惰的農民一樣自求安逸,就會毫無收穫。

(二)比喻與辯證思維

華夏先民在生產生活實踐中,感受到高低、寒熱、燥濕、陰陽等對立,又發現對立面是可以轉化的,從而逐步形成了事物對立統一的辯證思想。晏子曾說:「清濁、小大、短長、疾徐、哀樂、剛柔、遲速、高下、出入、周疏,以相濟也。」[11]所以,古人在處理事務時往往會看到事務的兩面性以及將它們統一起來思考。

前文論述周代君臣在討論君民關係的時候,強調君對臣民的絕對統治地位不可動搖。例(19)〈周書·君奭〉:「故一人有事于四方,若卜筮罔不是孚。」但是同時,統治者有不得不認識到民眾的力量強大,必須以感化的力量加以控制。

前文例(5)〈周書·洪範〉:「夫子作民父母,以為天下王。」屬於暗喻,君王是百姓父母,說明統治者也充分認識到人民的力量,這是「民本思想」的再現。統治者一方面保持絕對的統治,另一方面,又不得不注重調和階級關係,使自己的統治長治久安。

(三)比喻與整體思維

中國傳統思維是注重整體性的,在思維過程中,從直接感受體悟出處處以整體的眼光思考自然與人事,發掘其中蘊含的道理。中國古人常常思考的整體性的問題是天和人,並將之具體化為「天道」和「人道」。在古人的意識中,「天道」與「人道」是合一的,這也就是後世儒家所說的「天人之際,合而為一」[12]。漢民族往往運用這種思維模式對認知對象進行直接把握。今文《尚書》比喻也體現了中國人的整體思維。

(27)曰王省惟歲,卿士惟月,師尹惟日。歲月日時無易。(〈周書·

---

[11]〔唐〕孔穎達:《左傳正義》(臺北市:藝文印書館,2006年),頁861。

[12]〔清〕蘇輿:《春秋繁露義證》(北京市:中華書局,1992年),頁288。

洪範〉）

（28）庶民惟星，星有好風，星有好雨。日月之行，則有冬有夏。月
之從星，則以風雨。（〈周書‧洪範〉）

例（27）中「歲月日時無易」指歲月日時的統屬關係不變，比喻君臣各順其
常。「日月之行，則有冬有夏。」郭嵩燾《史記劄記》：「冬夏者，天之所以
成歲功也，而日月之行循乎黃道以佐成歲功，以喻臣奉君命而布之民。」[13] 例
（28）將百姓喻作星星，「月之從星，則以風雨」，郭嵩燾《史記劄記》：「月
入箕則風，入畢則雨。風雨者天之所以發生萬物也，而月從星之好以施行
之，喻宣導百姓之欲以達之君。」這是比喻群臣之從民欲，須恩澤其民。這
些日月星辰喻體的形成與先民的對天文的觀察密不可分。《尚書‧虞夏書‧
堯典》敘寫堯制定曆法節令，是人類「觀象時代」記時的最早文獻記載。
「乃命羲和，乃命昊天，曆象日月星辰，敬授人時。」在長期的對自然的觀
察中，萌發了「天人合一」的哲學思想。

綜上所述，文化語境是制約比喻產生與發展的重要因素之一，《尚書》
比喻所呈現出來的時代性、民族性及組構傾向與華夏上古文化語境密切相
關。同時，比喻又是一面鏡子，它折射了華夏民族文化發展的歷史軌跡。

---

[13]〔清〕郭嵩燾：《史記劄記》（上海市：商務印書館，1957年），頁181。

先秦禹神話的歷史化還原

曾凡*

　　先秦時期的禹是一位糾纏於歷史與神話之間的人物。在古代傳世文獻中，與禹相關的事蹟大多與治水有關，無論是神話，還是傳說，人們都把治水當作禹對人類的最大貢獻。在遠古以來的神話系統中，禹是具有龍蛇形象的治水水神；在史傳傳說中，禹既是治水平土的英雄，又是夏文明的奠基人，因而他也被看作是夏人的宗神。禹作為一個真實歷史人物，在漫長的歲月中，他的形象經歷了一個由人而神的傳說過程，從某種意義上說，禹同女媧、共工和鯀一樣成了洪水神話中的一個水文符號。但作為歷史樹立起的治水英雄和夏人宗神，他卻又經歷了一次演變，即由神演化回歸，還原為歷史人物。

一　禹與龍蛇崇拜

　　禹神話來源比較複雜，〈天問〉曰：「焉有虯龍，負熊以遊？雄虺九首，儵忽焉在？」[1]筆者曾論及「龍（蛇）」崇拜與熊崇拜之間有著複雜關係[2]，由此推導出禹家族與原始宗教中「龍（蛇）」信仰有關。

　　在傳統神話觀念中，禹神形象中負載了極其深刻的社會文化內容。綜合先秦典籍可知，禹集生殖神、社稷神、治水水神、發明神、文化神、以及戰神於一身，是華夏各族的又一人文始祖。與同為華夏祖先神的伏羲相比，禹

---

* 廣東外語藝術職業學院

[1] 〔宋〕洪興祖：《楚辭補注》（北京市：中華書局，1983年），頁94。
[2] 曾凡：〈鯀：一個被歷史湮沒的水文符號〉，《學術論壇》，2008年第2期。

並不顯得那樣遙遠而虛無縹緲。儘管如此，禹歷來保持著遠古以來人神共生的符號性特徵，其神話內在特質與伏羲龍神的生殖崇拜、祖先崇拜意義保持一致，並呈現出前後傳承的關係。生殖崇拜、祖先崇拜與水神以及水族動物崇拜之間關係密切，如女媧的身上體現著蛙類、魚類、蛇類等動物崇拜內容；在伏羲的身上也附著有龍、蛇崇拜的文化觀念。在夏人宗神禹的身上，積累了同樣厚重的文化傳統。

作為一個遠古時期的文化符號，「禹」之名同「女媧」、「伏羲」、「鯀」一樣有特別的象徵意義，顧頡剛在上世紀二十年代對此就有過精闢的論斷。一九二三年他在〈與錢玄同先生論古史書〉一文中寫到：

> 禹，《說文》云：「蟲也；從內，象形。」內，《說文》云：「獸足蹂地也。」以蟲而有足蹂地，大約是蜥蜴之類。我以為禹或是九鼎上鑄的一種動物，當時鑄鼎象物，奇怪的形狀一定很多，禹是鼎上動物的最有力者；或者有敷土的樣子，所以就算他是開天闢地的人，（伯祥云：禹或即是龍，大禹治水的傳說與水神祀龍王事恐相類。）流傳到後來，就成了真的人王了。[3]

此言一出，立刻遭到劉掞黎、胡堇人、柳詒徵等學者的激烈批評，又因此事被人曲意地說成「禹是一條蟲」，從而在當時史學界引起不小的震動。雖然後來顧頡剛改說禹是天神，事實上，「禹為動物」這個基本判斷也並沒有真正放棄。在今天看來，顧頡剛當時的論據雖不夠充分，但從神話學的角度分析，其假設的思維基本方向是正確的。在遠古時代，從廣義上說，所有的動物都被稱作為蟲，狹義的蟲即為蛇。而蛇、蛙、魚、蜥蜴等動物屬水性，是自然崇拜觀念中的水神，也是形成龍神觀念的主要原始構件之一。

聞一多認為禹、巳都是蛇名，伏羲本風姓，禹與伏羲同姓。同時他還根據《史記‧夏本紀》「禹為姒姓，其後分封，用國為姓」的記載，進一步指

---

[3] 顧頡剛：〈與錢玄同先生論古史書〉，《古史辨》（上海市：上海古籍出版社，1982年），第1冊，頁63。

出：

> 其實姒與風本是一姓，禹與伏羲原是一家人。姒姓即巳姓，「風」字
> 從「蟲」，「蟲」與「巳」在卜辭裏是一字，原來古人說「風姓」或
> 「巳姓」，譯成今語都是「蛇生的」。[4]

在上文詳細地論證了伏羲與龍的淵源，儘管禹與伏羲之間的傳承關係還需更多論據的支持，但從神話中仍然可以追尋禹龍族的血脈，《山海經·海內經》郭璞言鯀死「化為黃龍」、《初學記》言「是用出禹」。在神話中，鯀是禹的父親，神話演繹到現實中來，其具體狀況或為禹的父族與鯀部族有關，其家族典型的宗教特徵是以龍作為崇拜物。

禹的母族與蛇崇拜有關。禹又名文命，《尚書·大禹謨》曰：「大禹，曰文命，敷于四海，祗承于帝。」[5]《大戴禮記·五帝德》曰：「宰我曰：『請問禹。』孔子曰：『高陽之孫，鯀之子也，曰文命。』」又《帝系》曰：「娶於有莘氏之子，謂之女志氏，產文命。」[6]有莘即高辛氏，據《史記·五帝本紀》：「帝嚳高辛者，黃帝之曾孫也。」[7]傳說黃帝為姬姓[8]，其後與夏有婚媾關係。《集韻》、《韻會》謂：「有莘，國名，有莘女生禹，名女志，一名脩巳。」《竹書紀年》、《帝王世紀》均謂禹母曰「脩巳」[9]。脩巳即為長蛇，可見，禹的母族與蛇崇拜之間的聯繫。同時，脩巳姒姓，「巳」與「姒」相通、「姬」與「姒」相因，故《史記·夏本紀》有「禹為姒姓」的說法[10]。

---

4 聞一多：《神話與詩》（北京市：中華書局，1956 年），頁 34-36。

5 〔清〕阮元校刻：《十三經注疏》（北京市：中華書局，1980 年影印版），頁 134。

6 〔清〕王聘珍：《大戴禮記解詁》（北京市：中華書局，1983 年），頁 124-126。

7 〔漢〕司馬遷：《史記》（北京市：中華書局，1959 年），頁 13。

8 相關記載參見：《國語·晉語》：「昔少典，取於有嶠氏，生黃帝炎帝，黃帝以姬水成，……故黃帝為姬。」《說文解字》：「黃帝居姬水以為姓。」《帝王世紀》：「黃帝，少典之子，姬姓也。」

9 〔南朝梁〕沈約注：《竹書紀年集解》（上海市：文益書局，1936 年），頁 11。〔晉〕皇甫謐《帝王世紀》（北京市：中華書局，1985 年），頁 14。

10 〔漢〕司馬遷：《史記》，頁 89。

「禹為姒姓」意味著禹的名字保留著母族姓氏特徵，這與母權時代的社會習俗分不開。從父系、母系的關係來看，神話中的禹是龍，也是蛇，是龍蛇崇拜的綜合體現。

顧頡剛後來對禹的研究謹慎了許多，為了給「禹為動物」的論斷找到合理的證據，有些說法不免牽強。如前文所引《左傳》昭公二十九年「共工氏有子曰句龍，為后土。……后土為社」之句，顧頡剛、童書業在一九三七年合作發表的〈夏史考〉一文中據此認為：「句（勾）龍即是『禹』字形義的引伸。『禹』是有足的蟲類，據近人考證，確是龍螭之屬。句龍的『句』又與『禹』字的一部分相似，則句龍即禹自很可能。」雖然此後學界對「句龍即禹」的說法頗為流行，但這種觀點本身有失偏頗。

神話中的共工、句龍世系和鯀、禹世系有共同的祖源。共工氏部族有龍蛇崇拜傳統，如《左傳》曰「共工氏有子曰句龍」，又《山海經‧大荒北經》謂共工之臣相繇「九首蛇身」[11]。《風俗通義‧祀典》引《禮傳》謂「共工之子曰脩」[12]，羅泌《路史‧後紀二》注引《歸藏‧啟筮》謂共工「人面蛇身朱髮」[13]，共工的神話形象是人面蛇身，吳其昌在〈卜辭所見殷先公先王三續考〉一文中認為，共工之「共」字，在甲骨文和金文中的寫法，上面都是「龍」字，所以共工為龍[14]。共工之子脩本義有大蛇之說，句龍則非龍莫屬，由此看來，共工氏部族包括他們的屬臣也有龍蛇崇拜的傳統，但把共工、句龍同、禹混為一談，實不足取。

鯀與龍崇拜有直接關係[15]，鯀、禹世系一樣保持著古老的龍蛇崇拜心理。龍蛇崇拜是夏人的原始宗教信仰之一，它與祖先崇拜、水神崇拜有莫大的關

---

[11] 袁珂：《山海經校注》（增補修訂本）（成都市：巴蜀書社，1993年），頁489。

[12] 〔漢〕應劭：《風俗通義校注》（北京市：中華書局，1981年），頁381。

[13] 〔宋〕羅泌：《路史》（上海市：上海古籍出版社，1987年影印《文淵閣四庫全書》本），第383冊。

[14] 吳其昌：〈卜辭所見殷先公先王三續考〉，《古史辨》（第7冊下）（上海市：上海古籍出版社，1982年），頁348。

[15] 曾凡：〈鯀：一個被歷史湮沒的水文符號〉。

聯。姜亮夫在〈九歌解題〉中認為夏人尚九,「九」源於龍蛇崇拜的說法卻令人耳目一新:

> 蓋夏族中心之人曰禹,禹字從蟲從九,即禹字之本,九者象龍屬之糾繞,夏人以龍虯為宗神,置之以為主,故禹一生之績,莫不與龍與九相關。[16]

「虯」即今「九」字,意指古代傳說中的一種有角的龍。《說文解字》曰:「虯,龍子有角者。」《廣雅》:「有麟曰蛟龍,有翼曰應龍,有角曰虯龍,無角曰螭龍。」古代「虯」、「虬」通用,〈天問〉「焉有虯龍、負熊以遊」之句,即言鯀、禹神話。楊寬根據姜亮夫「『禹』字從『蟲』從『九』」的說法,從甲骨文『九』為『虯』的本字考察,進一步論證禹為句(勾)龍,就是虯龍,「句(勾)」、「虯」、「九」三字音近義通[17]。從神話學的角度來說,句龍是共工之子,禹是鯀之子,神話中的共工與鯀是兩個不同的神,因此「句龍即禹」的判斷本身存在疑問,而禹在神話中的動物形象應該是有角的虯龍。

〈天問〉中「河海應龍,何盡何歷」兩句,其義晦澀難通,此兩句前面接「洪泉極深,何以窴之?地方九則,何以墳之」,可知為問大禹治水事,這帶有鮮明神話色彩的兩句詩反映的是禹在治水的過程中受到了應龍的幫助。王逸注云:「有翼曰應龍,……或曰禹治洪水時,有神龍以尾畫地,導水所注當決者,因而治之也。」洪興祖補注引《山海經圖》云:「夏禹治水,有應龍以尾畫地,即水泉流通。」[18]又《山海經·大荒北經》云:「蚩尤作兵伐黃帝,黃帝乃令應龍攻之冀州之野。應龍畜水,蚩尤請風伯雨師,縱大風雨。黃帝乃下天女曰魃,雨止,遂殺蚩尤。」[19]應龍曾經助黃帝攻打蚩尤,

---

16 姜亮夫:〈楚辭學論文集〉,《姜亮夫全集》(八)(昆明市:雲南人民出版社,2002年),頁279。

17 楊寬:〈中國上古史導論〉,《古史辨》,第7冊上,頁358。

18 〔宋〕洪興祖:《楚辭補注》,頁91。

19 袁珂:《山海經校注》,頁490-491。

說明其自黃帝時代起就已存在，這看似與「共工氏有子曰句龍」的說法相矛盾，實際上句龍與共工一樣是部落存在的一個符號，也是部落成員之一，句龍是很早就從共工氏中分離出來的子族。「河海應龍，何盡何歷」兩句是說在上古神話中，句龍參與了禹治水之事。

《左傳》、《禮記》、《國語》等典籍記載句龍（后土）因平九土（州）治水有功，被世代奉為社神。共工從孫四岳為禹之「股肱心膂」，是治水主要的依靠力量。以上共工氏子族句龍、四岳平水土之事當與禹逐共工時間相去不遠，文獻中雖沒有直接說明句龍平水土與禹治水的關聯，但可以推斷的是句龍、四岳平水土都是在禹的統籌下完成的。共工、句龍世系與鯀、禹世系同為龍蛇崇拜族，身為龍神的禹在治水的過程中受到其他龍神的幫助，理所當然。而共工氏子族是禹治水的主要依靠對象，因此〈天問〉中的「應龍」與句龍或四岳也許存在著某些聯繫。然神話中似乎並無四岳為龍或蛇的傳說，那麼句龍在神話中的動物形象為有翼應龍的可能性最大。由此推測看來，雖然同為龍神，句龍與禹在神話中的動物形象是不一樣的，故上世紀三十年代起流行的「句龍即禹」的說法不一定不可靠。

龍崇拜與蛇崇拜的淵源關係已為學術界之共識，上文曾引述聞一多龍的形象最初可能是由巨蛇演化而來的觀點。謝選駿認為：「學者們一致公認它（指蛇）是龍等幻想動物的原型。在中國，據說存在廣泛的『龍蛇圖騰的部落聯盟』。」[20]相對其他崇拜物來說，龍崇拜與蛇崇拜的關係最為緊密，在一定程度上，我們可以把龍崇拜理解為蛇崇拜的延伸。

作為水神，禹與女媧、伏羲、共工、鯀等相近似的原始宗教功能，突出地表現在龍蛇崇拜的觀念上。上文言及顧頡剛、童書業、姜亮夫等均認為禹是龍，陳夢家以為禹是「水蟲」[21]，實際上這些論斷表達的是相近的觀點，古人把龍、蛇統歸為鱗蟲類動物。王宇信經由蟲而引申為蛇，由蛇而引申為男

---

[20] 謝選駿：《神話與民族精神》（濟南市：山東文藝出版社，1986年），頁94-95。

[21] 陳夢家：〈商代的神話與巫術〉，《燕京學報》，1936年第20期。

根，推論出禹作為父系社會男性生殖崇拜觀念代表物的演變過程[22]。本文在上兩章裏也詳細論述了龍、蛇等水神的生殖崇拜意義，作為龍蛇崇拜家族最重要的符號，禹所承載的這種功能和意義不言而喻，他也因此被看作是華夏民族自伏羲、女媧之後又一公認的人文始祖。

二　禹與「神」的關聯

〈天問〉中禹的形象雖然充滿神性，但明顯帶有「歷史化」傾向，這與北方中原理性文化對屈原的影響分不開。從北方典籍、文物中可以找到這種影響屈原思維的依據。

在歷史上，禹實有其人，其事蹟由傳說演變成神話，禹也因之而為「神」。在西周以後，禹神話又被人為地進行了去「神」化的歷史性改造，禹的形象經歷了兩次變形之後，已是面目全非。自春秋以後的諸多典籍之中的禹也隨之褪去了「神」的外衣。但後人對禹道德化的隨意性改造，卻又使其形象偏離了原始真實。

就禹而言，在《詩經·商頌》中，禹被視為開天闢地的神。據王國維的考證，〈商頌〉是西周中葉商之後裔宋人所作[23]。〈長發〉和〈殷武〉兩篇分別從地理、歷史兩個方面頌揚禹的始祖功績，如〈長發〉曰：「洪水芒芒，禹敷下土方。」[24]宋人在頌祖德時，先陳「禹敷下土方」之事，「下土」乃與「上天」相對而言，這時人們觀念上的禹已是一位天神，自上天而下到人間布土。又〈殷武〉曰：「天命多辟，設都于禹之績。」[25]商成湯時代，眾多的方國部族都習慣把都城設立在禹治水之地。參照晚出的《山海經》神話可以找到商人的這種心理依據，〈海內經〉曰：「帝乃命禹卒布土以定九州。」[26]

---

22 王宇信：〈由「史記」鯀禹的失統談鯀禹傳說的史影〉，《歷史研究》，1989 年第 6 期。

23 王國維：《王國維先生全集·初編》（一）（臺北市：大通書局，1976 年），頁 115。

24〔清〕阮元校刻：《十三經注疏》，頁 626。

25〔清〕阮元校刻：《十三經注疏》，頁 628。

26 袁珂：《山海經校注》，頁 536。

九州神話傳播很廣，傳統認為，凡禹治水之九州皆上帝所賜命，故商、周之時九州被尊奉「禹之跡（績）」，或簡稱為「禹跡」。《詩經·魯頌·閟宮》曰：「奄有下土，纘禹之緒。」[27]周人「纘禹之緒」與商人「設都于禹之績」略有不同，他們摒棄殷人承繼天位的思想傳統，把禹擺放到祖先的神位上，標榜要完成聖祖未竟之大業。總之，無論商人，還是周人，他們共同的傳統觀念認為，必須佔據法統地域，其統治地位才能被「天下」所承認。所以諸侯「設都于禹之績」或「纘禹之緒」，既是一種王權傳統，也表現了世俗對禹祖先地位的一貫認同。在以上《詩經》頌詞中，禹的形象明顯是在神話的基礎上經理性化修飾過了，其「神」化色彩的痕跡依舊存在。

《詩經》中也有不少直接歌頌禹的詩句，如：「信彼南山，維禹甸之。」「豐水東注，維禹之績。」「奕奕梁山，維禹甸之。」[28]這些詩句採用敷陳其事的寫法，言南山、豐水、梁山等地與禹治水有關，可以看出，此時禹的神話形象明顯被淡化了。

同樣在《尚書》、《論語》、《孟子》等經傳中，禹的神話形象也作了淡化處理，附著在他身上的神話甚至消失了。如《尚書·虞書》部分，幾乎每篇都有禹的事蹟，最為突出的仍是治水。其中〈益稷〉篇中有一段禹的自述文辭，曰：

> 洪水滔天，浩浩懷山襄陵，下民昏墊。予乘四載，隨山刊木，暨益奏庶鮮食。予決九川，距四海，浚畎澮距川；暨稷播，奏庶艱食鮮食。懋遷有無，化居。烝民乃粒，萬邦作乂。[29]

上述文字本是後人擬禹之言以誦禹治水之德，誇張、溢美之詞不禁溢於言表。可細研其文，禹的神話光環猶存，文中所描述的治水工程艱巨程度，亦非一般人力能及。上文曾引〈洪範〉記載了箕子關於鯀的一段話，緊接著涉

---

27 〔清〕阮元校刻：《十三經注疏》，頁 614。

28 〔清〕阮元校刻：《十三經注疏》，頁 470、526、570。

29 〔清〕阮元校刻：《十三經注疏》，頁 141。

及到禹。文中雖不言禹是神，但其治水卻受到天神的安排：

> ……鯀則殛死，禹乃嗣興，天乃錫禹「洪範」九疇，彝倫攸敘。[30]

這一段文字處理得非常的巧妙，借箕子之口說一段傳聞，刻意模糊或隱藏鯀、禹的神性，似乎他們遭受到的和所做的一切都是天神的旨意。這段文字應該是在當時流傳的神話基礎上改造而成，鯀、禹雖然在裏面失去了神性，但天的神話色彩還沒有被抹去。

儒家學派有明確的政治理念和道德標準，在《論語》中大禹躬稼、致孝、仁義、簡樸，為賢臣、明君形象。如〈泰伯〉曰：

> （子曰）禹，吾無間然矣。菲飲食而致孝乎鬼神，惡衣服而致美乎黻冕，卑宮室而盡力乎溝洫。禹，吾無間然矣。[31]

大約到戰國中期之後，禹在儒、墨諸學的共同改造之下，回到了人臣、人王位置，其腳踏實地的形象形同歷史真人。如《孟子·滕文公上》曰：「當是時也，禹八年於外，三過其門而不入。」〈盡心下〉：「禹之聲，尚文王之聲，……若禹、皋陶，則見而知之；若湯，則聞而知之。」[32]《孟子》中言禹「三過其門而不入」，說明其已經徹底人化；說他「見而知之」，這也幾乎與常人無異。戰國末期以來的《荀子》、《韓非子》、《呂氏春秋》諸書大致承襲了孔、孟的一貫做法，按照賢臣、明君的模式塑造禹的現實形象。這種在禹的身上灌注社會道德，並把他樹立為社會標榜的做法，實際上是人為地扭曲了禹的本事，使其面貌離原始真實越來越遠。

從戰國到秦、漢時期，禹的神話仍然在文獻中流傳，如《莊子》、《楚辭》、《山海經》、《淮南子》等古籍中，禹作為神的面目清晰可見，而且自成體系。如《莊子·齊物論》中直呼禹為神禹：

---

[30]〔清〕阮元校刻：《十三經注疏》，頁187。

[31]〔清〕阮元校刻：《十三經注疏》，頁2488。

[32]〔清〕阮元校刻：《十三經注疏》，頁2705、2775-2780。

> 是以無有為有，無有為有，雖有神禹，且不能知，吾獨且奈何哉！[33]

通觀《莊子》，其中所涉及到的其他人物名前均未見冠以「神」字，可見在莊子心中禹為神的觀念已是根深蒂固，這或許受到的是地域文化觀念的影響。同是誕生於南方的《楚辭》、《山海經》以及《淮南子》等典籍，記載的禹神話之多自不必贅言。另一方面，《墨子》、《國語》、《左傳》等北方典籍雖然在努力地改造禹的神形，卻沒有完全抹去神話痕跡。例如，《國語·魯語下》曰：

> （仲尼曰）丘聞之：昔禹致群神於會稽之山，防風氏後至，禹殺而戮之，其骨節專車。此為大矣。[34]

這裏所記錄的孔子佚文何本何據姑且不論，「防風氏後至，禹殺而戮之」的情節中暗示了禹掌握著群神的生殺大權，禹能「致群神」，並且對他們可以進行任意殺戮，說明其神威要高於群神。

除了傳世典籍之外，禹的事蹟也見於西周青銅器銘文。如果從源流上來考察，目前發現的關於禹神話的記載要先於史話而存在，這在最近的考古發現中得以證明。《呂氏春秋·求人》謂「（禹）功績銘乎金石，著於盤盂」[35]，此並非一味頌揚禹之功德的虛言。在戰國時期，這些「金石」、「盤盂」或許實有流傳，並成為〈禹貢〉等史籍史料的重要來源之一。近年發現的〈燹公盨〉，有關專家一致認為是西周中期偏晚時候的器物，上面有包括「天令禹專（敷）土、陸山、濬川」等銘文共九十九字[36]。李學勤比較《尚書》、

---

[33]〔清〕王先謙：《莊子集解》（上海市：上海書店，1986年），頁9。

[34]〔三國〕韋昭注：《國語》（上海市：上海書店，1987年），頁72。

[35]〔漢〕高誘注：《呂氏春秋》，《諸子集成》第6冊（北京市：中華書局，1954年），頁293。

[36] 對燹公盨的年代考證、文字考釋及其意義參考了以下文獻：李學勤：〈論燹公盨及其重要意義〉；裘錫圭：〈燹公盨銘文考釋〉；朱鳳瀚：〈燹公盨銘文初釋〉；李零：〈論燹公盨發現的意義〉，以上研究成果見載於《中國歷史文物》，2002年第6期。連劭名：〈燹公盨銘文考述〉，《中國歷史文物》，2003年第4期。

《詩經》等傳世文獻後認為：「𪼝公盨提供了大禹治水傳說在文物中的最早例證。」裘錫圭研究指出：「從這篇銘文可以知道，當時人的確把禹看作受天之命平治水土的神人。」銘文中，開篇便言「天令禹敷土」，西周的「天」即天帝之神，在所有神靈中處於至尊地位。「天令禹敷土」與《山海經・海內經》中「帝乃命禹卒布土以定九州」的神話內容基本一致，證明《山海經》裏確實保留著古老的神話，《詩經・長發》裏「禹敷下土方」詩句的來源也同樣是古老的禹治水神話。以上說明，自西周以來，禹治水神話產生在史話之前，這跟文字晚於神話的出現有莫大的關係。《詩經》早期作品表現出對禹神話歷史化的不完全改造，或因當時社會中存在社會倫理對禹進行再思考再定位的思潮，使得禹由神形恢復到人形，而〈長發〉等篇章自覺地記錄了有關的社會風俗。在禹走出神話的過程中，早期的儒學起到了至關重要的催化作用。

此外，〈齊侯鎛鍾〉和〈秦公敦〉兩件青銅器物上也記載著禹神話。根據王國維的釋讀，〈秦公敦〉相關銘文如下：

> （秦公曰）丕顯朕皇祖受天命，鼎宅禹績，十有二公，在帝之壞，嚴恭寅天命，保業厥秦，赫事蠻夏。

〈齊侯鎛鍾〉銘文亦曰：

> 㕙㕙成唐（湯），有嚴在帝所。敷受天命。刻伐夏后，敗厥靈師。伊小臣惟輔，咸有九州，處禹之堵。

秦公敦即秦公簋，據王國維考證，秦公敦為秦景公時代的器物[37]；郭沫若運用王國維的二重證據法，在考證上有了新的突破，他在〈夏禹的問題〉一文中考證齊侯鎛鐘的主人為宋國公族叔夷[38]，可謂眼光獨到。這兩件春秋時期的青銅器物中分別出土於東方的齊地和西方的秦地，兩者涉及到的禹有幾乎相同

---

[37] 王國維：《古史新證》（北京市：清華大學出版社，1994年），頁5-6。
[38] 郭沫若：《中國古代社會研究》（北京市：科學出版社，1960年），頁337-338。

的神職特徵，相對時王來說，儼然已是遠古神話傳說中的人物。其地位介於天帝之神與人王之間，似乎又比祖先神有更多的神威，其神話中的聖君形象是時王仰慕和立身的社會典範。值得一提的是，作為春秋時代的作品，這兩件器物比《論語》成書年代要早，說明禹的倫理道德典範功用在孔子之前就已有雛形，然而，《論語》在對禹進一步的理性化改造中，有意抹去了其神話化的色彩，加速了禹由神向人的回歸。與此同時，孔子在編纂《尚書》、《詩經》時，也採用了這種手法，如〈禹貢〉曰：「禹敷土，隨山刊木，奠高山大川。」又〈呂刑〉曰：「禹平水土，主名山川。」[39] 對照以上青銅銘文，在《尚書》、《詩經》裏，神話中原有的天帝之神被刻意地隱去了，禹也因此以人臣、人王的面目出現。

反觀青銅銘文內容，可以基本確定的是，禹神話傳說的起源至遲在西周中期或更早；到了孔子生活的時代，早期的儒學對禹的傳說進行了人為的干預，使之更加符合當時規範社會禮制的需求。

三 禹「平水土」考辨

在西周以前，儘管禹的事蹟多雜以神話傳說，但不能否認他是一個真實的歷史人物。禹最大的社會功績在於平水土，平水土即通常所言之治水，他也因治水被人們敬仰為水神，並依附不少真假莫辨的神話內容。先秦洪水神話中，禹的神奇身世連同「平水土」和「劃九州」的許多材料都耐人尋味。關於禹的真正面目和功績，仍然需要從歷史傳說中去尋找答案。

先秦典籍關於禹治水的傳說，在《尚書》中的記載最為詳細：

> 舜曰：「咨，四岳！有能奮庸熙帝之載，使宅百揆亮采，惠疇？」僉曰：「伯禹作司空。」帝曰：「俞，咨！禹，汝平水土，惟時懋哉！」禹拜稽首，讓于稷、契暨皋陶。帝曰：「俞，汝往哉！」（〈舜典〉）

> 帝曰：「俞！地平天成，六府三事允治，萬世永賴，時乃功。」……

39〔清〕阮元校刻：《十三經注疏》，頁146、248。

帝曰:「來,禹!降水儆予,成允成功,惟汝賢……」(〈大禹謨〉)

禹曰:「洪水滔天,浩浩懷山襄陵,下民昏墊。予乘四載,隨山刊
木,暨益奏庶鮮食。予決九川,距四海,濬畎澮距川……」……予創
若時,娶于塗山,辛壬癸甲。啟呱呱而泣,予弗子,惟荒度土功。弼
成五服,至于五千。州十有二師,外薄四海,咸建五長,各迪有功,
苗頑弗即工,帝其念哉!」(〈益稷〉)

禹敷土,隨山刊木,奠高山大川。……九州攸同:四隩既宅,九山刊
旅,九川滌源,九澤既陂,四海會同。(〈禹貢〉)[40]

由於《尚書》作為經書具有崇高地位,對儒、墨等顯學影響極為深遠。其所
述鯀、禹傳說的歷史性和真實性也就有了類似「欽定」的不容質疑的性質,
這直接影響著後世對禹事蹟的判斷。

面對滔天大洪水,僅憑禹一人或一部族之功力絕無完成可能,因此它需
要聚集所有的社會力量,從整體上實現對江河的改造。由於大禹治水符合天
下各部族和民眾的願望,因而得到來自四面八方的支持。應龍為神話中號稱
句龍的共工之子,禹治水就得到了他的幫助。《山海經》言「蚩尤作兵伐黃
帝,黃帝乃令應龍攻之冀州之野,應龍畜水」,可見應龍乃水神,主風雨,
曾助黃帝打敗過蚩尤。應龍或為共工氏族的子族的代稱,從與黃帝部族的
關係來看,也是一個相對古老的部族,積累了豐富的治水經驗,〈天問〉中
「河海應龍,何盡何歷」,便是借神話問及應龍部族參與治水之事。

在史傳中,禹以人王的面目出現,輔佐他治水的有其他部族首領或賢
臣。《國語・周語下》載「共之從孫四岳佐之」,「四岳」當為共工氏族中
分裂出來的四個子族首領,他們是禹治水的工程中的主要依靠力量。《戰國
策・齊策》又謂:「禹有五丞。」[41]此五丞難以確指,《荀子・成相篇》曰:

---

[40] 〔清〕阮元校刻:《十三經注疏》,頁130、135-136、141-143、146-152。
[41] 〔漢〕高誘注:《戰國策》(上海市:商務印書館,1934年),第1冊,頁94。

「禹傅土，平天下，躬親為民行勞苦，得益、皋陶、橫革、直成為輔。」[42]又
《呂氏春秋・慎行論・求人》曰：「得陶、化益、真窺、橫革、之交五人佐
禹。」[43]以上記載中，得益為化益，在歷史上又被稱作伯益、伯翳，其原名
為大費，舜賜姓嬴氏，是嬴姓各族之祖。《史記・秦本紀》曰：「女華生大
費，與禹平水土。……禹受曰：『非予能成，亦大費為輔。』」[44]可見伯益佐
禹治水的功勞。得陶即皋陶，傳說他是東夷少昊之後裔，〈夏本紀〉《正義》
引《帝王世紀》曰：「皋陶生於曲阜。」[45]在舜帝時，皋陶被任為掌管刑法的
官，後又輔佐禹治水。直成、真窺、橫革、之交等人無可考，或為禹之賢
臣，亦或為部族首領。

輔佐禹治水的還有商族的祖先契。據《史記・殷本紀》記載，「契長
而佐禹治水有功」，舜將他「封于商，賜姓子氏。契興于唐、虞、大禹之
際」[46]。可見，契是堯、舜時代的人，因為協助大禹治水有功，才被封於商，
成為部族聯盟首領。周族的祖先后稷一直擔任主管農事之官，傳說後來也輔
佐禹治水，《史記・夏本紀》曰：「禹乃遂與益、后稷奉帝命。」[47]《史記》言
契與后稷都曾輔佐過禹治水，後世或以為附會之說，但作為黃河流域的古老
部族成員，商、周遠祖參與治水並非不可能。

禹採用的治水方法在《國語・周語下》中有較為詳細的歸納：

> 其後伯禹念前之非度，釐改制量，象物天地，比類百則，儀之於民，
> 而度之於群生，共之從孫四岳佐之，高高下下，疏川導滯，鍾水豐
> 物，封崇九山，決汩九川，陂鄣九澤，豐殖九藪，汩越九原，宅居九
> 隩，合通四海。[48]

---

42 〔清〕王先謙：《荀子集解》，頁308。
43 〔漢〕高誘注：《呂氏春秋》，頁292-293。
44 〔漢〕司馬遷：《史記》，頁173。
45 〔漢〕司馬遷：《史記》，頁83。
46 〔漢〕司馬遷：《史記》，頁91。
47 〔漢〕司馬遷：《史記》，頁51。
48 〔三國〕韋昭注：《國語》，頁35-36。

由這一段記載看，禹同樣採用了障水之法來治水。「高高下下」、「鍾水豐物」、「陂鄣九澤」、「豐殖九藪」是因地制宜而障水的不同手段，也就是說禹將所取之土積於河岸、澤旁，使成堤障，疏通了河道時，也加深了河道。這種防水技術實際上承襲了共工和鯀的做法。但禹治水還採用了「疏川導滯」之法，這與共工和鯀治水有所不同。《孟子》曰：「禹疏九河，瀹濟、漯而注諸海，決汝、漢，排淮、泗而注之江。」「禹之行水也，行其所無事也。」「禹之治水，水之道也。」[49]言禹採用流域性治水方法，疏通的江河涉及黃河、長江以及淮河流域的重要水道。此外在治水過程中，禹「儀之於民，而度之於群生」的做法滿足了大多數部族和人群的利益需求，這或許是他能得到天下擁戴的重要原因。

禹的治水方法，在當時可以說也是一種因地制宜的綜合治理，古人在文獻中經常刻意突出他「疏川導滯」的創造性，趙逵夫因此指出：「即使『鍾水』（聚水）的辦法，也是同疏導其各個小支流相輔相成的。所以，傳說中便突出了這一點，後來竟形成了『應龍畫地』的故事。」[50]上文論及應龍是共工之子句龍，〈天問〉中的所謂「應龍畫地」當是指句龍治水的情形，句龍治水是在禹治水的總體框架下完成的，可以看成是禹治水工程的一個有機組成部分。〈天問〉中「鯀何所營？禹何所成」的疑惑由此可以解開，二人治水功敗殊異，在於鯀的障水法只是一種是區域性治水；禹採用綜合方法，進行的是流域性治理。

堯、舜、禹時代，儘管生產力水準不高，但是在長期與洪水作鬥爭的過程中人們積累了豐富的治水經驗。禹「高高下下」、「鍾水豐物」、「陂鄣九澤」、「豐殖九藪」等圍堵之法固然是對前人經驗的繼承，而「疏川導滯」等治水方法也並非他的首創。考古發現證明，遠古先民早就掌握了「疏川導滯」的治水方法，在長江、黃河流域均有相應的歷史遺存，例如距今八千年

[49]〔清〕阮元校刻：《十三經注疏》，頁2705、2730、2761。

[50] 趙逵夫：〈從「天問」看共工、鯀、禹治水及其對中華文明的貢獻〉，《社會科學戰線》，2001年第1期。

前的湖南澧縣八十壋聚落遺址，周邊有三百米的壕溝與古河道相連，形成聚落的環壕[51]。在黃河流域，類似的古遺址、城址很多，其中圍溝、環壕已成定制。如在鄭州西山，發現了迄今為止我國年代最早、建築技術最先進的仰韶文化晚期古城遺址，城外發現有寬五至七點五米，深四米的壕溝環繞，後來又在此壕溝不遠處發現了外圍壕溝[52]；在河南洛陽吉利區向西五公里左右的黃河北岸的仰韶文化晚期南陳遺址，也發現了環壕聚落遺址[53]。在考古發現中，據專家考證，這些遺址的絕對年代當在距今五千年以前，類似情況在仰韶文化晚期以後更為多見，有學者甚至認為環壕是仰韶文化中晚期大中型聚落的典型特徵[54]。由此可見，在禹之前，人們就已經把壕溝用於洩洪和防禦，而且後來隨著城市規模的發展，壕溝防洪、洩洪的功能越發重要，人們「疏川導滯」的理念更加的成熟。

新石器時代的先民在利用水和控制水方面有長期的經驗積累，農業的發展，對防洪、灌溉甚至防禦等水利技術有了的更高要求。羅琨教授認為，距今四、五千年前，人們用「決瀆」（疏導）和湮塞的方法治理洪水、開發利用某些濕地不是不可能的[55]。在禹治水的年代，儘管社會生產力水準低下，但先民治水能力卻不能低估。根據《尚書》等文獻的記載來分析，禹當年採用的綜合治理方法，對黃河、長江以及淮河流域進行了治理。用現代的眼光來看，其規模和範圍相對來說有限的。從另一個角度來說，既使他沿用的只是已有的治水經驗，在當時那種社會生產力水準狀況下，能取得如此的治水

---

[51] 湖南省文物考古研究所：〈湖南澧縣夢溪八十壋新石器時代早期遺址發掘簡報〉，《文物》，1996 年第 12 期。

[52] 張玉石、楊肇清：〈新石器時代考古獲重大發現：鄭州西山仰韶時代晚期城址面世〉，《中國文物報》第 1 版，1995 年 9 月 10 日。國家文物局考古領隊培訓班：〈鄭州西山仰韶時代城址的發掘〉，《文物》，1999 年第 7 期。

[53] 河南省文物考古研究所，〈洛陽市南陳遺址仰韶文化遺存的發掘〉，《中原文物》，2008 年第 2 期。

[54] 吳春明：〈史前城市的考古新發現與中國文明的起源〉，《廈門大學學報》，1999 年第 3 期。

[55] 羅琨：〈𤔲公盨銘與大禹治水的文獻記載〉，載《華學》第 6 輯（北京市：紫禁城出版社，2003 年），頁 15-25。

成就，本身就非常偉大。對於禹治理洪水的功績，後人由衷地感激，如《左傳》昭公元年：「美哉禹功！明德遠矣。微禹，吾其魚乎。」[56]《詩經》、《尚書》、《孟子》、《墨子》等先秦典籍中均有不同程度的溢美之辭。當禹的聖人地位確立後，人們帶著一種讚美和崇敬的感情去評判禹治水的功績時，免不了會增加一些附會和誇張成分。

四　禹「劃九州」考辨

　　同樣，歷來學者對禹治水的範圍歷來爭論不休，其中焦點聚集在「禹跡」和「九州」的問題之上。從治水的角度來說，禹劃九州之說由來已久，「禹跡」應該單指禹「平水土」的具體地方。但是古代典籍文獻對九州的記載存在著許多差異，如《尚書·禹貢》中的九州為冀州、青州、豫州、揚州、徐州、梁州、雍州、兗州、荊州等九州。此外，《周禮·職方》所記九州，有幽州、并州，而無徐州、梁州；《爾雅·釋地》有幽州、營州，而無青州、梁州；《呂氏春秋·有始覽》有幽州而無梁州；上博楚簡〈容成氏〉所記九州是夾州、塗州、競州、莒州、藲（藕）州、荊州、揚州、敘州、盧州[57]。其中所述九州的名稱及其地域範圍與〈禹貢〉九州主要在黃河下游各州名稱有差異。由於文獻存在不同的記載，古代有「三代九州」[58]和「大、小九州」[59]的說法。肯定禹劃九州的主要文獻有《尚書》、《左傳》、《詩經》、《山海經》、《淮南子》、《史記》等，傳世青銅器銘文如〈燹公盨〉、〈齊侯鏄

---

[56]〔清〕阮元校刻：《十三經注疏》，頁2021。

[57] 參見李零整理：〈容成氏〉，載馬承源主編：《上海博物館藏戰國楚竹書（二）》（上海市：上海古籍出版，2002年），頁268-271。陳偉：〈竹書『容成氏』所見的九州〉，《中國史研究》，2003年第3期。

[58] 一般認為，《尚書·禹貢》所記為夏九州，《周禮》所記為周九州，《爾雅》所記為殷九州。

[59]《史記·孟子荀卿列傳》載戰國鄒衍言曰：「中國名曰赤縣神州。赤縣神州內自有九州，禹之序九州是也，不得為州數。中國外如赤縣神州者九，乃所謂九州也。」鄒衍認為九州之外，更有大海環繞，這便是所謂「大九州」，禹之九州為「小九州」。

鐘〉和〈秦公敦〉等也有相關的說法。

　　春秋戰國時期，禹劃九州是普遍共識，九州、禹跡一度被當作了天下的代稱，如《尚書·立政》曰：「其克詰爾戎兵，以陟禹之跡，方行天下，至于海表，罔有不服。」[60]《左傳》引〈虞人之箴〉曰：「芒芒禹跡，畫為九州，經啟九道。」[61]實際上，把「禹跡」和「九州」混為一談有失偏頗。在禹生活的年代，「九州」的範圍相對商周時代要小得多。文獻中「禹跡」超出了夏代「九州」的範圍，究其原因則是後人對禹功績的誇大和附會。

　　與禹劃九州相應的還有九牧和九鼎的傳說，如《尚書·周官》：「六卿分職，各率其屬，以倡九牧，阜成兆民。」[62]《左傳》宣公三年：「昔夏之方有德也，遠方圖物，貢金九牧，鑄鼎象物。」[63]《墨子·耕柱》：「昔夏后開使蜚廉折金於山川，而陶鑄之於昆吾……九鼎既成，遷於三國。」[64]以上傳說言夏朝設有九州長，並鑄九鼎象徵擁有九州。

　　近世以來，學界對禹劃九州有不同的看法，主要觀點是禹劃九州是戰國人在大一統觀念下，借禹之名的托古之作[65]。自上世紀較早時期起，梁啟超、郭沫若、顧頡剛等學者幾乎都對〈禹貢〉九州持否定的態度。他們的主要觀點為夏朝疆域窄小，殷、周兩代的活動圈只限於黃河流域；〈禹貢〉所記決

---

[60]〔清〕阮元校刻：《十三經注疏》，頁232。

[61]〔清〕阮元校刻：《十三經注疏》，頁1868。

[62]〔清〕阮元校刻：《十三經注疏》，頁235。〔漢〕班固：《漢書》（北京市：中華書局，1962年），頁1715。

[63]〔清〕阮元校刻：《十三經注疏》，頁1868。

[64]〔清〕孫詒讓：《墨子閒詁》（上海市：世界書局，1935年），頁255。

[65] 相關說法見：顧頡剛先生：〈禹貢作於戰國考〉，《古史辨》第1冊；衛聚賢：〈禹貢考〉，《中山大學語言歷史研究所週刊》，第4集第28期（1928年）；〔日〕內藤虎次郎：〈禹貢製作年代考〉，江俠庵譯：《先秦經籍考》（北京市：商務印書館，1931年）；馬培棠：〈梁惠王與禹貢〉，《禹貢半月刊》，第2卷第5期（1934年）、〈禹貢與禹都〉，《禹貢半月刊》，第2卷第8期（1934年）；劉起釪：〈禹貢的寫成時期及其作者〉，《古史續辨》（北京市：中國社會科學出版社，1991年）；史念海：〈論禹貢的著作年代〉，《陝西師大學報》，1979年第3期；陳連慶：〈〈禹貢〉研究〉，《夏史初探》（濟南市：齊魯書社，1985年）等。

不是夏禹時代的疆域，夏代也不曾有過「九州」之制。也就是說，禹劃九州
之說不成立。如梁啟超在〈禹貢九州考〉一文中認為，將〈禹貢〉九州境域
視為夏代疆域不可取[66]。郭沫若的說法更加具體：

> 中國古代的疆域只在黃河的中部，就是河南、河北、山西、陝西一部
> 分的地方。河北、山西的北部是所謂北狄，陝西的大部分是所謂西
> 戎，黃河的下游是所謂東夷，一直到周宣王的時候，長江流域的中
> 部都還是所謂蠻荊，所謂南蠻，淮河流域是所謂淮夷徐夷。而在〈禹
> 貢〉裏面所謂荊州、青州、揚州、徐州等等，居然已經畫土分貢了。
> 這是絕對不可能的事情。[67]

梁啟超等老一輩學者把夏代疆域同九州結合起來思考，有失偏頗，綜合歷史
材料來看，夏代疆域範圍確實要比〈禹貢〉九州小得多，但禹作為部族聯盟
首領，天下所有部族或方國在其統籌下治理洪水，因此所治理的地域不限於
禹部族活動範圍之內。

　　聯系到上文，黃河中、上游的許多古老部族以及商族的祖先契、周族的
祖先后稷先後輔佐禹治水。禹平水土的地域涉及黃河、長江以及淮河流域，
這些地方雖然遠遠超出了後世夏王朝的勢力範圍，但作為部族聯盟的首領，
如要從整體上治理水患，到自己部族以外的地方活動是必要的。郭沫若等學
者認為中國古代的疆域只在黃河流域的中部，言下之意，表明禹的到達範圍
有限，其足跡只可能是在黃河流域的理解顯然有些片面。

　　遠古帝王活動地域並非我們想像的那樣狹小。根據文獻記載，黃帝興
起於姬水，《國語‧晉語四》曰：「黃帝以姬水成，炎帝以姜水成，成而異
德，故黃帝為姬，炎帝為姜。」[68]黃帝姬姓已得到共識，其出生地姬水的地望
尚有一些爭議，學者多認為姬水在黃河上游一帶。劉起釪在〈炎黃二帝時代

---

[66] 梁啟超：〈「禹貢」九州考〉，《大中華》，第2卷第1期（1916年）。

[67] 郭沫若：《中國古代社會研究》（北京市：人民出版社，1964年），頁78。

[68] 〔三國〕韋昭注：《國語》，頁128。

地望考〉中指出炎黃出自西北氐、羌之地[69]，這種觀點具有一定的代表性。關於黃帝族團的活動地域，許順湛根據文獻記載，結合現在地理情況認為黃帝族活動的地域主要在河南、河北、山東、陝西、甘肅等地，而河南則是黃帝族團的中心[70]。可見黃帝部族的活動範圍已經非常寬廣了。司馬遷在《史記》中記載了黃帝東征西討的史蹟，〈五帝本紀〉曰：「東至於海，登丸山，及岱宗。西至於空桐，登雞頭。南至於江，登熊湘。北逐葷粥，合符釜山，而邑于涿鹿之阿。」黃帝還利用婚媾關係把長江中上游地區聯結起來，如〈五帝本紀〉又曰：「黃帝居軒轅之丘，而娶於西陵之女，是謂嫘祖。」[71]西陵在今四川，古屬梁州，這說明黃帝時代，九州之雍、豫、冀、荊、梁等地與黃帝有著直接或間接的聯繫。

自堯以後，社會進入部族聯合體時代，人們的眼界比氏族時期大為開闊，隨著部族間交往的增多，活動範圍進一步擴大。《尚書·堯典》曰：「帝堯，曰放勳，欽、明、文、思、安安，允恭克讓，光被四表，格于上下。克明峻德，以親九族。九族既睦，平章百姓。百姓昭明，協和萬邦。黎民於變時雍。」[72]堯治理天下，「協和萬邦」，協調理順了各方國的關係。舜在協助堯管理部族聯合體的公共事務時，曾多次四方巡狩。〈舜典〉曰：「歲二月，東巡守，至于岱宗，柴。……五月南巡守，至于南嶽，如岱禮。八月西巡守，至于西嶽，如初。十有一月朔巡守，至于北嶽，如西禮。……五載一巡守，群后四朝。敷奏以言，明試以功，車服以庸。」[73]〈堯典〉、〈舜典〉等篇雖屬後人追記，其中不少誇大成分，但所記內容必有依據，許多資料可資借鑒。

禹部族最初為堯、舜集團聯盟的主要成員。因為治水，禹獲得了各部族

---

[69] 劉起釪：〈炎黃二帝時代地望考〉，《炎黃匯典·文論卷》第4冊（長春市：吉林文史出版社，2002年），頁514。

[70] 許順湛：《五帝時代研究·論黃帝》（鄭州市：中州古籍出版社，2005年），頁55。

[71] 〔漢〕司馬遷：《史記》，頁10。

[72] 〔清〕阮元校刻：《十三經注疏》，頁119。

[73] 〔清〕阮元校刻：《十三經注疏》，頁126-127。

的信任和擁戴，成為部族聯盟的首領，且掌握著極大的權力。據《左傳》哀公七年記載：「禹合諸侯於塗山，執玉帛者萬國。」[74]說明此時的禹同堯、舜一樣已是君臨天下的帝王，各地部族首領執玉帛朝會，以表示賓服和歸順。禹曾多次舉行類似的部族會盟，據《竹書紀年》記載：「（禹）在位五年，會諸侯於塗山，八年，會諸侯於會稽，殺防風氏立威。」[75]在《國語》和《韓非子》中同樣有禹殺防風氏記錄[76]。防風氏本是東方土著，屬禹部族聯盟成員之一。〈天問》〉有「何所不死？長人何守」之句，王逸以為與防風神話有關，這說明禹部族聯盟內部存在著矛盾和鬥爭。堯、舜、禹時期，部族聯盟往往以鬆散的結盟形式存在，各部族都有自己的活動範圍，部族之間多數都沒有血緣關係。文獻中的堯、舜、禹、契、棄、皋陶、益、伯夷、夔、龍、四岳、十二牧、群后、防風等，或為某一部族的首領。他們的領地主要分佈於黃河、長江、淮河流域等洪水經常氾濫的地方，組成部族聯盟協同治水對當時的所有部族來說是非常有必要的。

　　禹在黃帝及堯、舜的基礎上，進一步擴大了活動範圍和地理視野。上古時期，人類的遷徙主要是沿江河路線向四周擴散。禹治水，沿著水道可以很方便地到達黃河、江淮流域等廣大地方，禹跡遍及「九州」確有可能。〈天問〉曰：「禹之力獻功，降省下土四方。焉得彼塗山女，而通之于台桑？閔妃匹合，厥身是繼。胡為嗜不同味，而快朝飽？」以上內容問及禹的婚姻，禹治水時，途經塗山而娶塗山女為妻，此塗山之地何？在目前爭議頗多，但不出長江和淮河兩大流域之外。《呂氏春秋・慎大覽・貴因》曰：「禹之裸國，裸入衣出。」[77]又《戰國策》也有「禹袒入裸國」[78]之說，說明禹為治水到過蠻荒殊俗之地。

---

[74]〔清〕阮元校刻：《十三經注疏》，頁2163。

[75]〔南朝梁〕沈約注：《竹書紀年集解》，頁24-25。

[76]《國語・魯語下》：「昔禹致群神於會稽之山，防風氏後至，禹殺而戮之。」《韓非子・飾邪篇》云：「禹朝諸侯於會稽，防風氏之君后至而禹斬之。」

[77]〔漢〕高誘注：《呂氏春秋》，頁176。

[78]〔漢〕高誘注：《戰國策》，第2冊，頁60。

禹平水土即為治水，但文獻中所載「禹敷土」卻還隱藏著另外的社會內容。在《尚書》中還提及禹征戰有苗的功績，〈益稷〉載禹自言曰：「惟荒度土功。弼成五服，至於五千。州十有二師，外薄四海，咸建五長，各迪有功，苗頑弗即工，帝其念哉！」[79]以上內容涉及到征戰苗蠻集團的史實。又〈大禹謨〉載禹伐有苗前的誓師之言曰：「濟濟有眾，咸聽朕命。蠢茲有苗，昏迷不恭，侮慢自賢，反道敗德，君子在野，小人在位，民棄不保，天降之咎，肆予以爾眾士，奉辭伐罪。爾尚一乃心力，其克有勳。」[80]結合禹殺防風神話，禹在治水活動的掩蓋下，對有苗、東夷等部族發起大舉征服和掠奪的戰爭。《詩經・商頌・長發》云：「洪水芒芒，禹敷下土方。外大國是疆，幅員既長。」[81]這是說禹治理茫茫洪水之時，以本部族疆域之外的大國作為邊疆，幅員大大地擴大了。地域的擴大當然離不開血腥的戰爭，《墨子・非攻下》對這場殘酷的戰爭進行了詳細地描繪：「昔者禹征有苗，……三苗大亂，天命殛之，日妖宵出，雨血三朝，龍生於廟，犬哭乎市，夏冰，地坼及泉，五穀變化，民乃大振。」[82]從以上記載，可以想像當時的戰爭場面是如何的慘烈，三苗部族的主體力量在禹的打擊之下，退居長江以南的山地丘陵地帶，從此一蹶不振。

綜合以上內容來看，文獻中的禹所劃的「九州」並非是真正意義上的行政區劃，而是根據河川水道走勢確定治水的地域範圍。正如《說文解字》釋「州」云：「水中可居曰州。」禹平水土劃九州，其多依據山川形勢的自然分野。〈天問〉曰：「九州安錯？川谷何洿？」可見，對於自西周以來的九州說，屈原是懷疑的。詩人把九州與川谷放在一起思考，大膽地突破了當時社會中的慣性思維，其意義卻不為後世所認知。同時，禹通過治水調整了部落的格局，對逆反的部族實行殘酷打擊政策，禹部族的這種威懾力也是得以「執玉帛者萬國」的原因之一。由於治水、戰爭等因素影響，各部族有了相

79〔清〕阮元校刻：《十三經注疏》，頁143。

80〔清〕阮元校刻：《十三經注疏》，頁137。。

81〔清〕阮元校刻：《十三經注疏》，頁626。

82〔清〕孫詒讓：《墨子閒詁》，頁92。

對固定的活動地域，他們在長期的生息繁衍中形成各自獨特的文化，這或為後世以州劃分區域的最初依據，至於州的行政功能實屬晚起。

考古資料表明，在新石器時代即父系氏族社會時期，黃河上游甘肅和青海東部的齊家文化，黃河中下游的河南、陝西、山西、河北和山東等地分佈的龍山文化，長江中游江漢地區的屈家嶺文化，長江下游江浙地區的良渚文化，上述文化遺址的布分已差不多達到了九州範圍。不同地域文化分別由不同的部落、族群所創造。這些文化又不是孤立的存在，而是彼此之間存在著千絲萬縷的聯係，朱紹侯也認為，在這些文化之間，「存在著錯綜複雜的交互影響的關係，表明各地眾多民族部落之間的聯繫越來越密切」[83]。在探索部落和族群之間的關係時，水文化的巨大影響不能忽視。

五　餘論

南方洪水神話中的許多古老材料源於黃河流域。由於禹的傳說有著久遠的歷史，其影響範圍非常廣，這使得禹的事蹟在流傳過程中，演變成神話和史話兩個並行的系統。在戰國中後期，北方中原理性文化對楚文化傳統的影響日益明顯，當殘存在楚文化中的北方遠古的神話因數與經過改造後的中原理性文化相碰撞時，神話與歷史的不協調便顯露出來。從〈天問〉、《莊子》、《山海經》、《淮南子》等對禹神話的保留來看，在中原以外的地方，禹神話的流傳或許比經儒學改造的禹史話要早很多。尤其在長江以南廣大地區禹作為神的觀念已經根深蒂固，隨著北方理性文化在南方傳播的深入，南方的禹神話也在慢慢地發生著演變。理性文化對禹的改造也沒能阻止禹神話在民間繼續流傳，尤其南方「神禹」觀念並沒有被改變。

由於禹一直被看作是夏人的宗神，因此在〈天問〉中，禹雖以神話的形式存在著，但明顯有又異於洪水神話中的女媧、共工和鯀，而表現出一些歷

---

[83] 朱紹侯：《中國古代史》（上冊）（福州市：福建人民出版社，1982年），頁28。

史化的傾向。屈原對禹治水神話的諸多疑惑,建立在神話與史話的不協調之上,實際上這是不同地域文化在交融過程中的異向思維現象。當中原文化成為主流文化,禹蛻去神話的外衣,重新以人王、祖先的面目出現在以《尚書》為代表的儒學經典之中實不可避免。

「民本」的人民主權實質及其正義原則

——對《尚書》「周公書」政治哲學的解讀

黃玉順*

眾所周知，中國政治哲學的一個基本傳統就是「民本」傳統。然而迄今為止，對「民本」思想的實質的認識仍然是不夠充分的，最根本的不足之處，就是未能認識到「民本」傳統中所蘊涵的「人民主權」觀念。中國「民本」政治哲學傳統是由周公奠定基礎的，為此，我們應該考察一番《尚書》中的周公書。[1] 所謂「周公書」，本文指今文《尚書·周書》中的〈金縢〉、〈大誥〉、〈洛誥〉、〈多士〉、〈無逸〉、〈君奭〉、〈多方〉、〈立政〉等八篇（另有〈蔡仲之命〉屬偽古文，〈康誥〉存疑，本文不引）[2]。其中〈多方〉據說是「周公傳王命，而非周公之命」（《書經集傳·多方》），但實際上應如〈大誥〉一樣，乃是周公代成王作。另外，〈召誥〉雖非周公書，乃召公所作，但記載有周公事跡、言論。鑑於《尚書》語言文字古奧艱澀，本文輔以

---

* 山東大學儒學高等研究院

[1] 〔唐〕孔穎達：《尚書正義》（北京市：中華書局，1980年，影印《十三經注疏》本）。

[2] 「周公書」之說，古已有之，如：洪邁《容齋續筆》卷十五說「《周禮》非周公書」、晁公武《郡齋讀書志》卷四說「世傳《釋詁》，周公書也」、嚴可均《全上古三代文》卷二〈大誓〉說「周公……恐恃之，使上，附以周公書，報誥於王，王動色變」、卷三〈魯周公〉說「案《周書·成開》至〈王會〉十二篇，皆周公書，見存不錄」、曹元弼《禮經學》卷五〈解紛〉說「近儒顧氏棟高著〈左氏引經不及《周官》、《儀禮》論〉，疑《儀禮》為漢儒綴輯，非周公書」、馬其昶《毛詩學》說「《儀禮》為周公書」等等。以今天的觀點看，「周公書」的第一手材料應該是上列《尚書·周書》中的篇目。

蔡沈《書經集傳》的注釋、評議[3]。

一 周公政治哲學的總體結構

中國民本政治哲學的基礎，乃是由周公所奠定的。周公以前的商代政治觀念，乃是這樣一種單向線性的關係：天→君→民（箭頭表示制約關係）。這裏的要害在於這樣一種觀念：不管民意如何，天意總是偏向於君的；究其緣由，那是出於這樣一種觀念：天與君之間是存在著血緣關係的。這是中國原創時代[4]「絕地天通」之前的前原創期的一種基本觀念[5]。正是周公鑑於「殷鑑不遠」，毅然決然地斬斷了君與天之間的血緣關係，而開闢了「絕地天通」的原創時代，於是形成了「民本」政治哲學，其天、君、民之間的關係如下：

這裏，儘管天意決定著君主、君主管制著人民，然而民意最終制約著天意[6]。這就是中國民本政治哲的最早的、也是最經典的表達。周公的政治哲學乃是這樣一種制約結構，包括三個方面：

3　〔宋〕蔡沈：《書經集傳》（北京市：中國書店，1985年，影印世界書局《四書五經》本）。

4　關於「原創時代」，參見黃玉順：〈生活儒學導論〉，見《面向生活本身的儒學——黃玉順「生活儒學」自選集》（成都市：四川大學出版社，2006年），頁38-40。

5　黃玉順：〈絕地天通：天地人神的原始本真關係的蛻變〉，《哲學動態》，2005年第5期。

6　黃玉順：〈周公「德治」思想研究〉，《泉州師範學院學報》，2002年第5期。

（一）天→君

周公的「天命」觀念是人們所熟知的，大意是說：君之所以立，乃天之所命。這其實是當時關於王朝政權之「合法性」[7]的一種基本觀念：改朝換代乃是「革命」，而革命是秉受「天命」。這就正如《周易·革彖傳》所說：「湯、武革命，順乎天而應乎人。」[8]僅此而論，周公的思想並未超出這一觀念：

〈洛誥〉：周公拜手稽首曰：王命予來，承保乃文祖受命民。

蔡《傳》：（此乃周公）答（成王）「誕保文、武受民」之言也。

這裏，成王只說到文、武「受民」，周公則進一步說到「受命民」，這是頗有深意的：文、武之所以能「受民」，乃是因為「受命」（秉受天命），即篇末所說的「惟周公誕保文、武受命」。君主由受命而受民，然後由受民而治民：

〈立政〉：孺子王矣，繼自今，……相我受民，……，以乂我受民。

蔡《傳》：孺子今既為王矣，繼此以往，……相助左右所受之民，……，以治我所受之民。

7　政權的所謂「合法性」（legality）其實是一個西方觀念，而且只是西方的一個現代性概念，它既未必適用於非西方的政治生活，也未必適用於前現代的政治生活。如果超越西方現代性來討論「合法性」問題，那麼，我們就必須對所謂「法」作出一種新的解釋。合法性的所謂「法」涉及兩個層面的問題：第一、政權的產生是否符合某種現行的政治制度規範。此時人們並不追問這個政治制度規範本身是否正義；這種政治制度本身所規定的制度規範便是「法」。第二、更進一步追問這種現行政治制度本身是否符合正義原則。在這層意義上，政權之合法性問題就不再屬於制度層面的問題，而屬於制度規範奠基的正義原則層面的問題，這個正義原則便是其「法」。而我們同時也知道，在中國話語中，正義原則也就是「義」的原則，這才是「合法性」的根本「法」。於是，全部問題就在於對「義」的理解與解釋。

8　〔唐〕孔穎達：《周易正義》（北京市：中華書局，1980年，影印《十三經注疏》本）。

關於這裏的「受民」，蔡沈指出：「民而謂之『受』者，言民者乃受之於天，受之於祖宗，非成王之所自有也。」這就是說，君是由天選擇決定的。

（二）君→民

上引材料說到：由「受命」而「受民」，於是君主「治我所受之民」。君主管制人民，地位至高無上：

> 〈君奭〉：公曰：前人敷乃心，乃悉命汝，作汝民極。
> 蔡《傳》：周公與召公同受武王顧命輔成王，故周公言：前人敷乃心腹，以命汝召公位三公，以為民極。

這裏是說周公受 命、輔成王，而為攝政，雖無君王之名，而有君王之實。召公亦然。而君王乃「民極」。「極」即房屋的棟梁，位在最高之處。段玉裁《說文解字注・木部》「極者，謂屋至高之處」；「凡至高至遠皆謂之極」。又《說文解字注・八部》：「極，猶準也。」[9] 合而論之，「極」乃至高準則之義。《周禮・天官冢宰》開篇亦講「民極」：「惟王建國，……以為民極。」[10] 這也是說的君主乃是人民之中的至高無上者、為人民設立準則。此「民極」實則即《尚書・洪範》「皇極」之義：

> 皇極：皇建其有極，斂時五福，用敷錫厥庶民。惟時厥庶民于汝極，錫汝保極。……人無有比德，惟皇作極。……時人斯其惟皇之極。……無偏無陂，遵王之義；無有作好，遵王之道；無有作惡，遵王之路。……曰皇極之敷言，是彝是訓，於帝其訓。凡厥庶民，極之敷言，是訓是行，以近天子之光。曰天子作民父母，以為天下王。

---

9 〔清〕段玉裁：《說文解字注》（上海市：上海古籍出版社，1989 年影印本）。
10 〔唐〕賈公彥：《周禮義疏》（北京市：中華書局，1980 年，影印《十三經注疏》本）。

於是，不僅君主為民立法，而且君主本身即法：

〈洛誥〉：予乃胤保，大相東土，其基作民明辟。

蔡《傳》：予乃繼太保而往，大相洛邑，其庶幾為王始作民明辟之地
也。

蔡沈解釋上文「復子明辟」指出「明辟者，明君之謂」；「謂成王為『明辟』
者，尊之也」。稱君為「辟」，意味著君乃民之法則。《說文解字・辟部》：
「辟，法也。從卩、從辛，節制其罪也。從口，用法者也。」[11] 例如《尚書・
酒誥》「我之弗辟」，孔安國《傳》：「辟，法也。」《詩經》說：「皇王維
辟。」（〈大雅・文王有聲〉[12]）陸德明《釋文》：「辟，法也。」（《經典釋文・
毛詩音義》[13]）所以，《爾雅・釋詁上》說：「辟，君也。」邢昺《疏》：「辟
者，法也，為天下所法則也。」[14] 這就是說，君即是民的法則。

因此，自然而然，君主擁有絕對的行政權力。例如，君主為民立長：

〈立政〉：亦越文王、武王，……以敬事上帝，立民長伯。

蔡《傳》：文、武……以是敬事上帝，則天職修而上有所承；以是立
民長伯，則體統立而下所所寄：人君位天人之兩間而俯仰無怍者，以
是也。

這就是說，君主只對天負責，不對民負責；君主管制人民，就是對天負責的
體現。例如，召公引周公的話：

〈召誥〉：旦曰：其作大邑，其自時配皇天，毖祀于上下，其自時中
乂，王厥有成命，治民今休。

蔡《傳》：又舉周公嘗言作此大邑，自是可以對越上天，可以饗答神

---

11 〔漢〕許慎：《說文解字》（北京市：中華書局，1963 年）。

12 〔唐〕孔穎達：《毛詩正義》（北京市：中華書局，1980 年，影印《十三經注疏》本）。

13 〔唐〕陸德明：《經典釋文》（上海市：上海古籍出版社，1985 年）。

14 〔宋〕邢昺：《爾雅注疏》（北京市：中華書局，1980 年，影印《十三經注疏》本）。

> 祗，自是可以宅中圖治。成命者，天之成命也。成王而能紹上帝，服
> 中土，則庶幾天有成命，治民今即休美矣。

總之，由於天命，君主對於其人民擁有統治權。這種統治權，實際上也就是
國家政權對於人民的管理權。這其實是古今中外任何一種政治體制都必須有
的一種權力關係；問題僅僅在於：這是誰的授權？這種權力的來源何在？
即：主權何來？下文的分析將會表明：中國政治哲學傳統其實不是「主權在
君」而是「主權在天」；然而如果天意其實就是民意，那麼實質上就意味著
「主權在民」。所以，君主對於人民的統治權其實僅僅是事情的一個方面；另
一方面，在周公心目中，同樣因為天命，君主歸根結底是對人民負責、甚至
是聽命於人民的。這是因為，周公認為：天命實質上是民命。

（三）民→天

民意決定天意的思想，乃是周公對中國政治哲學傳統的一個最偉大的貢
獻。為此，周公經常將「民」與「天」相提並論：

> 〈無逸〉：今日耽樂，乃非民攸訓，非天攸若。
> 蔡《傳》：訓，法；若，順。……一日耽樂，固若未害，然下非民之
> 所法，上非天之所順。
> 〈君奭〉：我亦不敢寧于上帝命，弗永遠念天威，越我民罔尤違，惟
> 人。
> 蔡《傳》：我亦不敢苟安天命，而不永遠念天之威，於我民無尤怨背
> 違之時也。天命民心，去就無常，實惟在人而已。
> 〈君奭〉：予惟用閔于天越民。
> 蔡《傳》：予惟用憂天命之不終，及斯民之無賴也。

周公的意思其實就是：天命其實就是民心，天之所順其實就是民之所法；因
此，民無所賴（民不聊生）也就意味著天命不終（天不果命）。民心決定天

命,這可能是當時周王朝的領導層已經達成的一種共識,例如〈泰誓〉載武王語:「民之所欲,天必從之」(《古文尚書・泰誓上》);「天視自我民視,天聽自我民聽」(〈泰誓中〉);「自絕於天,結怨於民」(〈泰誓下〉)。

下面,我們較為詳盡地考察一下周公關於民意決定天意的思想。

二 周公政治哲學的民本內涵

對於周公的民本政治哲學思想,我們可以從以下三個方面來加以分析:

(一)天從民願

蔡沈在注〈召誥〉「欲王以小民受天永命」時,引蘇氏語:「以民心為天命。」這可以說是對周公思想的一個非常準確的領會。周公認為:民意決定著天意。在〈多士〉中,周公申明周取代殷乃是天命:「爾殷遺多士,弗弔!旻天大降喪於殷。我有周佑命,將天明威,致王罰,敕殷命,終于帝。肆爾多士,非我小國敢弋殷命,惟天不畀,允罔固亂,弼我,我其敢求位?」然後緊接著指出:天意其實就是民意:

〈多士〉:惟帝不畀,惟我下民秉為,惟天明畏。

蔡《傳》:言天命之所不與,即民心之所秉為;民心之所秉為,即天威之所明畏者也。反覆天民相因之理,以見天之果不外乎民,民之果不外乎天也。

蔡沈這個「天民相因」的理解是很到位的:天不外乎民,民不外乎天;天即是民,民即是天。也正因為如此,周公才會感到民心可畏:

〈君奭〉:公曰:嗚呼!君惟乃知民德,亦罔不能厥初,惟其終。

蔡《傳》:周公歎息,謂召公踐歷諳練之久,惟汝知民之德。民德,謂民心之向順,亦罔不能其初,今日固罔尤違矣,當思其終,則民之

難保者，尤可畏也。

蔡沈隨即指出：「上章言天命、民心，而民心又天命之本也。」蔡氏「民心天命之本」這個論斷非常重要！可謂「民為天本」。周公書中儘管沒有出現「民本」這個說法，但實際上周公的政治思想就是「以民為本」。也正因為如此，周公這樣解釋武庚為何敢於叛亂的原因：

〈大誥〉：殷小腆，誕敢紀其敘，天降威，知我國有疵，民不康，曰「予復」，反鄙我周邦。

蔡《傳》：言武庚以小厚之國，乃敢大紀其既亡之緒，是雖天降威於殷，然亦武庚知我國有三叔疵隙，民心不安，故敢言「我將復殷業」，而欲反鄙邑我周邦也。

周公言下之意是說：就連作亂的武庚也知道是民心決定著天意。所以，如果不知民意，也就意味著不知天命：

〈大誥〉：洪惟我幼沖人，嗣無疆大歷服，弗造哲，迪民康，矧曰其有能格知天命？

蔡《傳》：言大思我幼沖之君，嗣守無疆之大業，弗能造明哲以導民於安康，是人事且有所未至，而況言其能格知天命乎？

這裏，蔡沈的解釋不是十分確切。其實，周公的意思是說：不能使民安康，怎麼談得上知天命呢？

正因為天從民願，民才會敬天。周公說殷紂是「罔顧於天顯民祗」（《尚書·多士》），即「無復顧念天之顯道、民之敬畏」（《書經集傳》）。這就是說，殷紂不明民之所以敬天的道理。

（二）天為民相

進一步說，周公認為：民之所以敬天，乃是因為天為民相（輔助）。周

公在東征武庚、昭告天下時明確提出：天是「相」（佐助）民的。他說：

> 〈大誥〉：今天其相民，矧亦惟卜用。
>
> 蔡《傳》：今天相佑斯民，避凶趨吉，況亦惟卜是用。

蔡沈此處對「相」的解釋有誤。「相」並沒有「佑」的意思，而是「佐」的意思，亦即佐助、扶持的意思。「相」字的本義是「視」：「相，省視也」（《說文解字・目部》）；「目接物曰相，故凡彼此交接皆曰相」（段玉裁《說文解字注》）；而引伸為扶助的意思。陸德明《經典釋文・論語・衛靈公》解釋「固相師之道也」：「相，扶也。」孔穎達《禮記正義・仲尼燕居》解釋「譬猶瞽之無相」：「相，謂扶相。」[15]郭璞《爾雅注・釋言》解釋「戎相也」：「相，佐助。」《尚書・盤庚下》「予其懋簡相爾」，孔安國《傳》：「相，助也。」秦代「初置丞相」，即取此「佐助」義（《史記・秦本紀》裴駰《集解》引應劭）[16]。按此理解，天只是民的丞相，民才是天的君主。周公同樣的說法還有：

> 〈立政〉：相我受民。
>
> 蔡《傳》：相助左右所受之民。

由此可見，所謂「天相民」就是「天助民」的意思。《尚書・呂刑》也表述了同樣的觀念：「天相民。」對此，《經典釋文》引馬注：「相，助也。」《尚書・西伯戡黎》也講「非先王不相我後人」，孫星衍解釋：「相，即助也。」[17]不僅《尚書》，《左傳》昭公四年：「晉、楚唯天所相。」杜預注：「相，助也。」[18]《國語・楚語下》：「皇神相之。」韋昭注：「相，助也。」[19]《漢書・賈

---

[15] 〔唐〕孔穎達：《禮記正義》（北京市：中華書局，1980年，影印《十三經注疏》本）。

[16] 〔漢〕司馬遷著、〔南朝宋〕裴駰集解：《史記》（北京市：中華書局，1982年）。

[17] 〔清〕孫星衍：《尚書今古文注疏》（北京市：中華書局，1986年）。

[18] 〔唐〕孔穎達：《春秋正義》（北京市：中華書局，1980年，影印《十三經注疏》本）。

[19] 〔三國〕韋昭注：《國語》（上海市：上海古籍出版社，1988年）。

山傳》「此天之所以相陛下也」，顏師古注：「相，助也。」[20]可見「天為民相」確屬周公的一個非常重要的思想：天是助民的。

「天為民相」的具體表現，就是「天為民勞」、即天勤勞於民：

〈大誥〉：天棐忱辭，其考我民，予曷其不于前寧人圖功攸終？天亦惟用勤毖我民，若有疾，予曷敢不于前寧人攸受休畢？

蔡《傳》：毖者，艱難而不易。言天之所以否閉艱難、國家多難者，乃我成功之所在，我不敢不極卒武王所圖之事也。……棐，輔也。寧人，武王之大臣。……民獻十夫以為可伐，是天輔以誠信之辭，考之民而可見矣。我曷其不於前寧人而圖功所終乎？「勤毖我民若有疾」者，四國勤毖我民，如人有疾，必速攻治之，我曷其不於前寧人所受休美而畢之乎？

蔡沈將「天棐忱辭，其考我民」解釋為「天輔以誠信之辭，考之民而可見矣」，是不錯的（但「以」字似多餘），這就是說，「民獻十夫以為可伐」的民意體現了天輔助民的天意。然而蔡沈將「天亦惟用勤毖我民」解釋成「四國勤毖我民」，這顯然是不對的，不僅隨意置換了主語，而且也與前文之意不合。周公所謂「天勤毖民」，是說的「天勤勞民」，「毖」通「祕」，乃「勞」之義。本篇〈大誥〉另有兩個「毖」字「無毖于恤」、「天閟毖我成功所」亦然，王念孫《廣雅疏證・釋詁一》的解釋可證：「〈大誥〉：『無毖于恤。』《傳》云：『無勞於憂。』又：『天閟毖我成功所。』《漢書・翟方進傳》『毖』作『勞』。毖與祕通。」[21]同樣，孔穎達《尚書正義・大誥》解釋「無毖于恤」也認為：「毖，勞也。」這就是說，「毖」通「祕」，而「祕」就是「勞」的意思（《廣雅・釋詁一》）。「天勤勞民」是說的天為民而勤勞；用今天的話來說，天是為民服務的。

天之助民，還表現在天會懲誡那種不能「憂民」、「裕民」、「開民衣食

20〔漢〕班固：《漢書》（北京市：中華書局，1962年）。

21〔清〕王念孫：《廣雅疏證》（上海市：上海古籍出版社，1983年）。

之源」的君主：

> 〈多方〉：惟帝降格于夏，有夏誕厥逸，不肯戚言于民，乃大淫
> 昏……。厥圖帝之命，不克開于民之麗，乃大降罰，崇亂有夏……。
> 不克靈承于旅，罔丕惟進之恭，洪舒于民。
>
> 蔡《傳》：言帝降災異以譴告桀，桀不知戒懼，乃大肆逸豫，憂民之
> 言 不肯出諸口，況望其有憂民之實乎！……言桀狡誣上天，圖度帝
> 命，不能開民衣食之原，於民依恃以生者一皆抑塞遏絕之，猶乃大降
> 威虐於民，以增亂其國。……不能善承其眾，不能大進於恭、而大寬
> 裕其民。

總之，周公在天民關係上的基本觀點就是：民為天本，天為民相。所以，事
實上在周公看來，所謂「君管制民」，不過是君主服務於人民而已。

（三）天裕民生

前引〈多方〉周公談到，「天為民相」就要「開民衣食之源」：

> 〈多方〉：（夏桀）厥圖帝之命，不克開于民之麗，……，不克靈承于
> 旅，罔丕惟進之恭，洪舒于民。
>
> 蔡《傳》：麗，猶「日月麗乎天」之麗，謂民之所依以生者也，依於
> 土、依於衣食之類。……言桀狡誣上天，圖度帝命，不能開民衣食之
> 原，於民依恃以生者一皆抑塞遏絕之，猶乃大降威虐於民，……不能
> 善承其眾，不能大進於恭、而大寬裕其民。

這就是說，在周公看來，天為民相的一個最基本的方面，就是「輔民常
性」，具體來說就是「裕民」、即讓人民生活富裕：

> 〈洛誥〉：聽朕教汝，于棐民彝，汝乃是不蘉，乃時惟不永哉。……彼
> 裕我民，無遠用戾。

　　蔡《傳》：聽我教汝所以輔民常性之道，汝於是而不勉焉，則民彝泯
　　亂，而非所以長久之道矣。……彼，謂洛邑也。王於洛邑和裕其民，
　　則民將無遠而至焉。

蔡沈認為：「此教養萬民之道也。」但蔡氏的具體解釋是存在問題的。陸德
明《經典釋文》引馬注：「懋，勉也。」從語法上來看，「汝於是而不勉」中
的「是」是一個指代詞，其所指代的正是前句「于棐民彝」，蔡沈釋為「輔
民常性」，這大致是不錯的。但更嚴格講來，「民彝」就是「民常」而已。
《說文解字·糸部》：「彝，宗廟常器也。」段玉裁注：「彝本常器，故引伸為
彝常。」例如《尚書·洪範》「我不知其彝倫攸敘」，蔡沈《集傳》：「彝，常
也。」如果「彝倫」就是常倫、常法、常理，那麼「彝」就是「常」的意思
而已。這個「民常」，周公說得很清楚，那就是「裕民」。後來孟子「仁政」
主張「制民之產」，正是繼承的這個思想（《孟子·梁惠王上》[22]）。
　　因此，周公要求君主懂得人民「所恃以為生者」：

　　〈無逸〉：君子所其無逸，先知稼穡之艱難，乃逸，則知小人之依。
　　蔡《傳》：依者，指稼穡而言，小民所恃以為生者也。……民非稼穡
　　則無以生也。……周公法無逸之訓，而首及乎此，有以哉。

為此，周公盛贊殷商的三位明君：

　　〈無逸〉：我聞曰：昔在殷王中宗，嚴恭寅畏，天命自度，治民祗懼，
　　不敢荒寧。……其在高宗，時舊勞于外，爰暨小人，……不敢荒寧，
　　嘉靖殷邦，至于小大，無時或怨。……其在祖甲，不義惟王，舊為小
　　人，作其即位，爰知小人之依，能保惠于庶民，不敢侮鰥寡。
　　蔡《傳》：中宗，太戊也。中宗嚴恭寅畏，以天理而自檢律其身，至
　　於治民之際，亦祗敬恐懼，而不敢怠荒安寧。……高宗，武丁也。未
　　即位之時，其父小乙使久居民間，與小民出入同事，故於小民稼穡

22〔宋〕孫奭：《孟子注疏》（北京市：中華書局，1980年，影印《十三經注疏》本）。

艱難，備嘗知之也，……禮樂教化蔚然於安居樂業之中也，……小大
無時或怨者，萬民咸和也。……祖甲，高宗之子、祖庚之弟也。鄭玄
曰：高宗欲廢祖庚，立祖甲，祖甲以為不義，逃於民間。……

這三位明君之所以能夠在位長久，都是能夠「知稼穡之艱難」、「知小人之
依」；而商朝此後之君則不然，「自時厥後，立王生則逸；生則逸，不知稼穡
之艱難，不聞小人之勞，惟耽樂之從。自時厥後，亦罔或克壽：或十年，或
七八年，或五六年，或四三年」。

　　於是，周公從「民怨」的角度來闡明國家或治或亂的緣由：

〈無逸〉：古之人猶胥訓告，胥保惠，胥教誨，民無或胥譸張為幻。此
厥不聽，……民否則厥心違怨，否則厥口詛祝。

蔡《傳》：言古人德業已盛，其臣猶且相與誠告之，相與保惠之，相
與教誨之，……故當時之民，無或敢誑誕為幻也。……於上文古人胥
訓告保惠教誨之事而不聽信，則……厥心違怨者，怨之蓄於中也；厥
口詛祝者，怨之形於外也。為人上而使民心口交怨，其國不危者，未
之有也。

〈無逸〉：厥或告之曰：「小人怨汝詈汝。」則皇自敬德。厥愆，曰：
「朕之愆，允若時。」不啻不敢含怒。此厥不聽，人乃或譸張為幻。
曰：「小人怨汝詈汝。」則信之。則若時，不永念厥辟，不寬綽厥
心。亂罰無罪，殺無辜，怨有同，是叢于厥身。

蔡《傳》：君人者，要當以民之怨詈為己責，不當以民之怨詈為己
怒。以為己責，則民安而君亦安；以為己怒，則民危而君亦危矣。

因此，為周朝的長治久安計，周公告誡成王「無逸」，宗旨在於「勤民」。
他以文王為例：

〈無逸〉：文王卑服，即康功田功，徽柔懿恭，懷保小民，惠鮮鰥寡，
自朝至于日中昃，不遑暇食，用咸和萬民。

蔡《傳》：卑服，猶禹所謂惡衣服是也。康功，安民之功；田功，養

> 民之功。……文王有柔恭之德，而極其徽懿之盛，和易近民，於小民
> 則懷保之，於 寡則惠鮮之。……

周公於是告誡成王效法文王：「其無淫于觀、于逸、于游、于田，以萬民惟
正之供。」所謂「惟正之供」，就是「於常貢正數之外，無橫斂也」（《書經
集傳‧無逸》）。這就是說，絕不能對人民橫徵暴斂。

總而言之，正如蔡沈指出的「大抵〈無逸〉之書，以『知小人之依』為
一篇綱領」；「天地以萬物為心，人君以萬民為心」；「蓋先王之法，甚便於
民，甚不便於 侈之君。如省刑罰以重民命，民之所便也，而君之殘酷者，
則必變亂之；如薄賦斂以厚民生，民之所便也，而君之貪侈者，則必變亂
之」（《書經集傳‧無逸》）。一言以蔽之：天服務於民生，君亦服務於民生。

三　周公政治哲學的現代啓示

周公的民本政治哲學對於現代政治具有特別重要的啟示意義，這裏擇要
而論：

（一）民本主權的歸屬問題：主權在民

前文已經表明：周公的政治哲學其實不是「主權在君」而是「主權在
天」；然而既然「民為天本」，那麼周公民本思想的實質就是「主權在民」
了。周公政治哲學的一個核心問題，也與任何政治哲學一樣，是處理君與
民、或國家與人民之間的權力結構；而周公民本政治哲學的特色，在於設計
了君與民之間的這樣一種相互制約關係：

民＜＝＞君

簡而言之，周公民本政治哲學的要義就是：首先是人民選擇了君主，然後是
君主管理著人民。在現代民主政治中，權力結構則是這樣一種相互制約關

係：

國民＜＝＞國家

這是國民選擇國家，國家管理國民。但顯而易見的是，周公政治哲學的政治權力結構與現代民主政治的權力結構是一種同構的關係，只是關係雙方的實體性質有所不同，這是不同歷史時代的生活方式的必然要求。

　　由此看來，周公民本思想的政治權力結構實質上是一種古代形態的「民主」觀念。周公書中出現了三處「民主」字樣：

〈多方〉：天惟時求**民主**，乃大降顯休命于成湯，刑殄有夏。……乃惟成湯，克以爾多方簡，代夏作**民主**。

蔡《傳》：言天惟是為民求主爾，桀既不能為民之主，天乃大降顯休命於成湯，使為民主，而伐夏、殄滅之也。……簡，擇也。民擇湯而歸之。

〈多方〉：天惟五年，須暇之子孫，誕作**民主**，罔可念聽。

蔡《傳》：天又未忍遽絕之，猶五年之久，須待暇寬於紂，觀其克念，大為民主，而紂無克念可聽者。

這裏的「民主」當然不是現代意義的「民主」（人民作主），而似乎僅僅是「民之主」、即「作民之主」、「為民作主」的意思，即君主是人民的主宰。從語法結構上分析，古代漢語的「民主」是一個偏正結構，而現代漢語的「民主」則是一個主謂結構。這就是說，古代漢語的「民主」，如果僅僅從字面上來看，只是體現了周公政治權力結構的「君主→人民」一個維度，而未體現「人民→君主」這個維度。

　　但是，事情不是這麼簡單。如果考慮到上文已充分證明的周公民本思想的人民主權實質，那麼周公所說的「民主」必定有待我們深悟詳察一番。其實，當時漢語的「主」並不一定就意味著主宰。且舉一個極端的例子，《尚書・武成》就稱罪魁禍首為「主」：「今商王受（紂）無道，……為天下逋逃主。」孔穎達《疏》：「主，魁首也。」就其一般含義而論，「主」不過是

比喻中心、核心而已。《說文解字‧、部》：「主，燈中火主也。……象形。」就其正面含義而論，「主」也不過是指的倡導者、主持者而已，正如《荀子‧正論》所說：「主者，民之唱（倡導）也。」[23]在現代政治中，作為最高領導人的主席或者 統，就是國家事務的主持者、倡導者；在古代政治中，同樣作為最高領導人的君主，也是國家事務的主持者、倡導者。

因此，周公書中的「天惟為民求主」意味著：這是選擇國家事務的最高主持者、最高領導人。這種選擇乃是「由天為民」：一方面是「為民」，此即所謂「for the people」的觀念；另一方面則是「由天」，而上文已說明，在周公心目中，「天」其實就是「民」，這就意味著「由天」選擇其實就是「由民」選擇，此即所謂「by the people」的觀念；合起來看，這其實也就是「人民主權」，此即所謂「of the people」的觀念[24]。這不禁使我們想起孟子的名言：

> 民為貴，社稷次之，君為輕。是故得乎丘民而為天子；得乎天子為諸侯；得乎諸侯為大夫。（《孟子‧盡心下》）
>
> 桀、紂之失天下也，失其民也。失其民者，失其心也。得天下有道：得其民，斯得天下矣。得其民有道：得其心，斯得民矣。得其心有道：所欲，與之聚之；所惡，勿施爾也。（《孟子‧離婁上》）

問題僅僅在於：選擇的具體方式，古今有所不同。但這種選擇方式的不同，也只是一以貫之的「民本」政治原則「人民主權」的不同體現方式而已。人民主權實現形式的歷史變異，所依據的是一種正義原則。（詳後）

---

23 〔清〕王先謙：《荀子集解》，收入《新編諸子集成》（北京市：中華書局，1988年）。

24 The government of the People, by the People and for the People 本是美國總統林肯在《葛底斯堡演說》中提出的著名原則，孫中山翻譯 「民有、民治、民享」。

（二）民本主權的實現途徑：民意代表

古今中外概莫能外：人民主權的一種具體的實現途徑就是民意代表。當然，民意代表的具體性質，古今也是有所不同的；然而無論如何，他們都是民意的代表。周公特別表彰的「民獻十夫」就是非常典型的：

〈大誥〉：今蠢。今翼日，民獻有十夫，予翼以于，敉寧武圖功。

蔡《傳》：謂今武庚蠢動，今之明日，民之賢者十夫，輔我以往，撫定商邦，而繼嗣武王所圖之功也。

可見所謂「民獻」就是「民之賢者」。周公心目中的這種作為民意代表的「民獻」或者「獻民」，甚至還包括殷商遺民之中的賢者：

〈洛誥〉：孺子來相宅，其大惇典殷獻民。

蔡《傳》：殷獻民，殷之賢者也。言當大厚其典章、及殷之獻民。……人君恭以接下，以恭而倡後王也。

這樣的「獻民」，也叫「俊民」：

〈君奭〉：其汝克敬德，明我俊民，……。

蔡《傳》：汝……當能自敬德，……明揚俊民，布列庶位，以盡大臣之職業，……。

這樣的「獻民」、「俊民」，又叫「常人」：

〈立政〉：繼自今後王立政，其惟克用常人。

蔡《傳》：常人，常德之人也。

「獻民」之「獻」本與宗廟祭祀有關，而引伸為賢聖。例如何晏引證鄭注：

「獻猶賢也。」（《論語注疏・八佾》[25]）關於「民獻十夫」之「獻」，孫星衍引《爾雅・釋詁》說：「獻，聖也。」（《尚書今古文注疏・大誥》）因此，「民獻」或者「獻民」是說的人民當中的「聖賢」、即傑出者。周公認為，應該由他們來充當民意代表。

對於這個「獻」字，段玉裁解釋說：「獻本祭祀奉犬牲之稱，引伸之為凡薦進之稱。」（《說文解字注・犬部》）他進一步解釋：「『獻』得訓『賢』者，《周禮注》：獻讀為儀。是以伏生《尚書》『民儀有十夫』，古文《尚書》作『民獻』。漢孔廟碑、費鳳碑、斥彰長田君碑，皆用『黎儀』字，皆用伏生《尚書》也。班固〈北征頌〉亦用『民儀』字。」（同前）這就是說，「民獻」本作「民儀」、「黎儀」。段玉裁的意思是：「獻」的意思是「儀」，並且本來就是做「儀」的。

這個「儀」字非常關鍵，它與下文將要討論的「義」或「正義」問題密切相關。許慎解釋正義之「義」：「義，己之威儀也。」（《說文解字・我部》）許慎將「義」僅僅解釋為「威儀」是並不全面的，人的威儀是在一定的「禮儀」（儀式）中表現出來的，但禮儀只是「禮制」（制度規範）的外在表現形式，而禮制又是更為根本的「禮義」（正義原則）的制度化，因此，威儀只是正義在一個人身上的正義感的儀態化表現。這裡的根本，在於正義。

所以，周公書中還有「義民」的說法：

〈多方〉：惟天不畀純，乃惟以爾多方之義民，不克永于多享。

蔡《傳》：義民，賢者也。言天不與桀者大，乃以爾多方賢者，不克永於多享，以至於亡也。

〈立政〉：謀面用丕訓德，則乃宅人，茲乃三宅無義民！

蔡《傳》：……徒謀之面貌，用以為大順於德，乃宅而任之，如此，則三宅之人，豈復有賢者乎！

25〔宋〕邢昺：《論語注疏》（北京市：中華書局，1980年，影印《十三經注疏》本）。

這種「義民」作為賢者，乃是有德之人：

> 〈立政〉：亦越武王，率惟敉功，不敢替厥義德，率惟謀，從容德，以並受此丕丕基。
>
> 蔡《傳》：義德：義德之人。容德：容德之人。蓋義德者，有撥亂反正之才；容德者，有休休樂善之量：皆成德之人也。

由這種「義民」來充當民意代表，根本是因為他們具有正義感，正如荀子所說：「《傳》曰：『從道不從君。』故正義之臣設，則朝廷不頗。」（《荀子·臣道》）這裏，「從道不從君」（遵從道義而非遵從君主）可謂是對於民意代表的品質的一個非常精當的規定；而其所從之「道」就應當是前文談到的「教養萬民之道」——「開民衣食之源」。

（三）民本主權形式變異的根據：正義原則

中國古代的正義觀念，集中體現在「義」這個範疇之中。孔子說過，「禮」有「損益」（《論語·為政》），即制度規範是歷史地變動的；但這種變動的背後是不變的正義原則，「無適也，無莫也，義之與比」（〈里仁〉）、「義以為上」（〈陽貨〉）。這就叫做「義以為質，禮以行之」（〈衛靈公〉）。制度變動的目的就是「務民之義」（〈雍也〉），亦即「行義以達其道」（〈季氏〉）。孔子的正義觀念正是繼承了周公的正義思想。上文談到，人民主權的實現形式乃是歷史地變異的，其變異所依據的就是正義原則。為此，我們討論一下周公的正義觀念。

在中國哲學中，孟子明確提出了「仁→義→禮→智」的正義理論建構。其中「義→禮」意味著：制度規範（禮）的根據乃是正義原則（義）。而「仁→義」則意味著：正義（義）的淵源乃是仁愛（仁）。事實上這些觀念都已在周公那裏出現了。儘管「仁」作為一個思想體系的核心觀念是從孔子才開始的，周公書中僅有一處提到「仁」、一處提到「愛」，但事實上周公的思想、行為時時處處充滿著仁愛精神，孔子正是繼承了這種仁愛精神：

〈金縢〉：予仁若考，能多材多藝，能事鬼神。

蔡《傳》：周公言我仁順祖考，多才幹，多藝能，可任役使，能事鬼神。

〈多方〉：爾乃迪屢不靜，爾心未愛；爾乃不大宅天命；爾乃屑播天命；爾乃自作不典，圖忱于正。

蔡《傳》：爾乃屢蹈不靖，自取滅亡，爾心其未知所以自愛耶？爾乃大不安天命耶？爾乃輕棄天命耶？爾乃自為不法，欲圖見信於正者，以為當然耶？此四節，責其不可如此也。

這種仁愛遠不僅僅局限於「順祖考」、「自愛」，而是具有更其普汎的涵義。周公甚至認為，對於敵對勢力也應該有惻隱之心：

〈多士〉：昔朕來自奄，予大降爾四國民命，我乃明致天罰，移爾遐逖，比事臣我宗，多遜。

蔡《傳》：言昔我來自商奄之時，汝四國之民，罪皆應死，我大降爾命，不忍誅戮，乃止明致天罰，移爾遠居於洛，以親比臣我宗周，有多遜之美，其罰蓋亦甚輕，其恩固已甚厚。

〈多方〉：我惟大降爾四國民命。

蔡《傳》：我惟大降宥爾四國民命。舉其宥過之恩，而責其遷善之實也。

正是在這種仁愛精神的前提下，周公談到了關於正義原則的基本觀念：

1 正當性原則

周公正義觀念的第一條原則就是正當性原則：

〈大誥〉：義爾邦君，越爾多士，尹氏、御事，綏予曰：「無毖于恤，不可不成乃寧考圖功。」

蔡《傳》：然以義言之，於爾邦君，於爾多士，及官正治事之臣，當安我曰：「無勞於憂，誠不可不成武王所圖之功。」

蔡沈雖然沒有直接譯釋「義」字，卻間接譯釋為「當」：「以義言之……當……。」通俗地說，這個「義」、亦即「當」是「應當」的意思。那麼，應當怎樣呢？根據其上下文可知：周公的意思不是應當自我憂勞，「不卬自恤」、「無毖于恤」；而是應當為人民而憂勞：因為「國有疵，民不康」、「嗚呼！允蠢鰥寡，哀哉」！所以「朕言艱日思」、「永思艱」。顯然，這樣的憂國憂民，正是仁愛精神的體現。後來孔門所說的「當仁不讓」（《論語·衛靈公》），即「仁以為己任」（《論語·泰伯》）正是這個意思。這就是說，在周公看來，正當性來自仁愛精神：在政治事務中，凡事若不是出於對人民的仁愛，就沒有正當性。這也是後來孟子政治哲學「仁政」之所本。

古代漢語「義」有兩個缺一不可的基本語義：一是「當」，意為正當；一是「宜」，意為適宜。《管子·明法解》說：「明主之治國也，案其當宜，行其正理。」[26]俞樾按：「當猶正也。」（《諸子平議·管子》[27]）這就是說，「當」是「正」、即正當的意思，同時也有「宜」、即適宜的意思。此即所謂「當宜」、亦即「正義」；亦稱「宜當」，如《呂氏春秋·執一》說：「變化應來而皆有章，因性任物而莫不宜當。」[28]其實，「當」本來就有「宜」（適宜、適合）的意思。例如《禮記·樂記》所說：「夫古者，天地順而四時當，民有德而五穀昌，疾疢不作而無妖祥，此之謂大當。然後聖人作為父子君臣，以為紀綱。」這裏的「四時當」就是「四時宜」的意思，是說作為制度規範的紀綱必須符合於這種適宜性。這就猶如荀子所說：「君子行不貴苟難，說不貴苟察，名不貴苟傳，唯其當之為貴。《詩》曰：『物其有矣，惟其時矣。』此之謂也。」（《荀子·不苟》）這裏，「唯其當」是說的正當性，而「惟其時」就是說的適宜性。

---

[26] 〔春秋〕管子著、郭沫若等校注：《管子集校》（北京市：科學出版社，1956年）。

[27] 〔清〕俞樾：《諸子平議》（上海市：上海書店，1988年）。

[28] 〔戰國〕呂不韋著、〔漢〕高誘注：《呂氏春秋》（北京市：中華書局，1957年，《諸子集成》本）。

2 適宜性原則

所以，周公正義觀念的另一條原則乃是適宜性原則：

〈無逸〉：其在祖甲，不義惟王，舊為小人，⋯⋯。

蔡《傳》：鄭玄曰：「高宗欲廢祖庚，立祖甲，祖甲以為不義，逃於民間，故云『不義為王』。」

鄭玄的意思是說：祖甲認為不立自己的長兄祖庚為王、而立自己為王，這是「不義」、亦即「不宜」的。這裏的「義」是值得我們深究的。一種理解：祖甲作出的「不義」判斷，所根據的是嫡長子繼承制。但這樣的理解是存在問題的：其一、這樣一來，我們得到的就不是「義→禮」的決定關係，而是「禮→義」的決定關係，但這是既不符合一般的正義觀念、也不符合儒家的正義思想的；其二、眾所周知，中國宗法社會的嫡長子繼承制，始於商末，定於西周，也就是說，祖甲的時代並無現成既定的嫡長子繼承制，至少這種制度還是很不確定的。其實，祖甲得出「不義」的判斷，其想法正是「義」的基本含義，也就是「宜」；「不義」是說的「不宜」。作為制度規範即「禮」的嫡長子繼承制的最終確立起來，所根據的正是「義」即正義原則之中的適宜性原則，即適宜於當時的宗法社會的生活方式。

所以，〈周書·金縢〉篇載，成王不惜「違禮」親迎周公：

〈金縢〉：王執書以泣曰：「其勿穆卜。昔公勤勞王家，惟予沖人弗及知。今天動威以彰周公之德。惟朕小子其新迎。我國家禮亦宜之。」

蔡《傳》：新，當作親。成王啟金縢之書，欲卜天變，既得公祝冊之文，遂感悟執書以泣，言：「不必更卜，昔周公勤勞王室，我幼不及知，今天動威以明周公之德，我小子其親迎公以歸，於國家禮亦宜也。」

這裏的「禮亦宜之」是關鍵語：「禮」應該「宜」於事，即制度規範應該適宜於當下的生活情境。這正是適宜性原則的體現。

總而言之，由周公奠定基 的中國政治哲學傳統之「民本」思想的實

質，正是「人民主權」；而不論是我們正在建設的現代的民權政治，還是中國歷史上的王權政治、皇權政治，其實都不過是實現這種「人民主權」的不同方式而已。而此表現形式之變革，又無不基於中國政治哲學傳統的正義原則。因此，現代民主應僅僅被視為民本的一種特定表現形式。

《尚書‧大誥》的危機傳播策略初探

錢晶晶*

一 《尚書》的傳播學研究價值

《尚書》又稱《書》，是我國最早的政史資料文獻彙編。全書按朝代分類編次，分為〈虞書〉、〈夏書〉、〈商書〉和〈周書〉四個部分，記述了從傳說時代的堯、舜直至信史時代春秋秦穆公時期的重要歷史人物和事件，涉及政治、軍事、天文、地理、法律、禮儀等眾多領域，是歷代封建帝王的政治教材和士大夫的必修典籍，是華夏文明長河的源頭著作之一[1]。

《禮記‧玉藻》稱古代君王「動則左史書之，言則右史書之」[2]。《漢書‧藝文志》亦言「君舉必書」，「事為《春秋》，言為《尚書》」[3]。可見《尚書》是我國最早的記言體散文，記錄上古君王對邦君大臣及庶民的「訓」、「誥」、「誓」、「命」。這些「訓」、「誥」、「誓」、「命」的情景背景又多為重要的歷史發展節點，關涉國家興廢，民眾安危，因而也就成為研究遠古政治傳播和危機傳播不可多得的原始語料。

新聞傳播學是上個世紀剛剛問世的新興學科，而《尚書》則是最為古老的傳世政史典籍，二者似乎風馬牛不相及，「新興」與「遠古」似乎永遠沒有共同的話題。如何認識《尚書》重要的傳播學史料價值，不僅是傳播史研

---

* 清華大學

[1] 錢宗武、杜純梓：《尚書新箋與上古文明》(北京市：北京大學出版社，2004年)，頁1、頁21。

[2] 〔清〕阮元校刻：《十三經注疏》(北京市：中華書局，1979年)，頁1473-1474。

[3] 〔漢〕班固：《漢書》(北京市：中華書局，1962年)，頁1715。

究的重要學術話題，也是學術研究認識論研究的重要話題。可喜的是，本世紀初已有學者進入這一領域。二○○一年，清華大學劉建明教授以現代傳播學的觀點解讀《周書》中的〈堯典〉、〈皋陶謨〉，提出《尚書》是人類研究輿論的最早成果[4]。二○○三年，傳播學者朱至剛對記載商代國王盤庚如何說服公眾遷都的〈商書‧盤庚〉進行解讀，從盤庚演說的傳播受眾、內容、方式和效果進行分析，說明其對輿論領袖和普通民眾的演說具有群體傳播和組織傳播的雙重色彩，使王權對社會資訊傳播的控制作為一項制度被接受並延續下來[5]。這些研究皆為發軔之作，披荊斬棘，導夫先路。

本文從危機傳播研究的角度切入，解讀《尚書》中最為重要的篇章〈周書‧大誥〉（下稱〈大誥〉），通過分析周朝攝政王周公在武王駕崩、少主年幼、東部叛亂的重大危機時，如何說服邦君大臣決意東征平叛的誥詞，解讀其所用的危機傳播策略和技巧，探索〈大誥〉作為華夏上古政史經典對於危機傳播研究的重要語料價值。

二 〈大誥〉中的危機傳播

（一）〈大誥〉中的危機情景

當時的第一大危機是「殷小腆誕敢紀其敘」[6]，即商紂王的兒子武庚竟敢組織殷商殘餘力量在東部殷商封地發動叛亂。西周初年，周武王姬發為加強對殷商遺民的統治，將殷商舊都封給商紂王的兒子武庚。同時，武王又將商朝國土分為三塊，分別由自己的三個弟弟管叔、霍叔和蔡叔管理，以達到監視武庚的目的，史稱「三監」。武王駕崩後，其幼子成王姬誦即位，武王之弟周公姬旦攝政，統治階級內部矛盾重重，武庚乘機勾結三監，聯合東部諸

---

[4] 劉建明：《輿論傳播》(北京市：清華大學出版社，2001 年)，頁 5-6。

[5] 朱至剛：〈「盤庚」別傳──對一個上古文本的傳播學解讀〉，《新聞與傳播研究》，2003 年第 2 期，頁 48-55。

[6] 錢宗武、杜純梓：《尚書新箋與上古文明》，頁 162。

侯國及部落發動大規模叛亂。舊朝復辟勢力與王族本身成員勾結作亂，新生的西周政權危在旦夕。

與這個主要危機並存的，還有一個隱藏的危機。如果不立即東征，及時平叛，大批被迫臣服的殷商遺民在思想觀念上對曾是諸侯國的西周政權耿耿於懷，隨時有可能回應武庚，加入叛亂的行列，周王朝危機四伏，人心惶惶，整個國家陷於極度恐慌之中。

第二大危機是「我國有疵」[7]，即輿論對周公攝政的疑懼。武王新死，少主年幼不足以問政，周公成為攝政王輔政，同為王叔的管叔姬鮮雖是武王姬發的弟弟，卻是周公姬旦的哥哥，出於嫉恨，反對周公攝政，散佈流言蜚語，到處宣揚周公「將不利於孺子」[8]，周公輔政的合法性受到嚴重挑戰。

第三大危機是人心不齊。面對叛亂，周公決定率兵東征，以鞏固成王的統治，並以龜甲占卜，力圖借上天的意志加強動員，統一行動。但是，眾諸侯國國君和王朝大臣認為困難太大，紛紛採取被動躲避的「鴕鳥政策」，一致建議周公違背龜卜的指示，放棄東征。

（二）〈大誥〉中周公的危機傳播策略

面對叛亂引起的內憂外患和統治階層對東征的一片反對之聲，周公便發佈誥諭，以龜卜所呈天意為指導思想，反駁懼怕困難和違背龜卜的觀點，勸服邦君和群臣同心同德，平定叛亂。史官記錄此文，並命名為〈大誥〉。大誥，即普遍廣泛誥諭之意[9]，類似於今天政府新聞發佈會的通稿。在當時的危機情形下，〈大誥〉即為政府進行危機傳播的文本記錄，包含了眾多應對危機的傳播策略和技巧：

---

[7] 錢宗武‧杜純梓：《尚書新箋與上古文明》，頁162。

[8] 《尚書‧周書‧金滕》：「武王既喪，管叔及其群弟乃流言于國，曰：『公將不利于孺子。』」

[9] 錢宗武、杜純梓：《尚書新箋與上古文明》，頁161。

1 借用成王之口，正本清源，取得作為傳播者的合法地位。

危機傳播研究者一般認為，政府部門在危機傳播中應當貫徹的核心理念中，「第一時間發佈資訊，成為權威信源」[10]是很重要的一項。在當時的情況下，「名不正，言不順」是周公面臨的首要危機。不管他如何忠心耿耿，只要興論認為他不應是此事的官方新聞發言人，不管他說什麼都無效。對此，周公便從傳播的經典模式「傳者-資訊-通道-受者」中的第一要素「傳者」著手，不以自己的身份，而是借用成王的口吻發佈此誥諭。此舉只是改變一下傳者的身份，便四兩撥千斤，使周公自動成為權威信源，輕鬆奪得話語權，搶佔了興論的制高點，使得作為「受者」的諸侯國邦君和群臣不得不乖乖「聽話」。

2 批評邦君和朝臣，強調其責任，強調齊心協力的重要性。

在取得了話語權的合法性之後，周公便施展其縱橫捭闔的語言藝術，開始將重點放在傳播的內容，即「資訊」這個環節上。

> 周公傳達成王的誥諭，這樣說：「啊，遍告你們各國諸侯和你們這些辦事大臣，不幸啊！上帝連續不斷地在我們國家降下災禍，我這個年輕人，繼承了遠大悠久的王業。沒有遇到明智的人，引導老百姓安定下來，何況說會遇到能度知天命的人呢？……西方有大災難，西方的人心也不安靜，現在也蠢蠢欲動了。殷商的小主竟敢組織他的殘餘力量。因上帝降下災禍，他們知道我們國家有困難，人心不定。他們說：我們要複國！」[11]

---

10 史安斌：《危機傳播與新聞發佈》(廣州市：南方日報出版社，2004年)，頁19。

11 《尚書‧周書‧大誥》：王若曰：「猷！大誥爾多邦越爾禦事。弗弔！天降割于我家，不少延。洪惟我幼沖人，嗣無疆大曆服。弗造哲，迪民康，矧曰其有能格知天命？已！予惟小子，若涉淵水，予惟往求朕攸濟。敷貫前人受命，茲不忘大功。予不敢閉于天降威，用寧王遺我大寶龜，紹天明。即命曰：『有大艱于西土，西土人亦不靜，越茲蠢。殷小腆誕敢紀其敘。天降威，知我國有疵，民不康，曰：予復！反鄙我周邦，今蠢今翼。日，民獻有十夫予翼，以于敉寧、武圖功。我有大事，休？』朕卜並

在危機傳播研究的眾多理論框架中，最具代表性的是庫姆斯的情境式危機傳播理論（Situational Crisis Communication Theory，簡稱SCCT)，強調「因時、因事而變」，針對不同的危機情境採取不同的傳播策略。根據危機傳播研究學者史安斌對庫姆斯最新成果的分類，SCCT的傳播策略主要有以下幾種類型：

（1）否認型：主要分為：回擊指控——直接回擊或反駁對本組織的指責和質疑；直接否認——直接否認危機的存在，最好能夠提供理由和證據；指明「替罪羊」——本組織以外的人或組織應該對此危機負責。

（2）淡化性：主要分為：尋找藉口——旨在淡化本組織對此危機所應負有的責任，強調危機發生的「出乎意料性」；尋找合理性——淡化此次危機可能引發的傷害；

（3）重塑性：主要分為：進行補償——強調危機的受害者已得到妥善安置和應有補償；鄭重道歉——宣佈本組織承擔所有責任，請求公眾的寬恕；

（4）支援型：提醒——提示大眾和媒體本組織曾經做過的有益的事情和相關正面評價；迎合——稱讚和感謝所有的「利益攸關方」；共鳴——強調本組織也是危機的受害者。「支援型」策略一般是作為輔助，與其他策略共用。[12]

根據庫姆斯的理論，對於莫須有或證據不足的指控所引起的危機，較合適的策略為「否認型」，即為迅速回擊指控，或直接否認指控，或指出其他該對此危機負責的人。

在這段文字中，周公借成王口氣，主要表達兩層意思：

吉。」

[12] 史安斌：〈情境式危機傳播理論與中國本土實踐的檢視：以四川大地震為例〉，《傳播與社會學刊》，2011年第15期，頁105-124。

　　第一，成王年幼便繼承大業，卻沒有遇見明智的人輔佐，更別說是能知曉天意的人了。這話有一石二鳥之效：首先給在場的諸侯國國君和群臣們來個下馬威，指責他們無能或者不作為，沒有盡到輔弼幼主的責任，才有今日之禍。這是危機傳播策略「否認型」的第三種形式「指明其他該對此危機負責者」，即：「這次禍亂，不是我成王之過，也不是周公之過，你們這些所謂的國家棟樑怠忽職守，是危機發生的一個重要原因。你們應該愧疚。」聽眾一旦感到愧疚，就能更好地達到傳者勸服的目的。

　　其次，這話強調：「我成王現在是個孤單的孩子，身邊沒有人幫忙拿主意。」也委婉地指明我周公現在只是個傳聲筒，並沒有在幕後操縱，更別說圖謀篡位了。這是間接地運用了「否認型」策略，巧妙地否認了「公將對孺子不利」的指控，對化解「周公篡位」的輿論危機起到一定作用。

　　第二層意思強調目前國內政局不穩，西方人心不定，才使東部殷商殘部的叛亂有可乘之機。言下之意是：「禍亂由人心不定而起，作為國家中流砥柱的你們，更應齊心協力，共同東征以報國，絕不能人心渙散，再給敵人鑽空子的機會。」此語間接地批評了對東征持不同意見的邦君和大臣們，進一步向他們強調了成王東征的決心。

3 強調龜卦呈吉，加強傳播內容的權威性，解除「要否東征」的疑慮。

　　周公傳達成王的誥諭，又說道：

> 「唉！我年紀小，像要渡過深淵，我只想前往尋求渡過的辦法。大寶龜幫助先王接受天命，至今不能忘記它的大功。在上天降下災難的時刻，我不敢把它閒藏著，用文王留給我們的大寶龜，卜問天命。……『……我國將有戰事，會吉利嗎？』我的卜兆全都吉利。」[13]

在生產力發展水準極度低下的遠古時代，人們面對強大的不可抗拒的自然力束手無策，感覺到冥冥之中有一種超自然的力量在主宰一切，這就是神化的

---

[13]《尚書‧周書‧大誥》。

上「天」。從貴族到平民，無不對「天」頂禮膜拜。在日常的生產生活中，萬事皆要依循「天意」、「天命」行事。初民很早就認識到龜是動物中最長壽的物種，是通曉古今未來的神獸，是祥瑞的「四靈」之一，因而龜殼也就成為神物。當遇到難以抉擇的事情，龜殼就成為「天」與「人」之間的媒介，人們鑽孔炙烤龜殼，根據其裂紋的情況判斷吉凶，占卜天命。遠古的社會神教和政教合一，部落聯盟領袖既是最高執政官，又是大祭司。到了商、周時代，仍然是「天命觀」氾濫的時代。商代的國王將自己看作「天」的兒子，認為自己「生不有命在天」[14]，是「天意」在凡間的代言人，對「天意」這一重要資訊具有絕對壟斷權。周人雖然有了「德」的觀點，有了「以德修身」、「以德範位」、「以德治政」的思想，但其核心思想意識還是「天命觀」，這在〈周書〉的重要篇章〈洪範〉[15]等中都有詳細記載。

在整個社會都惟天命是從的情況下，周公借成王的口氣，告訴大家自己已用先王之父文王留下的龜殼占卜有關東征的決定，結果顯示「吉利」。周公利用當時的主流認識論——龜卜天命的結果，在「資訊」這一環節上又占了先機，將危機傳播的內容引入一個以自己為權威信源的語言環境中：「既然先王留給我們的大寶龜顯示權威的天意認為應該東征，你們作為臣子，就不應有任何異議。」

4 肯定東征艱難，動員大家同心同德，解決「怎樣東征」的問題。

周公傳達成王的誥諭，又說道：

---

[14]〔清〕阮元校刻：《十三經注疏》，頁177。

[15]〔清〕阮元校刻，頁191：「七、稽疑：擇建立卜筮人，乃命卜筮。曰雨，曰霽，曰蒙，曰驛，曰克，曰貞，曰悔，凡七。卜五，佔用二，衍忒。立時人作卜筮。三人占，則從二人之言。汝則有大疑，謀及乃心，謀及卿士，謀及庶人，謀及卜筮。汝則從，龜從，筮從，卿士從，庶民從，是之謂大同。身其康強，子孫其逢。吉。汝則從，龜從，筮從，卿士逆，庶民逆，吉。卿士從，龜從，筮從，汝則逆，庶民逆，吉。庶民從，龜從，筮從，汝則逆，卿士逆，吉。汝則從，龜從，筮逆，卿士逆，庶民逆，作內吉，作外凶。龜筮共違于人，用靜吉，用作凶。」

「所以我告訴我友邦的國君和各位大臣說：『我現在得到了吉卜，打算
和你們眾國去討伐殷商那些動亂的罪人。』你們各位國君和大臣沒有
不反對說：『困難太大了，老百姓不安寧，叛亂者中也有王室和邦君
室的人。我們這些小子考慮，或者不可征伐，大王為什麼不違背龜卜
呢？』」[16]

周公統一了認識，認為應順應天意，齊心東征。可是，不少邦君和大臣們仍
有反對意見，認為困難太大，建議成王違背龜卜的意志。按理說，這是對周
公危機傳播內容的反對，只能起到反作用。然而，周公仍然介紹了這些反對
意見，其用意是在為下文鋪墊。

周公傳達成王的誥諭，又說道：

「現在我長久地考慮著這件艱難的事。唉！確實驚擾了苦難的人民，
真痛心啊！我受上帝的役使，上帝把艱難的事重托給我，我不能只為
自身憂慮。應該你們各位邦君與各位大臣安慰我說：『不要被憂患所
恐懼，不可不完成您文王所謀求的功業。』」

「唉，我這年輕人，不敢廢棄上帝的命令。上帝嘉惠文王，振興我們
小小的周國。當年文王只用龜卜，能承受這個天命。現在上帝幫助百
姓，何況我們也只是用龜卜呢？唉！天命可畏，輔助我們偉大的事業
吧！」[17]

如前所述，〈大誥〉相當於一篇政府危機傳播的新聞發佈稿。在危機傳播

---

16 《尚書・周書・大誥》：「肆予告我友邦君越尹氏、庶士、御事，曰：『予得吉卜，予惟
以爾庶邦于伐殷逋播臣。』爾庶邦君越庶士、御事罔不反曰：『艱大，民不靜，亦惟在
王宮邦君室。越予小子考，翼不可征，王害不違卜？』」

17 《尚書・周書・大誥》：「肆予沖人永思艱曰：嗚呼！允蠢鰥寡，哀哉！予造天役，遺
大投艱于朕身，越予沖人，不卬自恤。義爾邦君越爾多士、尹氏、御事綏予曰：『無
毖于恤，不可不成乃寧考圖功！』已！予惟小子，不敢替上帝命。天休于寧王，興我
小邦周，寧王惟卜用，克綏受茲命。今天其相民，矧亦惟卜用。嗚呼！天明畏，弼我
丕丕基！」

中，有四個方面對構建傳播主體的公信力十分重要：第一，表示同情與關注；第二，顯示能力與權威性；第三，表示坦誠與開放的態度；第四，顯示責任感與奉獻精神[18]。

在整篇誥詞中，這四點都得到了不同程度的體現——在這段引文中，在所占龜卜代表意見權威性的前提下，在對百姓遭遇表現出深重的同情和誠摯的關注之後，成王強調自己在長久地考慮東征這件事，已經長久地受到憂慮的困擾，最終還是意識到不能因為自己憂慮而放棄平叛，而是要順應天意，迎難而上，完成祖父文王創立的千秋功業。這裏，周公借成王的口氣向聽眾說明：「不同於你們這些對東征畏難情緒的人，作為一國之君，我擁有高度的責任感與奉獻精神。」這與上述危機傳播四點要旨的每一點都相符，塑造了一個有決斷力和責任感的正面中央王權形象，增強了傳播內容的權威性和說服力。

此外，周公再次採取「否認型」策略，不僅否認指責，還又一次批評了各位邦君和大臣不作為的畏難情緒：「國難當頭，不但不安慰我鼓勵我：『不要被憂患所恐懼，不可不完成您文王所謀求的功業。』反而勸我採取消極的躲避政策，簡直太不像話了。」運用「否認型」危機傳播策略中的「指責其他責任人」，激起受眾們的歉疚情緒，加強傳播效果。

與「否認型」相結合，周公在此處還間接使用了「支援型」策略。先著重承認了東征的困難及其給成王帶來的重重憂慮，強調本人也是危機的受害者，再通過強調由於此次危機「對苦難的人民造成困擾，自己感到非常痛心」這一事實，將成王放在與廣大人民群眾感受一致的立場上，造成情感的共鳴。另外，通過強調自己對此事困難及其對百姓困擾的認識，也間接地表示：並不是自己一意孤行要發動征戰來擾民，危急之際，迫不得已，國破則家亡，大家應該齊心協力，共同征討叛軍。

---

[18] 史安斌：〈情境式危機傳播理論與中國本土實踐的檢視：以四川大地震為例〉，頁50-51。

5 妙用比喻，加強語言張力，強化傳播效果。

周公傳達成王的誥諭，又說道：

> 「像往日討伐紂王一樣，我將要前往，我說點在艱難日子裏的想法。
> 好象父親建屋，已經確定了辦法，他的兒子卻不願意打地基，何況願
> 意蓋屋呢？他的父親新開墾了田地，他的兒子卻不願意播種，何況願
> 意收穫呢？這樣，他的父親或者難道還會願意說：『我有後人，不放
> 棄我的基業嗎？』所以我怎敢不在我自己身上完成文王偉大的使命
> 呢？又好比兄長死了，卻有人群起攻擊他的兒子，為民的長官難道能
> 夠相勸不救嗎？」[19]

在取得權威話語權、解決了「要否東征」和「怎樣東征」的問題之後，周公
以成王的口氣，又採用一系列的修辭手法來論證，強調「順應天意，共同東
征」的論點，加強已有傳播效果，徹底消除受眾對東征可能存在的猶豫或畏
懼的心理。

文王姬昌是周朝開國之君武王之父、成王之祖父，原是商紂王管理西方
屬地的西伯侯，因目睹紂王荒淫殘暴、民不聊生，才起兵伐紂，然征戰未
竟，因病去逝，後由其子武王完成建國大業。文王之於周朝，類似努爾哈赤
之於滿清的地位，兼之其為人忠厚賢德，是周朝萬眾敬仰的聖君。在此，周
公再次打出「繼承文王遺志，完成未竟大業」這張王牌，令眾位諸侯國國君
和王朝大臣不得不俯首貼耳，聽其指示，再次鞏固其話語的權威性，符合危
機傳播「顯示權威性」的理念和要旨。

在這段文字中，周公還將文王的統一大業比作「建屋」和「種田」──

---

[19]《尚書·周書·大誥》：「王曰：『若昔朕其逝，朕言艱日思。若考作室，既厎法，厥
子乃弗肯堂，矧肯構？厥父菑，厥子乃弗肯播，矧肯獲？厥考翼其肯曰：予有後弗棄
基？肆予曷敢不越卬敉寧王大命？若兄考，乃有友伐厥子，民養其勸弗救？』」

文王就好比已經確定了建屋想法和已經開墾了土地的父親，眼下這些不願意東征的邦君和大臣就好比不願意打地基和不肯播種的兒子，懶惰畏縮，荒廢祖業。通過運用比喻修辭，用相同的句式加強語勢，周公借文王之口表明自己的政治覺悟，再一次強調自己不同於眾人的高度責任感，符合危機傳播「展示責任感」的要旨。

從文化地理學的角度看，興於黃河之畔的商周文明屬農耕文明，大河之濱土地肥沃，適宜人民長期居住，所以華夏民族自古強調安土重遷、安居樂業。因此，「建屋」和「種田」都是生產生活中的大事，關係到子孫萬代的繁榮發展，與一個王朝的建立和鞏固確有共通之處。所以，周公的這一組比喻本身有深刻的歷史文化內涵，從本體到喻體都十分恰切，容易引起聽眾的共鳴和肯定，加強傳播效果。

在這段文字的結尾部分，周公再次施展其高超的語言技巧，說「又好比兄長死了，卻有人群起攻擊他的兒子，為民的長官難道能夠相勸不救嗎？」從表面上看，此話跟上文一樣，都是比喻，其實是在諷喻時事——「兄長死了」就是指武王逝世，「有人群起攻擊其子」就是眼下殷商舊部勾結三監攻擊成王的統治，「為民之長官見死不救」就是指在座聽眾邦君和群臣的消極態度。此處，周公話鋒一轉，再次直接批評這些人的畏難情緒，加深他們的負疚感，進而號召大家克服時艱，同心同德，合力東征。

（三）〈大誥〉危機傳播的效果

在〈大誥〉中，周公運用上述一系列危機傳播策略和技巧，不僅成功地消除了眾人對自己要篡權的疑慮和對東征的畏懼，而且有效地促使諸侯邦君和王朝大臣改變成見，齊心協力，加入東征的行列。這些諸侯邦君和王朝大臣是輿論領袖，他們的政治主張和政治傾向，左右中央王朝和各個諸侯國的輿論情勢。邦君朝臣的協力東征轉變成周王朝的國家意志，彙聚成無堅不摧的強大國家力量。根據《史記‧魯周公世家》的記載，周公的東征勢如破竹，摧枯拉朽，迅速取得全面的勝利：

> 遂誅管叔，殺武庚，放蔡叔。收殷餘民，以封康叔於衛，封微子於
> 宋，以奉殷祀。寧淮夷東土，二年而畢定。諸侯咸服宗周。[20]

周公東征，殺掉了作亂的武庚和管叔等元兇，消滅了殷商復辟的殘餘勢力，
平定了東土，統一了天下，圓滿完成了文王未竟的事業，為周朝八百年基業
打下堅固的基礎。國難當頭，周公借成王口氣所作的〈大誥〉，作為危機傳
播的新聞發佈文稿，對征戰起到了重要的動員作用，為解除本文開頭提到的
三大危機具有關鍵性意義。

三　發現與討論

　　（一）《尚書》有今古文之爭，也有真偽之爭。〈大誥〉是今古文《尚
書》共有的篇章，文辭古奧，類似西周金文，也是學術界公認的西周初年的
作品。〈大誥〉的創作年代距今有三千多年，當時的周公絕對沒有庫姆斯的
危機傳播策略模型作參考，卻能縱橫捭闔、步步為營，利用一系列話語策
略，巧妙地消除公眾的疑慮和誤解，成功完成危機傳播的任務。如果說，
對於二〇〇八年汶川地震的處理標誌著我國政府危機傳播實踐的進步，是
SCCT本土化的一個範例[21]，本文對〈大誥〉的解讀則說明瞭中華民族的先祖
早在幾千年前就知道如何用語言藝術化解危機，體現了華夏上古文明在危
機傳播策略方面的卓越智慧。〈大誥〉作為《尚書·周書》中較為重要的篇
章，同時又是傳世文獻中經過考訂的一個真實的文本，體現了較高的危機傳
播研究的策略思想，對於研究中國傳播學史具有不可替代的語料學價值。
　　（二）對於危機傳播的修辭策略體系的完善，〈大誥〉中的各種方法和技
巧也有一定的參考意義：
　　（1）在危機傳播的理論體系中，對於不同的情境採取「否認」、「淡
化」、「重塑」、「支援」等不同的策略是當前學界比較認可的模式。通過對

---

[20]〔漢〕司馬遷：《史記》(北京市：中華書局，1982年)，頁1518。
[21] 史安斌：〈情境式危機傳播理論與中國本土實踐的檢視：以四川大地震為例〉，頁107。

〈大誥〉的分析，本文發現：對於需要說服公眾採取某種具體行動來對危機進行修復的情況，還可以建立新的危機傳播策略類型──引導型。「引導型」的策略思想是尋找傳者和受者公認和共有的價值觀和利益觀，設置新話題，轉移輿論焦點，變被動為主動，主導危機傳播向有利於傳者希望的方向發展。運用這一策略必須注意一個原則，必須貼切危機設置話題，否則會使受眾感到傳者轉移話題。〈大誥〉中的周公面對囂囂眾口，處危不驚，以類似「龜殼占卜是天意，其意不可違背」、「文王賢德，其大業不可荒廢」等主流的認識論和價值觀來設置議題，引導思維，不僅能夠先聲奪人，迅速佔據道義的制高點；也能迅速確立立論的合理性，容易獲得受眾的心理認同。這是一項重要的經驗，是對現代危機傳播策略模式的補充。

這一重要的哲學觀和策略思想對當下的政府危機傳播具有重要的現實參考價值。歷史上看，「官方話語」只有一個，就是君王或主流媒體，公信力是與生俱來的。而在如今這個「全媒體」時代，無論是現代主義、事實路向的傳統媒體，還是後現代、建構路向的新媒體，要影響輿論、監督社會，話語權與公信力就是生命線。如何巧妙引導輿論，構建公信力，從〈大誥〉中可以得到相關的啟發。

（2）傳播的「傳者－通道－資訊－受者」四個環節，每個環節都非常重要。本文發現：在危機傳播中，傳者「正名」尤為重要。在危機傳播實踐過程中，在第一個環節「傳者」就遭到質疑的情況下，傳播主體應迅速明確受眾質疑原因，如果質疑源自誤解或者錯誤的資訊源，應該堅決採用「否認型」傳播策略，第一時間消解公眾對傳者自身的疑慮，為傳播內容的表達打好基礎。中國的政治倫理非常講究「名」，注重「正名」，名不正則言不順，言不順則事不成。孔子在《論語‧子路》篇中把「名」視為「為政」的第一要素。傳者的目的是通過資訊傳播贏得受眾認同。傳者必須有「名」，有公信力，才能獲得「傳者」的合法位置，才能順利進行危機處理內容的傳遞，才能獲得事半功倍的傳播效果。

（3）根據史安斌教授對汶川地震危機傳播的研究，對於危機，如果不是

故意為之，傳播主體找到合理的藉口開脫罪名是比較好的選擇[22]。本文的研究不僅驗證了這一研究結果，而且證明這一研究結果具有超越時空的普適性。在〈大誥〉中，無論是赤膽忠心的攝政王周公，還是少不更事的幼主成王，對東土叛亂所引起的危機都不是故意為之，而他們推行東征卻遭到責疑和反對。在這種情況下，周公使用「否認型」策略，一方面斷然否認不實指責，一方面或公開指責、或指桑罵槐，屢次對不作為的邦君和朝臣提出批評，為自身開脫責任，並引發受眾邦君朝臣的歉疚之情，加強了危機傳播中傳者的道德說服力。

（4)在危機傳播實務中，SCCT 模式與傳統的危機傳播技巧要結合使用，即要靈活地將「否認」、「淡化」、「重塑」等策略與「確立權威性」與「表現同情與關切」等技巧結合使用。〈大誥〉中周公用「我代理王傳話」和「龜卜呈吉」確定了話語權之後，一方面採取「否認型」策略，指責眾人逃避責任、消極畏難以開脫自己的責任，另一方面又表示自己與民眾心連心，明白民生多艱，立國之初又要打仗實在是迫不得已，進而成功打造自己的正面形象，說服眾人共同東征。

存在決定意識，新聞傳播理論源於新聞傳播實踐。突發危機和化解危機是屢見不鮮周而復始的政治事件，在不同的時空轄域內，危機傳播的工具、方式和手段雖然不同，但是危機傳播的策略思想、策略模式和運用原則卻大致相通。我們應該認真研讀我們民族豐富的文獻資料，認真分析我們祖先智慧的危機傳播實踐，發展現代新聞傳播理論體系，創立富有中國特色、符合中國國情的危機傳播指導思想和危機傳播策略模式。

---

[22] 史安斌：〈情境式危機傳播理論與中國本土實踐的檢視：以四川大地震為例〉，頁116。

周公、召公矛盾考論

朱宏勝*

　　學界基本同意周公、召公之間存在矛盾的觀點，但對二人矛盾所在的看法則分歧較大。由於二人乃周初重臣，位列三公[1]，皆在革商伐紂，建立、鞏固和發展新王朝的過程中，發揮了巨大作用，一定程度上影響了歷史發展進程和周王朝政治文化制度的建設，故研討他們之間究竟存在什麼矛盾，具有重大歷史價值和學術意義。本人不揣淺陋，嘗試做些考論，以期拋磚引玉。

　　周、召矛盾，各家說法並不一致。歸納起來主要有攝政貪寵說、致政釋疑說、爭權奪利說、避權勸退說、天命論思想不同等。各家之說雖皆有文獻支撐，卻又因文獻不足而聚訟紛紜，莫衷一是。然而只要我們認識到周、召矛盾會因時、因事而變，絕非始終如一，就不難看出諸家之說多有合理成分，且非非此即彼的關係，我們需要根據相關材料詳加排比，方能還原出歷史本來面目。

一　周公攝政，召公有疑，當在情理之中

　　周武王克殷二年，天下未寧而崩，臨終傳位太子誦，是為成王。成王年少，周公恐天下聞武王崩而畔，乃踐阼代成王，攝行政當國。周公攝政，至少掀起了兩次大的政治動盪。首先是引發管叔、蔡叔群弟的疑慮，以為「公將不利於孺子」，而管、蔡竟因此與武庚聚眾作亂叛周。其次是引發成王疑慮

---

* 黃山學院文學院

[1] 經傳皆言，武王之時，太公為太師。此言周公為師，蓋太公薨命，周公代之。於時大傅蓋畢公為之。

猜忌，周公不得已避禍居東，直至成王開啟金縢之書才前疑盡釋。

當此之時，召公官居太保，與太公、周公一起肩負托孤重任。其疑周公攝政，當在情理之中。首先，《尚書》、《史記》皆有管叔、蔡叔群弟疑周公的記載。「群弟」云者，說明疑周公者非止管、蔡，召公或即其中一員，此可引《史記·燕召公世家》為證。司馬氏云：「成王既幼，周公攝政，當國踐祚，召公疑之，作〈君奭〉。〈君奭〉不說周公。周公乃稱：『湯時有伊尹，假于皇天；在太戊時，則有若伊陟、臣扈，假于上帝，巫咸治王家；在祖乙時，則有若巫賢；在武丁時，則有若甘般，卒維茲有陳，保乂有殷。』於是召公乃說。」[2]

不過，司馬氏之說因《書序》以為〈君奭〉作於周公還政成王之後而遭質疑。然王先謙《尚書孔傳參證》卷二十五有詳細考證，〈君奭〉作於周公攝政時當為定讞。故，我們基本可以放心地以《史記》之說作為召公疑懼周公攝政的證據。在這裏尚需對郭嵩燾從禮制方面質疑攝政貪寵說，進行一些必要的辨析。郭嵩燾於《史記箚記》對攝政貪寵說的質疑，頗能蠱惑視聽。郭氏曰：「君薨冢宰攝政，殷禮固是如此。周公之踐阼，猶行殷禮也。使周公遂有天下為天子，亦猶殷禮也。所以攝政七年而不疑，兄終弟及，猶循殷禮之常也。周公欲及身成文、武之業，制定禮、樂，垂萬世之法，是以《周禮》作而攝政之儀遂廢。周公權古今之變而正一王之統緒歟，以前無有也。周公之攝政，常也，非變也。秦、漢諸儒不明此義，而異說滋繁矣。」[3]周因殷禮，雖有損益而不多，周承殷制，當為不爭史實。從這個意義上講，武王死後，周公攝政，兄終弟及，可視為循殷禮之常，不必置喙。然武王臨崩既已傳位成王，則周公攝政稱王不合先王遺命；君薨冢宰攝政的前提是新王未立，今成王已踐阼即位，此時攝政稱王，則形成二王並立政局，此絕對不合禮法。何況曾經作為一方諸侯的周，古公死，王季立；王季死，文王立；文王死，武王立。在王位繼承上，周家業已形成父死子繼的新傳統。周公攝政，其動

---

[2] 〔漢〕司馬遷：《史記》（北京市：中華書局，1959年），頁1549。

[3] 〔清〕郭嵩燾：《史記箚記》（上海市：商務印書館，1957年），頁174。

機和目的一時很難為人所理解，在周制中找不到合法依據，反而求諸殷統，勢必引起疑懼和反對。「周公恐懼流言日」，為了新政權的穩固，周公走的是一步險棋。從較長遠的角度來說，確立怎樣的王位繼承制度，是關係新政權生死存亡的重大政治問題。與郭氏判斷相反，周公之攝政，非常也，乃權變也。周公攝政七年而最終歸政成王，雖說與其政治品質相關，卻是嚴峻政治形勢逼迫下的最明智的選擇。

二　周公致政，復歸臣位，召公必當有疑

在論及〈君奭〉之作時，孔《疏》曾提出致政釋疑說。孔《疏》云：「經周公之言，皆說已留在王朝之意，則召公不說周公之留也。故鄭、王皆云：『周公既攝王政，不宜復列於臣職，故不說。』然則召公大賢，豈不知周公留意而不說者？以周公留在臣職，當時人皆怪之，故欲開道周公之言，以解世人之惑。『召公疑之作〈君奭〉』，非不知也。《史記・燕世家》云：『成王既幼，周公攝政，當國踐阼，召公疑之，作〈君奭〉。』此篇是致政之後，言留輔成王之意，其文甚明。馬遷妄為說爾。鄭玄不見《周官》之篇，言此師、保為《周禮》師氏、保氏，大夫之職，言賢聖兼此官，亦謬矣。」[4]

如前所述，〈君奭〉作于周公攝政之時，就此而言，致政釋疑說並不成立。但說「周公既攝王政，不宜複列於臣職」從而引發召公疑懼當有其合理性，因為這關涉到先秦「不臣」古禮。

通常，我們因為《詩經・小雅・北山》有「普天之下，莫非王土，率土之濱，莫非王臣」的說法而忽視先秦有「不臣之禮」。《儀禮》：「是故始封之君不臣諸父昆弟；封君之子不臣諸父而臣昆弟；封君之孫盡臣諸父昆弟。」[5]

---

[4] 〔漢〕孔安國傳、〔唐〕孔穎達疏、廖名春、陳明整理：《尚書正義》（北京市：北京大學出版社，1999 年），頁 439。

[5] 〔漢〕鄭玄注、〔唐〕賈公彥疏、彭林整理：《儀禮注疏》（北京市：北京大學出版社，1999 年），頁 610。

《春秋繁露》:「天子不臣母后之黨。」[6]《白虎通德論》「王者不臣」中說:「王者所以不臣者三,何也?謂二王之後、妻之父母、夷狄……王者有暫不臣者五,謂祭尸、受授之師、帥將師用兵、三老、五更。」[7]「不臣之禮」乃先秦古禮,為王者應遵守的規範。前此有堯禪位舜、舜禪位禹,舜於堯、禹於舜皆執「不臣之禮」,故《孟子》中咸丘蒙有「堯之不臣,則吾既得聞命矣」的說法。後此如《後漢書》之〈王霸傳〉:「及王莽篡位,(王霸)棄冠帶,絕交宦。建武中,徵到尚書,拜稱名不稱臣。有司問其故。霸曰:『天子有所不臣,諸侯有所不友。』」[8]再如《魏志‧文帝紀》黃初元年十一月癸酉條載:「以河內之山陽邑萬戶奉漢帝,為山陽公。行漢正朔,以天子之禮郊祭,上書不稱臣。」[9]

據此知,周公致政,復歸臣位是不符合古禮的。其遭到召公等的質疑當是必然。明乎此,我們就很容易辨正蘇軾提出的召公避權勸退說的得失;明乎此,再來看《尚書‧君奭》,就能明白周公何以喋喋不休地論及前朝、當代輔佐名臣。

蘇軾有云:「召公為保,周公為師,相成王,為左右。三公論道左右相任事,周公、召公以師保為左右相。召公不悅周公,作〈君奭〉。舊說或謂召公疑周公。陋哉,斯言也。方周公攝政,管、蔡流言,周公晏然不自疑,當時大臣亦莫之疑者,何獨召公也?今已復子明辟,召公復何疑乎?然則何為不悅也?功成身退,天之道也,故伊尹既復政則告歸,而周公不歸,此召公所以不悅也。然則周公何以不歸也?察成王之德,未可以舍而去也。周公齊百官以從王,而王之所用悉其私人受教于王者,此其德豈能離師輔而弗反也哉!故召公之不悅,為周公謀也,人臣之常道也。而周公之不歸,為周謀也,宗臣之深憂也。召公豈獨欲周公之歸哉,蓋亦欲因復辟之初而退老於厥邑,特以周公未歸,故不敢也。何以知之?此書非獨周公自言其當留,亦多

---

6 〔漢〕董仲舒:《春秋繁露》(《四庫全書》光碟版),〈王道篇〉。

7 〔漢〕班固:《白虎通德論》(《四庫全書》光碟版),卷6。

8 〔南朝宋〕范曄:《後漢書》(《四庫全書》光碟版),卷113〈王霸傳〉。

9 〔晉〕陳壽:《三國志‧魏志》(《四庫全書》光碟版),卷2〈文帝紀〉。

留召公語，以此知召公欲去也。」[10]蘇軾此論多失察之處。周王朝實行分封制，分封子弟以屏蔽周室，周王室子弟皆有拱衛周室的責任和義務，未聞周初有功成而身退者；雖異姓功臣如呂尚者，亦不曾為避猜忌而退隱。周公因管、蔡流言而居東、奔楚，乃是暫避鋒芒而非完全放棄權柄。不過，蘇軾所謂的「周公之不歸，為周謀也，宗臣之深憂也」，則深得周公拳拳老臣之忠心。

《尚書·君奭》周公云：「君奭，我聞在昔成湯既受命，時則有若伊尹，格于皇天。在太甲，時則有若保衡。在太戊，時則有若伊陟、臣扈，格于上帝；巫咸乂王家。在祖乙，時則有若巫賢。在武丁，時則有若甘盤。……惟文王尚克修和我有夏，亦惟有若虢叔，有若閎夭，有若散宜生，有若泰顛，有若南宮括。」[11]周公於此不厭其煩地論及輔佐前殷崛起和興盛的六位名臣，以及本朝輔佐文王「尚克修和我有夏」的五位名臣。其目的在於向召公闡明，國家的崛起和興盛不惟需有明主，還需有賢臣。己之不避，非貪戀權位，乃「為周謀也」。以此推知，其後致政不隱居避去而複歸臣位，亦是「為周謀也」。

三 召公爭權奪利說不成立

《書集傳》引葛氏之言提出召公爭權奪利說：「葛氏謂召公未免常人之情，以爵位先後介意，故周公作是篇以諭之。」[12]

召公爭權奪利說不成立。《尚書·金縢》篇所記三公有太公、周公和召公，〈君奭〉篇提到的二公有周公和召公，這表明，召公和周公一樣是周天子身邊握有大權的重臣。召公在周初複雜的政治格局中是一位足輕重的人物，有著廣泛的政治影響和強大的軍事實力，他的威望與地位，是在他追隨武王東征西討、特別是伐滅商王朝中建立起來的。《逸周書·和寤解》云：「王

[10] 〔宋〕蘇軾：《書傳》(《四庫全書》光碟版)，卷15〈周書·君奭〉。

[11] 〔漢〕孔安國傳、〔唐〕孔穎達疏，廖名春、陳明整理：《尚書正義》，頁441-445。

[12] 〔宋〕蔡沈注、錢宗武、錢忠弼整理：《書集傳》(南京市：鳳凰出版傳媒集團·鳳凰出版社，2010年)，頁202。

乃出圖商，至于鮮原，召邵公奭、畢公高。」[13]這是在武王對商進行軍事試探時，召公受到武王召喚，可知此時召公早已是武王麾下的一名重要將領和得力參謀。至牧野大戰，召公更是武王身邊須臾不離的左膀右臂，《逸周書・克殷解》中有「周公把大鉞，召公把小鉞以夾王」的記載。勝商之後的祝捷大典上，「召公奭贊采，師尚父牽牲」（《逸周書・克殷解》），召公的地位與姜太公呂尚同樣顯貴。在克殷善後工作中，召公又受武王之命，做了「釋箕子之囚」（《逸周書・克殷解》）等一系列工作。由於召公戰績卓著，聲望很高，因此，在必要時，周武王還時不時地把他祭出作為一件鎮國利器，《逸周書・商誓解》中對此有清楚的記載，武王在對殷遺民及其屬邦訓誡時，就嚴厲警告他們：不要不服氣，不要搞搗亂。武王要這些人時刻不要忘記「予保奭其介有斯」，就是說，我有召公在這裏監視著你們，你們還是小心為妙，不要胡作非為。由此可見，召公在武王心目中的地位和他在各部族中的巨大影響及強大的威懾力。又，清華簡〈耆夜〉篇記載道：「武王八年，征伐，大戡之。還，乃飲至於文太室。畢公高為客，召公保奭為夾，周公叔旦為宔，辛公詬甲為位，作策逸為東堂之客，呂尚甫父命為司正，監飲酒。」[14]此亦可見召公一直活躍在政治中心。

周公攝政七年，成王年長，周公還政於成王。成王繼武王遺志，決定營建新都洛邑，成王將營建大事交給召公主持。此可見召公的政治地位。而召公發揮其「燮理陰陽」的才能，為新都的規劃、建設做出貢獻。後成王去世，召公成為托孤大臣，其政治地位則更為顯赫。

四　周、召天命論思想不同

文獻表明，召公最重德義而反對天命說，周公則在重視德義的同時提倡天命說。這是他們又一矛盾所在。這個結論從表面看，似乎召公的政治理念

---

[13]《逸周書》（《四庫全書》光碟版），〈和寤解〉。下同。

[14]《清華大學藏戰國竹簡》（一）（上海市：上海文藝出版公司，2010 年），頁 150。

和哲學思想比周公要進步，但其實不然。這是與他們的政治身份和歷史使命不同相聯繫的。太保召公的職責與太傅周公不同。召公側重對上教化天子，使之處高位而能夠正確對下；周公則側重對下教化百官，使之能夠恭敬對上。召公並不是一開始就完全反對天命說，他只是到為太保後才大倡德義而反天命。周公並不迷信天命，他提倡天命說，主要是順應社會集體意識和思想輿論，維護社會團結和穩定的政治需要所行之權變。

（一）召公最重德義而反對天命說

召公一開始是完全相信天命論的。《尚書・召誥》（下引本書只標注篇名）記召公曰：「其曰我受天命，丕若有夏歷年，式勿替有殷歷年，欲王以小民受天永命。」可見天、天命還是召公思想裏的最高範疇。但與此同時，召公較多地注重人事。據〈召誥〉所載，召公主持新都洛邑建成後，成王親臨，召公引用三代歷史對成王進行教導，他向成王闡述了天、命、德之間的關係，希望成王能「敬天命」，又要認識到天命無常，謹慎專一於自己的作為，恭謹於自己的德性，借鑒夏代、殷代得天命而後「墜厥命」的教訓，在接受天命後，繼續施行教化，敬德保民，謹慎奉行善德，上天才會對有德保民之人，給予吉祥，給予永年，才不會使國家「墜厥命」，歷年久長而不被廢。

發展到後來，召公則完全否定天命論。「嗚呼！君已曰：『時我，我亦不敢寧于上帝命，弗永遠念天威越我民；罔尤違，惟人。在我後嗣子孫，大弗克恭上下，遏佚前人光在家，不知天命不易，天難諶，乃其墜命，弗克經歷。嗣前人，恭明德，在今。』」（〈君奭〉）「政哉無天命，惟予二人而無造言，不自天降，自我得之。」（《墨子・非命中》）

召公又重德義。其身為周初三公之一的太保，地位崇高，職責重大，篇載：「立太師、太傅、太保，茲惟二公。論道、經邦、燮理陰陽。」即闡明大道、治理邦國、協調陰陽。三種職責中，召公側重於論道，包括對天子治國、治身、治人、處事等方面的訓導和教誨，規勸其在德行、言辭上的不當之處，以保證其所言合乎德，所行合乎義。故召公最重德義。如〈周官〉：

「保安天子于德義。」〈旅獒〉:「人小易物,惟德其物。」「昭德之致於異姓之邦,無替厥服。」小可「玩人喪德,頑物喪志」。王者要用道來安定自己,謹慎修德,在思想上要「慎」,認識到德與物、與己、與人的關係而謹慎對待物與人;在行動上要「修」,謹慎地行事,注重小事小節,即「矜細行」,而成「大德」,即「得物、得人、得天下」,世代為王,成就帝王之長久功業。在〈召誥〉中,召公首先向成王闡述了天、命、德之間的關係,希望成王能「敬天命」,其次,要成王認識到天命無常,最後,召公希望成王謹慎專一於自己的作為,恭謹於自己的德性,即「王其疾敬德」,「王敬作所,不可不敬德」。要借鑒夏代、殷代得天命而後「墜厥命」的教訓,即「不可不監于有夏,亦不可不監于有殷。我不敢知曰,有夏服天命,惟有歷年;我不敢知曰,不其延。惟不敬厥德,乃早墜厥命。我不敢知曰,有殷受天命,惟有歷年;我不敢知曰,不其延。惟不敬厥德,乃早墜厥命」。召公認為,作為天子,雖接受天命,若不恭謹於自己的德行,其國命便不會延長。接受天命後只有繼續施行教化,敬德保民,謹慎奉行善德,上天才會對有德保民之人,給予吉祥,給予永年,才不會使國家「墜厥命」,歷年久長而不被廢止。

(二)周公既重視德義又倡天命

與召公一樣,周公素重德義。在〈康誥〉中告誡康叔要「丕則敏德」、「顧乃德」。在〈梓材〉中,周公告誡康叔的重點和核心落在「明德」和「保民」上,強調「勤用明德」、「肆王惟德用」,強調德政的重要性。在〈召誥〉中更是對周王大聲疾呼:「天亦哀于四方民,其眷命用懋。王其疾敬德!」

與召公不同,周公自始至終大倡天命。早期的周公受殷人重鬼風俗的影響,在重大決策時仍用卜筮,以瞭解天命和天意。如〈大誥〉:「天降割于我家。」「矧曰其有能格知天命。」「予不敢閉于天降威。用寧王遺我大寶龜,紹天明,即命曰:有大艱于西土,西土人亦不靜……」〈大誥〉中還說:「予惟小子,不敢替上帝命。天休于寧王,興我小邦周,寧王惟卜用,克綏受茲命。今天其相民,矧亦惟卜用。嗚呼!天明畏,弼我丕丕基!」〈大誥〉最

後又說：「爾亦不知天命不易？予永念曰：天惟喪殷，若穡夫，予曷敢不終朕畝？」他會以天命的化身嚴厲警告四國：「乃有不用我降爾命，我乃其大罰殛之。非我有周秉德不康寧，乃惟爾自速辜！」在〈多方〉中，「天命」一詞使用更加頻繁，如說：「爾曷不夾介乂我周王，享天之命？今爾尚爾宅，畋爾田，爾曷不惠王熙天之命？爾乃迪屢不靜，爾心未愛。爾乃不大宅天命，爾乃屑播天命……」攝政期間，周公仍持天命觀，如〈康誥〉謂文王具有「克明德慎罰」的功德，這些功德「聞于上帝，帝休，天乃大命文王已殪戎殷，誕受厥命越厥邦厥民」。他把文王的明德慎罰與受天大命聯繫起來。在〈康誥〉中，周公則一反傳統天命觀而提出「唯命不于常」這一天命會改變的重要思想。

周公常將德和天命聯繫起來。〈召誥〉謂：「天亦哀于四方民，其眷命用懋。王其疾敬德！」又謂：「我不可不監于有夏，亦不可不監于有殷，我不敢知曰，有夏服天命，惟有歷年；我不敢知曰，不其延。惟不敬厥德，乃早墜厥命。我不敢知曰，有殷受天命，惟有歷年，我不敢知曰：不其延。惟不敬厥德．乃早墜厥命。」還謂：「肆惟王其疾敬德，王其德之用，祈天永命。其惟王勿以小民淫用非彝，亦敢殄戮用義不容辭乂民，若有功。其惟王位在德元，小民乃惟刑用於天下，越王顯。上下勤恤，其曰我受天命，丕若有夏歷年，式勿替有殷歷年。欲王以小民受天永命。」〈君奭〉篇則有云：「在我後嗣子孫，大弗克恭上下，遏佚前人光在家，不知天命不易，天難諶，乃其墜命，弗克經歷。嗣前人，恭明德，在今。予小子旦非克有正，迪惟前人光施于我沖子。又曰：天不可信。我道惟寧王德延，天不庸釋于文王受命。」

綜而言之，周公、召公天命觀的不同並不表明二者的哲學思想具有根本的不同。相反周公從根本上也是不信天命的。關於這點，最早為周秉鈞先生所發現，可參閱其《尚書易解》相關章節，茲不贅述。周公宣講天命思想完全是服從於政治需要，是一種順應時世的權變。二者的不同反映出他們的政治品質和藝術技巧的不同。

日本中世時代《尚書》學初探
——以清原家的經學為考察中心 *

水上雅晴 *

一　前言

　　《尚書》何時進入日本，無從而知，在天平寶字元年（757）所發布的《養老律令・學令》中，將《尚書》當作一門功課[1]，無疑到那時之前傳入日本，在大學和國學內講授。藤原佐世（847-897）《日本國見在書目錄》在「尚書家」下著錄《古文尚書》十三卷（漢臨淮太守孔安國注）、《今文尚書》（王肅注）、《尚書正義》二十卷（唐國子祭酒孔穎達撰）、《古文尚書》十卷（陸善經注）、《尚書述義》二十卷（隋國子助教劉炫撰）等諸書[2]，表示《尚書》注釋書在平安時代（794-1185）傳來的情況[3]。就有漢籍出處的日本年號而言（其實日本年號幾乎都有漢籍出處），來自《尚書》的最多[4]，這反映日本統治階層對《尚書》的重視。

---

* 本文是日本學術振興會科學研究費基盤研究（B）「日中校勘學の發展と相關をめぐる複合的研究」（2011-2014 年度）專題研究計畫（課題號碼：23320009）的研究成果之一。

* 日本琉球大學教育學部

[1] 《養老令》，卷4〈學令〉第4條，收入井上光貞等校注：《律令》（《日本思想大系》3，東京：岩波書店，1976 年），頁 263。

[2] 藤原佐世：《日本國見在書目錄》，收入《叢書集成新編》（臺北市：新文豐出版公司，1985 年），第1冊，頁 372。《尚書述義》的「義」字，底本寫錯為「議」。

[3] 關於《日本國見在書目錄》，參考嚴紹璗：《漢籍在日本的流布研究》（南京市：江蘇古籍出版社，2000 年），第2章第2節，〈藤原佐世《本朝見在書目錄》〉。

[4] 森本角藏：《日本年號大觀》（東京：講談社，1983 年復刻版），頁 70。

　　根據阿部隆一《本邦現存漢籍古寫本類所在略目錄》，日本國內《尚
書》鈔本的總數為三十二種，這個數量次於《論語》的一百一十九種，《孝
經》的八十二種，《易》的五十二種[5]。在三十二種鈔本之中，佔其四成的
十三種直接與清原家有關，反映著到江戶時代之前的日本經學動態。清原家
世襲「明經博士」的地位，在大學寮即國立大學內長期擔任儒家經典講授，
因而其經說在中世時代擁有無比權威，家外學人都在其影響下。值得留意的
是，就十三種鈔本之中，八種又與清原宣賢（1475-1550）有關係。宣賢就
是集清原家經學大成的大儒，留下了四書五經各經的「點本」和「抄物」，
《尚書》也不例外。點本是對經傳加以訓點，即假名或者「レ，一，二，三，
上，中，下」等「返點」的鈔本，抄物是儒家經傳講義的草稿或者筆記本。
本文的目的在於闡明日本中世時代《尚書》傳承的情況以及日本有關《尚
書》學文獻的學術價值，由於清原家的相關資料最多，主要討論清原家的
《尚書》學。

二　《尚書》講授的實態

　　日本人學習、研究《尚書》的最舊記錄大概是平安時代「攝關家」即
擁有最高家格的貴族藤原賴長（1120-1156）之日記《臺記》。他在天養元年
（1144）八月庚子條寫著「今日，依例講《尚書》，講師藤友業」，表明在私
邸內有了藤原友業的《尚書》講義。他接著寫著「問者孝能（二重），卯刻
儀始，本所定問者直講師元遲參，仍問者一人」[6]，表明在講義之後有討論，
不過原來被指名為「問者」的中原師元（1109-1175）遲到，所以同樣擔任
「問者」的藤原孝能與「講師」友業有了兩番問答。這種學習方式稱為「豎
義」，日記的次日條有《春秋》豎義的詳細說明。藤原成佐擔任「探題」選

5　收入阿部隆一：《阿部隆一遺稿集》第1卷（宋元版篇）（東京：汲古書院，1993
　　年），頁213-214。
6　藤原賴長：《臺記》（京都：臨川書店，1975年，《增補史料大成》本），第1冊，頁
　　126。文中的「仍」是「因而」的意思。

定論題，品鑑問者與豎者之間討論；源俊通擔任「豎者」答應問難，自己立義；藤原友業、藤原賴長、藤原孝能、藤原實長、菅原登宣按序擔任「問者」與豎者進行問答。擔任記錄的「注記」，原來被指名的中原師元遲到，因此菅原登宣代理擔當。第一問者藤原友業提問：「《春秋》以一字褒貶，其義如何？」「三《傳》作者誰人？」有了五番問答。第二問者賴長提問：「《詩》變〈風〉、變〈雅〉，其心如何？」「西狩獲麟，其心如何？」有了三番問答[7]。如和島芳男所說，這種問答方式就是模仿釋家在任用講師時舉行的「豎義」考試[8]。

在長後，作為學習《尚書》的人，還可以舉出龜山天皇（在位1259-1274），根據《史料綜覽》，他在文永三年（1266）二月六日「講讀《尚書》」[9]，同年二月十日，十月二十五日，十二月九日，文永四年三月十七日各條有同樣記錄[10]，可知龜山天皇繼續學習《尚書》。其中，文永四年三月十七日條說「令大外記清原良季等進講《尚書正義》」[11]，清原良季（1221-1291）向龜山天皇進講《尚書》，這就是表示清原家與《尚書》關係的最舊記錄。另據藤原（廣橋）兼仲（1244-1308）的日記《勘仲記》弘安九年（1286）十月三日條：「參殿下，於左大將殿御方有《尚書》御讀合。師冬參入，予讀合之，第七卷也。」[12]左大將藤原（鷹司）兼忠（1262-1301）在私邸內有了《尚書》「讀合」即會讀。

花園天皇（在位1308-1318）可謂是在中世時代學習《尚書》最用功的知識人[13]，根據其日記《花園天皇宸記》，他在退位而當太上皇後的元亨二年

---

[7] 藤原賴長：《臺記》，第1冊，頁126-127。「心」是「義」的意思。

[8] 和島芳男：《中世の儒學》（東京：吉川弘文館，1996年），頁39-40。

[9] 東京大學史料編纂所編纂：《史料綜覽》（東京：東京大學出版會，1984年），卷5，頁118。這條記載本於《外記日記》，以下同。

[10] 分別見《史料綜覽》，卷5，頁118、頁127、頁129、頁132。

[11] 原文為：大外記清原良季等ヲシテ《尚書正義》ヲ進講セシム。

[12] 廣橋兼仲著、笹川種郎編、矢野太郎校訂：《勘仲記二》（東京：內外書籍，1935年，《史料大成》本），頁128。

[13] 花園天皇的經書學習詳論於和島芳男：《中世の儒學》，第3章第1節，〈花園天皇〉。

（1322）七月二日條寫道：「談《尚書》如例日，公時、行親外無人，……此兩人外，強又無申義者。」[14]「談《尚書》」意味著《尚書》經義的討論，在日記中往往簡單寫稱為「談義。」[15]至於元亨二年七月二十七日條寫道：「談《尚書》……行親義，其意涉佛教，其詞似禪家，近日禁裏之風也，即是宋朝之義也。……但涉佛教，猶不可然乎。」[16]從此可知「談義」中的《尚書》說有時受到禪學的影響，花園天皇對此批評[17]。採用「談義」方式的《尚書》學習，到元亨四年（1324）三月八日結束，當天的日記寫道：「凡自去去年夏，始講此書，雖無人，每月六個度，大略不闕談之，今日無為事了，尤可喜也。」[18]近兩年間每月六次繼續「談義」，可知花園天皇之勤奮。

　　日本中世時代《尚書》學習雖有豎義、進講、會合、談義等各種形態，不過花園天皇在元亨二年七月二日舉行的「談義」，只有兩個人參加，六天後的談義沒人參加[19]，可知熱情學習這本經書的人並不多。反正，中世時代的史料只提供為了瞭解時人學習《尚書》的概況，我們難以把握時人怎樣詮釋《尚書》經傳。關於此點，清原家的經學關係書提供最好材料。

三　清原家《尚書》傳授與詮釋

　　清原家十分重視經書點本的文本以及訓點，他們認為自家點本中的訓

---

[14] 花園天皇：《花園天皇宸記一》（京都：臨川書店，1975年，《增補史料大成》本），頁298。文中的「公時」指著式部大輔菅原公時（1284-1342），「行親」指著文章博士紀行親（?-1345），「強又無申義者」則是「無復申義者」的意思。

[15] 元亨三年八月七日條寫道「談義如例」，同十二日寫道「談義如例，九卷訖」，同十七日條寫道「談義如例」。花園天皇、伏見天皇：《花園天皇宸記二、伏見天皇宸記》（京都：臨川書店，1975年，《增補史料大成》本），頁37-38。

[16] 花園天皇：《花園天皇宸記一》，頁299-300。

[17] 根據和島芳男，鎌倉時代禪僧們為了將禪學滲透到貴族階層，提出儒佛一致論，主張儒學尤其宋學與禪學有不少共通之處，這種策略相當有效。見氏著：《中世の儒學》，第2章第2節，〈興禪の方便〉。

[18] 花園天皇、伏見天皇：《花園天皇宸記二、伏見天皇宸記》，頁79。

[19] 花園天皇：《花園天皇宸記一》，頁298。

點有淵長來歷，所以將家內先行點本無改複寫，從而保存「家說」。例如，神宮徵古館所藏《古文尚書孔子傳》卷十三收錄清原長隆在正和三年寫（1314）的「奧書」即卷末的識語，說：「一部十三卷，五十八個篇，雖為一字半字，不借他人之手。偏至墨點朱點，皆用自身之功。子子孫孫深韞匱內兮，不出閫外也。」[20]清原家的經書講解是根據家說進行的，這種家說同時作為官方解釋，但是他們不敢公開自家的訓點。這不外乎保持家說的權威，從而維持世俗生活之措施[21]。

清原家為了誇示家本來歷之久，盡量不改點本的舊貌，不過就《尚書》而言，維持古來原貌並不容易。根據足利衍述，清原家《尚書》家本源自「衛包改字以前，即六朝唐初的傳本，……動作勛，上下作⊥丁，星作曐」[22]。就是說，他認為清原家的點本原來用「古文」即衛包在天寶三載（744）奉唐玄宗的詔「改古文從今文」之前的文字寫的。這裏所謂「古文」並不指漢初從孔壁出的古文《尚書》中之字體，而是所謂「隸古定字」即比唐代通行的楷書更舊之字體。玄宗關於《隸古定尚書》說：「六體奇文，舊規猶在，但以古先所制，有異於當今，傳寫浸訛，轉疑於後學。」認為用古老字體寫的文獻容易發生傳寫的錯誤，增加疑義，所以他要求改字[23]。

清原家《尚書》點本，當初很可能是用這種「古文」即「隸古定字」寫的。根據足利衍述的說法，他們在平安時代繼承這種形態的版本，到其晚期清原賴業（1122-1189）開始用宋槧本進行校勘，點本的本文仍然用「古文」

---

[20] 轉自足利衍述：《鎌倉室町時代之儒教》（東京：有明書房，1970年復刻版），附錄〈皇朝傳本經籍奧書集〉，頁2。文中「他人之手」的「手」，足利氏的翻刻文誤作「乎」；「偏至墨點朱點，皆用自身之功」是「至點本中的墨點朱點，都是由自己附加的」的意思。

[21] 關於此點，參考水上雅晴：〈明經博士家的《論語》詮釋：以清原宣賢為考察中心〉，收入鄭吉雄、佐藤鍊太郎主編：《臺日學者經典詮釋中的語文分析》（臺北市：臺灣學生書局，2010年），特別是頁269。

[22] 足利衍述：《鎌倉室町時代之儒教》，頁492。

[23] 玄宗的言辭見〔宋〕王欽若等：《冊府元龜》（北京市：中華書局，1988年），卷50，〈帝王部・崇儒術第二〉，頁562。《尚書》文字改變的原委，詳論於野村茂夫：〈古文尚書天寶改字攷〉，《日本中國學會創立五十年紀念論文集》（東京：汲古書院，1998年）。

鈔寫。其後，如神宮徵古館所藏本的奧書說：「至此書者，以摺本書寫之，以古本校點之。……但古字之躰一向不可失之，仍本用今字，傍附古字者也。」到鐮倉時代，《尚書》的文本開始用「摺本」即刊本中的「今文」抄寫（「摺」是「印刷」的意思），同時旁寫家本中歷來使用的「古文」。這可謂「清原家《尚書》學一大革命」的轉換，之後，清原家內按照同樣方式傳授《尚書》文本[24]。

清原家將《尚書》家本的文字改為通用字體，出於將講學方便比家學傳授更重視的選擇。《隸古定尚書》的傳授連在中國也已在唐代絕跡，在日本利用「古文」進行《尚書》講義，一定會將聽講人處於混亂狀態。就清原家來說，大學寮在安元三年（1177）燒掉之後，私人經書講義成為維持生計的手段，他們無以利用阻礙講書活動的文本，於是將富有規範性的刊本當作標準文本，以往在「古本」中使用的「隸古定字」則僅在用楷書寫的經傳文字之旁邊補寫作為參考。不但如此，《尚書》之外罕見的「古文」在點本中旁寫，連清原家的人也對此沒有感到特別意義，他們終於停止了「古文」的旁寫。京都大學附屬圖書館清家文庫收藏宣賢親寫的《尚書古鈔本》卷七和卷十兩冊[25]，這個點本中完全沒有「古文」的旁寫。第一冊卷七的奧書說「永正十一年（1514）三月十四日，以唐本書寫之，即加朱墨訖」，第二冊卷十的奧書說「永正十一年六月二十日，以唐本書寫之，加朱墨訖」[26]，均不提及「古文」或者「古本」。

我們從點本中的訓點可以把握清原家如何詮釋《尚書》經傳。例如，宣賢在《尚書古鈔本》中對卷七〈洪範〉「三曰，農用八政」的「農」字給予

---

24 足利衍述：《鐮倉室町時代之儒教》，頁492-493。文中的「唐本」與「摺本」同義。「唐」是「中國」的意思。

25 登錄番號：86744。本文中利用的清家文庫所藏資料都是京都大學附屬圖書館在網絡上公開的全文圖像（http://edb.kulib.kyoto-u.ac.jp/exhibit/index.html）。根據阿部氏的調查，他鈔寫的《尚書古鈔本》之僚卷收藏於國會圖書館（卷5）、筑波大學（卷8）以及蜷川氏（卷11-13），見阿部隆一：《本邦現存漢籍古寫本類所在略目錄》，頁214，不過本文只能利用清家文庫本兩冊。

26 清原宣賢：《尚書古鈔本》，第1冊，卷7，頁27左；第2冊，卷10，頁27右。

「アツシ（a・tsu・si）」的訓（1:2右[27]），出於孔《傳》「農，厚也」的訓詁。另對「家用不寧」的「寧」字給予的「ヤスシ（ya・su・si）」之訓（1:10右），則不能從孔《傳》「國家亂」的「亂」字直接導出，這個訓就是來自《正義》「國家用此而不安」的「安」字。「アツシ」和「ヤスシ」分別是「厚」字和「安」字的常訓。從點本中附加訓詁的整體情況來判斷，清原家《尚書》詮釋可謂包攝於古注的詮釋框架之內。管見所及，到江戶時代前日本經學的基本性格，可以「義疏學」一言蔽之，清原家也不例外[28]。

　　雖然點本中的詮釋幾乎都本於古注，但是抄物中的詮釋未必同樣固執古注，就《論語》而言，鎌倉時代（1185-1333）朱子學的傳入影響其詮釋，其實新注對點本的影響微乎其微，而對鈔本的影響則十分顯著[29]。將宣賢親寫的《尚書》點本即《尚書古鈔本》與他的抄物《尚書聽塵》比較一下[30]，可以看到兩書利用古注和新注的情況各自不同。就是說，點本中看不到宋學的影響，而抄物中則不但主要引用孔穎達《正義》，還引用以蔡沈《書經集傳》為代表的宋學系注釋書。足利衍述分析《尚書抄》即《尚書聽塵》（以下稱《聽塵》）採納古注、新注的情況，說：

> 根據宣賢《尚書抄》，觀察其取舍新古二注的情況可知，依靠古注而參考新注的地方有五十餘條，放棄古注而依靠新注的地方有六十餘條，此外都依靠古注。如此看來，該書可謂是以古注為主，參考新注的。[31]

---

[27] 清原宣賢：《尚書古鈔本》，第 1 冊，卷 7，頁 2 右。括號內「1:2右」表示冊數、頁數和左右之別。以下同。

[28] 參考水上雅晴：〈清原宣賢的經學——古闡釋的護持和新闡釋的接受〉，收入《北京大學中國古文獻研究中心集刊》第 9 輯（北京市：北京大學出版社，2010 年）。

[29] 清原家《論語》點本和抄物採納新注的情況，詳論於吳美寧：《日本論語訓讀史研究》（日文，서울：제이앤씨，2006 年）。又參閱水上雅晴：〈明經博士家的《論語》詮釋：以清原宣賢為考察中心〉。

[30] 清原宣賢：《尚書聽塵》5 冊（京都大學附屬圖書館清家文庫所藏，登錄番號：944924）。

[31] 足利衍述：《鎌倉室町時代之儒教》，頁 494。

足利氏所謂「古注」指著《正義》，就《聽塵》整體文章而言，本於《正義》的文章大概占其七、八成，其他部分的文章大半是利用新注系注釋書來構成的。又據田中志瑞子的研究，就引用新注系注釋書的地方而言，其大半是來自蔡沈《書經集傳》的文章，朱祖義《尚書句解》、劉三吾等《書傳會選》、胡廣等《尚書大全》也處在徵引文獻之列[32]。《論語》點本幾乎完全在各種中國注釋書的影響下，缺乏獨自性，與此相比，《論語》抄物則有時開展在中國注釋書中看不到的議論，有所呈現主體性[33]，這就是《尚書》抄物詮釋的特色之一。

就現存最多點本和抄物的《論語》來說，清原家襲用家內先行文獻作成新的點本或者抄物，從而繼承自家的學說和講說。點本就是家學權威之所由來，所以不容許文本和訓點的改變。而抄物則是講義的草稿，文字的改變，不用以禁忌視之，因而與點本相比，內容的變化程度較大[34]。到宣賢之前，清原家的《尚書》抄物主要通過加增新注的詮釋從而豐富講說的內容，另據田中氏的說法：「新注攝取的主要目的在於補充根據古注的自家過往詮釋，從而令歷來維持的家說更為牢不可破。」[35]《尚書》抄物的內容呈現如何變化，現在還沒完全弄清，尚待進一步研究。

---

[32] 田中志瑞子：〈《尚書聽塵》における新注攝取の樣相〉，收入《國語國文》，第81卷第3號（京都大學文學部國語學國文學研究室，2012年），頁4-7。田中氏調查《聽塵》各卷引述新注書的數量作為一覽表，根據其調查，《聽塵》引用新注的條數達到545。

[33] 參閱水上雅晴：〈明經博士家的《論語》詮釋：以清原宣賢為考察中心〉，頁256-265。

[34] 清原家內抄物的傳承，參考水上雅晴：〈明經博士家的《論語》詮釋：以清原宣賢為考察中心〉；〈清原家《論語》抄物中的經說：以清原宣賢《論語聽塵》為中心〉，收入《中日〈論語〉文獻研究學術研討會論文集》（北京市：北京大學中國古文獻研究中心，近刊）。

[35] 田中志瑞子：〈《尚書聽塵》における新注攝取の樣相〉，頁15。

四　清原家《尚書》點本和抄物之所本

（一）點本的底本

　　清原家經書點本通過複寫家本來傳承，保存經傳的舊貌，自然帶有校勘上的意義，在阮元《論語注疏校勘記》之中稱為「高麗本」累次引用的「正平版」《論語》就是其代表。正平十九年（1364）用木活字刊行的正平版源自清原家的鈔本，在中國首先獲得其鈔本的錢曾（1629-1701）加以評定，認為「筆畫奇古，似六朝初唐人隸書碑版，居然東國舊鈔」[36]，可知清原家不但文字而且字體盡量保持經書點本的原貌將之傳承，這對正平版賦予高度文獻價值。就《尚書》而言，清原家的點本文字從「古文」即「隸古定字」改為「今文」即楷書文字，底本也從家內鈔本改為中國刊本，不過具體情況還不明，需要考辯。

　　宣賢親筆的《尚書古鈔本》（以下，宣賢本）係經注本的點本，行款：半葉七行，一行十四字，經用大字抄寫，注用兩行小字抄寫。奧書的「以唐本書寫之」一句表明經注文字是根據中國刊本抄寫的（「唐本」的「唐」是「中國」的意思）。但是，「唐本」是指哪種版本，從來沒人指明[37]。如果宣賢本的底本是中國刊行的《尚書》經注本，那麼可以下結論認為在中國明代以前刊印過《尚書》經注本。管見所及，這種版本沒有著錄於各種漢籍目錄，所以，對宣賢本底本的考察十分重要。宣賢本的第一冊收錄卷七〈洪範〉、〈旅獒〉、〈金縢〉、〈大誥〉、〈微子之命〉以及卷八〈康誥〉、〈酒誥〉、

---

[36]〔清〕錢曾：《讀書敏求記》，收入《叢書集成新編》第2冊，卷1〈何晏論語集解十卷〉，頁530。「正平版」被誤稱為「高麗本」的事情，見武內義雄：《論語之研究》（東京：岩波書店，1972年），頁68。

[37]足利衍述和島芳男提到清原家《尚書》底本的轉換，均未具體指明新底本是甚麼。他們的考論分別見足利衍述：《鎌倉室町時代之儒教》，頁492；和島芳男：〈清家的點本とその家學（上）〉，收入《論集》，第9卷第3號（神戶女學院大學，1963年），頁6-7。

〈梓材〉、〈召誥〉等諸篇；第二冊則收錄卷十〈君奭〉、〈蔡仲之命〉、〈多方〉、〈立政〉等諸篇。宣賢本有時對經注的文字附加校語，從這些校語可以把握宣賢本的文本來歷之線索。

事例（a） 卷七〈洪範〉「箕子乃言曰：我聞在昔，鯀陻洪水，汨陳其五行」（167：2[38]）的注文，宣賢本作「陻，塞。汨，亂也。治水失道，亂陳其五行」，在「亂」字上附加「『是』，本ナ，扌无」的校語（1:1左。「ナ」為「有」的略體字；「扌」為「摺」的略體字）。根據他的校語，被稱為「本」的古老家本原來作「是亂陳其五行」，而被稱為「扌」的摺本沒有「是」字，則宣賢本的文本與摺本一致。

事例（b） 卷七〈洪範〉「汝則從，龜從，筮從，卿士從，庶民從，是之謂大同」（175:1）的注文，宣賢本作「人心和順，龜筮從之，是謂大同於吉」，對「謂」字的右旁附加「本无，扌ナ」的校語（1:8右）。根據他的校語，古老家本原來作「是大同於吉」，而摺本「是」下有「謂」字，則宣賢本的文本與摺本一致。

事例（c） 卷十〈立政〉「嗚呼，孺子王矣」（264:1）的注文，宣賢本作「歎稚子今以為王矣」，在「以」字的右旁附加「『已』，本乍」的校語（2:24左。「乍」是「作」的略體字）。根據他的校語，古老家本原來作「歎稚子今已為王矣」，而摺本作「歎稚子今以為王矣」，則宣賢本的文本與摺本一致。

宣賢本有校語指出古老家本與摺本之間的文字差異如此，這種校語一共有四十八個，如事例（a）-（c）一樣，宣賢本的文字與「扌ナ」、「扌乍」的文字一致，而與「本乍」、「本ナ」的文字不同。從此可以確認，宣賢本的文本與摺本屬於同一系統，而與古老家本屬於不同系統。校語中提到的文本只有標明「扌」和「本」的兩種，既然「本」指是古老家本，則「扌」即摺本，自然指是宣賢本奧書中所謂「唐本」。上面已經提到的神宮徵古館所藏舊鈔卷子本《古文尚書》十三卷被奉獻者島原藩（現長崎縣）藩主松平忠

---

[38] 這個數字表示臺灣藝文印書館版《十三經注疏》（1993年）的頁碼，「167:2」是指「頁167第2面」，以下同。

房（1765-1789）認定為「清原世世傳授秘本」，該本卷末載有「至此書者，以摺本書寫之，以古本校點之」云云清原長隆的奧書，以及其他四種奧書[39]。小林信明關於「摺本」的涵義，一方面認為指著「鎌倉時代傳入我國的宋刊本」，這種看法與足利衍述一致。另一方面，他又認為「或許以摺本為稱的特殊形狀的本子，例如折疊而成，同時不是卷子本的本子」，即所謂「帖裝本」[40]。清原家點本內所稱「摺本」的含義既然與「唐本」，即中國刊本不異，則以摺本為帖裝本的說法難以成立。清原長隆是鎌倉時代的學人，然則他所稱的「摺本」很可能是指宋刊本，宣賢應該利用同一刊本或者其鈔本，不過具體版本為何仍然還不明白。

為了調查儒家經典中的異文，山井鼎（1690-1728）《七經孟子考文》（以下稱《考文》）和阮元（1764-1849）《十三經注疏校勘記》（以下稱阮校）最為方便，我們通過兩書可以把握諸本間詳細的文字異同。兩書往往利用宋刊《尚書》進行對校，《考文》將足利學校所藏越刊八行本《五經正義》中的《尚書正義》稱為「宋板」引用，越刊八行本就是經注疏合刻本的嚆矢。阮元自己不能得到宋刊《尚書》[41]，所以將《考文》所引八行本的文字作為「宋本」引述。既然代表中日校勘學的大著能夠參照的宋刊《尚書》不過是八行本《正義》，則清原家參照的「摺本」或「唐本」很可能是一樣的。於是針對《考文》與阮校加以校語的部分，進行調查宣賢本和八行本《尚書正義》各作何字[42]。如果在諸本文字不一的部分，宣賢本和八行本《尚書正

---

[39] 足利衍述：〈皇朝傳本經籍奧書集〉，頁2。足利氏認為這條奧書的撰寫者是清原教隆（1199-1265），他的說法恐怕屬於錯誤。「本奧書」是鈔本的底本自有的奧書。

[40] 小林信明：《古文尚書乃研究》（東京：大修館書店，1959年），頁35-36。他的說法似乎本於葉德輝所說：「書本由卷子摺疊而成。卷不如摺本翻閱之便。」見〔清〕葉德輝：《書林清話》（臺北市：文史哲出版社，1988年），卷1〈書之稱本〉，頁48。

[41] 阮元利用宋版的情況，參閱汪紹楹：〈阮氏重刻宋本《十三經注疏》考〉，《文史》，第3輯（北京市：中華書局，1998年）；長澤規矩也：〈十三經注疏版本略說〉、〈汲古閣本注疏の序跋封面について〉，《長澤規矩也著作集》第1卷（書誌學論考）（東京都：汲古書院，1982年）。

[42] 本文利用的足利學校本《尚書正義》就是根據日本國會圖書館所藏微型膠卷來複印出的文件。由於資料的限制，有些接近騎縫的文字無以確認。

義》的文字一致，那麼兩書的文本可以判斷屬於同一文本系統。

　　事例（d）　對〈旅獒〉「西旅底貢厥獒」注「西旅之長」（183:1）的「旅」字，阮校加以「閩本、葛本、《纂傳》同。毛本『旅』作『戎』，與《疏》標目正合」的校語（197:1[43]），指出只有「毛本」即汲古閣本作「戎」，其他諸本均作「旅」。《考文》則沒有加以校語。八行本和宣賢本均作「戎」（12:2右[44]/1:11右），與毛本一致。

　　事例（e）　對〈大誥〉「寧王遺我大寶龜，紹天明即命」注「安天下之王，謂文王也。遺我大寶龜，疑則卜之，以繼天明，就其命而言之」（190:2）的「言」字，阮校加以「古本、岳本、宋板、《纂傳》『言』作『行』，與《疏》合。岳本考證云：案文義，『行』字為長」的校語（198:1），指出在諸本中，包含「古本」與「宋板」的四種版本作「行」，而與「言」字相比，「行」字和《疏》文對應更好[45]。《考文》則揭示汲古閣本注文「就其命而言之」，然後加以「『言』作『行』，宋板同」的校語（47[46]），指出「古本」和「宋板」均作「行」[47]。正如《考文》所說，八行本作「行」（12:22左），而宣賢本亦作「行」（2:19左）。

　　事例（f）　對〈君奭〉「嗚呼，君已。曰時我，我亦不敢寧于上帝命」注「歎而言曰，君也，當是我之留」（245:1）的「也」字，阮校加以「古本、岳本、《纂傳》『也』作『已』，與《疏》合」的校語（251:2），指出在諸本中只有三種版本作「已」，「已」比「也」跟《疏》文對應更好。《考文》則揭示汲古閣版注文「歎而言曰君也」，然後加以「『也』作『已』，宋

---

43 就阮校的引述而言，本文利用臺灣藝文印書館版《十三經注疏》附載的《校勘記》，括弧內的數字是該本的頁碼。以下同。

44 括弧內的數字是足利學校本《尚書正義》的卷數和左右之別。以下同。

45 就阮校提到的「古本」而言，阮元《周易校勘記・引據各本目錄》列有日本兩種版本即「古本」和「足利本」，在「古本」下有「已下二本，據《七經孟子考文補遺》」的註記（278），從此可知阮校中的「古本」就是《考文》所引的「古本」。

46 括弧內的數字是《叢書集成新編》第5冊所收《七經孟子考文》的頁碼。以下同。

47 本文所提到的《考文》「考異」部分的對校文獻就是「古本」，所以「『言』作『行』」的校語表明，汲古閣本的「言」字，「古本」作「行」。以下同。

板同」的校語（51），指出「古本」和「宋板」均作「已」。如《考文》所說，八行本和宣賢本均作「已」（16:3右/2:1左）。

　　事例（g）　對〈洪範〉「曰雨，曰暘，曰燠，曰寒，曰風，曰時」注「雨以潤物，暘以乾物，煖以長物」（176:2）的「煖」字，阮校加以「古本、岳本、宋板『煖』作『燠』。按《史記集解》亦作『煖』。疏云：『燠』、『煖』為一，故傳以『煖』言之。是疏亦作『煖』」的校語（181:2），指出雖然「古本」以下三種版本作「燠」，不過參照《史記集解》以及疏文，作「煖」為正確。《考文》則揭示汲古閣版注文「煖以長物」，然後加以「『煖』作『燠』，宋板同」的校語（46），指出「古本」和「宋板」均作「燠」。其實，八行本作「燠」（11:29右），宣賢本則作「煖」（1:8左），就這個例子而言，兩本的文字不一致。

　　將宣賢本的文字與八行本比較下去，則卷七〈洪範〉：八處相同，一處不同；〈旅獒〉：五處相同，沒有不同；〈金縢〉：九處相同，沒有不同：〈大誥〉：十六處相同，一處不同；〈微子之命〉：六處相同，沒有不同。卷十〈君奭〉：十五處相同，沒有不同：〈蔡仲之命〉：七處相同，沒有不同；〈多方〉：十八處相同，沒有不同；〈立政〉：十四處相同，一處不同。總之，可以比較的一百零一部分之中，九十八處一致，只有三處差異，宣賢本與八行本可謂屬於同一的文本系統。

　　從上面的探討可知，宣賢根據八行本《正義》或者其鈔本中的經文和注文來抄寫經注本《尚書》，對此附加訓點和校語，從而作成點本，即所謂宣賢本。他並不是將古老家本中的「古文」改為「今文」來作成自己的點本，而是從八行本系統的版本抽出經注文字來編寫新的經注本。宣賢本經注的文字來自宋刊本，從避諱情況也可以了解。宣賢本中「慎、徵、貞、恆、殷、朂」等文字的最後一畫往往省略，顯然出於避諱缺筆，這些避諱字均與八行本共通，就是兩種文本屬於同一系統的重要證據[48]。

---

[48] 八行本《尚書正義》的書誌，詳見阿部隆一：《日本國見在宋元版本志經部》，收入《阿部隆一遺稿集》，第1冊，頁265-269。

（二）抄物底本的問題

　　清原家的學人作成的抄物是根據點本進行講書的草稿，書中的文字自然與點本一致，不過將宣賢本和宣賢作成的抄物《聽塵》中的文字比較一下，有時呈現差異。

　　事例（ｈ）《聽塵》對〈大誥〉「爾庶邦君，越庶士御事」（191:2）的講說，標起「爾邦君越」（3:36[49]），缺少「庶」字。宣賢本在上「庶」字的右旁加以「本无」的校語（1:20左），從此可知《聽塵》的底本文字與古老家本相同，而與宣賢本不同。

　　事例（ｉ）《聽塵》對〈蔡仲之命〉〈作蔡仲之命〉（253:1）的講說作「祭仲ヲ蔡ニ封セラルル詔命ヲ策ノフタニシルシテ（將封祭仲於蔡的詔命寫在竹策上）」（4:36）。這個「策」字可以看作是來自注文「冊書命之」的異文。其實，《考文》標出汲古閣本的注文為「冊書命之」，然後加以「『冊』作『策』」的校語（52），指出「古本」作「策」，而宣賢本則與通行版本同樣作「冊」（2:8左）。從此可知《聽塵》的底本文字與古老家本相同，而與宣賢本不同。

　　事例（ｊ）《聽塵》對〈立政〉「嗚呼，孺子王矣」（264:1）的講說作「嗚呼卜歎シテ云，成王已ニ天子タリ（歎言「嗚呼」而說：「成王已經成為天子。」）」（4:54），這個「已」字也可以看作是本於注文「歎稚子今以為王矣」的異文。如事例（ｃ）所提過的，宣賢本在注文「以」字之右旁加以「『已』，本乍」的校語，從此可知《聽塵》的底本文字與古老家本相同，而與宣賢本以及其依靠的宋刊本不同。

　　雖然類似的例子不多，不過宣賢作成的點本和抄物所示的《尚書》經注文字之間確有差異，這表明點本和抄物並不是同時作成的，而是各自分別傳承的。就《尚書》點本和抄物的撰寫而言，到鐮倉時代，清原家點本的底本

---

49 括弧內的數字是京都大學附屬圖書館清家文庫所藏《尚書聽塵》的冊數和頁數。以下同。

從「古文」改為刊本，之後，他們反覆複寫以八行本《正義》為底本作成的
經注本點本，從而將包含訓點和校語的固定文本稱為「證本」在家內傳承。
點本的變化當然影響到抄物，只是其變化未必涉及抄物講說的整體內容，換
言之，他們對抄物所標出的經傳文字或者講說內引用的經傳文字不太介意，
因而點本和抄物的經傳文字之間有時呈現差異。總之，在點本的底本改為刊
本之後，清原家抄物裏的大多講說仍然襲用根據「古文」文本作成的《尚
書》講說，事例（ｈ）-（ｊ）便是其例。

五　從校勘學的觀點看清原家《尚書》點本與抄物

　　經過底本「轉換」之後，用「古文」即「隸古定字」寫的《尚書》鈔本
不是傳授的對象了，清原家的這種鈔本已不存在。那麼說來，現在無從看
到《隸古定尚書》的文字呢？那不一定，因為用「古文」寫的《尚書》文本
在家外傳寫，現在還可以閱讀。藏書家內野五郎三「皎亭文庫」舊藏的「內
野本」是也。書中的文字字體不能說是首尾如一，不過就足利衍述所例示的
文字來說，該本將〈泰誓上〉「皇天震怒，命我文考，肅將天威，大勳未集」
的「勳」作「勛」，〈堯典〉「允恭克讓，光被四表，格于上下」的「上下」
作「丄丅」，〈堯典〉「乃命羲和，欽若昊天，歷象日月星辰，敬授人時」的
「星」作「曐」[50]，好像保留足利氏所稱「衛包改字以前，即六朝唐初的傳本」
的形態。由沙門素慶撰寫的跋文之日期為元亨壬戌二年（1322），從此可知
這個鈔本確實是在鎌倉時代以前作成的，現在歸靜嘉堂文庫收藏。由東方
文化研究所（現今之京都大學人文科學研究所）編輯的影印版在昭和十四
年（1939）初次刊行，之後，影印版內野本在國內外幾次出版[51]，本文利用的
《續修四庫全書》本是其一。

---

[50]《古文尚書》，收入《續修四庫全書》（上海市：上海古籍出版社，1995 年），第 41
　　冊，頁 196、頁 9、頁 8。
[51] 嚴照瀅：《日藏漢籍善本書錄》（北京市：中華書局，2007 年），上冊，頁 37-39 著錄日
　　本所藏主要古文《尚書》「古寫本」，對各本加以解說，該目錄卻沒有著錄內野本。

　　內野本雖然保存古文《尚書》的舊貌，但是其字體從原形有所變化，其
文本也有所變化，這從校勘方式可知。就一般鈔本而言，見於對校文本中的
異文，將之加入在本文行間或欄外，這是為避免改變本文原貌的措施。內野
本則不同，與摺本對校而出現文字差異的場合，鈔本有而摺本沒有的文字則
對該字的左旁加以「才无」的校語，這可謂屬於常例；鈔本沒有而摺本有的
文字則將該字寫入於鈔本經傳文本中，同時在該字的左旁加以「才ナ」的校
語。例如，〈大禹謨〉「禹曰：於帝念哉！德惟善政，政在養民」的注文，
內野本作「歎而言『念』，重其言也。為政以德，則黎民懷之」，在「則」
字左旁附有「才ナ」的校語（40^{52}），標明這個「則」字，《隸古定尚書》原
來沒有，是從刊本轉寫入的。就是說，內野本首先將對校文獻中的異文列入
文本之內，然後用校語表示鈔本文本原來沒有該文。內野本在這場合通常對
補入的文字之左旁附加小圈點，雖然由於印字不清楚，有部分無法確認有沒
有小圈點。

　　將內野本的經注文字與宣賢本校語中用「本」表示的異文互相比較，就
可以了解兩種文本在版本系統上有關係。宣賢本中揭示「本」即古老家本中
異文的校語一共有一百零五條，而其中九十五條揭示的文字與內野本的文字
一致。具體的說，卷七〈洪範〉：十一處相同，一處不同；〈旅獒〉：二處相
同，沒有不同；〈金縢〉：五處相同，沒有不同；〈大誥〉：十八處相同，二
處不同。卷十〈微子之命〉：五處相同，一處不同；〈君奭〉：十一處相同，
二處不同；〈蔡仲之命〉：四處相同，一處不同；〈多方〉：十六處相同，二
處不同；〈立政〉：二十三處相同，一處不同。內野本沒載有清原家的奧書，
顯然與清原家的古老家本流傳不同，雖然如此，兩者的文本少有區別，很可
能的是，追溯源流則兩者均遠到《隸古定尚書》，前者是從後者分支出的。

　　我們進一步將宣賢本校語中所引錄古老家本的文字與《考文》中所引錄
「古本」的文字比較一下，同樣可以了解這兩種文本的關係。

　　事例（k）　宣賢本對〈洪範〉「天乃錫禹洪範九疇，彝倫攸敘」注「天

---

52 括弧內的數字是《續修四庫全書》第41冊所收《古文尚書》的頁碼。以下同。

與禹洛出書,神龜負文而出」(168:1)的「天」字加以「乃,本有」的校語(1:2右)。《考文》對該字加以「『天』下有『乃』字」(45)的校語,則古老家本的文字和「古本」一致。

事例(l) 宣賢本在〈大誥〉「予造天役,遺大投艱于朕身」注「我周家為天下役事,遺我甚大,投此艱難於我身。言不得已」(192:2)的「得」字下寫入小圈點,對其左旁加以「『以』,本有,才无」的校語(1:21右)。《考文》對該字加以「『已』上有『以』字」(47)的校語,則古老家本的文字和「古本」一致。

就清家文庫所藏宣賢本留存的範圍而言,在可以比較的三十二處中,兩種文本的文字在三十處一致。從而可以推測,《考文》所引的「古本」與清原家的古老家本和內野本屬於同一版本系統。根據《考文·凡例》中的「有曰『古本』者亦足利學所藏書寫本也」一句,山井鼎所稱「古本」就是足利學校所藏的鈔本;又據「皆此方古博士家所傳也」(3)一句,其文本來自「古博士家」。不過就《考文》所引「古本」來自博士家的證據而言,山井在〈凡例〉中所舉出的似乎實際上只有一事,即《禮記》「古本」附載清原良賢在永和年間(1375-1379)寫的奧書[53]。如此看來,上面的考察提供《考文》所引「古本」來自清原家古老家本的一個旁證。

值得關注的是,如我們已經知道的,宣賢本中指出「本」所見異文的校語一共有一百零五條,而《考文》對同一地方根據「古本」加以的校語只有三十條,其外七十五條的校語是只在宣賢本看到的。這個事實表明《考文》雖然經荻生觀(1673-1754)的補訂,還有很多異文沒被指出。阮元《挍勘記》關於經注異文的指摘對《考文》有所依存,然則阮挍還有餘地可以提示異文。在此舉兩個例子,加以說明。

事例(m) 阮挍對〈洪範〉「于其無好德」(173:1)加以「疑孔氏所見之本經無『德』字,至傳乃有之耳。又云『定本作「無惡」者,疑誤耳』。

---

[53] 《考文·凡例》說:「其《禮記》書尾,猶存永和年中清原良賢舊跋。」見山井鼎:《七經孟子考文》,頁3。

蓋謂經文『好』，定本作『無惡』也」的校語（181:1），認為根據《正義》的記載，孔穎達參照的版本沒有「德」字，但是阮元不能找到同樣版本。宣賢本對「德」字的右旁加以「本无」的校語（1:5左），指出異文的存在。內野本也作「于其無好，女雖錫」云云（229）。臧克和關於這裏的文字異同，說：

> 《史記‧宋微子世家》引作「于其毋好」，無「德」字。段氏《撰異》：《史記》用今文《尚書》，鄭注古文《尚書》，「好」下皆無「德」字。……《唐石經》及板本經文有「德」字皆非。王氏懷祖（按即王念孫）曰：「于其無好」句絕，與下「用咎」為韻。[54]

根據他的見解，有「德」字的文本是不對的，而缺「德」字的文本卻是正當的，語法上也沒有問題。

　　事例（n） 阮按對〈君奭〉「故一人有事于四方」（246:2）沒有加以校語，宣賢本則對「有」字的右旁加以「本无，才ナ」的校語（2:4右），指出異文的存在。果然，八行本作「故一人事於四方」（16:7左），沒有「有」字。內野本同，對「有」字的左旁加以「才ナ」的校語（361），表明根據八行本補入原來沒有的「有」字。于省吾說：「《魏三體石經》古文作『古一人事于四方』，『古』即『故』，『事』上無『有』字。」指出以往也存在著該句沒有「有」字的版本[55]。

　　在兩個例子中，宣賢本的校語均指出異文的存在，根據古籍中的記載可以了解這些異文確有來源。宣賢本的經注文本基本上與八行本一致，在書志學上的價值不高，只是其中的校語傳承《隸古定尚書》經注的舊貌，可以補充阮按之缺或不足，在《尚書》學上有一定的意義。

---

[54] 臧克和：《尚書文字校詁》（上海市：上海教育出版社，1999年），頁250。

[55] 于省吾：《雙劍誃尚書新證》，收入《于省吾著作集‧雙劍誃尚書新證、雙劍誃詩經新證、雙劍誃易經新證》（北京市：中華書局，2009年），頁224。

六 結論

《尚書》在日本中世時代被統治階層相當重視，只是認真學習的人不多。清原家就是繼續學習《尚書》的有力群體。因為他們世襲明經博士的地位，所以其經說有權威。清原家《尚書》學的資料現在留傳不少，這些資料分為兩種，即點本和抄物。就點本而言，清原家均對自家古老鈔本中的文字和訓點極為重視，將之作為家說權威所本，反復複寫，從而傳承家學。通過點本中的訓點，我們可以了解他們的《尚書》詮釋依靠古注，幾乎沒有獨特的發明，這也是中世時代《尚書》詮釋的整體趨向。鎌倉時代朱子學傳入日本的影響，在《尚書》點本中不能看到，就在抄物中看到。《尚書》抄物中確是引述新注系的詮釋，不過，抄物中對章句的詮釋還是以古注為注，新注只起補充作用。

清原家《尚書》點本和抄物的底本就是以往研究忽視的問題。就點本的底本來說，古老點本的底本屬於《隸古定尚書》系統，但是用「隸古定字」寫的文本難以正確傳承，因此中國刊本傳入之後，清原家以此為新家本。他們能看到的刊本《尚書》無疑是越刊八行本經注疏合刻本，而原來的家本則為經注本，所以他們從八行本系統的版本抽出經注文字來編寫經注本，對此附加訓點，作為新底本。抄物是根據家本進行講說的記錄，其文本一定會與點本一致，但是抄物標舉的經注文字有時與點本不同，這出於兩種文獻的性格和傳承有所差異。點本是家說權威之所由出，其中文字應該與底本一致，校對工作進行周密。而抄物是講義的草稿或者筆記本，最重要的事為講說的內容，與新底本的校對工作只有第二位的重要性，因此，抄物所標舉的經注文字沒有校訂好，有時與點本呈現區別。管見認為，清原家抄物中的一些講說是底本改為刊本之前的古老講說。

清原家《尚書》點本的新底本改為八行本之後，雙方的文本基本上沒有差異，所以點本中的經注文字沒有特別校勘價值。不過，點本中的校語卻有價值。校語所提「本」是指古老家本，其文字大多與用「隸古定字」寫的內

野本以及山井鼎《七經孟子考文》所引「古本」一致，只是有一些異同，則點本中的校語可謂是追溯日本古代《尚書》流傳的貴重資料。總之，日本《尚書》點本和抄物中的經注文字和校語具有相當的校勘價值，可以補充阮元校勘記的缺少，仍待詳細調查和分析。

論《尚書》向英文世界普及
——英譯模式、對象與內容

吳小燕*

　　本文旨在探討典籍《尚書》向英文世界普及的英譯模式、對象與內容，亦可視為筆者於二〇一〇年六月發表的〈論《尚書》西傳之任重道遠〉與〈管窺「詩言志」：論《尚書》英譯之更新〉兩篇論文[1]之後續。

一　典籍中譯英的理想模式

　　筆者曾在上述第二篇論文中指出，中國典籍英譯不妨採取「中西合譯，優勢互補，兼容歸一的『理雅各、王韜』模式」[2]。文中有關經典著作中譯英的論點，即「備受各界推崇的《紅樓夢》楊憲益（1915-2009）、戴乃迭（Gladys Margaret Taylor Yang，1919-1999）譯本在英文世界的傳播、接受和影響力遠不如英國大衛·霍克斯（David Hawkes, 1923-2009）譯本」[3]的說法，是確有其事，並非空穴來風，現已得到翻譯家本人的證實。楊憲益袒露

---

* 加拿大多倫多大學

[1]　收入《首屆國際《尚書》學學術研討會論文集》（臺北市：萬卷樓圖書公司，2012年），頁461-469與頁471-485。

[2]　拙作：〈管窺「詩言志」：論《尚書》英譯之更新〉，《首屆國際《尚書》學學術研討會論文集》，頁485。

[3]　拙作：〈管窺「詩言志」：論《尚書》英譯之更新〉，頁485。

真情：

> 《紅樓夢》只有兩個全譯本，一個是英國霍克斯的《石頭記》，一個是
> 我的。我認識霍克斯，他是真的喜歡《紅樓夢》，花的功夫比我大，
> 十幾年的時間。[4]

當問到在翻譯過程中自己可以有多大的靈活性這個問題時，戴乃迭直言不
諱：

> 我們的靈活性太小了。有一位翻譯家，我們非常欽佩，名叫大衛·霍
> 克斯。他就比我們更有創造性。我們太死板，讀者不愛看，因為我們
> 偏於直譯。[5]

眾所周知，楊憲益、戴乃迭伉儷是學貫中西的翻譯大師。中國翻譯界如此獨
一無二的珠聯璧合都自認不如英國的霍克斯譯本，那麼純粹由中國人關起門
來承譯的典籍英譯本，在英文世界裏的遭遇便可想而知。

　　二百種左右的中國文史名著中譯英《熊貓叢書》，其中絕大部分在海外
受到冷遇，也是不爭的事實。文革以後，從上世紀八十年代開始，為了重新
打開中國文學對外交流的窗口，由中國國家外文局下屬的幾個出版社實施了
多系列、不定期出版的英譯叢書，名曰《熊貓叢書》，主要用於對外贈送。
譯者大多為中國自己培養的英文專家。先前據稱：「這些薄薄的小冊子，
價格便宜，容易翻閱，在西方社會非常暢銷。」[6]然而，時常出國訪問交流、
「內穿外梭」的蘇州大學文學院教授季進，在二〇一一年的一次對話會上卻
語出驚人，予以否定：「我們著名的《熊貓叢書》，翻譯介紹了大量的中國
文學作品，從古代到當代都有，總數有數百種之多，可是效果呢？絕大部

4　楊憲益著、文明國編：《從〈離騷〉開始，翻譯整個中國：楊憲益對話集》（北京市：
　　人民日報出版社，2011年），頁71。

5　楊憲益著、文明國編：《從〈離騷〉開始，翻譯整個中國：楊憲益對話集》，頁4。

6　2004年8月25日中央電視臺科學教育頻道《大家》欄目組解說詞，楊憲益著、文明國
　　編：《從〈離騷〉開始，翻譯整個中國：楊憲益對話集》，頁40。

分出版後都悄無聲息，有的永遠塵封於駐外使館的地下室，極少數命運稍好一些的，則進入了一些大學的圖書館，等待哪一天有心人的發現。我以為，當代中國文學的翻譯，更為有效的方式可能還是得靠以西方語言為母語的國外翻譯家或漢學家，由他們自主選擇、自主翻譯的作品，可能更容易獲得西方讀者的青睞，爭取最最基本的讀者。沒有讀者的翻譯是無效的交流。」[7]要之，對外交流不能自說自話，自我欣賞。特別是近年來中國翻譯界對典籍中譯英的一系列實事求是的反省，更加堅定了筆者早先對「理雅各、王韜模式」的推崇。這是典籍中譯英的理想模式，當對經典文本的全譯、節譯都適用。

二　《尚書》名言英譯的回顧

筆者在上述第一篇論文中已經指出，自一八四六年麥都思（Medhurst，1796-1857）英譯之《書經》印行迄今，一個半多世紀以來，《尚書》在加拿大、美國和整個英文世界的傳播是極其有限的。推進《尚書》西傳，當務之急，宜先從普及入手。遺憾的是，東西方至今未見有《尚書》名言的英文單冊或漢英對照本之類的普及讀物出現。

誠然，中國大陸過去也曾零星地出版過與《尚書》西傳相關的書籍，如漢英對照本的古代先哲名言、歷代名人名言等，其中含有《尚書》名言。但無論是本來就嫌其收得極少的條目，或是內容涉及「為政」、收錄相對較多的詞條，都免不了淹沒在眾多名言的汪洋大海之中。經筆者調查，按出版年月先後排列的相關漢英對照書籍大體上有六本：

7　季進、李洱等：〈異邦的榮耀與尷尬——「新世紀文學反思錄」之五〉，《上海文學》，2011 年第 5 期，頁 107。

8　宮達非、馮禹主編：《先哲名言：漢英對照》（北京市：華語教學出版社，1994 年）。

中文書名 英文書名	所收條 目總數	《尚書》 條目數	《尚書》 條目 所佔百分比
《先哲名言》[8] *Chinese Maxims*	六百二十三	十二 （「為政」內容 佔去九條）	一點九三％
《二千年前的哲言》（漢英對照）[9] *Philosophical Maxims of 2000 Years Ago*	五百六十一	八	一點四三％
《繪圖本儒家者言》[10] *Famous Passages of Confucian Thought*	兩百	一	零點五％
《中國歷代名人名言》（雙語對照）[11] *A Collection of Chinese Maxims*	一千一百餘	九 （「為政」內容 佔去四條）	小於零點 八一％
《漢英對照中國古代名言辭典》[12] *Dictionary of Classic Chinese Quotations with English Translation*	兩千餘	九十九	小於四點 九五％
《中國古典名言錄：漢英對照》[13] *The Chinese Classic Quotations*	六百二十四	八	一點二八％

　　從上表可以看出，《尚書》名言所佔比例低得可憐。這裡不得不提一下錢厚生主編的《漢英對照中國古代名言辭典》，書中條目係按漢語拼音順序排列，所收《尚書》名言在數量上比其餘各本多出不少，可惜並無內容分類索引，對研究工作而言，使用不甚方便。

　　祭祀和征戰被公認為是《尚書》最突出的兩大類內容。全書文字的絕大部分是大致在西元前兩千兩百年至西元前六百二十年之間統治者的講話記錄和文告。因此，《尚書》既是一部上古的史書，又是一部上古帝王治國之道、統治之術的「為政」之書。它也一直是中國政治哲學和官文化的基礎，影響深遠，流風所至，由官及民。無怪乎中國大陸面向國內讀者的《尚書》選本和讀物，在有意無意之間，往往收入了較多有關「為政」的條目和內容。習慣成自然。慣性思維導致中西不分，一不小心，便擴展到了可供國內外讀者兩用的漢英對照出版物之中。在西方，由於國情不同，除了個別漢學家以外，敢問有多少人會對中國古老的「為政」之術發生興趣？中西文化差異如此之大，與「老外」交流，可不慎歟？

　　孫中山先生有句名言，政治就是管理眾人之事。但讀者之中，畢竟「為政」者是極少數，被「為政」者的芸芸眾生是絕大多數，古今中外皆然。此其一。其二，其實，國學何必都「治國」。「治術，也只是國學中的一個內容，此外還有大量其他的內容。」這個觀點早有人提出[14]。

9　本社編著、潘文國主譯：《二千年前的哲言（漢英對照）》（上海市：上海古籍出版社，1998年）。

10　本社編選、錢海燕繪圖、程遠芬今譯、〔美〕孟威龍英譯：《繪圖本儒家者言》（濟南市：齊魯書社，2006年）。

11　尹邦彥、尹海波編註：《中國歷代名人名言：雙語對照》（南京市：譯林出版社，2009年）。

12　錢厚生主編：《漢英對照中國古代名言辭典》（南京市：南京大學出版社，2010年）。

13　孫通海、張燕嬰、梁繼紅編著、周遠梅譯：《中國古典名言錄》（北京市：學苑出版社，2010年）。

14　劉凌：〈國學建設之困惑〉，《社會科學報》（上海）第5版，2008年6月26日。

三　新編《尚書》名言的對象、内容與英譯關

　　故若今後新編面向英文世界的《尚書》名言單行本，理應有其自己特定的讀者群和內容，這是毫無疑義的。據此，《尚書》西傳之主要普及對象應該是「常人」，而非「上人」。而且從未來發展考慮，尤應針對青年一代，故首選可設定為學華文的高年級學生。相應地，名言名句之選，宜大大壓縮「為政」條目，更多地收錄一些超越時空、具有普世價值的人生哲理，俾使對方易於接受，先登堂，後入室（《論語・先進》）。待到這些初沾《尚書》的學子漸入佳境，萌發更大興味，屆時再推出高一層次的《尚書》選本，諒也不遲，豈不妙哉！

　　行文至此，似乎編輯方針已定，只要援此辦理，具體選目即可。但是且慢。對某些條目，看來必要時尚需畫龍點睛，配上簡要註釋，方能使讀者真正吃透其涵義。試看下面二例，借以舉一反三。

　　一、在「為政」類條目中，「民惟邦本，本固邦寧」（《尚書・五子之歌》），歷來為各家選本所必收。相關的，還有「民之所欲，天必從之」（《尚書・泰誓上》）。但應指出，無論上述「民本思想」，乃至其後戰國時代（前475至前221）孟軻（約前372至前289）提出的「民重思想」（如《孟子・盡心下》：「民為貴，社稷次之，君為輕。」），固然說明當時的聖君和聖賢在思想認識上的開明和進步，卻都不可與現代的民主思想相提並論。

　　二、在「人生哲理」類條目中，「滿招損，謙受益」（《尚書・大禹謨》），也是歷代各家所樂選。因為在古人的心目中，謙虛好學不僅是獲取知識的努力，而且是一種人生的道德進修過程。然而在當今失業率居高不下、一職難求的困境中，滿固然會招損，謙卻未必受益。激烈的競爭者甚至會不懂裝懂，無能逞能。諷刺的是，此時此刻，恰恰印證了孟子的名言：「盡信《書》，則不如無《書》。」（《孟子・盡心下》）

　　總之，《尚書》是一部記錄上古政事的史書，其重大價值怎麼評估恐怕也不為過，更值得進一步發掘與研究。上面舉出的例子，絲毫沒有貶低這部

巨著的本意。但面對今日英文世界的青年讀者，編譯者的評說則既不能惟上（尚者，上也），也不能惟《書》，而只能是實話實說。

最後是怎麼邁過翻譯這道關。翻譯不是一個兩種語言文字之間相互轉換的純技術性工作。並非只要翻譯成英文了，或者自以為逐字逐句、一絲不苟譯成英文了，《尚書》就會自然而然地走向英文世界。本文在一開始就提到，許多由中國的英文專家英譯的著作，在國外的交流效果遠不如預期。前車覆，後車戒，筆者現正在醞釀利用業餘時間新編一冊《尚書》名言英譯單行本的可能性。一旦具備開譯的條件，當以坊間優秀中文今譯為藍本，與母語為英文、熟識中國古文和歷史的專家通盤合作，力求用「老外」能理解並欣賞的英文表達《尚書》原著的意蘊，為《尚書》向英文世界普及略盡綿薄之力。

理雅各英譯《尚書》之顯化和異化策略芻議

陸振慧*

一 引言

翻譯過程集解碼和編碼於一身，扮演着使用兩種語言、在兩種文化中進行兩次交流傳播的雙重身份，翻譯的創造性勞動體現中其進行二度編碼[1]的活動中，翻譯家們也正是以這種特殊的二度編碼活動，衝破語言障礙，使全世界不同文化的交流、溝通和傳播成為一種可能。翻譯的基本環節包括理解和表達。理解就是解碼，是從作者那裏獲得原語的意義及其承載的文化信息，它以熟悉原語的結構規則和使用規則為前提，因而不能脫離原語的社會文化因素[2]；表達是二度編碼，是帶著理解理鄭信息，用譯語在其社會文化語境中進行有效交流，它以符合譯語的結構規則和使用規則為條件，於是不能不與譯語所屬的社會文化因素相碰撞、相融合。因此，翻譯的使命，說到底是從一種社會文化語境中走出來，再進入到另一種社會文化語境中去，其表象是構筑符號與符號到轉換，而實質是聯通文化與文化到對話。

「顯化」的目的主要是為了消解雙語隔閡，在準確傳達願意的基礎上，

---

* 揚州大學外國語學院

[1] 翻譯用來編碼的意義不是自己的主觀意義，而是從甲傳來的符號裏面解碼出來的意義，該意義已由甲進行了一次編碼，所以翻譯對該意義的編碼就算二度編碼。我們把翻譯的這種特殊符號化活動概稱為「二度編碼」。

[2] 鄧炎昌、劉潤清：《語言與文化》（北京市：外語教學與研究出版社，1989年），頁1-2。

使譯文更合乎譯語規範,使原文隱晦或隱含的意義變得更加易懂或明晰;「異化」的目的則在於儘量保留原作的「丰姿」。正是顯化與異化的科學處理,使得理雅各《尚書》譯本成功地從一種社會文化語境中走出來,又順利地進入到另一種社會文化語境,堪稱跨文化傳播的典範之作。

二 高低語境文化與顯化、異化

「高語境」(high-context)和「低語境」(low-context)是跨文化傳播中一對頗為重要的概念[3]。根據霍爾的觀點,在高語境中,絕大部分信息或存在於物質語境中,或內化為交際者個人,很少出現在編碼清晰的語碼中。在低語境文化中,情況正好相反,大量信息要靠編碼清晰的語碼來傳遞。換言之,低語境文化中,人們更多地依靠語言使用本身達到交際目的;而在高語境文化中,語言使用的作用可能小得多,人們對微妙的環境提示更為敏感[4]。

學者們通常認為,東方文化屬於高語境文化,西方文化屬於低語境文化。在東方文化中,以中國為代表,語言、文學、人際交往中重「意會」、「領會」、「尚象」,尚「言象互動」,而在西方,十分重視「言傳」,即「尚言」。這些國家的文化重視具體細節的安排與精確的時間表,不注重環境的作用[5]。重非語言信息的高語境文化與重語言信息的低語境文化各有其歷史文化哲學淵源:高語境文化產生於東方國度,儒道釋三家文化是其文化源頭;低語境文化產生於西方國度,古希臘赫拉克利特的「邏各斯」與蘇格拉底、柏拉圖、亞里士多德的邏輯、理性、辯論術則是它的文化之源。

---

[3] 「高語境文化(或強環境文化)」與「低語境文化(或弱環境文化)」最早由霍爾提出。

[4] E. T. Hall, *Beyond Culture* (New York: Anchor Press Double Day, 1976) pp. 85-126.

[5] 路斯迪格(M. W. Lustig)等學者曾概括高、低語境文化及其交際特點如下:高語境文化:(1)內隱,含蓄;(2)暗碼信息;(3)較多的非言語編碼;(4)反應很少外露;(5)圈內外有別;(6)人際關係緊密;(7)高承諾;(8)時間處理高度靈活。低語境文化正好與此相反。相關內容可參看賈玉新:《跨文化交際學》(上海市:上海外語教育出版社,1997年)以及張廷國:〈「道」與「邏各斯」:中西哲學對話道可能性〉,《中國社會科學》,2004年第1期。

　　《尚書》無疑是高語境文化的產物，而《尚書》譯本則要體現出低語境文化的特點，才能為西方文化所接受。這就要求理氏在語碼轉換時，充分考慮到這兩種語境文化的區別，並在譯文中作適當處理。例如：

> （1）丁未，祀于周廟，邦甸侯衛，駿馬奔走，執豆籩。越三日庚戌，柴望，大告武成。（〈武成〉）
>
> 理譯：On the day ting-we he sacrificed in the ancestral temple of Chow, which *the chiefs of* the imperial domain and of the teen, how, and wei domains all hurried about, carrying the dishes. Three days after, he presented a burnt-offering *to Heaven*, and worshipped *towards the mountains and rivers*, solemnly announcing the successful completion of the war.[6]（p.309）

這段譯文，理氏在兩個地方作了特別處理：一是在「邦甸侯衛」處加上「諸侯們」（the chiefs of），二是在「柴」、「望」之後分別加了「對天」（to Heaven）和「對山川」（towards the mountains and rivers）。

　　「邦甸侯衛」在原文中有泛指、指代之意[7]。理氏除對「邦甸侯衛」加以註釋外，譯文中又增添「the chiefs of」，可見他對這四個字的準確理解。同樣，「柴」、「望」處的增益，也有助於譯文讀者準確理解原文本義，因為柴、望雖同為祭名，但所祭對象不同：柴，燔柴祭天；望，望祀山川。這種處理，便是「顯化」。

　　漢語句缺乏形式約束，不像印歐語以動詞形態變化為軸線作話語貫通，

---

[6] J. Legge, *The Chinese Classics*. Vol.III.（Taipei: SMC Publishing Inc., 2000）.

[7] 此句李民、王健：《尚書譯註》（上海市：上海古籍出版社，2004年），頁210-211。原文錄作「邦甸、侯衛」，譯文沿用此模式，在其後增補「等諸侯」（即「邦甸、侯衛等諸侯」），註釋中採蔡《傳》「泛指天下遠近諸侯」說。江灝、錢宗武：《今古文尚書全譯》（貴陽市：貴州人民出版社，1990年），頁225。原文標點為「邦甸、侯、衛」，譯文：「邦國甸、侯、衛等服的諸侯們。」註釋：「周代把王室周圍的土地按照距離遠近分成六種，稱為六服，即侯服、甸服、男服、采服、衛服、蠻服。這裏舉甸、侯以代六服的諸侯」。

形成形態主軸的「焦點透視」。漢語句段以「板塊結構」流散鋪排，以話題（topic）為意念主軸，以「神」馭「形」。將漢語意合對接句轉換成英語，譯者勢必先析出意義，再依據嚴格的英語語法規範，進行形合式結構完形，「將漢語的隱性語法轉換成英語的顯性語法」[8]。余光中先生也曾說：「中國古典英譯之難，往往不在有形段詞句，而在無形段文法：省去段部分，譯者必須善加揣摩，才能妥為填補。」[9]由此可見，顯化是語碼轉換中必須重視的問題，否則可能導致譯文的失敗。「意合性」在古代漢語中尤為凸出，理氏巧妙運用顯化手法，較好地傳達了原文隱含的信息。

然而，「顯化」是有限度的，過度顯化易使原文風貌受損，並進而可能影響文化的交流與對話。

文化傳播主體（譯者）是文化傳播的起點和來源，掌握着信息的流量、流向、性質和覆蓋面。而在文化傳播中，傳播主體若總是從自身文化角度去看待他者文化，他所選取的策略便會無視甚至抹平了文化差異，帶有強烈的自我中心主義色彩[10]。這樣的文化傳播便是單向的，無「對話」可言。因此，保留原作文化印跡在翻譯中顯得十分重要，而實現這一目標的具體策略便是「異化」。

中外譯論家對翻譯的基本任務、基本要求曾作過不少論述，有一點基本達成共識，即儘最大努力保持原作的語言文化特點[11]。理氏譯《尚書》的時

8　劉宓慶：《翻譯與語言哲學》（北京市：中國對外翻譯出版公司，1999 年），頁 170。

9　余光中：《余光中談翻譯》（北京市：中國對外翻譯出版公司，2002 年），頁 76。

10　朱增樸：《文化傳播論》（北京市：中國廣博電視出版社，1993 年），頁 55。

11　如泰特勒主張：（1）譯文應完全複寫出原作的思想，（2）譯文的風格和筆調應與原作相一致，（3）譯文應和原作一樣通順。見 A. Lefevere ed. *Translation/History/Culture*（Routlege, London and New York, 1992）p. 128. 魯迅說：「凡是翻譯，必須兼顧着兩面，一當然力求其易解，一則保存着原作的丰姿。」見《翻譯通訊》編輯部：《翻譯研究論文集（1894-1948）》（北京市：外語教學與研究出版社，1984 年），頁 246。錢鍾書亦認為翻譯的根本任務有二：一是「不因為語言習慣的差異而露出生硬牽強的痕跡」，二是「完全保存着原作的風味」。見錢鍾書：《七綴集》（修訂本）（上海市：上海古籍出版社，1985 年），頁 79。

代，翻譯理論尚不發達，人們對譯本文化傳播特性的認識還不夠充分，但理雅各用自己的實踐昭示了「異化」策略的作用，不但顯示出他不同於大多數西方學者對待中國文化的態度，更為大範圍的文化交流提供了實踐操作的範例。例如：

> （2）帝曰：「臣做朕股肱耳目。」（〈益稷〉）
>
> 理譯：The emperor said,「My ministers constitute my legs and arms, my ears and eyes.」（p.79）

股為腿，肱為臂，二字連用，常用來比喻重要助手。帝舜說「臣作朕股肱耳目」，是希望大臣們做他的左膀右臂、心腹耳目，也就是他最得力的助手。「臂膀」、「心腹」、「耳目」的比喻流傳至今，英文也有類似用法。理氏採用直譯，既不影響譯文讀者準確理解原意，而且較好地保留了原文的形象表達。比較國內某譯文[12]：The emperor went on:「The ministers are indispensable to my administration.」（杜本，p.39）不僅丟了原文生動的形象，掩蓋了漢文化「重象」的細節，而且意思與原文有出入。原文將大臣比作君王的臂膀耳目，說明前者是後者身體乃至生命的一部分，其重要性如天一般；而該譯文只說後者對前者治政不可或缺，重要性大大削弱。

　　理氏在《尚書》譯本中實踐的顯化與異化策略，其實質是高、低兩種語境文化之間交流與對話時的互動，這一互動既各自獨立，又互為補充，遵循的原則是平等與自由。譯本中「變」與「不變」的文本顯性符號，是譯者根據作者與讀者兩端情境進行的二度編碼。

---

[12] 國內目前有兩個《尚書》英譯本，一為杜瑞清英譯（濟南市：山東友誼出版社，1993年第一版，本文簡稱為「杜本」），一為羅志野英譯（長沙市：湖南出版社，1997年第一版，本文簡稱為「羅本」）。

三　適度顯化，以消解雙語隔膜

　　理氏《尚書》譯本中的語碼顯示，體現在兩個層面，一是語碼的句法結構，一是語碼的使用環境。

（一）語碼句法結構顯化

　　洪堡認為，漢語將所有語法形式的功能富於「意念運作」（the work of mind），亦即思維，只剩下為數不多的虛詞/小品詞（a few particles）和語序（position）來聯結意義（connect the sense），這就使得漢語不同於其他一切語言[13]。漢語交際以「意念」為強勢主軸，語法範疇的可辨識性（recognizablility）十分脆弱[14]。因此，將漢語轉碼為以「形態」為強勢主軸的英語時，若不顧讀者需要，不顧目標與語言習慣，一味追求與原文形式對應，必然導致譯文的晦澀難懂，從而最終影響譯文文化傳播功能的發揮。理氏《尚書》一本在這方面做得很好，語碼句法結構方面的顯化隨處可見。

1 添加句法成分

　　漢語屬於「話題優勢」語言，英語屬於「主謂優勢」語言。漢語句可以無施事主語，但大體有一個話題。英語句則必須有主語。《尚書》語篇多為君臣對話，信息傳遞多依賴語境，所以主語省略的情況很多[15]。〈舜典〉篇是關於舜帝，但除了開頭主語位置出現過一次「帝舜」外，下文再述舜事時不再重複，而是採取省略方式。比如「慎徽五典，五典克從……」；「正月

---

[13] W. Humbolt, *On Language*. trans, Peter Heath（CUP, 1989）, p.231

[14] 現代漢語的語法範疇可辨識性有所提高，得益於助詞「的」、「地」、「著」、「了」、「得」以及介詞、連詞等語法標誌的出現與豐富，但古漢語中這些標誌不是不存在，就是使用無規定性，因此，古漢語語法範疇的可辨識性更低。

[15] 錢宗武：《今文尚書語法研究》（北京市：商務印書館，2004 年），頁 382-400。

上日，受終於文祖」；「肆類于上帝……」；「輯五瑞，既月乃日……」；「歲二月，東巡守，至于岱宗……」；「五月南巡守……」；「八月西巡守……」；「象以典刑……」；「流共工于幽州……」（〈舜典〉）。這種省略主語典情況是不允許出現在英文裏的，因此上述段落轉換成英文時，理氏全都補上了主語：Shun／He（pp.31-59）。

英語句無謂語動詞是不可想像的，但在古漢語中屢見不鮮，源自遠古漢語的《尚書》更是如此。漢語句還可以用形容詞作謂語，如〈堯典〉篇首「（曰若稽古，）帝堯（曰放勳），欽明文思安安」句的結構是SP+P+P，句中沒有動詞；理氏英譯本中referential, intelligent, accomplished, and thoughtful前則加上了is（p.15）。再比如：

> （3）四罪（　）而天下咸服。（〈舜典〉）
>
> These four criminals <u>being thus dealt with</u>, universal submission prevailed throughout the empire.（p.40）
>
> （4）惟天地（　）萬物父母，惟人（　）萬物之靈。（〈泰誓上〉）
>
> Heaven and Earth <u>is</u> the parent of all creatures; and of all creatures man <u>is</u> the most highly endowed.（p.283）

兩句原文中都省略了謂語動詞，譯文則分別填上。

2 顯化時態、語態

英語屬拼音文字，因而具有屈折形態發生性（inflectional genetics）機制，而漢字主表意，幾乎不具備屈折形態變化發生條件，因此漢語中動詞、名詞、形容詞等等無形態/屈折變化（inflexion），英語則變化豐富。

以「數」為例，上古漢語中名詞、代詞無複數式，形容詞、動詞更無單複數式之分。數的概念近古漢語以後才由詞彙體現，如附加助詞「們」。《尚書》中亦然，語段中某個名詞是否暗含複數，需依靠上下文作邏輯分

析[16]。

再比如，漢語句中動詞一律取泛時態形式（timeless form），例如「乾坤定矣」（「定」發生在過去）是個泛時動詞。英語句動詞則在任何情況下，都有個時態問題。

（5）大戰于甘，乃召六卿。（〈甘誓〉）

（6）盤庚遷于殷，民不適有居，率籲……（〈盤庚上〉）

「大戰」、「遷于殷」之「戰」與「遷」，指過去、現在還是將來？從字面看無從判斷，因為無論哪種情形，「戰」、「遷」的寫法一樣。但要譯成英文則必須做出抉擇。「盤庚遷于殷」，實指「盤庚欲遷于殷」（《書集傳》），理氏譯以「Pwan-kĕng *wished to* remove to Yin…」（pp.220-222）較好地傳達出原文所隱含的「意欲」或「未遷」之意。同樣，句（5）說的是戰前動員事，理譯「There was a battle in Kan. *Previous to it*, the emperor called together the six leaders…（p.153），「召」則「戰」前的關係揭示得一清二楚。

與時態問題相當的還有語態問題。古漢語中「被動」意義主要採取詞彙手段，用「為……所VP」、「見VP於……」、「VP於……」等介詞結構表示。甚至介詞也不用，語態隱含，稱為隱性/意念被動[17]。如：「玄德升聞，乃命以位。」（〈舜典〉）意為舜潛心修身，被朝廷獲知後，授予官職。這裏的「聞」、「命」實指「被聞」、「被任命」。譯文若照搬原文，必至誤解或費解。理譯：The report of his mysterious virtue <u>was heard</u> on high, and he <u>was appointed</u> to occupy this imperial Seat.（p.29）適當的顯化處理，消除了交流阻隔。

3 顯化隱含關係

儘管《尚書》中連詞達到了相當數量，具備了各種語法功能，可謂已構

---

[16] 錢宗武：《今文尚書語法研究》，頁111-134。

[17] 錢宗武：《今文尚書語法研究》，頁368-371。

成了傳世典籍最早的連詞系統[18]，但許多分句間的邏輯關係仍要靠意會，「詰詘聱牙」的痕跡很重。理氏適當添加連詞，使譯文更合譯語規範。

（1）順承關係

〈堯典〉敘述堯德：「克明俊德，以親九族；九族既睦，平章百姓；百姓昭明，協和萬邦，黎民於變時雍。」這其實正是儒家政治哲學思想的核心。這一思想核心在其他儒家典籍中不斷得到闡發。《孟子・離婁上》云：「人有恆言，皆曰：『天下國家。』天下之本在國，國之本在家，家之本在身。」〈大學〉云：「古之欲明明德于天下者，先治其國；欲治其國，先齊其家；欲齊其家者，先修其身。」又：「修身而後家齊，家齊而後國治，國治而后天下平。」雖然措辭不盡相同，表述德內容完全一樣，「修-齊-治-平」的先後順序不可顛倒。比較而言，〈大學〉中用了顯性銜接（「先」、「而後」），而《孟子》和〈堯典〉中是隱性銜接，先後關係借助遞進複句結構得以表示。這所典型的漢語「意合」（parataxis）性。同樣的邏輯關係在英語中一般用「形合」（hypotaxis）法顯現。理氏深諳此理，上段譯文中分別添加了 thence, also，Finally 等邏輯聯繫語，又據原意在相應分句末尾增添「族（of his kindred）」、「國（of his domain, of the empire）」、「天下（universal）」的狀語限定語，使先後關係、大小範圍一目了然（譯文間 Legge, 2000:15-16）。

（2）轉摺關係

（7）嗚呼！天難諶，命靡常。常厥德，保厥位……（〈咸有一德〉）

伊尹還政於太甲後，打算告老還鄉，退隱終老，可又擔心年輕的君王德不純一，於是作〈咸有一德〉進行訓誡。誥詞開篇：「唉！老天難信，天命無常！」一聲感歎意在喚起主子的危機感：莫以為坐上天子寶座便可高枕無憂，因為天命無常。但作誥的目的不在嚇唬，而在勸導。因此感嘆之後，開

---

[18] 錢宗武：《今文尚書語法研究》，頁 231-264。

始語重心長的勸誡。顯然，在第一句感歎與第二句勸誡之間有一層隱含的轉折關係，漢語讀者可根據上下文意會，但在英文中，因果、先後關係可又隱含，轉折關係卻很少隱含。因此理氏譯該句添加了表示轉折意義的「But」。此外，原文中「常厥德，保厥位」中的「厥」是專就君主而言，而不是隨便什麼人。原文有特定語境，可又省略，譯成英語，則需要交代清楚「厥」之所指。理譯「the sovereign」的添加可以確保讀者的正確理解：It is difficult to rely on Heaven; its appointments are not constant. *But if the sovereign see to it tha*t his virtue be constant, he will preserve his throne⋯.（pp.213-214）

（3）遞進關係

以〈禹貢〉「五服」段為例：

（8）五百里甸服⋯⋯五百里侯服⋯⋯五百里綏服⋯⋯五百里要服⋯⋯五百里荒服⋯⋯（〈禹貢〉）

原文中5個「五百里」各有所指。第一個「五百里」是指以國都為中心，向外推進五百里，這個五百里的範圍是「甸服」。第二個「五百里」則是從甸服再向外推進五百里，此推進的五百里範圍就是「侯服」。以此類推，後面每一個「五百里」都是在前一「服」的基礎上向外推進五百里。原文用平行結構表達層層推進之意，這在漢語族人看來並不混亂，其間關係盡可「意會」得之。但是英文中沒有這樣的表達法，堯正確揭示出這幾個「五百里」甸關係，唯有採用「顯化」策略。理譯處理如下：

Five hundred *le* constituted THE IMPERIAL DOMAIN ⋯ Five hundred *le beyond* constituted THE DOMAIN OF THE NOBLES ⋯ Five hundred *le still beyond* formed THE PEACE-SECURING DOMAIN ⋯ Five hundred *le, remoter still,* constituted THE DOMAIN OF RESTRAINT ⋯ Five hundred *le, the most remote,* constituted THE WILD DOMAIN ⋯.（pp.142-147）

（4）緊縮複句語義關係

緊縮複句即複句的緊縮形式，是以單句的語言形式表達複句的語義內容和邏輯關係，屬於高語境語碼特點。甲骨文和西周金文中未見緊縮複句的典型用例，但《尚書》中卻有不少。《尚書》緊縮複句產生的內因是《尚書》多錄君臣之間對話。在言語交際中，需要一種緊湊含蓄、簡要明快的口語來傳遞更多的語言信息。緊縮複句適應了這一語言交際目的，加上《尚書》語言簡古，短句多、省略多、複句也多，言語者在特定場景中使用面部表情、肢體動作等非語言手段輔助表情達意，一般複句亦極易緊縮為緊縮複句[19]。比如：

> （9）丕德忝帝位。（〈堯典〉）

這句話看似簡單，實為複句，譯成現代漢語，含有兩層邏輯關係：一是因果，一是條件：**因為**我德行鄙陋，所以**如果**讓我繼帝位的話，將有辱帝位。但古漢語異常簡潔，加上對話交流可借助眼神、手勢等非語言手段，因此問答多用省略形式。若用現代標點短句，（9）亦可作：「丕德；忝帝位。」這種用法在英語中可以接受，但主語仍不能省略。理譯正是如此：I have not the virtue; I should only disgrace the imperial seat.（p.25）再比如：

> （10）同力度德，同德度義。（〈泰誓上〉）

這兩句話中隱含著假設：**假如**力量相等，就度量德；**假如**德行相配，就度量義。理：*Where there* the strength *is* the same, measure the virtue of the parties; *where there* the virtue *is* the same, measure their righteousness.（p.287）兩個「Where there is」的添加，較好地揭示了原文隱含的假設意義。

這兩句話中隱含着假設：**假如**力量相等，就度量德；**假如**德行相配，就度量義。理譯：*Where there* the strength *is* the same, measure the virtue of the parties;

---

[19] 錢宗武、杜純梓：《尚書新箋與上古文明・緒論》（北京市：北京大學出版社，2004年），頁11-12。

where there the virtue *is* the same, measure their righteousness.（p.287）兩個
「Where there is」的添加，較好地揭示了原文隱含地假設意義。

（二）語碼使用環境顯化

如前所述，高語境文化中語言表達內隱、含蓄，有較多的非言語編碼，高度依賴「非語言語境」與交際者的共用記憶。這一特徵在低語境交際中幾乎不存在，因此翻譯時也須作「顯化」處理。理氏雖利用注釋將《尚書》中大部分「非語言語境」資訊向讀者進行了傳遞，但在語碼轉換時並沒有完全放棄「顯化」的努力，否則譯文仍將令人費解。

如前所述，高語境文化中語言表達內隱、含蓄，有較多的非言語編碼，高度依賴「非語言語境」[20]與交際者的共用記憶。

（11）瞽子。父頑，母囂，象傲……（〈堯典〉）

He is the son of a blind man. *His* father was obstinately unprincipled; his *step*-mother was insincere; *his half-brother* Seang was arrogant.（p.26）

這句話介紹舜的父親、繼母及弟弟。據史書記載，舜的母親握登生下他不久就去世，父親很快續弦，與繼母生下他弟弟取名象。但原文中沒有說明「母」、「象」分是舜的繼母及繼母所生的弟弟，甚至沒有交代象是他弟弟。若不作「顯化」處理，極易導致誤解。

（12）既修太原，至于岳陽。（〈禹貢〉）

Having repaired *the works on* T'ae-yuen, he proceeded on to the south of mount Yǒ.（p.94）

---

20 現代語用學中的「語境」概念，分為兩大類：語言語境（verbal context）和非語言語境（non-verbal context）。前者包括詞組語境、句集語境、段落語境和篇章語境，後者包括背景語境、情境語境、語言語境和語義語境。詳見何兆熊：《語用學概要》（上海市：上海外語教育出版，1989年）。這裏的語境指後者，即非語言語境。

「太原」是地名，「修太原」不好理解。加上「the works on」讀者則明白是「修太原原有水利工程」。

（13）惟嗣王不惠于阿衡。伊尹作書曰……（〈太甲上〉）

The king, on succeeding to the throne, did not follow the advice of A-h ng. *He, that is*, E Yin, then made the following writing…. (p.199)

原文沒有交代誰是「阿衡」，易使人誤以為是另一個人，但下文又不再提「阿衡」，必導致讀者困惑。「He, that is…」則告訴讀者：阿衡即伊尹。

（14）曰雨、曰霽、曰蒙、曰驛、曰克。曰貞、曰悔。（〈洪範〉）

In doing this, they will find *the appearances* of rain, clearing up, cloudiness, want of connection, and crossing; and *the symbols*, solidity and repentance. In all *the indications* are seven;-five given by the tortoise, and two by the milfoil, by which the errors of affairs may be traced out. (pp.334-335)

用卜筮來斷定把握不準的事情是中國古人常用的方法，一般殷人多用龜甲獸骨來占卜，周人多用蓍草來筮卦。《詩·大雅·綿》：「爰始爰謀，爰契我龜。」但現在陝西周原已發現西周甲骨，證明周人也曾用卜。然而這些知識對於現代（中外）讀者而言，既遙遠，又陌生。若譯者不作顯化處理，讀者讀〈洪範〉「曰雨、曰霽、曰蒙、曰驛、曰克。曰貞、曰悔」句時是分不清前五者指龜兆之形，後二者乃內外卦象的。

當然，「顯化」的運用重在恰到好處。對文化缺省的內容不作補償，或增益了原文沒有的意思，或將原文意欲含蓄的內容顯化出來，都屬於顯化不當。正如王東風所說：「由於文化的差異，原作者與原文讀者之間的這種默契不可能天然地存在於原作者與譯文讀者之間。原文中為了提高交際效率或修辭效果而採取的文化缺省策略不經譯者適當補償，留給譯文讀者的便往往是莫名其妙的意義真空或難以理解的語義疑團；而補償過量又會損害原文的

含蓄性簡潔美。」[21]

四 儘量異化，為傳真原語文化

　　韋努蒂認為通順式（fluency）翻譯策略實際上是一種文化帝國主義（cultural imperialism）行為[22]，他主張採用阻抗式策略（resistance strategies）的翻譯來反映不同語言和文化之間的差異，反對以「帝國主義式的歸化」（imperialistic domestication）[23]來掩蓋那些造成讀者理解困難的語言和文化差異。事實上，越來越多的讀者在「達」與「信」不可兼得的情況下，更偏愛「信」。許鈞先生曾就《紅與黑》的翻譯發起過一項讀者調查，結果表明：中國的文學翻譯讀者希望讀到的是原汁原味的外國文學譯作，而不是經過譯者刻意歸化的、中國味十足的譯作[24]。中國讀者如此，相信外國讀者也不例外。比如，〈牧誓〉篇中周武王舉行誓師大會，之前有一段　　的招呼語：「嗟！我友邦冢君子、御事，司徒、司馬、司空，亞旅、師氏，千夫長、百夫長，及庸、蜀、羌、髳、微、盧、彭、濮人。（稱爾戈，比爾干，立爾矛，予其誓。）」國內某譯本簡化為：「Your excellency, the distinguished kings, ministers and a myriad of other officials from the friendly states, commanders and warriors from the neighbouring kingdoms⋯」（杜本, p.115）通順流暢也許是達到了，但是卻「掩蓋」了「語言和文化差異」，抹去立原作的文化印跡。比較理譯：「Ah! Ye hereditary rulers of my friendly States; ye managers of affairs, the ministers of instruction, of war, and of public works; the

[21] 王東風：〈文化缺省與翻譯補償〉，郭建中：《文化與翻譯》（北京市：中國對外翻譯出版公司，2000年），頁234-255。

[22] L. Venuti, *The Translator's Invisibility: History of Translation*（Longdon and New York: Routlege, 1995），p.20.

[23] L. Venuti, *Rethinking translation: Discourse, Subjectivity, Ideology*（Longdon and New York: Routlege. 1992），p.13.

[24] 許鈞：《文字、文學、文化——紅與黑漢譯研究》（南京市：南京大學出版社，1996年），頁88-100。

many officials subordinate to them; the master of my body-guards; the captains of thousands, and captains of hundres; and ye, O men of Yung, Shuh, Kĕang, Maou, Wei, Loo, P ʽang, and P …」（p.301）則傳意準確而「洋味」十足，異化作用明顯。

語言和文化永遠都是形影不離，互為依存。符號學學者朱利·羅特曼（Juri Lotman）指出，語言若不浸泡在文化的語境裏則無以存在，文化若不以自然語言的結構為核心則消亡，每種文本都依存在特定的文化中，而不同文化具有不同的文本產出和接受慣例[25]。不同的文化源流，如歷史發祥、地緣格局、人文肇始、社會演變、政治及經濟形態等都會影響到語言到異質性。

《尚書》語言是中國古代散文中獨特的一支，它覽文如詭、詰詘聱牙、高古奇崛、深純敦穆，這種風格根植於《尚書》的產生時代、文體功能、教化傳統等文化因素。如果翻譯時不顧原文的語言形式，不顧原語的民族文化特徵，一味追求譯文的通順優美，甚至在譯文家使用典型的目標語體色彩的表達手段，讀起來頗像原作者在用目標語寫作一樣。這樣的譯文，可能會博得目標語一般讀者的喜愛，卻極易產生「文化誤導」的負作用。

例如國內某譯本將「拜稽首」譯作「saluted」（杜本, pp.21, 23, 25）就抹殺了原文的形象。因為 salute 一般指軍禮或（以鳴炮、行點旗禮等方式）向某人致敬，而「稽首」是中國古代的大臣事君之禮。鄭注《周禮·春官·太祝》「稽首」、「頓首」、「空首」云：「稽首拜，頭至地也。頓首拜，頭扣地也。空首拜，頭至手，所謂拜手也。」賈《疏》略云：「空首者先以兩手拱至地，乃頭至手，以其頭不至地，故名空首。頓首者為空手之時引頭至地，首頓地即舉，故名頓首。稽首，稽是稽留之義，頭至地多時則為稽首，拜中最重，臣拜君之拜。」用 salute 譯「拜稽首」，丟失略中國原有文化形象，是不妥的。理譯：… did obeisance with his head to the ground（pp.43, 45, 46, 47, etc.）則完好地保留了原文文化形象，使讀者在「陌生化」的閱讀

---

[25] M. Shuttleworth, & M. Cowie. *Dictionary of Translation Studies*（Shanghai: Shanghai Foreign Language Education Press, 2004）.

中，加深了對中國禮文化的瞭解。

語言的基本單位是詞彙，文化最直接的反映自然也是詞彙。某些詞彙濃縮了操這種語言的人們的特有文化思想和習俗，可稱為文化負載詞。「文化等原則要求譯者以積極介紹原語文化、努力傳達原文文化特色的藝術美為己任，儘可能忠實地再現原作的整體文化氛圍。」[26]中國文化典籍的特殊性表現在：許多詞句言約義豐，經受略歷史文化的積澱，反映了漢民族的生活狀況、宗教信仰、價值觀念等，蘊含着豐富的文化涵義，往往難以在英語中找到對等的表達法。源語文本特有的的文化內容，在譯入語文化，尤其是在不同語系的語言文化中很可能空缺，因此翻譯文化負載詞時，譯者必須特別慎重。理氏充分認識到客觀存在的「不可譯性」，於是他對人名、官名、制度以及一些成語、稱謂中的一些敬稱與謙稱等，都用直譯的方法，雖然偶爾會「意譯」一些名稱，但絕不輕易以目標語中現成但名稱來替換。

比如姓氏名號但翻譯，視具體情況決定使用「音譯」（如堯-Yaou、舜-Shun、發-Fǎ）或者「音譯＋意譯」（如唐堯-Yaou of T'ang、虞舜-Shun of Yu、微子-the viscount of Wei、周武王-King Woo of Chow）；對於內涵豐富但概念、具有概括性質的數字式略語，採用「直譯＋意譯」的方法，比如：五行-the five Elements、三正-the three acknowledged commencements of the year、五福-the five happinesses、六極-the six extrimities 等。

至於單純物質名詞的翻譯，如果目的語中有「對應物」，以目的語中對應詞替換；若沒有，則意譯。而對於屬於獨特中國文化特色、有着一定象徵意義的，則進行「直譯、意譯」結合的方法，使讀者充分感受到原作的「東方神韻」。比如：五瑞（〈舜典〉）譯作「the five tokens of gem」（p.34）；左杖黃鉞，右秉白旄（〈牧誓〉）譯作「In his left hand he carried a battle-axe, yellow with gold, and in his right he held a white ensign, which he brandished…」（p.300）；稱爾戈，比爾干，立爾矛（〈牧誓〉）譯作「lift up your lances, join your shields, raise your spears」（p.301）；若作酒醴，爾惟麴蘗；若作和羹，

爾惟<u>鹽梅</u>（〈兌命下〉）譯作「Be to me as <u>the yeast and the malt</u> in making sweet spirits; as <u>the salt and the prunes</u> in making <u>agreeable soup</u>.」（p.206）

　　理氏的這<u>些</u>處理，儘管對讀者來說可能很陌生，但最大限度地保留了中國文化的痕跡。從文化傳播角度看，讀者的「陌生」並不可怕，可怕的是文化間差別地消失。如果那樣，譯本的文化傳播功能將大為削弱，互動將極不平衡。

五　結語

　　經典文獻的翻譯功能之一是促進文化交流。但文化各有不同，語言亦存在差異，這時譯者便要承擔起一个決定文化權重的任務。理氏《尚書》譯本基本採取了「平視」視角，努力溝通高、低兩種語境文化，通過「顯化」打通讀者的解碼路徑，通過「異化」凸現原語的民族文化特色，從而實現兩種語境文化的互動。理氏以其實踐，二度編碼出既「變」又「不變」的譯本語言，這種語言不但很好地承擔起來文化傳播功能，更為後代翻譯理論及跨文化傳播理論的深入發展，提供了強有力的佐證。

理雅各《尚書》成語翻譯中的文化傳真

陳靜*

一　文化傳真與漢語成語翻譯

（一）關於文化傳真

　　上世紀九〇年代初，蘇珊·巴斯耐特與勒弗斐爾提出了翻譯的文化轉向，一時間，文化翻譯成為關注的熱點。孫致禮提出應將「文化傳真」作為「文化翻譯的基本原則」[1]，認為「文化傳真」就是「力求最大限度地保存原文所蘊涵的異域文化特色」[2]。謝建平則將文化傳真的涵義具體化，認為：「譯語要從文化義的角度準確地再現原語所要傳達的意義、方式及風格。」[3] 後者「準確地再現」顯然高於前者「最大限度地保存」文化特色這一要求，相比之下，前者的概括更符合實際。

（二）漢語成語翻譯的特殊性

　　成語是漢語殿堂中重要的文化負載詞類型之一，它反映了漢民族區別於其他民族的社會歷史文化特點和風土人情，是民族先進文化和聰明智慧的結晶，其在譯文中的保留和再現程度，直接影響到源語文化特色在譯文中的表

---

* 金陵科技學院人文學院

[1] 孫致禮：〈文化與翻譯〉，《外語與外語教學》，1999年第11期，頁41。

[2] 孫致禮：〈中國的文學翻譯從歸化趨向異化〉，《中國翻譯》，2002年第1期，頁43。

[3] 謝建平：〈文化翻譯與文化「傳真」〉，《中國翻譯》，2001年第5期，頁19。

現程度。漢語成語的特點主要包括四個方面：一、意義穩固，二、結構定型，三、言簡意賅，四、以四字格短語為主。在翻譯中，譯者會遇到多方面的困難，比如意義方面，漢語成語所表達的概念及其意義，往往在另一種文化中根本不存在，或者難於找到一個意義完全對等的詞或短語；在形態結構方面，漢語成語大部分為四字格短語，增一字嫌多，減一字嫌少，造成一種形式上對稱整齊的美，而翻譯為其他語言則顛覆了這種美感。嚴格來說，成語是具有不可譯性的，因此譯者必須在熟練掌握兩種語言的基礎上，通過採取相應的策略，試圖打破這種文化的壁壘，盡可能地化不可譯為可譯，進行文化傳真。

二　理雅各成語翻譯的文化傳真策略

理雅各是學者型的翻譯家，他認為典籍翻譯必須以「忠實」作為首要原則。因此其翻譯方法以直譯居多。除了直譯以外，在《尚書》成語翻譯中，理氏主要運用了文化還原、文化補償、文化借用、文化替換和文化迴避這幾種翻譯策略。

（一）文化還原

文化還原指的是譯者用譯入語中與源語文化色彩相同或相似的表達式復原源語的歷史風貌。《尚書》是我國典籍的源頭，屬於歷史散文的範疇，《尚書》中的成語保留了許多上古時代語言的特點，理雅各在《尚書》成語的翻譯中，注意採用文化還原的方法，呈現原文古雅的語言風格。例如：

> 例(1)　原文：「時日曷喪，予及汝皆亡！」（《尚書·湯誓》）
>
> 理譯：「When wilt thou, O sun, expire? We will all perish with thee.」

「時日曷喪，予及汝皆亡」這句歌謠被文學史家看作是上古詩的雛形，具有詩歌的美感。為了傳遞出這種古詩的韻味，理雅各翻譯成語「時日曷喪」

時，巧妙地運用了古英語thou（你）來與下文語境「予及汝皆亡」中的thee（古英語thou的賓格）「汝」呼應，從而既考慮到了現代漢語與古代漢語的差別，將古漢語隱含的對稱代詞「你」（這個太陽）譯出，又與原文保持一致的古語與詩歌韻律風格。"O sun"則較好地傳達出了原文的抒情和感嘆意味。

（二）文化補償

中國古典文學作品的預設讀者並非來自異質文化，原作者往往會根據同質文化的審美需求與經驗，省略部分文化內容，這就造成了「文化缺省」（Cultural default）[4]。對於譯入語的讀者來說，這些缺省的文化內容勢必帶來閱讀理解上的障礙。譯者就要運用一些文化補償的手段，來彌補這種文化資訊的不完整性，從而達到奈達「動態對等(dynamic equivalence)」的翻譯效果。在成語翻譯中，這種補償顯得非常必要，理氏所運用的補償機制包括文內增譯和文本註釋。

文內增譯指的是在譯文中直接添加與文意理解有關的附加文化資訊。如：

> 例（2）原文：（堯）光被四表，格於上下。（《尚書・堯典》）
> 理譯：The bright (influence of these qualities) was felt through the four quarters (of the land), and reached to (heaven) above and (earth) beneath.

成語「光被四表」的意思，鄭玄曰：「言堯德光耀及四海之外。」[5]指堯的恩德普施於四方。在例2中，理雅各將「光」譯為the bright(influence of these qualities)，用括號裏的內容說明「光」的具體含義指的是堯的「優秀品質的

---

[4] 王東風：〈文化缺省與翻譯補償〉，收入郭建中編：《文化與翻譯》（北京市：中國對外翻譯出版公司，2000年），頁236。

[5] 〔漢〕鄭玄注、〔宋〕王應麟輯、〔清〕孔廣林增訂：《尚書鄭注》（上海市：商務印書館，1937年，《叢書集成初編》本），頁1。

影響」，補足了光「恩德」的含義。在另一個《尚書》的英譯本中，麥都思將其譯為 While his fame extended to the four distant quarters, reaching to heaven above and earth beneath. 比較理雅各與麥都思的譯文可以看出，理氏的文內增譯比起麥譯僅用 fame（名聲）指「光」更為明確。

文本註釋指的是在譯文後添加注釋。對於有些蘊含豐富的文化內容進行闡釋，有時需要相當長的文字，如果用文內增譯則不合適，會使行文顯得拖沓，而宜採用文本註釋的方式。運用註釋也是理雅各譯本的重要特點，在《尚書》成語翻譯中，註釋的作用主要是補充歷史背景知識，幫助讀者理解成語的實際所指。

　　例（3）原文：郊社不修，宗廟不享，作<u>奇技淫巧</u>以悅婦人。

　　理譯：He neglects the sacrifices to heaven and earth. He has discontinued the offerings in the ancestral temple. He <u>makes contrivances of wonderful device and extraordinary cunning</u> to please his wife[1].

　　理注：[1]The notorious Ta-ki,the accounts of whose shameless wickedness and atrocious cruelties almost exceed belief.[6]（臭名昭著的妲己，其無恥邪惡和兇殘的暴行幾乎令人難以置信。）

此例中，理氏用註釋補充介紹了歷史典故成語「奇技淫巧」的出處，點明其「以悅婦人」的對象為商紂王的寵妃妲己。

（三）文化借用

文化借用（Cultural Borrowing）是赫維（Hervey）和希金斯(Higgins)提出的一個概念，指的是「把源語表達形式逐詞轉移到目標語的一種文化置換(Cultural Transposition)，被借用的這個詞語可能不經任何改動，也可能稍事

6　James Legge,The Shu King Or Book Of Historical Documents(Whitefish:Kessinger Legacy Reprints,2010),pp102.

修改」[7]。譯者採取文化借用的方式，或是迫於譯語中找不到與原文對等的意義；或是意在向譯文讀者展示原文表達形式的原貌。林語堂在《浮生六記》中將「月下老人」翻譯成「Old Man under the Moon」[8]就是典型的文化借用。理雅各在《尚書》成語的翻譯中力圖保留漢語成語的本來面目，即使在能夠找到對等意義的情況下，仍然傾向於採用文化借用的翻譯策略。請看例4：

例（4）　原文：臣作朕<u>股肱耳目</u>。（《尚書‧益稷》）

理譯：My ministers constitute <u>my legs and arms, my ears and eyes</u>.

成語「股肱耳目」整體的意義指的是得力的助手，《現代漢英綜合大辭典》將其譯為one's bosom [most trusted] assistants（某人最信任的助手）。理雅各沒有僅僅翻譯其整體義，而是借用這個成語各個詞素的本義進行語際轉移，並借用了漢語的結構形式特徵。「孔穎達《疏》：『君為元首，臣為股肱耳目，大體如一身也。足行，手取，耳聽，目視，身雖百體，四者為大。故舉以為言。鄭玄云：動作視聽皆由臣也。』」[9]可見「股、肱、耳、目」四字分別代表了「大腿和上臂」、「耳朵和眼睛」這幾個身體的重要器官，代表人身體的主要功能，因而在《尚書》中用來比喻君王的得力大臣。在英語中沒有這樣的比喻用法，為漢語的特殊文化內容，因此理氏借用漢語本來的詞素義將「股肱」和「耳目」譯為兩個並列的名詞性詞組，較好地保留了成語原本的結構，另一方面益於幫助譯文讀者瞭解漢語比喻的獨特之處和思維的特點。雖然「股肱」確切地說指的是大腿（thighs）和上臂（upper arms），理氏用表示整體的legs（腿部）和 arms（臂部）代替了局部，但是my legs and arms, my ears and eyes合在一起能夠達到成語原來的的表達效果，而且音節對稱，讀起來非常順暢。

---

[7] Shuttleworth , Mark&Moira Cowie著、譚載喜譯：《翻譯研究詞典》（北京市：外語教學與研究出版社，2005年），頁46。

[8] 〔清〕沈復著、林語堂譯：《浮生六記》（北京市：外語教學與研究出版社，1999年），頁49。

[9] 劉潔修：《漢語成語源流大詞典》（北京市：開明出版社，2009年），頁427。

再如將「好生之德」譯為「This life-loving virtue」，將「玉石俱焚」譯為「gems and stones are burned together」，也是運用了文化借用的方法。

（四）文化替換

文化替換(Cultural Substitution)是比克曼(Beekman)與卡洛(Callow)提出來的一個概念，指的是「用接受文化中的真實所指事物來表示陌生的原文事物，兩個所指事物具有相同的功能。他們認為這一策略是可代替用寬泛詞彙或借譯詞彙來翻譯源語詞彙的一種方法」[10]。文化替換屬於歸化翻譯的範疇，其實質是對原文文化元素進行同化，從而減少譯文讀者理解的障礙，缺點在於難免會削弱原文文化的含量。理雅各在翻譯《尚書》的成語中，對於一些漢語所特有的度量衡單位、事物名稱，採用了英文中近似的單位和名稱進行替換。例如：

> 例（5）原文：為山九仞，功虧一簣。（《尚書·旅獒》）
> 理譯：In raising a mound of nine fathoms, (the work may be unfinished for want of one basket (of earth).

「功虧一簣」在《尚書》原文中的意思是指（堆積九仞高的山，）只差一筐土而沒有完成。「為山九仞」是理解成語「功虧一簣」原意的必要前提，沒有這個前提，無從談「功虧一簣」之「功」，因此我們把它們的翻譯看作一體。「仞」，是古代度量單位，古時八尺或七尺叫做一「仞」。理雅各將「仞」譯作fathom，即「英尋」，它是英語中用於表示水深的度量單位，相當於 6 英尺。中國的「尺」與「英尺」度量不同，九「仞」與九「英尋」度量自然也不同，但是它們性質與功能相同，意義相近，理雅各在這裏從譯文讀者的角度，採用了文化替換的策略。筆者認為理雅各用fathoms（英尋）雖然對漢語原意有一定程度的偏離，但是比起用其他的英語度量詞feet(英尺)、

---

[10] Shuttleworth , Mark&Moira Cowie 著、譚載喜譯：《翻譯研究詞典》，頁47。

yards（碼，1碼＝3英尺）則好得多，因為「英尋」表示的度量值較大，與「仞」表示的高度最為接近。可見理雅各的文化選詞還是頗有考究的。

（五）文化迴避

文化迴避指的是譯者對文化資訊採取省譯或不譯的處理方式，以迴避由文化差異帶來的翻譯困難。它是當譯者遇到原文中具有鮮明文化特性的語言問題時，不得已而為之的一種翻譯策略。王東風稱之為「刪除含有影響語篇連貫的文化缺省」[11]。由於漢語成語的特殊性，理雅各在《尚書》成語翻譯中也採取了一些文化迴避的策略，但是他在迴避的同時，又運用了一些文化補償的策略。例如：

> 例（6）原文：啟呱呱而泣，予弗子。（《尚書‧益稷》）
> 理譯：When (my son) Khî was wailing and weeping, I did not regard him.

呱呱，小兒啼聲。呱呱是一個疊音的擬聲詞，「而」連接前面的狀語修飾「泣」，呱呱而泣指（我的兒子啟）呱呱地哭。但是「呱呱」和「而」在英語中都找不到對應的詞來翻譯，因此理雅各不得不採取了文化迴避的策略，不譯。比照麥都思對這句的翻譯：When (my infant) Ke sobbed and cried, I did not fondle over him. 相形之下，理氏用進行時態，比麥氏所用的過去時生動，有現場畫面感。用兩個表示哭的近義詞並列，也在一定程度上彌補了找不到與「呱呱」對應的擬聲詞的缺憾，表現出了小兒正在不停哭泣的狀態，不過「呱呱」疊音的特點就無從譯出了。

---

[11] 王東風：〈文化缺省與翻譯補償〉，頁251。

三 理雅各《尚書》成語翻譯「文化傳真」的得失

理雅各的典籍翻譯是「精確」的，這種「忠實於原文」的精神背後是對東方文化的一種崇敬態度，在十九世紀來自西方的傳教士翻譯家中顯得彌足珍貴。理雅各在《尚書》成語翻譯中，通過大量的訓詁考證，譯文大部分是貼近原意的。他的中國助手王韜稱贊他：「其言經也，不主一家，不專一說，博采旁涉，務極其通。」[12]這是他文化傳真的基礎。他所用的五種主要文化傳真策略中，前三種策略文化還原、補償和借用是一種主動積極的文化傳真，其目的與效果一致——向源語文化無限接近。後兩種策略文化替換和迴避則帶有一定被動性，是在文化障礙難以逾越的情況下，尋找的文化傳真途徑。其優點是能夠使譯文更符合讀者文化的表達習慣，縮小了譯文與讀者之間的距離，缺點是與此同時，損失了一些原文的文化訊息。理雅各在採用後兩種策略時，能夠兼用其他補償策略，盡可能地保存了漢語成語的原型原義。除了意義、形式方面的保真，理氏兼顧漢語成語對稱美的特點，將有些包含成語的章節當作詩來翻譯，如「無偏無黨」一節、「民惟邦本」一節；另外運用了比喻、排比、重複、倒裝等修辭手法，力圖復原漢語成語及譯作的文學性風格。因而總的來說，理雅各《尚書》成語翻譯「文化傳真」的效果是可圈可點的，明確把握了典籍翻譯的主旨。

另一方面，理雅各的《尚書》成語翻譯也存在一些值得思考的失誤之處。比如：

例（7）原文：罔有敵于我師，前徒倒戈，攻于後以北，<u>血流漂杵</u>。（《尚書·武成》）

理譯：But they offered no opposition to our army. Those in the front inverted their spears, and attacked those behind them, till they fled; <u>and the

---

12 王韜：〈送西儒理雅各回國序〉，《弢園文錄外編》（上海市：上海書店出版社，2002年），頁181-182。

blood flowed till it floated the pestles of the mortars.

成語「血流漂杵」出自《尚書》的〈武成〉篇，杵是「櫓」的通假字，指大盾牌。「血流漂杵」意為「血流成河，連擋箭用的盾牌都漂起來」[13]。用來形容戰爭的殘酷，殺人極多。理雅格由於不識「杵」為「櫓」的通假，將「杵」按字面意誤譯為pestles（搗碎或碾磨用的）棍子，還附加了mortars（研鉢），從而把成語的意思變成了：「血流成河，連研鉢裏的杵都漂起來了。」小小的「研鉢裏的杵」這個物象與慘烈的戰爭場面實在聯繫不起來，這在文化傳真中是一個不小的失誤。這個失誤再次提醒我們，典籍翻譯的第一步，也是最關鍵的一步，還是研讀原著，考證原義，如此才能達到對文化義的精準拿捏。

再如：

例（8）　原文：鳥獸蹌蹌，簫韶九成，鳳凰來儀。（《尚書‧益稷》）
理譯：(This makes) birds and beasts fall moving. When the nine parts of the service, as arranged by the Tî, have all been performed, the male and female phoenix come with their measured gambolings (into the court).

鳳凰，亦作「鳳皇」，《尚書正義》：「雄曰鳳，雌曰皇，靈鳥也。」[14]儀，《廣雅‧釋詁》：「見也。」[15]根據今人周秉均《尚書易解》，鳳凰來儀，意為：「扮演鳳凰之舞隊又來相見也。」[16]

原文中鳥獸蹌蹌的「鳥獸」，理氏譯為the birds and beasts，意指韶樂不僅影響到了神，而且影響到了鳥獸，它們也來跳舞了。實際上此句中的鳥獸不是真正的自然界的鳥獸，而是指扮演鳥獸的舞隊，由於譯者對韶樂歌舞習

---

[13] 劉潔修：《漢語成語源流大詞典》，頁1304。

[14] 〔漢〕孔安國傳、〔唐〕孔穎達疏：《尚書正義》（北京市：北京大學出版社，2000年，《十三經注疏》本），頁152。

[15] 〔清〕王念孫：《廣雅疏證》（上海市：上海古籍出版社，1983年），頁319。

[16] 周秉鈞：《尚書易解》（上海市：華東師範大學出版社，2010年），頁43。

俗理解上的偏差，也連帶影響了對「鳳凰來儀」的理解與翻譯，鳳凰指的是扮演鳳凰的舞隊而非傳說中的神鳥。但是查閱歷代有關《尚書》的傳、注、箋及相關文獻，發現對「鳳皇來儀」的註解大多認為鳳皇乃應樂聲而來，如鄭說、史遷說、宋均注《樂說》、《說苑・修文篇》[17]等，可見理氏和麥氏的誤解應與前代與當時的經典註釋有關，因此對於理雅各的這一理解失誤，我們就不必苛求了。

結語

汪榕培、王宏提出了中國典籍英譯的總標準為「達意地傳神」[18]，這與「文化傳真」的終極目標不謀而合。要達到這個目標，譯者無論是本族人，還是異族人，都必須克服兩種文化之間的巨大差異，既忠誠，又創造性地詮釋文本，才能客觀地傳達出中國典籍中所蘊含的獨特文化因素。在一百多年前，理雅各為我們樹立了榜樣，他對於中國經典文化的傳播所作出的貢獻是有目共睹的。在跨文化傳播日益頻繁的今天，我們仍然要敬佩其卓絕的勇氣和決心。在典籍外譯中，如何採取更為有效的翻譯策略進行文化傳真，是我們必須不斷思考的問題。特別是中國的翻譯人，必須懷著一顆對華夏經典的虔誠之心，對這個問題常想常新、孜孜以求，從而讓西方人更為真切地瞭解東方先賢的深邃思想與中華燦爛的歷史文明。

---

17 〔清〕孫星衍：《尚書今古文注疏》（北京市：中華書局，1986年），頁130-133。
18 汪榕培・王宏：《中國典籍英譯》（上海市：上海外語教育出版社，2009年），頁9。

研討「政史之典」 傳承國學「正脈」

——國際《尚書》學會首屆年會暨國際《尚書》學第二屆學術研討會綜述

武榮強*

　　《尚書》是中國乃至世界上最早的「政史之典」，記載了我國遠古虞、夏、商、周的真實政史資料，內容博大，涵蓋華夏傳統文化的各個領域，是一座極其豐富、至尊至要的思想和文化寶庫。

　　二〇一二年四月二十日至二十三日，由南京大學、湖南廣播電視大學與臺灣中央研究院聯合舉辦的「國際《尚書》學會首屆年會暨國際《尚書》學第二屆學術研討會」在湖南長沙舉行。來自歐美、日韓、港、臺等國家和地區以及研究機構和高校的六十餘位專家學者出席了會議，對「五經之首」的《尚書》進行了廣泛而深入的研討。

　　國際《尚書》學會副會長、臺灣中央研究院蔣秋華先生主持了開幕式。國際《尚書》學會名譽會長、臺灣中央研究院文哲研究所林慶彰研究員，清華大學李學勤教授，湖南廣播電視大學校長杜純梓教授，南京大學文學院院長徐興無教授，日本琉球大學水上雅晴教授，國際《尚書》學會會長、揚州大學錢宗武教授先後致辭。會議採取先研討會主題發言，後分組進行論文報告和評議，再由各組推選代表進行大會報告與交流的研討方式。上海社科院

---

* 鹽城師範學院文學院

古文獻研究所虞萬里研究員主持大會研討會學術報告。清華大學李學勤教授、臺灣中研院林慶彰研究員、東京學藝大學教育學部井之口哲也教授分別作了精彩的大會主題發言。

李學勤先生以〈清華簡與尚書研究〉為題，與海內外同行分享他研究《尚書》的最新成果：證明孔壁古文《尚書》之實有和傳世古文《尚書》之偽，同時也證明今傳《書序》是有依據的，因清華簡保存了今傳世《尚書》和《逸周書》都沒有的類似《尚書》的文獻，這可以說明兩漢流傳的古文材料遠不止文獻所載。臺灣中央研院林慶彰研究員以〈屈翼鵬先生的《尚書》研究〉為題，就學界公認的《尚書》研究大家屈萬里（字翼鵬，1907-1979）先生研究《尚書》各個方面的成就，皆詳舉例證加以論述。東京學藝大學教育學部井之口哲也教授以〈東漢時期《尚書》的習得與傳授〉為題，以古文《尚書》與《歐陽尚書》為例，考察了東漢時期《尚書》的習得與傳授，認為東漢時期的學習方法為「誦」、傳授方法為「口授」，東漢時期的古文《尚書》被作為書寫材料記錄下來傳承給下一代，這說明在口頭繼承學術的行為中，也需要文本這樣的實物事例。

本次大會共收到論文四十六篇。分組報告共分為三個時段，每個時段各分兩組，每組皆由兩位主持人分別主持。第一時段：第一組主持人為湖南廣播電視大學杜純梓教授、加拿大多倫多大學士嘉堡校區人文系吳小燕教授；第二組主持人為南京大學文學院徐興無教授、臺灣輔仁大學中文系許朝陽教授。第二時段：第一組主持人為臺灣高雄師範大學經學研究所蔡根祥教授、西北師範大學文史學院韓高年教授；第二組主持人為清華大學歷史系趙平安教授、山東大學儒學高等研究院黃玉順教授；第三時段：第一組主持人為廣西大學文學院黃南津教授、曲阜師範大學馬士遠教授；第二組主持人為上海師範大學哲學學院石立善教授、日本琉球大學教育學部水上雅晴教授。在分組報告階段，與會代表廣泛而深入地討論了《尚書》學研究的相關問題，涉及《尚書》之出土文獻、政治、思想、哲學、訓詁、學術史、語篇研究以及域外《尚書》傳播研究等多個領域。

分組報告後，研討會學術報告由清華大學歷史系廖名春教授主持，各組

均推選一名代表作大會學術報告。隨後，舉行了儉樸而隆重的閉幕式，由國際《尚書》學會會長、揚州大學錢宗武教授主持，臺灣中央研究院中國文哲研究所蔣秋華先生作會議總結。

四月二十二日，應汨羅市委、市政府及屈子祠管理委員會邀請，與會專家重走汨羅屈子行吟路、祭拜屈子祠。

在屈子祠內，專家學者在莊重肅穆的氛圍中公祭屈原，上海社會科學院歷史研究所虞萬里研究員領著學者們深情誦讀公祭文。學者們紛紛題詞緬懷先賢屈子。隨後，清華大學廖名春教授主持如何保護傳承屈子文化的座談會，學者們提出了建設屈子文化的世界視野、原生態保護、文化與經濟、研究與弘揚等諸多問題。汨羅市劉睿懿副市長、市委宣傳部陳領華部長、屈子祠徐蔚明館長廣泛聽取了與會專家的意見和建議。《湖南日報》二〇一二年四月二十四日第五版以〈五十位學者重走屈子當年行吟路〉對這一文化考察活動作了跟蹤報導。

「國際《尚書》學首屆年會暨國際《尚書》學第二屆學術研討會」取得圓滿成功，引起社會各界及媒體的廣泛關注。《光明日報》二〇一二年五月七日「國學」版，以〈延續國學『正脈』〉為題，刊載會議綜述，《湖南日報》等平面媒體也作了專題報導；鳳凰網、中國社會科學網、國學教育網、光明網、新民網、網易新聞網、湖南省人民政府網站、湖南日報新聞網等各大網站以及清華大學新聞網、上海社會科學院新聞網、揚州大學新聞網、湖南廣播電視大學新聞網等網站均以消息或會議綜述的形式報導了此次會議。

材料發現：《尚書》研究新突破

近年來，曾任夏商周斷代工程首席科學家、專家組組長的著名史學家、古文字學家、清華大學教授李學勤和他的研究團隊，致力於「清華簡」研究。「清華簡」是清華校友捐贈的二五〇〇枚戰國竹簡的簡稱，其中有不少《尚書》學文獻或類《尚書》學文獻。整個「清華簡」釋讀整理過程預計將費時十年以上，現已整理出版了《清華大學藏戰國竹簡（壹）》，皆為《尚

書》文獻或與《尚書》相關的文獻。這是繼漢代孔壁古文《尚書》及杜林漆書《尚書》之後的又一次偉大發現。因這次新的《尚書》文獻材料的發現既可以證明傳世孔傳古文《尚書》之偽，又可以證明孔壁古文《尚書》之真。其中〈傳說之命〉三篇共二十四簡，有很多我們未知的內容。〈傳說之命〉與《書序》所載〈說命〉篇數相合，可見今傳《書序》是有依據的。〈皇門〉、〈祭公之顧命〉等《逸周書》篇目的發現，其書寫格式及文字的古奧與《尚書》相同，《逸周書》部分篇章應當與《尚書》具有相同的價值。清華簡還有《尚書》和《逸周書》都沒有的類《尚書》文獻，這可能說明兩漢流傳的《尚書》古文材料還有很多，由於無師傳家法，不受重視而失傳。這些發現將對傳世文本的釋讀、《書序》之考辨、古文《尚書》之出現與真偽等諸多問題帶來突破性的研究進展。李學勤先生提交的會議論文〈由清華簡《繫年》論〈文侯之命〉〉所得結論，即是緣於「清華簡」這一新材料的發現對比研究所得。

「清華簡」《尚書》的重大發現，特別是時隔兩千多年之後，真正的古文《尚書》首次重見天日，李學勤先生認為：「這將極大地改變中國古史研究的面貌，價值難以估計。」

思想教化：《尚書》研究老傳統

經學是致用之學，帝制王朝時代經學通過教育體制滲透到社會各個角落，影響著個體人格陶冶、人才選拔、國家方針政策。《書》教傳統是儒教的中心內容，上自至尊帝王，下至斗升小民，誦經讀《書》，成聖成賢。

與會學者在這一領域有深入探討。馬士遠撰文〈「長於政」的兩漢《尚書》教傳統〉，指出《尚書》長於政，記載了上古帝王知人、官人的治政範例，蘊含有許多人才思想，其核心要旨對當代用人之道也有借鑒意義。楊飛則在〈論《尚書》傳統思想道德教育的原則與方法〉一文中認為，《尚書》是我國傳統思想道德教育的源頭。《尚書》堅持政治統治與民眾教化的有機統一，堅持先進示範與廣泛教化的有機統一，堅持正面教育與雙向對話的

有機統一，堅持柔性管理與剛性法規的有機統一，堅持說服教育與啟發教育
的有機統一，堅持精神追求與物質利益的有機統一，取得了政通人和、協和
萬邦的教育效果。《尚書》中具有典範意義的思想道德教育方式與行為，需
要我們進行系統性總結、選擇性發揚和創造性闡釋。其中不少內容都具有普
世價值，對於這些問題的研究可以為當代治政提供對照、借鑒與參攷。連文
萍的〈呂坤《閨範》對《尚書》的引用與說解〉透過考察明代女性閱讀經書
的相關紀錄，通過明代女教用書對經書的引用，探討《尚書》與明代女性教
育的關係，並著重論述呂坤所編《閨範》對《尚書》的引用與說解，以《尚
書》語段為教材申明嫡妾之道及婦道，一窺明代女性對《尚書》的接受概
況。

訓詁辨偽：《尚書》研究的主軸

　　《尚書》研究必然涉及訓詁材料的研究，《尚書》學研究的基礎性工作
是對《尚書》文本真實性的考辨。《尚書》考辨工作需要有廣博的知識、需
要有對學術的精誠。臺灣師範大學經學研究所的蔡根祥教授本人嘗著〈金
履祥《尚書注》十二卷考異〉一文，現又作〈《碧琳琅叢書》本《金氏尚書
注》十二卷偽作補考〉一文，旨在再次詳加考辨，以補前考之失，進輔論
說於善。據作者考證金氏〈尚書注自序〉一文，託名金履祥，實乃偽作者
取《經義考》中方岳〈滕和叔《尚書大意》序〉，改易文字，冒名仁山所作
者也。書後所謂〈金氏尚書注跋〉一文，則為偽作者採《經義考》中方時發
〈尚書名數索至序〉，稍加竄改以充數者也。至於書後託名季振宜所撰〈跋金
氏尚書注〉一文，實出於宋朝孫甫撰《唐史論斷》書後附錄之黃準命工鋟板
跋文。偽作材料既全部考辨來歷，則據之推論作偽者為誰？作偽者當為一藏
書豐富，注重版本，熟悉藏書典故，嫻習書籍流傳者，可以推斷當亦為藏書
家。彼既能引用《唐史論斷》之跋文冒充《尚書注》跋，則彼必熟知唐史資
料者。以上諸多條件分析，皆指向碧琳琅館主方功惠。而《金氏尚書注》一
書，前不見任何他人著錄，忽出於方功惠之手，刻入《碧琳琅館叢書》，而

方氏無一語交代，此可謂「此地無銀三百兩」，可疑之甚。總合而論，《碧琳琅館叢書》本《金氏尚書注》一書之偽作者，以方功惠之嫌疑最大。

皮錫瑞的《尚書》學成就歷來受到推崇，學界也屢有探討與闡揚，但對皮錫瑞的《尚書》辨偽著述與思想，已有研究尚有欠缺，因此吳仰湘撰〈皮錫瑞的《尚書》古文辨偽〉一文。皮錫瑞有關《尚書》古文辨偽的三種著作，均以箚記形式著為專書。吳仰湘認為，皮氏在光緒年間加入偽古文公案的討論，本意不全在評判閻、毛處理偽古文的是非得失，而另有深意存焉。他對閻氏奠定偽古文案的肯定，對毛氏曲護偽古文的責斥，表明他對反偽古文和擁偽古文的雙方並非不分軒輊。皮氏批評前人未能「恪遵最先之義」，反而「惑於後起之說」，以致《尚書》真偽糾纏不清，家法紛紜難辨。正是有鑑於此，他將區分今古文家法、評定今古文優劣統貫於《尚書》辨偽之中，不僅接受並強化閻、惠、丁等人對東晉以後晚出古文《尚書》偽作的判定，而且認同並發展龔、魏、康等人對東漢馬、鄭學說的不信任，並加以攻擊，由此「導源而上，專主伏生」，認定漢儒今文經說的真確與優越，確立漢初今文《尚書》經本的唯一權威，最終完成《尚書》的經典回歸，尋覓孔子刪訂《尚書》的種種大義。

《尚書》訓詁研究，可以解決讀經之困惑。有清一代大家段玉裁早就提出解經必須「由文字以通乎語言，由語言以通乎古聖賢之心志」。與會專家對《尚書》中句讀、辭彙、詞類做出了深入研究。隨著古文獻的大量出土，古文字研究方法逐漸成熟，以出土文獻文字校讀《尚書》文本對於解釋《尚書》疑難字詞及文字傳承造成的錯訛有重要意義。趙立偉所作〈漢熹平石經《尚書》異文研究〉一文，指出熹平石經《尚書》與今傳本文字多異，或假借、或異體字、或訛誤、或異詞同義、或字數多寡不同，石經對因文本流傳形成的文字變異有重要的校勘作用。隸古定寫本《尚書》與今傳本文字亦多有對勘價值，甲金文、戰國文字以及新出土清華簡對《尚書》文字也具有重要的研究價值。河南師範大學呂友仁作〈宋人已經指出的《尚書正義》的一處破句〉一文，意在提醒有關學者，《尚書正義》的一處破句被不止一個當代學者忽略了，以至於破句仍舊。作者認為要善讀古書，不要再以訛傳訛

了。

　　《尚書》文字產生於上古時期，怎樣在歷史語境中探尋經典本義而不是用今義釋古是一個值得思考的問題。四川大學肖婭曼所作〈《尚書》「享」（亯）的渾沌性與分化性——渾沌語言學的一個古漢語例證〉一文認為，《尚書》中從「亯」到「享」、「亨」、「烹」的發展不是由單純因引申而複雜，而是由渾沌到分化，即初始「享」（「亯」）並非單義單性詞，而是渾沌語，涵攝宗廟、烹飪、獻、饗、享有（天命、國）、保佑、亨通等義，反映殷、周時代「享」這件盛事的交際活動（獻 - 饗）、交際關係（獻者 - 享者（神鬼））、活動目的（獻者祈求神鬼賜福）、活動結果（獻者得到〔神鬼〕保佑而有國、有位）等完整事件和「享」文化觀。渾沌「享」（「亯」）後來語義分化，並以語音標記其分化，又以文字記錄其分化，而成「享、亨、烹」三字。南京大學文學院魏宜輝〈利用戰國文字校讀《尚書》二題〉一文，則是利用新出清華簡《繫年》整理所得，校讀《尚書》二題。

　　學術界一般認為錢穆先生最大的貢獻在史學，包括學術史、思想史和文化史，研究者也多側重於此，而忽視了作為一代通儒的錢穆先生在經學和小學方面也頗有建樹，比如其所作《史記地名考·禹貢山水名》。揚州大學錢宗武教授據此作〈〈禹貢山水名〉箋識〉，認為錢穆先生除運用比較常見的以今名釋舊名等傳統方法外，還綜合運用考據學、語言學、歷史學等一系列方法，設為新論，多為卓識。其訓詁既遵循常法，又不拘泥於常法。其中「以語境確定同名異指」、「依考據確定異名同指」等最值得稱道，對於學術研究具有重要的認識論和方法論價值。這足以引起研治和語言學及語言哲學者的關注與深思。

專人專書：《尚書》學史構建之基

　　對歷代《尚書》學家展開研究，是專經之學的重要內容。這類研究可以梳理清楚專經既有成果，瞭解一家之學的貢獻，具體而微地展現經典與個人思想、時代思潮之間的互滲。曲阜師範大學傅永聚教授所撰〈東漢弘農楊氏

《尚書》學發微〉一文，指出弘農楊氏《尚書》學凸顯了東漢今文《尚書》學派為政所用學風和讖緯化特色，在漢代《尚書》學史上佔有十分重要的地位。楊氏亦兼通《易》學等，其學體現了東漢學者由專到通的特色。

與會專家對此專題的探討成果頗為豐富，涉及先秦孟子《書》學、宋人王安石、袁燮、清人閻若璩、皮錫瑞、陳壽祺，到近人錢穆、屈萬里等十數家《書》學研究。有綜論解經特色及成就的，有考辨其真偽的，對於歷代《書》家解經的研究皆可考見時代思潮變遷。專人專書研究應當重視文本解讀，把經解放到個人著述整體、時代大背景及學術史宏觀脈絡下考察。專人專書研究還應當揭示經典與時代思想的融合以及時代不同思潮之間的互動，比如袁燮《絜齋家塾書鈔》所反映的思想是象山心學與程、朱理學之間的鬥爭與融合。

專人專書研究是專經學術史寫作的堅實基礎。臺灣中央研究院著名經學家林慶彰先生指出目前的專經學史基本未能做到對資料的窮盡收集和闡釋，有的著述甚至連重要的經解都未梳理過。在專經學史的研究中，輯佚應當受到重視，有的重要經學家書籍亡佚已久，然猶存諸家引述之中，如宋代王炎師從張栻，其《書小傳》可能代表湖湘學觀念。范純仁、文彥博、項安世、程頤、楊時諸家《書》學構成反王安石《書》學的一個鏈條，對諸家《書》學材料的輯錄可以考見時代思潮的鬥爭與流變。臺北市立教育大學何銘鴻所作〈王安石〈洪範傳〉之解經形式〉一文，即依王安石〈洪範傳〉為主要文本，參酌王安石〈書〈洪範傳〉後〉、〈進〈洪範〉表〉以及程元敏先生所輯王安石《尚書新義》有關〈洪範〉的部分，從不同的角度切入，進一步探討了王安石《尚書‧洪範》的解經形式之特色。

文化語篇：《尚書》研傳外拓之需

《尚書》不僅是民族的，還是世界的，研究《尚書》必須具有全球文化視野。《光明日報》梁樞先生希望《尚書》學界打通中國與西方古史的研究，只有在世界文化的大背景下，才有可能更清楚地認識《尚書》的價值。

域外《尚書》研究關係著中華文化的對外傳播與交流，涉及翻譯技巧、傳播手段及策略，與會代表深入討論了域外《尚書》傳播、研究困境及解決方案。揚州大學陸振慧所撰〈理雅各英譯《尚書》之顯化和異化策略芻議〉一文，提出翻譯要正確使用「顯化」（凸顯原文隱含的資訊）和「異化」（保留原作文化印跡）策略，宜循序漸進，結合中外學者智慧，先行操作《尚書》名言句段外譯，再出全譯本。如何準確而有效地將源語的文化資訊傳遞到譯入語中，進行「文化傳真」，是譯者的首要任務。金陵科技學院陳靜所撰〈理雅各《尚書》成語翻譯中的文化傳真〉一文選取理雅各《尚書》成語的翻譯作為考察對象，以管窺其「文化傳真」的策略得失。加拿大多倫多大學吳小燕撰文〈論《尚書》向英文世界普及：英譯模式、對象與內容〉，亦多的論，發人深思。

目前《尚書》域外傳播研究主要集中在英語世界，對日本、韓國及東南亞地區關注不夠。實際上東亞《書》學研究對我們瞭解東亞文化圈的共性與個性具有重要價值。本次會議，日本學者對於日本中世紀的《尚書》學研究帶來了新的資訊。日本琉球大學水上雅晴所撰〈日本中世時代《尚書》學初探——以清原家的經學為考察中心〉一文，認為日本《尚書》點本和抄物中的經注文字和校語具有相當的校勘價值，可以補充阮元《校勘記》的缺少。國際《尚書》學會會長錢宗武先生提出可以適當借鑒域外成熟的語言與文化理論展開《尚書》研究，這需要研究者具有溝通中外古今的知識儲備與學術視野。國際《尚書》學會將組織力量，努力拓展東亞《尚書》學研究，預計先行展開對韓國《尚書》學文獻的集成與研究，再展開對日本《尚書》學的深入研究。

「國際《尚書》學會首屆年會暨國際《尚書》學第二屆學術研討會」還圍繞史學、政治學、傳播學、域外《尚書》學等範圍廣泛的領域展開熱烈討論。西北師範大學韓高年教授所撰〈〈堯典〉：先秦史傳的成立〉等論文則有助於先秦史和秦漢古典文獻學的研究。黃玉順先生在〈「民本」的人民主權實質及其正義原則——對《尚書》「周公書」政治哲學的解讀〉一文中

對《尚書》中民本觀念、正義原則進行探究，認為中國政治哲學的傳統就是「民本」政治，這種傳統是由周公奠定基礎的，現代民主應僅僅被視 民本的一種特定表現形式。這應是今日執政為民應當吸取的豐富資源。清華大學錢晶晶撰文〈《尚書・大誥》的危機傳播策略初探〉，從危機傳播研究的角度，對《尚書》中《周書・大誥》的文本進行解讀與分析，從危機傳播的情景、策略與效果三個方面，分析周公成功說服各諸侯國邦君與周國大臣東征的誥詞，解讀其所用的策略和技巧，探究《周書・大誥》對於危機傳播研究的華夏遠古語料價值。日本東京學藝大學井之口哲也教授所撰〈東漢時期《尚書》的習得與傳授〉一文，有利於正確認識經典的社會功能。經典誦讀如何影響經典傳承，日本學者此篇論文為漢代《尚書》家學形成的研究揭示了新的路向，對今日經典傳承無疑具有啟示意義。

自「首屆國際《尚書》學學術研討會」二〇一〇年六月在揚州召開後，《尚書》學研究正得到越來越多的回應。《首屆國際《尚書》學學術研討會論文集》已於二〇一二年四月由臺灣萬卷樓圖書股份有限公司出版，《第二屆國際《尚書》學學術研討會論文集》今年也即將付梓印行。《尚書》學研究正深入展開。

經典孕育並傳載一個民族的文化精神，民族文化的有效傳承必須依託經典，專經以及由此生發的典籍研究就是文化傳承的支點。正如國際《尚書》學會會長、揚州大學文學院教授錢宗武先生所言：「《尚書》中聖君賢相的嘉言善謨，天命歸德的歷史意識，以德範位的德政訴求，誠義敬孝的倫理命題，修齊治平的致治路徑，指引著個體成聖成賢的發展方向，規範了華夏民族的精神自塑，蘊藏著人類的普世價值，曾經深刻地影響中國的政治實踐和歷史走向。它是形成強大的民族凝聚力和向心力的思想源泉，也是中華文明數千年綿延不絕的重要精神紐帶。」讓我們同心同德，勤苦努力，推進《尚書》專經研究，共探經典奧義，傳承國學正脈，弘揚大道之學。

跋

錢宗武*

　　文集編定，該有個〈序〉和〈跋〉。我們仍採用《首屆國際《尚書》學
學術研討會論文集》的模式，林慶彰先生著〈序〉，我為〈跋〉。動筆寫
《第二屆國際《尚書》學學術研討會論文集》的〈跋〉，我想得先談談編輯
《首屆國際《尚書》學學術研討會論文集》一件難忘的事。林慶彰先生在
〈序〉中曾言及蔣秋華先生「從統一體例到校稿，全程負責，最為辛苦」。後
來我瞭解到為了校改論文集書稿，秋華先生放下自己手頭的事，從早到晚，
夜以繼日，逐篇逐段，字斟句酌，青燈寒夜，花費了整整十幾天時間。最後
署名，自己僅僅署為「編輯」。如此捨己為人，淡泊名利，令人感佩不已！
每一個《首屆國際《尚書》學學術研討會論文集》的作者，都會感覺到論文
集沉甸甸的分量，都會感受到當下一個真君子的品格。蔣秋華先生有如此高
風亮節，也與其畢生研治《書經》有關。

　　唐代著名的史學理論家劉知幾《史通》云：「夫《尚書》者，七經之冠
冕，百氏之襟袖。凡學者必先精此書，次覽群籍。」[1]《尚書》闡釋帝王政理，
興廢存亡；引導個體明德，修齊治平；實為治政之宏規，修身之典則。故
漢、唐以來，上自廟堂，下至閭里，人莫不習。《書》之大經大史地位，莫
可比肩。然而，清末民初，西風日熾；「五四」運動的「打倒孔家店」，「文
化大革命」的大革文化的命；經學日益消解，《書》學亦日漸式微。黑格爾
曾說：「凡是合乎理性的東西都是現實的；凡是現實的東西都是合乎理性

---

* 揚州大學文學院

[1] 〔唐〕劉知幾撰、浦起龍注釋：《史通》（上海市：梁溪圖書館，1926 年），頁 82。

的。」[2]存在不一定都是合理的，但經過歷史檢驗的存在一定是合理的。破除了幾千年的歷史精神理性，在現實的世界中我們得到了什麼。我們應該深思。我們應該從現實中尋求歷史的合理，從歷史中尋求古老的智慧。

面對一個世紀以來的反傳統思潮，面對西方的話語霸權，面對學術理論的西化傾向，面對人心不古，世風日下，重建民族的話語體系和價值體系，實現中華民族的偉大復興，既是當下的歷史命題，也是新時期的重要使命。我們需要在歷史與現實、傳統與傳承中尋找正確答案。時代迫切呼喚經典的回歸，呼喚經典的深入研究，呼喚經典的現代闡釋。

考察歷史的發展進程，中國傳統文化有著極強的增殖能力和調節能力。這種增殖和調節能力，很大程度依賴於文化載體經典的文本闡釋。縱觀中國歷史上的每一次文化變革和價值轉換，都與經典的重構與詮釋的重建為追求緊密相關。因此，經典回歸往往成為預告文化衍變和學術轉型的先聲。林慶彰先生認為，中國經學史上「每隔數百年都會有一次回歸原典的運動」[3]。

倘若聚焦華夏元典《尚書》，人們不難發現，《尚書》的詮釋歷史與時代思潮息息相關。諸子引《書》證說孕育著「王道政治」、「道統觀念」；〈洪範〉延伸解讀影響著兩漢讖緯；〈大禹謨〉「人心惟危，道心惟微，惟精惟一，允執厥中」啟示了宋、明理學思想建構；宋代盛行的「三代理想」也直接來源於《尚書》。歷代對《尚書》文本及其觀念連續不斷的多角度詮釋，既保持了《尚書》基本理念和價值觀的相對穩定，顯示出《尚書》的持久活力，又對《尚書》基本理念和價值觀進行了適當的推陳出新，顯示出《尚書》的巨大思想張力。《尚書》的思想總是直接介入時代的思想建構，這些思想在今天同樣可以成為民族精神的重要內核。因此，我們可以肯定的說，《尚書》詮釋的基本理念和價值觀是當今主流文化的傳統因素。瞭解《尚書》學文獻存在和發揮作用的方式，認識《尚書》學文獻與民族文化演

---

2 〔德〕黑格爾著、范揚、張企泰譯：《法哲學原理》（北京市：商務印書館，1961年），頁11。

3 林慶彰：〈中國經學史上的回歸原典運動〉，《中國文化》，2009年第3期，頁1-9。

進生發的關係，是瞭解中國傳統文化的關鍵所在，也是傳承主流文化的重要前提。

需要指出的是，新時期的經典回歸雖然與歷史上的「原典回歸」有諸多共同之處，但其範圍和意義遠不止「回復聖學」、「還原聖學」那麼簡單。除卻繼承歷代回歸原典的「經世」原則之外，新時期的經典回歸更應在學術研究層面體現出時代價值。在這裏，我們有必要簡要回顧一下上世紀二三十年代胡適、顧頡剛等學者曾宣導的「整理國故運動」。

無論學界對「整理國故運動」的評價如何，這場運動的實質是「整理國故」而非「追慕國故」[4]。「整理國故運動」遵循研究問題、輸入學理、再造文明的思想理序，有力地推動了中國學術的現代轉型。然而，這次運動卻由於各種原因並未能形成一種學術傳統傳承下來，華夏經典在新文化、新思潮的洪流中顯得形單影隻，以詮釋張力和文獻傳承為重要學術形態的經學未能起死回生。「整理國故運動」雖然已經體現出中國古代學術的現代價值，但並不透徹，華夏經典的生命張力並未能完全啟動與弘揚。

因此，儘管古代文獻作為官方政治運作和知識份子精神生活的重要環節已不復存在，但源頭文獻作為華夏文化的基因和靈魂卻生生不息。一個文獻傳統無可比擬的國度自然十分重視歷史，一個文明從未中斷的民族自然十分重視傳統。歷史和傳統的傳承自然離不開文獻的整理和研究。作為經典中的經典，《尚書》總結的治政經驗、歷史規律和思想觀念，具有時代超越性和真理延續性。對《尚書》及《尚書》學文獻進行系統研究，將再次啟動與展現經典永恆的生命張力，具有重要實踐指導作用和重要理論價值。

民族的存在是一種文化形式的存在。文化是民族的血脈，是人民的精神家園。黑格爾在《歷史哲學》曾指出：中國史籍的古老豐富，「中國『歷史作家』的層出不窮、繼續不斷，實在是任何民族所比不上的」[5]。文獻在整個

---

[4] 傅斯年：〈國故和科學的精神·附識〉，《新潮》，第1卷5號（1919年），頁744-745。

[5] 黑格爾著、王造時譯：《歷史哲學》（北京市：生活·讀書·新知三聯書店出版社，1956年），頁161。

中國古代生活中發揮著特別重要的作用。這一重要特徵，在世界文化發展史上極為罕見，可以說中國具有世界上最悠久、最獨特、最具生命力的文獻傳統。這一傳統的最高表現形式是特定文獻儒家經典的組合。這些經典不僅是人們行為目標的權威說明，而且是國家活動合理性和國家權力合法性來源的終極依據。漢代經學的發展對這一傳統的形成有重要影響。五經博士的設立使經學被置於特殊地位，對儒學的建設和強化，使儒家經典最終成為指導國家政治和國民生活的至高典則。研究《尚書》及歷代的《尚書》學文獻，不但可以展示《尚書》學這一獨特文化對中國文化的重大影響，而且可以展示古代中國學術文明所達到的成就。

《尚書》及歷代《尚書》學文獻是中國道德文化、思想文化、政治文化的一個側影。血脈古今相連，精神古今相通。深入研究《尚書》及《尚書》學文獻，既弘揚傳統，又影響未來，是當今民族文化建設的重要依託，是當代社會核心價值觀重建的思想源泉，是民族身份認同的鮮明標誌。

一定的研究對象決定著一定的研究方法，學科內蘊豐富的研究對象需要與之相適應的學科融合的研究方法。對於各民族早期古代文化的研究來說，這一點尤其重要。深度分化和高度融合是當代學科發展的兩大趨勢，共同推動著學術研究的創新發展。一九八一年秋，美國布朗大學召開「古羅馬等級衝突」學術會議，提出「綜合-比較研究」史學研究方法的當代學者 Kurt A.Raaflaub 在研討會上竭力主張把文獻學、語言學、考古學、民族學、社會學、人類學諸學科的研究成果與方法融合起來，運用到羅馬早期文明史的研究中去。得到了與會者的積極回應，受到學術界的熱烈關注。Kurt A.Raaflaub 的主張是長期以來學術研究現狀的高度概括。實際上，以古代文獻為基礎，結合當代學術的研究成果與理念，實現某種傳統學術的當代突破，已經成為一種世界性的學術潮流。學者的研究內容或有側重，但研究方法則不能是單一的，而必須是融合各學科的、綜合的。《尚書》文獻的存在形態是多樣的，是一個橫跨諸多學科的綜合文獻，運用多學科的成果與方法進行研究是學術史發展的必然要求。

華夏經典以《尚書》最古，《尚書》於華夏文化諸元素之始創性論述也

最為廣泛豐富，因此整個王朝帝制時期關於《尚書》的語言詮釋、政治詮釋、歷史詮釋、心理詮釋以及由此形成的諸學理論，與當代學術體制中的政治、經濟、哲學、歷史、法律、天文、地理、文學、藝術等領域研究關係密切。將靜態的古代詮釋與當代學術研究融合延伸，學術空間將更為廣闊。

如果我們觀照新時期《尚書》學發展三十年，可以發現，前二十年是《尚書》學向各學科滲透，呈研究擴展趨勢。從上世紀八十年代至本世紀初，《尚書》學出版《尚書》新釋本以及研究專著三十餘部，公開發表論文三百餘篇，研究領域涉歷史、地理、考古、語言、語言等諸多學科；近十年，研究在前二十年學科廣度得以擴展的基礎上，向深度和融合發展。

例如，第一階段《尚書》語言學研究填補了漢語史研究的空白。進入第二個時期，《尚書》語言研究深度分化。在詳盡佔有資料、審慎分析語料的基礎上，一系列有關今文《尚書》詞法、句法、辭彙研究的著述使《尚書》語言研究更加精深，展示出研究者清晰的研究理念。如果說《尚書》語言研究體現了近十年《尚書》研究的深度分化，那麼清華簡《尚書》學文獻和類《尚書》學文獻研究則體現了新時期學術高度融合的學術趨勢。清華大學收藏的約兩千五百枚戰國竹簡中，與《尚書》有關的有九十餘枚，引發學術界持續不斷的濃厚興趣，整個研究呈現出考古學、歷史學、語言學、金石學等學科的融合趨勢。

歷朝歷代對《尚書》文本及其觀念的詮釋，一方面使《尚書》的基本理念和價值觀念保持相對穩定，顯示出《尚書》的經典性質；另一方面，時代與文化變革的訴求又使《尚書》詮釋始終處於動態的變化中。核驗歷史，每一個時代，《尚書》思想總能通過詮釋管道順利進入政治話語系列，影響那個時代的思想建構。因此，我們有理由相信，《尚書》所蘊涵的思想在新時代依舊可以成為民族文化與精神的重要內核，其政治理想、歷史觀念、管理策略、道德理念、律法思想、和諧原則等等，無不會與時代精神產生強烈的呼應，豐富時代精神的內涵，堅實時代追求的基礎。從這個角度看，《尚書》及歷代《尚書》學文獻整理研究可以最大限度地啟動這些文獻新時代強大的再生正能量。

李學勤先生以為：國學的主流是儒學，儒學的核心是經學[6]。這是一個事實判斷，而不是一個價值判斷。多數學者認同李先生的觀點。經學的經典最重要的是《書》經。《尚書》學文獻系統的整理研究是延續「國學」的正脈。在《尚書》學文獻整理研究的基礎上，經學、國學、儒學和中國傳統文化的研究方能江海朝宗，繼往開來。

《尚書》記載華夏遠古文明，是中華民族的歷史記憶和文化基因。通過《尚書》專經文獻的整理，我們可以更清楚地認識中國傳統文化的性質、結構和發展路徑。《尚書》中聖君賢相的嘉謨善政確立了「先王政治」，進而形成「道統觀念」，以德範位的道德訴求直接規約著傳統中國國家治理模式和對君王的道德約束。由此引出千年的「王道」、「霸道」歷史哲學之爭，成為歷代士人對現實政治的價值規範。《尚書》中堯、舜、禹、商、湯、文、武、周公等聖賢形象成為民族的「人格理想」，確立了民族的價值標準，塑造了歷代士民的精神世界。科舉時代，《尚書》成為科考重要內容，在民族教育、人才選拔與社會主流意識構建等方面發揮著重要作用。

《尚書》一些特定篇目和類型的系統研究不僅形成了新的學術體系，例如〈禹貢〉學、〈洪範〉學，還形成一些新的文化觀念和學術見解。〈洪範〉「五行」對於民族宇宙觀和認識論之建構，〈禹貢〉對中國行政區域的劃分設計及歷史地理學之影響，〈呂刑〉對中國法律思想之建設，典、謨、訓、誥、誓、命等對中國文體學之形成，等等，《尚書》之於中國文化諸單元的形成貢獻巨大，影響深遠。

文獻的傳承性特徵往往被解釋為「影響」，它體現了所有經典文獻內在合法性的要求，屬於一種文化上的特質。《尚書》不僅是中國最為古老的政史典籍，也是世界最為古老的政史典籍，其文獻的存在形態是多樣的。《尚書》多為時代最強話語的顯現形態，具有鮮明的經典性。學術史證明，某種文獻一旦成為經典，其後的詮釋文獻往往也能隨之獲得經典的合法性。事實

---

6 李學勤：〈國學的主流是儒學，儒學的核心是經學〉，《中華讀書報》，第 15 版，2010 年 8 月 4 日。

上，圍繞《尚書》形成的《尚書》學文獻在文化劇烈變革的歷史過程中，往往能夠保持其詮釋的延續性，不少也成為經典，具有深刻的影響。

《尚書》及《尚書》學研究需要整理和集成《尚書》學文獻，以時間為脈絡展示《尚書》學發展的路向。先秦諸子的詮釋傳統和話語模式完成了《尚書》的經典化，兩漢陰陽五行、天人感應思想觀念的形成是《尚書》文本闡釋的延續，先宋《尚書》文獻的整理可以釐清《尚書》文本由多本向定本的成型、由今古文論爭到偽古文一統、由隸古定到正書的演變軌跡，宋、明理學天理人欲思想的建構以及三代理想歷史觀念的生成與《尚書》息息相關。《尚書》學文獻所揭示的闡釋觀念的變化涉及我們民族文化演進發展的歷程，這對於民族復興之今日如何實現傳統文化的轉化具有巨大啟示意義。研究《尚書》及其《尚書》學文獻需要以文獻來源為架構，梳理歷代《尚書》學文獻，揭示《尚書》研究可能涵蓋的領域，推進專經研究的深入。

《尚書》及歷代《尚書》學文獻的研究可以幫助我們理解不同歷史階段知識、觀念狀況與經典的互動，理解文獻的構成、話語方式、體制特徵，並進而準確地描述出經典生成的原理和發展脈絡。

荀子云：「聖人也者，道之管也。天下之道管是矣，百王之道一是矣，故《詩》、《書》、《禮》、《樂》之歸是矣。」[7]意謂天下之思想原則都集中經書之中，歷代聖王之理念方法也統一經書之中，經典是蘊含天下之大道的經世文本。

回望歷史，《尚書》作為政史文獻之祖，對於華夏文化諸元素的始創性論述最為豐富。援《書》為史鑒，解《書》以贊治，釋《書》為訓誡，授《書》為教化，引《書》以立論，是古代社會的行為準則和普遍風尚。整個王朝時期關於《尚書》的詮釋以及由此形成的諸學理論曾深刻地影響中國歷史的進程。卡爾·雅斯貝爾斯在《歷史的起源與目標》指出：「人類一直靠軸心時代所產生的思考和創造的一切而生存，每一次新的飛躍都回顧這一時

---

[7] 〔戰國〕荀況：《荀子》，收入《諸子集成》（北京市：中華書局，1954年），〈儒效〉，頁84。

期,並被它重新燃起火焰。自此以後,情況就是這樣。軸心期潛力的蘇醒和對軸心期潛力的回憶,或曰復興,總是提供了精神力量。」[8]《尚書》所載雖多為軸心時代以前的歷史,但其蘊含的思想精神是點燃我們民族偉大復興的火種。

開創近代歷史釋義學的德國哲學家、歷史學家、心理學家狄爾泰以「體驗—表達—理解」三角關係整體作為其釋義理論的基本構架,稱文本表達方式為「生命運算式」。他曾經指出:「諸精神科學都以體驗、表現和理解之間的關係為基礎。」[9]從這種角度看,《尚書》的文本表達、《尚書》的延伸詮釋、《尚書》研究者的時代體驗,這三者便形成了一個充滿張力的互動系統,充滿了永恆的、鮮活的生命力。在這一系統中,國故得以修整,思想得以延伸,傳統得以承繼,文化得以傳揚,學術得以發展,價值在回歸中更顯價值,經典在回歸中更加經典。

因此,我們有理由相信,經典回歸其實是一種為國故修理序、為經典作新解的學術與文化活動。幾千年歷史凝聚的傳統精髓和學術理念,在經歷了「書之竹帛,鏤之金石」的古代傳承之後,在新時期,以專題化的文獻整理研究與數位化的網路共用新形式「傳遺後世子孫,欲後世子孫法之也」[10]。如果具體到《尚書》,那就是,從周秦時代便開始經典化的《尚書》,在經歷了整個王朝時代的輝煌後,其浩如煙海的詮釋文獻,在經過大規模、有組織、全方位的研究,帶著傳統文化的醇香,充滿時代氣息地釋放出的永恆思想魅力與學術能量。同時,《尚書》及《尚書》學研究也必將在繼上世紀通過「整理國故運動」實現現代學術轉型之後,迎來新時期的當然學術轉型。

國際《尚書》學會致力培養《尚書》學研究隊伍,致力促進《尚書》學

---

8 〔德〕卡爾·雅斯貝爾斯著、魏楚雄、俞新天譯:《歷史的起源與目標》(北京市:華夏出版社,1989 年),頁 14。

9 〔德〕威廉·狄爾泰著、安延明譯:〈精神科學中歷史世界的構建〉,《狄爾泰文集(第3 卷)》(北京市:中國人民大學出版社,2010 年),頁 116。

10 〔戰國〕墨子:《墨子》,收入《諸子集成》(北京市:中華書局,1954 年),〈貴義〉,頁 268。

研究的不斷深入。國際《尚書》學會作為唯一《尚書》專書研究的學術團體，得到學術界的熱切關心與大力支持。特別感謝南京大學文學院院長徐興無教授和湖南廣播電視大學校長杜純梓教授，他們二位合力促成南京大學文學院與湖南廣播電視大學聯合主辦第二屆國際《尚書》學學術研討會；特別感謝清華大學「出土文獻保護和研究中心」主任李學勤教授出席大會，並作主題學術演講。《第二屆國際《尚書》學學術研討會論文集》的出版，特別感謝林慶彰先生，林先生兩次手術，一度不能起坐，病榻之上，仍念茲在茲；特別感謝蔣秋華先生，蔣先生上一次已經吃了那麼大苦頭，仍然主動承擔最後的校訂。最後還需要感謝武榮強副教授、吉益民副教授和王祖霞副教授，為了力求體例的統一，在蛇年臘月的嚴寒中，三位副教授集中起來，連續工作整整五天，最後累得眼睛都睜不開。根據臺灣印刷體例，僅僅把篇名改成單書名號，一篇篇、一段段、一行行，從頭到尾，逐一改正，該花費多少時間多少精力！武榮強副教授費力最多，他還協助我進行全書的編輯校訂。然而，不朽的大道之業需要自覺的殉道者。宋學關學的領袖橫渠先生有四句教：「為天地立心，為生民立命，為往聖繼絕學，為萬世開太平。」[11] 這是歷代知識份子襟懷、器識和最高精神嚮往。讓我們一起來努力實踐！

---

[11] 章錫琛點校：《張載集》（北京市：中華書局，1978 年），〈張子語錄〉，頁 320。（「為天地立心」的「心」寫作「志」，當據改。）

附錄一

會議日程表

時間		活動內容	地點
4月20日 （週五）	全天	代表報到	金楓大酒店一樓大廳
	12:00	午餐	金楓大酒店二樓金玉廳
	18:00	晚餐	金楓大酒店二樓金玉廳
	20:00	理事會	
		學術委員會會議	金楓大酒店五樓金仁廳
4月21日 （週六）	07:30	早餐	金楓大酒店二樓金玉廳
	09:00	大會開幕式	金楓大酒店三樓金楓廳
	10:00	全體代表合影	金楓大酒店三樓金楓廳
	10:30	大會主題報告	金楓大酒店三樓金楓廳
	12:00	歡迎午宴	金楓大酒店二樓金玉廳
	14:30	分組報告	五樓金德廳、七樓金明廳
	16:00	茶敘	五樓金德廳、七樓金明廳
	16:20	分組報告	五樓金德廳、七樓金明廳
	18:00	晚宴	金楓大酒店二樓金玉廳
4月22日 （週日）	07:30	早餐	金楓大酒店二樓金玉廳
	08:00	赴汨羅文化考察	重走屈子行吟路 祭祀屈原
	12:00	午餐	汨羅江大酒店
	14:00	學術討論：屈原與社會 主義核心價值觀建設	屈子祠學術交流中心
4月23日 （週一）	07:30	早餐	金楓大酒店二樓金玉廳
	08:30	分組報告	五樓金德廳、七樓金明廳
	10:00	學術報告	金楓大酒店三樓金楓廳
	12:00	午餐	金楓大酒店二樓金玉廳
	14:00	學術大會閉幕式	金楓大酒店三樓金楓廳
	18:00	歡送晚宴	金楓大酒店三樓金楓廳
4月24日 （週二）	7:30	早餐	金楓大酒店二樓金玉廳
	9:00	離會	長沙

附錄二
會議反響 1

延續國學「正脈」
——國際《尚書》學會首屆年會綜述

　　「國際《尚書》學會首屆年會暨國際《尚書》學第二屆學術研討會」近日在長沙舉行。來自海內外的六十餘位專家學者與會，發表論文四十六篇，涉及《尚書》之出土文獻、政治、思想、哲學、訓詁、學術史、語篇研究以及域外《尚書》傳播研究等多個專題。

　　李學勤先生作了〈清華簡與尚書研究〉大會主題發言。清華簡與《尚書》相關的文獻有二十餘篇。證明孔壁古文《尚書》之實有。其中〈傅說之命〉三篇共二十四簡，有很多我們未知的內容，結合〈尹告〉（今傳本題為〈咸有一德〉），可以證明古文《尚書》之偽。〈傅說之命〉與《書序》所載〈說命〉篇數相合，可見今傳《書序》是有依據的。〈皇門〉、〈祭公之顧命〉等《逸周書》篇目的發現，其書寫格式及文字的古奧與《尚書》相同，《逸周書》部分篇章應當與《尚書》具有相同的價值。清華簡還有《尚書》和《逸周書》都沒有的類似《尚書》文獻，這可能說明兩漢流傳的古文材料遠不止文獻所載，許多由於無師傳家法，不受重視而失傳。這些發現將對傳世文本的釋讀、《書序》之考辨、古文《尚書》之出現與真偽等諸多問題帶來突破性的研究。

　　經學是致用之學。《尚書》之德政、教化、官德、刑法、民本、社會理想、大一統等觀念在今日還具有重要借鑒意義。與會學者在這一領域有深入的探討。明代呂坤《閨範》以《尚書》語段為教材申明嫡妾之道及婦道，

歷代士人解釋《尚書》以為修身之具、淑世之道，而經筵《尚書》講題則是直接瞭解《尚書》文本如何成為帝王治政思想源泉，從而影響古代政治的關鍵。「十六字心傳」如何成為理學的基本觀念，又如何在後世的批判中被放大，揭示了經典思想如何通過合目的性的闡釋而與時代融合，這是傳統現代化可供借鑒的模式。

《尚書》訓詁研究是會議的重要內容，研討會上來自世界各地的語言學專家對《尚書》中句讀、辭彙、詞類做出了深入研究。

對歷代《尚書》學家展開研究，是專經之學的重要內容。與會專家對此專題的探討成果最為豐富，涉及先秦孟子《書》學、宋人王安石、袁燮、金履祥、清人閻若璩、劉文淇、皮錫瑞、陳壽祺，到近人錢穆、屈萬里等十數家《書》學研究。

《尚書》不僅是民族的，還是世界的。與會代表深入討論了域外《尚書》傳播、研究困境及解決方案，提出翻譯要正確使用「顯化」（突顯原文隱含的資訊）和「異化」（保留原作文化印跡）策略，宜循序漸進，結合中外學者智慧，先行操作《尚書》名言句段外譯，再出全譯本。本次會議，日本學者對於日本中世紀的《尚書》學研究帶來了新的資訊。國際《尚書》學會會長錢宗武先生提出可以適當借鑒域外成熟的語言與文化理論展開《尚書》研究，這需要研究者具有溝通中外古今的知識儲備與學術視野。（陳春保、陳良中）

——本文原刊於《光明日報》（2012年5月7日，15版）
並經統明網、人民網、新民網等予以轉載

會議反響2

多國專家聚長研討「政史之典」
「清華簡」《尚書》有了最新研究成果

　　今天，「國際《尚書》學會首屆學術年會暨第二屆國際《尚書》學學術研討會」在長沙舉行。來自加拿大、日本、韓國以及臺灣、中國社會科學院、清華大學、復旦大學等國家和地區的研究機構、知名大學的六十多位知名學者，對「五經之首」的《尚書》進行了廣泛而深入的研討。著名史學家、古文字學家、清華大學教授李學勤到會作學術報告，與海內外同行分享他研究《尚書》的最新成果。

　　《尚書》是中國乃至世界上最早的「政史之典」，記載了我國遠古虞、夏、商、周的真實歷史，其內容博大，涵蓋傳統文化的各個領域，是一座極其豐富、至尊至要的思想和文化寶庫。《尚書》中的以道輔君的佳話，聖君賢相的嘉言善政，特別是其中宣導的道德觀念，成為中華文明數千年綿延不絕的精神紐帶，也是當今我們構建社會主義核心價值觀的重要思想源泉。湖南自古就有研究《尚書》的傳統，王夫之、皮錫瑞等碩學通儒的研究影響深遠。上古文化精神的薰陶浸潤，形成了湖湘文化關注時事、崇尚仁德、堅韌剛健等精神特質。

　　代表《尚書》前沿研究的是曾任夏商周斷代工程首席科學家、專家組組長的清華大學教授李學勤。近年來，李學勤和他的研究團隊對一位清華校友捐贈的二五〇〇枚戰國竹簡(簡稱「清華簡」)，進行了系統研究，已整理出版了《清華大學藏戰國竹簡》兩冊，整個釋讀整理過程預計將費時十年以上。這批竹簡與《尚書》相關的文獻大約二十篇左右。李學勤表示，「清華

簡」《尚書》的重大發現，特別是時隔兩千多年之後，真正的古文《尚書》首次重見天日，「這將極大地改變中國古史研究的面貌，價值難以估計」。本報四月二十一日訊（記者：何國慶；通訊員：陳良中）

——本文原刊於《湖南日報》（2012 年 4 月 21 日）

並經湖南省人民政府網、清華大學新聞網等予以轉載

會議反響 3

國際《尚書》學會首屆學術年會在長沙舉行

《尚書》是中國現存最早的史書。今天上午,「國際《尚書》學會首屆學術年會暨第二屆國際《尚書》學術研討會」在長沙舉行。來自加拿大、日本、韓國、臺灣及中國社科院、清華大學、復旦大學、南京大學等海內外60餘名學者對這部古老卻深藏智慧的歷史典籍進行深度探求與挖掘。

此次與會專家對於《尚書》問題的探討廣泛而深入,相關論文達到40多篇,涉及到《尚書》考證辨偽的研究、學術史的研究、政治思想研究、文字文法研究、域外傳播研究等方面。

湖南廣播電視大學校長杜純梓介紹,湖南自古就有研究《尚書》的傳統。王夫之、皮錫瑞、王先謙、王闓運、曾運乾、魏源等一批人,通過深入剖析研究,取得了豐碩的成果,也對《尚書》的研究產生極為深遠的影響。

揚州大學文學院教授、博士生導師錢宗武說,《尚書》中聖君賢相的嘉言善謨,天命歸德的歷史意識,以德範位的德政訴求,誠義敬孝的倫理命題,修齊治平的致治路徑,指引著個體成聖成賢的發展方向,規範了華夏民族的精神自塑,蘊藏著人類的普世價值,曾經深刻地影響中國的政治實踐和歷史走向,是傳統文化的寶貴財富,對現今仍有積極意義。紅網長沙四月二十一日訊(記者 馮鈞)

──本文原刊於紅網(2012年4月21日)

並經中國社會科學網、鳳凰網等予以轉載

附錄三

國際《尚書》學會公祭屈原文

維西元兩千零十二年，歲在壬戌，月際甲辰，國際《尚書》學會招四方之英儒，聚南國之長沙，探〈堯典〉之奧義，訪神靈之汨羅。乃備清酌庶羞，懷丹心瓣香，群臨於沅、湘屈子之祠，敬奠三閭大夫之靈。

嘉錫正平，遭世罔極。千載沉冤，萬年憯惻。嗚呼靈均，玉牒衣冠。修能遵道，扈芷紉蘭。質純世戾，才美時艱。心若比干，性同宿莽。辭讔情真，焉能俯仰。忠貞諫諍，諂諛在旁。椒蘭腐質，慢惰批猖。九死不悔，凜然秋霜。挑兮達兮，闒茸奔競；恍兮忽兮，鳳凰冥翔。耿耿不寐，煢煢獨醒；行吟江漢，徘徊沅、湘。潔玉守身，容枯志揭。我心匪石，豈辰之缺？憂心悄悄，抱怨沉歿；涅而不滓，爭光日月。

電光驚瞥，石火倏移。君子小人，亙古如斯。君子耿介而自束，小人譎詐以期通。主上近諛而遠諤，儕倫黠詭以苟容。混黑淆白，曷可勝數，指鹿為馬，實繁有徒；諿諿崇讒，偪偪懷匿，嶢嶢難全，皎皎易汙。小人君子，今古一如。先生鑒察，魄緩魂舒。

魂兮歸來，無西無東；衡山毓秀，羅澤涵空。年年歲歲，角黍盈籠；歲歲年年，輕舟賽龍。嗚呼哀哉，尚饗。

上海社會科學院歷史研究所 虞萬里研究員撰文
二〇一二年四月二十二日

附錄四

嶽麓山下話傳統　屈子祠堂悼忠魂
——二〇一二年暮春長沙第二屆國際尚書學研討會偶感

　　西元二〇一二年四月二十一日，春葩既綻，春氣盎然。海內外國際《尚書》學會的莘莘學子百餘人，雲集於南國名都長沙，進行為期四天的學術交流和文化考察。發古籍之深微，續經學之新脈，倡傳統之博大，體屈子之悲情！

　　對比歷次學術會議，此次受益猶深，感慨有三，一吐為快。

其一，沐嚴謹之學風 —— 感動！

　　相比之前參加的學術會議，此次會議表現出異常嚴謹的學術風範。這一特點不僅可以由學者們提交的論文偏重考據實證看出，還體現在分組討論中。無論是主持者，還是評論者，無論是發言者，還是提問者，都顯得務實、認真而且謙和，既體現出術業有專攻，也彰顯出切磋交流的宗旨。或許，這是由《尚書》「政史之典」的實在屬性決定的，但學者對學術的執著追求更令人起敬。其中必須提及的就是臺灣中央研究院的林慶彰先生和蔣秋華先生。兩位先生不顧旅途遙遙，做了一件令人感動的「傻事」：他們特地從臺灣為學者們背來了八十本裝幀漂亮的論文集。這是第一屆國際《尚書》學術會議的論文，也是大陸與臺灣學界密切合作的第一部《尚書》學論文集，經過兩位先生的細心審閱和編定，由臺灣萬卷樓圖書公司正式出版。看著每本足有一寸多厚的著作，再看看已過耳順之年且身體有些顫抖的林先生，心中頓然升起一種敬意！兩位學者對學術的虔誠與執著，堪稱學者之

聖，實在令人敬佩！

其二，聆楚歌之真韻 —— 幸運！

楚歌當是中國古代詩歌中最具魅力、感情最充沛的一種。近代啟蒙學者梁啟超先生曾有這樣的表述：「我以為凡中國人者，須獲有欣賞楚辭之能力，乃為不虛生此國。」學習、鑒賞、講授楚辭多年，對它的詩句、對它的風格已經稱得上了然於心。然而親臨汨羅縣屈原祠堂的祭祀現場，感受楚歌的真實神韻，還是有生頭一遭。

行走在汨羅江畔，沐浴著吹了幾千年的江風，感受著三閭大夫行吟澤畔的激切情感……屈子祠堂前，跪者虔誠、詠者悽愴！那悠長的調子，和著嬝嬝升起的爐香，直沖雲霄，直比日月！

當地這種祭歌，通過口耳相傳得以流傳下來，已經列入聯合國非物質文化遺產。隱隱約約中，勉強能辨出「三閭大夫」、「平安」、「長在」、「尚享」等詞語。顯然，今天的人們多數已經聽不懂往日的悲歌之詞，但能親眼目睹這一神聖場面，親耳聆聽這一曲哀婉的旋律，也算是三生有幸了！

其三，失揮毫之內功 —— 遺憾！

參與之後，感動之餘，揮毫潑墨是必不可少的。長長的案臺旁，圍滿了人。中間長者和尊者的題字，或遒勁、或雄健，感情飽滿，功力十足！既有對屈大夫的敬仰，也有對傳統書法的熱忱，更有對汨羅鄉土人情的留戀！

然而不經意間會發現，激情揮筆者除上海社會科學院的虞萬里先生外，還有臺灣的蔡根祥先生、日本的水上雅晴先生、井之口哲也先生。雖然，其中有大陸學者的謙恭禮讓，但總不免讓人有些失落。至少，我這樣的乏才之人，只有臨淵羨魚了！民族的傳統藝術，似乎由中心流向了四方之外……嗨！後生努力啊！當然也包括自己在內。

復旦大學博士後　賈學鴻

二○一二年四月二十三日

附錄五

紀念屈原詩詞七首

姜廣輝

詩四首

七絕四首・悼屈原

一

屈子行吟賦楚詩，
美人香草寓深知。
離騷天問傳千古，
祭祀年年端午時。

二

屈子嗣同俱楚材，
捨生取義萬民哀。
可悲鄒魯多忠士，
求仕諸侯任去來。

三

沅芷澧蘭花滿地，

悲情獨訴汨羅江。

得留天地真元氣，

歲月從茲有品章。

四

春山疊碧水清泠，

詠滿瀟湘寄逸情。

自古風騷成一體，

墨香敢與魯齊爭。

詞三首

一　念奴嬌 · 湘楚懷古

瀟湘沅澧，水清碧，可掬英魂芳魄。

澤畔遍尋漁父問，何處屈翁遺跡？

岸芷汀蘭，文魚白鯽，皆把孤臣憶。

魯鄒荊楚，誰居聲教壇席？

人道湘女多情，湘男尤情種，常書旌帛。

宋玉巫山雲雨夢，驚豔天人容色。

項羽虞姬，烏江刎別離，夜聞神泣。

幾多鴻侶，死生相共吟繹。

姜注：

1.「芳魄」，楊基《眉庵集》卷一〈楓林秋〉詩：「江月參差光，芙蓉照
　芳魄。」

2.「漁父問」，《楚辭》有〈漁父〉一篇，屈原所作，托漁父之問以明

志。這裏指筆者問當代漁父而訪求屈原遺跡。

3.「屈翁」,指屈原。

4.「魯鄒荆楚,誰居聲教壇席?」筆者以為屈原一副愛國忠腸,其教化力量遠較孔、孟為大。

5.「旌帛」,《後漢書‧逸民傳序》:「旌帛蒲車之所征,賁相望於巖中矣。」

6.「宋玉巫山雲雨夢」,前人誤稱楚襄王遊高唐夢遇神女。然宋姚寬《西溪叢語》、清胡鳴玉《訂訛雜錄》已辨證自《文選》以降,因〈神女賦〉「玉曰」與「王曰」,有一點之差,以致顛倒互寫,將宋玉夢神女說成楚襄王夢神女。

7.「驚豔天人容色」,宋玉〈神女賦〉盛讚神女天姿之美:「茂矣,美矣,諸好備矣;盛矣,麗矣,難測究矣。瓌姿瑋態,不可勝贊。」

8.「吟繹」,楊於陵〈和權載之離合詩〉:「昨來恣吟繹,日覺祛蒙鄙。」

二　西河‧弔屈原

荆楚事,何人弄得如此?
偌大國土卻淪亡,恨何日已。
懷王暗昧信讒言,莫稱時運當否。

謾哀痛,無及矣。
忠貞屈子投水,撕心裂肺。
汨羅江,萬人墮淚。
運籌帷幄在人為,
安危豈是天意。

後人不忘前世事,
兩千年,憑弔閭里。

試問苞桑誰繫？

立崇祠、端午龍舟起，

三閭魂兮歸來未？

姜注：

1. 「西河」為詞牌名。此詞套改宋曹勛〈西河‧和王潛齋韻〉而成，其
   詞云：「今日事，何人弄得如此？漫漫白骨蔽川原，恨何日已。關河
   萬里寂無煙，月明空照蘆葦。嘆哀痛，無及矣。無情莫問江水，西風
   落日。慘新亭，幾人墮淚。戰和何者是良籌，扶危但看天意。只今寂
   寞藪澤裏。豈無人，臥閭里。試問安危誰寄。定相將，有詔催公起。
   須信前書言猶未。」

2. 「大國土」，《三朝北盟會編》卷四：「契丹瞰大國土被殺敗。」

3. 「苞桑誰系」，《周易‧否》卦九五爻辭：「其亡其亡，繫於苞桑。」喻
   國家安危繫於棟樑之臣身上。

4. 「三閭」，屈原曾為三閭大夫。

三　臨江仙‧論詩風

慨歎詩風衰已久，豪言壯語拼裝。

喜談烈士赴沙場。

英雄非愛死，以死開聾盲。

屈子行吟心意苦，通篇麗句琳琅。

美人香草入文章。

若無山水戀，哪有愛民腸。

中國社會科學院歷史研究所研究員　姜廣輝

二〇一二年四月二十三日

附錄六

五十位學者重走屈子當年行吟路

「美人難見失群吟，瓊樹折枝懷石沉；發軔蒼梧無一知，今傳千古不屈心。」四月二十二日，日本琉球大學准教授水上雅晴參觀汨羅市屈子祠後欣然賦詩〈留念屈子〉。當日，他和來自加拿大、臺灣及中國社科院、清華大學等海內外五十名國際《尚書》學會的專家學者，重走屈子當年行吟路，感悟厚重的屈子文化，為弘揚屈子文化獻計獻策。

國際《尚書》學會建立於二〇一〇年，目前有會員一二八人。學會旨在通過對中國現存最早的史書《尚書》的研究，弘揚中華民族優秀傳統文化。當日早上，該學會五十名專家從屈原晚年居住過的「南陽里」開始步行，沿江岸而上，經藍墨湖至屈子祠。沐浴著和煦的陽光，踏著青青的野草，望著悠悠西去的汨羅江，學者們感慨萬千。學會會長、揚州大學教授錢宗武感歎：「我們仿佛又看到屈大夫形容枯槁、澤畔行吟的模樣……」

專家們懷著朝聖般的心情參觀了屈子祠。臺灣高雄師範大學經學研究所蔡根祥教授揮毫潑墨：「水清滌纓，水濁濯之，我取也；新沐彈冠，新浴振衣，自矜哉……」

十一時許，專家學者參加了古樸莊重的祭屈大典。上海社科院研究員虞萬里撰寫並帶領學者誦讀了〈祭屈原文〉。

匆匆吃過午飯，專家們顧不上舟車勞頓，再次步入屈子祠，就如何進一步保護、傳承和發展屈子文化進行研討。「在中國歷史上，自有了屈原才有了愛國主義」，中國社科院研究員，湖南大學嶽麓書院特聘教授姜廣輝說：「屈原文化，是愛國主義精神的源頭。」

談及屈子文化園建設，臺灣中央研究院文哲研究所研究員林慶彰提出，

要把屈子文化園打造成研究、傳播楚文化的基地。錢宗武表示，《尚書》學會各位會員一定有錢的出錢，有力的出力，有心的出心，竭盡所能支持汨羅屈子文化的傳承和發展。（本報記者：徐亞平；通訊員：松柏、湘益、胥揚）

——本文原刊於《湖南日報》（2012 年 4 月 24 日第五版）

經學研究叢書·臺灣高等經學研討論集叢刊　0502004

第二屆國際《尚書》學學術研討會論文集

主　　編　林慶彰、錢宗武
編　　輯　蔣秋華

發 行 人　陳滿銘
總 經 理　梁錦興
總 編 輯　陳滿銘
副總編輯　張晏瑞
編 輯 所　萬卷樓圖書股份有限公司
排　　版　浩瀚電腦排版股份有限公司
印　　刷　百通科技股份有限公司
封面設計　斐類設計工作室

發　　行　萬卷樓圖書股份有限公司
　　　　　臺北市羅斯福路二段 41 號 6 樓之 3
　　　　　電話 (02)23216565
　　　　　傳真 (02)23218698
　　　　　電郵 SERVICE@WANJUAN.COM.TW
大陸經銷　廈門外圖臺灣書店有限公司
　　　　　電郵 JKB188@188.COM
香港經銷　香港聯合書刊物流有限公司
　　　　　電話 (852)21502100
　　　　　傳真 (852)23560735

ISBN 978-957-739-869-7

2014 年 4 月初版一刷
定價：新臺幣 1000 元

如何購買本書：

1. 劃撥購書，請透過以下郵政劃撥帳號：
　帳號：15624015
　戶名：萬卷樓圖書股份有限公司
2. 轉帳購書，請透過以下帳戶
　合作金庫銀行　古亭分行
　戶名：萬卷樓圖書股份有限公司
　帳號：0877717092596
3. 網路購書，請透過萬卷樓網站
　網址 WWW.WANJUAN.COM.TW
大量購書，請直接聯繫我們，將有專人為
您服務。客服：(02)23216565 分機 10

如有缺頁、破損或裝訂錯誤，請寄回更換

國家圖書館出版品預行編目資料

第二屆國際《尚書》學學術研討會論文集 ／ 林
慶彰, 錢宗武主編. -- 初版. -- 臺北市：萬卷
樓, 2014.04 印刷
　面；　公分. -- (經學研究叢書)

ISBN 978-957-739-869-7(平裝)

1.書經　2.研究考訂　3.文集

621.117　　　　　　　　　　　103007298